TOURISM CONSUMER

관광 소비자 행동론

BEHAVIOR

머리말

preface

관광 소비자 행동론 2판 출간에 임하여

먼저 지금까지 저의 執筆書를 교재로 활용해 주신 모든 분께 진심으로 감사드린다.

2016년 세계 경제 포럼(WEF: World Economic Forum)에서 인공지능과 사물인터넷, 빅데이터, 모바일 등의 첨단 정보통신 기술이 우리 사회 및 경제 전반에 융합되어 혁신적인 변화가 나타나고 있다고 하였다. 즉, 우리의 미래를 상상 이상으로 그리고 급속히 바꿔 놓을 4차 산업혁명 시대가 우리의 일상에 스며들고 있음을 세상에 알렸다.

4차 산업혁명의 도래는 기업의 마케팅 전략뿐만 아니라 고객들의 구매행동과 제품과 서비스에 대한 충성도에도 큰 변화를 주고 있다. 특히, 소비자들의 행동이 과거와 매우 다르게 전개될 것으로 예측되고 있어 소비자 행동의 이해에 대한 중요성이 더욱 더 강조되고 있다. 소비자의 기술 습득과 다양한 소비자의 구매행동은 마케팅 전략을 수립하고 시행하는 서비스 제공자에겐 보다 어려운 과제를 던지고 있다.

초연결사회에서 소비자들은 4차 산업혁명의 토대 기술들에 대한 친숙도가 높아지면서 보다 차별적인 구매 및 소비 행동을 보여주고 있다. 인터넷 활성화 등으로 오늘날 소비자는 프로슈머(prosumer), 바겐헌터(bargainhunter), 큐레이슈머(curasumer), 리뷰슈머(reviewsumer), 트라이슈머(trisumer), 트윈슈머(twinsumer), 앰비슈머(ambisumer), 소셜슈머(socialsumer) 등으로 불리고 있는데, 이는 소비자들의 구매행동 변화를 의미한다.

4차 산업혁명의 토대가 되는 기술들은 환대 및 관광 산업과 같은 서비스 산업에 더 큰 영향을 미칠 것으로 보인다. 특히, 디지털 혁신에 따른 고객의 여행 경험의 질 향상과 고객 맞춤형 서비스 수요가 여행업, 호텔업, 카지노업 등 다양한 분야에서 대폭 증가할 것으로 보인다. 이러한 환대 및 관광 소비자의 욕구를 사전에 정확히 예측할 수 있다면 관광 서비스 기업들은 마케팅 전략을 수립하기가 쉽게 된다.

이번에 개정된 내용을 간략히 소개하면 다음과 같다. 우선 환대 및 관광 소비자 행동에 관련한 이론과 이에 대한 사례와 설명을 쉽게 연결함으로써 글의 이해도를 높이는 데 초점을 맞추었다. 또한, 개정판을 출간하기까지 지난 5년간의 세월 동안 4차 산업혁명과 코로나 바이러스 등과 같은 미증유의 현상이 소비자 행동에 많은 변화를 가져다 주었다. 따라서 최신의 사례들과 그 중요성이 새롭게 부각되는 소비자 행동 개념들을 소개하였다. 이번 개정판에서 사례의 1/3 이상을 교체하였다. 그리고 내용의 모호함, 오류 또는 실수, 사례의 부적합성 등에 대한 개선을 최대한 도모하였다. 마지막으로 일부분의 지면을 할애하여 4차 산업혁명 관련 기술들이 몰고 올 소비자 행동의 변화 몇 가지 소개하였다.

개정판을 준비하고 집필하기 위해서 나름의 노력을 기울였지만 여전히 미흡한 부분이 있으리라 생각된다. 이 책을 사용하시면서 부족한 부분이나 보완해야 내용이 있다면 三顧草廬도 마다하지 않을 것이다. 호텔 외식 관광 소비자 행동에 관심이 있는 많은 분께 조금이나마 도움이 되길 바란다. 마지막으로 부족함에도 끝까지 믿고 출간을 해 주신 임순재 사장님과 이 책이 나오기까지 가장 많은 희생을 하신 한올출판사 최혜숙 실장님께 깊은 감사를 드린다.

2021년 1월
김병용

PART 1 소비자 및 관광 소비자 행동의 이해

PART **2** 정보 처리 과정과 구매 의사 결정 과정

제**3**장 관광객 정보 처리 과정_74

PART 3 구매 의사 결정의 내부 영향 요인

태도와 관광 행동_194

관광 소비자 행동론

제11장 라이프 스타일과 관광 행동_368

PART **4** 구매 의사 결정의 외부 영향 요인

제14장

문화 및 사회 계층과 관광 행동_468

차 례

PART 1

소비자 및
관광 소비자 행동의 이해

Chapter

01

소비자
행동의 이해

학습목표

이 장을 학습하고 나면 학생들은 다음의 내용을 이해하게
될 것이다.

1   소비자 행동 개념

2   소비자 행동 특성

3   신소비자 행동 특성

4   4차 산업 혁명 시대의 소비자 행동 특성

5   소비자 행동 연구 목적

6   소비자 행동 연구의 접근 방법

7   모델 연구의 중요성

8   전통적 소비자 행동 모델의 장단점

9   현대적 소비자 행동 모델의 장단점

10 덴츠의 SIPS 모델의 특성

인간은 소비 활동을 하는 경제적 동물이기 때문에 소비 주체인 동시에 경제 주체이다. 소비자는 성별, 연령, 주거 지역, 교육 수준, 문화의 차이에 관계없이 각자의 욕구를 충족하기 위해 상품과 서비스를 소비하는 주체로서 경제 활동에 참여할 뿐만 아니라 재화나 서비스 생산을 촉진하는 역할을 한다.

소비자는 소비 생활을 안전하게 영위할 권리를 가지고 있다. 시장이 공급자 중심에서 소비자 중심으로 형성된 오늘날 소비자의 안전이 매우 중시되고 있다. 안전한 소비 생활은 개인의 건강한 삶과 직접적인 관계가 있으며, 나아가 국민의 행복과 직결되어 있다.

소비자 행동은 소비자가 소비와 관련된 돈, 시간, 노력 등의 자원을 어떻게 합리적으로 배분할 것인가와 관련이 있다. 이러한 자원들은 소비자의 욕구를 만족시켜 줄 수 있는 대상물의 교환을 용이하게 한다. 소비자는 개인, 가족, 그리고 기업과 같은 조직도 포함하며, 이러한 의사 결정 단위의 행동은 신체적 행동뿐만 아니라 심리적 결정 과정을 모두 포함한다.

따라서 소비자의 행동은 복잡하고 이해하기가 어렵다. 이러한 어려움을 극복하기 위하여 다양한 소비자 행동 모델을 개발하여 왔다. 또한 다양한 접근 방법을 통해 소비자의 행동을 논리적으로 이해하려는 노력이 시도되어 왔다.

제1장에서는 소비자 및 소비자 행동의 개념, 소비자 행동 연구의 목적 및 접근 방법을 살펴본다. 그리고 과거와 현대의 대표적 소비자 행동 모델을 분석해 본다. 또한, 인터넷 시대에 맞는 소비자 행동 모델인 SIPS에 대해서도 살펴본다.

▶ 그림 1-1 제1장 내용구성

제1절 소비자 행동 개념 및 특성	제2절 소비자 행동 연구	제3절 소비자 행동 모델
• 소비자의 개념 • 소비자 행동의 개념 • 소비자 행동의 특성 • 신소비자 행동 특성 • 4차 산업 혁명 시대의 소비자 행동	• 소비자 행동 연구 배경 • 소비자 행동 연구 목적 • 소비자 행동 연구의 접근 방법	• 모델 연구의 중요성 • 전통적 소비자 행동 모델 • 현대적 소비자 행동 모델 • 소비자 행동 모델의 한계점 • 덴츠의 SIPS 모델

제1절 소비자 행동 개념 및 특성

개인의 소비 성향은 소득, 연령, 교육, 성별, 선호도, 경험 등의 주관적 요인에 따라 좌우되며 그에 따른 선택은 사업자로 하여금 상품이나 서비스를 원하는 조건으로 제공하도록 유도한다. 소비자의 개념은 제품이나 서비스의 탐색, 구매, 소비에 관련된 일련의 행위를 포괄적으로 포함하고 있다. 여기서는 소비자의 행동을 이해함에 있어 기본적인 소비자 및 소비자 행동의 개념, 소비자 행동 특성, 신소비자의 특성, 4차 산업 혁명 시대의 소비자 행동에 대해 살펴본다.

1. 소비자의 개념

소비자란 소비 생활을 위하여 상품과 서비스를 구입하거나 사용하는 사람을 말한다. 인간은 살아가면서 끊임없이 소비 활동을 하는 경제적 동물이기 때문에 모든 인간은 소비자이다. 소비자의 개념은 다음과 같이 포괄적으로 정의되고 있다.

첫째, 유형의 재화나 무형의 서비스를 구매·사용 또는 소비하는 사람을 소비자라 한다. 예를 들면, 호텔, 레스토랑, 카지노, 테마파크, 제과점, 미용실, 은행 이용객이나 컴퓨터 및 자동차 구매자 등이 있다. 이들은 모두 일정한 비용을 지불하고 특정 제품을 사용하거나 혹은 서비스의 혜택을 향유하는 소비자이다.

둘째, 소비자는 개인 소비자, 재판매자, 그리고 생산을 목적으로 구매하는 조직 구매자도 포함한다. 개인 소비자는 자신이 최종적으로 사용하기 위해 주로 제품을 구매한다. 재판매자는 소매상이나 도매상처럼 상품을 되팔아서 이익을 얻을 목적으로 제품이나 서비스를 구입하는 개인이나 조직을 말하다. 조직 구매자는 제품 또는 서비스를 생산하기 위하여 이에 필요한 원자재, 부품, 기계 설비 등을 구매하기 때문에 이들의 궁극적인 목표는 생산된 제품이나 서비스를 판매, 대여, 교환함으로써 이윤을 얻는 데 있다.

마지막으로, 제품이나 서비스가 아닌 이념이나 지식, 교육, 정보, 아이디어 이용자도 소비자에 포함된다. 유권자, 신도, 학생 등은 정당, 정치가, 종교 단체, 학교 또는 교육자 등으로부터 정책이나 이념, 아이디어, 지식 등을 구매 혹은 이용하기 때문에 소비자라 볼 수 있다.

2. 소비자 행동의 개념

소비자 행동은 소비자가 자신의 욕구 충족을 위해 제품이나 서비스를 탐색, 구매, 사용, 평가, 처분하는 행위이다 Schiffman & Kanuk, 1991. 여기서 제품이란 승용차, 컴퓨터, 요트 등과 같은 유형의 제품뿐 아니라 진료, 창업 컨설팅, 법률 상담, 교육 등과 같은 서비스 등도 포함한다. 개인이 특정한 아이디어를 수용하는 과정에서 나타나는 반응은 제품이나 서비스를 구매할 경우와 유사하므로 제품은 이러한 아이디어까지도 포괄한다. 따라서 제품은 교환될 수 있고 상대방에게 가치를 가진다고 지각되는 모든 욕구 충족 수단을 지칭한다.

소비자 행동에서 행동이란 신체적 움직임은 물론 정신적·심리적 활동까지도 포함한다. Kardes2002는 소비자 행동을 "제품과 서비스 그리고 마케팅에 대한 인간의 반응"p.5으로 정의하면서, 인간의 반응을 제품이나 서비스에 대해 좋거나 싫은 감정적 요소, 제품이나 서비스에 대한 믿음을 나타내는 인지적 요소, 그리고 실제로 제품이나 서비스를 구매, 소비, 처분하는 행동적 요소로 구분하였다. 따라서 구매 행동은 소비자 행동의 한 측면에 불과하며 구매에 영향을 미칠 수 있는 신념이나 태도의 변화 등 정신적 활동까지도 포함한다.

소비자 행동의 정의에 포함된 구성 요소를 정리해 보면 <그림 1-2>와 같다. 소비자 행동을 구성하는 요소로는 의사 결정의 요소, 소비의 유형, 제공물, 의사 결정 단위, 그리고 의사 결정 기간 등이 있다. 이들 요소는 기업의 마케팅 활동의 실행에 직접적으로 영향을 주고 받는다.

▶ 그림 1-2 소비자 행동 구성요소

의사 결정의 요소	소비의 유형	제공물	의사 결정 단위	의사 결정 기간
◉ 획득/사용/처분할지의 여부 ◉ 획득/사용/처분의 대상 ◉ 이유 ◉ 방법 ◉ 시장 ◉ 장소 ◉ 양/빈도/기간	◉ 획득 ◉ 사용 ◉ 처분	◉ 제품 ◉ 서비스 ◉ 활동 및 아이디어	◉ 정보 수집자 ◉ 영향력 행사자 ◉ 의사 결정자 ◉ 구매자 ◉ 사용자	◉ 시간 ◉ 일 ◉ 주 ◉ 월 ◉ 연

기업의 마케팅 활동

* 자료 : 이학식·안광호·하영원 2006 . 소비자 행동 : 마케팅전략적 접근 제4판 . 법문사, p. 8.

3. 소비자 행동의 특성

소비자의 행동은 매우 복잡하다. 정서적 자극에 의해 구매하는 사람, 스트레스 해소를 위해 구매하는 사람, 선물을 위해 구매하는 사람, 온라인 쇼핑을 통해 구매하는 사람, 충동 구매를 즐기는 사람 등 소비자의 행동은 다양하고 이해하기 복잡하다. Wilkie[1986]는 선행 연구 결과를 토대로 일곱 가지 소비자 행동의 특성을 설명하고 있다

첫째, 소비자 행동은 동기에 근거한다. 소비자는 자신의 필요, 욕구 혹은 만족을 위하여 행동한다. 즉, 소비자는 어떤 특정한 목적을 달성하기 위한 자신의 동기에 따라 행동한다.

둘째, 소비자 행동은 다양하고 포괄적이다. 소비자 행동은 단지 소비자의 구매 행동만을 말하는 것이 아니라 실제 제품이나 서비스를 구매하기 위해 탐색하고, 평가하고, 느끼고, 그리고 결정하는 모든 활동을 포함한다.

셋째, 소비자 행동은 일련의 과정으로 이루어진다. 소비자 행동은 구매 이전의 행위, 구매 행위, 구매 후 행위로 나누어지며 이 모든 일련의 과정이 소비자 행동에 포함된다.

넷째, 소비자 행동은 시간, 복잡성, 소비 기간, 소비 상황 등에 따라 상이하게 나타난다. 시간이란 소비자가 언제 구매 의사 결정을 하는가 그리고 그 과정이 얼마나 오래 걸리는가를 말한다. 복잡성이란 의사 결정에 관련한 많은 활동과 그 결정 자체의 어려움을 의미한다. 예를 들어, 제품의 가격이 비싸거나 구매 빈도가 뜸한 자동차, 냉장고, 여행 등 고관여 제품을 구입할 때 소비자는 많은 정보를 추구하고 상표를 서로 비교하기 때문에 구매 의사 결정 과정은 매우 복잡하다. 또한, 제품의 소비 기간이 장기일 때(예 자동차) 그리고 소비 상황이 일상적이 아닐 때(예 친구의 생일 선물 구매) 소비자 행동은 복잡해 진다.

다섯째, 소비자 행동은 다양한 역할을 포함한다. 소비자로서 물건을 구매하기도 하지만, 다른 사람의 구매에 영향을 미칠 수도 있고, 다른 사람이 구매한 제품을 사용하기도 한다. 소비자 행동은 구매에 영향을 미치는 영향자, 구매자, 사용자 등의 다양한 역할을 포함한다.

여섯째, 소비자 행동은 소비자의 개인적 요인과 외부적인 요인에 의해 영향을 받는다. 개인적 요인은 태도, 동기, 성격 등을 포함하며 외부적 요인은 문화, 사회 계층, 가족, 준거 집단, 마케팅 환경 등을 포함한다.

마지막으로, 소비자 행동은 개인에 따라 다르다. 개인의 필요, 욕구, 태도, 동기,

라이프 스타일, 인구 통계적 특성, 개성 등이 모두 다르기 때문에 소비자는 각기 다른 행동을 한다. 그러므로 광고와 마케팅에 있어서 개인의 욕구, 개성, 라이프 스타일에 의한 시장 세분화 전략이 중요하다. <사례 1-1>은 개인적인 취향을 고려해 여행 계획을 수립하는 FIT^{Foreign Independent Tour; 개별 자유 여행} 수요가 증가함에 따라 여행객의 참여와 소통을 강화하기 위해 특화된 콘텐츠를 제공하기 위해 노력하고 있는 사례이다.

사례 ①-1

SNS 입소문 좋아 젊은 세대 자유 여행 바람

<중략>최근 동남아 여행문화에 변화 움직임이 일고 있다. 패키지투어로 상징되는 전통적인 단체 관광에서 벗어나 개별 자유 여행을 선택하는 인구가 증가하는 것이다. 가이드의 안내를 쫓아 정해진 일정표를 따르는 수동적 관광이 아닌 스스로 방문지의 동선을 결정하는 능동적 여행 행태가 확산 일로라는 게 여행업계의 설명이다.

기존 여행 업계가 가지 않은 길에 도전장을 던진 주역은 단연 젊은 세대다. 이른바 밀레니얼 세대로 불리는 1980년대 초반에서 2000년대 초반 사이에 태어난 젊은층이 새로운 여행 문화를 주도하고 있다. 일본의 영문 경제 주간지 니케이 아시안 리뷰는 이들을 '해시태그 트래블러'라고 이름 붙였다. 해시태그는 해시 기호(#) 뒤에 단어나 문구를 띄어쓰기 없이 붙여 써 SNS 등에서 검색을 쉽게 해 주는 기능이다. 해시태그와 함께

SNS에 올려진 이미지, 동영상을 통해 여행 정보를 공유한 밀레니얼 세대가 기성세대와는 차별화되는 해외 현지의 문화, 음식 체험 등에 몰입하는 현상을 표현한 것이다.

젊은층의 '나홀로 여행' 열풍에는 몇 가지 요인이 자리 잡고 있다. 우선 경제 성장과 이에 따른 중산층의 급속한 형성을 들 수 있다. 아시아개발은행(ADB)에 따르면, 아세안 10개국은 2012~2016년 연평균 5%의 높은 경제 성장률을 기록했다. 세계은행(WB)이 발표한 같은 기간 전세계 연평균 경제 성장률 2.6%에 비해 두 배 가까이 높은 수치다. 경제력 향상에 힘입어 주머니 사정에 여유가 생긴 중산층이 두터워지면서 해외여행 욕구 또한 커지고 있다.

스마트폰 보급 확대도 비슷한 맥락에서 생각해 볼 수 있다. 현재 싱가포르를 제외한 동남아 주요 국가의 스마트폰 보유 인구는

▲ SNS 등을 통해 입소문을 타며 동남아 관광객들에게 인기를 끌고 있는 부산 감천문화마을.

전체 휴대폰 보유 인구의 40% 수준으로 추산된다. 사실상 스마트폰 보급 포화상태에 이른 한국, 일본 등과는 달리 스마트폰 구매가 늘어날 여지가 크다. 이는 SNS 사용 인구 증가와도 밀접하게 연관돼 있다. 스마트폰 보급 확대는 앞으로 젊은층을 중심으로 SNS 활용이 더욱 활발해질 것을 예상하게 한다. 30세 이하가 전체 인구의 절반 가량을 차지하는 동남아 최대 경제 대국 인도네시아의 경우 2019년 페이스북 사용자가 1억 명을 돌파할 것이라는 전망이 나온다. 이 밖에 말레이시아의 에어아시아, 베트남의 비엣젯 항공 등 저가 항공사의 잇따른 등장으로 해외 여행의 심리적 장벽이 낮아진 점도 이런 변화를 추동하는 원인 중 한 가지다.

태평양아시아관광협회는 밀레니엄 세대가 여행 정보를 얻는 주요 창구로 전문 여행 후기 사이트, 친구 및 지인의 SNS, 전문 여행 블로그를 차례로 언급했다. 이에 더해 한국과 일본, 태국, 몰디브가 향후 각광받는 아시아 여행지가 될 것으로 내다봤다.

그래서일까. 동남아 밀레니엄 세대를 유치하기 위해 각 나라는 발 빠르게 움직이고 있다. 관광업이 국가 경제의 약 20%를 담당하는 태국이 중국인 관광객 유치를 위해 자국을 배경으로 한 중국 영화 제작을 적극 지원한 사실이 대표적이다.

실제 치앙마이를 찾는 중국인 여행객이 급증하면서 이미 북경, 상해, 심천 등 중국 12개 도시에서 치앙마이 직항편이 운행되고 있을 정도다. 고고도미사일방어체계(THAAD·사드) 배치에 반발한 중국의 보복 여파로 심각한 타격을 입은 한국 관광업계가 눈여겨봐야 할 대목이다. 방한 동남아 관광객들이 매년 증가하고 있다는 현실에만 안주해서는 안 된다. 떠오르는 밀레니얼 세대 여행객들의 마음을 사로잡을 수 있도록 팔을 걷어붙여야 할 때다.

자료 : 한국일보 (2017.11.3.)

4. 신소비자 행동 특성

오늘날 소비자는 제품이나 서비스 제공자의 마케팅 과정에 참여하고, 사회 이슈에 민감하게 반응하며, 자신만의 스타일을 추구하는 신新소비자로 변신하고 있다. 최근 소비 심리 위축과 가치 소비의 정착으로 아껴 쓰는 현상이 많이 나타나고 있다그림 1-3 참조. 또한, 친환경과 사회 친화에 관심이 높고 다양한 사회 이슈에 대해 적극적으로 의견을 표출함은 물론 바르게 쓰는 현상이 두드러지고 있다. 그리고 기술의 도움으로 소비자가 영리해짐에 따라 똑똑하게 소비하는 현상이 나타나고 있다.

이러한 특성을 바탕으로 소비자를 新프로슈머producer+consumer, 소셜슈머social+ consumer, 그리고 큐레이슈머curator +consumer로 구분한다그림 1-4 참조. 신프로슈머는 1980년대에 토플러Toffler와 코틀러Kotler 등이 처음 소개한 프로슈머prosumer[1]가 기술 발달로 기업 활동 전반에 개입할 수 있는 경로가 확대되고 방법이 용이해지면서 제품 개발, 디자인, 판매 등에 적극 개입하고, 마케팅 역량을 발휘하는 신소비자를 지칭한다. 일반 소비자가 개발한 제품이 상업화된 사례로서 이경규의 꼬꼬면을 들 수 있다. 최근에 기업이 제품이나 서비스 생산 과정에 대중을 참여시키는 크라우드소싱crowdsourcing도 이에 해당한다.

[1] 특정상품을 개발하거나 생산하는 과정에서 실질적으로 더 크게 기여하고 싶어 하는 전문가

▶ 그림 1-3 최근 소비 환경에 따른 소비자 특성 변화

* 자료 : 이동훈·이정호·이민훈(2012. 4. 4.) 소비의 새 물결이 마케팅을 바꾼다. CEO Information, 삼성경제연구소, 848호, p.4.

▶ 그림 1-4 소비자의 세 가지 변신 모습

소비자 특성	소비자 변신	예시
마케팅 과정에 **참여**	新프로슈머 (Producer + Consumer)	이경규의 꼬꼬면
사회 이슈에 **민감**	소셜슈머 (Social + Consumer)	스타벅스의 공정무역
나만의 스타일 **주도**	큐레이슈머 (Curator + Consumer)	스마트폰의 앱 구성

* 자료 : 이동훈·이정호·이민훈(2012. 4. 4.) 소비의 새 물결이 마케팅을 바꾼다. CEO Information, 삼성경제연구소, 848호, p.5.

소셜슈머는 개인의 만족뿐 아니라 사회 전체의 이익에 관심을 가지고 사회적 이슈에 참여하고 기업에게도 사회적 역할을 요구하는 소비자를 말한다. 소비자는 기업의 사회적 책임으로 인해 발생한 추가 비용이 자신에게 전가될 것을 우려해 모두에게 이익이 되는 공유 가치 창출CSV : creating shared value에 주목하고 있다. 스타벅스의 공정 무역fair trade이 한 예이다. 즉, 거대한 자본을 자기 기업이나 국가만이 계속해서 이윤을 남기는 것이 아니라 다수의 나라와 사람들이 함께 잘 살기를 희망하는 공생의 의미를 담고 있다.

큐레이슈머는 전시회의 큐레이터처럼 자신만의 소비 스타일을 만들어나가기 때문에 장소와 상황에 따라 어떤 상품을 얼마나 어떻게 구입하고 사용해야 할지 자신의 주관에 따라 결정하는 소비자를 지칭한다. 이러한 소비자는 기업이 의도한 브랜드 이미지나 제품 사용 방식에 구애받지 않고 자신만의 노하우를 활용하여 색다른 만족을 추구한다. 스마트폰의 앱 구성을 예로 들 수 있다.

최근에는 위에서 언급한 신프로슈머, 소셜슈머, 큐레이슈머 이외에도 다양한 소비자들이 나타나고 있다. 대표적으로 바겐헌터, 리뷰슈머, 트라이슈머, 트윈슈머, 앰비슈머, 크로스오버 쇼퍼, 펀슈머, 그리고 모디슈머 등이 있다. 특히, 4차 산업 혁명을 이끄는 기술들에 대한 소비자의 친숙도가 증가하면서 더 다양하고 차별적인 구매 행동이 나타날 것으로 보인다.

▶ 표 1-1   신소비자 유형과 구매 행동 특성

신소비자 유형	구매 행동 특성
바겐헌터(bargainhunter)	• 세일만을 기다렸다가 할인된 가격으로 구매를 하는 소비자 • 자료 : 중소기업뉴스(http://news.kbiz.or.kr)
리뷰슈머(reviewsumer)	• 비평과 소비자 합성어로 신제품을 남보다 먼저 사용해 보고 SNS 등에 상품에 대한 평가글을 전문적으로 올리는 소비자 • 자료 : 소비자평가(http://www.iconsumer.or.kr)
트라이슈머(trisumer)	• 광고 등에 의존하지 않고 스스로 제품을 사용해 본 뒤 구매를 결정하는 소비자 • 자료 : 시사저널(http://www.sisajournal.com)
트윈슈머(twinsumer)	• 쌍둥이를 뜻하는 트윈(twin)과 소비자를 의미하는 컨슈머(consumer)의 합성어로 생각·취미·취향·반응·소비 등이 쌍둥이처럼 유사한 소비자 • 자료 : 중앙일보(https://news.joins.com/article)
앰비슈머(ambisumer)	• 양면성(ambivalent)과 소비자(consumer)의 합성어로 이중잣대를 가진 소비자들로 가치관에 우선 순위에 있는 것에는 돈을 아끼지 않지만 후순위에 있는 것에는 최대한 돈을 아끼는 소비자 • 자료 : 연합인포맥스(http://news.einfomax.co.kr)
크로스오버 쇼퍼(crossover shopper)	• 온라인과 오프라인을 비롯한 모든 채널을 통해 정보를 수집하고 구매하는 소비자(쇼루머, 역쇼루머, 옴니쇼퍼 모두 포함) • 자료 : 소비라이프뉴스(http://www.sobilife.com)
펀슈머(funsumer)	• 구매나 구매 과정에서 즐거움을 추구하는 소비자 • 자료 : 소비자평가(http://www.iconsumer.or.kr)
모디슈머(modisumer)	• 기존 제품을 자신만의 방식으로 수정(modify)해서 이용하는 소비자 • 자료 : 시사저널(http://www.sisajournal.com)

5. 4차 산업 혁명 시대의 소비자 행동

제4차 산업 혁명은 2016년 세계 경제 포럼에서 주창된 용어로서 사물인터넷(IoT), 빅데이터(Big data), 인공지능(AI) 등의 디지털 기술로 인해 사회·경제가 초연결성hyper-connected과 초지능화hyper-intelligent로 변화하는 현상을 일컫는다Schwab, 2016. 사회의 초연결성과 초지능화로 인해 소비자들의 구매 행동 또한 다양한 형태로 변화할 것으로 예측된다. 4차 산업 혁명이 가져온 소비자 행동의 변화를 요약하면 다음과 같다조세일보, 2018.5.21.

첫째, 초연결사회에서 소비자들은 많은 중개자를 원하지 않는다. 즉, 주문-생산-유통-소비-처리의 거래 단계가 축소되고 단일화가 가능하게 되었다. 중개자는 생산자와 소비자가 가지는 보관, 보관비용, 이동, 소유권, 결제, 위험부담, 주문, 협상 등의 문제를 해결해 줌으로써 존재의 가치를 인정받고 있다.

둘째, 가치 중심의 소비 확대이다. 과거 소비자들은 제품, 기술, 기능과 같은 구매 가치, 소유 가치, 혹은 사용 가치를 중요하게 취급하였으나 4차 산업 혁명 시대에는 처분 가치와 공유 가치도 소비 행동에 있어 그 중요성이 강조되고 있다. 즉, 제품과 서비스가 소비자 자신에게 제공해 주는 혜택, 편리함, 가치가 구매 결정의 기준이 되고 있다.

셋째, 소비자들은 자신들의 경험 공유 범위를 확대하고 있다. 즉, 4차 산업 혁명 시대의 소비자들은 단순한 제품 사용 경험에서부터 제품 구매 경험 – 사용 경험 – 가치 경험 – 사용 후 처분 경험 등 소비 행동 과정의 모든 경험까지 공유하고 있다. 이는 다른 소비자들의 구매 의사 결정에도 많은 영향을 미치고 있다.

마지막으로, 소비자와 기업이나 전문가가 소유하고 있는 정보의 비대칭 감소이다. 지금까지 기업이나 전문가들이 소유했던 소비 관련 전문 지식 등에 대한 정보 수집-분석-활용 능력을 소비자가 많이 가지게 되었다. 정보 불균형 문제가 많이 해소됨에 따라 소비자는 구매의 효율성(예 정보 탐색, 제품 비교, 가격 비교, 커스터마이징 등)을 향상시키고 있다.

제2절 소비자 행동 연구

소비자의 행동 연구는 소비자가 자신의 욕구 충족을 위해 제품이나 서비스를 언제, 어디서, 어떻게 구매하고, 평가하며, 처분하는지, 또 기업의 마케팅 활동에 어떻게 반응을 나타내는지를 연구한다. 이를 토대로 마케팅 활동에 필요한 정보나 자료를 수집하고 마케팅 전략에 활용한다. 본 절에서는 소비자 행동 연구의 배경 및 목적 그리고 소비자 행동 연구의 접근 방법에 대해 살펴본다.

1. 소비자 행동 연구 배경

소비자의 행동에 대한 연구는 다양한 배경에서 찾아볼 수 있다. 시장 환경의 변화는 물론 소비자 정보의 중요성, 소비자 권리의 강화, 기업의 글로벌 경영 등이 좋은 예이다.

1) 시장 환경 변화

과거의 시장은 공급에 비해 수요가 넘치는 공급자 중심의 시장이었다. 공급자 중심의 시장에서는 기업의 광고 메세지를 일방적으로 소비자에게 전달하는 푸시 마케팅 전략을 사용하여 시장 점유율을 높이는데 마케팅 노력을 기울였다. 하지만 20세기 들어 치열한 고객 유치 및 유지를 위한 수요자 중심의 시장으로 변하였다. 수요자 중심으로의 시장 환경의 변화는 제품이나 서비스 공급업자가 소비자의 필요나 욕구를 사전에 파악하고 그 욕구를 충족시킬 수 있는 제품이나 서비스를 제공하지 못하면 경쟁 시장에서 도태된다는 것을 의미한다. 수요자 중심의 시장에서는 마케팅 노력을 고객 점유율을 높이는데 기울였다.

이러한 환경의 변화로 인해 기업의 경영 활동도 소비자 중심의 마케팅으로 변화할 수 밖에 없다. 따라서 마케팅은 기업의 경영 활동에 있어서 선택이 아닌 필수이며, 효과적으로 마케팅 활동을 수행하기 위해서는 소비자 행동의 이해가 전제되어야 한다. <사례 1-2>는 고객의 고정 관념_{짙은 갈색과 단맛} 내지 욕구를 정확히 이해하지 못해 제품 출시 1년만에 시장에서 사라진 콜라와 자동차의 예이다.

사례 ①-2

시대를 잘못 만난 마케팅

- 크리스털 펩시와 나노 자동차의 마케팅 실패

시대를 앞서간 탁월한 제품이라 해도, 소비자들이 받아들이지 않아 시장에서 외면 받고 실패하는 경우도 많다. 한 예로

1993년도 펩시가 선보인 무색콜라 '크리스털 펩시'를 들 수 있다. 시대에 뒤처지는 품질의 제품을 마케팅하여 실패하는 경우

출처 : http://hotcountry1035.com/remember-crystal-pepsi-well-its-coming-back/

도 많이 있다. 한 예로 타타의 '나노 자동차' 사례가 있다.

1993년 펩시가 출시한 무색콜라 '크리스털 펩시'는 제품 자체는 좋았지만 소비자들의 호응을 얻지 못했다. 당시는 지금과는 다르게 건강, 웰빙을 그다지 중요시하던 시기가 아니었다. 또한 개별 고객의 기호에 맞추어 제품이 다양하게 변형되어 출시되는 상황도 흔하지 않았다. 따라서 카페인과 색소를 첨가하지 않은 무색 콜라가 건강에 좋다고 강조하는 마케팅은 콜라의 짙은 갈색과 단맛에 익숙해져 있던 소비자들의 관심을 끌지 못했다. 기존 입맛에 길들여진 소비자들은 크리스탈 펩시가 일반 콜라보다 밍밍한 맛이라며 어색하게 받아들였다. 결국 '크리스털 펩시'는 출시 1년 만에 시장에서 사라지게 되었다.

이와 같이 진정성이 느껴지는 좋은 제품이지만 사람들이 받아들이지 않아서 실패하는 마케팅을 '카산드라 증후군(Cassandra syndrome)'이라고도 부른다. 이는 그리스 로마 신화에서 비롯된 용어로, 분명히 좋은 제품인데도 세상이 알아주지 않아 아무도 설득시킬 수 없는 경우, '카산드라 증후군'에 감염되었다고 얘기한다.

2008년 인도 타타 자동차는 '세계에서 가장 싼 자동차'라는 명성을 얻은 '나노'를 선보였다. 당시 '나노'의 판매가는 10만 루피(약 164만 원)에 불과했다. 하지만 '나노'는 지난 10년 간 소비자들의 선택을 받는데 실패했고, '나노'로 인해 타타 자동차의 브랜드 이미지도 쇠퇴하게 되었다. 이에 대하여, 글로벌 주식을 연구하는 미국 투자은행 '제프리스'의 아르야 센 애널리스트는 "나노의 마케팅 실패는 인도 자동차 시장에 대한 기본적인 오해에서 비롯된다"며 "인도에서 자동차는 럭셔리한 제품이라는 인식이 있는데 타타차는 오히려 싸구려 자동차 업체라는 이미지를 안게 된 것"이라고 설명했다.

'나노'를 개발한 '라탄 타타' 회장은 당시 복잡한 길거리에서 오토바이 한 대에 온 가족이 타고 가는 위험한 모습을 보면서, 이들을 위한 저렴한 차를 만들어보자고 결심하여 많은 반대를 무릅쓰고 결국

출처 : http://news.naver.com/main/read.nhn?mode=LSD&mid=sec&sid1=103&oid=047&aid=0002052400

그 결심을 이뤄냈다. 하지만 '나노'의 판매는 부진했다. 파격적인 가격에도 불구하고 안전을 위협할 정도로 품질이 뒤처졌다는 것도 실패 이유 중 하나이다. '나노'는 원가 절감을 위해 차체는 플라스틱으로 만들어졌고, 차량의 바퀴 볼트도 3개 밖에 들어가지 않았다. 또한 에어컨과 에어백을 갖추지 않았고, 최고 속력은 70km밖에 되지 않는 등 품질을 만족시키지 못하였다.

자료 : 소비자평가 (2018.4.26)

2) 소비자 정보의 가치 증대

소비자의 욕구 다양화 및 개성화는 기업의 신제품 출현을 가속화시키는 계기가 되었으며 이는 기존 제품의 수명 주기를 단축시키는 결과를 가져왔다. 짧은 제품의 수명 주기는 소비자의 욕구와 필요를 사전에 파악하여 신속하게 제품이나 서비스를 제공해야 한다는 것을 뜻한다.

따라서 기업은 소비자 행동 연구를 통해서 가치 있는 정보를 수집 및 분석해야 한다. 소비자 입장에서 소비자 정보는 복잡한 현대 사회에서 발생 가능한 소비 선택의 불확실성을 최소화시켜 줌으로써 합리적인 소비 행동을 하도록 돕는다. 한편, 기업 입장에서의 소비자 정보는 신제품 아이디어 창출, 제품 개발, 유통 채널 결정, 가격 결정, 판매 촉진 활동을 효과적으로 수행하는데 활용된다.

3) 소비자 권리의 강화

소비자 권리는 소비자가 향유할 수 있는 기본 권리이다. 소비자의 권리는 세계 각국의 소비자 운동과 소비자 행정의 목표로 이용되고 있다. 소비자 권리의 제정은 기업이 적극적으로 소비자 권리를 보호하기 위한 경영 활동을 수행해야 함을 시사한다.

미국 케네디 대통령은 안전할 권리, 알 권리, 선택할 권리, 보상 받을 권리 등의 4대 소비자 권리를 제시하였다. 경제협력개발기구OECD는 생명 및 건강을 침해당하지 않을 권리, 적정한 표시를 행하게 할 권리, 부당한 거래 조건에 강제당하지 않을 권리, 부당하게 입은 피해로부터 공정하고 신속하게 구제받을 권리, 정보를 신속하게 제공받을 권리 등 소비자 5대 권리를 선언하였다. 국제소비자연맹IOCU은 케네디 대통령이 제시한 4가지 권리에 의사를 반영할 권리, 교육 받을 권리, 쾌적한 환경을 누릴 권리를 추가하여 7대 권리를 선언하였다.

우리나라는 소비자 보호법에 소비자의 7대 권리를 명문화하고 있는데, 국제소비자연맹의 7대 권리 중 쾌적한 환경을 누릴 권리가 제외되고 단체를 조직·활동할 권리를 추가하였다. 특히, 우리나라 소비자 보호법은 소비자의 역할을 강조하고 있다. 소비자는 스스로의 안전과 권익 향상을 위하여 필요한 지식을 습득하고, 자주적이고 성실한 행위를 하며, 합리적인 소비 생활을 위해 적극적인 역할을 해야 한다고 규정하고 있다. 이는 소비자의 권리만 중요한 것이 아니며 여기에 따르는 책임도 중요하다는 의미이다.

4) 글로벌 경영

오늘날 기업은 글로벌 시장을 대상으로 경영 활동을 수행하고 있다. 다시 말해, 전 세계를 하나의 시장으로 보고 통합된 전략을 수립하고 실행한다. 과거에는 각국 소비자의 기호가 매우 상이相異하였으나 인터넷과 같은 IT기술의 확산과 다양한 소비 정보의 취득으로 소비자의 수요나 구매 형태가 점차 동질화되어 가고 있다. 예를 들어, 코카콜라와 펩시콜라가 전 세계적으로 가장 많이 팔리는 청량음료가 되었고 Levi's 청바지는 한국에서도 성공하였다.

이처럼 시장의 범위가 세계 시장으로 확대됨에 따라 기업은 더 많은 고객 정보를 수집하고 더 세밀하게 분석해야 한다. 전 세계 시장을 하나로 볼 때 소비자의 수요나 구매 형태가 점차 동질화되어 가고 있지만 각 세분 시장의 소비자 특성은 문화 등에 따라 다양하기 때문에 마케팅 전략의 성공적 실행을 위해서는 체계적인 소비자 행동을 이해해야 한다.

2. 소비자 행동 연구 목적

소비자는 제품이나 서비스를 구매하고 소비함으로써 소비자로서의 행동을 한다. 소비자는 기업의 제품 및 서비스에 관한 촉진 활동에 노출되어 있다. 따라서 마케터 입장에서 보면 소비자 행동에 대한 올바른 이해는 기업의 목표를 보다 효과적으로 달성하는데 도움이 된다. 또한, 소비자 행동에 관한 지식은 공공 정책 수립에 유용하게 활용된다.

1) 마케팅 전략 수립

기업은 소비자의 행동 분석을 통해 다음과 같이 마케팅 전략의 수립과 실행에 유용한 정보를 찾아내려 한다. 첫째, 기업은 소비자 행동 연구를 통해 시장에서 충족되지 않은 소비자의 욕구를 파악해서 새로운 시장에 진출할 기회를 찾고자 한다. 둘째, 기업은 소비자의 특성 분석을 통해서 소비자의 동질적이고 유사한 특성별로 시장을 세분화하고segmentation 표적 시장을 선정하는 전략을targeting 보다 효과적으로 사용하고자 한다. 마지막으로, 기업은 소비자 행동 분석을 통해 표적 시장의 소비자들에게 효과적인 마케팅 믹스 전략을 전개하고자 한다. 이러한 마케팅 전략을 수립하기 위해서 각 세분시장의 인구통계적 특성, 심리적 특성, 구매 빈도와 구매량과 같은 행동적 특성 등 소비자 관련 정보 수집은 필수적이다.

소비자 행동의 이해는 비영리 조직(예 정부 기관, 박물관, 교회, 사회단체, 대학 등)에게도 의미있는 시사점을 제공한다. 비영리 조직들도 존재 가치를 인정받으려면 고객의 욕구를 충족시키거나 문제를 해결해야 하며, 또한 고객의 참여와 지지를 얻어내야 하므로 소비자 행동에 관한 지식을 활용할 필요가 있다. 한 예로서, 대학은 우수한 학생을 유치하기 위해 특성 있는 교육 프로그램 개발, 우수한 교수진 확보, 다양한 학생 복지 프로그램 개발, 그리고 표적 집단 홍보 등 기업과 동일한 방법의 마케팅 활동을 실행하고 있다.

2) 공공 정책 수립

소비자 행동 연구는 정부에게는 소비자 권익을 강화하고 보호할 수 있는 공공 정책 수립의 근거를 제공한다. 공공 정책은 시장에서 소비자들에게 영향을 미칠 법규나 조례 제정과 관련이 있다. 예를 들어, 한국소비자보호원은 소비자의 불만 및 피해의 구제와 상담을 하는데 이 모든 활동은 소비자 행동 연구에 바탕을 두고 있다.

3) 합리적 소비 활동 촉진

소비자 행동의 이해는 소비자가 합리적인 소비 활동을 촉진하는 데 중요한 역할을 한다. 소비자는 많은 시간을 구매 활동에 할애하며, 제품에 관해 생각하고 친구들과 이야기하며, 제품에 관한 광고를 보거나 듣는데 소비한다. 따라서 소비자 행동에 대한 이해는 소비자의 입장에서 보다 현명한 소비 활동을 계획하고 욕구를 충족할 수 있도록 도와준다. 기업이 소비자에게 제품 및 가격 정보를 제공하는 것은 소비자의 합리적인 소비 활동을 지원하기 위함이다.

3. 소비자 행동 연구의 접근 방법

소비자 행동 연구는 인간 행동을 다루는 여러 기초 학문을 토대로 하고 있다. 즉, 소비자의 내면 상태를 다루는 심리학, 사회 구성원의 역할과 집단에의 영향력 등을 다루는 사회학, 집단 내에서의 개인 행동을 다루는 사회 심리학, 개인의 구매 행위에 영향을 미치는 문화를 다루는 문학 인류학, 그리고 소비자의 욕구 충족 극대화를 위해 합리적 행동을 다루는 경제학 등 다양한 학문을 바탕으로 하고 있다.

어떠한 학문적 특성을 바탕으로 하더라도 소비자 행동에 대한 연구의 주요한 목적은 소비자 행동에 관련된 변수들 간의 인과적 관계를 발견하여 미래 행동을 예측하고 나아가 소비자 행동의 일반 법칙을 정립하는 것이다. 소비자 행동 연구의 접근법은 크게 4가지로 살펴 볼 수 있다표 1-1 참조.

▶ 표 1-1 소비자 행동 연구의 접근 방법별 특징

구분	경제학적 접근	다원적 접근	정보 처리 접근	쾌락적·경험적 접근
시대	• 1950년대 이전	• 1950년대 중반~	• 1960년대 후반~	• 1980년대 후반 이후
학문적 배경	• 경제학	• 정신 분석학 • 심리학 • 사회학	• 인지 심리학	• 정서 심리학 • 비교 문화론
소비자에 대한 기본 가정	• 합리적 인간	• 욕구 충족자	• 이성적 인간 • 정보 처리자	• 쾌락 및 경험 추구자
특징	• 합리적 의사 결정 • 효용 극대화	• 욕구 충족 • 심리학과 사회학의 결합	• 의사 결정 과정 및 영향 요인 중시	• 인지적 관점과 정서적 관점 동시 고려

1) 경제학적 접근

소비자 행동에 대한 초기의 연구는 소비자를 합리적인 소비자로 보고 접근하였다. 이는 경제학에 의해 주도되어 온 것으로 두 개의 기본 가정을 바탕으로 하고 있다. 소비자는 제품에 대한 완전한 정보를 수집하고 이에 기초하여 합리적 의사결정을 한다는 점과 소비로부터 최대의 효용을 얻을 수 있도록 제품의 종류와 구매량을 결정한다는 점이다. 하지만 소비자는 제한된 정보와 처리 능력 때문에 최적의 대안 선택보다 적정한 만족 수준을 제공하는 대안을 선택할 경우가 흔하며 합리적 행동이 무엇인지 이해하기 어렵다.

경제학적 접근을 바탕으로 한 소비자 행동 조사는 소수의 소비자 집단을 대상으로 한 동기 조사가 주로 이용되었다. 하지만 동기 조사는 조사 결과에 대한 해석이 분석자의 주관적 판단에 따라 달라질 가능성이 있어 소비자가 어떤 제품을 구매할 것인지를 예측하기 어렵다. 또한, 경제적 관점은 개인의 소비 행동을 충분히 설명하지 못하므로 마케팅 의사 결정에 쉽게 적용하기 어렵다. 따라서 시장에서의 개별 소비자 행동에 대한 분석과 예측보다는 선택 행위를 종합한 전반적인 수요 추세를 예측하는 데 더 유용하게 활용된다.

2) 다원적 접근

1950년대 이후 소비자 행동 연구에 심리학과 사회학이 접목되기 시작하였다. 심리학 바탕에서의 연구는 소비자의 지각, 학습, 동기, 개성, 라이프 스타일, 태도와 구매 행동 간의 상관 관계 등에 관심이 많았다. 1960년대 들어 소비자 개성과 구매 행동 간의 연구가 활발히 전개되었으나 이들 간의 상관 관계는 높지 않게 나타났다. 이에 따라 사이코그래픽스라는 새로운 방법이 도입되었다. 이는 개인의 라이프, 신념, 태도, 가치 체계를 연구하는 분야로서 주로 라이프 스타일 분석을 위해 사용된다. 사이코그래픽스와 소비자의 인구 통계적 특성을 동시에 고려하면 시장 세분화에 매우 유용하다.

한편, 사회학에서 개발된 여러 개념들이 소비자 행동에 도입되었다. 예를 들면, 사회학에서는 사회 계층, 준거 집단, 가족 등이 제품 구매, 가족 구매 의사 결정 등에 어떻게 영향을 미치는지에 관심이 많았다.

3) 정보 처리 접근

1960년대 후반에 들어 심리학이나 경제학 등의 단일 학문으로는 복잡하고 광범위한 소비자 행동을 충분히 설명할 수 없게 되었다. 이에 따라 행동 과학을 바탕으로 한 소비자 행동 모형을 개발하기 시작하였으며 대표적으로 Howard와 Sheth 모델, Engel 등의 모델, 그리고 Bettaman의 정보 처리 모델 등이 있다.

1960년대 후반 이후에 개발된 소비자 행동 모델들은 소비자의 정보 처리 과정으로서 소비자 행동을 설명하고 있으므로 소비자 정보 처리 모델consumer information processing model : CIP이라 불린다그림 1-5 참조. 소비자 정보 처리 모델에서는 소비자를 논리적이고 체계적인 의사 결정자로 보며 의사 결정 과정에 많은 인지적 노력이 투입되는 것으로 가정하고 있다. 따라서 심리적 요인, 사회적 요인, 문화적 요인의 상호 작용에 의해 소비자 행동이 결정되는 것으로 파악하고 여러 가지 요인들을 포괄적으로 고려하였다.

▶ 그림 1-5 소비자 정보 처리 관점

* 자료 : 이학식 · 안광호 · 하영원(2006). 소비자 행동 : 마케팅전략적 접근(제4판). 법문사, p.19. 수정

4) 쾌락적 · 경험적 접근

1980년대 들어 일부 소비자 행동 연구자들은 마케팅 자극에 대한 소비자 반응을 인지적 관점에서보다는 정서적 관점에서 보아야 한다고 주장하였다. 즉, 소비자 구매 행동은 합리적이고 논리적 사고뿐만 아니라 정서적 동기에 의해서도 이루어진다고 보았다. 쾌락적 · 경험적 접근에 의하면 소비자는 정서적 동기에서 구매 행동을 하며 소비 과정에서 즐거움이나 판타지와 같은 좋은 느낌을 경험하고자 한다고 가정한다.

이 관점에서는 제품을 단순히 물리적 속성들의 집합이 아니라 사랑, 긍지, 지위, 기쁨 등을 표현하는 상징물로 본다. 예를 들면, 스포츠, 여가, 취미 활동^{행글라이더}, 공연 예술^{오페라, 무용} 등은 쾌락적·경험적 관점에서 잘 설명될 수 있다.

이 관점은 앞서 설명한 소비자 정보 처리 관점과 배치되지 않는다. 그 이유는 쾌락적·경험적 관점도 의사 결정과 정보 처리 과정을 거치는 것으로 가정하고 있기 때문이다. 두 관점 간의 차이는 구매 동기 및 평가 기준이 다르다는 데 있다. 소비자 정보 처리 관점은 제품의 효용적·실용적 가치 때문에 구매 행동이 일어난다고 보지만 쾌락적·경험적 관점은 제품의 상징적 가치 때문에 구매가 이루어지는 것으로 보고 있다(예 자아 이미지 강화를 위해 명품 구입).

제3절 소비자 행동 모델

소비자 행동 모델 연구는 1950년대 이후로 활발히 이루어져 왔으며 연구의 주된 목적은 소비자의 구매 과정을 이해하는 것이었다. 연구자들이 제안한 소비자 행동 모델은 주로 유형적인 제품과 관련한 구매 결정을 주로 다루고 있으며, 크게 전통적 모델과 현대적 모델로 대별된다. 최근에는 소셜 미디어 시대의 소비자 행동을 반영하는 덴츠의 SIPS 모델이 개발되었다. 여기서는 모델 연구의 중요성, 전통 및 현대적 소비자 행동 모델, 소비자 행동 모델의 한계점, 마지막으로 덴츠電通의 SIPS 모델을 소개한다.

1. 모델 연구의 중요성

소비자 행동에는 많은 변수가 포함되어 있으며 이들 변수들 간의 상호 작용으로 인하여 매우 복잡하다. 이러한 복잡성을 해결하기 위한 노력의 일환으로 소비자 행동 모델이 개발되었다. 소비자 행동 모델은 소비자 행동에 관련된 변수에는 어떠한 것들이 있고, 그들의 특성은 무엇이며, 또 그들 상호간은 어떠한 관계를 지니고 있는가를 단순화시켜 보여줌으로써 복잡한 소비자 행동을 이해하는데 도움을 준다. 소비자 행동 모델의 중요성을 살펴보면 다음과 같다^{함용철·김동훈, 2011}.

첫째, 복잡한 소비자 행동을 체계적으로 파악하는데 용이하다. 소비자 행동 모델은 소비자 행동에 영향을 미치는 변수 간의 관계(예 인과 관계) 내지 흐름을 전체적이고 체계적으로 규명해 주기 때문에 복잡하고 다양한 소비자 행동을 파악하기 쉽다.

둘째, 이론 정립에 유용하다. 모델 검증은 이론 정립을 위한 사전 과정이라 볼 수 있다. 모델은 어떤 현상에 대하여 많은 실험과 추가 작업이 필요로 하는 것을 의미하나 이론은 어떤 현상을 객관적으로 검증한 후 그 결과를 체계적으로 나타낸 것이다.

셋째, 소비자 행동을 예측하기 위한 근거를 제공해 준다. 대부분의 소비자 행동 모델은 소비자 행동을 구매 의사 결정 과정(예 욕구 인식-정보 탐색-대안 평가-구매-구매 후 평가)으로 파악하고 사후의 경험이 피드백되는 과정을 포함하고 있다. 즉, 소비자 행동을 순차적인 과정으로 묘사해 주기 때문에 소비자의 미래 행동을 예측하는 데 도움이 된다.

마지막으로, 소비자 행동 모델은 마케팅 전략 수립에 도움이 된다. 소비자 행동 모델은 구매 의사 결정 과정에 영향을 미치는 소비자의 개인적·심리적 요인(예 태도, 동기, 개성, 가치 등)과 사회 문화적 요인(예 문화, 준거 집단, 사회 계층 등)들을 포함한다. 이 변수들은 마케터가 의사 결정에 필요한 정보 및 시장 세분화의 기준으로 활용된다.

2. 전통적 소비자 행동 모델

전통적 모델은 소비자 행동 변수를 순수 심리 이론과 경제 및 사회 이론에 한정시켜 소비자 행동 모델을 구성한 것이다. 대표적으로 자극과 반응 모델, 블랙 박스 모델, 그리고 정신 분석 모델이 있다.

1) 자극 - 반응 모델

자극 - 반응 모델stimulus-response model, S-R model에 의하면 인간은 외부로부터 주어진 자극에 따라서 반응, 즉 행동이 나타난다. 러시아의 생리학자 파블로프Pavlov가 동물 실험을 통하여 조건 반응conditional response[2]를 주장한 이래 인간도 다른 동물과 마찬가지로 무엇인가 인지하고 배우는 것은 하나의 연상 과정이며, 이 연상 과정에 의해 인간의 반응이 조건화된다고 주장하였다. TV광고에서 맥도널드 햄버거 광고를 보고 먹고 싶다는 충동을 느낀다면 바로 사먹게 되는 인간의 행동이 바로 자극과 반응 모델의 예이다.

그러나 인간의 반사적이고 무의식적인 행동에는 어느 정도 설명력이 있지만 복잡한 인간의 행동을 설명하기에는 부족하다. 예를 들면, 인간은 서로 다른 자극이 가해지더라도 동일한 반응이 나올 때가 있고 동일한 자극이 가해지더라도 서로 다른 반응이 나오기도 하는데 이 부분을 설명하지 못한다.

2) 조건 반응 : 조건 자극(조건 반응을 유발하는 자극)에 의해 일어나는 반응을 의미한다. 조건 반응은 선천적이지 않고 경험을 통해 습득해야 생기는 것이다.

2) 블랙 박스 모델

자극과 반응 모델이 설명하지 못하는 부분을 보완한 것이 블랙 박스 모델black box model이다. 인간은 서로 다른 자극이 가해지더라도 동일한 반응이 나올 때가 있고 동일한 자극이 가해지더라도 서로 다른 반응이 나오기도 하는 것은 제3자가 보아서는 알 수가 없는 블랙 박스를 거치기 때문이다Loudon & Bitta, 1984. 맥도널드 불고기 버거 광고를 본 외식 소비자가 꼭 맥도널드 불고기 버거를 선택해야 하는 자극과 반응 모델과 달리 개인의 블랙 박스동기, 태도, 학습, 지각 등를 거치면서 롯데리아나 버거킹의 불고기 버거를 구매할 수 있다는 것이다.

▶ 그림 1-6 블랙 박스 모델

* 자료 : Loudon, D. L., & Bitta, A. J. (1984). Consumer behavior concepts and application(2nd ed). McGraw Hill, Inc.: N.Y.

<그림 1-6>에서 자극 변수는 외부적 환경이 소비자에게 영향을 미치는 것들이며 반응 변수는 자극에 의해 유발되는 소비자의 행동 결과이다. 자극 변수와 반응 변수의 중간 과정인 매개 변수는 그 구조나 과정을 명백히 관찰할 수는 없다. 매개 변수로는 인간의 내면적 요소인 동기, 태도, 학습, 지각 등이 있는데 이것이 블랙 박스이다.

이 모델은 특정 상황하에서 소비자 행동을 설명하기 위한 가장 간단한 개념적 모델이다. 이 모델은 외부로 표출된 소비자 행동을 설명하고 예측하는데 유용하다. 하지만 인간의 내면적 측면인 태도, 동기, 학습, 지각 등을 어떻게 이해할 것인가에 대한 설명은 하지 못한다.

3) 정신 분석 모델

1950년대 정신분석학자들은 구매에 대한 소비자 동기를 이해하기 위한 기초를 만들었다. 소비자의 합리성을 가정으로 한 경제적 모델과는 대조적으로 정신분석적 접근 방법은 비합리성심리적 측면을 강조하였다.

Freud는 인간 행동은 자신의 본능id과 자기 자신도 인식하지 못하는 어떤 무의식적 동기에 의해 유발된다고 주장하였다. 따라서 소비자 행동의 동기는 실질적 동기(예 경제적 또는 기능적)도 중요하지만 소비자 내면에 존재하는 정신적, 심리적 동기가 더 중요하다고 보는 관점이다.

정신 분석 모델psychoanalytic model은 인간의 표면적인 행동보다도 내면 깊숙이 존재하는 동기를 파악하고자 하는 경우에 주로 이용된다. 하지만 인간 행동의 동기는 행동 주체인 자신도 완전히 인식하지 못하는 경우가 많기 때문에 인간의 행동 동기를 정확히 이해하기는 어렵다.

4) 전통적 소비자 행동 모델의 한계점

전통적 소비자 행동 모델은 행동 모델이라기 보다는 소비자의 특정 측면에 대한 체계적인 견해나 신념을 서술적 형식으로 표현하고 있다. 즉, 소비자 행동이라는 현상을 인간의 본질과 행동의 특정 측면에 대한 하나의 신념만을 기술하고 있을 뿐 포괄적으로는 묘사하지 못하고 있다. 경제학자들은 소비자를 합리적인 경제적 동물로 인식하지만 사회심리학자들은 소비자를 감성적인 사회적 동물로 인식하기 때문이다.

그러나 전통적 소비자 행동 모델들은 소비자 행동의 특정 측면에 대해서만은 그 본질과 특징을 명확하게 설명해 주기 때문에 기업의 마케팅 활동에 기여를 해왔다. 기업의 가격 정책이나 광고 전략 등은 거의 대부분 이들 전통적 소비자 행동 이론에 기초하고 있다.

3. 현대적 소비자 행동 모델

현대적 소비자 행동 모델은 행동의 유발 과정을 포괄적으로 설명하기 위해 기호나 도형을 많이 이용하고 있는 것이 특징이다. 전통적 모델과는 달리 경제적, 심리적, 정신 분석적, 사회 심리적 제 측면에서 관련 요인들을 한 모델 속에 유기적으로 연계시키고 있다. 소비자 행동에 영향을 미치는 제 변수들의 본질이나 그들 변수 간의 관계에 대해서는 여러 행동 과학 분야에서 이미 개발된 이론에 기초하고 있으나 행동 변수 간의 상대적 비중은 크게 고려하지 않는다. 대표적으로 Howard와 Seth의 모델과 EBM 모델이 있다.

1) Howard와 Sheth의 소비자 행동 모델

Howard-Sheth 모델은 투입 요소, 추상적 개념hypothetical constructs, 내생 변수internal variables, 그리고 산출 요소로 구성되어 있다그림 1-7 참조. 투입 요소는 마케터로부터 제공되는 브랜드의 물리적 특성인 실질적 자극(예 품질, 가격, 특이성, 이용도, 서비스), 상징적 자극(예 품질, 가격 등에 대한 언어적, 시각적인 제품 특성), 사회 환경으로부터 얻어지는 사회 환경적 자극(예 가족, 준거 집단, 사회 계층)으로 구성되어 있다.

이 모델의 중심적 구성 요소는 소비자가 의사 결정을 내릴 때 작용하는 것으로 추정되는 심리적 변수들이다. 연구자는 이 개념들이 모델의 핵심이나 명백히 설명하지 못하고 직접 측정할 수 없는 추상적 개념으로 간주하였다. 즉, 이들은 개인의 내적 상태로서 관찰할 수 없으며 그 변화 역시 산출 변수에서 유추할 수밖에 없으므로 가설적 구성 개념hypothetical constructs이라 칭하였는데, 지각적 구성 개념perceptual constructs과 학습 구성 개념learning constructs으로 구성되어 있다두 가지 구성 개념을 내생 변수로 칭함. 지각적 구성 개념에는 정보 탐색, 자극 교란, 주의 및 지각적 편견 등이 포함된다. 이는 소비자가 투입 자극과 다른 부분에서 얻어지는 정보를 어떻게 받아들이고 처리하는가에 관련된다. 소비자가 환경에서 받아들인 정보의 의미를 명백히 파악하지 못할 경우 자극 모호성교란이 발생하고, 소비자가 개인의 욕구나 경험에 적합하도록 받아들여진 정보를 왜곡할 경우 지각적 편견이 발생한다. 학습 구성 개념은 구매 상황에서 구매자 동기에서 만족까지의 과정을 나타낸다.

이 모델은 구매를 단순한 산출로 인식하지 않고 주의, 이해, 태도, 의도 및 구매 행동으로 연결되는 5가지 변수를 산출 요소로 포함하고 있다. 산출 요소는 투입 요소와 소비자의 내적 상태와의 상호 작용의 결과로 나타나는 반응을 말한다. 제품이나 서비스 제공자 관점에서는 제품의 구매가 가장 중요한 반응이겠으나 그와 주의, 태도, 이해, 의도 등의 성향도 나타날 수 있다고 본 것이다.

이 모델은 타 모델에 비해 소비자 행동을 예측하거나 통제하는데 중요한 속성들이 실증을 충분히 거쳤다는 점이다. 하지만 어느 때 특정 현상이 중요한지 그리고 구매 선택을 결정할 때 사회 계층 등이 언제 영향력이 강해지는가에 대한 답변을 제시하지 못한다. 또한, 개별 구매자의 행위에는 적합하지만 집단 의사 결정에는 미흡한 것으로 평가된다.

▶ 그림 1-7   Howard와 Sheth의 소비자 행동 모델

* 자료 : Howard J.A., & Sheth, J.N.(1969). The theory of buyer behavior. New York : John Wiley and Sons, p. 32

2) EBM 소비자 행동 모델

EBM 모델은 1968년 Engel-Kollat-Blackwell 모델[EKB]이 개발된 이후 여러 차례 수정되었다. 1986년 Engel과 Blackwell은 Miniard 교수와 공동으로 EKB 모

델을 5차에 걸쳐 수정하여 오늘날의 Engel-Blackwell-Miniard 모델^{EBM}을 <그림 1-8>과 같이 제안하였다.

EBM 모델은 자극 투입, 정보 처리 과정, 의사 결정 과정, 그리고 의사 결정 영향 요인 등 4개 부문으로 구성되어 있다. 자극의 투입은 제품, 상표, 가격, 광고 등 기업의 마케팅 자극뿐만 아니라 기후, 유행, 친구의 구전 등 제반 환경 요인도 포함한다. 정보 처리는 투입된 자극을 소비자가 해석하고 처리하는 과정을 의미하는데 노출, 주의, 이해 및 지각, 수용, 보유의 과정을 거치면서 여과되어 신념, 의도와 동기, 라이프 스타일, 준거집단, 가족 등과 함께 구매 의사 결정 과정 변수로 연결된다.

▶ 그림 1-8 EBM 소비자 행동 모델

* 자료 : Engel, J. F., Blackwell, R. D., & Miniard, P. W.(1986). Consumer behavior(5th ed.). The Dryden Press, p.35.

소비자의 구매 의사 결정 과정은 문제^{필요}인식, 정보 탐색, 대안 평가, 구매 그리고 구매 후 평가의 다섯 단계로 구분된다. 구매 결과는 구매 후 만족, 불만족과 처분의 평가 과정을 거쳐 다시 피드백이 이루어진다. 의사 결정 영향 요인은 개인적, 사회적, 상황적 요인으로 구성되어 있으며 이들 요인은 구매 의사 결정 과정의 각 단계에 영향을 미친다.

EBM 모델은 소비자의 특정 구매 행동이 어떻게 형성되는가에 초점을 맞춘 일종의 행동 과정 모델behavioral process model이다김소영 외. 2008. 따라서 소비자의 행동이 왜 발생하는가에 초점을 맞춘 타 모델과는 차이가 있다. 이 모델은 여러 연구 분야에서 이미 실증된 변수들의 관계를 통합하여 모델화 했기때문에 소비자 행동에 대한 설명력이 매우 높다. 예를 들어, 이 모델은 Fishbein의 행동 의도 모델의 가설을 적용하여 소비자의 태도와 행동 간의 관계를 구매 의도라는 매개 변수를 사용하여 연결시키고 있다. 또한 신념이 태도에, 태도가 의도에, 의도는 행동에 단계적으로 영향을 준다는 효과 단계 모델의 가설을 적용하여 「신념 → 태도 → 의도 → 행동」 간의 관계를 명확히 하고 있다.

하지만 특정 변수가 언제 다른 변수에 영향을 미치는가와 이런 영향력이 어떻게 발생하고 영향력의 강도는 어느 정도인지 설명하지 못한다. 그리고 소비자 행동의 전체 과정을 정보 투입, 정보 처리, 의사 결정 등으로 세분화하여 개념상 명백하고 설득력이 있으나 실제 소비자 행동에서 이런 과정이 일어나지 않을 수 있다. 또한, 기존의 가정된 변수나 부분적으로 실증된 변수 간의 상호 관계를 재구성한 것이므로 독창성이 부족하다.

4. 소비자 행동 모델의 한계점

소비자 행동 모델은 소비자의 구매 행동에 영향을 미치는 변수들을 찾아내고, 이들 변수 간의 관계를 규명하며, 이들 변수들이 소비자 행동에 어떻게 영향을 미치는가를 밝히고 있는 체계이다. 뿐만 아니라 소비자 행동에 영향을 주고 받는 변수들을 모델화함으로써 통합적인 관점에서 파악할 수 있고 의사 결정에 필요한 정보를 제공하기 때문에 소비자 행동 연구에 있어 매우 중요하다. 또한 여러 변수들을 계량화하는데 유용하게 사용될 수 있다.

이러한 소비자 행동 모델의 유용성에도 불구하고 몇 가지 한계점을 지니고 있다. 우선 소비자 행동 모델은 의사 결정상 가장 보편적인 요소만을 규명한다. 하지만 소비자 행동은 제품에 따라 상이한 경향이 있다. 둘째, 소비자 행동 모델의 구성 요소는 동일 제품 내에서도 상이할 뿐만 아니라 제품의 사용 용도에 따라서 동일한 중요성을 지니지 않을 수도 있다. 셋째, 동일한 시장 내에서도 개인마다 모델이 다를 수도 있어 일반화하기 곤란하다. 마지막으로, 구매 의사 결정은 관여 정도에 따라 다르게 나타난다. 하지만 이러한 한계점들은 소비자 행동 모델의 유용성을 제약한다기보다 특정 상황에 맞도록 조절되어야 한다는 의미를 지닌다고 보아야 한다.

5. 덴츠(電通)의 SIPS 모델

일본의 광고 회사 덴츠電通는 소셜미디어[4]가 전 세계적으로 확산됨에 따라 소비자 행동의 새로운 패러다임을 제시하면서 SIPS 모델을 제시하였다. <그림 1-9>와 같이 소셜 미디어 시대의 소비 행동을 '공감 → 확인 → 참가 → 공유/확산'으로 나타내며 이를 줄여서 'SIPS'라고 부른다.

 4) 소셜미디어 : 트위터나 페이스북 등 사람과 사람 사이의 인맥에 의해 생기는 미디어를 의미한다.

▶ 그림 1-9 덴츠(電通)의 SIPS 모델

S Sympathize 공감   **I** Identify 확인   **P** Participate 참가   **S** Share & Spread 공유/확산

기업의 사회활동, 공헌활동 등 평소의 모습, PR 활동, 정보 발신한 측에 대한 공감 / 브랜드에서 내보낸 정보에 공감 / 소비자가 내보낸 정보에 공감

친구/지인/미디어/소셜 미디어 상에서 자신에게 유익한 정보인지 확인한다.

전도사 / 로열 소비자 / 팬 / 다양한 참가자 / 참가 수준 / 구매

사람들과 교류하면서 공감하다

공유/확산

* 자료 : http://www.dentsu.co.jp/sips/

1) 공감하다

매스 마케팅mass marketing은 불특정 다수를 타겟으로 하기 때문에 주의를 끌고 인식되는 것이 중요하다. 임팩트 있는 광고를 만들어서 소비자의 주목을 환기시키지 않으면 쏟아져 나오는 광고 속에 묻혀 버린다. 하지만 소셜 미디어상에서는 우선 주목을 끄는 것이나 기업에서 일방적인 자사의 상품을 좋다고 설득하는 것은 무의미하게 된다. 친구나 지인의 객관적인 추천이 훨씬 믿을 만하기 때문이다. 이를 위해서 공감이 우선이다.

공감에는 2가지 종류가 있는데 그 하나는 브랜드나 기업에서 보낸 정보에의 공감이다. 기업 활동이나 사회 공헌 활동, PR 활동public relations 등에 의해서 생기는 기업 이미지나 브랜드에 대한 공감이 이에 해당한다. 또 하나는 정보 그 자체에 대한 공감이다. 즉, 소비자가 만들어낸 정보에 대한 공감이다. 기업이나 브랜드에서 나온 정보를 소비자에게 전달하려면 소셜 미디어상에서 유통 화폐인 공감을 입혀야 한다. <사례 1-3>은 최근 많은 기업들이 인플루언서influencer 마케팅을 적극 활용하고 있는 사례인데 그 이유는 인플루언서들은 많은 팔로어들과 함께 다양한 정보를 공감하고 확신시키는데 우수한 능력을 지니고 있기 때문이다.

사례 ①-3

그들이 하면, '100만 팔로어'들이 본다

- 우리나라의 인플루언서 마케팅 확장

개인 블로그에서 시작된 텍스트 중심의 1인 미디어는 기술 환경의 변화에 따라 음성 중심의 팟캐스트, 인터넷 개인 방송, 실시간 영상 방송 등으로 형태가 변화했다.

여기에 스마트폰을 활용한 실시간 방송 시청이 대중화되면서 젊은 층을 중심으로 1인 미디어 콘텐츠를 만드는 인플루언서들의 영향력은 더욱 확대됐다.

▶ 콘텐츠 플랫폼의 확장

1인 미디어 콘텐츠 확산을 주도한 것은 유튜브·페이스북·인스타그램·아프리카TV 등 SNS 기반 동영상 플랫폼들이었다. 이러한 콘텐츠들에 대한 수요가 커지자 네이버(네이버TV), 카카오(카카오TV), 트위치 등이 새로운 플레이어들도 영상 플랫폼을 선보이면서 시장은 점점 커졌다. 이에 따라 다양한 주제의 콘텐츠를 생산하는 1인 창작자(Creator)들의 인지도도 함께 높아지면서 여러 수익 모델과 결합될 수 있는 가능성들이 나타났다.

1인 창작자들의 콘텐츠 기획·제작·홍보·광고를 지원하는 전문 채널인 MCN(Multi Channel Network)들이 나타나면서 비로소 소셜 인플루언서라는 개념이 정립되기 시작했다. 2016년 3월 국내 MCN 협회가 출범하면서 현재 약 60개에 이르는 MCN 회원사가 등록됐고, 창작자들도 개인이 아닌 기업에 소속돼 활동하는 경우도 많이 늘어났다.

▶ 그들의 영향력

이렇게 온라인 플랫폼들이 확장되는 시기에 많은 이들의 주목을 받아 유명해진 이들이 있었다. 그들은 주로 유튜브에 영상을 만들어 올리거나 아프리카TV에서 송출되는 실시간 방송으로 많은 팔로어들과 시청자들을 확보하고 이름을 알렸다. 그들 중 가장 대표적인 인플루언서가 바로 유튜버 '대도서관'(본명: 나동현)이다. 그는 채널 접속자들과 소통하면서 게임을 하거나 일상에 대한 대화를 나누는 영상 콘셉트로 많은 이들의 공감을 얻는 데 성공한 1세대 인플루언서다. 유튜브 채널 구독자 수 190만명을 확보하고 있는 대도서관이 유튜브 방송으로만 벌어들이는 수익은 연간 17억원(2017년 기준)에 이른다.

대도서관 이후, 1인 콘텐츠로 많은 관심을 받는 인플루언서들은 점점 늘어났고 그들의 영향력도 점점 커졌다. 어린이용 장난감들을 소개하는 유튜브 채널 '캐리와 장난감 친구들'로 '키즈 콘텐츠 크리에이터'라는 새로운 콘텐츠 장르를 개척한 유튜버 '캐리언니'(현재는 지니언니, 본명 강혜진)는 유튜브 방송으로 2017년 20억원의 수익을 올렸다. 지난해 3월 그녀는 미국의 경제전문지 <포브스>(FORBES)가 선정한 '30세 이하 아시아에서 영향력 있는 30인' 명단에 이름을 올리기도 했다.

그 외에 먹방(실시간으로 음식을 먹는 방송)이라는 콘텐츠를 하나의 장르로 만든 유튜버 '밴쯔'(본명 정만수), 영국과 한국의 문화에 대한 콘텐츠를 만드는 '영국남자'(본명 조슈아 캐럿), 핑거스타일 기타리스트 유튜버 'jwcfree'(본명 정성

크리에이터 주 이용 플랫폼

4.2% 4.2% 1.7% 0.8%

- ▶ 유튜브
- 📷 인스타그램
- Ⓝ 네이버
- 아프리카tv
- f 페이스북

89.2%

출처: 윤-나의 정책연구 계한이디어 콘텐츠 특성방안 연구

하) 등 인플루언서들은 모두 최소 100만 명에서 700만명 이상의 콘텐츠 구독자와 팔로어들을 보유하고 있는 이들로 왕성하게 활동하고 있다.

▶ 유통업계의 인플루언서 마케팅

인플루언서들의 영향력은 기업의 마케팅으로도 활용되기 시작했다. 특히, 소비자 접점에 있는 유통업체와 제조업체들은 이들과의 협업을 적극적으로 타진하기 시작했다. 뷰티 유튜버 '이사배'는 방송을 토대로 갈고닦은 화려한 입담과 뛰어난 메이크업 실력으로 공중파 예능 프로그램에 출연하면서 더 화제가 됐고, 뷰티기업 아모레퍼시픽은 그녀를 자사 제품의 광고 모델로 발탁하기도 했다.

식품기업 농심은 국내 업계 최초로 자사 제품의 광고 모델에 인플루언서를 발탁했다. 농심은 지난해 출시한 신제품 '스파게티 까르보나라'의 광고의 모델로 먹방 유튜버 슈기(본명 최슬기)를 내세워 케이블 채널과 온라인에 광고를 선보였다. 이러한 결정에 대해 농심 관계자는 "인플루언서들은 제품에 대해 본인들이 소통하는 수많은 팔로어들과 함께 이야기하고 정보를 확산시킬 수 있다는 점에서 마케팅 효과가 뛰어나다"면서 "특히 먹방 콘텐츠를 만드는 슈기의 방송 콘셉트와 식품 광고는 분명한 시너지가 있을 것이라는 계산이 있었다"라고 말했다.

백화점 등 유통업계도 인플루언서들과 함께 하는 마케팅에 많은 노력을 기울이고 있다. 지난해 롯데백화점은 인플루언서

▲ 크리에이터 '슈기'가 참여한 농심 스파게티 까르보나라 제품 광고. 출처 = 농심

마케팅 전담 부서인 '인플루언서 커머스 프로젝트팀'을 조직해 다양한 이벤트에 인플루언서들과 협업한 마케팅을 선보이고 있다. 신세계백화점은 유명 인플루언서들을 초청해 강연을 듣거나 토크 공연을 여는 오프라인 행사를 계속 선보이고 있다.

그런가하면 면세점들은 주요 고객인 중국인 고객들의 유치를 위한 해외 인플루언서들과 함께하는 마케팅을 적극 추진하고 있다. 현대백화점면세점은 지난해 11월 23일~24일 이틀간 서울 삼성동 현대백화점 면세점 무역센터점에서 중국의 인플루언서를 뜻하는 '왕홍(網紅)' 3명을 초청해 쇼핑 버라이어티쇼 '인기왕홍 쇼핑배틀' 이벤트를 열었다. 이 이벤트는 왕홍들이 각자의 팬(팔로어)들과 실시간으로 소통하며 '현대백화점면세점 무역센터점 인기상품 베스트5' 상품을 찾는 '쇼핑 버라이어티쇼'로 진행됐으며 방송은 중국 1인 미디어 플랫폼 '이즈보'를 통해 실시간 생중계됐다. <중략>

이러한 시도들에 대해 유통업계 한 관계자는 "인플루언서들은 제품이나 서비스의 단순한 홍보에서 멈추는 것이 아닌

각자의 콘텐츠로 팔로어들과 소통하며 새로운 재미를 전달하고 호기심을 자극한다"면서 "아울러 가까이에서 소통할 수 있는 친근함으로 소비자들과 공감대를 형성해 마케팅 효과를 극대화시키는 인플루언서들의 장점 때문에 앞으로 유통업계에서는 지금보다 더 인플루언서들과 협업하는 마케팅이 활발히 진행될 것"이라고 말했다.

자료 : 이코노믹리뷰(2019.2.15)

기업이나 브랜드에 깊이 공감한 소비자는 강력히 추천을 하게 된다. 이때 정보 발신원이 되는 소비자는 그 기업 및 브랜드의 팬응원하는 사람, 로열 소비자서포터, 에반젤리스트전도사가 되어 적극적으로 친구나 지인들에게 그 정보를 퍼뜨리려 한다. 기업의 응원자, 서포터, 전도사가 되도록 만드는 것이 소셜 미디어 시대 커뮤니케이션의 열쇠가 된다.

2) 확인하다

공감을 한다고 해서 바로 참가하지는 않는다. 공감한 정보나 상품이 자신의 가치관에 맞는지, 자신에게 유익한지를 검색할 뿐만 아니라 여러 가지 방법을 활용하여 체크한다. 친구나 지인의 의견, 전문가의 말, 전문지, 대중 매체 등 다방면에 걸쳐 체크한다. 그리고 그 정보나 상품이 자신의 가치관에 맞으며 유익하다고 확인하고 나서야 비로소 참가하게 된다.

확인 행동은 기능과 가격 등의 객관적이고 상대적인 비교나 검토보다 주관적이고 감정적이기 쉽다. 왜냐하면 SIPS 모델은 소셜 미디어상의 '공감'이라는 주관적이며 감정적인 출발점을 가지고 있기 때문이다. 확인한 결과 부정적이거나 거짓된 내용을 보게 되면 공감을 하고 있던 만큼 반감이 커진다. 따라서 기업이나 상품의 이미지가 훼손될 위험이 내포되어 있다.

소셜 미디어 시대에 기업은 소비자에게 부정적이거나 거짓이 없는 성실한 커뮤니케이션을 해야 한다. 기업은 소비자의 확인을 통과할 수 있는 가치를 제공하기 위해서 브랜드의 개발부터 커뮤니케이션까지 통합적으로 설계하는 것이 중요하다.

3) 참가하다

SIPS 모델에 있어서의 공감 행동이 반드시 구매로 이어져야 하는 것은 아니다. 구매를 하지 않더라도 '괜찮은 걸' 하고 생각하거나 '친구한테 알려주자' 고 생각하며 가볍게 RT^{retweet}나 Like^{페이스북'좋아요'}버튼을 눌러 친구나 지인에게 알려주어 그들의 구매로 이어질 때도 있다. 이것은 결과적으로 기업의 구매 활동에 참가하는 것이 된다. 단순히 브랜드 사이트나 브랜드에서 만든 애플리케이션을 이용하는 것도 그 행동이 소셜 미디어상에서 공유될 경우, 친구나 지인의 흥미를 일으키게 되어 이것 또한 참가라고 볼 수 있다.

응원자, 서포터, 전도사가 반드시 구매할 필요는 없다. 소셜 미디어상에서 브랜드에 대한 비판을 하거나 응원하는 콘텐츠를 만드는 등 반드시 구매를 하지는 않아도 응원, 서포트, 전도 활동을 할 수 있다. 이렇게 구매를 하지 않는 행동 그리고 구매 활동을 포함하여 SIPS에서는 '참가한다'고 한다. <표 1-2>는 소비자 유형별 소비 활동 내지 행위를 요약한 것이다.

▶ 표 1-2 소비자 유형별 활동

소비자 유형	소비자 활동 및 행위
에반젤리스트 (전도사)	• 개인적으로 응원 사이트, 커뮤니티, 팬 페이지 등 콘텐츠를 제작한다. • 상품이나 활동을 다른 사람에게 권장한다. • 새로운 사업안/개선안을 제안한다. • 경쟁 회사를 비판하거나 경쟁 회사의 상품을 피한다.
로열 소비자 (서포터)	• 상품을 반복해서 계속 구매한다. • 멤버십에 계속 가입되어 있다. • 블로그나 트위터에서 비난이 쏟아지면 옹호한다. • 기업의 소셜 미디어나 고객 센터에 상품/서비스 개선에 대한 의견을 전한다. • 주식을 산다.
팬(응원자)	• 상품을 구입한다. • 브랜드의 커뮤니티에 참가/등록/게시 활동을 한다. • 상품/기업 활동에 대한 감상을 게시판, 블로그, 소셜 미디어에 올린다. • 브랜드가 관리하는 멤버십 프로그램에 등록한다.
참가자	• 기업의 사이트를 본다. • 애플리케이션을 사용한다. 관련 영상을 본다. • 브랜드에서 내보낸 정보에 공감하고 별 생각 없이 팔로우/RT/Like 버튼을 누른다. • 시제품을 받거나 써본다. • 캠페인에 참가한다.

* 자료 : http://www.dentsu.co.jp/sips/

4) 공유하다/확산시키다

소셜 미디어는 여러 개의 인맥이 겹치기 쉬운 구조를 가지고 있다. 예를 들어, 개인은 회사, 지역, 대학, 축구, 음식 등에 관련한 다양한 인맥을 가지고 있다. 음식 즐기는 것을 좋아하니까 음식에 대한 정보를 RT하고 음식을 좋아하는 친구들과 공유하려 한다. 그러나 RT는 음식을 좋아하는 사람들에게만 전해지진 않는다. 개인이 소속되어 있는 다른 커뮤니티에도 자동적 혹은 무의식적으로 퍼진다. 이것이 '확산spread'이다.

확인을 하고 참가한 여러 수준의 소비자는 그 참가 활동과 정보를 친구나 지인에게 소셜 미디어로 공유하려 한다. 그러나 그것은 위에서 말한 바와 같이 확산을 자동적 혹은 무의식적으로 할 때 수반되는 것이다. 가령, 음식을 좋아해서 다른 음식 정보를 확산시키면 축구를 좋아하는 사람들에게서 흥미를 끌지 모른다. 그러나 축구를 좋아하는 사람들은 정보보다는 발신원이자 친구인 당신에게 공감한다. 그 정보는 당신이라는 발신원의 공감을 입고 전파되는 것이다. 그리고 그 공감을 입은 정보는 SIPS의 첫 글자인 S-공감sympathize이다. 축구를 좋아하는 사람들은 '그렇구나'하고 확인을 하고 자신에게 유익하거나 재미있다고 생각하면 참가 행동을 한다.

이렇게 해서 S → I → P → S가 계속 반복되어 공감을 하는 사람들분모이 확대되면서 정보가 세상에 널리 퍼져서 알려지는 것이다. 분모들이 확대되는 현상이 반복된다는 것이 소셜 미디어 시대 캠페인의 키포인트이며 분모를 늘리는 것이 결과적으로 구매를 증대시키게 된다.

Chapter

02

관광객
행동의 이해

제1절 관광객 행동 개념 및 특성
제2절 관광객 행동 연구
제3절 관광객 행동 모델

학습목표 *LEARNING OBJECTIVES*

이 장을 학습하고 나면 학생들은 다음의 내용을 이해하게
될 것이다.

관광 소비자가 제품이나 서비스의 마케팅 자극에 노출되면 이를 지각하고, 기억, 평가하면서 호의적인 혹은 비호의적은 태도를 형성하게 된다. 형성된 태도는 행동의 출발점이 된다. 태도 형성의 과정은 직접 관찰할 수 없는 심리 작용이지만 행동은 겉으로 나타난 것으로서, 관광 소비자를 겨냥한 마케팅 전략은 결국 관광객의 구매 행동에 영향을 주는데 궁극적인 목적이 있다.

환대 및 관광 기업이 효과적인 마케팅 전략을 수립하고 실행하기 위해서는 관광 제품이나 서비스의 소비자인 관광객의 행동을 이해해야 한다. 환대 및 관광 기업의 마케팅 전략 수립이든 공공 기관의 관광 정책 수립이든 관광객의 행동 이해가 전제되어야 한다. 이는 관광 기업의 마케팅 전략과 공공 정책의 대상이 관광객이기 때문이다.

관광객 행동의 효과적 이해를 위해서 마케팅이나 소비자 행동 연구 분야에서처럼 관광객 행동 모델에 대한 지속적 연구가 진행되어 왔다. 특히, 구매 의사 결정이나 구매 행동에 있어 일반 소비자와의 차별성은 관광객 행동 연구에 대한 새로운 접근 방법을 필요로 하고 있다. 대부분의 관광객 행동 모델은 Howard와 Sheth, Nicosia, 그리고 Engel 등이 개발한 소비자 행동 모델을 근간으로 하고 있다.

제2장에서는 관광객 행동 연구를 위한 기본 과정으로 관광객 및 관광객 행동의 개념, 관광객 행동의 특징에 대해 우선 살펴본다. 그리고 관광객 행동 연구의 목적과 관광객 행동 연구의 경향 및 한계점에 대해 설명한다. 마지막으로 관광 행동에 영향을 미치는 다양한 변수들 간의 관계성을 묘사하는 관광객 행동 모델에 대해 학습한다.

▶ 그림 2-1 제2장 내용구성

제1절 관광객 행동 개념 및 특성	제2절 관광객 행동 연구	제3절 관광객 행동 모델
• 관광객 개념 • 관광객 행동 개념 • 관광객 행동 특성	• 관광객 행동 연구 대상 • 관광객 행동 연구 목적 • 관광객 행동 연구 경향 • 관광객 행동 연구의 문제점	• 자극-반응 모델 • 행동 모델 • 관광지 선택군 모델 • 관광객 행동 차원 모델 • 관광객 행동 모델의 고찰

제1절 관광객 행동 개념 및 특성

　관광 행동 혹은 관광객 행동 연구에 앞서 관광과 관광객의 의미를 살펴보는 것이 중요하다. 비록 다양한 학자와 국제 기구(예 세계 관광 기구) 등에 의한 정의가 다르게 표현 되어 왔지만 그 핵심과 본질은 동일하다. 다르게 개념 정의가 이루어 진 것은 관광 현상이나 관광객을 연구하는데 있어 그 목적이 상이하기 때문이다. 본 절에서는 기초적인 관광객 및 관광 행동의 개념과 관광객 행동의 특성을 소개한다.

1. 관광객 개념

　관광을 하는 사람을 총체적으로 관광자라 칭한다. 이와 유사한 용어인 관광객은 관광을 하는 사람을 대상으로 영업을 하는 관광 사업자가 고객을 가리키는 용어이다. 관광자는 관광 행위의 주체로서 경제적, 사회적, 문화적, 심리적 관점에서 보는 견해이며 관광객은 상품과 서비스를 구매·소비하는 경제 단위로서의 소비자로 보는 견해이다. 한편, 학계에서는 관광의 주체가 사람이므로 관광객보다는 관광자라는 용어를 사용하는 것이 타당하다고 주장한다. 현재 환대 및 관광 분야에서는 큰 구별 없이 동의어로 사용되어 본 교과서에서도 이에 따른다.

　관광의 정의는 독일의 슐레른Schëlern, 1911에 의한 정의가 가장 오랜 된 것으로 알려져 있다. 그는 관광을 일정한 지역 또는 타국을 여행하면서 체제하고 다시 일상 생활권으로 되돌아오는 외래객의 유입·체재 및 유출이라고 하는 형태를 취하는 모든 현상이라고 정의하였다. 이러한 정의는 관광을 투입과 산출의 관계를 중심으로 하는 경제적 관점에서 바라본 것이다. 훈지커와 크라프Hunzilker & Krapf, 1942는 외래 관광객이 체재 기간 중 계속적이든 혹은 일시적이든 간에 영리 활동을 목적으로 정주하지 않는 한 그 외래 관광객이 관광지에서의 체재로 인하여 발생하는 모든 현상으로 정의하였다.

　관광객에 대한 개념은 여러 국제 기구에 의해서 주로 정의되어 왔다. 국제 노동 기구ILO, 1937는 관광객을 24시간 또는 그 이상의 기간 동안 거주지가 아닌 다른 나라에 여행을 하는 사람으로 정의하였다. 경제협력개발기구OECD, 1960는 회원국의 통계 방법을 통일하기 위해서 국제 관광객과 일시 방문객으로 분류하였고,

세계관광기구UNWTO는 관광의 역할과 중요성을 강조하면서 방문객visitor, 관광객tourist, 당일 관광객excursionist으로 분류하였다. 여기서 관광객은 국경을 넘어 유입된 방문객이 24시간 이상 체재하며 위락, 휴가, 스포츠, 사업, 친척방문, 회의 참가, 연수, 종교 등의 목적으로 여행하는 자를 의미한다. 위의 정의를 종합하면 관광객은 24시간 또는 그 이상의 기간 동안 거주지가 아닌 지역혹은 국가을 비영리 목적으로 여행하는 사람이다.

국제 기구들에 의한 관광객 정의는 통계적 목적을 위한 기술적 정의technical definition에 초점을 두고 있다. 즉, 한 국가를 찾는 방문객의 수를 정확하게 측정하기 위함이다. 따라서 이동과 24시간 체류를 전제로 하며 영리적 목적을 제외한 다른 목적의 이동으로 한정하고 있다. 하지만 관광객을 24시간 이상의 체류자로 정의할 경우 당일 방문객이 제외되는 문제점이 대두하게 된다.

한국관광공사의 관광자 분류 체계도 여러 국제 기구에 의한 분류 체계와 거의 동일하다. <그림 2-2>는 관광 통계에 포함하는 그룹을 관광자와 당일 여행자로 구분한 뒤 관광자를 국내 비거주 외국인, 해외 거주 국민, 그리고 승무원으로 분류하고 있다. 그리고 당일 여행자는 유람선 승객, 당일 방문자, 그리고 승무원을 포함하고 있다.

▶ 그림 2-2 한국관광공사 관광자 분류 체계도

* 자료 : 한국관광공사(1990.3), 관광정보. 재작성

2. 관광객 행동 개념

관광객은 관광 제품이나 서비스를 소비하는 사람이므로 관광 소비자이다. 관광 소비자의 행동은 곧 관광객 행동 혹은 관광 행동이라 할 수 있다. 관광 행동은 관광 행태, 관광객 행동, 여행 행동, 휴가 행동, 관광 소비 행동, 관광 소비자 행동 등 다양한 용어로 사용되고 있다. 본 교과서에서는 문맥에 따라 관광 소비자 행동, 관광객 행동 혹은 관광 행동이란 용어를 같은 의미로 사용한다.

Ogilivie[1985]는 관광객 행동을 거주하지 않을 목적으로 1년 이내 체재하는 자의 행위로, 그리고 Bargerman 등[2002]은 시간의 흐름에 따른 관광객의 특정 행동으로 정의하였다. 한경수[1990]는 개인이 관광에 관련된 일들을 결정하게 되는 심리적, 사회적 과정에서부터 관광 행동을 위한 각종 준비물, 즉 상품 구매의 실질적 과정을 총괄하는 것으로 정의하였다. 안영면[2001]은 관광 사업의 대상이 되는 관광객의 이동, 체재, 레크리에이션 등의 행동을 총칭하여 관광 행동으로 정의하였다.

이러한 정의와 소비자 행동의 정의를 토대로 관광객 행동을 정의해 보면 관광객이 관광을 하기 위해 계획을 세우고, 관광지를 선택하고, 그리고 관광을 행하면서 자신의 욕구를 충족시킬 것으로 기대하는 제품과 서비스를 탐색하고, 구매하고, 사용·평가하는 일련의 실행 행동이라 할 수 있다. 한마디로 관광객 행동은 관광객에 의한 관광 관련 행위의 총합이라고 할 수 있다.

한편, 관광객 행동은 학문 분야에 따라 관심의 대상이 차이가 난다. 예를 들면, 마케팅은 관광객의 구매 의사 결정 행동에 초점을 두며 이에 따른 효과적 마케팅 전략을 수립하고자 한다. 심리학은 관광을 통해 관광객이 얼마나 쾌락적 즐거움을 경험하느냐에 관심이 있다. 지리학은 관광객의 이동에 초점을 두고 있으며 환경학은 환경의 파괴 없이 최적의 조건에서 관광 행위가 이루어지느냐에 관심이 많다표 2-1 참조.

▶ 표 2-1 분야별 관광 행동에 대한 관심

학문 분야	관광 행동의 주요 관심
마케팅	의사 결정 행동(decision-making behavior)
심리학	쾌락 여행(pleasure travel)
지리학	일시적 이동(temporary movements)
사회학	집단 간 사회적 접촉(social contact)
문화학	이질 문화 교환 및 교류(cross-cultural exchange)
환경학	환경 친화적 행동(eco-friendly behavior)

* 자료 : 저자 정리

3. 관광객 행동 특성

관광객의 행동은 관광 서비스 상품의 특성을 반영하고 있기 때문에 일반 소비자의 행동보다 복잡할 수 있다. 뿐만 아니라 기본적으로 무형의 서비스를 주로 구입하며 동시에 이에 관련된 유형의 관광 상품을 구입함으로써 일반 소비자의 상품 구입과는 다른 상황에서 다른 행동을 보이게 된다. 관광객의 행동은 일반 소비자의 행동과 많은 공통점 내지 유사점이 있으나 일곱 가지 측면에서 차별화된 특성을 찾아볼 수 있다.

1) 구매 시점

일반 상품은 구매와 소비 시점 간의 시간적 차이가 비교적 짧다. 그러나 여행과 같은 관광 상품은 구매와 소비 시점 간의 시간적 차이가 비교적 길게 나타나는데, 이 기간 동안 세부적인 여행 활동에 대한 계획을 수립하기 때문이다. 또한, 관광 서비스 상품은 사전에 대금을 지불하고 일정 기간이 지난 후 여행 경험을 하는 구조로 이루어져 있다. 따라서 관광 서비스 상품은 구매 후 경험할 때까지 그것을 사전에 경험해 보는 것은 매우 어렵다.

2) 구매 과정

관광객의 활동은 항상 관광지에서의 활동만을 취급하지 않는다. 즉, 관광지에 도착하기 전의 활동, 관광지에서의 활동, 관광지를 떠난 후의 활동을 함께 포함하므로 일반 소비자 행동보다 광범위하고 과정도 복잡하다. 특히 관광지에서의 구매 관련 활동은 매우 다양하며 복잡하다.

3) 구매 목적

관광은 일상 생활권을 벗어나서 이루어지는 행동이므로 일상 생활권 내에서 이루어지는 일반적인 소비 행동과 구별된다. 일상 생활권에서의 소비 행위는 생활의 안정과 유지가 목적이지만 일상 생활권이 아닌 관광지에서 관광 소비 행위는 신기함이나 즐거움을 위한 쾌락적 소비가 주요한 목적이 된다. 뿐만 아니라 관광 서비스 상품의 구매는 소비자의 일반 상품 구매와는 다른 상황에서 종종 이루어진다. 예를 들면, 일반 소비 상품의 경우 긴급 구매가 많이 발생할 수 있으나 관광 상품 구매는 이러한 경우가 많지 않다.

4) 구매 경험과 소유

관광객이 관광을 통해 얻게 되는 경험은 소비자가 일상적인 제품의 구매를 통해서 얻는 경험보다 더 복잡하고 고차원적인 인지 활동을 동반하게 된다. 관광 경험은 다른 참여자들과 관광 공급자 그리고 지역 주민 등과의 상호작용을 주고 받으며 일어나는 복합적인 것으로서 이러한 복합적인 경험이 총체적인 관광 경험의 질을 결정한다Jennings & Weiler, 2005. <사례 2-1>은 관광객이 보다 고차원적인 진지한 여가를 통해 개인의 삶에 대한 열정은 물론 자아 개발과 개성을 발휘할 수 있는 기회를 찾고 있음을 보여주고 있다.

일반 소비자는 무형적인 제품, 즉 법률과 의사 상담과 같은 서비스뿐만 아니라 유형적인 제품(예 집, 자동차, 컴퓨터, 자전거)을 구매하게 된다. 유형적인 제품은 구매 후 소유가 가능하기 때문에 향후 유사한 제품을 재구매할 경우 장단점이나 편익을 쉽게 비교할 수 있게 된다. 하지만 앙코르와트 유적지 관광, 뉴욕의 도시 관광, 브라질 삼바 축제 관광과 같은 경우 직접 소유하는 것은 아무것도 없다. 경험만 소유할 뿐이다. 따라서 과거의 경험이나 구전의 정보가 관광 서비스 재구매에 있어 절대적 영향을 미치게 된다.

사례 ②-1

'진지한 여가'에도 관심을 기울일 때

<중략> 일부 개인의 삶 속에는 여가가 중심적인 위치로 들어오고 있다. 서유럽 사람들은 여행을 가기 위해 회사에 사표를 내는 사람도 적지 않다. 물론 노동 시장이 우리보다 유연한 나라이기 때문에 가능한 일이지만, 여가가 삶에서 차지하는 비중이 매우 높다는 말이다.

우리도 자신의 일에 따라 여가가 결정된다는 기존의 생각이 바뀌면서 여가 때문에 사람의 직업이 바뀔 수도 있고, 삶 전체가 변화되는 현상이 목격되기도 한다. 특히 여가에 깊이 빠져 있는 '진지한 여가(Serious Leisure)'일수록 삶의 질과 자아 정체성은 밀접히 연관돼 있다. 세계적인 여가 학자이자 캐나다 캘거리대의 석좌 교수로 재직 중인 로버트 스테빈스(74) 교수는 여가를 '일상적 여가(Casual Leisure)'와 '프로젝트형 여가', '진지한 여가' 세 가지로 구분하면서 '진지한 여가'의 중요성을 강조하고 있다.

▶ 일상적 여가, 프로젝트형 여가, 진지한 여가

'일상적 여가'란 즐기기 위해 어떤 특수한 훈련을 받을 필요가 없으면서 직접적이고 내재적인 보상이 따르는, 상대적으로 짧고 즐거운 핵심 활동이다. TV 보기, 낮잠, 섹스, 친구와의 사교적인 대화, 아름다운 경치 감상, 술 마시기 등이다. '프로젝트형 여가'는 자유 시간에 자주는 아니지만 짧은 기간에 어느 정도 복잡하게, 일회적 또는 일시적인 창조적 수행을 말한다. 생일 파티, 결혼식, 환갑 잔치, 박물관 특별 전시 가이드 등이 프로젝트형 여가에 해당한다.

'진지한 여가'는 특수한 기술·지식·경험을 획득하고 표출하는, 충분히 본질적이고 재미있고 참여자가 경력을 쌓아가는, 성취감 있는 체계적인 활동이다. 돈과 시간도 적지 않게 투자해야 하는 경우가 많고, 몰입의 정도가 높다. 또 진지한 여가는 세부적으로 '아마 추어형', '취미활동형', '자원 봉사형' 등 세 가지로 분류된다.

여가에 깊이 빠져 있는 '진지한 여가'라는 용어가 조금 낯설다면 '전문화된 여가' 또는 '레저 마니아' 정도로 이해하면 된다. 접사 카메라를 들고 야생화 탐사를 다니거나 탐조 활동을 하기도 하고, 동남아로 스킨스쿠버 투어를 떠나는 사람, 마라톤, 인라인 스케이트, 댄스 스포츠, 플라이 낚시, 해외 봉사 활동 등도 진지한 여가에 해당한다. '진지한'과 '여가'가 합쳐진 단어는 언뜻 모순적인 조합 같다. 노는 건데 그냥 놀면 되지, 무슨 진지함이냐는 항변이 나올 수 있다. 하지만 다음 사례들을 보면 여가에서의 진지함에 대해 고개를 끄덕일 것이다.

▶ 진지한 여가를 추구하는 자

시내 유명 음식점 대표인 조성일(47) 사장은 아침 일찍부터 전일 매출과 음식 재료 등을 점검한 다음, 여느 때처럼 골프 연습장으로 향한다. 그는 세 차례나 전국 아마추어 골프 대회에서 우승했다. 골프는 단순한 취미를 넘어, 그의 삶이 됐다. 주변 사람들도 그를 '조 프로'라고 부른다. 프로 골퍼들과도 자주 라운딩을 하고, 새로운 골프 클럽이 출시되면 대리점 사장에게서 전화가 온다.

정소희(38·여) 씨는 퇴근 후 책상에 앉아서 라오스 시골 마을의 여름 학교에서 사용할 교재 목록을 작성하고 있다. 올해 벌써 15년째다. 무역 관련 업무를 담당하는 그녀는 라오스 여름 학교 참가를 위해 일 년치 휴가를 7월 한 달에 모두 사용한다. 매년 7월에는 그녀가 회사에 없다는 사실을 회사, 동료 그리고 바이어들까지 모두 알고 있다.

어떤 아마추어 야구 선수가 "우리 수준은 교회 리그 따위와는 비교가 되지 않는다. 프로 구단이 우리를 스카우트했으면 좋겠다"고 말하고, 어떤 아마추어 연기자가 "우리 커뮤니티 극장은 수준 높은 드라마를 원한다. 고교생이나 대학 연극반과는 차원이 다르다. 우리는 연기를 진지하게 생각하고 각자의 파트를 완벽하게 수행하려고 한다"고 말한 데서 '진지한 여가'라는 용어가 1970년대 중반에 생겨났다.

일본에는 은어나 산천어·감성돔 등 특정한 어종만 잡는 낚시 마니아가 적지 않다. 우리처럼 한 사람이 바다·저수지·계류 낚시 전부를 다 하는 문화와는 다르다. 이들은 한국의 하동 섬진강이나 울진 왕피천으로 은어를 잡으러 원정을 오기도 한다. 어종마다 최고의 고수는 명인(名人)으로 인정받는다. 이들은 물고기가 수질의 척도라는 점에서 환경 보존 운동에도 앞장선다. 일본의 레저 마니아는 한 가지에 미친 듯이 몰두하는 '오타쿠 문화'와 신제품이 출시되면 가장 먼저 구입해

제품 기능을 파악하는 '얼리어답터' 문화와도 연관된다.

<중략>

▶ 진지한 여가가 제공하는 성취와 보상, 비직업적 열정에 대한 진지함

이들은 모두 '비직업적 열정에 대한 진지함'을 강조한다. 단순히 '좋은 시간'이라고만 말하는 기존의 여가 개념으로부터 분명한 거리를 두고 있다. 이들은 이런 활동 속에서 부수적으로 따라오는 여가 경력을 발견하고, 자아 실현과 성취감 등의 혜택과 보

상을 받는다. 실제로 사람들은 일보다는 진지한 여가활동에서 더 강한 정체성을 확인한다. 그래서 일을 할 때는 '도대체 지금 내가 뭘 하고 있는 거지?'라는 생각을 종종 하지만, 진지한 여가를 할 때는 시간이 가는 줄 모른다.

일상적 여가가 제공하는 보상이 유쾌함과 즐거움이라면, 진지한 여가를 통해서는 성취와 보상·자아 실현 등을 얻을 수 있다. 특히 진지한 여가는 장애인에게 자기 존중과 자부심을 줄 수 있고, 공동체 승인과 사회 통합으로 이어질 수 있다는 연구도 있다. 따라서 진지한 여가는 가족 관계, 여가 교육, 은퇴와 실업, 관광, 조직, 공동체 민족, 젠더, 장애, 성인 교육 등과 관련해 많은 연구를 필요로 한다.

스테빈스 교수는 "공부를 하고 일을 하는 것만으로는 자아를 계발하고 개성을 발휘할 수 없다. 진지한 여가를 통해서 자신을 계발하고 나만의 인성을 만들어 가야만 한다. 한국 사회는 여태까지 공부하고 일만 해왔으니 이제는 진지한 여가를 할 때"라면서 "행복의 열쇠인 최적의 여가 라이프 스타일을 추구하기 위해서는 진지한 여가를 비롯한 세 가지 형태의 여가를 잘 결합해 자신에게 맞는 최적의 구성을 만들어 내 행복 지수를 높여야 한다"고 조언한다.

"진지한 여가 조망이 한국 사회에 어떤 함의를 갖느냐?"는 질문에 그는 "주5일 수업제가 시작됐다. 그런데 학생들이 금요일 오후에 기숙 학원으로 들어가는 등 부작용이 나타났다"면서 "주5일 근무제나 주5일 수업제 등 한 사회의 시간 편성을 바꾸는 변화는 아마추어 여가 활동, 취미 여가 활동, 자원 봉사 여가 활동 등 진지한 여가와 함께 실시돼야만 실효성이 있다는 것을 단적으로 보여주는 사건이다. 물리적인 여가 시간의 확보만으로는 안 된다"고 말했다.

여가 시간이 증대하니 오히려 주말에 다른 일을 해야 하는 '투잡족', '스리잡족'이 늘어나 여가의 양극화가 초래되고 있는 한국 사회가 귀 기울어야 할 말이다.

자료 : 헤럴드경제(2012.8.25)

5) 선택 속성

일반 상품을 구매함에 있어 소비자는 특정 기능 혹은 디자인 등에 초점을 맞추고 있으나 관광 상품을 구매하는 관광객은 매우 다양한 측면을 고려한다는 점이다. 해외 여행시 관광객은 질병이나 사고로부터의 신체적 안전, 보고 듣는 지적 경험, 참가에 따른 쾌감, 심리적·정신적 안전 등 다각적인 측면을 동시에 고려한다. 예를 들어, 의료 관광 상품의 선택 속성으로 의료 시설, 의료진의 기술 수준, 진료상의 의사 소통, 쇼핑, 관광 명소 방문, 관광지 안전성, 가격 등을 들 수 있다. 물론 이러한 선택 속성이 일반 상품 구매시에도 해당되지만 그 정도의 차이는 관광 서비스 상품보다 상대적으로 약하다.

6) 관여도

관광 상품 구입은 고관여 상황에서 주로 이루어지게 된다. 관여도involvement란 관심의 강도, 흥미의 정도, 개인의 중요도의 정도를 말하는 것으로 관여 수준은 개인의 특성과 제품 특성에 따라 다르다. 동일 제품이 같은 사람에게 있어서도 상황에 따라 고관여가 되기도 하고 저관여가 되기도 한다. 관광은 자신의 위신을 나타내기 때문에 지각 위험이 크고 무형의 상품을 구매함으로써 불확실성이 크게 존재한다. 이러한 위험과 불확실성을 줄이기 위해 관여의 정도가 높을 수밖에 없다.

7) 의사 결정 과정

비록 개인의 행동이 이성과 목적에 근거를 두고 일어난다고 해도 관광객의 의사 결정은 일반 소비자의 의사 결정과 몇 가지 점에서 차이가 있다. 우선 소비자 의사 결정 과정은 일반적으로 단일 제품에 대해 주로 일어난다. 예컨대, 건강 관리를 위해 산악용 자전거를 구매하는 경우가 그 예이다. 그러나 신혼 부부를 위한 패키지 가전 제품이나 컴퓨터와 컴퓨터 소프트웨어 구매 등과 같은 예외도 존재한다.

관광 상품의 경우 대부분 다양한 관광지 혹은 관광 상품(예 호텔, 이동 수단, 식사 등)에 대한 의사 결정 과정이 복합적으로 그리고 연속적으로 진행된다. 가령, 경주 문화 유적지를 관광한다고 가정하자. 이 경우 구매 단계에 있어서 결정해야 할 요소들은 목적지, 체재 기간, 참여 인원, 교통 수단, 숙박 형태, 식사 메뉴, 여행 경비, 그리고 여행 일자를 결정해야 한다. 이에 따른 정보 수집 활동이 이루어져야 한다. 이와 같이 관광객 의사 결정 과정은 다수의 사항에 대해 의사 결정 과정이 연속적으로 발생된다. 또한 유형적이지도 않고 미리 경험할 수도 없는 관광지를 선택해야 하므로 관광객 구매 의사 결정 과정은 더 복잡하다.

제2절 관광객 행동 연구

관광객의 행동을 이해함에 앞서 우선 관광객과 관광객 행동의 정의를 이해해야 한다. 관광 행동은 관광의 정의가 내포하는 활동을 관광객이 이행하기 때문이다. 이에 대한 내용은 제1절에서 논의 되었다. 관광의 개념과 관광 행동은 상호 관련하여 이해하는 것이 바람직하다. 본 절에서는 관광객 행동 연구 대상, 관광객 행동 연구 목적, 그리고 관광객 행동 연구의 경향에 대해 설명한다.

1. 관광객 행동 연구 대상

관광객 행동 연구는 관광객의 행동과 심리 과정을 과학적으로 연구하는 것을 의미한다. 즉, 외부에서 직접 관찰할 수 있는 행동과 그러한 행동의 결과 및 관광객 자신이 직접 느끼는 의식이나 체험 등을 모두 포함하므로 매우 광범위하다. 따라서 본 절에서는 관광객 행동 모델을 바탕으로 관광객 구매 의사 결정 과정과 이에 영향을 미치는 내외적 요인으로 구분해서 설명하고자 한다.

1) 관광객 구매 의사 결정

제1장 <그림 1-8>의 EBM 모델에 의하면 구매 의사 결정은 욕구 인식, 정보 탐색, 대안 평가, 구매, 구매 후 평가의 단계를 거친다. 일단 정보자극가 받아들여지면 정보를 탐색하고 구매 의사 결정에 이르는 대안 평가 과정을 거치게 된다. 이 과정에서 평가 기준을 위시한 여러 변수가 상호 작용을 하게 되는데 신념, 태도, 의도가 대안 평가에 영향을 미치는 변수가 된다. 대안 평가 후 관광 소비자는 구매 결정을 하며 이에 따른 사후 평가 과정을 거치게 된다. 관광 연구자들은 의사 결정 각 단계마다 다양하고 복잡한 관심을 가지고 꾸준히 연구 하고 있다 표 2-2 참조. 하지만 연구 결과들 간에 구매 의사 결정 과정 5단계에 대해 불일치하는 경우가 많다.

▶ 표 2–2 구매 의사 결정 단계별 관광 연구자의 주요 관심 사항

의사 결정 단계	주요 관심 내용
욕구 인식	• 어떻게 하면 관광객의 욕구 인식을 유발할 수 있을까? • 무슨 요인이 관광객 욕구 유발에 효과적인가? • 관광객 개인별 욕구 인식의 차이의 원인은 무엇인가? • 욕구 인식의 영향 요소는 무엇인가?
정보 탐색	• 언제, 어디서, 어떻게, 무슨 정보를 획득하는가? • 얼마나 많은 정보를 탐색해야 하는가? • 누구의 정보가 신뢰성 있는가? • 정보 탐색의 영향 요소는 무엇인가?

대안 평가	• 관광 구매 의사 결정에 있어 적합한 대안 평가 방법은 무엇인가? • 대안 평가 방법별 어떤 장단점이 있는가? • 대안 평가 기준은 무엇인가? • 대안 평가의 영향 요소는 무엇인가?
구매	• 누가, 언제, 어디서, 어떻게 관광 서비스 상품을 구매하는가? • 얼마나 많이 그리고 자주 여행하는가? • 관광 서비스 상품의 구매 방법은? • 관광 구매 의사 결정의 영향 요소는 무엇인가?
사후 평가	• 관광 경험이나 관광 서비스의 품질과 만족도 수준은? • 효과적인 고객 충성도 향상 전략은 무엇인가? • 어떤 고객이 충성도가 높은가? • 서비스 실패에 대한 대응 전략은?

* 자료 : 저자 정리

2) 내적·외적 요인

관광객의 의사 결정 과정에 영향을 주는 내적혹은 개인적, 심리적 요인으로는 지각, 성격, 동기, 태도, 라이프 스타일, 학습 등이 있다. 외적사회 문화적 요인으로는 문화, 준거 집단, 사회 계층, 가족이 있다. 기타 외적 요인으로는 관광 서비스기업의 마케팅 활동이 있다. 관광객의 의사 결정은 이들 내외적 요인들에 의해 다양하게 영향을 받게 된다.

2. 관광객 행동 연구 목적

일반 소비자와 마찬가지로 관광객의 행동 또한 여러 이해 관계자의 입장에서 이해해야 한다. 그 이유는 관광객 행동의 이해를 활용하는 목적이 다르기 때문이다. 본 절에서는 개인 측면, 관광 기업 측면, 사회적 측면, 그리고 공공 정책적 측면으로 나누어 설명한다.

1) 개인적 측면

관광 관련 모든 활동에 대해 관광객 자신은 합리적인 의사 결정을 해야 한다. 합리적 의사 결정을 위해서는 자신뿐만 아니라 타인의 관광 경험을 이해할 필요가 있다. 합리적 의사 결정이나 관광 소비 생활은 불필요한 소비를 줄일 수 있고 환경 오염이나 자원 낭비도 줄일 수 있다. 또한, 타인의 바람직한 관광 행동을 통해 도덕적 일탈 행위를 예방할 수도 있다.

2) 관광 기업 측면

관광객 행동 분석은 관광 기업 마케팅 활동의 기초를 제공한다. 즉, 관광 사업자는 어떤 상품과 서비스를 제공해야 하는지 결정하는 과정에서부터 관광객의 관광 경험 후의 과정까지 관광객 지향적인 활동을 하지 않으면 경쟁에서 도태된다. 스타벅스가 국내시장에서 성공적인 마케팅 활동을 전개할 수 있었던 큰 이유는 고객 분석을 통한 고객 감성의 파악이였다김영한 & 임희정, 2003. 이 회사는 표적 시장을 20~30대의 직장인과 대학생으로 잡고 이들의 라이프 스타일, 생활습관, 소비패턴을 분석하여 이들이 선호하는 서비스와 매장 설비 등을 통해 욕구를 충족시켰다. <사례 2-2>는 코로나 이후 농촌 관광이 활성화 되기 위해서 '팜웨딩'과 같은 새로운 가치를 접목해야 함을 강조하고 있다.

사례 ②-2

코로나 이후 농촌관광, 새 가치 접목해야

농촌관광의 방향 = <중략>농촌관광 활성화를 위해서는 '정책과 사회변화에 대한

열린 시각', '소비자의 마음을 잡는 것', '관광지 핵심자원 관리' 등이 중요하다. 우선은 농촌관광현장에서 차별성 없는 프로그램에 대한 지적이 나오는 만큼 농촌자원의 가치에 대한 새로운 시각과 활용방안의 모색이 요구된다. 하나의 예로 올 3월부터 '치유농업육성법'이 시행되고 있다. 이와 같은 정책의 변화를 반영해 곤충, 원예, 동물교감 등 농촌자원의 치유기능을 활용한 상품개발과 신산업 육성이 필요하다. 창의적인 아이디어를 더해 '농업과 문화의 만남', '우리

술과 이야기의 만남' 등 농업과 농촌, 문화와 예술이 공존하는 관광콘텐츠로 소비자들을 충족시킬 필요도 있다.

아울러, 기억할만한 관광경험을 제공하는 것이 중요하다. 소비자의 의사를 결정하는 중요한 요소가 브랜드, 서비스, 상품 등에 대한 긍정적 기억인데, 기억할만한 관광경험이 재방문 또는 재참여로 이어진다. 농촌관광지가 경쟁력과 지속가능성을 갖기 위해서는 무엇보다 핵심자원과 관광서비스를 통한 수요창출이 중요하다. 따라서 무질서한 난개발이 아니라 농촌공간계획, 농촌협약, 규약 등을 통해 농촌다움을 유지할 수 있도록 관리할 필요가 있다는 게 연구자들의 주문이다.

새로운 농촌관광 모색=농촌관광이 고부가가치 산업으로 성장하기 위해 고령화, 1인 가구 증대 등 사회변화에 따른 신수요를 창출하는 것이 필요하다는 게 연구자들의 제안이다. 사회 및 소비트렌드 변화에 대응해 '나를 주인공으로 만드는 여행', '쉼과 치유를 찾는 여행', '한국의 속살여행' 등에 주목할 필요가 있다는 것이다. 설명에 따르면, 개인의 가치를 추구하는 소비트렌드 속에 농촌자원을 활용해 '팜 웨딩'처럼 개인의 맞춤형 욕구를 충족시킬 수 있는 특화된 상품과 서비스로 접근하는 전략이 필요하다. 또, 일상에서 정신적인 스트레스를 경험하는 현대인들은 일과 삶의 균형에 대한 관심이 높으며, 운동부족 등의 생활습관이 여러 가지 질환의 원인이 된다. 미세먼지나 환경오염 등 건강을 위협하는 요인도 증가되고 있다.

따라서 농촌의 고즈넉한 풍경과 건강한 농산물, 손맛이 있는 음식, 주민과의 정서적 교류 등 도시의 빠른 삶과는 다른 삶의 방식을 경험하는 치유관광에 대한 상품개발, 주민서비스 역량의 제고가 필요하다. 아울러 한옥, 한복, 막걸리 등 한국적인 아름다움과 문화에 대한 외국인들의 선호도가 높아지고 있다. 또, 농촌은 한국의 전통과 문화 등 생생한 삶의 현장이 있는 곳인 만큼 '농업유산여행' 등 한국의 속살을 볼 수 있는 기회를 제공할 필요도 있다. <중략>

포스트코로나시대 대응=관광시장은 외부변화에 민감하게 반응한다. <중략> 먼저, 안전과 위생의 중시가 예상되므로 농촌관광 운영자들은 비상연락망, 응급의료체계에 대한 점검이 필요하고, 관광객들에게 방역지침에 대해 사전에 안내할 필요가 있다. 또, 개인용 침구, 수건 등을 준비하고 위생 점검 여부를 공개하며, 체험이나 식사물품 등에 대한 살균소독 등 청결한 관리가 중요하다.

비대면 문화의 확산이 예상됨에 따라 개별적으로 즐길 수 있는 산책, 자전거 여행, 마을전시관, 무인판매장 등의 여행코스를 발굴, 안내하는 것도 필요하다. 뿐만 아니라 기존 농촌관광이 단체여행 중심이었다면 이제는 가족단위 등 소규모 여행으로 무게중심이 이동하고 있다. 따라서 개별여행객을 위해 주민의 삶과 문화를 체험할 수 있는 프로그램 개발이 요구된다. 또, 안전에 대한 욕구 강화로 해외여행보다는 주말 또는 짧은 국내여행을 통해 '힐링'하려는 관광객의 증가가 예상되므로, 이런 수요를 반영한 맞춤형 코스개발도 필요하다.

아울러 실내보다는 야외에서 자연을 접

할 수 있는 관광지가 선호될 것으로 보인다. 그렇기때문에 자연경관과 농촌다움을 활용한 걷기, 자연감상, 생태관찰 등 야외의 즐길 거리의 개발이 요구된다는 게 '농촌관광 인사이트'의 분석이다.

자료 : 한국농어민신문(2020.7.7.)

3) 사회적 측면

관광은 국민의 복지 증진과 같이 사회 전반에 걸쳐 긍정적 영향을 미친다. 미래 사회에서의 여가 및 관광 행동은 경제 활동 이상의 의미를 가진다. 개별 관광객은 전체 사회 구성원의 일원이므로 개인의 관광 욕구 충족은 결국 행복한 사회의 밑거름이 되기 때문이다. 관광객의 바람직한 행동은 지역 간, 국가 간, 사회 계층 간, 종교 간, 또는 민족 간 갈등을 해소하는데 큰 기여를 한다. 그러나 현지 미풍 양속을 저해하거나 관광 자원을 훼손하는 행위는 국가 간의 갈등은 물론 자국의 이미지를 추락시키게 된다^{사례 2-3 참조}.

사례 ②-3

중국 정부, 자국민 관광객 '어글리 차이니스' 블랙 리스트 만든다.

2년간 기록 보관…향후 해외 출국, 은행 대출에도 영향

중국 정부가 공공 장소에서 남의 눈을 의식하지 않고 제멋대로 행동하는 '어글리 차이니스'에 대해 철퇴를 가한다. 중국 국가 여유국(여행국)은 6일 '관광객 비문명 행위 기록 관리 임시 방법'을 발표, 교양 없는 행동을 하는 중국인 관광객을 블랙 리스트에 올려 1~2년간 보관하기로 했다고 신경보(新京報) 등 현지 언론이 보도했다. 해당 방법은 이날 관련 부처에 하달돼 즉각 시행됐다.

방법은 버스·지하철·항공기 등 대중교통 수단에서 질서 혼란을 초래하거나 공공 기물을 파손하는 행위, 현지 미풍 양속 저해, 문화재 훼손, 도박, 매춘 등 여섯 가지 행위로 인해 행정 혹은 법적 처벌을 받거나 사회에 심각한 영향을 준 중국인 관광객을 블랙 리스트에 올린다는 방침이다.

'어글리 차이니스' 명단은 각 지방 관광

관련 부처 보고서나 언론 매체 보도, 민원 고발 등 방식으로 수집된다. 한 번 명단에 이름을 올리면 1~2년간 기록이 보관되고 국가 여유국뿐만 아니라 공안 해관 출입국 검사, 교통 부처와 중앙은행인 인민은행이 함께 공유하게 된다. 신경보는 블랙 리스트에 이름을 올리면 향후 국내 관광은 물론 해외 출국이나 은행 대출이 제약을 받을 수 있다고도 지적했다. 우원쉐(吳文學) 국가 여유국 부국장은 "해당 방법은 적용 대상·범위·방법·처벌 방식 등에 대해 구체적으로 규정했다"며 "이를 통해 교양 없는 관광객에 대한 제재를 강화할 것"이라고 전했다.

최근 중국인 해외 관광객 수가 사상 처음 1억 명을 돌파하는 등 급증하면서 해외 관광 '큰손'으로 떠올랐지만 동시에 중국인 관광객의 갖가지 추태 행위가 악명을 떨치고 있는 실정이다. 이집트 룩소르 신전 벽에 낙서를 하거나 루브르 박물관 분수대에 맨발로 들어가고 태국 공항 대합실에 속옷을 널어놓는 등 최근 들어 중국인 관광객의 몰상식 행동은 해외 언론 등을 통해 잇달아 폭로되며 국가적 망신을 초래했다.

이에 중국 정부는 중국인 국내외 여행객의 추태가 국가 이미지에 심각한 손상을 준다고 보고 대책 마련에 고심해왔다. 지난 2013년에는 '문명 여행 공약'이란 해외 여행 수칙까지 발표하는 등 공중 질서 지키기와 매너 개선을 유도해왔지만 효과는 크지 않았다. 지난해 12월엔 중국으로 향하던 태국 한 여객기에서 중국인 승객이 여승무원에게 뜨거운 컵라면 물을 끼얹는 등 소동을 벌여 비행기가 태국으로 회항하는 사태까지 발생하자 중국 정부가 관련 중국인을 법에 따라 엄단할 것이라 경고하기도 했다.

자료 : 아주경제(2015.4.7.)

4) 공공 정책적 측면

정부나 공공 기관의 입장에서 보면 관광객 행동의 이해는 효과적인 관광 정책을 수립하는데 중요한 역할을 한다. 관광 정책 수립, 관광 법규의 제정과 개정, 관광 시설의 개발 등 관광 활동의 질적 향상을 위하여 추진되는 활동은 관광객 행동의 연구에 근거를 두고 있다.

뿐만 아니라 관광객의 행동 이해는 공공 기관의 생산성을 향상시켜 줄 수 있다. 예를 들어, 박물관이나 미술관 등이 관광객의 행동을 잘 이해하게 되면 이곳을 찾는 관람객들에게 보다 나은 체험의 기회를 제공해 주게 된다. 이는 관람객을 만족시켜 줄 뿐만 아니라 지역 사회 이미지 향상에도 긍정적 영향을 미치게 된다. 이러한 선순환은 결국 공공 기관이나 지역 정부의 생산성 향상에 기여하게 된다.

3. 관광객 행동 연구 경향

관광객 행동 연구의 범위는 관광객 관련 모든 활동이 대상이 되기 때문에 매우 광범위하다. 명확한 기준은 없지만 관광 행동 연구의 동향을 효과적으로 이해하기 위해서는 시대별로 구분해 보는 것이 적절할 것이다. 그 이유는 비록 시간적 차이는 존재하지만 관광 행동의 연구가 일반 소비자 연구와 맥락을 같이 할뿐만 만 아니라 시대적 상황을 반영하기 때문이다. 시대적 상황과 관광객 행동 연구의 학문적 토대를 요약하면 <표 2-3>과 같다.

▶ 표 2-3 관광객 행동 연구의 시대별 특징

구분	1900~1940년대	1950~1970년대	1980~1990년대	2000년대 ~
시대적 상황	• 1차 세계 대전으로 사회, 문화, 경제 파괴 내지 침체	• 전후 경제 복구 • 동서양 냉전 지속 • 유럽 선진 국가의 복지 사회 지향	• 세계 경제 급속 발전 • 세계화, 국제화 가속	• 냉전 시대 종식 • 국제 금융 위기 • 국제 평화와 중동민주화 • 지역 및 종교적 갈등 심화
관광객 행동 연구의 학문적토대	• 경영학-관광기업 경영 활동 • 경제학-관광의 경제적 효과	• 경영학-관광 기업 경영 활동 • 경제학-관광의 경제적 효과	• 관광 현상의 사회학적 접근 • 경영, 경제적 접근	• 경영학, 경제학, 사회학, 지리학, 심리학 등 다양한 학문적 접근
관광 산업 특징	• 관광 산업의 경제 발전 기여 인식 대두 • 관광객 교류 제한적	• 관광 산업 적극 장려(관광 산업의 경제 발전 중요성 인식) • 관광 소비자 보호 정책 수립	• 관광 산업 지속적 성장 • 관광 통계 강조 　-지역 간 이동 　-관광 수입과 지출	• 관광 산업의 국가 전략 산업으로 인식 • 지속 가능한 관광 개발 • 관광의 고유성 강조

 * 자료 : 저자 정리

1) 1900~1940년대

제1차 세계 대전으로 많은 유럽 국가들의 피해가 막대하였다. 이러한 어려운 사회적, 경제적 시련을 극복하는데 관광 산업이 큰 역할을 하였다. 이 시대에 유럽 국가들은 국가의 부흥과 발전을 추구하는데 전력을 다하였다. 이 시대 관광학 연구(관광 행동 연구 포함)는 주로 경영학적 그리고 경제학적 접근 방법의 토대에서 시작되었다. 경영학적 접근 방법은 관광 사업체를 운영하는데 필요한 계획, 조사, 가격, 광고 등과 같은 경영 활동에 초점을 두어 관광학을 이해하려는 것이다. 경제적 접근 방법은 관광이 국내 및 세계 경제에 미치는 영향(예: 국제 수지, 고용 창출 등) 등에 초점을 맞춘 것이다.

2) 1950~1970년대

이 시대 최대의 사회적 이슈는 경제 복구였다. 이전 시대와 마찬가지로 관광객 행동 연구에 대한 토대는 경영학 및 경제학이었다. 하지만 여러 유럽 선진국들은 국민은 누구나 행복하고 복지를 누려야 함을 강조하면서 복지 국가를 지향하기 시작하였다. 정신적, 신체적, 경제적 소외 계층에 대해 국가의 적극적인 지원 아래 복지 사회가 실현되었으며 복지 생활의 중심에는 관광이 자리잡고 있다. 특히, 관광 소비자의 보호와 지원을 위한 국가 정책 수립의 근간은 바로 소비자의 행동에 대한 적극적인 탐색과 이해를 바탕으로 하였다.

3) 1980~1990년대

1950년대 말부터 관광을 사회학적으로 접근하기 시작하였으나 초기의 연구들(예: Kenebel, 1960, 『근대 관광의 사회적 구조 변화』)은 크게 주목을 받지 못하였다. 관광을 사회학적으로 접근한 이유는 관광은 사회적 활동의 일부분이며 관광객은 관광을 하면서 지역 사회 주민과 상호 작용을 한다는 점이 사회학적 관점과 일치하기 때문이다. 따라서 사회 학자들은 관광과 관련하여 사회에 대한 관광의 영향이나 개인과 그룹의 관광 행동에 대하여 연구를 진행하였다. 예를 들면, 연구자들은 이 시기에 소비자가 주어진 자극을 내면적으로 어떻게 처리하는지 그리고 관광이 주는 상징적 혹은 쾌락적 의미가 무엇인지에 많은 관심을 갖기 시작하였다. 또한, 지역 사회의 상호 작용 및 지역 경제에 큰 영향을 미치는 관광객의 국가 간 및 지역 간의 이동에 대한 통계의 중요성이 크게 대두되었다.

4) 2000년대 이후

관광 분야에서 이 시기의 화두는 크게 두 가지로 나누어 볼 수 있는데, 첫 번째 이슈가 친환경 내지 지속 가능한 관광이다. 관광 분야에서 지속 가능한 관광은 1996년 세계여행관광위원회WTTC와 세계관광기구UNWTO, 그리고 지구협의회 Earth Council 등의 3개 국제 기구가 공동으로 '여행과 관광 산업에 대한 의제 21'을 채택하면서 비롯되었다. 지속 가능한 관광 개발sustainable tourism development은 관광 자원의 적극적 개발보다는 환경 보호와 자연 보전을 고려한 개발과 활용으로 관광 자원 이용의 지속성을 보장하는 것이다.

또다른 이슈는 전통으로의 회귀 내지 강조이다. 한류나 한옥 체험 등이 좋은 예이다. 우리나라는 아시안 게임, 올림픽, 월드컵, G20 등과 같은 국제 스포츠나 행사를 성공적으로 유치하면서 세계에서 가장 우수하고 경쟁력 있는 것은 '우리 다운 것' 혹은 고유의 '전통'이란 사실을 깨달았다. 미국의 건강 전문지 '헬스 Health'는 2006년 3월에 세계 5대 건강 식품으로 한국의 김치와 스페인의 올리브유, 그리스의 요구르트, 일본의 콩요리, 인도의 렌틸콩을 선정했다. 학문적으로는 환경학과 지리학, 그리고 문화 인류학이 20세기 관광 행동 연구의 중요한 밑거름이 되었다.

4. 관광객 행동 연구의 문제점

환대 및 관광 분야를 다루는 열 두 개의 해외 학회지(예 Annals of Tourism Research외 11개)에 게재된 논문을 분석한 결과, 관광객 행동과 관련한 논문의 주제는 주로 온라인 구매 행동, 고객 접점, 고객 충성도와 팁 행동, 안전과 노인 관광, 가격 등에 관한 것이었다Matilla, 2004. 최근 해외의 3개 학회지(예 Annals of Tourism Research, Tourism Management, Journal of Travel Research)에 게재된 519개의 논문2000-2012년 중 383편이 관광객 행동에 관한 논문인 것으로 밝혀졌다Cohen et. al., 2013. 의사 결정, 관광객 태도와 기대, 동기, 자아 개념과 성격 등이 주요 연구 주제로 등장하였으며 이중 가장 인기있는 주제는 관광 동기였다89편.

하지만 이들 관광객 행동에 관한 연구들은 몇 가지 공통된 한계점을 지니고 있는데 네 가지로 요약할 수 있다Cohen et. al., 2013. 첫째, 일반 소비자 행동, 마케팅, 경영학에서 다루어온 이론에 대한 단순 응용 연구라는 점이다. 따라서 환대 및 관광 분야에서 실무적 시사점을 제공하는데 한계가 있다. 둘째, 많은 연구가 고객 만족과 고객 충성도 관계와 같은 정형화된 인과 관계 연구가 많았다. 하지만 일반 소비자 행동, 마케팅, 경영학 연구와의 차별성이 없어 연구 결과의 일반화에 한계가 있다. 셋째, 양적 연구에 비해 실험적 연구가 초보 단계에 불과해 변수들 간의 인과 효과에 오류가 발생할 수 있다는 점이다. 실험적 연구의 주 목적은 실증 자료를 이용하여 연구의 객관성을 확보한 다음 변수 간의 관계를 정확히 규명하는데 있다. 마지막으로, 관광객 행동 혹은 프로세스를 이해하기 위해 종단적 연구longitudinal study[1]나 총체적 접근holistic approach의 연구가 매우 미흡하다. 관광객의 행동은 단순히 부분들을 모아 놓는 것만으로 파악할 수 없다.

 1) 종단적 연구 : 동일 주제에 대하여 시간 경과에 따른 변화를 조사하는 연구를 의미한다.

제3절 관광객 행동 모델

관광객 행동 모델에 대한 연구는 소비자 행동 모델처럼 전체 프로세스 관점보다는 의사 결정 과정 부분에 대부분 초점이 맞추어져 있다. 많은 관광학 학자들은 관광객 행동 모델을 관광객 의사 결정 모델, 관광객 구매 의사 결정 모델, 혹은 단순히 의사 결정 모델 등 다양하게 칭하여 왔다. 관광객 행동 모델은 Howard와 Sheth, Nicosia, 그리고 Engel과 그의 동료[1993] 등이 개발한 소비자 행동 모델을 근간으로 하고 있다. 관광객 행동 모델에 대한 본격적인 논의는 1970년대부터 보는 것이 대체적인 시각이다.

Sirakay & Woodside[2005]는 관광객 행동 모델을 행동 모델behavioral model과 관광지 선택군 모델 두 가지로 분류하였다. Decrop와 Snelders[2004]는 시퀀스 모델sequence model, 프로세스 모델process model, 그리고 선택군 모델choice model 세 가지 그룹으로 분류하였지만 시퀀스 모델과 프로세스 모델의 분류 기준이 명확하지 않다. 여기서는 Sirakay와 Woodside의 행동 모델과 관광지 선택군 모델, 차원 모델, 그리고 자극-반응 모델을 추가하여 네 가지 그룹으로 분류하여 설명하고자 한다. 관광객 행동 모델의 분류, 연구 초점, 그리고 대표적 학자들을 정리하면 <표 2-4>와 같다.

▶ 표 2-4 관광객 의사 결정 모델

관광객 행동 모델	연구 초점	대표적 연구자
자극-반응모델 (stimulus- response model)	• 주어진 자극에 의한 반응	• Middleton & Clark(1988)
행동 모델 (behavioral model)	• 의사 결정의 순차적 과정 중시 • 의사 결정 과정과 각 과정에 영향을 미치는 다양한 요인 관계 중시	• Wahab, Crampton & Roth-field(1976) • Schmoll(1977) • Bergier(1981) • Mathieson & Wall(1982) • Van Raaij & Francken(1984) • Moutinho(1987)
선택군 모델 (choice set model)	• 기본 가정은 행동 모델과 동일하나 의사 결정시 고려군(consideration set)에서의 제품 대안의 점진적 진행을 강조	• Woodside & Lysonski(1989) • Um & Crompton(1990)
차원 모델 (dimensional model)	• 의사 결정 과정보다는 의사 결정자를 둘러싸고 있는 환경적 요소의 차원 강조	• Mayo & Jarvis(1981) • Gilbert(1991)

* 자료 : 저자 정리

1. 자극-반응 모델

Middleton과 Clark는 관광 서비스 상품의 특성을 고려하여 <그림 2-3>과 같이 관광객 구매 행동의 자극-반응 모델을 제안하였다. 이 모델은 여섯 과정으로 개념화되어 있으며 구매자 특성과 구매 결정과정3과 4 요소를 중심부에 위치시켜 설명하고 있다. 과정1과 과정2는 자극 요소에 해당되며 이들 요소들은 마케터들에 의해 통제될 수 있다. 과정3과 4를 나타내는 구매자 특성과 구매 결정 과정은 동기와 지각을 포함하고 있다. 이 모델은 커뮤니케이션 과정에서 친구와 준거 집단의 역할을 강조하고 있으며 미래 선택을 위한 구매 후 평가의 영향을 강조하고 있다. 또한 동기는 욕구나 필요와 구매 혹은 구매 결정의 연결 역할을 하고 있다. 하지만 제품 만족이 얼마나 구매 행동에 영향을 미치는지 등에 대한 설명은 해주지 못한다Hodgson, 1991.

▶ 그림 2-3 관광객 구매 행동의 자극-반응 모델

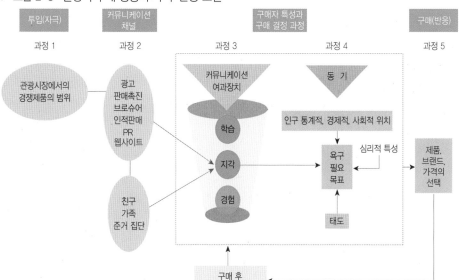

* 자료 : Swarbrooke, J. & Horner, S. (1999). Consumer behaviour in tourism. Oxford, Butterworth- Heine-
mann, p.46에서 재인용.

2. 행동 모델

행동 모델은 의사 결정 과정의 순차적 과정과 의사 결정 과정에 영향을 미치는
다양한 요인 관계를 중시한다. Decrop와 Snelders는 전자에 해당하는 모델을 시
퀀스 모델 그리고 후자에 해당하는 모델을 프로세스 모델이라 칭하였다. 여기서
는 이를 포괄적으로 행동 모델로 표현한다.

1) Schmoll의 프로세스 모델

Schmoll의 프로세스 모델은 의사 결정의 각 과정에 영향을 미치는 다양한 요
인간 관계에 초점을 두고 있다. Schmoll은 Howard와 Sheth 그리고 Nicosia의
소비자 행동 모델을 바탕으로 복잡한 관광 현상을 고려하여 <그림 2-4>와 같이
관광 행동 프로세스 모델을 제안하였다.

이 모델은 크게 네 가지 영역의 변수들 간 영향 관계를 묘사하고 있다. 첫째, 여
행 자극이다. 여행 자극은 광고나 판촉 활동, 여행 문헌, 타 여행자의 제안, 그리
고 여행사 추천 등에 의해 활성화된다. 둘째, 여행 행동의 개인적 그리고 사회적

▶ 그림 2-4 Schmoll의 관광 행동 프로세스 모델

* 자료 : Schmoll, G.A., (1977). Tourism promotion. London, Tourism International Press, p.62.

결정 요인들이다. 이는 개인의 관광 동기, 관광 욕구, 기대에 영향을 미치는 사회 경제적 지위, 성격 특성, 사회적 영향과 열망, 개인적 태도나 가치관 등을 포함한다. 셋째, 여행사에 대한 신뢰, 목적지 이미지나 서비스, 과거 여행 경험, 객관적·주관적 리스크 평가, 여행 제약 요소시간, 비용 등 등을 포함하는 외부 환경 변수들이다. 마지막으로 관광 목적지의 특성인데 비용/편익 관계, 여행 정보의 질과 양, 매력물과 편의 시설, 여행지 형태, 여행 기회의 범위 등을 포함한다. 이들 외부 변수와 관광 목적지 특성 혹은 서비스 관련 특성들은 여행 욕구, 정보 탐색, 대안 평가, 그리고 구매 결정 등에 영향을 미친다.

이 모델은 관광객 의사 결정 과정에 영향을 미치는 요소들과 상호 작용 과정을

이해하는 데 도움이 된다. 또한, 마케팅 계획을 세우고 적용하는 데 유용한 도구로 활용될 수 있을 뿐만 아니라 타 모델에서 간과하였던 관광 제약요소들을 언급한 점은 큰 의미가 있다. 하지만 이 모델은 피드백 과정이 묘사되어 있지 않고 태도와 가치에 대한 투입 요소의 설명이 없기 때문에 모델의 역동성환류이 부족하다Hudson & Gilbert, 1999.

2) 휴가 여행 시퀀스 모델

Van Raaij와 Francken은 선행 연구를 바탕으로 휴가 여행 시퀀스 모델을 제안하였다그림 2-5. 이 모델은 여행 시퀀스를 5단계, 즉 (1) 휴가를 갈 것인가 집에 머물 것인가에 대한 의사 결정, (2) 목적지, 숙박, 이동 수단 등에 대한 정보 획득, (3) 가족 구성원 공동 의사 결정, (4) 휴가 활동, (5) 만족과 불평 불만으로 설명하고 있다.

▶ 그림 2-5 휴가 여행 시퀀스 모델

* 자료 : van Raaij, W., & Francken, D.(1984). Vacation decisions, activities, and satisfactions. Annals of Tourism Research, 11, p.103.

이 모델의 특징은 관광객 구매 의사 결정 과정에 가족 영향력을 강조하고 있다는 점이다. 이들은 관광 서비스 구매 및 소비 결정 과정의 영향 요소로서 개인적 요소(예 태도, 야망 등)와 가족 관련 요소(예 라이프 스타일, 권력 구조, 역할, 의사 결정 스타일)를 포함하고 있으며 이들 요소 간의 상호 작용으로 의사 결정 과정 혹은 휴가 여행 시퀀스가 만들어진다고 보았다. 당시 관광학 분야에서 가족 구매 의사 결정에 관한 연구들이 주로 공동 의사 결정joint decision, 남편 지배적 의사 결정 husband dominance, 혹은 아내 지배적 의사 결정wife dominance 등에 관심이 많았다는 점에 비추어 볼 때 연구의 의의가 크다고 하겠다.

3. 관광지 선택군 모델

관광객 의사 결정 과정에서 관광 목적지의 선택이 가장 중요한 부분 중의 하나이다. 그 이유는 대부분의 의사 결정이 관광 목적지가 선택된 후 일어나기 때문이다. 가족 휴가 여행의 경우 해당 가족은 우선 관광지를 선택하게 된다. 그리고 교통 수단, 숙박 장소 및 형태, 관광지에서의 관광 활동 등에 관한 의사 결정을 한다.

선택군 모델의 기본 가정은 일반 소비자 행동의 모델과 동일하나 의사 결정시 고려 상표군에서의 제품 대안의 점진적 진행을 강조한다는 점이 다르다. 즉, 관광객이 관광지를 선택할 때에는 여러 대상지를 후보군으로 정해 두고 시간이 지남에 따라 점차 후보 대상지 숫자를 줄여 간다는 모델이다. 이에 대한 대표적 모델로는 Woodside와 Lysonski 모델과 Um과 Crompton 모델이 있다.

1) Woodside와 Lysonski 모델

이들은 관광지 선택 모델을 <그림 2-6>과 같이 8개의 변수와 9개의 관계로 묘사하고 있다. 이 모델에서 마케팅 변수(예 마케팅 4p's)와 관광객 변수(예 과거 경험, 라이프 사이클, 소득, 연령, 라이프 스타일, 가치 체계)는 관광 목적지 인식에 영향을 미치며, 관광 목적지 인식은 감정적 연상affective associations과 함께 관광 목적지 선호도에 영향을 미치게 된다. 이는 방문 의도에 영향을 미치게 되며 방문 의도는 상황 변수와 함께 최종 목적지 선택에 영향을 미치게 된다. 이들에 따르면 고려 대상군은 대개 3~5개 정도평균 4.2곳의 관광 목적지를 포함한다.

이 모델은 개인이 고려하고 있는 관광 목적지 대상이나 선택된 목적지에 대해 긍정적 감정을 가지고 있다는 점과 관광 목적지로 선택되려면 우선적으로 고려 상표군/대상군^{consideration set2)}에 포함되어야 함을 강조하고 있다. 예를 들어, 지역 관광 개발의 경우 잠재 관광객에게 고려 대상군에 포함될 수 있을 만큼 관광지가 매력적으로 개발되어야 함은 물론 잠재 관광객의 긍정적 감정을 이끌어 낼 수 있어야 함을 암시한다. 또한, 높은 선호도 순위의 관광지일수록 잠재 관광객은 그 곳을 방문할 확률이 높다. 그러나 선호도는 방문 의도와 동일 개념으로서 실제 방문 의도가 바로 관광으로 연결되지 않을 수 있다. 또한, 시간이나 날씨와 같은 상황적인 변수들에 의해 특정 관광지가 선택될 수도 있고 그렇지 않을 수도 있다.

> point! 2) 상기 상표군 & 고려 상표군 : 상기 상표군은 내적 탐색을 하면서 기존에 알고 있던 상표들 중 떠오르는 상표군을 의미하며, 고려 상표군은 기존에 알지 못했던 상표들 중에서 외적 탐색을 통해 발견된 상표군에 상기 상표군을 더한 것으로, 대안 평가를 하기 위해 최종적으로 고려되는 상표군을 의미한다.

▶ 그림 2-6   Woodside와 Lysonski 관광지 선택 모델

* 자료 : Woodside, A. G., & Lysonski, S.(1989). A general model of traveler destination choice Journal of Travel Research, Spring, 27, 1~14. p.9에서 인용

2) Um과 Crompton 모델

Um과 Crompton은 관광지 선택 과정을 <그림 2-7>과 같이 설명하고 있다. 모든 관광지를 관광객이 알고 있는 인지 관광지군awareness set과 비인지 관광지군nonawareness set으로 구분하고, 인지 관광지군을 다시 초기 고려 대상 관광지군initial consideration set과 제외된 관광지군excluded set으로 구분한다.

관광객은 시간이 흐름에 따라 초기 고려 대상 관광지군에서 점차 3~4개 정도의 관광지만 남기고 나머지는 고려 대상군에서 제외하는데 이를 초기 고려 대상 관광지군과 구분하여 후기 고려 대상 관광지군late consideration set이라고 한다. 이 후기 고려 대상 관광지군을 환기 상표군evoked set이라고 한다. 결국 최종 관광 목적지는 이 후기 고려 대상 관광지군 중에서 하나를 선택함으로써 결정되는 것이다.

이 모델은 인간이 합리적인 의사 결정을 할 것이라는 것을 전제로 하고 있다. 하지만 관광 목적지 선택에는 여러 상황이 발생될 수 있다. 예를 들면, 제주도로 가족 여행을 가기로 결정하였으나 태풍과 같은 환경으로 포기할 수 있으며, 또한 고려 대상 관광지군 중에 포함되지 않았던 전혀 새로운 관광지가 선택될 수도 있다. 하지만 이 모델은 앞서 언급한 행동 모델보다 실용적인 것으로 평가받고 있다Sirakaya & Woodside, 2005. 예를 들면, 선택 대상군을 기준으로 시장을 세분화하는 데 유용하게 활용할 수 있다.

▶ 그림 2-7 Um과 Crompton의 관광지 선택 모델

* 자료 : Um, S., & Crompton, J. L.(1990). Attitude determinants in tourism destination choice. Annals of Tourism Research, 17(3), 432-448. p.436에서 인용

4. 관광객 행동 차원 모델

행동 차원 모델은 의사 결정의 순차적 과정을 제시하기보다는 의사 결정자를 둘러싸고 있는 내외적·환경적 요소를 설명하는 데 초점을 두고 있다. 모델에서 개인의 의사 결정 과정은 묘사하지 않고 의사 결정 과정에 영향을 미치는 요인을 중심으로 설명하고 있지만, 의사 결정 과정은 기본적 과정문제인식 → 정보 탐색 → 대안 평가 → 구매 결정 → 구매 후 평가을 전제하고 있는 것으로 이해할 필요가 있다. 대표적 모델로서 Mayo와 Jarvis 모델[1981]이 있다.

Mayo와 Jarvis는 <그림 2-8>과 같이 의사 결정 과정에의 영향을 두 가지 차원, 즉 내적·심리적 요소와 외적·사회문화적 요소로 묘사하고 있다. 이 모델에서 의사 결정자는 의사 결정 과정의 중심에 있으며 이에 영향을 미치는 내적·심리적 요소는 지각, 동기, 학습, 성격, 태도 등이 있다. 그리고 외적·사회적 요소는 가족, 사회 계층, 준거 집단, 그리고 문화와 하위 문화를 포함하고 있다.

이 모델은 관광객 의사 결정에 영향을 미치는 개인적·사회문화적 요인을 한 공간내에서 그 위치를 설명해 주고 있다. 하지만 다양한 변수들이 상호작용하는 인과 관계 등은 제시하지 못하고 있다.

▶ 그림 2-8 Mayo와 Jarvis 관광객 의사 결정 모델

* 자료 : Mayo, E. & Jarvis, L. (1981). The psychology of leisure travel. Boston : CBI Publishing.

5. 관광객 행동 모델의 고찰

자극-반응 모델, 행동 모델, 관광지 선택군 모델, 그리고 차원 모델을 포함하는 관광객 행동 모델은 개인의 심리적 요인뿐만 아니라 사회·문화적 요인에 의해 결정된다는 것을 공통적으로 보여주고 있다. 그러나 대부분의 관광객 의사 결정 모델들은 이론적 혹은 질적 연구에 의해 제시된 모델들이며 실증적으로 검증되지 않았다. 따라서 이러한 모델들이 실제 구매상황에서 얼마나 잘 적용될지 구체적인 증거는 없다Swarbrooke & Horner, 2007.

뿐만 아니라 Schmoll 모델과 같은 몇몇 모델들은 미래의 예측 도구로서 역할을 제대로 못하고 있다. 그러므로 기존 관광 목적지 혹은 서비스에 대한 수요를 예측하기 위한 근거로서 제 역할을 하지 못할 수 있다Pizam & Mansfeld, 2000.

대부분의 모델들은 북미, 호주, 그리고 유럽의 학자들에 의해 개발되었다. 아시아 관광 시장을 바탕으로 제시된 관광객 의사 결정 모델은 매우 부족하다. 이들 시장 간의 관광객 행동은 차이가 존재할 수 있다. 그리고 기존 관광객 의사 결정 모델은 휴가의 특성이나 여행 형태 등을 제대로 고려하지 않았다.

기존의 많은 모델은 관광객들이 항상 이성적이고 순차적인 의사 결정을 가진다고 가정해 왔다. 하지만 의사 결정과 행위들 사이에는 상당한 상호 작용이 존재하고 감정적인 요소들이 중요한 역할을 할 수 있다Woodside & MacDonald, 1994.

PART 2

정보 처리 과정 과
구매 의사 결정 과정

Chapter
03

관광객 정보
처리 과정

이 장을 학습하고 나면 학생들은 다음의 내용을 이해하게
될 것이다.

1   정보 처리 과정
2   감각 자극별 특성
3   노출의 개념과 유형
4   식역의 의미
5   주의의 개념과 유형
6   지각적 조직화의 원리
7   지각적 해석
8   기억의 개념 및 기억 시스템
9   정보 처리 과정별 마케팅 전략

정보 처리 과정은 소비자가 자극에 노출되고, 노출된 자극에 주의를 기울이며, 자극 내의 정보를 해석하고, 정보를 기억하는 과정을 말한다. 정보 처리 결과는 의사 결정에 바로 영향을 미치거나 혹은 기억에 저장되어 나중에 관련 의사 결정에 영향을 미칠 수 있다. 소비자가 구매 의사 결정을 하기 위해서 필요한 정보를 수집, 분석, 해석, 그리고 기억하는 역할을 담당하는 핵심적인 주체는 소비자의 두뇌 또는 소비자의 마음속에 있는 태도이다.

기업은 광고, 제품의 포장, 판매원 등의 수단을 통해 소비자들에게 정보를 제공하는데 가능하면 표적 소비자가 그 정보에 노출되고, 주의를 기울이며, 긍정적으로 해석하고, 오랫동안 기억하며, 필요할 때 적절히 인출할 수 있기를 바란다. <그림 3-1>과 같이 정보 처리 과정을 노출, 주의, 지각, 기억 등 4단계로 구분하여 살펴본다.

▶ 그림 3-1 정보 처리 과정

* 자료 : Solomon, M. R.(2004). Consumer behavior(6th ed.). Pearson Prentice Hall, p.49, 수정 인용.

▶ 그림 3-2 제3장 요약도

제1절 자극과 노출	제2절 주의	제3절 지각	제4절 기억

• 자극
• 노출
• 식역
• 자극과 마케팅
  전략
	• 주의의 개념
	• 주의의 유형
	• 선택적 주의의 영향
	  요인
	• 주의와 마케팅 전략
		• 지각적 조직화
		• 지각적 해석
		• 지각의 영향 요인
		• 지각과 마케팅 전략
			• 기억 구조
			• 기억과 마케팅 전략

제1절 자극과 노출

소비자는 자극에 노출되어야만 정보 처리 행동을 시작하게 된다. 기업은 자사 제품이나 서비스에 대해 광고 시간과 빈도를 높이려고 많이 노력하는데 그 이유는 바로 노출에 효과적이기 때문이다. 식품 매장 입구에 붉고 노란 과일의 화려한 색상은 매장에 들어오는 사람의 식욕을 자극해 음식물을 많이 사게 하기 위함이다. 본 절에서는 정보 처리 과정의 시발점이 되는 자극과 노출의 의미, 노출의 유형, 그리고 식역에 대해 살펴본다.

1. 자극

자극이란 사람을 둘러싸고 있는 환경 요소로서 개인의 반응에 영향을 줄 수 있는 물리적, 시각적, 구두적 커뮤니케이션이다. 자극은 빛, 소리, 냄새, 맛, 감촉 등의 형태로 개인의 행동에 영향을 미치게 된다. 이러한 외부 자극은 각각 눈, 귀, 코, 입, 피부 등의 감각 수용 기관을 통해 우리 몸속으로 유입된다그림 3-1 참조.

1) 시각

기업의 광고, 포장, 점포, 직원 유니폼 디자인 등은 시각적 요소에 많이 의존한다. 시각적 요소에서 가장 중요한 것이 색상, 크기, 스타일이다. 오늘날 색상은 중요한 의미를 갖고 있기 때문에 컬러 마케팅이 많은 관심을 끌고 있다. 일반적으로 소비자가 감각에 의존해 제품을 구매했을 때 시각이 전체 오감각 가운데 90%에 육박할 정도로 비중이 높다표 3-1 참조. 미국 컬러 리서치 연구소에 따르면 시각 중 컬러의 비중이 60%에 이른다고 한다.

▶ 표 3-1 감각별 소비자 구매 의존도

감각	시각	청각	촉각	후각	미각
의존도	87%	7%	3%	2%	1%

* 자료 : 이코노믹 리뷰(2011.12.6). "대박 매출 색깔을 찾아라" 기업들 컬러 마케팅 '열공'

2) 청각

소리는 사람의 느낌과 행동에 영향을 미친다. 기업은 점포를 방문하는 고객을 위해 다양한 유형의 음악을 제공하는데 이는 음악을 통해 소비자의 긴장을 이완시켜주거나 자극시키기 위함이다. 음악은 공장 근로자의 결근을 감소시키며 소와 닭의 우유와 달걀 생산량도 증가시킨다는 연구 결과도 있다Fredrich, 1984. 광고의 징글Jingle : 메시지가 음악적으로 제시되는 광고에서 음악은 브랜드 인식brand awareness을 유지시켜 주고 무드mood를 유발시킨다Tom, 1990.

3) 촉각

촉각은 압력, 통증, 따뜻함, 차가움 같이 피부로 느끼는 것으로 개인의 행동에 영향을 미친다. 촉각은 섬유, 의복, 카펫, 가구 등의 제품 품질을 좌우한다. 촉각은 시각과 달리 소비자가 직접 체험하고 느끼는 것이므로 제품에 대한 평가나 태도를 확실하게 할 수 있는 수단이기 때문이다. 예를 들어, 소비자는 과일을 고를 때 직접 만져 보아야 안심이 되고 옷을 고를 때도 직접 만져 보거나 입어보아야 품질에 대해 확신을 하게 된다.

4) 후각

냄새는 감정을 자극할 수 있고 고요한 느낌도 유발할 수 있다. 또 기억을 회상시키거나 스트레스를 완화시킬 수 있다. 꽃향기나 초콜릿 향기에 노출된 소비자와 꽃이나 초콜릿 광고를 본 소비자는 해당 제품의 정보를 처리하는 데 보다 많은 시간을 보내고 각 상품 범주 내에 있는 다른 대안을 시험 구매해 보려는 가능성이 더 높은 것으로 알려져 있다Mitchell, Kahn, & Knasko, 1995.

5) 미각

미각맛 또한 소비자가 상표를 지각하는 데 중요한 자극이다. 미각을 활용한 전략은 주로 외식 기업이 활용하고 있다. 기업이 맛에 대한 문제를 더욱 부각시키는 것은 색깔이 없기 때문이다. 미각은 색color이라는 시각적 단서를 통하여 의미를 해석하는 경향색채 미각: color taste라고 함이 있으며 온도에 따라서 민감도가 달라질 수 있다표 3-2 참조.

▶ 표 3-2 색채별 미각

미각(맛)	색채
단맛	빨강, 주황, 갈색 등의 난색 계통의 색
매운맛	빨강, 주황, 겨자색
쓴맛	짙은 밤색, 적보라, 파랑 계통의 색
신맛	노랑이나 연두
짠맛	회색, 흰색 계통의 색
달콤한 맛	분홍 계통의 색

* 자료 : 색체용어사전.

2. 노출

노출exposure은 자극이 개인에게 투입되어 오감각 중 어떤 것을 활성화시키는 현상을 말한다. 자극에의 노출 현상이 발생해야만 정보 처리 행동은 시작이 된다. 따라서 제품이나 서비스 제공자가 제공하는 정보가 아무리 유용한 것이라 하더라도 소비자에게 노출되지 못하면 그 정보는 소멸되고 만다. 노출에는 의도적 노출, 우연적 노출, 그리고 선택적 노출이 있다.

1) 의도적 노출

개인이 어떤 자극(예 마케팅 정보)에 의도적으로 노출시키는 것을 말한다. 토산품과 같은 관광 상품을 구매하려고 하는 사람이 신문이나 잡지 등의 광고 중에서 특정 광고를 의도적으로 찾아보거나 인터넷이나 잡지 등에서 토산품에 대한 정보를 탐색할 때 의도적으로 해당 자극에 노출되게 된다. 따라서 기업은 관광 소비자가 문제 해결을 위한 정보를 탐색할 때 적절한 정보를 적시에 제공해야 한다.

2) 우연적 노출

개인의 의도와는 상관없이 오감각에 감지되는 자극을 우연적 노출이라고 한다. 예를 들어, 이동 중에 고속도로 주변에 있는 지역 대표 관광 상품을 위한 광고를 보게 되는 것이 우연적 노출에 해당한다. 또한 마트나 기타 쇼핑 공간에서 판매원의 외침이나 권유, 구매 시점 전시물POP 광고 등이 여기에 해당한다. 마케터는 표적 시장 소비자가 주로 이용하는 매체를 이용함으로써 소비자의 우연적 노출 정도를 높일 수 있다.

3) 선택적 노출

소비자가 자신에게 필요하고 관심이 있는 정보에만 노출시키는 것을 선택적 노출이라고 한다. 대부분의 소비자는 단골 음식점만 방문하고, 좋아하는 TV프로그램만 선별적으로 시청하며, 원하지 않는 광고가 방영되는 동안은 채널을 변경하는 경향zapping이라고 한다이 있다. 따라서 단골 음식점에서 취급하지 않는 브랜드 제품에 대해서는 거의 노출될 기회가 없게 된다.

3. 식역

식역threshold이란 어떤 자극이 주어졌을 때 이를 감지하고 식별할 수 있는 생리적 한계를 의미한다. 이에는 절대 식역, 차이 식역, 그리고 잠재 의식적 지각식역하 지각이 있다.

1) 절대적 식역

절대적 식역이란 감각 기관이 감지할 수 있는 자극 에너지의 최소한의 강도를 말한다표 3-3 참조. 절대적 식역 수준은 평균적 수치로 측정·표시되고 있지만 개인의 특성이나 상황에 따라 차이가 있다. 즉, 청력이 좋지 않은 사람이라 하더라도 소음이 많은 곳에서는 절대 식역 수준이 더 높아지는데 그 이유는 더 집중을 하기 때문이다. 또한 일정한 자극이 지속적으로 주어지면 그 자극에 익숙해지고 감각이 둔해져 그 자극에 의해서 더 이상 영향을 받지 않게 된다. 이는 그 자극에 대한 절대적 식역 수준이 시간이 변화함에 따라 높아진 결과라 볼 수 있다.

절대 식역 개념은 마케터에게 많은 시사점을 제공한다. 소비자가 경쟁사 제품과의 차이를 쉽게 하도록 하기 위해 포장지를 디자인한다든지 점포에 제품을 진열할 때에 소비자의 눈에 쉽게 보일 수 있는 곳에 배치하는 것이 이에 해당한다. 또한, 광고의 경우에 메시지를 가끔 변경해야 하며, 만일 동일 메시지를 사용하는 경우에는 일정한 휴식 기간을 두고 반복하는 것이 오랜 기간 지속적으로 실시하는 것보다 훨씬 효과적이다.

▶ 표 3-3 감각별 절대적 식역 수준

감각	절대적 식역
시 각	맑은 날 밤 50km 떨어진 곳의 촛불
청 각	조용한 가운데 6m 거리에서 손목 시계의 소리
미 각	8리터의 물에 녹아 있는 설탕 한 숟가락의 단맛
후 각	3개의 방이 있는 아파트 안의 향수 한 방울 향기
촉 각	1cm 높이에서 뺨 위로 떨어뜨린 벌의 날개 무개

* 자료 : Galanter, E. (1962). Contemporary psychophysics, In New Directions in Psychology, eds., R. Brown et al.,Holt, New York : Rinehart, Winston.

2) 차이 식역

차이 식역또는 한계 식역이란 처음 자극과 나중 자극이 구분될 수 있는 최소한의 차이를 말하며 변화 감지 가능 한계치JND: Just Noticeable Difference : 차이를 지각하는데 필요한 최소한의 변화량라고도 한다. 독일의 과학자 Weber에 의하면, 자극 간의 변화 차이를 지각할 수 있는 사람의 식역 수준은 맨 처음 주어진 자극의 강도에 의해 큰 영향을 받는다. 즉, 최초의 자극 수준이 높으면 높을수록 다음 자극의 변화 폭이 커야만 그 변화 차이를 쉽게 감지할 수 있다. 이를 베버의 법칙이라고 한다. 예를 들어, 여름 성수기 제주도행 비행기 티켓이 100,000원이고 차이 식역이 20,000원이라고 가정하자. 잠재 관광객은 비행기 티켓 가격이 120,000원으로 올라야 가격 인상을 인지하고 80,000원으로 내려야 가격이 내렸구나를 인지하게 된다. 이를 식으로 나타내면 다음과 같다.

$$K = \frac{\Delta I}{I}$$

K = 상수(베버 지수 : 값이 작을수록 민감)
I = 기존의 자극 수준
ΔI = 자극 변화에 대한 감지 가능 한계치(차이식역)

베버지수	
감각형태	k값
시각	1/60
무게	1/50
온도	1/30
청각	1/10
촉각	1/7
냄새(고무향)	1/4
미각(식염)	1/3

차이 식역 개념은 여러 측면에서 유용하다. 첫째, 판매 촉진을 위한 가격의 변화 폭을 결정하는 데 유용하게 이용할 수 있다. 예를 들어, 패키지 여행 상품을 할인 판매하려는 경우 패키지 가격이 최소한 변화 감지 가능 한계치 수준 이상으로 인하되어야 하며 그렇지 않으면 할인 판매의 효과를 기대하기 어렵다. 둘째, 원가 절감을 위해 품질 수준을 낮추려 하거나 경쟁력 강화를 위해 품질 개선을 도모하려 할 때 어느 정도의 제품품질변경이 최적인가를 결정함에 있어서도 차이 식역 개념이 유용하게 이용될 수 있다. 마지막으로, 제품의 포장 및 규격에 변화를 주려고 할 때에도 차이 식역 개념을 활용함으로써 변화에 대한 소비자의 지각을 보장함과 동시에 원가 합리화도 추구할 수 있다. 예를 들어, 펩시 콜라는 1940년대 이전에는 차이 식역 수준 이하로 로고 변화를 주어 소비자로 하여금 자연스럽게 동일 브랜드라는 것을 인식하도록 유도하였다그림 3-3 참조. 하지만 1950년대에는 차이 식역 수준 이상으로 변화를 주어 변화하는 회사 이미지를 강조하고 있다.

▶ 그림 3-3 펩시 로고 변천사

* 자료 : http://www.google.co.kr/imgres

3) 잠재 의식적 지각

잠재 의식적 지각이란 자극의 정도가 미약하여 절대적 식역 수준에 미치지 못하더라도 소비자가 그 자극을 무의식 중에 지각하는 것을 말한다. 순간적으로 투사되는 시각적 자극이나 스쳐 지나가는 청각적 자극 등은 통상적인 지각 활동에 의해서는 쉽게 식별되지 않는다.

이의 영향에 대해서는 상반된 견해를 주장하는 학자들이 많지만 무의식속에서 사람들이 지각한다는 사실에 대부분 동의하고 있다. Vicary[1957]는 45,000명의 영화 관람객을 대상으로 6주 동안 영화 스크린에 "Eat Popcorn and Drink Coca Cola"라는 자막을 매 5초마다 1/3,000초 동안 노출시키는 실험을 하였다. 실험 결과 팝콘 판매량은 57.5%, 코카콜라 판매량은 18.1% 증가한 것으로 나타났다[Advertising Age, 1957].

4. 자극과 마케팅 전략

마케터들은 소비자의 오감각을 자극하기 위해 오감 마케팅을 활발히 펼치고 있다. 제품이나 서비스 구매 의사 결정 과정에 있어 오감은 빼놓을 수 없는 요소이기 때문이다. 오감각을 이용한 마케팅 전략을 살펴보면 다음과 같다.

1) 컬러 마케팅

컬러 마케팅은 환대 산업에서 적극 활용되고 있다[사례 3-1 참조]. 부티크 호텔들은 투숙객의 시선을 사로잡기 위해 인테리어를 화려하게 하는 데 많은 투자를 하고 있다. 정육점에서는 빨강에 가까운 스펙트럼 조명을 밝혀 놓는데 이것은 고기가 더 붉고 수분이 많은 것처럼 보이기 때문이다. 빨강, 주황, 밝은 노랑, 그리고 선명한 녹색은 식욕을 자극하는 색으로, 반면 보라색, 연두색, 겨자색, 회색 계열색은 식욕을 반감시키는 효과가 있는 것으로 알려져 있다. 최근 푸드 스타일리스트 food stylist라는 전문직이 업계의 각광을 받는 것도 컬러 마케팅을 적극 활용하기 위함이다. 콜라와 빨간색, 스프라이트와 초록색, 환타와 노란색 등은 시각을 적극 활용한 광고와 마케팅 사례이다.

사례 ③-1

컬러 마케팅, 마음을 찬란하게 물들이다

우리는 특정 색상을 보면 각자의 기억을 떠올리게 된다. 필자 같은 경우는 황토색을 보면 작년에 밟은 그랜드캐년의 땅이 생각나고, 청록색을 보면 어렸을 적 집에 있던

학이 새겨진 청자가 떠올라 노스텔지아를 자극한다. 이처럼 색상에는 각자의 수많은 이야기가 존재한다. 같은 색상을 볼지라도 사람들은 각기 다른 연상을 하는 것이다. 그런데 사람들의 연상 사이에도 공통되는 연상이 존재한다. 사람들은 빨간색을 보면 크리스마스를 떠올리고 코카콜라를 떠올린다. 초록색을 보면 자연, 안정, 혹은 스타벅스를 떠올리며, 노란색을 보면 활기, 그리고 한국인이라면 카카오톡을 떠올린다. 자본주의와 마케팅이 발전해가는 사회에서는 이 컬러의 상징성이 점점 짙어진다.

컬러 마케팅의 정의는 색상으로 소비자의 구매 욕구를 자극시키는 마케팅 기법이다. 컬러마케팅은 컬러를 이용하여 소비자의 감성과 소비심리를 자극하고 이를 구매로 이어지게 한다는 점에서 굉장히 매력적이라고 할 수 있다. 감성의 시대라 불리우는 21세기에서 컬러는 고부가가치의 무기가 아닐 수 없다.

기업 차원에서 컬러 마케팅의 시작은 1920년 미국 파커(Parker)에서 내놓은 빨간색 만년필로 볼 수 있다. 당시 여성용 만년필은 남성용보다 조금 더 가늘었을 뿐 색상의 차이는 없었다. 그런데 파커 사에서 여성들의 감성을 자극하기 위해 빨간색 만년필을 생산해내면서 이 회사는 여성용 만년필 시장을 석권하게 된다.

한국에서 색의 중요성이 급속히 증가하기 시작한 때는 1980년대 컬러 텔레비전이 가정에 도입되면서부터이다. 사람들은 그 후 컬러가 입혀진 정보를 접하면서 시각문화를 형성하기 시작하였다.

▲ 컬러를 브랜드 아이덴티티로 가장 잘 사용한 브랜드 1위~10위

미국의 컬러 컨설턴트 캐시 라만쿠사(Cathy Lamancusa)는 '소비자가 제품에 대해 가지는 첫인상의 60%는 컬러에 의해 결정된다'고 주장한다. 또한 최근의 한 조사에 의하면 응답자의 86%가 특정 컬러를 생각하면 떠오르는 브랜드가 있다고 주장하였다.

브랜드들이 내세우는 대표 컬러들의 역할은 해당 기업 또는 제품 브랜드를 떠올리게 한다. 또한 브랜드들만의 고유의 컬러는 그 기업의 철학을 반영하는 것으로 인식된다. 브랜드 색상은 우리가 생각하는 것 보다 훨씬 더 복잡한 절차와 기준을 통해 선정된다. 먼저 색상의 물리적 특성을 고려하여야 한다. 예를 들면 각 색상들은 발랄함, 차분함, 긴장감, 역동성 등의 특성을 가지고 있는데 대부분의 기업들은 두드러지고 역동적인 색상을 선호한다.

또한 색상이 사람들에게 주는 느낌과 인식을 반드시 고려해야 한다. 컬러 테라피라는 것이 있다. 이는 색채의 전달을 통해 심리를 진단하고 치료하는 기법인데, 마케팅에서도 같은 원리를 이용한다. 보통 초록색은 안정감을 주는 진정 효과를 지니며 빨간색은 흥분과 불안감을 불러일으킨다. 이러한 색상들의 고유한 특성에 과학적으로 접근하는 과정이 필요하다.

다문화 사회, 혹은 국제 시장으로의 진출을 꾀한다면 문화권에 따라 달라지는 색상에 대한 연상작용도 고려해보아야 한다. 문화권마다 색상이 주는 의미가 각기 다르게

나타날 수 있다. 중국인들은 빨간색에 열광하며 우리나라에서는 조의를 표할 때 하얀 국화꽃을 전달하듯이 문화권마다 다른 색상의 의미를 통달해야 한다. 이 외에도 시장에서의 색상 트렌드에 대해 파악하고 색상이 주변 환경, 제품들과도 조화를 잘 이룰 수 있는지도 고려해보아야 한다.

그렇다면 컬러마케팅에서 주로 사용되는 주요 다섯가지 색상에 대해서 알아보자.

먼저 빨간색은 강렬함의 상징이다. 스포츠 업계에서는 강렬한 이미지를 위해 빨간색을 많이 사용하는 것을 알 수가 있다. 또한 빨간색은 식욕을 자극하는 색상으로도 인식되어 외식업계 또는 식품업계에서 자주 사용된다. 코카콜라는 제품의 특성상 상대적으로 겨울에 매출이 줄어들게 되는데, 크

리스마스를 연상시키는 빨간색과 산타클로스를 메인 테마로 잡아 겨울에 잃을 수 있는 소비자들을 끌어 모으는 역할 또한 하였다.

다음으로 녹색을 살펴보자. 녹색은 최근 웰빙과 자연친화주의, 삶의 질 등이 강조되면서 그 사용 빈도와 기업 내 선호도가 높아지고 있다. 또한 녹색은 안정감과 인간에게 있어서 시각적 편안함, 심신의 피로를 풀어주는 색으로 알려져 있어 소비자들에게 부드럽게 다가갈 수 있도록 돕는 색상이다.

녹색을 대표적으로 사용하는 기업으로 스타벅스를 꼽을 수 있다. 스타벅스는 본래 커피색상을 브랜드 컬러로 사용하였지만, 환경을 생각하는 기업 이미지로 만들기 위해 녹색으로 바꾸었다. 또한 네이버의 녹색은 어느 쪽에도 치우치지 않는 공정하고 깨끗한 포털사이트를 만들겠다는 의미로 녹색을 채택하였다.

파란색은 차가움과 우울함을 상징하는 컬러였으나, 최근 IT 등 하이테크산업에서 많이 사용하는 색상이다. 파란색은 이성적이고 미래지향적인 특성이 있기 때문이다. 삼성전자는 혁신적인 느낌을 주기 위해 이

처럼 파란색을 사용한다. 여성들이라면 티파니 블루를 모두 알 것이다. 컬러 마케팅의 대표적인 성공 사례라고 할 수 있는데, 색상만으로도 기업을 연상시키게 하는 강력함을 가지고 있다. 티파니 블루는 신비함과 성스러운 느낌으로 주얼리 브랜드의 이미지를 잘 살려준다.

네 번째로 보라색은 신비로움과 고귀함, 예술성, 희소적 가치를 상징하며 많은 프리미엄 패션 브랜드들이 럭셔리한 이미지를 위해 사용하고 있다. 고대부터 보라색의 염료는 잘 만들어내기 어려운 것으로 귀족이나 왕족의 색상의 인식이 강했다. 안나수이는

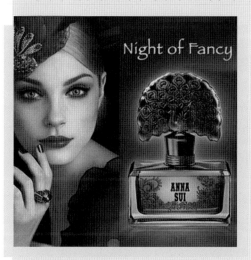

보라색을 사용하여 고품격의 이미지를 강조하며 뚜렷한 브랜드 이미지를 구축시켰다.

마지막으로 검정색은 밤과 어두움의 상

징으로 세련됨과 모던함, 도시적인 이미지를 가지고 이다. 검정색은 시대에 따른 유행도 비교적 덜 타는 색상이기 때문에 많은 기업들이 사용한다. 대표적으로 샤넬은 고급

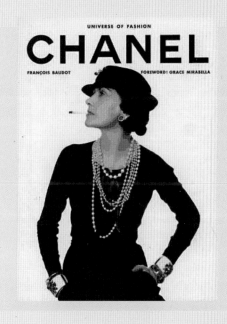

스럽고 깔끔한 이미지, 모던함을 살렸으며 흰색을 같이 사용함으로서 검정색과 흰색의 대비, 조화 효과를 잘 이용하였다. <중략>. 또한 '신라면 블랙'은 검정색을 내세워 적극적인 고급 이미지 메이킹을 한 사례이다. 기존의 라면에서 탈피해 좀 더 질 좋은 라면이라는 의미를 넣기 위해 블랙을 사용하였다.

이 외에 멀티컬러브랜딩이라고 해서 두가지 이상의 색상을 사용하는 마케팅 기법도 있다. 기존에 애플은 한 입 베어 문 사과 로고에 6가지 색상을 쌓아 창조적인 기업 이미지를 사용하였다. 또한 구글도 여러 가지 색상을 'GOOGLE'이라는 알파벳에 각각 다르게 입혀 자유로운 이미지를 살렸으며, 또한 기업의 다른 사업으로의 진출 가능성도 열어놓는다. <중략>

자료 : 아트인사이트(2015.11.24)

2) 음악 마케팅

고객의 감성 요소를 자극하는 음악 마케팅 혹은 음향 마케팅은 1920년대 후반 호텔 로비나 사무실 등에서 조용한 분위기나 쾌적한 분위기 조성을 위해 사용한 배경 음악에서 근원을 찾을 수 있다. 1980년대 말부터 백화점이나 패스트 푸드점 등에서 시간대별로 음악을 달리하여 고객의 구매 심리를 자극하였다. 고객이 적은 시간에는 느린 음악으로 그리고 고객이 많은 시간에는 경쾌한 음악으로 판매 신장을 이루고 있다사례 3-2 참조. 한 연구결과에 따르면, 카페에서 식사할 때나 음료수를 마실 때 배경 음악의 템포가 늦은 경우보다 빠른 경우에 고객의 식사나 음료수를 마시는 속도가 빨라지는 것으로 나타났다Herrington & Capella, 1996.

사례 ③-2

안단테 … 알레그로, 때론 포르테 … 매장 음악 마케팅의 비밀은?

인간의 영혼을 달래고 어루만지는 음악의 힘은 첨단 디지털 시대에도 여전히 유효하다. 아니 더 큰 위력을 발휘한다. 감성을 자극해 기분을 바꿔주고 좋은 분위기를 조성하는 데 이보다 더 좋은 무기가 있을까 싶을 정도다. 음악은 인간의 행동 양식을 조정하는 능력까지 갖고 있다. 그래서 음악은 소비자 행동을 좌우하는 마케팅의 훌륭한 수단이 되고 있다. 우리가 자주 찾는 매장의 음악을 떠올려 보면 그 이유를 짐작할 수 있다.

패스트 푸드점에서는 빠른 비트의 최신 유행 음악을 들려준다. 의자도 좁고 딱딱한 소재로 만든 것들이다. 여기에는 테이블 회전율을 높이기 위한 치밀한 의도가 깔려 있다. 반면 병·의원에는 사람의 마음을 편안하게 해주는 클래식이나 뉴에이지 풍의 음악이 흘러나온다.

마케팅 전문가들은 "적절한 음악은 소비자의 구매 욕구를 자극하고, 매장에 머무는 시간을 조절해 결국 전체 매출을 높인다는 연구 결과들이 많다"고 했다. 우리가 매장에 가면 듣는 음악, 그 음악에는 소비자를 쥐락펴락 하려는 의도가 숨어 있다. 그 비밀의 커튼을 들춰봤다.

화(22)씨 등 3명의 여성이 대백 프라자점과 본점의 음악방송을 맡고 있다. 학창 시절부터 방송반 생활을 했던 전문 DJ(디스크자키) 수준으로 목소리까지 낭랑하고 편안하다. 이들에게 매장 음악의 비밀을 물었다. 돌아온 대답은 '어떤 시간대에 어떤 고객이 오느냐에 따라 그 취향을 맞추고 있다는 것'. 고객 중심, 서비스 정신으로 무장한 백화점 직원다운 대답이다. 구체적인 설명을 요구했다. 오전 시간대에는 중년 여성들을 고려한 클래식 음악을 들려준다. 이유는 간단하다. 구매력이 있는 주부들이 여유롭고 편안한 마음으로 쇼핑을 즐기라는 의미이다.

그렇지만 오후부터는 조금씩 달라진다. 대백 프라자의 경우 경쾌한 음악으로 옮겨가면서 재즈 팝이나 최신 대중 가요도 들려준다. 씨스타, 포미닛, 아이유 등 아이돌 그룹의 노래도 내보낸다. 특히 젊음의 거리 동성로에 있는 본점의 경우에는 젊은 고객들로 붐비는 오후에는 대중가요 중심의 경쾌한 음악을 튼다. 오후 5시가 지날 무렵이면 음악이 또 바뀐다. 이루마, 베토벤 등 피아노 연주곡 등을 내보내 고객들에게 하루를 리듬감 있게 마무리하는 기분이 들도록 한다. <중략>

▶ 백화점의 시간대별 음악 전략

대구 대백 프라자 10층에는 방송실이 있다. 이곳에는 장아름(29), 박지후(28), 조미

▶ 음악이 생명인 커피 전문점

대구 동성로 한복판에 자리한 커피 전문점 다빈치 본점. 이곳에는 분위기 있는 재즈풍

▲ 커피와 음악은 불가분의 관계. 커피전문점 다빈치에는 주로 잔잔한 재즈풍의 음악이 흘러나온다.

의 노래가 흘러나오고 있었다. 고객들은 조용히 얘기를 나누거나 책을 읽으면서 커피 한 잔의 여유를 즐기고 있었다. 박미영 다빈치 전략 개발팀 주임이 매장 음악에 대해 설명을 해줬다. 다소 의외였던 사실 하나는 대중 가요를 거의 들려주지 않는다는 점이었다. 이유는 조용히 책을 읽고 있는 고객이나, 사랑을 속삭이는 커플 등에게 음악이 방해가 되지 않도록 하기 위해서란다. 박 주임은 오전에는 주로 여유롭고 편안한 음악 위주. 오후 또는 피크타임에는 경쾌한 재즈 팝 음악 위주로 편성한다고 했다. 단 크리스마스 등 이색 시즌에는 캐럴 위주의 음악을 들려주기도 한다. 그리고 커피 전문점 등 공공장소는 음원에 대한 저작권료 때문에 매장당 1만~2만원 상당의 별도 경비를 지출하고 있음도 알려줬다.

이곳에서 나오는 음악들은 이렇다. 보사노바풍의 음악으로 모니크 케수스의 'You and I both', 크리스 댈란노의 'True Colors' 등과 스윙 재즈류의 음악인 버드 파웰 트리오의 'Celia', 듀크 엘링턴의 'Tea for two' 등이다. 이와 함께 프렌치팝과 R&B 소울 등의 음악들도 선사한다.

▶ 은행에도 매일 음악 방송 흘러

대구은행은 파랑새 방송국을 운영한다. 파랑새 방송국은 매일 낮 12시부터 오후 1시까지 모든 영업점에 '파랑새 음악 여행'이라는 대고객 방송을 진행하고 있다. 매일 주제를 달리한 생활 정보와 전화사기 예방 안내 등을 한다. 음악은 인기 가요, 팝, 클래식, OST(영화음악) 등 다양한 장르에서 선곡한다. 평균 8, 9곡 정도를 내보낸다고 한다. 낮 시간이기에 밝고 상쾌한 느낌의 곡 위주로 선택하고 있으며, 너무 시끄러운 곡은 고객 응대에 방해가 될 수 있기 때문에 피하고 있다. 월말에는 음악이 전략적으로 달라진다. 20일부터 월말까지는 공과금 마감일 등으로 인해 점포가 혼잡한 경우가 많다. 이런 경우에는 발라드 같은 조용한 음악을 들려준다. <중략>

자료 : 매일신문 (2012.5.26)

3) 촉각 마케팅

촉각의 영향에 관한 연구는 상대적으로 미흡하지만 촉각 또한 중요한 소비자 행동에 영향을 미치는 감각 자극이다. 촉각을 이용한 대표적 마케팅 사례는 샘플링sampling이다. 의류 매장 판매원이 고객에게 직접 옷을 만져보게 권유하거나 직접 입어보게 하여 구매 욕구를 자극하는 것 또한 촉각 마케팅의 한 예이다사례 3-

3 참조. 한 연구 결과에 따르면, 레스토랑 직원과 접촉한 손님은 더 많은 팁[tip]을 주었고, 슈퍼마켓에서 고객과 가볍게 접촉하는 식료품 판매원은 손님으로 하여금 새로운 스낵 제품을 더 구매하도록 하고, 또 브랜드 쿠폰을 상품으로 더 바꾸는 데 영향을 미치는 것으로 나타났다[Hornik, 1992].

사례 ③-3

만지면 중독된다 … 촉각 마케팅의 힘

▶ 21세기 비즈니스 성공 변수로

같은 사람이라도 차가운 커피를 들고 있을 때와 따뜻한 커피를 손에 쥐고 있을 때 타인에 대한 평가가 달라진다. 무거운 클립 보드에 입사 지원자의 서류를 끼워주면 가벼운 클립 보드에 꽂아서 전달했을 때보다 지원자의 성격을 '진지하다'고 평가하는 면접관이 많아졌다. 이처럼 촉각은 인간의 인식에 영향을 미치고 때론 의식을 지배한다.

촉각은 모든 동물의 감각 가운데 가장 먼저 발달한다. 그래서 촉각은 '감각의 어머니'로 불린다. 그러나 지금까지 많은 기업들은 시각이나 청각적 자극만 활용해 제품 경쟁력을 강화하는 데 주력했다. 상대적으로 촉각에 대해서는 관심을 덜 가졌다. 고영건 고려대 심리학과 교수는 "20세기가 시청각의 시대였다면 21세기는 촉각(터치)의 시대"라고 규정했다. 이제는 기업들이 촉각을 외면한 채 비즈니스에서 성공을 거두기 어렵다는 지적이다.

▶ 뉴발란스, 테디베어, 할리데이비슨의 공통점

거친 남성을 상징하는 오토바이 '할리데이

비슨', 젊고 세련된 감각의 신발 '뉴발란스', 아이들이 좋아하는 곰인형 '테디베어'에는 한 가지 공통점이 있다. 세 브랜드 모두 인간의 오감 중 주로 '촉각'을 공략해 성공을 이뤄냈다.

할리데이비슨은 독특하면서도 요란한 배기음과 남성적 외형 등으로 오토바이 시장의 최강자 중 하나로 군림하고 있다. 고영건 교수는 "할리데이비슨이 진짜로 소비자를 끌어당기는 이유는 바로 특유의 진동에 있다"고 설명했다. 고 교수에 따르면 할리데이비슨의 시동을 걸면 엔진이 차대에서 2~3cm 움직이는 것을 관찰할 수 있다. 이는 여성에 비해 상대적으로 촉감이 둔한 남성들에게 강한 자극을 주면서 '중독성'을 유발한다는 것이다.

1982년 처음 출시된 '뉴발란스 990'은 발의 움직임에 지지대 역할을 해주고 발목 꺾임 현상을 막아주는 기능을 러닝화 최초로 도입했다. 특히 발바닥 부위의 촉각 정보와 다리근육의 움직임이 유기적 연관성을 갖는다는 원리를 활용해 소비자들이 신발을 신을 때 편안한 촉감을 느끼도록 유도했다. 뉴발란스는 현재까지도 미국 내 생산을 지속하며 많은 고객들의 사랑을 받고 있다.

부드러운 촉감의 테디베어는 오직 '촉각' 그 자체로 승부한 제품이다. 특히 어린이들뿐만 아니라 남녀노소 누구나 사랑하게 된 건 제2차 세계대전 이후 전쟁의 상처에 신음하는 사람들을 치유해 주는 심리적 장난감 역할을 했기 때문이다.

▶ 만지기만 해도 애착이 커진다

촉각 자극의 효과는 의외로 크다. 한 연구팀은 대학 도서관에서 사서가 사람들에게 책을 대출해주며 눈치 못 채게 살짝 신체 접촉을 하도록 했다. 그랬더니 대출 받은 학생들은 사서가 웃고 있었다고 생각했다. 하지만 실제 사서는 무표정한 얼굴을 하고 있었다. 가벼운 신체 접촉이 상대에 대한 우호적 평가를 가져온다는 사실을 알 수 있다. 식당에서는 웨이트리스가 손님들의 손이나 어깨를 눈치 채지 않는 수준에서 가볍게 만질 때 더 많은 팁을 받는 것으로 조사됐다. 신체 접촉은 언어나 감정적 접촉에 비해 10배 이상 강한 힘을 발휘한다는 게 학계의 중론이다.

한 실험에서는 소비자들에게 머그컵의 가격을 매기도록 했다. 머그컵을 만지게 한 그룹과 눈으로만 보도록 한 그룹으로 나눴는데, 머그컵을 직접 만져본 이들이 더 높은 가격을 매겼다. 이는 자신이 보유한 물건에 더 큰 애착을 갖는 '보유 효과' 때문에 나타난 현상이다. 사람은 자신이 소유한 물건의 가치를 더 높게 평가한다. 그런데 법적 소유권이 없는 상황이지만 단순히 접촉하기만 해도 해당 제품을 보유했다는 무의식이 발생해 더 높게 가치를 평가한다는 점을 이 실험이 입증했다. 대형 마트 등에서 제품 포장지에 구멍을 뚫어 소비자들이 직접 만져볼 수 있도록 유도하는 것도 이런 효과를 노린 마케팅 기법이다.

▶ '촉각 비즈니스'의 무한한 기회

촉각의 중요성을 꿰뚫어 본 많은 기업들은 큰 성공을 거뒀지만 다른 기업에도 여전히 엄청난 기회가 있다는 게 전문가들의 전망이다.

특히 전 세계적인 고령화 추세는 '촉각 비즈니스'의 지평을 더욱 넓히고 있다. 고영건 교수는 "노인은 어린 아이와 같은 수준으로 '터치에 대한 욕구'를 가지고 있다"며 "이를 활용한 다양한 제품과 서비스를 제공하는 기업들에 큰 기회가 열려 있다"고 조언했다. 노인들에게 마사지를 해주면 심신의 기능이 개선되고 심지어 치매도 호전된다는 연구 결과가 있다. 심리적 안정을 제공하는 서비스를 넘어 실제 치료가 가능한 부분에까지 촉각 비즈니스가 발전해갈 수 있다. 또 촉각을 통해서만 느낄 수 있는 '성적 쾌감'의 구조를 분석해 다양한 산업에 활용하면 '해피 비즈니스' 시장도 만들어낼 수 있다는 게 고 교수의 전망이다.

여준상 동국대 교수는 "앞으로는 촉각을 다른 감각과 함께 활용하는 '감각 상호 작용 효과'를 활용할 수 있다"며 "청각을 공략하는 오디오 제품의 버튼 촉감을 연구 개발한 '뱅앤올룹슨'이 바로 대표적인 '감각 상호 작용 효과'의 성공 사례"라고 강조했다.

최근 LG전자의 휘센 에어컨 광고 역시 좋은 사례다. 여 교수에 따르면, 기존 에어컨 광고는 시원한 촉각적 상상을 오직 시각에 의지해서만 보여줬지만 최근 휘센 광고에서는 만년설에 둘러싸인 호수에서 불어오는 바람 소리를 들려줌으로써 청각과 시각 모두를 활용해 '촉각'을 공략하는 방법을 썼다. 촉각은 제품이나 서비스 자체의 경쟁력 강화에 필수적인 요소일 뿐만 아니라 마케팅 차원에서도 새로운 기회를 열어주고 있다.

자료 : 동아비즈니스 리뷰(2013.9.15.)

4) 향기 마케팅

소비자는 감각을 통해 제품이나 서비스의 가치를 인식한다. 시각적으로 더 아름다울수록, 공간에 더 매력적인 음악이 들릴수록, 촉각이나 미각의 자극이 만족스러울수록 소비자의 인식은 향상된다. 공간이나 제품에서 나오는 좋은 향기는 소비자들을 감각적으로 더욱 만족하게 해 경험과 제품에 대한 좋은 인상을 만들어낼 수 있다. 스타벅스는 아메리칸 항공사와 함께 비행기 탑승이 시작되기 전에 미리 기내에서 커피를 내려 커피향이 기내 곳곳에 퍼지도록 하였다. 승객들에게 자연스럽게 커피향을 맡도록 유도함으로써 스타벅스와 아메리칸 항공사의 브랜드 이미지를 제고하였다_{사례 3-4 참조}.

사례 ③-4

향기에 취해 지갑 여는 소비자들…향기 마케팅의 세계

호텔·서점 이어 건설사도 시그니처 향 개발 … 브랜드 각인시키고 구매까지 '일거양득'

<중략> 후각은 어떤 향기를 맡았을 때 그에 동반하는 기억과 감정까지 같이 불러

글로벌 향기 산업 규모
단위 : 억 달러

2017년	2018년	2019년
229	266	355

▲ 자료: 보스턴컨설팅그룹·신한금융투자 ※ 2019년은 추정치

올 수 있는 유일한 감각기관으로, 인간의 오감 가운데 기억에 가장 큰 영향을 미친다. 실제로 후각은 다른 감각과 달리 뇌의 기억과 감정을 주관하는 대뇌변연계와 직접 연결돼 있다. 이 때문에 인간 감정의 75%는 후각에 좌우된다. 좋은 향기의 효과는 좋은 기억을 각인하는 것에만 그치지 않는다. 매장에서 나는 좋은 향기는 긍정적인 감정을 유발함으로써 고객의 구매욕을 상승시키는 것은 물론이고 재방문율을 높이는 효과도 낼 수 있다.

향기 마케팅의 고전으로 일컬어지는 곳은 싱가포르항공이다. 싱가포르항공은 1990년대 향수 전문 회사에 의뢰해 '스테판 플로리디안 워터스'라는 시그니처 향을 개발했다. 승무원이 이 향수를 뿌리고 고객을 응대하고 고객에게 제공하는 뜨거운 물수건에도 향수를 뿌려 그 향기를 맡으면 싱가포르항공과 함께한 여행에 대한 좋은 추억이 생각나도록 했다. 그 결과 2013년 비즈니스 인사이더가 선정한 세계 항공사 순위에서 싱가포르항공이 1위를 차지하기도 했다.

▶ 향(香)으로 기억되는 브랜드

<중략> 스타벅스는 매장에 퍼진 커피 향을 해치지 않기 위해 다양한 노력을 기울이는데 대표적으로 자극적인 향을 최대한 배제하는 것이다. 이 때문에 스타벅스 직원들은 향수를 포함해 향기가 있는 로션 등을 사용할 수 없다. 베이커리 메뉴도 커피 향을 방해하지 않도록 냄새가 자극적이지 않으면서 커피와 잘 어울리는 베이글·스콘·머핀·샌드위치 등으로 구성돼 있다. 매장에서 판매하는 대표 상품인 커피에 집중할 수 있도록 향을 마케팅 수단으로 활용하는 것이다.

던킨은 사람들이 커피 맛뿐만 아니라 냄새도 좋아한다는 점에 착안해 기발한 '향기 라디오' 마케팅을 선보였다. 2011년 시내버스에서 던킨의 라디오 광고가 흘러나오면 해당 버스에 설치된 방향제에서 던킨의 커피 향기가 분사되도록 했다. 이 캠페인이 진행된 3개월 동안 매장 방문객이 16% 늘었고 커피 판매도 29% 증가했다. 결과적으로 이 캠페인에 노출된 사람들이 커피를 떠올

▲ 스타벅스 리버사이드 팔당 DTR점 전경. /스타벅스코리아 제공

▲ 교보문고의 '더 센트 오브 페이지(책향)' 디퓨저. /교보문고 제공

릴 때 던킨 브랜드를 연상하는 효과까지 거뒀다. 음악과 커피 향을 결합한 향기 마케팅으로 2012년 칸 국제광고제에서 동상을 수상했다.<중략>

▶ 디퓨저로 집에서도 느끼는 호텔의 품격

향기 마케팅을 가장 적극적으로 도입하고 있는 곳은 호텔업계다. 더플라자·웨스틴조선·레스케이프·롯데호텔 등 특급 호텔들은 이미 자체 시그니처 향을 만든 데 이어 디퓨저·룸 스프레이 등 자체 상표(PB) 상품으로 제작해 고객에 판매도 하고 있다. 한화호텔앤드리조트가 운영하는 더플라

▲ 더플라자 호텔의 'P컬렉션' 디퓨저. /한화호텔앤드리조트 제공

자는 '럭셔리 부티크 호텔'이라는 콘셉트에 맞춰 2010년부터 시그니처 향을 통해 향기 마케팅을 펴 왔다. 2016년부터 시그니처 향인 유칼립투스 향을 베이스로 만든 'P컬렉션 디퓨저'를 출시했다.<중략>

롯데호텔은 시그니엘 호텔과 롯데호텔 제주에서 각각 시그니처 향을 개발해 사용하고 있다. 시그니엘 호텔의 디퓨저 '워크 인 더 우드'는 브랜드 이미지 구축을 위해 개발한 향이지만 구매를 원하는 고객이 많아 상품화한 사례다. 시그니엘 디퓨저는 은

은한 나무 향과 청량한 과실 향, 향긋한 꽃향기가 어우러진 독특하고 고급스러운 향이다.

▲ 시그니엘 서울의 '워크 인 더 우드' 디퓨저. /롯데호텔 제공

향기 마케팅의 강점

- 매일 느끼는 사람의 수많은 감정 가운데 75%는 후각에서 시작
- 보고 듣고 만지면서 기억하는 것보다 향기를 맡으면서 기억하는 것이 100배 효과적
- 후각은 다른 감각보다 약 1만 배 정도 민감, 시각과 후각이 결합되면 훨씬 강력한 효과를 발휘
- 향기와 배경 음악이 적절한 조화를 이루면 쇼핑 경험에 대한 소비자의 긍정적인 평가가 증가
- 좋은 향기를 맡으면 40% 이상 기분전환 효과
- 시각에 의한 기억 확률은 4개월 후 40%인 반면 후각에 의한 기억확률은 1년 후에도 60%를 상회

향기 마케팅의 효과

- 향기가 있는 쇼핑센터를 방문한 소비자는 주변인에게 추천하는 경향이 높다.
- 미국 슈퍼마켓에 베이크드 브랜드 향을 적용했더니 베이커리 섹션 매출이 3배 이상 증가했다.
- 나이키 연구 결과에 따르면 향기가 있는 공간에서는 10~20% 고가임에도 불구하고 구매의 향률이 84%로 높아졌다.
- 캐나다 몬트리올의 복합 쇼핑몰에서 향기 적용 시 충동구매 성향을 가진 쇼핑객의 지출이 약 14% 증가했다.
- 향기에 노출되면 실제 쇼핑 시간보다 26% 적게 인지하며 3배나 많은 쇼핑 공간을 방문한다.
- 명품 브랜드가 고객 감성 만족을 위해 매장에 향을 연출한 결과 재방문률이 높아졌다.
- 사람들에게 사진만 보여줬을 때와 향만 맡게 했을 때 기억의 차이를 연구한 결과 향만 맡게 했을 때 훨씬 더 잘 기억했다.

자료 : 센트온

자료 : 한국경제신문(2020.7.21.)

5) 미각 마케팅

미각은 후각과 밀접한 관계가 있다. 미각 마케팅의 가장 대표적인 예는 시식 코너이다. 음악 전문 사이트를 '멜론'이나 '도시락'이라 이름 짓고 기초 화장품 브랜드를 '스킨푸드'라 이름 짓는 것도 그 사례이다. 미각 마케팅은 고객에게 친근감을 향상시켜 준다. 가령, 다양하고 맛있는 음료나 과일을 준비해 식사 대기를 하고 있는 고객에게 나누어 주면 고객의 대기 심리 시간을 줄여줄 뿐만아니라 친근감을 갖게 된다. <사례 3-5>는 일본 식품업계가 인공지능^{AI}을 활용한 미각 마케팅으로 소비자를 공략하고 있는 사례이다.

사례 ③-5

뇌파로 맛 진단 … 日, 최첨단 미각 마케팅

이젠 '미각'도 '인공지능' 시대다. 일본 식품업계가 인공지능을 활용한 미각 마케팅으로 소비자를 공략하고 있다.

한국농수산식품유통공사(at) 도쿄지사에 따르면 최근 일본의 식품 제조업체에서 인공지능(AI)을 활용한 상품 개발을 시작했다. 인공지능을 가진 미각 센서가 단맛·짠맛·신맛·쓴맛·감칠맛을 수치화해,

▲ 출사이제리아의 뇌파 측정 모습[사진=닛케이MJ신문]

맛의 균형을 시각화한다. 이 같은 방식을 활용한 신상품 개발과 제품 리뉴얼이 일본 식품 제조업체의 새로운 마케팅의 일환으로 떠올랐다.

▶ 나마차

일본의 편의점과 마트에서 판매 중인 나마차(生茶)는 인공지능을 활용해 높은 판매고를 올리고 있는 대표적인 상품이다. 2000년 판매를 시작한 녹차음료로, 일본인들의 꾸준한 사랑을 받은 나마차는 올 3월 말 리뉴얼 상품을 출시, 2개월 만에 500만 케이스를 판매했다. 지난해 리뉴얼 당시와 판매량과 비교하면 약 90% 증가한 수치다.

또한 대형 패밀리레스토랑 체인점 '사이제리아'는 뇌파를 측정해 질리지 않는 맛을 추구하는 음식들로 인기가 높다. 뇌파를 조사해 사람들이 무의식적으로 맛있다고 느

끼는 맛을 데이터로 축적, 지난해부터 드레싱이나 소스의 맛을 정한다. 음식을 먹었을 때 느끼는 희로애락을 측정하고 '특정 맛에 특화되지 않고 무난하게 조화된 맛'의 개발을 목표로 하고 있다.

한국농수산식품유통공사(at) 관계자는 "일본은 계절 한정 상품의 출시부터 패키지와 맛의 리뉴얼까지 상품 변화의 속도가 상당히 빠르다"며 "현재 국내에서도 한국산 히트상품 창출을 위해 여러 노력을 하고 있으나 한국인과 일본인은 미각은 물론 시장의 변화 속도가 다르기 때문에 각 국가에

맞는 마케팅 노력이 더욱 필요하다"고 강조했다.

자료 : 헤럴드경제신문(2016.10.7)

제2절 주의

소비자는 자신이 노출된 모든 자극에 주의를 기울이지 않고 주의라는 정보 처리 단계를 통하여 특정 자극(예 마케팅 자극)에 대해서만 정보 처리 능력을 집중하게 된다. 하지만, 우선 순위가 낮은 정보 혹은 자극이 유입될 경우 이를 무시하게 된다. 관광 목적지에서 한 관광객이 자연의 아름다움을 감상하고 있는데 주변 동료가 무슨 이야기를 해도 잘 모르는 경우가 이에 해당된다. 본 절에서는 주의의 개념, 주의의 유형, 선택적 주의의 영향 요인, 그리고 주의의 마케팅 시사점에 대해 살펴본다.

1. 주의의 개념

주의란 특정 자극에 정보 처리 능력을 집중시키는 것을 말한다. 개인의 정보 처리 능력에는 한계가 있기 때문에 노출되는 자극 모두에 주의를 기울이지 못하며

선택된 특정 자극에만 집중하게 된다. 따라서 호텔이나 레스토랑 같은 환대 기업이 제공한 자극이나 정보가 고객에게 비록 노출되었다 하더라도 주의를 끌지 못한다면 그 자극이나 정보는 아무런 의미를 갖지 못하고 그대로 소멸되고 만다. 처음에는 제품이나 상표 또는 정보의 일부만을 제공하다가 점진적으로 정보를 확대하면서 시리즈 형식으로 광고를 내보내는 티저 광고teaser advertising는 소비자의 호기심을 자극하여 주의를 끌기 위해 많이 이용되는 광고 방식의 한 예이다. <그림 3-4>는 성적 호기심을 유발시켜 소비자의 주의를 끌게 한 자동차 회사의 광고이다.

▶ **그림 3-4** 주의를 끄는 현대자동차 투싼 광고

* 자료 : http://www.google.co.kr/imgreas

2. 주의의 유형

소비자는 자극에 노출되면 주의attention를 기울인다. 주의는 비자발적 주의와 자발적 주의로 구분된다. 이에 대한 내용은 아래와 같다.

1) 비자발적 주의

외부 자극에 무의식적으로 관심을 보이는 현상을 말한다. 이를 테면, 테마파크 내의 사파리 월드에서 동물을 관찰하고 있다가 갑자기 롤러코스트에서 사람들의 비명소리가 한꺼번에 터지면 사람들은 무의식중에 그 쪽으로 시선을 주게 되는데, 이와 같은 비자발적인 관심 표출 현상을 비자발적 주의라고 한다. 소비자의

비자발적 주의도 마케터들에게는 매우 중요한 의미를 지닌다. 그 이유는 자사 상품 혹은 광고에 대해 관심이 없는 소비자의 주의도 끌어와야 하기 때문이다.

2) 자발적 주의

개인적 관련성이 높은 정보를 탐색하는 과정에서 특정 정보에 주의를 기울이는 경우를 말한다. 소비자는 쇼핑이나 구매에 필요한 정보를 얻기 위하여 의도적으로 정보에 노출을 시도하고 노출된 정보를 주의 깊게 관찰하게 되는데, 이와 같은 목적 지향적 주의 현상을 계획적 주의 혹은 자발적 주의라 한다. 주의는 선택적 특성을 지니고 있다. 인간은 끊임없이 주어지는 수많은 자극 가운데 특정한 자극에만 선택적으로 주의를 집중시키는데 이를 선택적 주의selective attention라고 한다. 선택적 주의는 자발적 주의의 한 형태이다.

3. 선택적 주의의 영향 요인

개인적 특성과 자극의 특성은 선택적 주의에 많은 영향을 끼친다. 특히 개인적 특성은 마케팅 담당자의 통제하에 있지 않기 때문에 이들 요인에 대한 충분한 이해가 필요하다. 개인적 특성에는 욕구, 관여도, 신념과 태도, 감정 상태, 그리고 적응이 있다. 자극 특성에는 자극의 크기, 색상 등이 있다.

1) 개인적 특성

(1) 욕구

욕구need는 어떤 결핍 혹은 결함 상태를 의미하며 이로 인해 정신적·신체적인 긴장 상태가 유발된다. 여기서 말하는 욕구는 생리적 욕구만을 의미하는 것이 아니라 정보나 지식 등에 대한 욕구도 포함된다. 개인은 자신의 욕구와 관련이 있는 자극에 대해서는 즉각적인 관심을 보이고 주의를 기울이지만 그렇지 않은 자극에 대해서는 무관심하게 된다. 예를 들면, 늦은 저녁 햄버거, 라면, 치킨 등의 광고를 하는 이유는 늦은 시간에는 누구나 공복을 느끼고 밤참에 대한 욕구가 강해 TV 시청자 혹은 라디오 청취자의 주의가 쉽게 집중되기 때문이다.

(2) 관여도

관여도는 소비자가 자신에게 어떤 제품이나 서비스의 구매가 얼마나 중요한가의 정도를 나타낸다. 관여도는 특정 제품이나 서비스에 대한 개인적 요인가치, 욕구, 개성 등, 제품 요인가격, 성능, 그리고 상황적 요인선물, 시간 제약, 물리적 환경 등에 의해 결정된다. 특정 제품이나 서비스에 대해 평상시 고관여되어 있거나 상황적으로 고관여이면 많은 주의를 기울인다. 반대로 저관여 상태의 경우 관련 정보에 주의 깊게 보거나 듣지 않고 그저 보이니까 보게 된다. 그러나 반복적으로 노출되면 정보가 소비자의 기억 속에 남게 되고 훗날 회상될 가능성이 높다.

(3) 신념과 태도

개인은 자신의 신념과 태도에 불일치하는 정보에 노출되면 이를 회피하는 경향이 있으며, 이와 같은 정보에 강제적으로 노출되면 그 정보를 왜곡시킴으로써 자신의 기존 신념과 태도를 보호하려는 심리적 경향이 있다. 그 이유는 가급적 일관된 신념과 태도를 유지하려는 경향이 있기 때문이다. 호텔 객실이나 비행기 기내 흡연을 적극적으로 반대하는 관광객이 "흡연자의 권한"을 주장하는 캠페인에 노출된다면 이에 주의를 기울이지 않고 회피하게 된다.

(4) 감정 상태

사람들은 기분이 좋을 때 긍정적 정보에 많은 주의를 기울이지만 기분이 좋지 않을 때는 부정적 정보에 주목한다Peter & Olson, 1994. 그러므로 기분이 좋을 때 쇼핑을 하면 제품의 긍정적인 속성이나 혜택에 주목하고 구매에 대한 긍정적인 이유를 생각하지만, 반대의 경우에는 부정적인 면에 주목하고 구매하지 않을 이유를 찾게 된다. 기업들이 고객의 감정을 다스리기 위해 음악이나 향기 마케팅을 적극 활용하는 것은 고객의 감정을 긍정적으로 혹은 호의적으로 형성하도록 하기 위함이다.

(5) 적응

적응 혹은 순응adaptation이란 동일한 자극에 반복적으로 혹은 연속적으로 노출되는 경우 그 자극에 주목하지 않는 현상을 말한다. 동일한 제품을 반복적으로 광고하는 경우 광고 실행을 조금씩 다르게 함으로써 소비자의 적응을 감소시킬 수 있다. 즉, 핵심 메시지는 그대로 사용하더라도 모델 등을 달리하거나 드라마와 같이 스토리를 이용함으로써 표적 소비자의 주의를 유발할 수 있다. 호텔 인테리어 장식이나 외식 기업의 메뉴 변화 등은 고객으로 하여금 참신성을 불어 넣어 적응 현상을 감소시킨다. 오리온 초코파이는 시리즈 광고로 같은 제품에 대해 다른 주제를 연속적으로 광고를 함으로써 소비자의 습관화^{적응}을 줄이고 뚜렷한 제품 이미지를 인식시키기 위한 전략을 구사하고 있다^{그림 3-5 참조}.

▶ 그림 3-5 오리온 초코파이 광고 시리즈

* 자료 : THE PR News(2013.1.8.)

2) 자극의 특성

자극 자체의 특성 또한 선택적 주의에 영향을 미친다. 자극의 특성 요인은 마케팅 담당자가 통제할 수 있기 때문에 소비자의 주의를 끌기 위한 정보 메시지 개발 과정에서 중요한 변수로 작용한다. 자극의 특성 요인으로는 자극의 크기, 색상, 강도, 대조, 위치, 그리고 활동성이 있다.

4. 주의와 마케팅 전략

소비자는 자신의 오감각을 통해 들어오는 모든 자극에 주의를 기울이지 않는다. 그 이유는 소비자 개인의 특성과 자극 자체의 특성이 다양하기 때문이다. 여기서는 앞서 언급한 선택적 주의에 영향을 미치는 자극의 특성을 중심으로 마케팅 전략의 시사점을 설명한다.

1) 자극의 크기

자극상표, 광고 등의 크기가 클수록 소비자의 주의와 관심을 더 많이 끌 수 있다. 물론 자극의 크기와 관심의 정도가 항상 비례하는 것은 아니지만 크기가 작은 것보다는 큰 자극이 소비자의 시각적 주의를 집중시키는 데 보다 효과적이다. 광고의 크기가 네 배 증가하면 주의는 두 배 증가 한다는 연구 결과도 있다이학식 · 안광호, 1992.

2) 자극 색상

자극의 색상도 주의에 많은 영향을 미친다. 포스터의 색상이나 진열대에 놓여 있는 제품의 포장 및 표찰의 색상 등은 소비자의 주의를 끄는 데 중요한 역할을 수행한다. 주의를 집중시키는 데 있어 흑백 광고보다 컬러 광고가 더 효과적이라는 사실은 이미 입증되었다. 요즈음에는 전체적으로는 흑백 광고이면서 상품이나 중요한 요소들만을 컬러로 제작하는 부분 컬러 광고도 많이 찾아 볼 수 있다.

3) 자극 강도

자극의 강도가 높을수록 주의를 집중시키는 데 효과적이다. 즉, 큰 소리, 밝은 색깔, 강렬한 빛깔 등과 같이 자극의 강도를 강하게 함으로써 소비자의 주의를 끌 수 있다. 라디오나 TV 등의 광고에서 갑자기 소리가 크게 나오는 경우가 있는데 이는 자극의 강도 효과를 위한 것이다.

4) 대조

자극은 배경과 대조적일 때 사람들의 시선과 이목을 쉽게 끌게 된다. 이는 서로 상반되는 요소배경과 자극가 주어지면 사람들은 지각적 갈등을 느끼게 되고 이를 해소하기 위해 보다 주의를 집중시키기 때문이다.

5) 위치

점포 내에 제품이 진열되어 있는 위치, 인쇄 매체에서 광고가 게재되어 있는 위치, 광고 내의 메시지 배열 등은 모두 소비자의 주의에 영향을 준다. 한 가지 예로, 진열대의 위측 선반에 진열된 제품이 아래측 선반에 놓인 제품보다 고객의 주의를 훨씬 많이 끌 수 있다. 이 때문에 마케터들은 좋은 위치에 자사 제품을 진열하여 판매 증대를 도모한다. 광고의 경우에도 여백을 많이 두고 나타난 모델이나 글씨는 주의를 끄는 데 효과적이다.

6) 활동성

정적인 자극에 비해 동적인 자극이 주의를 더 많이 끌 수 있다. 레스토랑의 벽에 부착시킨 포스터보다는 회전식이나 전광식 표시판의 경우에 고객의 주목을 많이 끄는 이유는 바로 이때문이다.

제3절 지각

주의의 다음 단계는 지각perception이다. 지각이란 감각 수용 기관을 통해 들어온 자극을 주관적 기준으로 선택하고 조직화하고 해석하여 의미를 부여하는 과정을 의미한다. 지각 과정은 유입된 정보의 내용을 조직화하는 지각적 조직화와 그 정보의 의미를 해석하는 지각적 해석으로 분류할 수 있다. 어떤 제품의 광고를 보고 난 후 그 제품에 대한 평가가 다른 이유는 소비자 간에 지각적 조직화와 지각적 해석이 다르기 때문이다. 이하에서는 지각적 조직화와 지각적 해석, 지각적 왜곡, 지각 영향요인, 그리고 지각을 위한 마케팅 시사점을 설명한다.

1. 지각적 조직화

20세기 초 독일에서 시작된 Gestalt 심리학에 따르면, 사람들은 하나의 현상을 구성하는 요소들을 각각 분리해서 지각한 후 이를 종합하는 것이 아니라 전체 whole를 하나의 현상으로 지각한 후 전체에 대해서 의미를 부여한다는 것이다. 전체는 단순히 부분의 합계가 아닌 그 이상의 의미를 지니기 때문에 사람들은 어떤 현상을 지각할 때 전체를 대상으로 지각한다.

지각적 조직화perceptual organization란 유입된 자극정보을 의미있는 전체로 조직화하여 그 전체에 의미를 부여하는 것을 말한다. 지각적 조직화 원리는 사물을 가급적 단순하고, 완전하게, 그리고 의미있게 지각하길 원한다는 것을 기초로 하고 있다. 그림과 배경, 집단화, 그리고 완결성의 원리 등이 그 예이다.

1) 그림과 배경의 원리

그림과 배경의 원리는 한 대상을 볼 때 그림 요소figure와 배경 요소ground로 조직화하려는 경향을 말한다. 즉, 사람들은 지각 대상물즉, 자극요인을 주변 상황과 관련하여 지각하게 되는데 이 경우 지각의 직접 대상인 자극은 그림을 형성하고 주변 상황은 배경의 역할을 담당하게 된다.

그러나 자극이 애매모호할 때에는 무엇이 지각 대상인 그림이고 무엇이 배경인지 혼란이 초래되어 <그림-배경>의 반전 현상이 나타나기도 한다. <그림 3-6>에서 개인에 따라서는 배경에 화병이 있는 것으로 볼 수도 있고 배경에 두 사람이 마주보고 있는 얼굴의 옆모습으로 볼 수도 있다. 따라서 자극이 (a)보다는 (b)와 (c)처럼 보다 명확하게 주어질 때 실체에 근접한 지각 구성을 기대할 수 있다.

소비자는 마케팅 자극제품 또는 상표 등을 주변 상황과 관련하여 지각하기 때문에 제품 광고를 할 때 이 점을 유의하여야 한다. 광고 모델이 그림즉, 직접 자극 대상이 되고 제품또는 제품 설명이 오히려 배경이 되어버릴 가능성이 있다. 실제로 소비자는 광고의 모델이나 영상 화면 또는 배경 음악은 기억하지만 정작 제품이나 브랜드 이름은 기억하지 못하는 경우가 많다.

▶ 그림 3-6　그림과 배경(Rubin's cup)

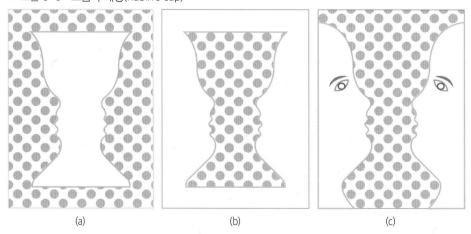

(a)	(b)	(c)

2) 집단화의 원리

집단화란 분리된 자극정보을 개별 단위로 보는 것이 아니라 하나의 묶음chunk으로 지각하는 경향을 말한다. 즉, 근접한 것끼리, 유사한 것끼리, 그리고 연속적인 것끼리 묶어서 지각하려는 경향을 말한다. Gestalt 심리학자들은 이를 근접성 원리, 유사성 원리, 그리고 연속성의 원리로 구분하여 설명하고 있다그림 3-7 참조.

① 근접성

지리적으로 근접해 있는 것이나 시간적으로 근접해서 발생한 것들에 대해서는 상호 관련시켜 지각하는 경향을 말한다. <그림 3-7>의 첫번째 그림에서 소비자는 가로로 지각하는 것보다 세로로 지각하는 경향이 높다. 자극이 서로 근접해 있기 때문이다. 미국의 코카콜라 회사는 뉴스 시간대에는 광고를 하지 않는다. 그 이유는 혹시라도 나쁜 뉴스 다음일반적으로 뉴스는 미담(美談)보다는 비판적인 시사성 뉴스가 많기 때문에 광고가 나가면 제품 이미지에 좋지 않은 영향을 미칠 가능성이 있기 때문이라는 것이다김소영 외, 2008. 실제로 자극 발생 전후에 전개된 상황은 그것이 그 자극 발생과 전혀 무관한 경우라 하더라도 어떤 연상 작용을 일으킬 수 있다.

② 유사성

유사성 혹은 동류화란 자극 요소들 중 유사한 것들은 같은 집단에 속하거나 상호 밀접히 관련되어 있는 것으로 지각되는 경향을 말한다. 가운데 있는 그림에서처럼 같은 모양이 한 집단으로서 동일 집단인 것으로 보이는데 이는 외형적으로 유사하면 동질적인 것으로 지각되기 때문이다.

③ 연속성

자극의 요소들을 분리하여 단속적으로 지각하지 않고 연속적으로 지각하는 경

▶ 그림 3-7 집단화의 원리

근접성

유사성

연속성

향을 말한다. <그림 3-7>에서 대부분의 사람들은 7개의 원이 열세로로서보다는 오른쪽혹은 왼쪽 지향의 원들로 지각하는 경향이 강하다.

3) 완결성의 원리

지각 대상이 불안전한 형태로 주어지면 어떤 형태로든 완결시켜 지각하려는 경향을 말한다. <그림 3-8>에서 굵게 표시된 부분들도 있고 원형으로 퍼져나가는 파형들도 보인다. 하지만 전체적으로 베토벤 얼굴을 지각하게 된다. 마케터는 이런 완결성의 원리를 많이 이용한다. 그 이유는 불완전한 자극이 완전한 자극에 비해 소비자의 관심과 흥미를 보다 많이 유발시킬 뿐만 아니라 소비자의 기억도가 더 높기 때문이다. 오른쪽 그림은 완결성의 원리를 이용한 아디다스 광고이다.

▶ 그림 3-8   완결성의 원리

* 자료 : http://blog.naver.com/malgalgi00?Redirect=Log&logNo=80108435352 재인용

2. 지각적 해석

소비자가 자극의 요소들을 조직화하게 되면 그 자극을 해석하게 되는데 이러한 과정을 지각적 해석perceptual interpretation이라고 한다. 일반적으로 자극의 조직화가 자극의 지각적 해석보다 먼저 일어나지만 거의 동시에 이루어지기 때문에 그것을 구분하는 것은 쉽지 않다. 지각적 해석에는 지각적 범주화와 지각적 추론의 두 가지 기본 원리가 적용된다.

1) 지각적 범주화

지각적 범주화perceptual categorization는 자극을 기억 속에 가지고 있던 기존

스키마와 관련지어서 자신의 방식으로 이해하는 것을 말한다. 스키마schema란 어떤 대상에 대한 정보 및 지식들의 집합 또는 네트워크를 의미한다Peter & Olson, 1987. 즉, 어떤 자극을 접했을 때 그것을 소비자 자신이 가지고 있던 스키마에 따라 분류하여 이해하는 것이 지각적 범주화이다. 지각적 범주화는 여러 자극을 조직화하고 식별할 수 있도록 복잡한 주변 세계를 단순화하는 기능을 한다. <그림 3-9>는 세계 최대 테마파크 월트 디즈디 회사의 디즈니랜드를 지각적 범주화로 도식화한 것이다.

▶ 그림 3-9 디즈니랜드사의 지각적 범주화

2) 지각적 추론(추정)

지각적 추론perceptual inference은 어떤 자극을 평가할 때 그 자극 자체를 가지고 평가하기보다는 다른 단서들을 가지고 추리하는 방법이다. 소비자는 제품, 점포, 광고 등을 평가할 때 흔히 지각적 추론을 하게 된다. 하지만, 소비자의 지각적 추론이 항상 정확한 것만은 아니다. 제품의 실질적 가치나 혜택이 그렇게 크지 않은 데도 불구하고 가격이 비싸다는 이유나 브랜드의 명성이 높다는 이유 때문에 그것이 고급품으로 지각하는 경우를 흔히 볼 수 있다. 소비자의 지각적 추론이 사실에 근접하든 그렇지 않든 그것과는 상관없이 소비자의 실제 구매 행동은 결국 자신의 지각적 추론 결과로 나타나는 것이기 때문에 마케터의 입장에서는 이에 대한 이해가 필요하다.

3) 지각적 왜곡

자극의 해석 과정에서는 왜곡이 발생할 수 있다. 개인은 자신의 과거 경험이나 현재의 욕구 및 동기 등에 대하여 자신의 관점에서 자극을 지각하기 때문이다. 왜곡 현상은 자극이 불명확하거나 복합적 의미를 내포하고 있을 경우 주로 발생한

▶ 그림 3-10 지각적 왜곡 현상

a   b   c

* 자료 : http://www.google.co.kr/imgres?

다. 왜곡과 오해가 쉽게 발생할 수 있다는 사실은 우리의 지각이 부정확함을 의미한다. <그림 3-10>에서 a, b, c의 사각형은 실제 정사각형이지만 모두 왜곡되어 보인다. 그림 a와 b의 원을 제거하면 사각형은 정사각형 그대로 보인다. 또한, 관광객은 여행 비용이 많이 들수록 실제 여행 거리에 비해 더 길게 지각하는 경향이 있다. 그 이유는 심리적 부담감이 증가하기 때문이지 물리적 거리가 변해서가 아니다.

마케터는 소비자의 지각적 왜곡 현상을 전략적으로 이용하는 경우가 많다. 예를 들면, 포장의 디자인에 따라 내용물의 양이 많아 보이게 할 수도 있으며, 옷의 디자인에 의해 입는 사람을 날씬해 보이게도 하고 뚱뚱해 보이게도 할 수 있다.

3. 지각의 영향 요인

여러 사람이 동일한 대상에 대하여 서로 다르게 지각하거나 동일한 사람이 동일한 대상을 경우에 따라 다르게 지각하는 이유는 많은 요인들이 지각에 영향을 미치기 때문이다. 대표적 영향 요인에는 개인적 특성, 자극 특성, 자극의 상황적 특성이 있다.

1) 개인적 특성

개인적 특성에는 동기와 고정 관념이 있다. 개인은 어떤 자극에 노출될 경우 자신의 동기가 무엇이냐에 따라 자극을 다르게 해석하고 지각한다. 응답자에게 모호하게 그린 그림을 보여주고 그것이 무슨 그림인지 알아맞히게 하는 실험을 한 결과, 식사 후 공복 기간이 길었던 응답자들 중에서는 음식 이름으로 응답한 사람이 많았다고 한다. 이는 공복을 강하게 느끼고 있는 사람일수록 음식에 대한 욕구 즉, 식욕가 그림의 실체를 지각하는 데 영향을 미친 것으로 볼 수 있다. 이는 노출된 자극(예 광고)에 대해 동기가 강할수록 그 제품에 대해 깊게 생각하는 경향이 있음을 암시한다.

지각은 개인이 지니고 있는 어떤 고정 관념 등에 의해서도 영향을 받는다. 한 연구에 의하면, 두 개의 컵에 하나는 '다이어트 콜라' 다른 하나는 '보통 콜라'라고 각각 표기하고 동일한 콜라를 이들 두 개의 컵에 담아 응답자에게 나누어 주고 시음하게 한 후, 어느 콜라의 맛이 더 좋은가 응답하게 하였더니 대부분의 응답자가 '보통 콜라'의 맛이 더 좋다고 응답한 것으로 나타났다. 이는 컵에 표시된 콜라 상표에 대한 고정 관념즉, 다이어트 콜라는 비만 예방을 위한 콜라로서 맛에 있어서는 당연히 보통 콜라의 것이 더 좋다고 믿어온 고정 관념이 결국 콜라의 참맛에 대한 지각에 영향을 준 것으로 볼 수 있다.

2) 자극 특성

자극의 강도, 모호성, 첫 인상 등 자극 자체의 특성도 지각에 영향을 미친다. 자극의 강도가 낮으면절대식역 수준에 미달 예민하지 않은 사람들은 아예 그 자극을 감지하지도 못한다. 자극의 강도가 높고 명확할수록 사람들은 실체 그대로를 지각할 가능성이 높다. 또한, 자극이 모호할수록 소비자가 상상력을 동원하여 나름대로 해석해야 하는 부분이 많아지기 때문에 소비자 지각을 유발시키기 위해서는 명확한 자극의 제공이 중요하다.

3) 자극의 상황적 특성

자극이 주어지는 상황적 특성에 따라서도 지각은 영향을 받는다. 예를 들어, 판매원이 거스름돈을 잘못 계산해 주었다고 가정하자. 그 당시 고객이 너무 많아 계산대 앞이 몹시 붐비는 상황이었다고 한다면 단순히 판매원의 실수로 지각하겠지만, 전혀 붐비지 않은 상황이었다면 아마 판매원의 계산 능력을 의심하거나 판매원에게 고의성이 있었을 것으로 지각할 가능성이 있다.

4. 지각과 마케팅 전략

마케터들은 현재 소비자나 잠재 소비자의 생각을 이해하려 노력한다. 소비자의 생각 즉, 마음속에 있는 지각은 항상 변한다. 소비자의 지각을 이해하지 못하면 마케팅은 실패하게 된다. 여기서는 지각을 이용한 대표적 마케팅으로서 선도자 마케팅, 지각도와 마케팅, 지각적 위험과 마케팅에 대해 살펴본다.

1) 선도자 마케팅

마케팅에 있어서 중요한 것은 소비자의 지각 속에 가장 먼저 자리 잡는 것이다. 이것이 마케팅의 선도자 법칙leader's law 이다. 이는 경쟁사 보다 더 좋은 제품을 가지고 소비자를 설득시키는 것보다 그 소비자의 지각 속에 가장 먼저 자리 잡는 것이 쉽다는 의미이다김훈철, 2010. 시장에서 소비자의 지각 속에 기억되는 최초의 브랜드는 쉽게 찾아 볼 수 있는데 소주라면 '참이슬', 김치 냉장고라면 '딤채', 복사기라면 '제록스Xerox 등이 그 예이다사례 3-6 참조.

사례 ③-6

1등은 바뀌지만 '1호'는 영원하다

▶ 김치 냉장고 '딤채' 섬유유연제 '피죤' …
  1호 제품이자 1등 브랜드로 각광

'1호'는 영원하다. 모든 것을 다 잊어도 첫 번째 만큼은 기억하는 게 인간의 본능이다. 이는 사람이건 기업이건 또는 제품이건 마찬가지다. 특히 1호 제품은 최초 브랜드로서 소비자들의 사랑을 듬뿍 받기 마련이다. '마케팅'의 기본원칙 중 첫 번째가 선도자(先導者)의 법칙인 것도 이 때문이다. 국내 시장의 '블루오션'으로 평가받고 있는 1호 제품의 탄생배경과 성공스토리를 살펴봤다. <중략>

▶ 'me too 전략'으론 생존 불투명

그야말로 혁신 없이는 생존하기 힘든 시대다. 이미 형성돼 있는 시장에 적당히 끼어드는 미투(me too) 전략으론 살아남기 쉽지 않다. 첫 번째로 시장에 출시되는 제품, 이를테면 1호 제품으로 승부를 걸어야 할 때라는 얘기다. 첫 번째는 늘 뇌리에 각인되기 마련이기 때문이다. 시장도 마찬가지다. 1호 제품은 1등 브랜드로 발돋움할 가능성이 많다. 물론 여러 전제조건이 있지만 통상적으로 그렇다. 한마디로 'The first is best'라는 것이다." <중략>. 마케팅 지침서로 불리는 알 리스&잭 트라우트의 저서

마케팅 불변의 법칙에서도 선도자先導者의 법칙을 22개 법칙 중 첫 번째로 거론하고 있다.

제습제 시장의 사례를 살펴보자. '물먹는 하마'가 대히트를 친 이후 한동안 제습업계엔 동물시리즈가 유행처럼 번졌다. '물 먹는 메기' '물 먹는 코뿔소' 등 유사제품이 난립했던 것. 하지만 '물 먹는 하마'는 무려 90% 이상의 시장점유율을 유지하면서 시장을 선도해 나갔다. 이유는 별다른 게 아니다. 하마라는 최초 브랜드의 위력을 메기와 코뿔소가 뛰어넘지 못했기 때문이다. '물 먹는 하마'와 비슷한 예는 적지 않다. 매일유업의 까페라떼·샘표식품의 샘표간장·LG생활건강의 '죽염'치약·신동방의 해표·위니아만도의 딤채·국순당의 백세주·웅진코웨이의 정수기 등은 유사제품들의 추격을 보란 듯이 따돌린 1호 제품이자 1등 브랜드다. 또한 무無의 시장에서 유有의 시장을 개척한 사례들이기도 하다.

이들은 어떻게 1호 제품을 시판할 수 있었던 것일까. 방법은 과연 무엇일까. 현대카드 추성엽 신판마케팅팀 과장은 의외의 답변을 한다. "'1호 제품'을 출시하는 것은 때론 간단하고 때론 너무도 쉽다. 시장에 없는 것을 찾아내 상품으로 연결시키면 끝이다. 경쟁사의 약점을 혁신적으로 보완해도 '1호 제품'이 탄생할 수 있다. 게시판에 짤막하게 기록돼 있는 고객의 소리들이 아이디어가 되는 경우도 종종 있다."중략

샘표식품도 최초의 간장제품 샘표간장의 성공으로 반석 위에 오른 기업이다. 샘표간장이 출시된 것은 50년대 중반의 일이다. 당시만 해도 간장을 전문적으로 출시하는 기업이 전혀 없었다. 영세업체가 한정적으로 판매하거나 집에서 담가먹는 게 전부였다. 중략. 샘표간장이 처음 만들어졌던 50년대엔 대부분 일본인들이 경영하던 것이었다. 그것도 소규모 생산시설들만 남아있었다. 설비라고 해봤자 20석(3.6kl)들이 간장통 10개 정도였다. 샘표라는 상표를 달고 간장을 팔자 소비자들이 주목하기 시작했다. 특히 주부들에게 꽤 인기가 높았다. 아마도 담가먹는 줄만 알았던 간장이 제품으로 출시됐기 때문이었던 것으로 보인다.

샘표간장은 국내 출시 이후 1등자리를 놓치지 않고 있다. 시장조사분석기관 AC Nielson에 따르면 샘표간장의 시장점유율은 지난해 10월 현재 48%이다. 연간 판매액은 700억대를 꾸준히 유지하고 있다. 샘표간장에 대해 "명실상부한 1호 제품이자 1등 브랜드라고 평가하는 것도 이 때문이다.

국내 최초 시장개척 1호 브랜드 브랜드			
제품분류	브랜드	회사	핵심 성공요인
표백제	옥시크린	옥시(주)	국내 최초 시장진입
커피음료	카페라떼	매일유업(주)	국내 최초 시장진입
식용유	해표	(주)신동방	국내 최초 시장진입
간장	샘표간장	샘표식품(주)	국내 최초 브랜드 도입
김치냉장고	딤채	위니아만도(주)	국내 최초 시장개척
섬유유연제	피죤	피죤(주)	국내 최초 시장진입
자양강장제	박카스	동아제약(주)	국내 최초 시장 진입
할인점	이마트	신세계이마트(주)	국내 최초 할인점 출점
정수기	웅진코웨이	웅진코웨이	국내 최초 시장진입
곡물음료	아침햇살	웅진식품(주)	국내 최초 시장개척
참치캔	동원참치	(주)동원F&B	국내 최초 시장진입
치약	죽염	LG생활건강(주)	국내 최초 한방치약 시장 개척
곡주	백세주	(주)국순당	전통 곡주시장 브랜드화

▶ 적절한 네이밍·마케팅 필수불가결

하지만 여기엔 반드시 짚고 넘어가야 할 대목이 있다. 1호 제품이라고 해서 무조건 1등 브랜드가 된다고 생각하면 큰 오산이다.

제 아무리 1호 제품이라고 해도 소비자의 마음을 사로잡지 못하면 실패작으로 전락하기 일쑤다. 샘표식품의 샘표간장·㈜피죤의 피죤·매일유업의 까페라떼·위니아만도의 딤채 등은 1호 제품이자 소비자의 마음과 통(通)한 제품들이다. 그래서 1등 브랜드로 거듭난 것이다. <중략>. 1호 제품이 1등 브랜드로 발돋움하기 위해선 두 가지 무기가 필요하다고 입을 모은다. 하나는 제품 콘셉트와 어울리는 네이밍(naming)이고 다른 하나는 효율적인 마케팅이다.

네이밍 하나 때문에 1호 제품의 위상이 일순간에 꺾여 버린 두 가지 예를 들어보자. 애경이 지난 89년 출시한 하나로샴푸는 겸용샴푸(샴푸 + 린스)의 대표격이다.<중략>. 흥미로운 대목은 하나로샴푸가 '1호 제품'이 아니라는 점이다. LG생활건강 랑데부샴푸·태평양의 투웨이샴푸 보다 무려 1년6개월여 늦게 시장에 시판된 후발주자다. 냉정하게 말하면 유사제품에 불과하다. 그러나 하나로샴푸는 단숨에 업계 1위로 뛰어오르는 등 겸용샴푸시장을 발칵 뒤집어놓았다. 이유는 너무도 간단했다. 하나로라는 네이밍의 파괴력 때문이었다. 샴푸와 린스를 '하나로' 결합한 제품의 콘셉트와 네이밍이 절묘하게 어우러졌던 것이다.<중략>

겸용샴푸라는 용어에 익숙하지 않았던 소비자들은 그제서야 겸용샴푸의 본 의미를 깨달았고 하나로샴푸를 구입하기 시작했다. LG생활건강과 태평양 샴푸의 질이 떨어져서 애경의 하나로샴푸에게 밀린 것이 절대 아니다. 네이밍 싸움에서 패배한 결과다. 이는 훌륭한 1호 제품이라고 해도 적절치 않은 네이밍을 선택하면 1등 브랜드로 올라설 수 없음을 잘 보여준다.

이와 비슷한 사례는 남양유업의 니어워터와 롯데칠성음료의 '부족한 물 2%'이다. 현재 1등 브랜드로 각광받고 있는 '부족한 물 2%'는 사실 후발주자이자 유사제품이다. 남양유업의 니어워터가 원조다. 그러나 물과 비슷한 기능성 음료라는 특징을 부각시킨 '부족한 물 2%'는 '니어워터'의 아성을 단번에 무너뜨렸다. 이 역시도 1호 제품이 네이밍 싸움에 밀려 고개를 숙인 대표적 사례라고 할 수 있다.

▶ -신규제품 출시 위한 도전정신 필요

1호 제품을 1등 브랜드로 만드는 또 다른 무기는 효율적인 '마케팅'이다. 마케팅 전문가들은 1등 브랜드는 고객의 니즈(needs) 때문이 아니라 마케팅에 의해 창출된다고 주장한다.<중략>.실제 마케팅의 성공으로 1호 제품이 1등 브랜드로 발돋움한 사례는 적지 않다. 그 단적인 예는 위니아만도의 딤채다. 사실 위니아만도가 김치냉장고 딤채를 전격 출시했을 때 이를 주목하는 사람은 거의 없었다. 경쟁업체 조차 거들떠보지 않았다. 큰 냉장고를 사면 그만인데 과연 누가 김치냉장고를 따로 구입하겠느냐는 게 이유였다. 얼핏 보면 1호 김치냉장고 딤채는 사장될 위기였다. 그러나 딤채는 날개 돋친 듯 팔려 나갔다. 게다가 김치냉장고의 '붐'까지 조성하는데 성공했다. <중략>

위니아만도는 철저하게 주부들을 이용한 '구전홍보전략'으로 딤채를 알렸다. 주부들의 입을 통해 딤채의 효과를 알리는데 주력했던 것이다. 위니아만도 마케팅팀 오창현 사원은 "딤채의 출시 전, 초기 완제품에 대한 100명의 주부평가단 모집해 딤채 초기 모델을 6개월간 무료 사용 후 구매의사가 있는 주부를 대상으로 반값에 구매할 수 있는 권리를 줬다"면서 "6개월 후 100명의 평가단 전원이 딤채 구매를 결정했고 이후 서서히 입소문을 타기 시작했다"고 말했다. <중략>. 결국 김치냉장고 1호 제품이라는 브랜드 우수성과 구전을 이용한 마케팅 전략이 딤채 신화를 창조해낸 셈이다. 딤채는 현재 11년 연속 김치냉장고 시장점유율 1위를 기록하는 등 승승장구를 이어가고 있다. <중략>

국순당이 야심차게 출시한 전통주 1호 제품 백세주도 공격 마케팅 전략으로 1등 브랜드에 우뚝 선 사례다. 국순당은 백세주의 시판 초기 외곽지역 업소를 손수 찾아다니며 게릴라 마케팅을 펼쳤다. 업소별 차림표·메뉴판을 제공하는 맞춤형 마케팅도 함께 진행했다. 결과는 대성공이었다. 백세주는 단숨에 전통주 시장을 장악했고 1등 브랜드로 자리매김하는데 성공했다. 백세주는 현재 전통주 시장의 절대강자로 평가

받고 있다. 시장점유율은 무려 60%를 육박한다. <중략>.1호 제품'은 이제 선택사항이 아닌 필수사항이라고 해도 과언이 아니다. 차별화된 제품을 시판하지 못하면 살아남기 힘든 상황이기 때문이다.

그런 의미에서 KTF 조 본부장의 조언은 귀 기울일 만하다. "'1호 제품'의 시판은 '1등 브랜드'를 만드는 지름길이라고 할 수 있다. 하지만 인내와 용기가 필요하다. 게다가 효율적인 마케팅과 적절한 네이밍을 위해 각고의 노력을 기울여야 한다. 때문에 기존 시장에 숟가락 하나 얹는 격인 '미투 전략'으로 연명하는 기업이 증가하고 있다. 기본만 챙기겠다는 심산인 듯하다.

그러나 이 같은 방법은 결코 옳지 않다. 1호 제품을 개발하기 위한 노력을 게을리하면 시장에서 도태되거나 아예 사라질 가능성이 그만큼 높다. 지금은 새로운 영역을 개척하고자 하는 '프론티어 정신'을 담금질할 때다."

자료 : 한겨레신문(2007.1.12)

2) 지각도와 마케팅

포지셔닝 맵positioning map으로도 불리는 지각도perceptual map는 서로 관련이 있는 대상 또는 브랜드들이 시장에서 차지하는 위치를 소비자의 지각을 바탕으로 도식화한 것이다. 지각도는 다양한 종류의 상품을 두 개 또는 그 이상의 차원으로 어떻게 지각하는가에 대해 그림으로 표현함으로써 제품이나 서비스에 대해 소비자가 갖는 이미지가 어떤 것인지를 쉽게 파악하는 데 도움을 주고 이미지 변화를 어떻게 할 것인지에 대한 시사점도 제공한다.

▶ 그림 3-11 Belleville's 비즈니스 호텔 지각도

* 자료 : Lovelock, C., Wirtz, & Chew, P.(2009). Essentials of service marketing. Prentice Hall, p.75.

<그림 3-11>은 가격과 서비스 속성의 명확한 관련성을 보여 준다. 높은 수준의 서비스를 제공하는 호텔은 비교적 비싼 가격을 받는데 좌상에서 우하로 이어진 막대 모양은 이러한 관계를 의미한다. 호텔의 위치를 보면 최고 그룹에는 4성급 Regency 호텔이 5성급의 Grand 호텔과 함께 있다. 중간 그룹에는 Palace 호텔이 다른 4개 호텔과 같이 있다. 나머지 3개 호텔은 별도의 그룹을 형성한다. 이 지도를 통해서 Palace 호텔은 서비스 수준에 비해 더 많은 요금을 받고 있다는 사실을 알 수가 있다.

3) 지각된 위험과 마케팅

지각된 위험perceived risk은 특정 제품이나 서비스 구매시 기대에 미치지 못할 가능성에 의한 불확실성에서 오는 인지된 위험을 말한다. 이러한 지각된 위험은 선택된 대안에 대해 확신하지 못한데서 오는 불안감으로 구매 의사 결정에 큰 영향을 미치게 된다. 지각된 위험은 기능적 위험, 재정적 위험, 시간적 위험, 신체적 위험, 사회적 위험, 그리고 심리적 위험 등 여섯 가지 유형으로 구분된다표 3-4 참조.

▶ 표 3-4   서비스 구매와 사용에서의 지각된 위험

위험의 종류	고객 관심 내용
기능적 위험 (불만족스러운 결과)	• 낯선 레스토랑에서 식사하면 음식 맛은 괜찮을까? • 해외 여행시 이 신용 카드로 구매하려고 할 때 가능할까?
재정적 위험 (재정적손실,예상밖의비용)	• 온라인 구매를 하면 내 신용을 도난당하지 않을까? • 휴가를 갔다가 예상 밖의 비용이 더 들까?
시간적 위험 (시간 낭비, 지연의 결과)	• 전시회 관람을 위해 줄을 서야 할까? • 식당의 서비스가 느려서 오후 회의에 늦지 않을까?
신체적 위험 (소유물에 대한 손해나 개인적 부상)	• 이 리조트에서 스키를 타면 부상을 입지 않을까? • 휴가 때 외국으로 여행 갔다가 아프면 어쩌지?
사회적 위험 (타인의 생각과의 불일치)	• 내가 저렴한 모텔에 묵었던 사실을 친구들이 알면 나를 어떻게 생각할까? • 내 친척들은 가족 재회 저녁 식사를 위한 이 식당을 좋아할까?
심리적 위험 (자신의 이미지 부합 유무나 개인적 공포)	• 친환경을 옹호하면서 호텔 투숙시 샴푸나 비누를 많이 사용하면 괜찮을까? • 이 항공기가 충돌하지 않을 거라는 보장이 있는가?

* 자료 : Lovelock, C., Wirtz, & Chew, P.(2009). Essentials of service marketing. Prentice Hall, p.37 수정 정리.

기능적 위험performance risk은 제품이나 서비스의 품질이 기능적으로 기대되는 만큼의 효과를 내지 못하는 위험, 재정적 위험financial risk은 예상 밖의 비용 지출에 대한 위험, 시간적 위험time loss risk은 소비 행동(예 정보 탐색, 구매, 의사 결정 등)과 관련하여 소요되는 시간에 대한 위험, 신체적 위험physical risk은 제품이나 서비스 구매가 자신의 신체적 안전이나 건강에 가해 질 수 있는 위험, 사회적 위험social risk은 제품의 선택이 준거 집단의 기준과 부합되지 않을 때의 위험, 그리고 심리적 위험psycho-

▶ 그림 3-12
아시아나 항공의 안전성 강조 광고

* 자료 : http://adcollege.or.kr

logical risk은 구매한 제품이 자신의 자아 이미지와 일치하지 않거나 개인적 공포감을 지각하는 위험을 말한다. <그림 3-12>는 아시아나 항공이 비행의 안전성을 강조하여 고객의 지각된 위험 감소를 강조한 광고이다.

지각된 위험을 감소시키기 위해 소비자 자신은 물론 기업도 적절한 전략을 수립해야 한다. 예를 들면, 소비자는 가족이나 친구, 동료와 같이 믿을 만한 사람으로부터 정보를 얻는다든지 구매 후기에 대해서 인터넷을 통해 알아봄으로써 지각된 위험을 감소시킬 수 있다.

한편, 기업은 소비자에게 무료 체험의 기회를 제공하거나 고객에게 특정 제품이나 서비스에 대한 가치나 설명을 제공해 주는 광고를 함으로써 지각된 위험을 감소시킬 수 있다. 지각된 위험을 줄이기 위해 소비자 자신이 취할 수 전략과 기업이 실행할 수 있는 전략을 요약해 보면 <표 3-5>와 같다.

▶ 표 3-5 지각된 위험 감소전략

소비자 측면	기업 측면
• 가족, 친구, 동료와 같이 믿을 만한 사람으로부터 정보를 얻는다. • 서비스 비교와 구매 후기에 대해서 인터넷을 통해 알아 본다. • 좋은 평판을 가진 기업에 의존한다. • 품질 보증서에 대해 알아본다. • 구매 전 서비스의 여러 가지 측면을 확인해 본다. • 서비스에 대해 많이 아는 직원에게 경쟁 서비스에 대한 자문을 구한다.	• 무료 체험의 기회를 제공한다. • 고객에게 특정 제품이나 서비스에 대한 가치나 설명을 제공해 주는 광고를 한다. • 자격증(예 요리사) 혹은 성공 사례를 전시한다. • 구매 전 미래의 고객에게 서비스 기관을 방문하도록 장려한다. • 환불 제도(예 여행사)와 보증 제도를 포함한다. • 주문 과정의 진행 상황을 고객이 인터넷에서 확 인 할 수 있도록 정보를 제공한다(예 레스토랑 예약 확인, FedEx, DHL, UFS와 같은 택배 기업). • 일관된 증거를 고객에게 제공한다(예 미소, 청결한 유니폼 및 실내 환경 유지).

* 자료 : Lovelock, C., Wirtz, & Chew, P.(2009). Essentials of service marketing. Prentice Hall. 교과서 내용을 정리하였음.

제4절 기억

기억은 정보를 습득하고 습득한 정보를 저장하기 위해 의식적 노력을 하고 필요시 인출하는 과정을 말한다. 인출 정보를 사용하기 위해서는 의식적 노력 없이 자동적으로 이루어지기도 하고 능동적인 노력을 해야 하는 경우도 있다. 치열한 경쟁 환경에서 자사 브랜드가 경쟁 브랜드보다 기억에 오래 남도록 마케팅 노력을 기울여야 한다. 본 절에서는 기억 구조와 기억을 이용한 마케팅 시사점에 대해 살펴본다.

1. 기억 구조

개인의 경험과 학습 또는 정보 처리의 결과는 기억 속에 저장되며 저장된 지식과 정보는 개인의 신념, 태도, 행동 등에 영향을 미친다. 개인의 기억 구조는 감각 기억, 단기 기억, 장기 기억으로 구조화되어 있다.

1) 감각 기억

감각 기억이란 감각 기관을 통해 현실 세계의 자극이 본래 모습 그대로 잠시 보존되는 것을 말한다. 감각 기억 시스템은 수용 능력이 매우 커서 눈, 코, 입 등 감각 기관을 통해 많은 자극을 감지하고 기억할 수 있다. 즉, 수용력이 매우 높다. 그러나 기억의 지속 시간이 매우 짧아 불과 몇 분의 1초 밖에 안된다. 따라서 감각 기억에 저장된 자극 메시지는 지각적 해석을 위해 인지 시스템으로 이내 이전되지 않으면 곧 소멸되어 버린다. 따라서 감각 기억에서 단기 기억으로 정보를 저장하도록 하는 것이 중요한데 이를 위해 사용되는 방법이 반복 연습rehearsal이다.

2) 단기 기억

단기 기억이란 1단계의 지각적 처리를 거친 정보가 단기 기억고 속에 보유된 상태를 말한다. 일단 감지된 정보들이 기억하기 좋은 형태로 분류되어 보다 완벽한 처리를 위해 일시적으로 저장되어 있는 상태를 말한다. 단기 기억은 약 15~30초간 유지되는 임시 저장소이므로 반복적으로 주의를 기울이지 않으면 자극은 기억에서 사라져 버린다.

따라서 기억하기에 용이한 특성을 지니고 있지 않은 정보는 단기 기억고에 쉽게 저장되기 어렵다. 또한, 단기 기억에 저장된 정보는 반복 연습되거나 반복해서 학습되지 않는 한 이내 망각되기가 쉽다. 예를 들면, 상표명이나 전화 번호 등을 몇 번 마음속에서 되풀이해 외워두지 않으면 이내 잊어버리는 것과 같은 원리이다.

단기 기억고에 일시 보유되어 있는 정보가 장기 기억고에 축적되어 있는 경험적 정보와 지식에 준해서 긍정적으로 해석·평가되고, 이런 지각적 평가가 몇 번 반복되면 단기 기억고의 정보는 장기 기억고로 이전하게 된다. 따라서 제품, 상표명, 광고 등은 소비자들이 일단 단기 기억고에 쉽게 보유할 수 있도록 타사의 것과 식별이 가능한 특징을 갖도록 하는 것이 중요하다.

3) 장기 기억

장기 기억이란 지각된 정보가 인지 체계 속에 완전히 수용되어 지속적인 지식이나 정보로서 저장되는 상태를 말한다. 장기 기억고 수용 능력은 거의 제한이 없으며 기간도 상대적으로 매우 긴 편이다. 특히, 지각된 정보가 개인의 욕구 충족이나 목표 달성에 지원적 성격을 가지거나, 기존의 신념이나 가치 체계에 상충되지 않거나, 강도 높은 경험이 수반된 경우에는 장기 기억고 속에 쉽게 저장될 가능성이 매우 높다. 장기 기억의 정보는 소멸되지 않는다. 망각의 현상은 단지 회상을 하지 못해 기억을 떠 올리지 못하는 것일 뿐이다.

2. 기억과 마케팅 전략

기억과 관련된 마케팅 전략의 핵심은 소비자로 하여금 오랫동안 특정 브랜드를 기억하도록 하는 것이다. 기억을 촉진시키기 위한 전략으로는 시각화 방법(예 그림, 구체적 정보 제공), 기억 증대 방법(예 단어 리듬 이용, 어구 반복 등), 음악의 사용, 반복 광고 등을 들 수 있다. <사례 3-7>에서와 같이 소비자의 눈길을 끄는 독특한 브랜드명을 만드는 것도 기억을 활용한 하나의 전략이다.

특이한 브랜드명이 고객의 눈길 끈다

소비자들에게 쉽게 각인시키기 위한 다양한 외식 업체의 브랜드명이 눈에 띄고 있다. 과거 외식 업체는 신당동 떡볶이, 의정부 부대찌개와 같이 취급하는 음식이나 지명을 이용한 간판들이 많았다. 하지만 최근에는 다양한 프랜차이즈가 생겨나면서 각 브랜드들은 소비자들이 쉽게 기억할 수 있는 브랜드명을 통한 마케팅 활동을 진행하고 있다.

특히 호기심을 자극하거나 유머 코드를 적극 활용한 브랜드명은 항상 인기를 얻고 있다. 치킨브랜드 '오빠닭'의 경우 '오븐에 빠진 닭'의 축약어이지만 '오빠'와 '닭'이라는 두 단어의 합성어같은 느낌으로 다가가 소비자들에게 쉽게 각인시킬 수 있었다.

놀부NBG의 경우 누구에게나 사랑받는 흥부 대신 놀부라는 캐릭터를 사용함으로써 소비자들의 호기심을 자극했다. 놀부NBG 관계자는 "놀부가 흥부에 비해 이미지가 강하고 욕심이 많아 밥상도 푸짐하다는 의미에서 놀부를 상호로 택했다"고 말한다.

삼각 김밥 & 규동 전문점 '오니기리와 이규동'도 브랜드명에 취급하는 메뉴가 명시되어 있다. 이는 일본식 삼각 김밥 '오니기리'와 덮밥을 의미하는 '이규동'을 그대로 나열한 브랜드명으로 일본어를 모르는 국내 소비자들에게는 신선하게 다가간다. 또한 대부분 간결한 브랜드명을 선정하는 것과는 반대로 8글자의 다소 긴 브랜드명을 이용하는 것이 특이하다. 때문에 호기심에 방문하는 고객들도 있을 정도이다.

브랜드 네이밍은 매출에도 영향을 미친다. 2011 '효과적인 네이밍 브랜드 랭킹'에서 11위를 차지하며 외식 업체 중 최고 순위를 기록한 '굽네치킨'의 경우도 BBQ를 위협하는 치킨 브랜드로 떠오르고 있다. '굽네치킨'은 조리법을 그대로 브랜드명에 삽입하는 방식을 사용했다.

프랜차이즈 브랜드명은 맛보다 먼저 소비자들에게 다가가기 때문에 매우 중요한 성공 포인트이다. 특히 외식 업체의 경우 프랜차이즈 중 가장 높은 비율을 차지하고 있기 때문에 브랜드 네이밍을 통한 마케팅의 중요도가 높아지고 있다.

자료 : 한국경제신문(2012.4.9)

Chapter
04

관광객
구매 의사 결정

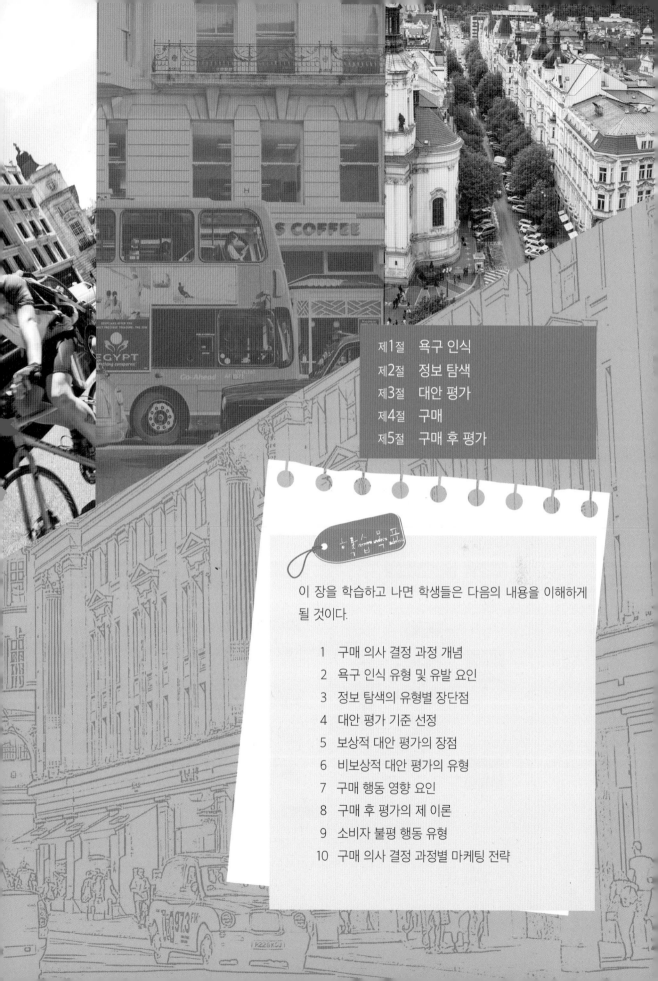

이 장을 학습하고 나면 학생들은 다음의 내용을 이해하게
될 것이다.

1 구매 의사 결정 과정 개념
2 욕구 인식 유형 및 유발 요인
3 정보 탐색의 유형별 장단점
4 대안 평가 기준 선정
5 보상적 대안 평가의 장점
6 비보상적 대안 평가의 유형
7 구매 행동 영향 요인
8 구매 후 평가의 제 이론
9 소비자 불평 행동 유형
10 구매 의사 결정 과정별 마케팅 전략

구매 의사 결정 과정이란 구매에 관련된 의사 결정을 효과적으로 내리기 위해서 따라야 되는 과정을 의미한다. <그림 4-1>의 EBM 소비자 행동 모델에서 점선의 박스로 표시된 부분이다.

구매 의사 결정 과정의 첫 번째 단계는 결정해야 되는 문제혹은 욕구나 상황의 인식이다. 두 번째는 정보 수집 및 분석 단계로 의사 결정자는 문제가 생긴 원인이나 문제 해결의 가능한 방법에 대한 정보를 수집하여 분석한다. 셋째 단계는 수집된 정보를 기초로 대안을 확인하고 평가하는 단계로 예상되는 결과를 서로 비교하고 장단점을 주의 깊게 고려하는 단계이다. 네 번째 단계는 최종 대안을 선택하는 단계이다. 제시된 여러 대안 중에서 최적 대안을 선택하는 단계로서 구매 단계를 의미한다. 마지막으로 구매 후 평가 단계이다. 구매 결과에 대한 만족 혹은 불만족을 평가하는 과정이다.

이 장에서는 개인의 의사 결정 과정에 중점을 두고 이 다섯 단계에 대해서 살펴보고자 한다. 구체적으로 각 단계별 특징과 영향 요인을 살펴보고 이와 관련한 마케팅 시사점을 제시한다.

▶ 그림 4-1 EBM 소비자 행동 모델

* 자료 : Engel, J. F., Blackwell, R. D., & Miniard, P. W.(1993). Consumer behavior(7th ed.). The Dryden Press, p.53.

▶ 그림 4-2   제4장 요약도

제1절 욕구 인식	제2절 정보 탐색	제3절 대안 평가	제4절 구매	제5절 구매 후 평가
• 욕구 인식 개념 • 욕구 인식 유형 • 욕구 인식 유발 요인 • 욕구 인식과 마케팅 전략	• 정보 탐색 개념 • 정보 탐색 유형 • 정보 원천 • 관광 정보 탐색 • 정보 탐색과 마케팅 전략	• 평가 기준 특성 • 대안 평가 방식 • 대안 평가와 마케팅 전략	• 관광 경험 • 구매 행동 영향 요인 • 구매 행동과 마케팅 전략	• 구매 후 평가 제 이론 • 불평 행동 • 구매 후 행동과 마케팅 전략

제1절 욕구 인식

구매 의사 결정 과정은 소비자가 욕구 또는 문제를 인식함으로써 시작된다. 소비자는 특정 문제에 대해 자신의 실제 상태와 바람직한 상태 간의 차이를 지각하게 되면 이를 충족시키고자 하는 욕구를 가지게 된다. 이것이 욕구 인식이다. 본 절에서는 욕구 인식의 개념, 욕구 인식 유형, 욕구 인식 유발 요인, 그리고 욕구 인식에 대한 마케팅 시사점에 대해 살펴본다.

1. 욕구 인식 개념

욕구 인식need recognition 혹은 문제 인식problem recognition은 관광객이 관광 욕구를 인지하고 이것을 관광 목적지, 호텔, 레스토랑, 테마파크 등의 선택과 행동을 통하여 해결하고자 하는 욕구이다. 관광 소비자는 자신이 기대하는 이상적인 상황(예 배고프지 않음)과 실제 상황(예 배고픔)과의 사이에 차이가 있음을 지각할 때 욕구를 인식하게 된다. 따라서 특정 관광 상품에 대하여 선택을 하기 전에 관광객이 먼저 관광 상품의 구매를 하겠다는 욕구 혹은 문제를 인식해야 한다.

<그림 4-3>에서와 같이 관광 욕구를 인식한다고 해서 반드시 구매 의사 결정의 다음 단계정보 탐색로 이어지는 것은 아니다. 일반적으로 두 상태 간의 지각된 차이가 별로 중요하지 않을 때, 두 상태 간의 자각된 차이가 크더라도 문제를 해결

할 수 있는 시간적, 경제적, 환경적 제반 여건이 갖추어져 있지 않을 때는 욕구를 인식한다 하더라도 실제로 더 이상의 구매 결정 행동은 일어나지 않는다.

▶ 그림 4-3 욕구 인식 과정

* 자료 : Blackwell, R.D., Miniard, P. W., & Engel, J. F.(2001). Consumer behavior(9th ed.). Southwestern, p.100.

2. 욕구 인식 유형

관광 소비자가 인식하고 있는 문제의 성격에 따라 의사 결정 과정의 진행에 많은 차이가 발생한다. 그 이유는 문제의 성격에 따라 의사 결정에 투입될 시간과 노력에 차이가 있기 때문이다. 문제 해결의 긴급성 여부와 문제 발생의 예상 여부를 기준으로 욕구문제 인식을 네 가지 유형으로 나눌 수 있다표 4-1 참조. 여기서 문제 해결의 긴급성이란 의사 결정을 하기 위한 할애 가능한 시간을 의미한다.

▶ 표 4-1 문제 인식의 유형

문제 발생의 예상	문제 해결의 긴급성	
	즉시 해결이 필요	즉시 해결이 필요하지 않음
문제 발생이 예상됨	일상적(routine) 문제	계획적(planning) 문제
문제 발생이 예상되지 않음	긴급적(emergency) 문제	진화적(evolving) 문제

* 자료 : Hawkins, D. I., Coney, K. A., & Best, R. J.(1980). Consumer behavior. Dallas : Business Publications, Inc., p.390.

일상적 문제란 실제 상태와 바람직한 상태 간의 차이가 발생할 것이 예상되고 문제가 발생하면 즉각적 해결이 요구되는 문제이다. 가정에서 일상적으로 구매하는 편의품이나 식료품에 대한 욕구가 이에 속한다. 이들은 소모되면 즉시 구매되어야 하기 때문이다. 집 주변에서의 레크리에이션 활동도 여기에 포함될 수 있다.

계획적 문제란 문제의 발생은 예상되나 즉각적인 해결이 필요하지 않은 문제를 말한다. 문제는 인식되지만 시간적 여유가 있기 때문에 충분한 정보 수집을 통하여 신중한 의사 결정을 할 수 있다. 가령, 다가오는 여름 휴가 기간에 친구와 해외 배낭 여행의 욕구 등이 이에 해당될 수 있다.

긴급적 문제는 전혀 예기치 않았던 문제로서 즉각적인 해결이 요구되는 문제이다. 예컨대, 여행 도중 갑작스럽게 교통사고가 났다든지 여권을 분실하였다든지 하는 경우가 이에 해당한다. 24시간 편의점이나 ATM자동 지급기 등은 소비자의 긴급한 욕구를 충족시키기 위한 것이다.

마지막으로, 진화적 문제는 문제 발생도 예상되지 않고 즉각적인 해결도 필요하지 않는 문제를 말한다. 여기에서 말하는 예상 여부는 구체적인 발생 시기와 내용을 상당한 기간 동안 예기하지 못했음을 의미한다. 개개인 유행trend 수용 문제는 진화적 문제의 대표적인 예로 볼 수 있다.

3. 욕구 인식 유발 요인

욕구 인식 유발 요인은 내적 요인과 외적 요인으로 구분된다. 내적 요인은 소비자 자신이 스스로 욕구문제를 인식하는 것으로 배고픔이나 갈증과 같은 생리적 욕구의 발생이나 상황적 변화에 따른 욕구의 발생이 이에 해당한다. 외적 요인은 외부에서 주어지는 자극 때문에 문제를 인식하게 되는 경우를 말하며 가족, 준거 집단, 기업의 마케팅광고 등이 있다.

1) 내적 요인

(1) 생리적 욕구

인간의 행동은 의식적이든 무의식적이든 어떤 욕구를 충족하기 위해 일어난다. 개인의 잠재 욕구가 어느 순간 활성화되었을 때 이를 충족하려는 내적 성향이 욕구 인식을 유발하게 된다. 배가 고픈 사람은 식욕이 활성화됨으로써 어떤 음식을 먹을 것인가에 대한 문제를 인식하게 된다. 따라서 욕구를 자극하고 활성화시키는 요인은 욕구 인식을 유발시키는 일차적인 동인으로 작용한다.

(2) 상황 변화

현 상태에 불만족을 초래하는 상황이 발생하면 소비자는 욕구를 인식하게 된다. 예를 들면, 사용하고 있는 물건이 완전히 소모되거나 재고가 불충분할 경우, 사용하고 있는 제품이 자주 고장나거나 성능이 좋지 않을 경우, 유행의 변화에 맞지 않는 상품을 가지고 있는 경우, 재정 상태가 좋아지는 경우 등이다. 예컨대, 현재 사용하고 있는 스킨스쿠버 장비가 문제가 없음에도 불구하고 재정 상황이 양호해지면 유명 브랜드의 신제품 구매를 고려해 보게 된다.

2) 외적 요인

(1) 가족

가족 구성원의 조언이나 충고는 문제 인식을 야기하는 계기가 된다. 가령, 평소 해외 여행에 불안감을 가지고 있던 동생이 해외 배낭 여행을 다녀온 경험이 있는 형이나 누나로부터 여행에 대한 조언을 받고서 동생도 해외 배낭 여행에 도전하는 경우가 이에 해당한다. 가족 구성원의 물리적 변화(예 타 지역으로 이사, 거주 환경 변화)도 문제 인식의 야기에 중요한 변수로 작용할 수 있다.

(2) 준거 집단

준거 집단은 개인의 자아 형성에 커다란 영향을 주기 때문에 제품의 이미지가 자신의 자아 개념과 일치하는 제품을 구매하는 경향이 있다. 준거 집단에 의해 개인의 자아 개념이 변하게 되면 새로운 자아 개념과 일치하는 제품의 구매 욕구를 인식하게 된다. 어떤 사람이 자신은 성공한 사람이라고 지각한다면 그는 흔히 성공한 사람이 사용하는 제품(예 골프용품)의 구매에 관해 욕구 인식을 하게 된다.

(3) 마케팅 요인

소비자의 문제 인식을 유발하기 위해 마케터들은 다양한 전략을 이용한다. 마케터는 신제품을 출시하거나 기존 제품의 개선점을 동시에 제기하는 광고를 통해서 문제를 유발할 수 있다. 또한, 제품의 새로운 특징적 혜택을 강조함으로써 그 특징을 갖지 않는 다른 경쟁 제품의 문제점을 인지하게 하여 관심을 유발할 수도 있다.

4. 욕구 인식과 마케팅 전략

마케터는 표적 시장의 소비자에게 자신의 제품에 대해 욕구를 인식하도록 하여야 한다. 하지만 마케팅 자극은 다른 요인들에 비해 소비자의 욕구 인식을 유발하는 데 비교적 효과가 적은 편이다. 왜냐하면 소비자는 관심이 없는 광고 메시지에 주의를 기울이지 않는 경향이 있기 때문이다. 소비자는 욕구 인식을 하고 난 후에야 그와 관련된 광고 메시지에 관심을 보이는 경향이 있다. 따라서 욕구 인식을 유발하기 위한 광고 및 판촉 활동은 상당히 고도의 기술을 요구한다.

마케터는 소비자 스스로가 욕구를 인식하도록 줄곧 기다릴 수만은 없기 때문에 광고나 판매원 등 마케팅 자극을 이용하여 욕구를 인식시켜 구매 활동을 유발해야 한다. 오늘날 마케터들은 급류 래프팅, 패러글라이딩, 산악 자전거, 그리고 암벽 등반과 같은 익스트림 스포츠에 대한 소비자의 욕구를 잘 활용하고 있다. 또한, 시각적인 광고, 구매 시점 광고POP, 유머나 숫자 이용 등의 전략을 통해서도 소비 욕구를 유도하고 있다사례 4-1 참조.

사례 ④-1

식음료업계, 숫자 마케팅으로 브랜드 강점 단번에 알린다

식음료업계에서 숫자 마케팅이 다시 주목 받고 있다. 2000년대 인기를 끈 숫자 마케팅은 소비자들의 호기심을 자극하며 세븐일레븐, 배스킨라빈스31 등 여러 브랜드를 히트시켰고, 이후로도 널리 사용돼 왔다.

몇 년 전부터 줄임말 혹은 긴 문장을 사용한 제품명이 인기를 끌었다면 최근 숫자를 활용한 제품명이 선보이고 있다. 과거와 다른점은 더욱 직관적이고 알기 쉽게 해 이름만 봐도 누구나 제품의 특징과 의미를 짐작 할 수 있도록 했다는 것이다. 소비자 또한 그간 경험한 독특한 제품명으로 숫자 표현을 보다 빠르고 익숙하게 받아들여 인기몰이 중이다. 이에 식음료업계는 커피전문

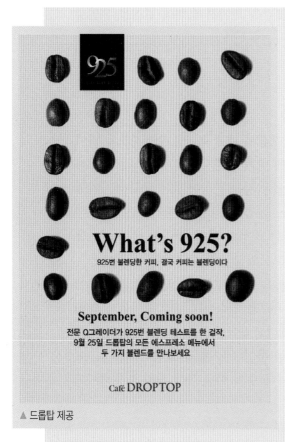

▲ 드롭탑 제공

점을 비롯해 유제품, 시리얼바 등 다양한 제품에 숫자를 적극 활용하고 있으며 이를 통해 브랜드나 제품의 특성을 나타내 인지도를 높이고 있다.

▶ 카페 드롭탑, 원두에 대한 열정 담은 '925 블렌드'

스페셜티 커피전문점 카페 드롭탑은 커피 수준을 한 단계 더 높인 스페셜티 커피 '925 블렌드를' 오는 9월 25일 정식으로 선보였다. 드롭탑은 세계인의 입맛을 사로잡을 수 있는 원두를 찾기 위해 925번의 실험을 거쳐 925 블렌드를 완성시켰다. 또한 출시 기념으로 이름인 925를 활용해 다양한 이벤트를 진행하며 숫자 마케팅을 적극적으로 활용했다. 드롭탑의 '925 블렌드'는 풍부한 단맛과 깊은 향의 '925 블랙'과 진한 풍미와 산미를 살린 '925 레드' 2종으로 출시돼 소비자의 선택권을 확대했다.<중략>

▶ GS25, 중의적 표현으로 재미 더한 '유어스1바우유'

GS25는 '유어스1바우유'를 출시했다. 1바우유는 '1등이되고 싶은 바나나우유'의 줄임말이다. 이름처럼 1등 바나나 우유라는 콘셉트로 개발돼 원유 함유량을 86%로 구성하며 기존 바나나맛 우유 대비 품질을 높여 용량 대비 저렴한 1300원으로 가격을 책정했다. GS25는 1바우유를 출시하면서 상품 네이밍에 특히 공을 들였다고 밝히며 제품 개발 콘셉트를 직관적으로 나타내는 동시에 재미요소까지 가미한 유어스1바우유를 상품명으로 최종 선정했다.

▶ 남양유업, 브랜드 설립년도와 복고풍 동시에 잡은 '1964 백미당'

남양유업은 디저트 카페 1964 백미당 역시 이름에 숫자를 사용했다. 백미당(百味瞠)은 '일 백가지만큼이나 다양한 맛을 만들어 건강하고 즐거운 식문화를 공유하는 브랜드'라는 의미를 담고 있다. 또한 브랜드명 앞에 모회사인 남양유업이 설립된 연도, 1964를 붙여 브랜드의 전통성과 역사성을 보여주며 소비자들에게 신뢰감을 주었다. 한편 백미당은 최근 중국 상해 1호점을 열며 중국 시장에 진출해 큰 인기를 얻고 있다.

▶ 하이트진로음료, 무알코올 트렌드를 제품명에 그대로 '하이트제로0.00'

하이트진로음료의 무알코올 음료인 '하이트제로0.00' 역시 이름에 숫자를 사용했다. 하이트제로0.00은 하이트진로음료가 맥아 풍미의 무알코올 음료로, 이름의 0.00은 음료에 들어있는 알코올 함량인 0.00%를 상징한다. 하이트제로 0.00은 2012년 국내 최초의 무알코올 음료로 출시돼 국내 대표 무알코올 음료로 자리잡아 올 하반기 리뉴얼을 앞두고 있다.

▶ 씨알푸드, 친구처럼 든든한 영양간식 '79콘시리얼바'

씨알푸드의 '79콘시리얼바'는 1회 제공량에 79칼로리의 다이어트 시리얼바다. 제품명의 '79'에는 제품의 칼로리를 직관적으로 보여줌과 동시에 '친구'와 비슷한 발음으로 친근한 느낌을 전하고자 했다. 튀기지 않고 구워서 옥수수의 맛을 살린 데다 아몬드, 크랜베리, 호박씨, 블루베리 등이 어우러져 고소한 맛을 낸다.

이외에도 패션업계에서 태그호이어가 손흥민 선수의 백넘버 7을 활용해 '손흥민 리미티드 에디션'의 이벤트를 진행하는가 하면, 빈폴이 브랜드 론칭 년도인 1989를 기념해 '1989 리미티드 에디션'을 선보인 바 있다. 뷰티업계에서는 디올 뷰티가 다양함을 상징하는 숫자 '999'를 사용해 '디올 999 레드 립스틱'을 출시하는 등 다양한 분야에서 숫자 마케팅이 활발히 진행되고 있다.

자료 : 남도일보(2019.10.8.)

제2절 정보 탐색

정보 탐색은 합리적인 결정에 필요한 적절한 자료 수집을 위해 내·외부(적) 환경을 탐색하는 과정이다. 정보란 자신의 욕구를 해결하기 위한 필요 정보를 의미한다. 정보 탐색은 제품이나 서비스의 구매 이전에 주로 행해지지만 관광 소비자의 경우는 다르게 나타날 수 있는데, 그 이유는 관광객 행동은 관광지를 선택한 후 또 다른 선택을 계속해야 하기 때문이다. 이하에서는 정보 탐색의 의미, 정보 탐색의 유형, 정보의 원천, 관광정보탐색, 그리고 정보 탐색과 마케팅 전략에 대해 살펴본다.

1. 정보 탐색 개념

정보 탐색이란 문제를 해결하기 위해 제품, 서비스, 점포 또는 구매에 관하여 필요한 지식을 얻으려는 의도적인 행동을 말한다. 관광자든 일반 소비자든 정보 탐색의 목적은 의사 결정 과정에서 보다 만족스러운 결정을 내리기 위함이다. 구매에 관한 문제를 인식하게 되면 만족스러운 구매 결정을 하기 위해 충분한 양의 정보 탐색이 필요하다.

그러나 항상 많은 양의 정보를 적극적으로 탐색하는 것은 아니다. 정보 탐색 행동은 여러 요인의 영향을 받아 다양한 행태로 나타난다. 상황에 따라 적극적일 수도 있고, 소극적일 수도 있으며, 전혀 외적 정보 탐색을 하지 않을 수도 있다. 그러나 정보 탐색을 어느 정도 그리고 어떻게 하느냐에 따라 구매 의사 결정의 결과는 상당한 차이가 있다.

2. 정보 탐색 유형

<그림 4-4>에서 보는 바와 같이 욕구가 인식되면 개인의 기억 속에 저장된 정보를 먼저 검토하는 내부(내적)탐색 과정이 활성화된다. 이때 떠오르는 브랜드군을 환기 브랜드군evoked set이라 하고 이것과 관련하여 정보가 충분하지 않다고 판단되었을 때 외부(외적)탐색을 하게 된다. 외부 탐색을 할 경우 새로이 추가되는 브랜드들과 환기 브랜드를 더해서 그 중에서 구매를 고려하게 되는데 이를 고려 브랜드군consideration set이라 한다.

▶ 그림 4-4 정보 탐색 모형

* 자료 : Blackwell, R. D., Miniard, P. W., & Engel, J.F.(2001). Consumer behavior(9th ed.). SouthWestern, p. 106.

1) 내부 탐색

관광 소비자는 과거의 경험을 통해서 얻은 지식이나 가족, 친지, 친구, 이웃을 통해서 알고 있는 사실들을 기억 속에 저장하게 된다. 그러다가 어떤 욕구를 인식하게 되면 기억 속에 저장되어 있는 지식이나 경험을 활용하게 된다. 이처럼 정보를 얻기 위해 개인의 기억을 활성화시키는 과정을 정보의 내부 탐색이라 한다.

일상적인 구매 행동의 경우에는 주로 내부 탐색만으로 구매 의사 결정이 이루어진다. 그러나 신중한 구매 결정을 하기 위해 외부 탐색을 하는 경우에도 소비자는 내부 탐색에 의존하는 경향이 있다. 내부 탐색에 의존하는 정도는 다양한 요인들에 의해 영향을 받는다김소영 외, 2008.

(1) 과거 경험에 대한 만족과 불만족

과거의 구매 경험에 대한 만족이 크면 클수록 내부 탐색에 의존할 가능성이 높다. 그러나 불만족한 제품이나 브랜드에 대해서는 재구매보다는 새로운 대체안을 검토하기 위해 외부로부터 정보를 탐색할 가능성이 높아진다. 따라서 마케터는 관광 목적지나 자사 브랜드에 대해 관광 소비자가 만족스러운 관광 경험을 하도록 최고의 서비스를 제공하는 것이 무엇보다 중요하다.

(2) 구매 간격

구매 후 오랜 시간이 경과한 경우에는 기억 속의 정보가 퇴색하여 신뢰도가 낮아지고 망각되기 쉽다. 이런 경우 소비자는 내부 탐색보다는 외부 탐색에 의존할 가능성이 높다.

(3) 대체안의 변화 정도

새롭게 개발된 신제품의 수, 가격, 디자인 등에 변화가 클수록 내부 탐색에 대한 의존도가 낮고 외부 탐색의 가능성이 높아진다. 예컨대, 다양성을 추구하거나 특별 관심 관광SIT : special interest tourism에 관심이 많은 관광객은 새로운 관광지나 관광에 대한 정확한 정보가 부족할 수 있으므로 내부 탐색보다는 외부 탐색을 많이 하게 된다.

(4) 욕구의 유사성

현재 인식된 욕구가 과거에 경험한 욕구와 많이 다를 경우 기억 속에 저장된 정보는 현 욕구와 관련성이 낮기 때문에 내부 탐색에 대한 의존도는 낮아진다. 하지만 개인의 욕구 유사성이 높아지면 내부 탐색에 크게 의존하게 된다. 이는 고객의 브랜드 충성도 형성에 용이할 수 있다. 내부 탐색만으로 구매 결정이 이루어지는 경우로는 브랜드 충성 구매와 충동 구매가 대표적이라 할 수 있다. 충성 구매 결정loyalty decision은 만족한 경험 때문에 내부 탐색에 의존하는 경우이고, 충동 구매 결정impulse decision은 순간적인 충동 때문에 외부 탐색 기회를 스스로 상실해서 일어나는 현상이다.

2) 외부 탐색

외부 탐색이란 광고, 판매원, 친구 등으로부터 새로운 정보를 수집하는 행위을 말한다. 내부 탐색만으로 정보가 불충분할 때 정보의 외부 탐색을 하게 된다. 그러나 개인의 특성이나 상황에 따라 정보를 탐색하는 정도에는 상당한 차이가 있다. 전문지를 구해 본다거나, 여러 여행사를 직접 방문하면서 상담원들과 상담을 한다거나, 인터넷을 통해 상품, 품질, 가격 등에 대하여 적극적으로 정보를 탐색하는 사람또는 상황이 있는가 하면, 대중 매체에 실린 광고만 간단히 살펴보는 관광 소비자또는 상황도 있다. 외부 정보 탐색 활동의 범위 및 수준에 영향을 미치는 요인으로는 제품 특성, 개인 특성, 그리고 상황적 특성이 있다Engle 외, 1993.

(1) 제품 특성

제품의 성격에 따라 소비자의 정보 탐색 수준은 달라진다. 예를 들면, 해외 여행, 골프 용품, 주택, 승용차와 같은 고가품의 경우 소비자의 정보 탐색 수준은 높아진다. 그 이유는 지각 위험이 커 소비자의 구매 관여도가 높고 그리고 구매 빈도가 높지 않아 최근의 구매 경험이 거의 없기 때문이다. 이러한 고가 제품에 대해 정보 탐색에 조금 더 신중을 기하는 이유는 사용 기간이 긴 제품이므로 총체적인 혜택이 훨씬 클 것으로 기대하기 때문이다.

의류(예 등산복, 수영복 등) 또는 보석 및 장신구와 같은 선매품shopping goods의 경우 소비자의 외부 탐색 활동은 적극적이다. 선매품은 사회적 가시성이 높고 자아 개념을 표현하는 제품이기 때문에 브랜드를 결정하기 위하여 많은 정보를 탐색하게 된다.

(2) 개인적 특성

정보의 외부 탐색 활동과 관련되는 개인적 특성을 살펴보면 다음과 같다. 첫째, 다양한 브랜드에 대하여 구매 경험이나 지식이 풍부한 소비자는 외부 정보 탐색에 대한 의존도가 낮다. 과거 경험을 통해 축적한 지식을 구매 결정에 활용할 수 있기 때문이다. 둘째, 현재 사용하고 있는 브랜드에 만족할수록 정보 탐색을 적게 하는 경향이 있다. 이는 만족한 브랜드를 재구매할 가능성이 높다는 것을 시사한다. 마지막으로, 쇼핑을 즐기고, 호기심이 많고, 정보의 민감도가 높고, 그리고 잡지 또는 신문의 구독 수준이 높은 소비자가 정보 탐색 활동을 활발히 하는 것으로 알려져 있다.

(3) 상황적 특성

다양한 구매 상황 및 환경 요인도 정보의 외부 탐색 활동에 영향을 미친다. 친구나 동료들이 특정 브랜드의 구매를 권유할 경우, 긴급히 구매 결정을 해야 할 경우, 판매원이 높은 설득력을 가지고 판매 활동을 하는 경우에 소비자의 정보 탐색 활동은 감소한다. 하지만 배우자나 가족의 다른 구성원이 정보 탐색을 권유 또는 강요할 경우, 정보를 쉽게 획득할 수 있으리라 지각할 경우, 그리고 품질 및 가격에서 시장 경쟁이 치열할 경우 소비자는 정보 탐색에 적극성을 보이게 된다.

3. 정보 원천

정보 원천은 개인적 정보 원천, 기업이 제공하는 정보 원천, 그리고 중립적 정보 원천 세 가지가 있다. 일반적으로 소비라는 의사 결정 단계의 초기에는 기업 제공 원천을 많이 이용하나 후기에는 개인적 원천을 많이 이용하는 경향이 있다.

1) 개인적 정보 원천

개인적 정보 원천에는 가족, 친지, 친구, 이웃, 직장 동료 등이 있다. 이들을 통한 구전 광고는 설득력이 강하고 효과가 매우 크다. 왜냐하면 개인의 경험에 기초한 정보는 사실적이고 신뢰성이 높기 때문이다. 특히, 환대 서비스 산업에서의 개인적 정보 원천은 매우 중요하다. 가령, 보령 머드축제 경험이나 강원도 화천 산천어 축제 등에서의 경험을 대중 매체를 이용한 광고를 통해서는 사실적으로 그리고 객관적으로 표현하기 매우 어렵다.

2) 기업 제공 정보 원천

기업 제공 정보 원천에는 서비스 제공 회사의 직원과 광고가 있다. 소비자는 서비스 제공자로부터 사용 방법이나 품질 평가에 전문적인 지식이나 기술에 대해 도움을 얻을 수 있다. 서비스 제공자와의 커뮤니케이션은 효과적으로 정보 획득을 기대할 수 있으나 정보의 신빙성이 낮을 수 있다는 단점도 있다.

기업의 광고를 통해서도 소비자는 정보를 획득한다. 포장, 라벨, 전시, 경품 판매 포스터, 가격표 등도 정보 원천으로서 중요한 역할을 수행한다. 한 연구 보고에 의하면, 조사 대상자의 50% 이상이 잡지 광고나 상업 광고를 본 후 제품을 구매한 것으로 나타났다.

3) 중립적 정보 원천

중립적 정보 원천은 마케터의 통제하에 있지 않은 정보 원천으로 신문, 방송, 인터넷 등 언론 매체를 통한 보도 자료, 소비자 보호원이나 정부 기관의 간행물, 연구 기관의 보고서 등이 있다. 소비자의 경제적, 사회적 성숙과 더불어 이 정보 원의 중요성이 한층 높아지고 있다. 이 정보원은 비교적 공정하고 신빙성이 높다는 장점이 있으나 정보를 얻는 데 시간과 노력이 필요하고 정보를 이해하는 데 높은 수준의 지적 능력이 필요하다는 단점이 있다. 또한, 중립적 정보 원천으로 전문가의 조언이 있다. 예컨대 의약품의 경우 의사의 권고나 식료품의 경우 영양사의 조언 등은 정보로서 중요한 역할을 수행한다. 정보 원천별 장단점을 요약하면 <표 4-2>와 같다.

▶ 표 4-2 정보 원천별 장단점

정보원천	장점	단점
개인적 정보 원천	• 자주 이용 가능한 많은 정보가 존재한다. • 정보 이용 비용이 낮다. • 정보를 얻는데 시간과 비용이 적게 든다.	• 편견이 개재될 가능성이 크다. • 필요한 정보 모두가 제공되지 않는다. • 전문성이 부족하고 주관적인 경우가 많다.

기업 제공 정보 원천	• 여러 곳에서 다양한 정보를 쉽게 얻을 수 있다. • 소비자의 욕구에 맞추어 정보가 제공될 수 있다. • 정보 이용 비용이 낮다.	• 정보가 과장되거나 구매를 부추기는 경향이 있다. • 신뢰성이 낮고 모든 정보를 제공하지 않는다. • 소비자가 스스로 탐색해야만 얻을 수 있다.
중립적 정보 원천	• 편견이 없는 정보이다. • 사실에 근거한 정보이다. • 공정하고 신뢰성이 높다.	• 정보를 얻는데 시간과 비용이 많이 든다. • 정보의 최신성이 결여되어 있다. • 정보를 해석하는데 지적 기술이 필요하다.

* 자료 : 저자 정리

4. 관광 정보 탐색

관광 상품은 무형성, 비분리성, 이질성 등의 특성으로 인해 구매에 있어 지각되는 위험도가 크며 사전 기대와 실제 경험 후 지각의 차이에 따라 만족도는 크게 달라진다. 관광정보는 관광객의 관광 욕구 내지 관광 동기를 불러일으키는 중요한 매체 역할을 수행한다. 여기서는 관광 정보 개념 및 기능, 관광 정보 유형, 그리고 관광객 정보 탐색 모델에 대해서 설명한다.

1) 관광 정보 개념 및 기능

관광 정보는 관광객과 관광 목적지 및 관광 활동을 연결하는 매개체김향자ㆍ손정환. 1999로 정의되기도 하고, 관광객과 관광 자원, 관광지, 관광 산업 등의 수요 및 공급에 관한 객관적으로 계량화된 일체의 자료로 정의되기도 한다교통개발연구원. 1994. 따라서 관광 정보는 관광객의 관광 욕구를 충족시키고 관광객 구매 의사 결정에 활용되는 형태로 가공처리 및 생산되고 전달되는 일체의 정보이다.

관광 정보는 다양한 기능을 수행한다. 예를 들면, 관광객의 구매 의사 결정의 불확실성 감소, 관광 관련 조직의 활성화, 관광지 및 지역의 경제 활성화 등을 도모하는 기능을 수행한다한국관광연구원. 1999. 뿐만 아니라 정확한 관광 정보는 관광지로의 접근을 용이하게 하고, 관광 자원의 훼손을 방지하고, 그리고 관광객과 관광지 주민들과의 갈등을 감소시켜 주는 기능도 수행한다.

2) 관광 정보 유형

관광 정보는 여행의 선택과 결정을 지원하는 여행 유발 정보, 여행 실현 결정을 지원하는 선택 정보, 구체적인 목적지나 이용 교통 기관 등의 선택을 지원하는 계획 정보, 현지에 도착하고 나서 필요하게 되는 현지 정보 등 네 가지로 구별할 수 있다표 4-3 참조. 정보 수집 방법으로 유발 정보는 팜플렛이나 광고 매체, 선택 및 계획 정보는 여행사나 웹사이트, 그리고 현지 정보는 관광 안내소를 주로 이용한다.

▶ 표 4-3 관광 정보 유형

구분	제공 정보	정보 수집 방법
유발 정보	• 관광 활동에 있어서 관광 선택을 촉진하는 정보(관광 잠재 욕구의 촉진) - 관광 이미지를 어필하는 정보 - 목표 시장별 정보	• 팜플렛, TV 등의 광고 매체
선택 정보	• 관광 실행의 결정을 촉진하는 정보 (관광 목적, 목적지, 시간 등을 선택) - 해당 관광지의 볼만한 곳, 시설 정보 - 이동 방법, 소요 시간 등에 관한 정보	• 여행사 • 웹사이트
계획 정보	• 목적지 결정 후의 여행루트 선택을 지원하는 정보 - 목적지의 추천 - 여행 예산, 소요 시간 정보 - 관광지, 시설의 안내 정보 - 숙박 시설, 교통 기관의 예약 정보	• 여행사 • 웹사이트
현지 정보	• 현지 도착 후 관광지에서 관광지로의 도달 시간, 음식·토산품점, 산책 코스 정보 등 현지 정보 - 관광지, 숙박 시설 등의 상세 안내 정보 - 지도 정보(교통, 주변 안내) - 관광 시설의 영업·이벤트 안내 등	• 관광 안내소 (안내원, 통신 시설) • 팜플렛(관광 시설, 숙박 시설 등) • 관광 가이드북 • 관광 지도 등

* 자료 : 일본 '지역 관광정보 정비조사 보고서(평성 6년 3월), (사)일본관광협회
　　　　김향자·손정환(1999). 관광안내 정보시스템 구축방안. 한국관광연구원. p.15에서 재인용

3) 관광객 정보 탐색 행동

관광객의 정보 탐색 행동은 관광 목적지 선택 행동혹은 구매 행동의 한 부분이다. 관광객은 사전 방문의 경험이 없는 목적지에 대해서는 제한된 정보 혹은 추상적인 이미지를 지니고 있다. 관광객은 목적지에 대한 이미지를 체계화하고 확인하기 위해 정보를 탐색·수집·평가하여 최종 의사결정을 내리게 된다. 따라서 관광객의 정보 탐색 행동은 관광 목적지 선택 행동을 위한 의사 결정 과정에서 가장 중요한 단계라 볼 수 있다.

Fodness와 Murray[1999]는 관광객 정보 탐색 행동을 임의적 변수, 정보 탐색 방법, 관광객 개인적 특성, 그리고 탐색 결과를 <그림 4-5>와 같이 모델화 하였다. 이 모델에 의하면 관광객은 상황적 변수(예 의사 결정 유형, 여행자 구성)와 상품 특성(예 여행 목적, 여행 형태), 그리고 관광개의 개인적 특성이 정보 탐색 방법을 결정하게 된다. 관광 정보 탐색 방법은 시간적, 공간적, 운영적^{작동적} 차원으로의 구분되며 이는 관광객 개인적 특성에 따라 차이가 난다. 여기서 작동적 정보 탐색이란 문제 해결이나 의사 결정을 위해 특별 정보의 이용 정도와 정보 간 상대적 효과를 의미한다. 세 가지 정보 탐색 방법을 통해 체류 기간, 목적지 방문 수, 지출 경비 등의 결과를 도출하게 된다.

▶ 그림 4-5 관광 정보 탐색 모델

* 자료 : Fodness, D. & Murray, B.(1999). A model of tourist information search behavior. Journal of Travel Research, 37(Feb.), p.221.

5. 정보 탐색과 마케팅 전략

지금까지 정보 탐색의 개념, 정보 유형, 정보 탐색 영향 요인, 그리고 관광 정보 탐색 개념과 기능 등에 대해 살펴보았다. 이와 관련하여 마케팅 시사점을 살펴보면 세 가지로 요약할 수 있다.

1) 상기 브랜드군과 고려 브랜드군

상기환기 브랜드군 혹은 상표군evoked set이란 소비자가 내부 탐색을 할 때 기존에 알고 있던 브랜드상표들 중 회상되는 일부 브랜드군을 의미한다그림 4-6 참조. 예컨대, 도보 여행을 계획할 때 제주도 올레길, 지리산 둘레길, 서울 남산 둘레길, 북한산 둘레길 등 몇 개의 브랜드군만을 떠올릴 수 있다. 그리 중요하지 않은 의사 결정이거나 상기 브랜드군 속에 바로 구매할 정도로 만족스러운 상표가 있다면 곧바로 구매를 하겠지만 그렇지 않은 경우 외부 탐색으로 이어지게 된다.

고려 브랜드군은 상기 브랜드군에 대한 외부 탐색 과정을 통해 새로이 추가되는 브랜드들을 합친 것을 말한다. 소비자는 고려 브랜드군에서 한 브랜드 혹은 상표를 선택하게 된다. 예를 들어, 인터넷과 주변 사람을 통한 정보 획득을 통해 새롭게 강화도 올레길, 울산 둘레길, 대구 올레길 등 타 브랜드도 있음을 알게 된다. 마케터는 최소한 소비자가 쉽게 그 제품을 상기할 수 있거나 또는 고려 브랜드군 속에 포함이 되어야 구매로 연결되므로 여기에 포함되도록 충분한 정보를 제공해야 한다.

▶ 그림 4-6   상기 브랜드군과 고려 브랜드군

관광 소비자가 관광 상품의 구매를 계획할 때 내적 탐색을 통해 나온 제품 대안들을 상기 브랜드군이라 한다. 시장에서의 1등 상품은 대부분 소비자가 쉽게 기억해 내는 상기 브랜드군에 속해 있다. 하지만 2등 상품을 가진 관광 기업의 입장에서 보면 자사의 브랜드가 1등으로는 어렵지만(예 상기 브랜드군에 포함) 마케팅 자극 등을 통해 소비자가 기억해 내는 고려 상표군의 자리라도 확보하는 마케팅 전략이 효과 보고 있는데 그 좋은 사례들이 Avis나 대한생명이다사례 4-2 참조.

2) 매체 믹스

관광 소비자는 하나의 정보 매체에만 배타적으로 의존하지 않는다. 특정 매체에만 의존하지 않고 여러 매체를 효율적으로 활용하는 것이 커뮤니케이션 효과를 높일 수 있다. 이를 위해 오늘날 기업들은 IMCIntegrated marketing communication: 통합 마케팅 커뮤니케이션 전략을 구사하고 있다. 즉, 광고, 판매 촉진, 홍보 pop 광고, 이벤트 등과 같은 커뮤니케이션 수단들을 각각의 마케팅 활동으로 진행하는 것이 아니라 모든 마케팅 활동을 일관성 있게 통합적으로 커뮤니케이션하는 마케팅 전략을 지향하고 있다.

3) 소비자 정보 탐색 지원

시간의 가치를 높게 평가하는 소비자에 대해서는 정보 탐색 및 제품 구매를 쉽게 할 수 있도록 해 주는 마케팅 전략이 필요하다. 예를 들어, 중국계 유명 호텔 체인인 샹그릴라는 2016년부터 모든 호텔과 리조트에 VR 전용 비디오를 제작하여 고객들이 예약 전에 호텔 내외부의 분위기와 크기 등에 대해 경험을 할 수 있게 하고 있다. 모바일 기기 및 VR·AR 기술을 활용한 관광 정보 제공과 간접 체험이 호기심 유발을 통해 새로운 고객을 끌어들이고 있다. 이외에도 소비자에게 무료 샘플을 제공함으로써 마케터의 제품의 특징을 알릴 수 있다. 또한 포장지나 제품 설명서도 때로는 중요한 정보 원천으로 이용될 수 있다.

사례 ④-2

가장 센 놈과 붙어 이기려는 '2등 전략' 광고

젊은이들 사이에 인기 있는 개그콘서트에서 박성광이란 개그맨이 유행시켰던 말이 있다. "1등만 기억하는 더러운 세상~". 이 유행어처럼 모든 기업은 소비자들로부터 기억

▲ 세계 최초로 2등 전략 광고를 내보낸 미국 렌터카
회사 AVIS의 광고카피

되고 싶은 1등을 꿈꾼다. 1등과 2등의 차이는 하늘과 땅 차이만큼 크기 때문이다. 검색엔진 포털의 경우 1등기업의 시장점유율은 일반적으로 70%를 넘는다. 그 나머지 시장점유율을 놓고 수 십개 업체들이 치열한 생존싸움을 벌이고 있다. 그래서 많은 기업들이 너도나도 스스로를 1등이라고 주장한다. 그래야 소비자들에게 어필할 수 있고, 마케팅 측면에서도 유리한 점이 많기 때문이다.

그런데 스스로를 2등이라고 밝히고 광고를 하는 기업들이 있다. 이른바 2등 기업 마케팅 전략이다. 세계에서 처음으로 2등 기업이라고 주장하는 광고를 낸 기업은 미국의 렌터카회사 AVIS다. AVIS는 1962년

Avis is only No.2 in rent a cars. So why go with us?

We try harder.
(When you're not the biggest, you have to.)
We just can't afford dirty ash-trays. Or half-empty gas tanks. Or worn wipers. Or unwashed cars. Or low tires. Or anything less than seat-adjusters that adjust. Heaters that heat. Defrosters that defrost.
Obviously, the thing we try hardest for is just to be nice. To start you out right with a new car, like a lively, super-torque Ford, and a pleasant smile. To know, say, where you get a good pastrami-on-rye place in Duluth.
Why?
Because we can't afford to take you for granted.
Go with us next time.
The line at our counter is shorter.

Avis can't afford not to be nice.

Or not give you a new car like a lively, super-torque Ford, or not know a pastrami-on-rye place in Duluth.
Why?
When you're not the biggest in rent a cars, you have to try harder.
We do. We're only No.2.

▲ 우리는 2등입니다를 밝히면서 더 열심히 하겠다고
호소한 AVIS의 광고카피

"우리는 렌터카업계에서 2등입니다. 그래서 더 열심히 합니다"라는 카피를 앞세운 광고를 대대적으로 일반에 선보였다.

당시 렌터카업계 부동의 1위는 Hertz였다. 나머지 업체들이 고만고만한 시장점유율을 형성하고 있던 상황에서 적자에 허덕이던 AVIS가 스스로를 2등이라고 밝히는 파격적인 광고를 내보낸 것이다. 재미있는 것은 이 광고가 처음 나갔을 때 AVIS는 업계 2위가 아니었다는 점이다. 소비자 입장에서는 2등임을 자처한 AVIS 광고가 무척 신선했을 터이고, 동시에 머리 속에 Hertz 다음의 기업은 AVIS라는 이미지가 각인되었을 것이다. Hertz 입장에서도 자신들을 1등이라고 추켜세웠으니 기분 나빴을 리 없는 광고였고, 다른 경쟁업체들 입장에선 "사실 우리가 2등이다"라고 반박하기도 우스운 상황이 되고 말았다. AVIS의 이 같은 2등 전략 광고는 나오자마자 업계에서 큰 화제가 되었다. <중략>. 2011년 현재 전 세계 시장점유율은 알라모, 엔터프라이즈, 내셔날 등의 회사를 이끄는 엔터프라이즈 홀딩스가 98만대의 렌터카로 압도적 1위이고, Hertz가 32만대로 2위, AVIS는 28만대로 3위를 차지하고 있는 것으로 나타났다. 참고로 AVIS의 2등 광고 시리즈는 2012년까지 50년을 이어져왔고, 지금은 더 이상 2등 광고 기법을 사용하지 않고 있다.

AVIS의 2등 광고가 효력을 발휘하자 이를 패러디한 유사광고들이 잇따랐다. <중략>. 대표적인 것이 대한생명의 2등 광고이다. 삼성생명이 보험업계 부동의 1위를 고수하고 있는 가운데 대한생명이 스스로를 2등이라고 밝힌 이 광고 역시 AVIS의 광고에

서 착안한 것으로 화제가 되었다. 그 뒤를 이어 대선주조의 "우리는 2등입니다"라는 소주광고가 선을 보였고, 오뚜리 진라면은 배우 차승원을 모델로 "이렇게 맛있으면 언젠가는 1등이 되지 않겠어"라는 카피로 라면업계 1위인 농심 신라면을 직접 겨냥하기도 했다. 또 팬택은 배우 이병헌을 모델로 앞세워 베가 제품을 선전하면서 "17년간 한번도 1등인 적이 없었다"는 광고카피를 선보여 눈길을 끌었다.

하지만 2등 광고 전략이 항상 성공하는 것은 아니다. 사실 2등 기업이 1등 기업을 추월한 사례는 전세계적으로도 손에 꼽을 만

▲ 2등 소주임을 밝힌 대선주조의 인쇄매체 광고

큼 드문 일이다. 그럼에도 2등 기업 광고가 끊임없이 나오는 것은 1등 기업을 직접 겨냥하지 않고서는 바위처럼 단단하게 고착된 시장점유율 구조를 깨부수기 어렵기 때문이다. 1등 기업과 직접 제품을 비교하는 비교 광고를 시도하는 것도 결국은 시장점유율을 어떻게든 흔들어보겠다는 기업들의 마케팅전략이다. "세간의 주목을 받고 싶으면 가장 센 놈을 골라 싸우라"는 속언이 광고업계에서도 그대로 통용되고 있는 셈이다. 물론 효과가 있을지의 여부는 별개의 일이지만 말이다.

자료 : 뉴스투데이(2015.7.13)

제3절 대안 평가

　대안을 평가하기 위해서는 제품이나 브랜드가 지니고 있는 중요 속성의 평가 요소를 선정해야 된다. 평가 요소는 하나일 수도 있고 그 이상일 수도 있다. 평가 요소가 두 개 또는 그 이상일 때 각 요소에 부여하는 중요도의 비중은 각각 다를 수 있다. 평가 요소를 기준으로 소비자는 자신이 원하는 평가 방식으로 대안들을 평가하게 된다. 본 절에서는 평가 기준 특성, 대안 평가 방식, 그리고 대안 평가와 마케팅 전략에 대해 살펴본다.

1. 평가 기준 특성

평가 기준이란 소비자가 여러 브랜드 또는 제품의 효용을 비교·평가하기 위하여 사용하는 기준으로서 흔히 제품 속성의 형태로 표시된다. 예를 들어, 비즈니스 호텔의 경우 일반적인 평가 기준은 가격, 브랜드, 비즈니스 센터, 도심에서의 접근성 등이 될 것이다. 평가 기준은 다음과 같이 네 가지의 특성이 있다.

1) 구매 목적 및 동기를 반영한다

소비자는 혜택이나 효용을 중심으로 제품이나 서비스를 평가하기 때문에 평가 기준은 개인에 따라 그 목적이 동일하지 않다. 레스토랑에서 친한 친구들을 만나 식사를 한다면 품질보다는 가격에 보다 비중을 두어 평가 기준을 선정하겠지만, 비즈니스 관계로 식사를 할 경우는 레스토랑의 분위기나 서비스 품질을 더 중요시 할 것이다.

2) 평가 기준의 유형과 수는 제품에 따라 다양하다

평가 기준의 유형과 수는 제품이나 개인에 따라 다르지만 가장 많이 사용되는 것으로는 가격과 브랜드 명성을 들 수 있다. 소비자는 특정 제품에 대하여 그 정도면 지급해도 좋다고 생각하는 허용 가격 범위가 있는데 이것이 실제 가격을 평가하는 데 있어 준거 가격의 역할을 수행한다. 허용 가격의 범위는 과거의 구매 경험, 제품 원가에 대한 지각, 그리고 대체 상품의 가격 등에 영향을 받는다.

브랜드의 명성은 제품의 품질 수준을 객관적으로 판단할 수 있게 해주고 구매에 대한 지각된 위험을 감소시켜 주기 때문에 평가 기준으로 많이 이용된다. 관광 목적지나 도시를 브랜드화하여 마케팅을 적극적으로 펼치고 있는 이유 중의 하나는 방문할 고객의 지각된 위험을 줄이기 위함이다.

3) 평가 기준은 상황에 따라 다르다

상황에 따라 다른 평가 기준이 사용된다. 예를 들어, 동일 제품이라도 관광 소비자 자신이 사용하려고 구매하는 제품과 선물 목적으로 구매하는 제품과는 서로 다른 평가 기준이 사용된다. 해외 비즈니스 여행을 급히 떠나려 할 경우 비싼 비행기 좌석이나 호텔 룸을 예약할 수밖에 없다. 이 경우 가격보다는 좌석과 룸의 예약이 가능한지가 가장 중요한 평가 기준이 된다.

4) 평가 기준의 상대적 중요도는 상이하다

평가 기준의 상대적 중요성은 제품 또는 개인에 따라 다르다. 다수의 평가 기준을 중요하게 여기더라고 그 중 한 두 개가 결정적 평가 기준으로서 작용한다. 평가 기준의 중요도는 제품의 성격, 소비자 특성, 상황에 따라 변화할 수 있다. 특히 소비자가 새로운 경험이나 정보를 얻게 되면 평가 기준이 변하는 경우가 많은데, 이는 특정 평가 기준에 대한 소비자의 지각 및 신념이 변화하기 때문이다.

2. 대안 평가 방식

대안 평가 방식에는 보완적혹은 보상적 결정 방식과 비보완적 결정 방식이 있다. 고관여 상태에 있을 때 그리고 교육 수준이 높을 때 보상적 대안 평가를 하는 경향이 높다Rothschild, 1979. 하지만 소비자가 고관여 상태에 있을지라도 상표 대안의 수가 많을 경우는 순차적 제거식 혹은 결합식 등의 비보상적 대안 평가 방식을 취하게 된다Payne, 1976.

1) 보완적 결정 방식

보완적 결정 방식compensatory decision rules은 어떤 속성의 약점이 다른 속성의 강점에 의해 보완(보상)된다는 전제하에 대안을 평가하는 방법이다. 이 방식은 먼저 각 속성의 중요도에 따라 가중치를 부여하고 브랜드 속성에 대한 소비자의 신념에 이 가중치를 곱하여 브랜드별로 전체 점수를 산정한 후 점수가 가장 큰 대안을 선택한다.

<표 4-4>에서 속성별 중요도를 호텔 위치 40%, 가격 30%, 서비스 품질 20%, 주차 시설 10%라고 가정하면, 각 브랜드 속성에 대한 점수와 중요도를 곱해서 가장 높은 점수를 받게 되는 브랜드가 선택된다. 이 경우 호텔 브랜드 D가 5.5점으로 가장 높아 선택된다.

▶ 표 4-4 보완적 대안 평가 방식 예

속 성 (평가기준)	중 요 도 (가중치)	호텔브랜드			
		A	B	C	D
위치	40%	4	6	6	5
가격	30%	5	4	6	7
서비스 품질	20%	5	3	1	6
주차시설	10%	4	5	2	2

A호텔 평가 : 4(.4) + 5(.3) + 5(.2) + 4(.1)=4.5 　　B호텔 평가 : 6(.4) + 4(.3) + 3(.2) + 5(.1)=4.7
C호텔 평가 : 6(.4) + 6(.3) + 1(.2) + 2(.1)=4.6 　　D호텔 평가 : 5(.4) + 7(.3) + 6(.2) + 2(.1)=5.5
* 주 : 각 속성에 대해 호텔별로 7점 척도로 측정(1 = 매우 불만족, 7 = 매우 만족)

2) 비보완적 결정 방식

비보완적 결정 방식noncompensatory decision rules은 제품이나 브랜드가 지니고 있는 어떤 한 속성의 약점이 다른 속성의 강점에 의해서 보완될 수 없다는 전제하에 대안 결정을 하는 방식이다. 이는 결정을 빠르고 쉽게 할 수 있다는 장점이 있으나 보완적 방식에 비해 비합리적인 선택을 할 수 있다는 단점이 있다Hoggarth, 1987. 비보완적 결정 방식은 평가 방법에 따라 사전 편집식, 순차적 제거식, 그리고 결합식으로 구분된다.

(1) 사전 편집식 방식

사전 편집식 방식lexicographic rule은 가장 중요하게 여기는 평가 기준제품 속성에서 가장 우수하다고 평가되는 브랜드를 선택하는 방법이다. 즉, 브랜드 속성들이 중요도에 따라 차별화되고 그런 다음 가장 중요하다고 생각되는 속성에서 가장 우수한 브랜드가 선택된다. 그러나 가장 중요한 속성에서 하나 이상의 브랜드가 똑같이 우수하다고 평가되는 경우에는 두 번째로 중요한 속성을 기준으로 다시 우수한 브랜드를 선택하게 된다.

<표 4-5>에서 처럼 관광객은 호텔의 위치 속성을 가장 중요하게 여기고 있으며 B브랜드와 C브랜드가 똑같이 우수하다. 따라서 두 번째로 중요하게 여기는 가격에서 B브랜드와 C브랜드를 다시 비교한 후 가격에서 더 우수한 C브랜드가 선택된다. 이 결정 방식에서는 브랜드 속성의 중요도가 가장 중요한 역할을 수행하게 된다. 따라서 속성에 대한 중요도의 순서가 바뀌면 선택 대안도 달라진다.

▶ 표 4-5 사전 편집식 방식에 의한 호텔 선택의 예

속성 (평가기준)	중요도 (서열순)	호텔 브랜드			
		A	B	C	D
위치	1	4	6	6	5
가격	2	5	4	6	7
서비스 품질	3	5	3	1	6
주차 시설	4	4	5	2	2

* 주 : 각 속성에 대해 호텔별로 7점 척도로 측정(1 = 매우 불만족, 7 = 매우 만족)

(2) 순차적 제거 방식

순차적 제거 방식sequential elimination rule은 중요한 속성에서부터 순차적으로 설정된 허용 수준과 비교하여 제외되지 않고 마지막까지 남은 브랜드를 선택한다. <표 4-6>에서 위치 속성의 허용 수준이 6점이라고 가정하면 이 수준에 미달되는 A와 D 브랜드가 제외된다. 두 번째로 중요한 속성인 가격의 허용 수준이 5점이라면 남은 호텔 B와 C 중 B브랜드가 다시 제외되고 C 브랜드만 남게 된다. 두 번째 속성까지의 비교에서 브랜드 결정이 가능해졌기 때문에 세 번째와 네 번째 속성의 비교는 필요하지 않게 된다.

▶ 표 4-6 순차적 제거 방식에 의한 호텔 선택의 예

속성 (평가 기준)	최저 허용 수준	호텔 브랜드			
		A	B	C	D
위치	6	4	6	6	5
가격	5	5	4	6	7
서비스 품질	3	5	3	1	6
주차 시설	3	4	5	2	2

* 주 : 각 속성에 대해 호텔별로 7점 척도로 측정(1=매우 불만족, 7=매우 만족)

(3) 결합식 방식

결합식 방식conjunctive rule은 평가 기준이 되고 있는 여러 속성 중 어느 한 속성에서도 큰 결점이 없는 비교적 안전한 제품을 선택하려는 방식이다. 이 방법을 이용하기 위해서 우선 모든 속성에 동일하게 최소한의 허용 수준을 정한다. 그런

다음 각 브랜드별로 속성별 허용 수준을 기준으로 평가하는데 이 때 어느 한 속성에서라도 허용 수준에 미달되는 브랜드가 있으면 고려 대상에서 제외한다. 이는 여러 속성면에서 아무리 우수한 브랜드라 하더라도 특정 속성에서 결정적인 흠을 가지고 있다면 그 브랜드는 구매 대상이 될 수 없음을 의미한다.

<표 4-6>에서 속성별 허용 수준을 각 4점이라고 가정한다면 A브랜드는 허용 수준에 미달되는 속성이 하나도 없으므로 최종 고려 대상의 후보 브랜드가 된다. B브랜드는 서비스 품질, C브랜드는 서비스 품질과 주차 시설, D 브랜드는 주차 시설이 허용 수준에 미달되므로 모두 제외된다. 이 결정 방식에 의하면 A브랜드가 선택된다.

3. 대안 평가와 마케팅 전략

소비자는 신뢰할 만한 정보의 탐색을 통해 브랜드 속성에 대해 정확하게 지각하려고 노력한다. 이러한 노력과 더불어 마케터는 자사 상품의 강점과 약점은 무엇이며 소비자가 어떻게 지각하고 있는지를 파악해야 한다. 이러한 정보는 소비자의 대안 평가 결과를 통해 얻어질 수 있다. 그리고 소비자는 특정 브랜드나 제품에 대한 대안 평가시 자신의 신념에 큰 영향을 받는다. 마케터들은 이를 마케팅 전략에 적절히 활용할 수 있다.

1) 보완적 방법과 비보완적 방법

특정 제품에 대해 보완적 방법을 이용할 경우 어떤 속성의 약점이 강점에 의해 보완되어 전반적 평가가 이루어지기 때문에 가중치가 높은 속성에서 많은 점수를 받도록 하는 것이 중요하다. 소비자로부터 각 평가 속성에 대한 상대적 중요도 파악은 제품 개선, 포지셔닝, 광고, 신제품 개발의 중요한 정보가 된다.

저관여 제품의 경우 비보완적 방식에 의해 비교·평가하는 경향이 높다. 예를 들어, 다수의 소비자가 가장 중요시하는 속성_{사전 편찬식} 방식을 조사하여 이를 강조하는 것이다. 또한, 소비자들이 대체로 수용하는 정도가 어느 정도인지를 파악하여_{결합식 또는 순차제거식} 이를 만족시켜야 한다.

2) 대안 평가와 후광효과

소비자가 대안을 평가할 경우 항상 객관적인 자료를 바탕으로 그리고 이성적

으로 하지 않는다. 그 대
표적인 근거가 후광효과
이다. 하지만 기업은 후
광효과를 마케팅에서 종
종 사용한다스타를 이용한 마
케팅의 한 방법이다. 후광효과
Halo effect란 소비자가
어떤 상품이나 브랜드 평
가 시 해당 상품이나 브랜
드의 일부 속성에 의해 형
성된 인상이나 이미지가

▶ 그림 4-7 프란치스코 교황이 이용한 쏘울

* 자료 : 연합뉴스(2014.8.14)

직접적으로 관련 없는 다른 부분까지 영향을 미쳐 구매 결정에 영향을 미치는 현
상을 말한다. 후광효과 마케팅의 대표적인 예로는 기아자동차 쏘울을 들 수 있다.
2014년 프란치스코 교황이 한국을 방문하였을 때 의전 차량으로 쏘울을 이용하
였는데, 이후 해당 차량은 교황이 탑승한 차라는 후광 효과를 입어 판매량 및 수
출이 큰 폭으로 상승하였다그림 4-7 참조.

제4절 구매

관광객의 구매 행동과 일반 소비자의 행동과는 차이가 있다. 일반 소비자는 대
체로 구매와 동시에 제품과 서비스를 소비하거나 경험하게 된다. 하지만 관광 상
품의 경우는 구매하는 시점과 소비 혹은 경험하는 시점 간의 시간적 차이가 상당
히 존재한다. 일주일 전에 스키장 예약을 하고 스키장을 이용하는 경우가 이에 해
당한다. 본 절에서는 관광 경험, 구매 행동 영향 요인, 그리고 구매 행동과 마케팅
전략에 대해 살펴본다.

1. 관광 경험

관광객의 구매는 관광 경험의 구매를 의미한다. 즉, 관광객은 무엇인가 경험하기

위해 관광을 떠난다고 할 수 있다. 경험은 개인적으로 몰입engagement하게 만드는 이벤트Pine & Gilmore, 1999, 혹은 이벤트를 직접 관찰하거나 참여한 결과 감각을 현혹시키고, 개인적으로 몰입하게 하고, 심금을 울리게 하는 것Schmitt, 1999으로 정의되고 있다. 따라서 관광 경험은 서비스 제공자와 직간접적으로 접촉하여 관광객이 갖게 되는 내적·주관적인 반응을 의미한다Meyer & Schwager, 2007.

Pine과 Gilmore1998는 체험을 개인적·환경적 요인의 영역에 따라 <그림 4-8>과 같이 4가지 영역으로 나누고, 각각의 영역은 4Es교육적 경험, 엔터테인먼트 경험, 심미적 경험, 현실 도픽적 경험라는 경험 혹은 체험 특성을 가지고 있다고 하였다. 수평축은 개인적 요인을 나타내는 것으로 개인의 능동적적극적 참여와 수동적소극적인 참여 정도를 의미하고, 수직축은 환경과의 관계를 나타낸 것으로 환경이 소비자가 체험에 흡수 혹은 몰입할 수 있도록 얼마나 잘 꾸며져 있느냐의 정도를 보여주는 것이다.

▶ 그림 4-8 경험의 네 가지 영역

* 자료 : Pine, B. J. & Gilmore, J. H. (1998). Welcome to the experienceeconomy. Harvard Business Review, 76(4), p.102.

엔터테인먼트 경험은 수동적 참여를 통한 경험으로써 연극이나 이벤트를 통한 공연 참관이나, 콘서트, 음악회 음악 감상 등 감각 기관을 통한 소극적인 문화 향유가 대표적인 활동이다Hosany & Witham, 2009. 즉 소비자들은 물리적 참여를 하고 있는 것이 아니라 그 경험 혹은 체험에 반응하고 있는 것이다. 최근 많은 쇼핑 센터가 정기적으로 행사나 공연을 개최하여 소비자들에게 엔터테인먼트 경험을 제공해 주고 있다Babin 외, 1994.

교육적 경험은 새로운 것을 배우기 위해 능동적으로 참여하나 낮은 수준의 몰입즉 흡수하는을 통해 얻는 경험 영역이다. 이 영역에 속한 소비자는 제품이나 서비스를 소비함으로써 기술이나 지식을 습득하게 된다. 백화점, 슈퍼마켓, 호텔, 대리점 등 매장에서 판매하는 제품을 활용한 요리법과 준비 과정을 설명하는 것이 교육적 경험에 해당한다Schmitt, 2003. 관광을 통한 문화 탐닉이나 다양한 지식 습득은 교육적 경험의 좋은 기회가 된다Jurowski, 2009.

현실 도피적 경험은 소비자가 능동적으로 참여하고 몰입하는 경험으로서 테마파크와 같이 일상적인 활동으로부터 벗어나 새로운 세계에 몰입하는 경우를 말한다. Universal Studios의 오락용 시뮬레이터는 현실 도피적 경험의 한 예이다Pine & Gilmore, 1998. 문화 예술의 경우에서는 공연을 보거나, 다른 사람의 연극을 지켜보는 소극적인 역할이 아닌, 실제 공연에 영향을 미치는 연기자가 되는 경우에 해당한다. 골프나 캠핑, 카지노 이용, 채팅룸 등과 같이 경험의 결과에 소비자가 미치는 영향이 큰 경우가 이에 해당한다.

심미적 경험은 감각 기관을 통해 수용되는 물리적 환경에 대해 소비자가 수동적으로 경험하고 감상하는 것을 의미한다. 관광 측면에서 보면 산책하거나 역사적인 장소를 방문하는 것은 능동적인 활동이 없이 수동적으로 감상하는 것으로서 심미적 경험에 속한다Jurowski, 2009.

미국의 Disneyland와 Las Vegas 카지노는 네 가지 차원의 경험을 모두 제공한다Yuan & Wu, 2008. Disneyland는 디즈니 영화와 관련한 다양한 테마의 공연이나 이벤트를 통해 공연을 감상할 수 있는 기회를 제공하고 있으며, 첨단 오락용 시설을 통해 현실 도피적 경험을 제공해 준다. 또한, 시설 자체가 디자인 측면에서 심미적 경험을 제공해 줄 정도로 디즈니랜드는 어린이에게 상상력을 키워주며 동물과 자연 역사를 즐기면서 배울 수 있는 곳이다. Las Vegas의 Luxor Hotel, Paris Hotel, 그리고 New York New York Hotel 등카지노를 겸하고 있음은 세계적인 문화 유산이나 도시의 상징물을 모방하여 만든 랜드마크적인 건축물을 통해 심미적 경험과 교육적 경험을 제공해 주며, 테마 공연장이나 테마 식당에서 현실 도피적 경험과 엔터테인먼트 경험을 즐길 수 있게 해 준다.

2. 구매 행동 영향 요인

특정 브랜드를 구매하는 이유를 소비자의 태도나 의도만으로 충분히 설명할 수 없다. 그 이유는 구매 행동에 상황적 요인이 개입하기 때문이다. 상황 요인이란 개인의 내적 요인 이외의 것을 말하는 것으로 마케팅 주체가 통제할 수 있는 요인도 있지만 그렇지 못한 요인들도 매우 많다. 여기서는 Belk[1974]가 주장한 내용 중심으로 물리적 환경, 사회적 환경, 구매 동기 및 시간, 대금 지급, 그리고 기타 요인에 대해 살펴본다.

1) 물리적 환경

호텔이나 레스토랑의 위치, 색상, 향기, 조명, 온도 등이 이에 포함된다. 이를 테면, 레스토랑 고객이 식사하는 데 있어 실내 온도가 춥다든가, 너무 덥다든가, 조명의 밝기가 너무 희미해 식사하는 데 불편하다든가 하는 물리적 환경은 고객의 감정긍정 혹은 부정에 직접 영향을 미쳐 결국 구매 행동에 영향을 미치게 된다. 서비스 기업에서의 물리적 환경은 서비스 스케이프Service scape라고도 표현하는데 이는 자연적 환경과 대비되는 개념으로서 인간이 만든 인위적 환경을 의미한다 Bitner, 1992.

2) 사회적 환경

구매 행동에 있어 타인을 의식함으로써 영향을 미치는 요소를 사회적 환경 요소라 한다. 구매시 동행인(예 친구, 부모, 판매원 등)이 있는지, 그 동행인이 누구인지, 자신의 동행인은 아니지만 다른 고객이 있는지 등에 의해서도 구매 행동은 영향을 받을 수 있다. 특급 호텔 레스토랑에서 식사하는 고객은 주변의 타인을 의식하여 품격에 어울리는 복장을 하게 되고 또한 행동을 조심하게 된다. 뿐만 아니라 관광 소비자들은 동일한 사회 계층에 속해 있거나 동일한 취미와 관심을 공유하고 있는 다른 사람들과 함께 여행하는 것을 선호한다.

3) 구매 동기 및 구매 시간

구매 동기에 따라 구매 행동은 달라진다. 해외 여행에서 관광 소비자 자신을 위해 제품을 구매한다면 자신의 의도대로 구매할 가능성이 높다. 하지만 가족, 친구, 직장 상사 등을 위해 선물용으로 구매하는 경우라면 전혀 다른 브랜드를 구매할 수 있다.

구매하는 데 충분한 시간 여유가 있는지 여하에 따라서도 구매 행동은 많은 영향을 받는다. 예컨대, 갑작스럽게 국제 콘퍼런스 참석은 비행기 좌석 예약이나 호텔 예약에 큰 영향을 미칠 수 있다.

4) 대금 지급 방법

제품을 구매할 때 현금을 지급할 수도 있고 신용 카드를 사용할 수도 있다. 또 일시불로 구매할 수도 있고 할부로 구매할 수도 있다. 특히, 고가의 여행 패키지 상품을 구매할 때에 대금 지급 방법에 대한 의사 결정은 매우 중요하다. 어떤 방법으로 결재하느냐에 따라 구매 시기나 구매 장소도 영향을 받게 되기 때문이다.

5) 기타

언제 구매할 것인가에 대해서도 신중한 결정이 필요한데 구매 시기에 따라 할인 혜택을 받을 수도 있기 때문이다. 가격 할인이나 경품 등은 소비자의 충동 구매를 유발시킨다. 또한, 소비자는 구매하려고 하는 제품이 품절인 경우 다른 브랜드를 구매할 가능성이 크다. 특히, 저관여 제품이거나 구매에 긴급성이 요구되는 경우나 다른 대체 브랜드가 구매 시점 광고를 하고 있는 경우 등에는 다른 브랜드를 구매할 가능성이 높다.

3. 구매 행동과 마케팅 전략

상황적 요인은 소비자의 구매 행동에 많은 영향을 미친다. 이는 마케팅 전략 수립이 적절하게 이루어져야 한다는 것을 시사하고 있다. 이하에서는 구매에 영향을 미치는 상황적 요인을 중심으로 마케팅 시사점을 설명한다.

첫째, 상황에 따라 제품이나 서비스 속성의 중요도가 어떻게 달라지는지 조사하여 상황에 따라 서로 다른 제품 속성을 강조하는 마케팅 전략이 필요하다. 가령, 즉석 식품의 중요한 속성은 편의성이기 때문에 저녁 식사보다는 식사 시간이 부족한 점심이나 아침에 더 중요한 속성으로 부각된다. 저녁에는 부족한 부분을 채워주는 간식의 기능을 강조하는 것이 필요하다. 또 다른 예로서 비수기인 여름에 스키장들이 기업의 연수 장소로 시설과 서비스를 판매하는 것도 이에 해당한다.

둘째, 소비 상황에 대한 이해는 시장 세분화에 유용하다. 패밀리 레스토랑은 어린이 돌잔치나 백일 잔치 시장, 고등학교나 대학교 동문회나 친목회 등 단체 시장 등으로 시장 세분화할 수 있다. 또한, 초등학생, 중학생, 고등학생, 대학생의 수학여행으로 시장을 세분화할 수 있다.

셋째, 라이프 스타일 변화가 제품 소비 상황에 미치는 영향을 추적하여 신제품 개발에 활용할 수 있다. 예를 들어, 신발 제조 회사의 경우 현대인의 건강 관심 트렌드를 이용하여 등산화, 조깅화, 사이클화 등으로 시장을 확대하고 있다.

마지막으로, 제품 소비의 상황을 적절히 표현함으로써 소비자의 구매 행동을 촉진할 수 있다. 예를 들면, 5박 6일의 래프팅 여행 상품을 광고함에 있어 고객은 래프팅의 안전에 많은 관심을 가지게 마련이다. 여행사는 '사고율 고작 1%', '사고율 불과 1%', '사고율 겨우 1%' 등으로 표현할 수도 있고, '99% 안전'이라고도 표현할 수 있다. 이 경우 내용을 긍정적으로 표현하는 것이 구매자로 하여금 더 좋은 평가를 받을 수 있다.

제5절 구매 후 평가

환대 및 관광 산업에서의 고객 만족은 상당히 높은 수준이 유지되어야 고객 충성도가 생기게 된다. 고객 만족과 충성도 관계는 산업에 따라 상이하게 나타나는데 레스토랑의 고객 충성도는 타 서비스 산업(예 은행, 항공사, 카드사)보다 더 고객 만족 수준이 높아야 형성된다. 그 이유는 경쟁이 치열하기 때문이다. 따라서 구매 후 평가는 중요한 의미를 지닌다. 여기서는 구매 후 평가 제 이론, 소비자 불평 행동, 그리고 구매 후 행동과 마케팅 전략에 대해 살펴본다.

1. 구매 후 평가 제 이론

소비자는 제품이나 서비스를 구매한 후 평가를 통해 재구매 여부에 적극 활용한다. 구매후 평가와 관련한 대표적 이론으로는 기대-성과 불일치 이론, 귀인 이론, 구매 후 부조화 이론이 있다. 이에 대한 설명은 다음과 같다.

1) 기대-성과 불일치 이론

기대-성과 불일치 이론expectancy-performance disconfirmation은 만족·불만족의 형성 과정을 설명하는 대표적 이론이다Oliver, 1980. 만족·불만족에 영향을 미치는 요인은 기대와 성과 간의 차이, 지각된 제품성과, 그리고 기대 등 세 가지가 있다.

첫째, 사전 기대와 지각된 제품 성과 간의 차이이다. 이러한 차이에 대한 평가 결과는 단순 일치, 긍정적 불일치, 그리고 부정적 불일치 세 가지 형태로 분류된다. 단순 일치는 지각한 성과와 기대가 동일한 것이고, 긍정적 불일치는 지각한 성과가 기대보다 높은 것이고, 부정적 불일치는 지각된 성과가 기대보다 낮은 상태를 말한다그림 4-9 참조. 따라서 긍정적 불일치 수준이 높을수록 더 만족하고, 부정적 불일치가 높을수록 불만족하게 된다.

둘째, 지각된 성과perceived performance이다. 제품 성과는 주관적 판단이므로 동일 제품에 대한 지각은 소비자마다 다르게 나타날 수 있다. 그림에서 보듯이 지각된 성과는 기대와의 일치·불일치를 통해 만족·불만족에 간접적으로 영향을 미치는 동시에 직접적으로도 영향을 미칠 수 있다.

▶ 그림 4-9 기대-성과 불일치 모형

* 자료 : Oliver, R. L.(1980). A cognitive model of the antecedents and consequences of satisfaction decision. Journal of Marketing Research, 17(Nov), pp.460-469. 수정후 재작성

마지막으로, 사전 기대이다. 기대는 제품이나 서비스의 구매 이전에 예상하는 제품 성과 수준을 말한다. 제품 성과에 대한 기대 수준은 개인의 과거 경험, 유사한 타 제품에 대한 경험, 기업의 마케팅, 그리고 개인 특성으로부터 영향을 받는다. Oliver는 기대-성과 모델을 제시하면서 기대는 만족에 직접적으로 正(+)의 영향을 미친다고 하였다. 하지만 추후 많은 연구에서 기대는 지각된 성과와 일치/불일치의 매개에 의해 영향을 미치며 직접적인 영향은 미약한 것으로 나타났다.

2) 귀인 이론

귀인 이론attribution theory은 제품의 성과가 기대에 미치지 못했을 때 원인을 찾는 과정을 설명한 이론이다. 소비자는 구매 후 자신의 행동을 정당화시킬 수 있는 이유를 탐색하고 그것에 의해 자신의 구매 후 태도를 형성 또는 변경한다. 따라서 구매한 제품이 설혹 기대를 충족시키지 못한 경우라 하더라도 실패의 원인과 책임 소재 등에 대한 소비자의 지각 여하에 따라 구매 후 태도는 긍정적일 수도 있고 부정적일 수도 있다.

소비자는 구매한 제품이 기대를 충족시키지 못했을 때 그 이유를 분석하고 책임 소재를 가리기 위해 다음 세 가지 기준을 이용한다Mizerskiet 외, 1979.

① **안정성** : 제품 실패의 원인이 우연적(확률적)인 것인가, 지극히 일반적(안정적)인 것인가?

② **책임 소재** : 제품 실패의 이유가 마케팅 담당자 책임인가, 판매점 책임인가, 소비자 자신의 책임인가?

③ **통제성** : 제품 실패의 원인은 통제될 수 있는 것인가, 그렇지 않으면 전혀 통제될 수 없는 것이었는가?

이상의 기준에 준해 제품 실패의 원인이 그 제품의 안정적인 속성에 있지 않고 불량품의 비고의적인 사용 등과 같은 지극히 우연적인 데 있다고 소비자가 지각하면 그 브랜드에 대한 긍정적이었던 태도는 크게 변화하지 않는다. 그러나 소비자가 제품 실패의 이유를 매우 안정적인 것이라고 지각하면 동종 제품을 재구매하더라도 또 다시 불만족할 것으로 기대하기 때문에 그 제품에 대한 태도는 구매 후 부정적인 태도로 바뀔 가능성이 높다.

3) 구매 후 부조화 이론

구매 후 부조화postpurchase dissonance 개념은 1957년 Festinger에 의해 제기된 인지 부조화cognitive dissonance의 한 가지 유형이다. 구매 후 부조화가 발생하는 이유는 의사 결정시 선택한 대안이 선택하지 않은 대안에 비하여 갖는 상대적 단점 혹은 장점이 있기 때문이다. 구매 후 부조화를 해소시키기 위해 취하는 행동은 개인이나 상황에 따라 상당한 차이가 있다. 구매 후 부조화 원인과 감소 혹은 해소 방안을 개인과 기업 측면에서 살펴 보면 <표 4-7>과 같다.

▶ 표 4-7 구매 후 부조화 원인과 감소 전략

구매 후 부조화 원인	구매 후 부조화 해소 방안	
	소비자	기업
● 선택 가능한 대안들이 많을 때 ● 선택되지 않은 대안이 오히려 바람직한 속성을 더 많이 가지고 있을 때 ● 구매 결정을 취소할 수 없을 때 ● 구매 관여 수준이 높을 때 ● 구매 결정이 자신의 의지에 의해서 행해졌을 때	● 자신이 선택한 대안의 장점을 의식적으로 강화 시키고 단점을 의식적으로 약화 시킨다. ● 자신이 선택하지 않은 대안의 장점을 의식적으로 약화시키고 단점을 의식적으로 강화 시킨다. ● 자신의 선택을 지지하는 정보를 탐색하고 반박하는 정보를 회피한다. ● 의사 결정 자체를 그리 중요치 않은 것으로 생각한다.	● 소비자의 선택을 지지하는 지지 정보를 제공한다(예) 팜플릿 제공, 제품 보증, 애프터 서비스, 반품 교환, 환불 등) ● 자사 브랜드 강화 광고를 이용한다.

* 자료 : 저자 정리

2. 불평 행동

불평 행동이란 제품이나 서비스를 구매한 후 그것에 대해서 만족감을 느끼지 못하고 불만족하였을 때 취하게 되는 행동을 말한다. 소비자가 불만족을 느꼈을 때 보이는 행동 반응은 상황이나 개인에 따라 상이하다. 불만족을 해소하기 위하여 구체적인 행동을 취하는 소비자도 있고 그렇지 않은 소비자도 있다. 불평 행동을 취하는 소비자는 그렇지 않은 소비자보다 불평에 대해 긍정적인 태도를 갖고 있으며 자신감이 높고 자기 주장이 뚜렷하다는 것이 일반적인 견해이다. 소비자가 불만을 해소하기 위하여 해당 기업이나 관련 기관에 불평 제기는 불만족 수준, 제품의 중요도, 비용과 이익, 개인적 특성(예 개인 성향, 교육 수준, 시간적 여유, 연령 등), 그리고 책임에 대한 귀인(예 소비자, 기업 등) 등에 의해 영향을 받는다.

3. 구매 후 행동과 마케팅 전략

아무리 고객 서비스를 잘하고 있어도 마케터가 알지 못하는 부분이 있게 마련이므로 소비자의 불평을 장려하여 불평에 귀 기울이는 노력이 필요하다. 고객의 불평 처리에 대한 만족도가 높으면 서비스 제공 업체에 대한 신뢰도가 높아지고 재방문이나 재구매 혹은 구전이나 타인에게 추천할 의도가 높아지게 된다. Oliver[1997]는 불만족 고객이 아무런 반응을 제기하지 않는 경우가 많을 때는 55%에 이른다고 주장하였다. 여기서는 인지 부조화 감소화와 브랜드 충성도 강화 전략에 대해 살펴본다.

1) 인지 부조화 감소화

기업은 소비자가 제품이나 서비스를 구매한 후의 부조화를 줄이기 위해 자사의 성과를 지속적으로 홍보한다. 즉, 소비자의 선택이 옳았다는 것을 지지해 줌으로써 그리고 자사 브랜드 광고를 강화함으로써 소비자의 인지 부조화를 해소시켜 준다[그림 4-10]. 롯데리아는 국가고객만족도[NCSI] 평가에서 7년 연속으로 1위를 차지 하였다는 광고를 통해 소비자의 선택이 옳았다는 것을 강하게 어필하고 있다.

▶ 그림 4-10 롯데리아 국가고객만족도 1위 수상광고

* 자료 : 아시아경제(2017.9.25.) 재인용

2) 브랜드 충성도 강화

충성 고객이란 특정 브랜드만을 지지하는 성향을 가진 고객을 의미한다. 충성 고객은 자신이 지지하는 브랜드의 제품만을 구매하며, 주변에 추천하기도 하며, 제품의 가격 인상에도 민감하게 반응하지 않으며, 구매를 위해 많은 시간과 돈을 소비하는 특징이 있다. 오늘날 제품과 서비스의 변별력이 낮은 상황에서 브랜드가 살아남기 위해서는 충성 고객을 확보하는 것이 무엇보다 중요해 지고 있다. 고객의 충성도를 높이기 위해서는 기존 거래 데이터로만 측정해 결과를 분석했던 고객 관계 관리Customer Relation Management, CRM를 보완해 고객과의 모든 접점에서 고객이 긍정적인 경험을 느끼도록 관리하는 고객 경험 관리Customer Experience Management, CEM가 필요하다. Starbucks는 Coffee를 마시는 즐거운 경험을 제공했기 때문에 높은 프리미엄 가격에도 지속적으로 성장하고 있다.

Chapter

05

관여도

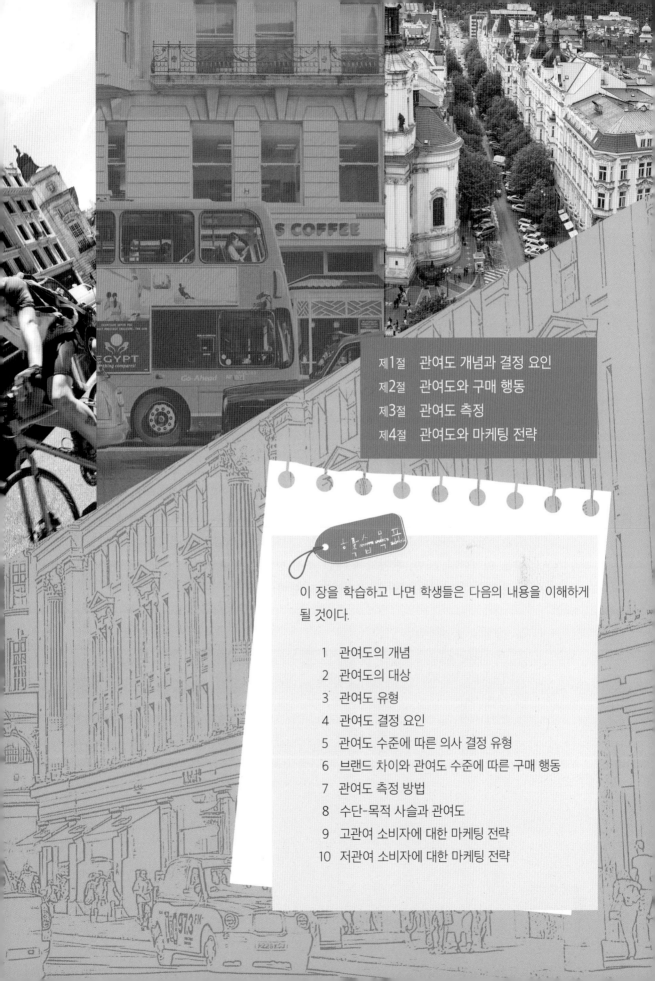

이 장을 학습하고 나면 학생들은 다음의 내용을 이해하게
될 것이다.

1 관여도의 개념
2 관여도의 대상
3 관여도 유형
4 관여도 결정 요인
5 관여도 수준에 따른 의사 결정 유형
6 브랜드 차이와 관여도 수준에 따른 구매 행동
7 관여도 측정 방법
8 수단-목적 사슬과 관여도
9 고관여 소비자에 대한 마케팅 전략
10 저관여 소비자에 대한 마케팅 전략

소비자 행동 연구는 정보 처리 과정, 구매 의사 결정 과정, 그리고 내외부적 영향 요인을 주로 다룬다. 관여도는 개인적, 즉 내부적 영향 요인에 가장 큰 영향을 미친다. 제품에 대한 소비자의 관여도를 활용한 대표적 마케팅이 오늘날 널리 알려진 이슈 마케팅이다.

관여도의 개념은 사회 심리학 및 마케팅 문헌에서 상당한 관심을 불러 일으켰다. 많은 연구를 통해 관여도가 구매 노력이나 태도, 광고 평가 등 개인의 구매 행동에 다양한 영향을 미치고 있음이 입증되었다. 관여도 개념의 적용은 주로 정보 처리 과정이나 의사 결정과 관련되어 연구되어 왔으나 최근에는 소비자 만족·불만족이나 귀인 과정으로 넓어지는 추세에 있다.

특히, 의사 결정에 있어 관여도는 매우 중요한 역할을 한다. 어떤 제품이나 서비스의 선택에 있어서는 많은 관심을 기울이거나 정보 탐색에 많은 시간을 투입하는 반면, 다른 유형의 제품이나 서비스를 구입할 때에는 여러 대안들 간의 차이에 대한 깊은 고민 없이 신속하게 결정을 내리기도 한다. 또한 같은 유형의 제품군이라 하더라도 구매 목적에 따라 사전 정보 탐색 시간에도 차이가 생길 수도 있다.

이처럼 구매 의사 결정 과정에 차이가 생기는 것을 설명해 줄 수 있는 것이 바로 관여의 개념이다. 관여도는 정보 탐색, 구매 의사 결정 과정, 태도 형성 등에 걸쳐 큰 영향을 미친다. 제5장에서는 개인의 의사 결정과 구매 행동에 중요한 역할을 하는 관여도에 대해 살펴본다. 우선 관여도의 개념과 구매 행동에 미치는 영향을 이해한다. 또한, 관여도에 대한 측정 방법을 살펴보고 마지막으로 관여도에 따른 다양한 마케팅 전략을 소개하고자 한다.

▶ 그림 5-1 제5장 요약도

제1절 관여도 개념과 결정 요인	제2절 관여도와 구매 행동	제3절 관여도 측정	제4절 관여도와 마케팅 전략
• 관여도 개념 • 관여도 대상 • 관여도 유형 • 관여도 결정 요인	• 관여도와 구매 의사 결정 유형 • 브랜드 차이와 관여도 수준에 따른 구매 행동	• Laurent and Kapferer의 측정 방법 • Zaichkowsky의 측정 방법 • 수단-목적 사슬 모델	• 고관여 소비자에 대한 마케팅 전략 • 저관여 소비자에 대한 마케팅 전략

제1절 관여도 개념과 결정요인

소비자가 제품이나 상황에 관여되지 않고서도 의사 결정 과정을 수행하는 경우가 있다. 이는 관여도가 소비자의 의사 결정 형태나 문제 해결 방식에 영향을 미치는 데 있어 조절 변수로서의 역할을 하고 있음을 반영한다. 한 개인에게 있어서 관여의 정도는 개인, 대상 그리고 상황에 따라 달라진다. 그러므로 관여도는 개인, 대상 및 상황의 함수 관계로 표현된다 $f(x)$ = 관여의 수치 x = 사람, 대상, 상황. 본 절에서는 관여도의 개념, 관여의 대상, 관여도의 수준과 유형, 그리고 관여도 결정 요인을 설명한다.

1. 관여도 개념

관여도의 개념을 마케팅에 처음으로 도입한 학자는 Krugman[1965]이다. 그는 사람들이 광고에 노출되었을 때 자신과 광고 메시지와의 연결 횟수, 즉 1분 동안 메시지에서 오는 자극과 자신을 의도적으로 연결시켜 생각하는 빈도 또는 개인적인 관련 빈도로 관여의 개념을 정의하였다. 관여의 차이는 제품, 상황, 커뮤니케이션 등에 의해 개인 간에 발생하기 때문에 지각된 개인적 중요성으로 관여도가 정의되기도 한다[Antil, 1984]. Richins와 Bloch[1986]는 어떤 제품에 대한 각성이나 관심의 상태로 그리고 Engel과 Blackwell[1982]은 구매 또는 구매 의사 결정과 관련한 개인적 중요성 또는 관련성으로 정의하였다. Petty 등[1983]은 어떤 대상, 이유, 상황 등에 대하여 일어나는 개인적인 관련성 내지는 개인이 갖는 중요도와 문제 해결을 위한 노력의 정도로 정의하였다. 이를 종합해 보면, 관여도는 주어진 상황에서 특정 대상에 대한 개인의 중요성이나 관련성의 지각 정도로 정의된다.

2. 관여도 대상

관여도 대상은 사람, 제품, 상황, 그리고 마케팅 활동(예 광고) 등을 포함한다. 특히 제품 관여를 관여 대상으로 고려한 연구가 주종을 이루고 있다. 기억할 점은 관여되는 것은 대상(예 제품) 자체가 아니라 대상에 대하여 개인이 부여하는 개인적 의미나 중요성이라는 점이다. 따라서 관여도 수준을 결정하는 것은 자극 자체가 아닌 자극에 대한 개인의 해석이다. 여기서는 관여 대상을 제품, 매체, 메시지, 그리고 구매 상황에 제한하여 설명한다.

1) 제품 관여도

관여도 대상 중 가장 대표적인 것이다. 제품 관여는 소비자와 제품 종류 간에 내재하는 상호 작용 관계에 의한 것이기 때문에 소비자에 따라 또는 제품 종류에 따라 달라진다. 왜냐하면, 문화, 상황, 개인의 지각, 개인적 관련성 등의 차이가 영향을 미칠 수 있기 때문이다. 예를 들어, VCR이나 PC의 경우 서구나 극동 지역에서는 고관여 제품으로 여겨지지만 제3세계에서는 저관여 제품이다. 그 이유는 필요성 혹은 중요성을 지각하지 못하기 때문이다. 따라서 관여도는 소비자가 자신이 중요시하는 가치, 욕구, 자아 개념과 관련한 제품을 구매할 때 높게 나타난다그림 5-2 참조.

▶ 그림 5-2 다이어트 기능을 강조한 농심 캘로그 시리얼 광고

* 자료 : https://search.daum.net/search?

2) 매체 관여도

매체 관여란 TV, 라디오, 신문, 잡지 등 광고 매체에 대한 관여를 말한다. 일반적으로 인쇄 매체가 방송 매체보다 관여도가 높은데 그 이유는 청각적 메시지방송 매체의 경우 정보를 전달받는 속도를 소비자 자신이 조절할 수 없는 관계로 소비자가 청각적 메시지에 대하여 언어적으로 반응할 수 있는 기회를 시간적으로 충분히 갖지 못하기 때문이다. Krugman[1965]은 TV는 수동적 학습을 야기하는 저관여 매체이고 신문과 같은 인쇄 매체는 소비자의 능동적 학습을 일으키는 고관여 매체라고 하였다.

3) 메시지 관여도

소비자는 광고 캠페인이나 커뮤니케이션 메시지에 많은 관심을 보인다. 메시지 관여는 광고 카피나 비주얼 등의 광고 메시지의 성격에 관한 것이다. 메시지 관여가 높을수록 약한 주장에 대해서는 반박적 반응이 증가하는 반면, 강한 주장에 대해서는 지지적 반응이 증가한다. 이렇게 차이가 발생하는 이유는 저관여 상태의 소비자가 메시지 처리 과정에서 덜 적극적이기 때문이다Petty & Cacioppo, 1986. 따라서 다양한 크리에이티브 기법과 소구 전략을 이용해 소비자의 관심을 끄는 것이 필요하다.

4) 구매 상황 관여도

구매 과정에 영향을 미치는 소비자의 관심 수준을 구매 상황이라고 한다. 구매 상황 관여는 동일한 제품이나 서비스를 다른 상황환경에서 구매할 때 발생할 수 있는 차이를 의미한다. 이때 소비자는 큰 사회적 위험을 지각하기도 하고 그렇지 않을 수도 있다. 이러한 상황적 관여도는 대체로 구매 상황에서는 크게 증가하지만 구매 후에는 관여도가 감소된다. 예를 들면, 레스토랑에서 동료와의 식사와 여자 친구와의 식사 때 메뉴의 차이를 보게 된다.

3. 관여도 유형

관여를 고관여와 저관여로만 나누면 의사 결정 상황에서 일어나는 관여와 평소에 지속적으로 나타나는 관여 사이에 차이가 없는 것으로 보게 된다. 따라서 평소에도 제품에 관여되어 있는 소비자의 행동을 설명하기 어렵다. 그러므로 지속적 관여와 상황적 관여 그리고 인지적 관여와 감정적혹은 정서적 관여로 구분하여 살펴볼 필요가 있다.

1) 지속적 관여

지속적 관여란 특정 제품 혹은 브랜드에 대하여 오랜 시간 지속적인 관심을 의미한다. 지속적 관여는 제품이 개인의 욕구와 가치에 관련된 정도에 따라 결정되는 장기적인 관심이므로 특정한 구매나 사용 목표가 없을 때에도 존재한다. 따라서 지속적 관여는 지각되는 위험과는 상관없이 그리고 구매 계획과 상관없이 지속적으로 일어난다. 평소 음악에 관심이 많은 사람은 DVD를 모으고, 콘서트를 다니며, 가수의 팬클럽을 구성하기도 한다. 따라서 기업들은 소비자의 특성이나 매체 습성 등을 파악해서 마케팅을 해야 한다. <사례 5-1>은 장기간 고객으로부터 관심을 받아왔고 앞으로도 지속적 고객 욕구를 충족시키기 위한 제과 업계의 리뉴얼 전략을 소개하고 있다.

사례 ⑤-1

신제품 모험 대신 '리뉴얼 전략'

'홈런볼 까망베르 치즈맛'(해태제과), '빼빼로 스키니'(롯데제과), '다이제토스트'(오리온)…. 최근 국내 주요 제과 업체들이 잇달아 내놓은 신상품에는 공통점이 있다. 바로 기존 히트 상품을 리뉴얼한 제품이란 것. 과자 시장이 수년간 정체된 가운데 새 제품에 개발비를 쏟아 붓고 리스크를 안는 것보다는 기존 제품을 보완해 시장을 지키는 것이 훨씬 효율적이라는 판단 때문이다.

불황으로 어려움을 겪고 있는 식품 기업들 사이에서 이처럼 기존 '장수(長壽) 제품'의 포장을 바꾸거나 새로운 맛을 첨가해 출시하는 리뉴얼 전략이 확산되고 있다. 기업 입장에선 위험도를 낮출 수 있는 데다 소비자의 반응도 좋아 이 같은 분위기는 쉽게 바뀌지 않을 것으로 보인다.

일화는 최근 국내 탄산수 시장 점유율 1위 제품인 '초정탄산수'의 용기와 패키지, 제품 엠블럼을 3년 만에 젊고 세련된 디자인으로 대대적으로 바꿨다. 국내 탄산수 시장이 매년 30% 안팎으로 성장하며 경쟁이

치열해지자 장수 상품의 오래된 이미지를 보다 고급스럽고 세련되게 바꿔 브랜드 위치를 다질 필요성이 커진 것. 2001년 처음 출시된 초정탄산수는 일화 식음료 부문에서 매출 60억 원 규모로 '맥콜' 다음으로 매출 비중이 큰 효자 상품이다. 리뉴얼과 함께 13년 만에 처음으로 '초정탄산수 라임'이라는 리뉴얼 신제품도 선보였다.

출시 25주년을 맞은 현대약품의 간판 제품인 식이섬유 음료 '미에로화이바' 역시 최근 젊은 느낌을 강조한 새로운 패키지 디자인과 리뉴얼 신제품을 선보였다. 단일 브랜드로 200억 원 매출을 올리는 효자 상품이지만, 오래된 브랜드인 만큼 주요 타깃인 젊은 소비자층을 공략하기 위해서는 보다 밝고 발랄한 이미지의 변화가 필요하다는 판단이 작용했다. 패키지 리뉴얼과 함께 자몽향이 첨가된 저열량의 '미에로화이바 레드'도 선보였다. 새로운 맛의 미에로화이바가 출시된 건 2009년 이후 처음이다.

제과 업계에서도 완전히 새로운 맛의 신

제품보다는 간판 장수 제품들을 리뉴얼한 제품들이 봇물을 이루고 있다. 농심은 최근 1973년 출시된 이후 꾸준한 매출을 올리고 있는 장수 스테디 셀러 과자 '꿀꽈배기'에 사과 맛을 가미한 리뉴얼 제품을 선보였다. 기존 스테디 브랜드의 라인업을 강화해 젊은 층을 적극적으로 공략하겠다는 전략이다. 크라운·해태제과도 지난해 말 '홈런볼' '쿠크다스' 등에 새로운 맛을 첨가해 '홈런볼 까망베르 치즈맛' '쿠크다스 스퀘어 치즈' 등의 리뉴얼 제품을 선보여 좋은 반응을 얻고 있다.

이처럼 식품 업체들이 기존 히트 상품의 패키지 디자인을 전면적으로 바꾸거나 새로운 맛을 추가해 라인업을 강화하는 리뉴얼에 치중하는 것은 이미 검증된 제품을 바탕으로 안전하게 새로운 소비자층을 확보하기 위해서다. 성공 가능성이 불확실한 새 상품에 무작정 투자하기보다 기존 인기 브랜드를 강화하는 것이 훨씬 위험 부담을 줄이면서 효과가 크다는 판단이 작용한 것. 실제로 일화 초정탄산수의 경우 리뉴얼 패키지를 선보이고 지난 한 달간 매출이 작년 같은 기간보다 190%나 늘었다.

일화 '초정탄산수'

해태제과 '홈런볼'

농심 '꿀꽈배기'

현대약품 '미에로화이바'

불황일수록 새로운 제품보다는 친숙한 제품이 인기를 끄는 경향이 강한 것도 한 요인이다. 식품 업계 한 관계자는 "장수 제품 리뉴얼의 경우 개발 부담은 덜하면서 성공 확률은 높다"며 "소비자들에게 이미 인증받은 검증된 제품의 디자인, 맛 등을 조금씩 바꿔서 시장을 공략하려는 불황기의 자구책"이라고 말했다.

자료 : 동아일보(2014.5.14.)

2) 상황적 관여도

상황적 관여는 소비자가 특별한 목적을 달성하기 위해 제품이나 서비스에 대해서 갖는 일시적인 관심을 의미한다[Bloch, 1981]. 예를 들면, 신혼 부부가 해외 여행지에서 입을 커플티를 구매하는 경우나 고장난 자전거를 대체하는 경우처럼 제품의 사용이 특별한 상황 때문에 중요해지거나 제품의 구매가 임박했을 때 제품에 대해서 갖는 관여를 의미한다. 구매 당시에는 여러 가지 이유로 인해 관여 수준이 높았다가 일단 구매가 끝난 다음에는 그 관심도가 급격히 줄어든다. 따라서 상황적 관여는 목적이 달성되면 더 이상 필요가 없기 때문에 소멸된다. <그림 5-3>은 평상시 구매할 수 있는 빼빼롪 제품과 빼빼로 데이에 연인에게 선물할 빼빼로우이다. 이와 같이 마케터는 예쁜 포장의 변화로 소비자의 관여도를 일시적으로 높일 수 있다. 따라서 기업은 지속적으로 소비자들에게 노출 가능한 광고를 할 필요가 있다.

▶ 그림 5-3 상황적 관여도 예

* 자료 : http://blog.naver.com/rnjsdyd2009?Redirect=Log&logNo=50154487931
* 자료 : http://blog.naver.com/ybd6768?Redirect=Log&logNo=30096005997

3) 인지적 관여

Park과 Young[1983]은 관여 수준과 관여 유형이 상표에 대한 태도 형성에 미치는 영향을 조사한 연구에서 관여를 인지적 관여와 감정적혹은 정서적 관여로 구분하였다. 인지적 관여는 소비자가 실용적 동기에 의해 제품이 제공하는 편익이나 구입하는데 들어가는 비용에 관심을 가지고 제품의 기능적 성능에 흥미를 갖는 것을 말한다. 예를 들면, 관광객이 제주도 여행을 위해 여행용 가방을 구매할 때 발생하는 관여가 이에 해당한다. 인지적 관여에 해당하는 제품의 경우 신문이나 잡지 등의 인쇄 매체에 제품의 기능이나 특징 등을 제시하는 광고가 효과적이다.

4) 감정적 관여

감정적 관여는 정서적 동기와 관련된 것이다. 소비자는 제품의 사용을 통해 자부심 또는 자아 개념을 증가시키고 자신의 이미지를 다른 사람에게 표현하는 데 흥미를 갖는다. 관광 소비자가 특정 브랜드를 선택할 때 얻을 수 있는 즐거움과 관련된 경험 부분이 중시되면 감정적 관여가 증가된다. 예를 들어, 어느 유명 배우가 그 제품을 가지고 있어서 나도 그 제품을 갖고 싶다든가, 그 제품을 소유하면 성공한 사람으로 보일 것 같은 그런 관점에서 그 제품에 관심을 갖는 것이다. 고가 제품 중 상징성이 강한 보석이나 의류가 이에 해당된다. 따라서 라디오나 TV 등의 전파 매체에 자주 노출시키면서 강한 인상을 남길 수 있는 문구를 이용한 광고가 필요하다.

4. 관여도 결정 요인

관여도는 개인의 구매 의사 결정에 있어 매우 중요하다. 그렇다면 관여도에 영향을 미치는 요인에는 어떤 것들이 있을까? 관여도를 결정하는 요인으로는 개인적 요인, 제품 요인, 그리고 상황적 요인이 있다. <그림 5-4>는 관여도 유형과 결정 요인을 나타낸 것이다.

▶ 그림 5-4 관여도 결정 요인과 유형

* 자료 : Bloch, P. & Richins, M.(1983). A theoretical model for study of product importance perceptions. Journal of Marketing, 47(summer), 69-81. 내용 수정

1) 개인적 요인

같은 제품이라도 개인의 취미나 흥미 등에 따라 관여도 수준이 달라질 수 있다. 소득이 높을수록 고가 제품에 대해 관여도가 높아지며 가격 차이에 대해서는 상대적으로 관심이 적어진다. 또한, 사회 활동을 왕성하게 하는 사람은 일반적으로 다양한 제품에 대한 관여도가 높은 경향이 있다.

2) 제품 요인

대체로 소비자는 자신이 중요하게 생각하는 욕구를 충족시키는 제품, 상징적 가치를 부여하는 제품, 그리고 지각된 위험이 높은 제품에 보다 높게 관여하게 된다 Block & Richins, 1983. 예를 들어, 일 년에 한번 해외 여행을 갈 경우 많은 비용과 시간이 소비되므로 특정 여행 상품을 결정하는데 깊은 관심을 가질 수밖에 없다. 해외 여행은 개인의 미지로의 탐험 욕구를 충족시키고, 상징적 의미를 지니며, 예기치 않은 결과에 대한 불안감이나 불쾌감의 위험 즉, 지각된 위험이 높은 제품이다.

3) 구매 상황적 요인

상황적 요인은 특정 제품의 구매나 소비를 둘러싸고 있는 사회·심리적 환경으로부터 나온 자극을 말한다. 구매 상황은 실질적인 구매가 행해지는 동안에 작용하는 변수들을 반영한다. 즉, 제품 탐색의 시간이나 구매 시에 혼자인가 아니면 가족이나 친구가 같이 있는가에 따라 상황적 관여의 수준이 달라진다. 예컨대, 손님 접대를 위해 와인을 구매하고자 할 경우 자신이 대접하려는 와인을 보고 상대방이 자신을 어떻게 생각할까 신경을 많이 쓰게 되므로 와인 선택에 대한 관여도가 높아지게 된다. 대체로 구매 상황에서는 관여도가 크게 증대하지만 구매 후에는 차차 줄어들게 된다. 또한 구매 상황시 시간적으로 촉박할 때 관여 수준은 대체로 낮다.

제2절 관여도와 구매 행동

구매 행동은 제품의 성격 및 제품에 대한 소비자의 관여도에 따라 다양한 양상을 보인다. 즉, 고관여와 저관여의 차이에 따라 구매 의사 결정 과정에 있어 상이한 행동을 예상할 수 있다. 본 절에서는 관여도 수준에 따른 의사 결정과 브랜드 차이에 따른 관여도 수준별 구매 행동 등에 대해 학습한다.

1. 관여도와 구매 의사 결정 유형

관여도 수준에 따라 구매 의사 결정은 다양한 유형으로 나타날 수 있다. 여기에서는 관여도와 정보 탐색 수준에 의한 의사 결정 유형 3가지와 관여도와 제품 특성에 의한 의사 결정 유형을 살펴보기로 한다.

1) 관여도와 정보 탐색 수준에 의한 의사 결정

관여도와 정보 탐색에 대한 노력의 정도에 따라 습관적혹은 일상적 의사 결정routinized problem solving, 제한적 의사 결정limited problem solving, 포괄적 혹은 확장적 의사 결정extended problem solving의 3가지로 구분할 수 있다. 이러한 유형별 의사결정에 있어서 일부 과정은 생략되기도 한다.

(1) 습관적 의사 결정

습관적 의사 결정은 새로운 정보의 필요성을 인식하지 못하고 제품을 구매하는 유형이므로 실제로 특별한 의사 결정을 포함하지 않는다. <그림 5-5>에서와 같이 욕구를 인식하면 내적 탐색을 진행하여 상표를 구매하게 된다. 하지만 선호하는 해결안이 기대에 미치지 못하는 경우에만 대안적 해결안상표에 대한 평가가 이루어진다.

▶ 그림 5-5 관여도에 따른 구매 의사 결정 유형

* 자료 : Hawking, D.I, Best, R. J., & Coney, K. A.(2004). Consumer behavior :Building marketing strategy(9th ed.).McGraw-Hill, New York, NY., p.502.

또한, 정보 탐색이 거의 일어나지 않으며 대안의 평가가 크게 중요시되지 않는다. 습관적 의사 결정은 구매에 대한 관여도가 매우 낮은 경우에 일어나며 반복적 구매 행동을 유발한다. 뿐만 아니라 구매 후 행동에 있어 인지 부조화가 거의 발생하지 않는다.

(2) 제한적 의사 결정

제한적 의사 결정은 습관적 의사 결정과 포괄적포괄적 의사 결정의 중간 형태이다. 일반적으로 제한적 의사 결정은 제품 몰입이 높지 않고 제품 차별화와 의사 결정의 시간적 압박이 클 때 발생하는데, 정보 탐색은 제한된 범위 내에서 외부 탐색을 시도한다. 제한적 의사 결정을 행하는 소비자는 구매에 관련된 위험을 최소한의 수준으로 인식하며, 이 유형에 속하는 제품들은 소비자의 자아 이미지와 상관 관계가 다소 낮은 것들이다.

예를 들면, 관광 소비자가 관광 토산품 상점에 머무는 동안 진열된 특정 상품만 보고 기억에 저장된 정보 이상의 정보 탐색을 하지 않고 그 제품을 선택하는 경우이다. 또한, 어떤 소비자는 이용 가능한 인스턴트 커피 중 가장 값싼 상표를 구매한다는 결정 규칙을 가질 수 있다. 이 결정 규칙을 가진 소비자는 커피가 소진되어 가면문제를 인식하면 다음 방문에서 단순히 커피의 가격만을 비교하여 가장 값이 싼 상표를 선택할 가능성이 높다.

(3) 포괄적 의사 결정

포괄적 혹은 확장적 의사 결정은 고관여 수준에서 볼 수 있는 의사 결정의 형태이다. 욕구가 인식 되면 제품 선택에 대한 내외적인 정보를 탐색한 후 이에 대한 대안의 평가가 수반된다. 구매가 이루어진 후에는 구매 행동의 적합성에 대한 철저한 구매 평가가 이루어진다. 일반적으로 구매 의사 결정의 5단계욕구 인식 → 정보 탐색 → 대안 평가 → 구매 → 구매 후 평가를 밟게 되는데 주로 고가격 제품, 성능 위험이 있는 제품, 복잡한 제품, 전문품, 자아와 관련된 제품 등에 관한 구매 의사 결정이 이에 속한다고 할 수 있다.

하지만 구매 의사 결정에서 이러한 복잡성에 도달하는 의사 결정은 많지 않다. 집이나 개인용 컴퓨터 또는 해외 여행 같은 제품은 포괄적 의사 결정 과정을 통해 구매되는 경우가 많다. 지각된 위험이 크고 자아 이미지와 관련한 제품이나 서비스 구매 의사 결정이므로 소비 후 인지 부조화가 종종 발생한다.

2) 관여도와 제품 특성에 의한 의사 결정

구매 의사 결정혹은 구매 행동은 관여도 수준과 제품의 특성(예 감성적 제품과 이성적 제품) 따라 분류 될 수 있다. 소비자는 제품을 구입할 때 이성과 감성의 두 가지 제품 특성을 파악하려고 노력한다. 제품의 성능이나 용도를 따지는 것은 이성적 측면이며 제품의 디자인이나 느낌을 따지는 것은 감성적 측면이다. Vaughn[1980]은 이러한 제품의 특성과 관여도 수준을 기준으로 <표 5-1>과 같이 FCB 그리드Foote, Cone & Belding Grid 모델을 제시하였다. 그는 네 가지 의사 결정 모형에 따라 소비자의 특성과 각각의 광고 전략을 제시하였다.

A영역의 제품은 잘못 선택하면 손실이 큰 고관여 제품이다. 따라서 이 영역의 제품들에 대한 물리적인 속성이나 장점과 같은 정보를 전달하는 것에 주안점을 두는 것이다. 또 이 영역에서는 광고 자체에 대한 호감도보다 명확한 제품 편익을 전달하는 것이 중요하다. A 영역의 의사 결정은 인지C → 감정A → 행동B의 과정으로 진행된다. 다시 말해 소비자가 제품이나 서비스 구매 시 해당 제품을 잘 알고 있고, 그로 인해 좋아하고, 결국 구매 행동으로 이어진다는 것이다.

B영역의 제품을 구매하는 소비자는 실용적인 이유로 제품을 구입하지만 관여도가 낮아서 습관적으로 구매한다. 또, 한번 잘못 구매하더라도 크게 손해를 보지는 않기에 신제품이 나오면 한번 사보기도 한다. 따라서 이 영역에서는 광고의 반복이나 로고송 등을 이용해 브랜드 친숙도를 높이는 것이 중요하며 경품행사도 큰 효과를 발휘하기도 한다. 이 영역은 소비자의 관여도가 낮아 너무 많거나 어려운 정보를 전달하면 소비자는 주의를 잘 기울이지 않는다. 따라서 한번을 봐도 쉽게 이해할 수 있는 난이도로, 단 한 개의 편익이나 장점을 과장해서 전달하는 것이 오히려 효과적이다.

C영역의 제품은 고관여 제품이면서 소비자가 제품의 기능적인 가치보다는 상징적인 가치를 더 고려하는 경우이다. 이 영역의 소비자는 실용성보다는 감정과 느낌을 가지고 구매하며 그 제품을 사는 자신의 모습을 상상하고 평가를 내리기도 한다. 그러므로 제품의 기능적인 속성에 대한 정보 전달 보다 소비자 내면의 심리적 욕구나 감정을 자극하는 것이 효과적이다.

마지막으로, D 영역의 제품은 감성 제품이면서 저관여 제품이다. 이 영역의 소비자는 제품을 소비하면서 감각적인 만족을 추구하며 구매시 기분에 좌우된다. 따라서 C영역과 마찬가지로 브랜드가 호의적인 정서나 기분을 유발할 필요가 있다. 그러나 소비자 내면의 심층적인 욕구와 관련C영역 소비자이 되기보다는 광고를 통해 브랜드에 대한 호의적인 이미지를 연상시킬 수 있도록 하는 것이 중요하다.

▶ 표 5-1 FCB 모델의 특성

구분		제품의 특성	
		이성적 제품	감성적 제품
관여도 수준	고관여	**[A 영역]** ● 소비자 유형 : 합리성과 정보를 중시하는 소비자 ● 의사 결정 모형 : 인지 → 감정 → 행동 ● 제품군 : 자동차, 가구, 주택 ● 광고 전략 : 구체적 정보 제공, 증명	**[C 영역]** ● 소비자 유형 : 감정을 중시하고 느끼는 소비자 ● 의사 결정 모형 : 감정 → 인지 → 행동 ● 제품군 : 보석,향수,고급시계 ● 광고 전략 : 브랜드 이미지 강조
	저관여	**[B 영역]** ● 소비자 유형 : 습관적으로 구매(행동)하는 소비자 ● 의사 결정 모형 : 행동 → 인지 → 감정 ● 제품군 : 식료품, 생활 용품 ● 광고 전략 : 반복 광고	**[D 영역]** ● 소비자 유형 : 즉각 반응을 보이는 자기 만족형 소비자 ● 의사 결정 모형 : 행동 → 감정 → 인지 ● 제품군 : 담배, 주류(맥주), 과자 ● 광고 전략 : 흥미나 주의 유발

* 자료 : Vaughn, R. (1980). How advertising works: a planning model. Journal of Advertising Research, 20(5), p.30.

2. 브랜드 차이와 관여도 수준에 따른 구매 행동

브랜드 선택에 있어서 반복 구매는 매우 중요하다. 그러나 반복 구매는 관여도의 수준에 따라 상이한 차이가 있다. 고관여 상황에서 특정 브랜드를 반복적으로 구매한다면 그 브랜드에 대한 충성도가 있기 때문일 것이나, 저관여 상황에서의 이러한 반복적 구매는 관성적 혹은 타성적 구매일 것이다. Assel은 이러한 관여도와 브랜드 간 차이에 따라 네 가지 구매 행동 유형을 제시하였다그림 5-6 참조.

1) 복잡한 구매 행동

소비자가 높은 관여를 보이고 각 상표 간 뚜렷한 차이점이 있는 제품을 구매할 경우의 구매 행동의사 결정은 일반적으로 매우 복잡한 모습을 띠게 된다complex buying behavior. 소비자는 제품의 가격이 비교적 높고 상표 간의 차이가 크며, 일상적으로 빈번히 구매하는 제품이 아닌 소비자 자신에게 매우 중요한 제품을 구매할 때 높은 관여를 보인다. 복잡한 제품을 구매하는 경우 구매자는 제품에 대한 지식에 근거하여 그 제품에 대해 주관적인 신념인지을 갖게 되고, 그 다음으로 그 제품을 좋아하거나 싫어하는 태도를 형성한다. 마지막으로 가장 합리적이라고 생각하는 구매 대안을 선택하는 학습 과정행동을 거치게 된다.

▶ 그림 5-6 브랜드 차이와 관여도 수준에 따른 구매 행동 유형

* 자료 : Assel, H.(1992). Consumer behavior and marketing action(4th ed.) PWS-KENT, p.100

2) 부조화 감소 구매 행동

부조화 감소 구매 행동dissonance-reducing buying behavior은 구매하는 제품에 대하여 비교적 관여도가 높고, 제품의 가격이 비싸고, 평소에 자주 구매하는 제품이 아니면서 구매 후 결과에 대하여 위험 부담이 있는 경우 그리고 각 상표 간 차이가 미미할 때 일어난다. 자녀의 해외 문화 유적지 탐방 여행 상품을 구입하는 경우가 그 좋은 예가 될 수 있다. 해외 문화 유적지 탐방은 일반적으로 고가품이며 소비자 자신은 물론 자녀들에게 매우 중요한 제품이기 때문에 구매시 높은 관여를 가지고 구매 의사 결정을 하게 된다. 이때 지각되는 상표들은 차이가 미미하기 때문에 비슷한 가격대의 제품은 상표 간 차이가 거의 없다고 인식하게 된다. 상표의 차이를 판단할 수 있는 내용이 적을 경우 소비자는 유용한 정보를 얻기 위하여 여행사를 찾지만 구매는 비교적 빨리 이루어진다.

3) 다양성 추구 구매 행동

구매하는 제품에 대하여 비교적 저관여 상태이며 제품의 각 상표 간 차이가 뚜렷한 경우에 소비자는 다양성 추구 구매를 하게 된다variety-seeking buying behavior. 다양성을 추구하는 구매자는 빈번한 상표 전환을 하게 된다. 예를 들어, 햄버거 구매자는 일단 제품에 대한 다양한 평가 없이 '롯데리아'같은 햄버거 상

표를 선택하고 그것을 소비하는 동안 그 상품에 대한 평가를 한다. 그러나 그 다음에 또다시 햄버거를 구매할 경우 '버거킹'같은 다른 상표를 선택하게 되는데, 이때 소비자는 단지 이전에 구매했던 것과 다른 상표를 사보겠다는 생각만으로 타 상표를 구매한다. 이와 같이 다양성 추구 구매에 있어서 상표 전환은 기존 상표에 대한 불만족 때문이라기보다는 다양성을 추구하기 위하여 일어나게 된다.

4) 습관적 구매 행동

습관적 구매habitual/inertia buying behavior는 제품에 대하여 소비자가 비교적 낮은 관여도를 보이며 상표 간 차이가 미미할 경우에 일어난다. 가령, 오렌지 주스를 구매하는 경우 소비자는 마트에 가서 상표에 대한 특별한 인식 없이 손에 잡히는 한 상표를 선택할 수 있다. 이때 소비자가 만약 같은 상표를 지속적으로 구매하게 된다면 이는 높은 상표 충성도 때문이 아니라 습관적인 구매로 볼 수 있다.

습관적 구매 소비자는 고관여 상황에서 일반적으로 거치는 「신념-태도-행동」의 과정을 거치지 않는다. 또한 상표에 대하여 그다지 많은 정보를 얻으려 노력하지 않으며, 상표 간 특성의 차이도 평가하지 않으며, 어떤 상표를 구매할 것인가에 대하여 그다지 신중하게 고려하지 않는다. TV나 잡지를 정보 획득의 매체로서 적극적으로 활용하지 않는다. 어떤 상표에 대하여 강한 신념을 가지고 선택하는 것이 아니라 그 상표가 친숙하다는 이유로 선택하게 되는 것이 보통이다.

제3절 관여도 측정

구매 행동을 보다 정확히 이해하기 위해서는 관여도를 측정할 수 있어야 한다. 관여도의 측정은 마케팅 활용 측면에서 매우 중요하다. 관여도 측정은 Laurent and Kapferer의 방법과 Zaichkowsky PII Personal Involvement Inventory 방법이 널리 활용되고 있다. 여기서는 또한 소비자의 가치나 관여도 수준을 파악해 볼 수 있는 수단-목적 사슬 모델에 대해서도 설명한다.

1. Laurent and Kapferer의 측정 방법

이들은 한 제품에 대한 관여도가 높아지는 이유는 여러 가지가 있으므로 단일 차원으로 측정하는 것은 부적절하다고 주장하면서 관여도 측정 도구 Consumer Involvement Profile[CIP]을 개발하였다. CIP는 부정적 결과의 중요성, 잘못 선택할 가능성, 쾌락적 가치, 상징적 가치 등 4가지 차원으로 구성되어 있다. 관여도 측정의 네 가지 차원과 각 차원을 측정할 수 있는 질문의 예는 <표 5-2>와 같다. 각 항목들을 응답자에게 제시하고, 응답자의 동의 정도를 각 차원의 관여도로 측정한 후 합계 점수를 응답자의 관여도로 계산한다.

▶ 표 5-2 Laurent와 Kapferer 관여도 측정 방법

관여도 차원		의미 및 질문내용
인지적 관여도	부정적 결과의 중요성	• 의미 : 제품 선택의 부정적 결과에 대한 지각 • 질문내용 : 그 제품을 구매할 때 실수하면 큰 문제가 된다.
	구매가 잘못될 가능성	• 의미 : 잘못된 구매에 대한 주관적인 확률 • 질문내용 : 그 제품을 구매할 때 잘못 선택할 가능성은 매우 높다.
감정적 관여도	쾌락적 가치	• 의미 : 제품의 구매와 소비로 인한 쾌락적 가치 • 질문내용 : 그 제품의 구매는 내게 큰 즐거움을 준다.
	상징적 가치	• 의미 : 제품의 구매와 사용이 자기 개념을 나타내는 정도 • 질문내용 : 선택한 그 제품을 보면 그 사람의 품격을 알 수 있다.

* 자료 : Laurent, G. & Kapferer, J. (1985). Measuring consumer involvement profiles. Journal of Marketing Research, 22, 41-53.

CIP는 관여도를 여러 측면으로 측정하기 때문에 소비자가 어떤 차원에서 특정 제품에 높거나 낮게 관여되는지를 알 수 있다. 연구 결과에 따라 어떤 차원에서 높은지 또는 낮은지에 따라 소비자 행동의 변화를 추정할 수 있다. 이 방법으로 측정된 관여도는 한 가지의 수준으로만 표현한 것이 아니라 관여도의 프로필을 보여주는데 실제 마케팅 분야에서 이 프로필은 시장 세분화에 사용되고 있다.

<표 5-3>은 주부 대상으로 14개의 제품을 이용하여 관여도를 측정한 결과이다. 구매하는 상품이나 서비스의 종류에 따라 중요하게 여기는 관여의 차원이 다르다. 진공 청소기는 부정적 결과의 중요성과 잘못 구입할 가능성에 있어서는 상당히 높으나, 쾌락적 가치나 상징적 가치에서는 매우 낮은 것으로 나타났다. 이러한 사례는 환대 및 관광 서비스 상품의 구매 결정에 적용 가능하다.

▶ 표 5-3 Laurent와 Kapferer 관여도 측정 예

	부정적 결과의 지각된 중요성	잘못 구입할 가능성	쾌락적 가치	상징적 가치
부인정장	121	112	147	181
브래지어	117	115	106	130
세탁기	118	109	106	111
TV	112	100	122	95
진공청소기	110	112	70	78
다리미	103	95	72	76
샴페인	109	120	125	125
기 름	89	97	65	92
요구르트	86	83	106	78
초콜릿	80	89	123	75
샴 푸	96	103	90	81
치 약	95	95	94	105
세숫비누	82	90	114	118
세 제	79	82	56	63

* 자료 : Laurent, G. & Kapferer, J. (1985). Measuring consumer involvement profiles. Journal of Marketing Research, 22, p.45.
* 평균값 = 100

2. Zaichkowsky의 측정 방법

Zaichkowsky[1985]에 의해 개발된 PII는 Laurent and Kapferer의 방법과는 달리 제품의 중요성 차원만을 측정하였다. Zaichkowsky는 관여도를 개인의 내재된 욕구, 가치, 관심에 근거한 사물에 대한 지각된 관련성으로 정의하였다. 이러한 개념을 반영하여 관여도를 '중요한-중요하지 않은', '관심 있는-관심이 없는' 등과 같이 의미 차별화 척도semantic differential scale 20개 항목으로 측정하였다.

관여도를 PII로 측정한 경우 개인별 점수는 20~140(20×1~20×7)의 분포로 나타난다. 숫자 20에 가까울수록 저관여 소비자로, 140에 가까울수록 고관여 소비자로 분류된다. Zaichkowsky가 PII를 이용하여 15개의 제품을 조사한 결과, 가장 고관여 제품은 자동차였으며 인스턴트 커피와 시리얼이 가장 저관여 품목으로 나타났다.

초기의 관여도 측정은 유형 제품에 대한 것이 대부분이었으나 이후의 연구에서 PII척도가 서비스 상품에 대해서도 적용 가능하다는 것이 밝혀졌다. Zaichkowsky는 1994년 관여도 측정항목을 10개 항목으로 축소 발표하였다표 5-4 참조.

▶ 표 5-4 Zaichkowsky의 관여도 개정 측정 항목

나에게 [평가되는 대상]은		
중요하다	⋯:⋯:⋯:⋯:⋯:⋯:⋯:	중요하지 않다*
지루하다	⋯:⋯:⋯:⋯:⋯:⋯:⋯:	흥미있다
적절하다	⋯:⋯:⋯:⋯:⋯:⋯:⋯:	적절하지 않다*
흥분된다	⋯:⋯:⋯:⋯:⋯:⋯:⋯:	흥분되지 않는다*
의미가 없다	⋯:⋯:⋯:⋯:⋯:⋯:⋯:	의미가 있다
마음에 든다	⋯:⋯:⋯:⋯:⋯:⋯:⋯:	마음에 들지 않는다*
매력적이다	⋯:⋯:⋯:⋯:⋯:⋯:⋯:	평범하다
가치 없다	⋯:⋯:⋯:⋯:⋯:⋯:⋯:	가치 있다
관련이 있다	⋯:⋯:⋯:⋯:⋯:⋯:⋯:	관련이 없다*
필요하지 않다	⋯:⋯:⋯:⋯:⋯:⋯:⋯:	필요하다

* 자료 : Zaichkowsky, J. L.(1994). The personal involvement inventory : Reduction, revision, and application to advertising. Journal of Advertising, 23(4), 59-70.
* * 표시는 점수가 역수로 계산됨(reverse coding)

3. 수단-목적 사슬 모델

1) 모델 개요

소비자는 자신이 중요하다고 생각하는 가치에 비추어 제품의 속성을 지각하고 의사 결정을 내린다. 수단-목적 사슬means end chain 모형은 제품의 구체적인 속성이 제품의 사용 결과, 그리고 최종적으로 소비자의 최종 가치와 연결 되어 있음을 가정한다. 이 모형은 소비자가 제품에 대해 가지고 있는 지식의 구조를 속성, 결과, 가치의 3단계로 파악하며 속성 - 결과 - 가치라는 세 수준이 서로 연관을 지으면서 사슬chain을 형성한다그림 5-7 참조.

가장 낮은 단계인 구체적혹은 물리적 속성은 색상, 크기, 자동차 연비, 무게 등과 같이 물리적 단위로 측정 가능한 속성을 말한다. 추상적혹은 심리적 속성abstract attribute은 물리적 특성으로부터 기인하는데 보다 주관적인 성격을 가진다(예 강한 맛, 좋은 냄새, 부드러운 향기, 상품 스타일 등).

추상적 속성보다 좀 더 높은 차원이 결과consequences, 즉 혜택이다. 결과는 기능적 결과functional consequences와 심리적혹은 사회적 결과psychological consequences로 구분된다. 기능적 결과는 상품을 사용함으로써 표면적으로 드러나는 결과로 체중 감량, 절약, 편리함 등을 수 있다. 심리적 결과는 제품 사용을 통해 얻게 되는 만족감, 소속감, 좋은 느낌 등이 해당된다. 결과는 이러한 긍정적 측면도 있지만 부정적 측면도 있다.

▶ 그림 5-7 수단-목적 사슬

마지막으로 가장 높은 추상성을 갖는 가치values는 소비자가 상품을 사용함으로써 스스로가 얻게 되는 것으로 긍정적인가 아니면 부정적인가 판단하는 기준이 된다. 가치 중 도구적 가치instrumental values는 타인에게 어떻게 보이는 것과 관련되는 것(예 존경받음, 부러움)으로 외재적 성격을 띤다. 최종적 가치terminal는 소비자 자신을 어떻게 보느냐와 관계된 것자긍심, 성취감, 보람 등으로 내재적 성격을 포함하고 있다.

2) 수단-목적 사슬의 측정

수단-목적 사슬 모델에서 제시하는 결과와 가치를 연결시키는 많은 방법들 중 하나가 레더링 기법laddering이다Gutman, 1991. 레더링은 수단-목적 사슬 모델에서 말하는 속성과 이를 사용함으로써 얻어지는 결과와 소비자의 가치의 관계를 밝히는 방법으로 주로 심층 면접 기법을 사용한다. 레더링은 연속적인 질문을 통해 개인의 가치까지 이끌게 하는 기억의 연결망을 찾고자 하는 것이다. 예를 들면, '그것이 왜 당신에게 중요합니까?'라는 질문을 단계적으로 밟아나가는 과정을 통해 이루어진다Gutman 1997.

<그림 5-8>은 제주 올레 관광지 속성, 도보 관광객 편익, 그리고 지각된 가치 간의 관계를 레더를 바탕으로 작성한 것이다. 각 계층 사이의 직접 관계의 횟수박스안 숫자는 직접적인 관련성 정도와 빈도를 나타낸다. 가령, 자연 경관이라는 속성을 중요시하는 관광객들 중 '스트레스 해소와 일상 탈피'라는 편익으로 직접 연관시켜 대답한 응답자는 41명이며, '스트레스 해소와 일상 탈피'라는 편익을 얻은 관광객들 중 최종 가치인 '행복감'과 직접 연결하여 응답한 사람은 31명이다.

3) 수단-목적 사슬의 적용

수단-목적 사슬은 관여도를 이해하는데 매우 유용한 개념이다. 수단-목적 사슬의 관점에서 볼 때 제품에 대한 관여도는 소비자들의 제품 지식이 그들이 추구하는 가치와 목적에 얼마나 관련되어 있는지를 나타낸다. 제품 속성이 목적이나 가

▶ 그림 5-8 계층적 가치 지도 예

* 자료 : 김인신·조민호(2011). 제주 올레 관광지 속성, 도보 관광객 편익, 그리고 지각된 가치 간 관계 분석-수간-목적 사슬 이론 적용, 관광연구논총, 23(2), p.145. 일부 인과관계 이용의 편이를 위해 수정하였음.
** 선의 굵기는 연결 관계의 강약을 나타내며 원의 크기는 속성, 편익, 가치의 상대적 중요도를 나타냄.

치와 관련된다고 생각하는 소비자는 그 제품에 대한 관여도가 높을 것이다. 제품 속성이 기능적 결과에만 관련이 있다고 생각하는 소비자는 관여도가 낮을 것이다. 따라서 마케터는 수단-목적 사슬 분석을 통해 소비자의 목적과 핵심 가치를 파악하고 이를 제품 속성에 반영해서 소비자에게 전달하는 것이 중요하다.

제4절 관여도와 마케팅 전략

기업이 제공하는 제품이나 서비스는 관여 수준과 밀접한 관계가 있다. 관여도가 제품, 마케팅, 구매 상황 그리고 소비자의 특성에 따라 달라지기 때문에 마케팅 전략도 상이하게 적용해야 한다. 여기서는 고관여도 소비자에 대한 마케팅 전략과 저관여도 소비자에 대한 마케팅 전략을 구분해 설명한다.

1. 고관여 소비자에 대한 마케팅 전략

마케터는 대체로 소비자의 고관여 의사 결정에 집중하는 경향이 있다. 그 이유는 마케터 자신이 생산한 제품이나 서비스에 크게 기여했기 때문에 소비자는 마케터가 제공하는 제품이나 서비스에 크게 관여할 것으로 가정하기 때문이다. 소비자는 상표를 평가하는 데 인지적 과정을 이용하고 있다고 가정할 때 마케터는 소비자를 이해하고 영향을 미치기가 용이하다. 여기서는 고관여 소비자에 대한 제품 차별화, 광고, 포지셔닝, 그리고 브랜드 충성도 네 가지 마케팅 전략을 소개한다.

1) 제품 차별화 전략

고관여 소비자는 일반적으로 상표 간 차이에 높은 관심을 가지고 있으며, 제품이나 서비스를 평가하는 데 상당한 노력을 투입한다. 따라서 마케터는 자사 상표의 장점을 전달하여 소비자의 만족을 극대화하고 자신의 제품을 이용한 소비자가 의견 선도자가 되도록 해야 한다. 그러나 지각된 차별화를 느끼지 못하는 소비자에게는 구매 후 확신을 갖도록 서비스 프로그램을 강화시켜 주어야 한다. 이 때에는 상표 간 차이를 느끼지 못하므로 단순한 정보 전달 광고는 별로 중요하지 않을 수 있다.

2) 광고 전략

고관여 소비자에 대한 광고는 인지도를 높이는 것으로 충분하지 않다. 그러므로 반복 광고가 중요한 것이 아니라 메시지 내용에 초점을 맞춘 설득적 광고로 접근해야 한다. 즉, 관여도가 높은 제품일수록 광고할 때 신뢰성 있는 정보나 콘텐츠 전달 방식이 필요하다. 예를들면 건강 보조 식품 같은 경우 전문가 추천 광고를 들 수 있다.

3) 포지셔닝 전략

제품이나 서비스의 지각된 차별화가 크면 자사 상표의 이점을 부각시켜 소비자의 욕구를 충족시켜 주는 제품 포지셔닝 전략이 중요하다. 고관여 소비자는 이익 극대화를 추구하기 때문에 이미 알려진 소비자의 욕구뿐만 아니라 아직 알려지지 않은 욕구를 찾아내어 포지셔닝 전략을 전개해야 한다. <사례 5-2>는 1990년대 후반부터 기존 중저가 브랜드 포지셔닝에서 벗어나 고급화 전략으로 부활에 성공한 클럽메드 사례이다.

사례 ⑤-2

리조트 王이 된 대통령의 아들

적자 허덕이던 '클럽메드' 살린
앙리 지스카르 데스탱 CEO

'전쟁에 지친 전후 유럽에 국경과 계급을 뛰어넘어 휴식과 행복을 누릴 수 있는 유토피아를 건설하자.' 클럽메드를 만든 두 창업자의 꿈은 이렇게 요약된다. 벨기에 수구(水球) 선수 제라드 블리츠(Blitz · 1990년 사망). 1936년 독일 나치 치하의 베를린 올림픽 참가를 거부한 레지스탕스 일원이었다. 그는

▲ 발레리 지스카르 데스탱 전 프랑스 대통령.

공산주의자이자 텐트 관련 가족 사업을 하던 레지스탕스 동료 길버트 트리가노(Trigano · 2001년 사망)에게 군용 텐트 200개를 빌려 달라고 요청했다. 이들은 스페인 마요르카섬 알쿠디아 해변에 텐트를 설치하고 회비 300 프랑스프랑을 낸 회원들에게 잠잘 곳과 음식, 해변에서 여러 레포츠 활동을 즐길 수 있는 서비스를 제공했다. 2차 대전 참전 용사 등 300여명이 해변에 모여들었다. 세계 최초의 올—인클루시브 리조트 기업 클럽메드는 이렇게 시작됐다.

1950년 냉전이 시작된 유럽은 전후 복구가 한창이었다. 포성은 멎었지만 휴식, 여행, 행복 같은 단어는 아직 낯설게 느껴지던 그해 여름. '올—인클루시브(all-inclusive)'라는 새로운 여행 비즈니스 모델이 등장했다. 한 번의 가격 지급으로 리조트 안에서 숙박, 식사와 음료, 각종 레포츠 등을 추가 비용 없이 즐길 수 있는 종합 휴양 서비스였다. '올—인클루시브' 콘셉트를 처음 도입한 글로벌 리조트 기업 클럽메드(Club Mediterranee)는 60~70년대 선풍적인 인기를

얻으며 급성장했다. 60년대 중반 유럽을 중심으로 40여개의 리조트를 세운 이 회사는 70~80년대 5개 대륙 120여곳에서 리조트를 운영하는 황금기를 맞았다. 하지만 후발 주자들은 가만히 있지 않았다. 여행 · 숙박 업체들이 해양 스포츠 같은 서비스를 끼워 패키지 상품으로 내놓기 시작했고, PIC(Pacific Islands Club)처럼 '올—인클루시브' 콘셉트를 대놓고 모방한 업체도 등장했다.

"태양 아래
이 눈부신 리조트를
지키기 위해…
돈 안되는 건
다 때려 부쉈다"

1990년대 클럽메드는 시설 노후화와 성장 둔화로 위기를 맞았다. 1996년 급기야 창립자 중 한 명이 주주들의 손에 경영 일선에서 쫓겨났다. 9 · 11테러 후폭풍으로 2001~

▲ 앙리 지스카르 데스탱 CEO

▲ 자연과 스포츠를 즐길 수 있는 경치 좋은 곳을 선점한 클럽메드. 전 세계 120여곳에서 리조트를 운영하며 전성기를 누렸다. 1990년대 위기를 겪은 클럽메드는 고급화 전략으로 부활 중이다. 사진은 클럽메드의 몰디브 카니 리조트 모습. / 클럽메드 제공

2002년 잇달아 수천만 유로의 손실을 입었다. "클럽메드라는 브랜드와 상품의 '포지셔닝(positioning)'이 분명치 않다는게 문제였다. 치열한 경쟁과 함께 시장이 포화 상태에 달했고 고객층이 양분되고 있었다. 중저가 리조트로 일반 고객을 맞이하느냐, '업스케일(최고급·upscale)' 브랜드로 거듭나느냐. 선택의 기로에서 선 우리는 후자를 택했다."

지난 6일 클럽메드 파리 본사에서 만난 앙리 지스카르 데스탱(Henri Giscard d'Estaing·55) CEO는 "정치와 경영은 선택과 설득이 요구된다는 점에서 맞닿아 있다"고 했다. 그는 프랑스 보수파를 대표하는 발레리 지스카르 데스탱 전 대통령(85·재임기간 1974~1981년)의 아들이다. 20대 지방 의원으로 사회 생활을 시작한 그는 냉전시대 이념 대결이 끝나갈 무렵 기업인으로 변신했다.

"업스케일 전략에 따라 리노베이션조차 힘든 수십 개의 리조트를 문 닫는 과정은 고통스러웠다. 하지만 취하는 게 있으면 버리는 것도 있어야 한다. 경제든, 정치든, 그것이 선택의 본질 아닌가. 살기 위해 우선 버려야 했고, 직원과 고객을 설득해야 했다."

클럽메드의 올 상반기(2010년 11월~2011년 4월) 매출은 지난해 같은 기간보다 11% 증가(7억 5,400만 유로)했다. 영국 일간지 가디언은 최근 "90년대 막대한 손실에 허덕이던 클럽메드가 사업 내실화로 좋은 실적을 거두면서 다시 주목받고 있다"고 보도했다.

클럽메드에 1990년대는 '잃어버린 10년'과 같다. 비슷한 형태의 리조트 체인들과 경쟁이 치열해지면서 클럽메드의 성장세도 주춤했다. "유럽과 미국 등 선진국을 중심으로 여행·휴양 산업이 한창 성장할 때는 모든 고객층을 포괄하는 사업 전략이 성공적이었다. 하지만 시장이 성숙하고 정치적 이슈나 경제 위기 때문에 성장이 저하되기 시작하면 시장은 럭셔리 상품과 저가 상품으로 양분된다. 중간 지대의 상품과 고객은 줄어들 수밖에 없다."

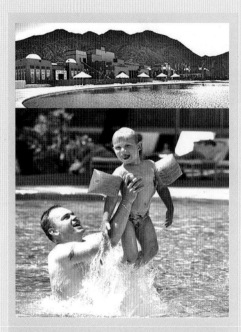

▲'올-인클루시브'휴양 서비스를 처음 만든 클럽메드 리조트에서는 레포츠 시설 이용료나 장비 대여료를 추가로 내지 않는다. 이집트 시나이 베이의 클럽메드 리조트(위)와 그리스의 한 클럽메드 리조트에서 물놀이를 즐기고 있는 GM(투숙객)의 모습. / 블룸버그

악재도 많았다. 1992년 아프리카 세네갈에서 승객 50여명을 태운 클럽메드 전세기가 리조트로 향하던 중 추락해 30명이 목숨을 잃는 사고가 발생했다. 사고 책임을 놓고 법정 공방이 거듭됐다. 1995년엔 이스라엘 북부 해안의 클럽메드 리조트가 레바논 게릴라 무장세력의 로켓포 공격을 받았다. 1명이 숨지고 8명이 부상했다. 이듬해 30여년 동안 클럽메드를 이끌던 트리가노 부자(父子)는 1억 1,300만 유로의 적자를 내며 경영 일선에서 쫓겨났다.

앙리 CEO는 "비즈니스 세계에는 불확실성이 상존하지만 90년대와 2000년대 초까지 클럽메드는 시장 안팎의 위기 요인들로

파산 직전까지 갔다"고 회상했다. 닷컴 버블로 경기가 악화됐고, 9·11테러로 여행·관광 수요가 급감했다. 클럽메드는 2001년 7,000만 유로, 2002년 6,200만 유로에 이어 2003년 9,400만 유로의 대규모 적자를 기록했다. 언론은 '늙었다(aging)', '지쳐 보인다(weary)' 따위의 수식어로 클럽메드를 표현했다.

▶"리조트에 집중하라. 최고급으로!"

<중략> 앙리 CEO는 2004년부터 본격적인 위기 극복에 나섰다. 사업의 초점을 클럽메드 비즈니스의 핵심인 '리조트'로 재조정하고 '업스케일' 전략을 선택했다. 그는 이를 "가치 전략(value strategy)"이라고 표현했다. 지난 9년 동안 리조트 50여개를 폐장했다. 대신 2005년부터 10억 유로의 예산을 투입해 리조트 20개를 새로 오픈했고, 70여개의 리조트를 업그레이드했다. 대부분 4~5트라이던트(trident) 리조트다. '트라이던트'는 클럽메드 CI에 있는 '삼지창'을 의미한다. 리조트 등급을 매길 때 사용하는 클럽메드만의 표현으로 호텔 등급을 표현하는 별(星)과 같은 개념이다. 2003년 103곳이던 리조트는 75곳(2010년 말)으로 줄었다. 동시에 4~5트라이던트 리조트의 비율은 2004년 25%에서 2009년 56%로 2배 이상 늘어났다. <중략>

"중저가 여행과 휴가를 즐기려는 사람들은 더이상 우리의 타깃이 아니다. 클럽메드는 그들을 위한 상품이 아니다. 우리는 고객층을 버리는 길을 선택해야 했다. 하지만 그 선택은 우리가 그 계층의 소비자를 싫어하기 때문이 아니라 그런 고객층을 놓고 다른

상품들과 더 이상 경쟁하지 않기로 했기 때문이다. 우리는 프리미엄 전략으로 승부한다. 이익률을 점점 높이고 있고, 이런 전략이 성공하고 있는 것이다." <중략>

'올—인클루시브'란… 여행 상품에 교통·숙박·식비·서비스 전부 제공
61년 전 클럽메드 창업자들이 처음 고안한 '올—인클루시브(all—inclusive)'는 리조트 안에 '모든 것이 들어 있는' 휴양 서비스다. 여행 상품을 구매하면 왕복 항공비와 공항~리조트 간 교통비, 숙박비, 하루 세 끼

식비와 과자류, 맥주·와인·칵테일 같은 주류와 음료 등 모든 서비스를 추가 비용 없이 제공받을 수 있다. 윈드서핑, 스노클링, 카약 등의 레포츠를 수준별로 배우고 즐길 때도 장비 대여료, 시설 이용료, 강습비가 추가로 들지 않는다. 라틴 댄스 같은 취미 활동과 게임을 즐길 때도 마찬가지다. 24개월 미만 아기, 만 4~10세 어린이 등 연령별 맞춤 서비스도 별도 비용 없이 이용 가능하다. 만약 리조트 밖에서 지역 관광 코스를 즐긴다면 별도 비용이 든다.

자료 : 조선비즈(2011.9.17)

4) 브랜드 충성도 전략

충성도는 마음에서 우러나서 특정 브랜드를 좋아하고 이용할 때 형성된다. 한 브랜드에 대한 충성도는 시간의 경과에 따라 굳어져 브랜드와 소비자 간의 장기적인 관계를 형성해 간다. 고객 입장에서는 그 브랜드가 삶의 일부가 되고 파트너가 된다. 브랜드 충성도는 모든 마케터의 최종 목표인데, 그 이유는 고객에게 반복 판매할 수 있는 것이야말로 기업이 존속할 수 있는 열쇠이기 때문이다.

하지만 브랜드 충성도를 단순히 반복 구매로 볼 수 없다. 고객이 기업과의 계약에 의해 한 브랜드의 반복 사용에 묶여 있을 수도 있고, 또한 다른 선택의 대안이 없어서 그냥 한 브랜드를 계속 사용하는 경우도 있기 때문이다. 이러한 경우를 가假 충성도spurious loyalty라고 한다. 고객이 해당 제품이 진정 좋아서가 아니라 어쩔 수 없이 계속 사용하게 되는 상황이기 때문이다. 기업이 계약 등의 관계로 고객이 다른 브랜드로 쉽게 옮겨 갈 수 없도록 전환 장벽switching barrier을 쌓아서 형성한 브랜드 충성도는 사상누각이다.

2. 저관여 소비자에 대한 마케팅 전략

실제로 복잡하고 포괄적 의사 결정을 사용하여 브랜드를 결정하는 경우는 많지

않다. 오히려 저관여 의사 결정이 더 보편적으로 일어나고 있다. 저관여 의사 결정이 많다고 가정하는 이유는 소비자가 복잡하게 사고하지 않고 행동할 수 있다고 가정하기 때문이다. 여기서는 저관여 소비자에 대한 광고, 가격, 유통, 판매 촉진, 그리고 고관여 상황으로 전환 등 다섯 가지 마케팅 전략에 대해 살펴본다.

1) 광고 전략

저관여 소비자에 대한 광고의 역할은 반복 노출을 통하여 인지도와 친숙성을 높이는 것이다Huston & Rothschild, 1978. 저관여 소비자는 메시지 내용에 대하여 거의 차이를 느끼지 못하기 때문에 반복 광고는 판매에 중요한 영향을 미칠 수 있다. 광고에 관심이 없을 뿐만 아니라 주의도 기울이지 않기 때문에 메시지 내용은 한 두 가지의 중요한 사항만을 강조하여 설득적인 시도를 하는 것이 바람직하다. 따라서 일단 한 번 써 보도록 유도하는 것이 중요하다. 식품 매장에서의 시식 코너가 좋은 예이다.

2) 가격 전략

저관여 소비자는 상표 비교를 거의 하지 않기 때문에 가격을 기준으로 상표를 선택하는 경향이 있으므로 가격 할인을 통하여 자사 상표를 선택하도록 자극하는 방법이 좋다. 이는 저관여 소비자가 가격 민감도와 상관 관계가 높다는 가정하에서 성립된다. 물론 경쟁 회사들도 이와 같은 전략을 똑같이 전개한다면 단순히 이윤을 감소시키는 결과를 초래할 수도 있으며 소비자를 더욱 저관여시킬 수 있다.

3) 유통 전략

저관여 소비자는 상표 탐색을 위한 노력을 거의 하지 않기 때문에 광범위한 유통망이 중요한 역할을 담당한다. 만약 상점 내에서 선호하는 상표가 없다면 다른 상표를 선택할 가능성이 높으므로 유통망을 확장시켜 다른 상표로 전환이 이루어지지 않도록 해야 한다. 패스트 푸드의 체인화가 그 좋은 사례이다.

4) 판매 촉진 전략

저관여 하에서 한 번으로 끝나는 촉진 유인책은 효과적이지 못할 수 있는데, 그 이유는 쉽게 다른 상표로 전환될 가능성이 있기 때문이다[Rothschild & Gadis, 1981]. <사례 5-3>과 같이 충성도가 비교적 낮은 음료 제품일 경우 품질과 가격 대비 혜택(예 건강)를 강조함으로써 판매를 촉진시킬 수 있다.

또다른 판매 촉진 전략으로 사은품 제공이나 제품 진열 기법을 이용할 수 있다. 일정 금액 이상 구매자에게 제공하는 사은품 증정은 고객의 비계획적 구매를 유도하는데 상당한 효과가 있다. 제품의 효과적인 진열은 구매 시점 광고[POP]로서 중요한 역할을 수행한다. 저관여 제품의 효과적인 진열 장소로는 통로 끝이나 눈에 잘 띄는 곳이다.

후발 브랜드일 경우 마케터는 관여도를 높이는 전략이 효과적일 수 있는데, 그 좋은 예가 이슈 마케팅이다. 대표적인 사례가 펩시콜라의 '블라인드 테스트' 마케팅 전략이다. 길에서 브랜드를 가린 두 개의 콜라 컵을 보여주고 소비자들에게 마시게 한 후, '어떤 제품이 맛있는가'를 물었을 때 사람들이 '펩시콜라 쪽이 더 맛있다'고 하는 장면을 보여준다. 이것은 기존의 코카콜라를 습관적으로 구매하는 소비자에게 '실제로 맛을 보면 펩시콜라가 더 좋다'는 이미지를 심어주는 것으로 공격적인 길거리 이슈 마케팅을 통해서 펩시가 콜라 시장에 성공적으로 진입한 사례이다. 하이트 맥주의 시장 우위 전략도 이에 해당한다. 기존 맥주 회사들이 '보리'를 강조할 때 하이트는 '물'을 강조하였다. 환경 오염으로 물에 대한 사람들의 경각심이 높아지던 시기에 '천연 암반수'를 내세워 관여도 자체를 바꾸어 버린 예이다.

사례 ⑤-3

주스도 '강남 스타일' ~ 강남 아줌마들 덕에
10배 비싼 착즙 주스 '불티'

압구정 현대 백화점 지하 식품관에 위치한 주스 진열대에는 50여 가지가 넘는 국내외 주스 브랜드가 입점해있다. 그 중 최근 들어 물건을 채우기가 무섭게 팔려나가는 코너는 착즙 주스 진열장 제품들이다. 착즙 주스란 가열하여 얻어낸 농축액을 물에 희석

압구정 현대 백화점과 신세계 강남점에서는 1주일 평균 4,500개, 이마트 역삼점과 양재점의 경우 평균 400개를 웃돌 정도로 판매량이 현저히 높다.

쁘띠첼 스퀴즈 오렌지는 국내 가공식품 업계 최초로 선보인 '생착즙 오렌지 주스'다. 생오렌지 본연의 향, 맛, 식감을 그대로 즐길 수 있다. 물 한 방울 넣지 않고 생오렌지 3개만을 짜서 담았으며, 일체의 첨가물을 섞지 않았다.

가열 살균 과정을 거치는 기존 농축액 희석 주스와 달리 초고압 살균 방식을 적용해 유통기한은 15일로 짧다. 또한 당도 12브릭 이상의 오렌지를 자체 설립한 착즙 공장 착즙기로 짜낸다. 스퀴즈 오렌지는 백화점과 대형 마트, 편의점, 커피 전문점 등에 입점한 상태다.

하거나 휘발된 맛과 향을 살리기 위해 첨가물을 넣는 일반 농축 주스와 달리 생과일만을 짜서 담아 과채 본연의 영양 성분을 그대로 가지고 있는 주스다. 착즙 주스는 불과 얼마 전까지만 해도 고급 호텔이나 카페, 백화점 신선코너에서 구매할 수 있었다. 최근 본격적으로 제품화되자마자 인기몰이 중이다.

먼저 강남권 백화점이나 마트에서 주부들 사이에 입소문이 나면서 인기를 모았다. 한 백화점 관계자는 몸에 좋은 건강한 식재료에 대한 남다른 정보력을 갖춘 강남 주부들 사이에 착즙 주스가 유독 인기가 높아 일명 '강남주스'로 통한다고 귀띔했다.

▶ CJ제일제당 쁘띠첼, 국내 최초 착즙 주스 '스퀴즈 오렌지' 출시하며 강남주스 안착

올해 6월 국내 최초로 착즙 주스 제품인 '쁘띠첼 스퀴즈 오렌지'를 출시한 바 있는 CJ제일제당의 매출 조사에 따르면(2012년 8월 8일 기준) 강남권 주요 백화점 2곳의 매출이 강북권 주요 백화점 2곳에 대비하여 약 8배 정도 높게 나타났다.

강남에서도 최신 트렌드에 가장 민감한

▶ 착즙 주스 열풍! 분당, 청담에 착즙 주스 카페테리아, 착즙 주스바 등장

착즙 주스의 인기는 제품 매출을 넘어 새로운 식문화 공간까지 만들어내고 있다. 집에서 직접 주스를 착즙해 먹는 사람들이 늘면서 착즙기 '휴롬'은 올해 연 매출을 작년 대비 2배 가까이 증가한 3000억 원으로 전망하고 있을 정도다. 이런 추세에 힘입어 휴롬은 21일에 경기도의 강남으로 불리는 분당에 '휴롬팜'이라는 착즙 주스 카페테리아를 오픈했다.

또한 지난 7월 청담동에 오픈한 신세계의 프리미엄 푸드마켓인 'SSG 푸드마켓'은 착즙 주스의 트렌드를 반영해 지난달 초 착즙 주스바인 '마이분 주스바'를 오픈했다. 신선

한 과일과 채소를 즉석에서 직접 갈아 판매
하는 공간이다.

▶ 소비자들 조금 비싸도 더 건강에 좋은 프
리미엄 제품 찾는 경향

착즙 주스 한 병의 가격은 최소 3,500원
에서 최대 14,000원으로 일반 주스 대비 2
배에서 많게는 10배까지 높다. 이런 높은 가
격에도 불구하고 이마트에서 보고한 2012 상
반기 음료부분 매출 보고에 따르면 전반적인
주스 매출은 감소했으나 스퀴즈 오렌지와 같
은 비가열 주스 부분은 성장했다.

불황 속에서 한 잔의 음료조차 품질과 가
격 대비 메리트를 꼼꼼히 따져 소비하는 경
향이 뚜렷해졌기 때문으로 분석된다. 유정
민 CJ제일제당 쁘띠첼 브랜드 매니저는 "트
렌드에 민감하고 건강에 관심이 많은 강남
권 주부들 사이에 '강남주스'로 입소문 난
덕분에 현재 강남권에서의 매출이 월등히

높은 편이다"며 "2030대가 주로 가는 커피
숍을 중심으로 꾸준히 소비가 확산되고 있
다"고 전했다.

유 매니저는 "음료는 본래 소비자 충성도
가 비교적 낮은 제품에 속하지만 한 번 착즙
주스를 마셔 본 소비자는 신선함과 건강한
맛에 반해 착즙 주스를 다시 찾는다"며 "착
즙 주스의 인기는 이제 시작일 것이다"고
전망했다.

자료 : 매일경제(2012.8.17)

5) 고관여 상황으로 전환

보통 음료수는 상황에 따라 깊은 고민 없이 선택하거나 혹은 주는 대로 마시게
되는 저관여 제품이다. 그러나 소비자 자신의 건강이나 미용 등과 관련되면 고관
여가 된다. 좋은 예로서 한국야쿠르트는 하루야채를 출시하면서 건강과 미용이란
고관여 제품과 연결한 마케팅 메시지를 전달하여 성공적으로 시장에 진입하였다.
또 다른 예로서 풀무원은 바른 먹거리를 표방하면서 양질의 콩을 사용한 두부와
농약 대신 친환경으로 재배한 콩나물을 시장에 출시하였다. 이 회사는 기존 제품
의 위험도를 상황적으로 부각시키면서 동시에 소비자의 건강을 환기시켜 관여도
를 증가시켰다그림 5-9 참조.

▶ **그림 5-9** 고관여 상황으로 전환한 광고 사례

한국야쿠르트 하루야채	풀무원 콩나물

* 자료 : 한국야쿠르트 홈페이지

* 자료 : 밥상머리뉴스(2018.2.22.)에서 재인용

PART 3

구매 의사 결정의 내부 영향 요인

태도와
관광 행동

제1절   태도의 구조와 특성
제2절   태도의 기능과 예측 모델
제3절   태도와 구매 행동
제4절   태도 형성과 마케팅 전략

학습목표

이 장을 학습하고 나면 학생들은 다음의 내용을 이해하게
될 것이다.

1 단일 차원의 태도
2 다차원적 태도
3 태도 형성의 영향 요인
4 태도의 특성
5 태도 이해의 중요성
6 태도의 기능과 예측 모델
7 태도와 구매 행동 관계
8 Fishbein의 다속성 태도 모델
9 다속성 태도 모델의 한계점
10 태도 모델 및 이론과 마케팅 전략

구매 의사 결정 과정에 영향을 미치는 요인은 내부 요인과 외부 요인으로 구분된다. 외부 요인은 가족, 준거 집단, 사회 계층, 그리고 문화를 포함한다. 내부 요인은 태도, 학습, 동기, 성격, 라이프 스타일 등을 포함한다. 여기서는 내부 요인인 태도에 대해 살펴본다. 태도는 소비자 행동 연구에 있어서 가장 중요한 개념으로 다루어져 왔다. 마케터들은 소비자의 제품과 상표에 대한 태도를 연구하는 데 많은 비용을 지불하고 있다. 또한, 광고, 판매 촉진, 그리고 다른 형태의 설득을 통하여 호의적인 태도를 형성하고 이들이 구매 행동에 어떠한 영향을 미치는지 비용과 시간을 할애하고 있다.

태도가 행동에 영향을 미치는 요인이라는 사실은 인정하고 있지만 태도와 행동 간의 일관성에 대해서는 여전히 논란이 일고 있다. 연구자들은 소비자는 제품이나 상표에 대한 태도가 호의적이면 호의적일수록 그 제품이나 상표를 구매·사용할 가능성은 높아진다는 가정을 믿고 또 이 가정 밑에서 행동하고 있다고 가정한다. 또한 대부분의 사람들은 태도가 무엇인가에 대해 직관적으로 이해하고 있다.

태도 연구의 목적은 특정 대상(예 제품, 서비스, 브랜드 등)에 대해 소비자의 태도를 변화시켜 그 대상을 구매하도록 하는 데 있다. 그러나 태도는 관찰이 불가능하므로 태도로 인해 야기되는 행동을 통해 태도를 유추하게 된다. 따라서 마케터들은 자사 제품이나 브랜드에 대해 소비자로 하여금 호의적인 태도를 형성하도록 하기 위하여 적절한 마케팅 전략을 수립해야 한다. 여기서는 태도의 개념과 구조, 태도의 기능과 예측 모델, 태도와 구매 행동, 그리고 태도 형성과 마케팅 시사점에 대해 살펴본다.

▶ 그림 6-1   제6장 요약도

제1절 태도의 구조와 특성	제2절 태도의 기능과 예측 모델	제3절 태도와 구매 행동
• 태도 개념 • 태도 형성의 영향 요인 • 태도의 구성 요소 • 태도 특성	• 태도 이해의 중요성 • 태도 기능 • 태도 예측 모델	• 태도와 행동 • 구매 의도와 행동 • 태도-구매 행동 영향 요인 • 태도-구매 행동 예측 이론

제4절 태도 형성과 마케팅 전략	• 다속성 태도 모델을 이용한 마케팅 전략 • 합리적 행동 이론을 이용한 마케팅 전략

제1절 태도의 구조와 특성

태도는 종종 습관이나 가치 혹은 의견 등의 개념과 혼용되고 있다. 습관은 태도와 마찬가지로 학습되며 지속성이 있다. 습관은 규칙화된 행동의 패턴을 일컫는 반면에 태도는 그 자체가 행동을 나타내는 것으로 인식되고 있다. 가치는 개인이 추구하고자 하는 궁극적 목표이자 이상으로서 태도보다 더 광범위하고 일반적인 개념으로 쓰이거나 여러 가지 태도들을 전체적으로 강조하는 데 사용된다. 의견은 인지적 판단을 단순하게 일컫는 말로 사용되며 태도는 인지적 판단이 아닌 감정적 요소를 함축하면서 여러 개의 세부 요소를 포함하는 분화된 개념이다.

태도가 중요한 것은 소비자의 구매 행동에 가장 큰 영향을 미치는 요인 중의 하나이기 때문이다. 결과적으로 마케터는 태도를 변화시키려고 하기 전에 태도를 왜 갖게 되는지 아는 것이 도움이 된다. 본 절에서는 태도의 개념, 태도의 구성 요소, 그리고 태도의 특성에 대해 살펴본다.

1. 태도 개념

태도라는 용어는 라틴어의 'aptus'에서 유래된 것으로 자세 또는 신체적 모양을 의미한다. 개인이 취하는 신체적인 자세 혹은 태도에 따라 사람이 다음에 취할 행동이 무엇일지 추측할 수 있다[Mackenzie & Spreng, 1992]. 태도는 17세기 후반부터 사회 과학 연구의 대상으로 고려되기 시작했으나 당시는 주로 행동을 설명할 수 있는 매개 요소로서 취급하였다.

Bettinghaus와 Cody[1987]는 사물에 대해 느끼는 좋음과 싫음의 감정이라 하여 태도를 호好·불호不好의 감정으로 정의하였으며, Bem[1970]은 태도를 사물, 사람, 또는 이슈에 대해 가지는 일반적이거나 지속적인 긍정적·부정적 감정으로 정의하였다. Allport[1935]는 태도를 어떠한 대상에 대해 일관적으로 호의적 또는 비호의적으로 반응하는 학습된 선유경향[learned predisposition[1])이라 정의하였다.

1) Learned Predisposition(선유경향) : 선유경향은 소비자가 어떤 대상에 대해서 특정한 방법으로 지각하거나 행동하도록 하는 특성이다.

다시 말해, 태도는 어떤 대상에 대해 긍정적 혹은 부정적 평가라 할 수 있다. 가령, 서울 시내 A레스토랑에서의 식사는 매우 좋았다고 한다면 이 레스토랑에 대해 긍정적인 평가를 가지고 있다고 볼 수 있고, 이는 긍정적 태도가 형성되고 있다고 할 수 있다. <사례 6-1>은 소비자가 자신의 호감도를 향상시키기 위해 많은 노력하고 있으며 이를 충족시키기 위한 호텔 업계의 마케팅 사례를 소개하고 있다.

사례 ⑥-1

'금남의 벽' 허물고 외모 가꾸기 열중

그루밍족, 호텔 스파에 빠지다

술·담배로 손상된 피부 회복 등 스파·피부 관리 전문 숍 프로그램

'2030 남성' 신소비층 부상

"관리받는 남성 비율 25%까지 급증"

꾸미는 남자, 이른바 그루밍(Grooming)족이 최근 특별한 장소를 찾고 있다. 영원한 '금남의 구역'으로 남을 것 같던 호텔 스파나 피부 관리 전문 숍을 찾아 자신을 가꾸는 데 투자를 아끼지 않는 그루밍족이 늘고 있다. 남성 뷰티 시장은 해마다 8% 이상의 가파른 성장세를 보이고 있다. 특히 여성 전용 스파 업계에는 남성을 위한 장소가 잇따라 생기고 있다. 스파는 피부 관리실과 같은 개념으로 마사지, 스킨 케어, 피부 경락 외에 특별한 관리를 받을 수 있는 곳이다.

스파의 대중화(공급)와 그루밍족의 확산(수요)이 맞아떨어지면서 2030 남성들이 스파업계의 신소비층으로 떠오르고 있다.

남성만을 위한 스파 패키지나 케어 서비스, 상품 등이 개발돼 관심을 모으고 있다.

지난해 강남 논현동에 오픈한 오셀라스는 남성 전용 관리 프로그램으로 그루밍족의 지갑을 열게 한 곳이다. 스파에코, 스파 인 뉴욕 등 스파숍들이 다양한 남성 전용 스킨·보디 케어 프로그램을 출시한 적이 있다. 남성 전용 피부 관리 프로그램은 여드름 피부, 칙칙한 피부색, 담배나 술로 인해 손상된 피부 회복 등 남성 피부의 문제점을 해결해준다.

스파 업계의 한 관계자는 "피부 관리를 받는 남성 비율이 과거 한 자릿수에서 25%까지 급증했다"며 "호감 가는 인상을 가꾸기 위해 스파를 찾는 남성들이 많다. 자기 관리에 대한 시간이 상대적으로 늘며 남성 이용률이 높아졌다"고 말했다.

그루밍족 마케팅은 호텔 업계가 가장 적극적이다. 파크 하얏트 서울은 남성 뷰티 브랜드 랩시리즈와 손잡고 남성 피부 관리를

관리, 피부 톤을 맑고 화사하게 해주는 퓨리파잉(Purifying) 트리트먼트, 피부 깊숙이 수분과 영양을 공급해 주는 하이드레이팅(Hydrating) 트리트먼트, 주름을 완화시키고 탄력 있는 피부로 가꾸는 리쥬비네이팅(Rejuvenating) 트리트먼트로 나눈다.

더 리버사이드 호텔은 지난해 9월부터 국내 호텔 최초로 최대 규모의 남성 전용 스파 시설인 '더메디스파'를 열었다. 3,966 m² 규모로 지어진 이 시설은 치하는 '파크 클럽 맨스 케어 트리트먼트'를 2월부터 석 달간 선보인다. 남성 스파 고객을 대상으로 하는 이 프로그램은 피부 타입에 맞는 관리를 제공한다. 랩 시리즈는 이 프로그램을 위해 최고가 라인인 '맥스 LS' 제품을 주로 사용한다. 남성의 피지, 모공 유를 목적으로 관리를 돕는다. 한의사가 상주하면서 혈압, 체지방 등의 무료 건강 진단을 돕고 컨설팅 서비스를 제공하고 있다.

자료 : 주간한국(2012.1.23)

2. 태도 형성의 영향 요인

Costello 등은 태도 형성에 미치는 영향요인으로서 문화, 집단의 성원 자격, 가족, 동료 집단 등을 들고 있다. 그들에 따르면 태도는 이러한 요인들에 의해 학습된다는 것이다. 이에 대한 설명은 다음과 같다.

1) 문화

문화란 한 사회가 갖는 관습이나 전통 등을 의미하며, 한 개인의 성격이나 행동, 특히 그의 태도 형성에 결정적인 영향을 미치게 된다. 문화는 의식주衣食住는 물론 인간 관계에 대한 우리의 태도 그리고 우리의 정치적 견해에 이르기까지 모든 것에 영향을 준다. 예컨대 한국 사람들은 말고기나 원숭이 고기를 혐오스러운 식품으로 간주하는 반면에 어떤 곳에서는 진미珍味로 간주 되고 있다.

2) 집단의 성원 자격

개인은 태어나면서 그리고 사회 생활을 하면서 다양한 집단에 소속된다. 소속되어 있는 집단의 구성원 자격(예 정회원, 평생 회원, 임시 회원 등)에 의하여 어떤 태도를 학습해야 하는가에 관한 규범과 기준을 익히게 된다. 그리고 때때로 개인이 접하는 다른 집단의 태도들은 그 자신과 서로 마찰을 빚을 수가 있다.

3) 가족

개인의 태도 형성에 가장 큰 영향을 미치는 요인은 가정과 그의 가족들이다. 즉, 한 개인의 사고 방식, 행동 양식, 그리고 태도 등은 그가 성장하면서 소속되어 있던 가정과 가족들에 의해 크게 영향을 받는다.

4) 동료 집단(혹은 준거 집단)

사회에서 한 개인이 타인이나 사회에 대해 가지는 태도는 자연히 그가 속한 집단이 가지고 있는 준거 틀을 벗어나지 못한다. 그러므로 자신과 함께 일하는 동료 집단은 개인의 태도에 영향을 주어 공통된 규범을 지켜나가게 된다. 특히, 준거 집단은 자신들의 규범에 상충하는 태도를 지닌 개인에게 자신들의 규범에 동조하도록 영향을 미친다.

3. 태도의 구성 요소

태도의 개념화는 세 가지 차원과 단일 차원의 견해로 나누어 볼 수 있다. 태도를 세 가지 차원으로 이해하는 관점을 구조적 접근법이라고 하고 단일 차원으로 이해하는 관점을 개념적 접근법이라 한다. 여기서는 이에 대한 내용뿐만 아니라 태도의 ABC 모델에 대한 내용도 소개한다.

1) 구조적 접근법

구조적 접근structural approach으로 보는 관점은 태도를 다차원으로 해석한 것이다. 즉, 태도는 개인의 인지적, 감정적, 그리고 행동적 측면에서 어떤 대상물에 대하여 감지하고 반응할 준비가 되어 있는 정신적·심리적 상태를 말한다. 이 접근법은 태도의 개념을 확대 해석한 것으로 1950년대 후반까지 주류를 이루었다. 이 견해에 따르면 태도는 <그림 6-2>와 같이 세 가지 요소로 구성된다.

▶ 그림 6-2 태도의 세 가지 하위 차원

* 자료 : Engel, F., Blackwell, R. D., & Miniard, P.W(1995). Consumer behavior(8thed.). The Dryden Press, p.364.

(1) 인지적 요소

태도의 인지적 요소cognitive component는 어떤 대상에 대한 개인의 주관적 지식이나 신념을 말한다. 예를 들어, 소비자는 'Sanka는 인스탄트 커피이다, 카페인이 없다, 향기가 진하다, 물에 잘 녹는다' 등 태도 대상의 각 속성에 대한 신념자신의 주관적 판단을 갖고 있다. 이러한 신념은 소비자가 그 태도 대상에 대해 '믿는 바'이다.

(2) 감정적 요소

태도의 감정적 요소affective component는 어떤 대상에 대해 개인이 가지고 있는 감정이나 느낌 혹은 전반적인 평가를 의미한다. 즉, 특정 대상물에 대해 가지는 호의적호감 또는 비호의적비호감, 긍정적 또는 부정적인 느낌을 말한다. 단일 차원에서의 태도의 개념은 이 감정적 요소만을 의미한다. 예를 들어, '제주도는 따뜻하고 이국적인 분위기가 나서 좋아한다'와 같은 표현이 이에 해당한다. 사람들은 반복되는 일상으로부터 탈피하여 새로운 장소에 가서 새로운 경험을 하고 싶어 하는 욕구가 있기 때문에 이국적인 정취와 색다른 문화를 제공하는 관광지를 선택하게 된다. 관광객은 관광지의 물리적 특성보다는 관광지에서의 경험적 가치로부터 기쁨, 행복, 즐거움, 신기성 등의 감정을 얻기 위해 관광을 떠난다Uzzell, 1987.

(3) 행동 의도적 요소

행동 의도적 요소conative component는 어떤 대상과 관련하여 특정한 행위나 방법으로 행동할 가능성이나 의도 혹은 경향 의미한다. 따라서 소비자가 제품에 대한 구매 여부, 구매 의도, 추천 의도를 포함하는 개념이다. 가령, '다가오는 여름휴가를 가족과 함께 디즈니월드를 방문하려고 한다'와 '나는 제주도를 꼭 여행하고 싶다'는 의도적 요소이다.

2) 개념적 접근법

1960년대 이후 태도 관련 많은 연구들은 태도를 개인의 주관적·감정적 요소에 국한하여 측정하였다. 이에 따라 점차 태도는 감정적 요소의 단일 차원으로 해석하는 개념적 접근법이 주류를 이루게 되었다. <그림 6-3>처럼 태도의 세 가지 차원 중에서 오직 감정적 요소만을 태도로 간주한다. 인지적 요소와 행동 의도적 요소는 태도로부터 분리되어 각각 신념과 행동 의도로 개념화되고, 인지적 요소는 태도의 선행 요인으로 행동적 요소는 태도의 결과 요인으로 취급된다.

▶ **그림 6-3** 태도의 단일 차원 견해

인지 [신념] → 감정 [태도] → 의도 [행동 의도]

태도가 다차원이든 단일 차원이든 어떤 대상에 대한 긍정적 혹은 부정적 느낌 혹은 평가으로 개념화하는 데 있어서는 대부분의 학자들이 동의하지만, 다음과 같이 세 가지 차이점이 존재한다. 첫째, 단일 차원론은 세 가지 하위 차원론의 인지, 감정, 그리고 행동 의도 중에서 감정만을 태도로 취급한다. 둘째, 다차원론에서는 인지를 지식으로 취급하나 단일 차원에서는 인지를 그 사물에 대한 신념knowledge으로 취급하며, 이러한 신념이 태도의 기본이 되어 구매 의도, 즉 행동으로 이어진다고 보는 것이다. 마지막으로, 단일 차원 입장에서는 태도 요소들 간에 인과 관계가 형성되는 것으로 보고 있다(인지 → 감정 → 의도).

3) 태도의 ABC 모델

태도 형성에 있어 신념의 역할을 더욱 강조하여 발전시킨 것이 ABC 모델Af-

▶ 그림 6-4 태도의 ABC 모델

ⓐ 신념 → 감정 → 행동 → 인지적 정보 처리에 기초한 태도

ⓑ 신념 → 행동 → 감정 → 행동적 학습 과정에 기초한 태도

ⓒ 감정 → 행동 → 신념 → 쾌락적 소비에 기초한 태도

* 자료 : Solomon, PT, R.(2009). Consumer behavior(8th ed.) Pearson prentice Hall. p.285.

fect, Behavior, Cognition이다. 이는 태도를 구성하는 신념, 감정, 행동의 상호 작용을 통해 어떤 대상에 대한 성향이나 관여도의 깊이에 따라 <그림 6-4>처럼 세 가지 모델로 구분된다.

그림 ⓐ(신념 → 감정 → 행동)는 인지적인 정보 처리에 기초하여 감정이 형성되고 구매 행동으로 이어지는 태도를 나타낸 것이다. 소비자는 어떤 제품의 속성에 관한 지식신념을 모음으로써 그 제품에 대해 신념을 형성하고, 이들 신념을 평가하고, 그 제품에 대해 느낌affect : 감정을 형성하게 되는데 좋은 느낌을 가지게 되면 구매 행동으로 이어지게 되는 것이다. 이는 소비자가 어떤 제품에 대해 고관여되어 있다고 가정하고 있다. 예를 들면, 로얄 캐리비안사의 인지도에 대한 신념이 해당 브랜드에 대한 호의적인 감정을 유발하여 크루즈 여행 상품 구매로 이어지는 것이다.

그림 ⓑ(신념 → 행동 → 감정)는 일정 신념에 의해 구매 행동이 일어나며 그 결과로서 감정이 형성된다고 본 것이다. 이는 태도가 제품 구매 후 그 제품에 대해 좋거나 나쁜 경험에 의해 강화되는 행동적 학습을 통해 일어나는 것과 같다. 행동주의적 학습 과정에 기초하여 태도가 형성되는 경우로서, 이는 일반적 신념을 바탕으로 바로 구매 행동으로 이어지므로 저관여 상품에 대한 구매에서 주로 일어난다. 예를 들면, 코카콜라가 갈증 해소에 도움이 된다는 일반적인 신념하에서 구매 행동을 하며 그 후에 코카콜라에 대한 호의적인 감정이 나타나는 것이다.

그림 ⓒ(감정 → 행동 → 신념)는 감정적 충동으로 구매 행동이 일어나고 차후 신념이 형성되는 것으로 쾌락적 소비에 기초한 태도 형성이다. 이러한 태도 형성은 제품의 포장 디자인, 광고, 브랜드 네임과 같은 자극 등에 의해 크게 영향을 받

을 수 있다고 가정한다. 예를 들어, 갈증을 해소하기 위해 코카콜라를 구입했는데 갈증이 말끔히 해소되어 코카콜라에 대한 신념이 차후 형성되는 것이다.

4. 태도 특성

태도는 경험이나 학습을 통해 형성된다. 또한, 태도는 개인으로 하여금 특정 대상에 대해 지각하고 행동하는 데 있어 일관된 방향으로 반응하도록 직접적인 영향을 준다. 태도는 다음과 같이 여섯 가지 특성을 가지고 있다그림 6-5 참조.

▶ 그림 6-5 태도의 특성

1) 대상의 존재

태도는 반드시 어떤 대상object에 대해 존재한다. 대상은 사상과 이념과 같은 추상적 개념일 수도 있고, 유형의 재화, 사람, 또는 어떤 행동일 수도 있다. 소비자는 특정 제품, 브랜드, 또는 점포에 대해 태도를 가질 수 있고 특정 브랜드를 구매하는 행동에 대한 태도를 가질 수도 있다.

2) 방향성과 강도

방향이란 대상물에 대한 반응의 방향으로서 이를 테면 긍정적 또는 부정적, 호의적 또는 비호의적, 찬성 또는 반대, 좋음 또는 싫음 등과 같이 대상물에 대한 상반된 평가적 감정을 말한다. 태도의 강도는 태도에 대한 확신 및 신념 정도를 말하는 것으로서 얼마만큼 분명한 신념하에서 태도가 형성되었는지에 따라 태도의 강도에는 차이를 보이게 된다.

3) 일관성

태도는 일관적 또는 지속적이다. 어떤 사물 또는 행동에 대한 태도가 형성되면 사람들은 그 태도를 좀처럼 바꾸려 하지 않는다. 그 이유는 세 가지 태도 요소 중 한 가지가 변화하면 나머지 요소들도 연관된 영향을 받기 때문이다. 예를 들어, 자기가 싫어하는 관광지에 대해 친구로부터 긍정적인 말을 듣게 될 경우, 일시적으로는 그 지역에 대한 태도가 달라지는 듯하나 그 후 그 관광지의 단점이 조금이라도 눈에 띄면 '그러면 그렇지'하고 원래의 부정적인 태도로 곧 돌아가 버린다.

4) 학습성

태도는 선천적인 것이 아니라 일상적 구매 경험을 통해 또는 제품을 소비하는 학습을 통해 형성된다. 즉, 태도는 후천적으로 형성되기 때문에 다양한 마케팅 자극들에 의해 변화될 수 있다. 따라서 마케터는 광고를 하고, 이메일을 보내고, 경품 이벤트를 실시하기도 하는 것이다. 하지만 한번 형성된 태도가 지속성을 갖지만 그렇다고 변화되지 않는다는 뜻은 아니다. 새로운 정보를 접하면서 기존의 태도를 더 강화할 수도 있고 기존의 태도를 정반대로 변화시킬 수도 있다.

5) 관찰 불가능

태도는 직접 관찰할 수 없다. 태도는 마음속에 들어 있는, 즉 정신적인 상태이기 때문에 겉으로 보이지도 않고 관찰할 수도 없다. 다만, 질문이나 관찰 등을 통해 간접적으로 추론할 수 있다. 이러한 태도의 특성이 바로 태도를 측정하기 어렵게 만드는 이유이다.

6) 행동 유발

태도는 행동으로 나타날 수 있다. 호의적인 태도는 호의적인 행동으로 비호의적인 태도는 비호의적인 행동으로 나타날 수 있다. 이처럼 태도의 방향은 행동의 방향과 일치하게 된다. 따라서 특정 제품이나 서비스에 대한 호의적인 태도는 구매로 나타날 가능성이 높다.

제2절 태도의 기능과 예측 모델

동일한 제품을 선호하더라도 태도는 다를 수 있다. 그 이유는 태도의 기능으로 설명할 수 있다. Katz(1960)는 태도의 기능을 실용적, 가치 표현적, 자아 방어적, 그리고 지식 기능으로 분류하였다. 여기서는 태도 이해의 중요성과 그 기능 그리고 태도의 예측 모델에 대해 설명한다.

1. 태도 이해의 중요성

장기적으로 바람직한 태도는 바람직한 행동을 유도하여 구매 혹은 조직의 성과를 향상시키는 데 기여한다. 따라서 개인의 행동을 이해하는 데 있어서도 태도는 몇 가지 측면에서 중요한 역할을 한다.

첫째, 개인의 태도가 어떻게 구성, 형성, 그리고 변화되는지 이해하게 되면 행동을 예측할 수 있게 된다. 고객에게 신제품을 어떻게 소구할 것인가는 마케터에게 큰 고민이다. 신제품에 대해 고객이 가지는 태도는 각각 다르기 때문에 긍정적인 태도를 심어주어야 한다. 태도는 곧 행동으로 연결될 수 있기 때문에 고객의 마음속에 형성된 태도를 파악하고 예측할 수 있다면 마케터는 고객의 행동을 예측 가능하게 된다.

둘째, 태도를 활용해 다양한 마케팅 전략을 활용할 수 있다. 해외 여행과 같은 고관여 제품에 대한 소비자의 태도는 변화시키기 어렵다. 이에 반해 생필품과 같은 저관여 제품은 그 제품에 대한 몰입 정도가 약하기 때문에 태도를 변화시키기 용이하다. 제품과의 자아 동일성이 거의 없거나 감정적 애착이 거의 없는 경우 또는 그 제품과 연관되는 상징적 가치가 없거나 낮은 경우 고객의 태도는 쉽게 변한다.

셋째, 태도는 시장 세분화의 기준 역할을 한다. 예를 들어, 어떤 브랜드에 대해 소비자의 성별 그리고 연령별 호의적, 중립적, 그리고 비호의적 집단으로 시장 세분화할 수 있다. 호의적 태도 집단은 다시 현재 자사의 제품을 이용하는 고객 집단, 잠재 고객 집단, 그리고 비고객 집단으로 나눌 수 있다.

마지막으로, 마케터에게 새로운 사업의 기회를 제공해 줄 수 있다. 오늘날 여가는 삶의 중요한 부분을 차지하고 있다. 여가는 개인 입장에서는 휴가를 뜻하지만 기업 입장에서는 소비자 취향의 변화와 이에 따른 새로운 비즈니스 기회의 창출을 의미한다. <사례 6-2>는 여가 트렌드가 새로운 비즈니스 기회 창출에 기여하고 있음을 설명해 주고 있다.

사례 ⑥-2

여가 트렌드 교차로에서 사업 기회 잡아라

<중략>

▶ 한국 여가 트렌드의 기본적 변화

기업은 앞으로 여가의 모습이 어떻게 달라질 것이며, 이로 인해 소비 시장에 어떤 기회가 생겨날 것인지에 촉각을 곤두세워야 한다. 국내 여가 트렌드에서 가장 두드러지는 특징은 여가의 향유 계층과 그 종류가 다양해진다는 점이다. 이를 도식적으로 나타낸 것이 <그림1>이다. <그림1>은 여가 활동의 형태가 '고시간-고비용/저시간-저비용'에서 '고시간-저비용/저시간-고비용'으로 움직이고 있음을 설명한다.

과거의 여가는 '시간과 돈이 있는 계층' 또는 '돈은 없지만 시간이 많은 계층(대학생, 전업주부, 은퇴 이후의 노년층)'에 한정돼 있었다. 부유층은 해외 여행과(지금은 비용이 많이 낮아졌지만) 골프, 스키 등 시간과 돈이 모두 많이 드는 활동을 즐겼다. 직장인들은 어쩌다 생기는 여가 시간을 TV나 비디오 시청, 낮잠, 영화 관람 등의 수동적 여가 활동으로 채웠다. 이는 여가라는 영역이 시간과 돈의 확보에 따라 확연하게 양극화됐음을 뜻한다.

그러다 2000년대에 들어 △직장에 대한 개념의 변화(외환 위기의 영향이 컸음) △기성 세대와 판이하게 다른 직업관 및 노동관을 가진 X세대의 사회 진출 △여성들의 사회 참여 등 변화가 일어나면서 일과 삶에 대한 '다른 생각'이 생겨나기 시작했다. 개인화가 지속되면서 직장 중심의 문화가 가족 중심의 문화로 전환된 탓도 컸다. 이에 따라 최근에는 이전과 다른 '고시간-저비용'과 '저시간-고비용'이라는 새로운 형태의 영역들이 여가 활동의 중심이 되고 있다.

우선 사람들의 취향이 개성화·고급화되면서 평소 쉽게 할 수 없는 일(명사와의 식사)이나, 특별한 기술(최고급 레스토랑의 셰프에게 배우는 요리 강좌, 와인 클래스)에 대한 비용 투자도 아깝지 않게 생각하는 사람들이 늘어나고 있다. 이런 사람들은 여가 활동을 통해 차별화된 경험을 추구하며, 이를 통해 라이프 스타일을 업그레이드하기도 한다. 최근에는 아마추어로 시작했던 여가 활동이 강화되면서 프리랜서 전문가로 직업을 바꾸는 경우도 있다.

[그림 1] 여가 활동의 다양화

동시에 여가를 즐기기 위해서는 비용과 시간을 많이 들여야 한다는 과거의 고정 관념을 버리고, 개인의 라이프 스타일에 따라 시간과 비용의 자원 투입을 조절하는 다양한 여가 형태도 나타나고 있다. 주 5일제 도입 이후 한국인들이 선택한 가장 보편적 여가 활동인 등산이 대표적인 예이다. 등산은 비교적 저렴하게 즐길 수 있고, 개인의 능력에 따라 행선지와 소요 시간을 조절할 수도 있다.

▶ 생각만큼 단순하지 않은 여가 트렌드

① 일과 여가의 경계 붕괴 기술과 산업의 발달은 일과 여가의 융합을 가져오고 있다. 일과 여가의 결합은 앞으로 전개되는 거의 모든 여가 트렌드에 직간접으로 강한 영향을 미칠 것이다. 먼저, 정보 기술(IT)의 발달은 사람들이 굳이 회사 책상 앞에 앉아 있지 않아도 언제 어디서나 업무를 볼 수 있게 해 준다. 이제는 공항의 라운지나 PC방, 심지어 휴대용 블랙베리를 통해서도 e 메일을 주고받으며 업무를 처리할 수 있다. <중략>

② 일·여가 경계 붕괴에 저항하고 2개의 삶 추구 반면 복잡해지는 삶이나, 일과 여가의 경계 붕괴에 저항하면서 일과 여가를 완벽히 구분하려는 움직임도 거세다. 최근에는 유명 관광지보다는 일상 생활을 완전히 잊을 수 있는 오지 여행을 선호하는 사람들이 점점 증가하고 있다. 퇴근 후에는 아예 휴대 전화를 꺼놓거나(after 6 shutter), 개인 생활용으로 휴대 전화를 하나 더 구입하는 등 철저히 일과 단절된 여가를 즐기려는 사람들도 늘어나고 있다.

③ 불황과 안전 추구의 영향으로 가정과 일상에서 여가 즐기기 이 트렌드는 자신의 집 또는 인근 지역에서 여가를 즐기는 행태를 말한다. 최근 웹스터사전에 오른 '스테이케이션(staycation·stay + vacation)'이 대표적이다. 요즘에는 복잡한 휴가지 대신 도심 속에서 편리하고 편안한 휴가를 보내려는 사람들 사이에서 스파나 호텔 휴가 패키지 등이 인기를 끌고 있다. <중략>

[그림 2] 트렌드 교차로에서의 사업 기회 생성

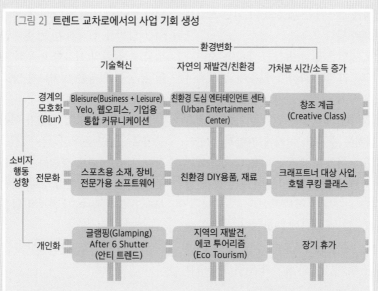

환경변화

		기술혁신	자연의 재발견/친환경	가처분 시간/소득 증가
소비자 행동 성향	경계의 모호화 (Blur)	Bleisure(Business + Leisure) Yelo, 웹오피스, 기업용 통합 커뮤니케이션	친환경 도심 엔터테인먼트 센터 (Urban Entertainment Center)	창조 계급 (Creative Class)
	전문화	스포츠용 소재, 장비, 전문가용 소프트웨어	친환경 DIY용품, 재료	크래프트너 대상 사업, 호텔 쿠킹 클래스
	개인화	글램핑(Glamping) After 6 Shutter (안티 트렌드)	지역의 재발견, 에코 투어리즘 (Eco Tourism)	장기 휴가

옐로(Yelo) 조명과 습도가 기술적으로 완벽하게 조절되는 벌집 모양의 캡슐. 최근 미국에서 이 캡슐을 휴식공간으로 임대, 또는 판매하는 사업이 등장. 주요 고객은 낮잠 등 잠깐의 휴식을 원하는 도심의 직장인들임.

창조 계급(Creative Class) 창의성을 발휘해 문제를 해결하고 새 가치를 만드는 창조적 활동으로 돈을 버는 사람들. 이 용어를 만들어낸 리처드 플로리다 토론토대 교수는 "창조 계급은 자율성과 유연성을 기반으로 일하는 사람"이라고 설명. 최근 디자이너, 마케터, 작가 등 창조 계급 중 일부가 전 세계를 누비며 업무와 여행을 동시에 즐기는(Bleisure) 생활을 하기 시작했음.

크래프트너(Craftner) 늘어난 가처분 시간을 투자해 자신만의 개성 넘치는 상품과 물건을 만들어내는 사람들. 공예품(Craft)과 사업가(Entrepreneur)의 합성어

글램핑(Glamping) 최신 장비와 편의시설을 이용해 즐기는 호화로운(Glamorous) 캠핑(Camping). 수세식 화장실과 홈시어터, 인터넷 등을 갖춘 텐트가 대표적 사례

애프터 6 셔터(After 6 Shutter) 퇴근시간 이후에는 휴대전화를 꺼버리고, 자기만의 여가 시간을 추구하는 사람.

④ 도심 속 자연의 재발견 이 트렌드는 답답한 도심에서 탈출하고자 하는 현대인들의 니즈를 반영하지만, 과거의 자연 친화주의와는 맥락이 다르다. 예전의 친환경주의자들은 완전한 자연 속에서 즐기는 장기간의 여가를 선호했다. 그러나 시간과 돈에 쫓기는 요즘 소비자들은 도심 속에서 자연을 즐기고 싶어 한다. 이는 현재의 소비자들이 자연을 갈구하면서도, 도시의 편리함을 버리지 않으려는 경향이 있음을 보여준다.

현대적 편의 시설을 야외 활동에 도입한 '글램핑(glamping·glamorous+camping)'도 이런 트렌드와 같은 맥락이다. 폭스바겐이 올해 안에 선보일 캠핑카 '폭스바겐 캠퍼'는 태양열 집전판을 달고 있어 자체적으로 전기를 생산할 수 있으며, 무선 인터넷과 DVD 재생 기능도 갖추고 있다.

▶ 트렌드를 비즈니스에 접목하기

그렇다면 기업은 이런 트렌드에서 어떤 사업 기회를 찾아낼 수 있을까. 트렌드를 사

업 기회에 접목하는 데 도움이 되는 포인트는 다음과 같다.

첫째, 기업은 일과 여가를 대하는 소비자들의 태도가 다변화하고 있음에 주목해야 한다. 고객 세분 집단을 재분류할 필요가 있다는 말이다. 향후에는 일과 여가의 경계가 모호해지는 추세와, 여기에 저항하고 철저하게 일과 여가를 분리해 더욱 더 개인화된 여가를 즐기려는 소비자들이 공존하게 될 것이다.

둘째, 시간과 공간에 대한 고정 관념을 깨야 한다. 이전에는 주중과 주말, 일과 시간과 퇴근 후, 평상시와 휴가가 뚜렷하게 구분

됐다. 하지만 지금은 그렇지 않다. 더군다나 시간 압박을 심하게 받는 현대인들은 일상생활 중 잠깐의 시간을 이용해 여가를 즐기거나, 굳이 일상을 벗어나지 않고도 여가를 즐기려는 강한 욕구가 있다.

셋째, 기업은 사업 기회가 여러 트렌드의 교차로에서 만들어진다는 사실을 명심해야 한다. 사업 기회를 창출하는 주요 트렌드로는 기술 혁신과 친환경 성향, 개인화, 가처분 시간의 증가 등 여러 가지가 있을 것이다.

<중략>

자료 : 동아 비즈니스리뷰(2009.8.1.38호)

2. 태도 기능

태도가 소비자에게 작용하는 기능들은 소비자가 어떤 대상에 대하여 특정한 태도를 견지하는 이유를 설명해 준다. 즉, 소비자 욕구를 효과적으로 충족시키거나 가치를 표현해 주는 대상에 대해서는 긍정적인 태도를 형성하고 그렇지 못하다고 지각되는 대상에 대해서는 부정적인 태도를 형성하도록 작용한다. 태도의 기능은 상호 배타적이기보다는 보완적이고 중복적이다. 여기서는 Katz[1960]가 제안한 네 가지 태도 기능에 대해 살펴본다.

1) 실용적 기능

태도는 소비자로 하여금 제품이 제공해 주는 혜택 혹은 편익에 대하여 호의적으로 반응하도록 실리적 기능을 수행한다. 예를 들어, 외식 소비자가 패스트 푸드 음식점을 찾는 것은 시간 절약이라는 실용적인 욕구 충족 때문이다. 여행사의 패키지 상품은 비용 대비 편익 혹은 혜택이 크다는 실용적 기능을 강조한 상품이다. 또한, 주말 여행을 계획할 때 특정 관광지에 대해 호의적인 태도를 가지고 있을 경우 다른 가능한 목적지를 배제하는 것은 실용성시간 절약이 크기 때문이다. 오늘

▶ 그림 6-6 태도의 네 가지 기능

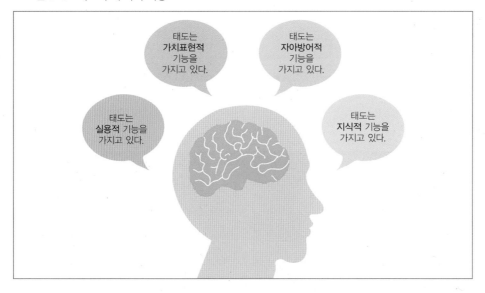

날 실용성과 편의성을 강조하는 외식 소비자의 욕구 충족을 위해 외식업체들(예패밀리 레스토랑, 커피 전문점, 도시락)은 사용하기 편리한 다양한 기프트 카드를 출시하고 있다.

2) 가치 표현적 기능

태도는 개인의 자아 개념이나 가치를 표현하는 기능을 수행한다. 즉, 소비자는 자신의 가치관이나 상징성을 표현하는 대상이나 브랜드에 호의적인 태도를 형성하게 된다. 예를 들면, 어떤 개인이 재활 용품을 선호한다고 타인에게 말함으로써 자신이 가지고 있는 친환경 혹은 환경 보호 신봉자임을 은연중에 표현할 수 있다. 또한, 어떤 개인이 공식적 모임에 항상 한복을 입고 나타난다면 전통성이 자신의 가치관에 중요한 역할을 하고 있음을 간접적으로 암시할 수 있다. <사례 6-3>은 오늘날 타인의 시선보다 개인의 가치를 중시하는 포미족의 소비 행동을 설명하고 있다.

사례 ⑥-3

포미족 잡아라..외식 업계, '커스터마이징' 메뉴 러시

▲ 출처 : 세븐스프링스

커피·디저트업계에 이어 외식업계에도 소비자들의 취향과 기호를 세심하게 담아 낸 '커스터마이징' 메뉴 도입 붐이 일고 있다. '커스터마이징'이란, 소비자의 요구나 취향에 맞게 제품을 만드는 일종의 맞춤 제작 서비스로, 최근 증가하고 있는 포미족(나를 위한 소비에 치중하는 구매자)의 증가와 소비자들의 양해진 외식 취향이 '커스터마이징' 메뉴의 인기를 더욱 가속화시키고 있다.

이에 업계에서는 개개인의 식성이나 취향에 맞게 재료부터 토핑까지 본인의 레시피 대로 선택할 수 있는 메뉴들을 속속 출시하며 소비자 마음잡기에 나서고 있다. 사이즈부터 사이드와 메인 메뉴까지 취향에 맞춰 다양한 조합으로 즐긴다. 똑 같은 메뉴라도 사이즈부터 음식 재료, 사이드 메뉴 등 원하는 레시피로 다양한 조합으로 즐길 수 있는 메뉴를 출시하는 곳이 늘고 있다.

종합 외식기업 SF이노베이션이 파트너십 제휴를 통해 운영 중인 미국 최대 중식 레스토랑 '판다 익스프레스(Panda Express)'는 주문 절차를 총 3단계로 구성해 소비자의 기호에 맞는 메뉴를 제공하고 있다. 우선 메뉴 사이즈 선택이 가능한데, 베이스 메뉴와 메인 메뉴의 수에 따라 'PANDA 1',

▲ 출처 : SF이노베이션

'PANDA 2', 'PANDA 3' 중 선택할 수 있다. 사이즈를 결정한 후에는 베이스 메뉴와 메인 메뉴 중 취향에 맞는 요리를 고르면 된다.

판다 익스프레스에서 조리하는 모든 요리는 중국식 팬인 '웍('Wok')을 사용해 불맛과 향을 살려 재료를 신속하게 볶아낸 것이 특징으로 오렌지 치킨, 쿵파오 치킨, 허니 월넛 쉬림프, 상하이 스테이크 등 미국식 중화 요리를 대표하는 19가지의 메뉴들 중 취향에 맞게 선택하면 된다.

글로벌 샌드위치 브랜드 써브웨이 역시, 고객이 원하는 재료로 샌드위치를 만들어 주는 것으로 유명하다. 개인의 취향에 맞게 원하는 야채를 자유롭게 넣거나 뺄 수 있으며, 차갑거나 따뜻하게 먹을 수도 있다.

샌드위치 크기와 빵의 종류부터 야채와 소스 등 샌드위치에 들어가는 모든 재료를 오로지 본인 취향에 맞게 선택할 수 있기 때문에 한 끼 식사를 즐기려는 소비자부터 채식주의자나 다이어트 중인 사람들까지 나만의 상황이나 음식 취향에 맞춰 다양하게 즐길 수 있다.

엄마가 싸 준 도시락처럼! 좋아하는 토핑 추가해 나만의 도시락 완성. 집이나 야외에서 영양가 있는 한끼를 간편하게 챙길 수 있

는 도시락 제품이 인기를 끌면서 소비자가 평소 좋아하는 반찬이나 토핑을 추가로 곁들여 먹을 수 있는 서비스도 등장했다.

본아이에프의 도시락 브랜드 본도시락은 개개인의 입맛에 맞춰 사이드 메뉴를 도시락에 추가해 즐길 수 있는 '토핑 메뉴'의 판매를 시작했다. 새롭게 선보인 '토핑 메뉴'는 도시락 메뉴 구매 시, 쌈 야채나 데미 커리, 핫 윙, 델리팸 등 다양한 사이드 메뉴를 토핑으로 추가해 더욱 풍성하고 든든한 한끼를 즐길 수 있도록 만든 것이 특징이다.

직접 나만의 메뉴를 만들어 먹는 셀프 조리 코너도 등장. 매장 내에서 소비자가 원하는 음식을 직접 조리해 먹을 수 있는 셀프 조리 코너도 등장해 눈길을 끈다. 삼양그룹이 운영하는 샐러드 및 그릴 요리 전문 레스토랑 세븐스프링스는 여름 신메뉴를 출시하면서 타코와 오차즈케를 직접 만들어 즐길 수 있는 DIY존을 만들어 좋은 반응을 얻고 있다.

타코의 경우 불고기, 파인애플, 과카몰리,

본도시락을 더욱 다양하게 즐기는 방법
토핑메뉴

▲ 출처 : 본도시락

토마토살사 등 총 10가지의 다양한 재료와 소스 등을 활용해 만들 수 있으며, 쌀밥에 토핑을 얹고 녹차를 부어먹는 일본식 요리인 오차즈케는 DIY존에 구비된 연어, 날치알, 후리가케, 우엉 등 7가지 토핑을 취향대로 선택해 조리할 수 있다.

질소와 크림, 산미, 농도까지 취향에 따라 다양하게 골라 마시는 콜드브루 커피. 지난해부터 시작해 커피 업계 메가 트렌드로 인기를 얻고 있는 콜드브루도 취향에 따라 다양하게 즐길 수 있는 메뉴가 출시돼 주목 받고 있다. 커피 전문 브랜드 셀렉토커피는 커피 추출 시 다양한 요소를 고려해 취향에 맞게 골라 마실 수 있는 '클래식 콜드브루 4중주'를 출시했다.

'콜드브루'를 비롯해 '히말라야 락솔트 크림브루'와 '니트로 콜드브루', '콜드브루 라떼' 등 4종으로 구성 된 이번 신메뉴는 일반적인 콜드브루 제품과는 다르게 식감이나 거품, 산미, 우유 등 다양한 요소를 취향대로 선택할 수 있는 것이 특징이다.

자료 : 조세일보(2017.7.20.)

3) 자아 방어적 기능

가치 표현적 기능과 상반되는 것으로 이는 태도가 개인의 내적 불안감 또는 외적 위협으로부터 보호하는 기능을 말한다. 소비자는 자신의 약점이 드러나는 제품의 소비를 회피하는 반면에 약점을 감추어 주는 제품을 소비하려 한다. 예를 들어, 자신이 남자답게 보이지 않는다고 생각하면 보다 남성적 이미지가 강한 제품을 많이 소비하려 할 수 있다. 또한, 관광 욕구를 충족시켜 줄 수 있는 매력적인 관광지가 있더라도 사회적으로 혹은 정치적으로 불안한 지역의 여행을 하려하지 않는 이유도 태도의 자아 방어적 기능으로 설명될 수 있다.

4) 지식 기능

지식 기능은 소비자가 제품과 관련된 다양한 정보를 추구하고 평가하는 기준을 제공해 주는 것을 말한다. 즉, 소비자는 매일 많은 정보를 수용하고 조직화해야 하는데 지식 기능은 이들을 평가할 수 있는 기초를 제공한다. 예를 들어, 전통 음식을 찾아 여행하는 미식가나 웰빙 지향적인 소비자들에게 전통 음식의 가치와 기능에 관한 정보를 손쉽게 제공함으로써 호의적인 태도를 형성시킬 수 있다.

동일한 제품에 대하여 태도의 기능은 소비자마다 다를 수 있다. 예를 들어, 두 소비자가 레스토랑K에 대하여 모두 긍정적 태도를 형성하고 있더라도 소비자A

의 실용적 기능(예 가성비 우수)을 반영할 수 있고, 소비자B의 가치표현적 기능(예 온화한 분위기)을 반영할 수도 있다. <표 6-1>은 태도의 기능별 광고의 예를 설명한 것이다.

▶ 표 6-1 태도 기능에 따른 광고 메시지

태도의 기능	광고 메시지 주제
실용적 기능	● 제품: 치약 ● 메시지: Crest whitens teeth. ● 소구점: 치아를 하얗게 해 준다는 제품의 효익 강조
가치 표현적 기능	● 제품: 청량 음료 ● 메시지: Pepsi drinkers think young. ● 소구점: 젊은이들이 마시는 콜라라는 점 강조
자아 방어적 기능	● 제품: 담배 ● 메시지: Malboro smokers are masculine. ● 소구점: 남성답지 못하다고 여겨지기를 꺼리는 소비자에게 강인함 소구
지식적 기능	● 제품: 청량 음료 ● 메시지: 7-up is caffein-free. ● 소구점: 카페인을 피하는 청량음료 소비자에게 불안감 해소

* 자료 : 저자 정리

3. 태도 예측 모델

제품 속성에 대한 신념과 태도 형성과의 관계를 설명하기 위해 개발된 대표적인 모델이 다속성 태도 모델이다. 다속성 태도 모델은 소비자가 대안을 평가하고 그 대안에 대한 태도를 개발하는 과정을 논리적으로 설명하고 있다. 다속성 태도 모델에 의하면, 의사 결정의 대상은 여러 속성을 가지고 있으며 이들 속성을 평가함으로써 태도가 형성되고 이에 대한 부각 신념salient beliefs을 근거로 태도가 형성된다고 본다. 즉, 대상물이 지니고 있는 개별적인 속성에 의해서가 아니라 여러 속성들이 포괄적으로 평가된 결과로서 태도는 형성된다. 여기서는 자주 인용되는 다속성 태도 모델 중 Fishbein 태도 모델과 이상점 모델을 살펴본다.

▶ **그림 6-7 태도 예측 모델 분류**

1) Fishbein : 모델에서 신념의 강도를 '만족도'로 그리고 속성에 대한 평가를 속성의 '중요도'로 바꾼 것이다. 수식으로 표현하면 $A_0 = \sum_{i=1}^{n} B_i I_i$

1) Fishbein 태도 모델

Fishbein[1963]은 개인의 태도는 어떤 대상의 속성들에 대한 신념과 이 속성들에 대한 평가에 의해 결정된다고 주장하였다. 이 모델은 태도의 대상이 될 수 있는 것은 무엇이든 적용 가능하며 수식으로 표현하면 다음과 같다.

$$A_0 = \sum_{i=1}^{n} b_i e_i$$

A_0 : 어떤 대상(제품, 상표, 사람 등)에 대한 태도

b_i : 제품 속성 i에 대한 신념의 강도(i = 서비스 품질, 가격, 디자인 등)

e_i : 제품 속성 i에 대한 평가

n : 제품 속성의 수

이 모델에서 신념의 강도b_i는 어떤 대상(예 호텔)이 특정 속성(예 디자인 화려함)을 어느 정도 가지고 있는지를 나타내는데 소비자의 과거 경험, 외부 정보, 혹은 추론에 의해 결정된다. 따라서 신념의 강도는 특정 제품의 속성에 대한 주관적 의견이다. 가령 "W호텔은 디자인이 화려한가?"와 같이 W호텔에 대한 생각을 나타낸다.

예를 들어, 서울에 있는 특1급 세 호텔에 대한 태도를 조사한다고 가정하자. 우선 호텔의 각 속성-디자인 화려함, 접근성, 가격, 서비스-에 대한 신념의 강도b_i

를 평가해야 한다. 세 호텔 중 한 호텔의 속성 '디자인 화려함'에 대한 신념의 강도는 아래와 같이 측정한다.

다음은 제품 속성 평가^{ei}이다. 이는 특정 속성(예 디자인 화려함)이 소비자에게 얼마나 바람직한가를 반영하는 것으로 위의 사례를 적용하면 '호텔의 경우, 디자인의 화려함이 얼마나 중요한가'로 측정한다.

각각의 호텔에 대해 네 가지 속성디자인 화려함, 접근성, 가격, 서비스을 평가한 후 <표 6-2>의 과정을 통해 각각의 호텔에 대해 태도를 계산할 수 있다. 호텔별로 각 속성에 대한 신념의 강도^{bi} 평가 점수와 속성 평가^{ei} 점수를 곱하여 점수를 도출한다. 예를 들어, W호텔의 태도 A_0 = (3)(3) + (2)(-2) + (1)(3) + (1)(0) = 8이며, 나머지 브랜드에 대해서도 동일한 방법으로 계산할 수 있다. 위의 결과를 볼 때 이 소비자는 W호텔, L호텔, 그리고 K호텔의 순서로 좋아하는 것으로 예측된다.

▶ 표 6-2 Fishbein 모델 적용의 예

속성	속성 평가 (ei)	W Hotel *bi*	L Hotel *bi*	K Hotel *bi*
디자인 화려함	+3	+3	+2	+3
접근성	+2	-2	-2	-3
가격	+1	+3	+2	+1
주차 시설	+1	0	+3	0
태도 점수		+8	+7	+4

2) 이상점 모델

이 모델은 제품의 주요 속성들을 대상으로 각 제품을 평가함으로써 각 제품이 소비자가 이상적으로 생각하는 제품과 얼마나 괴리되어 있는지를 나타낸다. 이때 이상적 제품과 가까운 상품일수록 소비자로부터 우호적인 평가를 받는다. 중요 속성들은 모든 소비자에게 동등하게 중요한 것이 아니기 때문에 개개인이 부여한 상대적 중요성에 가중치를 할당한다. 예컨데, 여름 휴가시 특급 호텔을 선정하는 경우 혜택이나 부가 서비스가 많아서 선택하는 것이 아니라 구매자 자신이 원하는 수준이상점만큼 좋아서 선택한다는 의미이다. 이를 등식으로 나타내면 다음과 같다.

$$A_o = \sum_{i=1}^{n} W_i |I_i - X_i|$$

A_o = 소비자의 태도
W_i = 제품의 속성 i에 상대적 중요도(가중치)
I_i = 속성 i의 이상적 성과
X_i = 속성 i의 실제 성과에 대한 신념
n = 중요 속성의 개수

관광객이 A호텔의 속성 4가지에 대해 기대한 이상적 성과(I)와 실제 성과(X)를 7점 척도(1 = 매우 그렇다; 7 = 매우 그렇지 않다)로 조사하였다고 가정하자. 또한 이 관광객이 4가지 속성의 중요도 점수도 <표 6-3>과 같다고 하자. 관광객은 접근성을 가장 중요하게 생각하는 반면에 주차 시설을 가장 덜 중요하게 여기고 있다. 이상점 모델에 의한 A호텔에 대한 태도 점수는 2|4-5|+4|2-6|+3|3-5|+1|1-1| = 24가 된다. 만약 이 관광객이 기대했던 성과와 실제 성과가 일치한다면 태도 점수는 0이 된다. 따라서 이상점 모델에서 계산된 태도 점수는 0Zero에 가까울수록 좋다.

▶ 표 6-3 이상점 모델 적용 사례

속성	중요도(점수)	이상적 성과(I)	실제성과(X)
디자인 화려함	2	4	5
접근성	4	2	6
가격	3	3	5
주차시설	1	1	1

3) 다속성 태도 모델의 한계점

다속성 태도 모델은 몇 가지 한계점을 가지고 있다. 첫째, 소비 상황이 변화할 수 있기 때문에 소비자의 상표에 대한 태도는 상황에 따라 변할 수 있다. 즉, 특정 브랜드에 대한 충성도는 상황에 따라 변할 수 있지만 다속성 태도 모델은 이러한 점을 설명해 주지 못한다. 둘째, 소비자가 태도를 형성할 때와 특정한 태도를 가지고 행동하려는 시점 사이에서는 시간적인 차이가 존재한다. 셋째, 충동 구매와 같이 예상 못한 구매의 경우 태도가 어떻게 형성되는지 다속성 태도 모델로 설명하기 어렵다. 마지막으로, 소비자는 종종 타인들에 의하여 자신들의 소비 행동에 영향을 받지만 다속성 모델은 이를 반영하지 못한다.

제3절 태도와 구매 행동

태도와 행동 사이의 매개 역할을 하는 것으로서 행동 의도가 있다. 구매 태도, 구매 의도, 그리고 구매 행동과의 관계에 있어 Bagozzi[1981]는 구매 태도와 구매 의도는 간접적인 관계이고, 행동 의도와 행동은 직접적인 관계를 갖는다고 주장하였다구매 태도 → 구매 의도 → 구매 행동. 본 절에서는 태도와 행동 그리고 구매 의도와 행동 간에 관계를 선행 연구 결과를 토대로 살펴본다. 또한 태도와 구매 행동 간의 관계에 영향을 미치는 요인에는 어떤 것들이 있는지 학습한다.

1. 태도와 행동

태도에 대한 관심은 사회 심리학에서 본격화된 이래 1970년대를 기점으로 크게 둘로 나눠진다. 이전에는 태도 측정을 통해 행동을 예측하고자 하였다. 따라서 태도가 좋고 나쁨을 단 하나의 숫자로 표시하려는 시도가 행해졌으며 실제 행동과 높은 상관 관계를 갖는 태도의 측정 방법을 찾아내는 것이 연구의 목적이었다. 그러나 측정된 태도만으로는 행동 예측이 쉽지 않음을 깨닫게 되었다.

태도와 행동 사이의 관계에 관한 가장 광범위한 연구 중의 하나는 Achenbaum[1972]에 의해 수행되었다. Achenbaum은 19개의 상표7가지 제품군에 관한 태도와 소비에 관하여 동일한 소비자들을 대상으로 세 차례 면접을 실시하였다. 19개 상표 전체에 걸쳐서 상표가 우수하다고 평가한 사람의 58%가 실제로 상표를 구매했으며, 태도가 덜 우호적이 되어감에 따라 구매자의 비율은 급격히 감소하였다. 한편, 상표에 대한 소비자들의 태도가 개선된 구매자들 중 80%는 계속하여 그 상표를 사용하였으나 태도가 악화된 소비자들 사이에선 30% 미만만이 그 상표를 사용하였다. 이는 태도의 부정적 변화가 소비자들로 하여금 상표 대체를 하도록 함을 보여주는 것이다.

2. 구매 의도와 행동

태도의 다속성 모델은 태도를 실제의 행동보다는 구매하려는 의도를 측정하였다. 연구자들은 구매 의도가 행동에 관련된다고 가정하고 새로운 제품과 광고 주제들을 평가하기 위하여 구매 의도를 사용하여 왔다. 구매 의도가 행동에 유효한 측정치로서 간주되려면 의도와 행동 사이의 관계가 확인되어야 하는데 그러한 관계는 국내외 많은 연구들에 의해 밝혀지고 있다.

예를 들면, Katona[1960]는 승용차에 대하여 구매 의도와 구매 사이에 밀접한 관계를 발견하였다. 새로운 차를 살 계획이 있는가와 사고 싶다는 사람들 중 63%가 이듬 해 신차를 구입했으며, 구매 의도를 갖지 않던 사람들 중에서는 29%가 신차를 구입하였다. 이러한 결과는 제품을 구매하려고 의도한 소비자들은 대부분 그들의 의도를 실현한다는 사실을 보여준다.

3. 태도-구매 행동 영향 요인

비록 태도가 구매 행동의 결정 변수의 하나이지만 구매 행동을 결정하는 유일한 변수는 아니다. 사실 행동의 지표로서 태도의 예측 능력은 높은 편은 아니다. 하지만 모든 조건들이 동등하다면 소비자의 제품에 대한 태도는 구매 행동에 큰 영향을 미칠 수 있다. 구매 행동이 태도와 다르게 나타나는 이유는 아래와 같이 네 가지 측면에서 설명될 수 있다.

1) 태도의 강도

태도의 강도가 낮을 경우 태도는 상황의 변화에 따라 영향을 받기가 쉽기 때문에 행동과의 일관성을 기대하기 어렵다. 소비자는 한 가지 브랜드만이 아니고 여러 브랜드에 대해서 호의적인 태도를 가지고 있거나 보유하고 있는 태도의 강도가 비교적 낮은 경우가 많다. 브랜드나 제품에 대한 소비자의 태도는 단순히 포장이나 광고 등을 보고도 쉽게 형성되며, 구매하기 직전에 다른 광고나 정보에 접하게 되면 다시 쉽게 변하기도 한다.

2) 태도 형성과 구매 시기 간의 간격

태도를 형성한 시기와 실제로 구매 행동을 하는 시기 사이에는 시간적 간격이 존재한다. 이 기간 동안에 많은 영향 요인이 작용하게 되고 그 결과 태도도 변하고 행동도 변하게 된다. 만일 태도 형성 시기와 실제 구매 행동 시기 간에 간격이 짧다면 태도와 행동은 일관성을 보일 가능성이 높은데 이는 다른 영향 변수의 개입 가능성이 낮기 때문이다.

3) 개인적 요인

소비자 개인의 경제적, 사회적 상황의 변화는 태도와 행동 간에 영향을 미치게 된다. 가령, 경제적 여건의 호전은 고가품 브랜드에 대한 태도를 변화시킬 가능성이 있으며 구매 계획에도 변화를 줄 가능성이 있다. 한편, 가족이나 준거 집단 구성원에 대한 순응 의지는 개인의 태도와 상이한 행동을 유발시킬 수 있다. 예를 들어, 친구의 권유 때문에 자신의 의사와 상반된 구매 행동을 하게 되는 소비자를 많이 볼 수 있다. 또한, 판매원의 설명에 쉽게 설득당하거나 판매 장소의 분위기에 쉽게 매료되는 소비자 역시 태도와 일관된 구매 행동을 수행하지 못하는 경우이다.

4) 상황적 요인

경품, 가격 할인, 그리고 신규 브랜드의 출현 등은 태도와 상이한 구매 행동을 유인하는 상황 변수들이다. 또한, 호의적 태도를 가지고 있는 브랜드의 재고품 품절 상태도 소비자로 하여금 다른 브랜드를 구매하게 하는 상황 변수라고 볼 수 있다.

4. 태도-구매 행동 예측 이론

태도와 행동 간의 관계성을 예측하기 위해 태도-구매 행동 예측 이론들이 제시되어 왔다. 태도-행동 간의 관계는 합리적 행동 이론에 입각하여 제안된 Fishbein 모델과 이를 더욱 발전시킨 계획된 행동 이론이 대표적이다.

1) 합리적 행동 이론

(1) 개요

합리적[이성적] 행동 이론[Theory of reasoned action]은 Ajzen과 Fishbein[1980]이 다속성 태도 모델을 수정 보완한 것이다[그림 6-8참조]. 이 모델에 의하면 개인의 구매 행동은 자신이 행동을 수행할 의도[구매 의도]를 어느 정도 가지고 있는가에 의해서 직접적인 영향을 받는다. 그리고 특정 행동의 수행 여부에 대한 개인의 행동 의도는 그 행동 수행에 대한 태도[A_B]와 주관적 규범[SN]에 의하여 추정된다. 특별한 상황적 요인이 개입하지 않는 한 개인의 행동[B]은 행동 수행에 대한 그의 의도[BI]와 거의 일치[B~BI]한다. 즉, 사람들은 의도한 대로 행동할 가능성이 매우 높다는 것이다. 따라서 이 모델에 의하면 소비자의 구매 의도를 알아낸다면 구매 행동을 추정할 수 있다.

▶ 그림 6-8 Ajzen과 Fishbein의 합리적 행동 모델

* 자료 : Ajzen, I. & Fishbein, M.(1980). Understanding attitudes and predicting social behavior. Englewood Cliffs, NJ: Prentice-Hall, p.84.

$$B \sim BI = W_1 A_B + W_2 SN$$

$$\text{여기서 } A_B = \sum_{i=1}^{n} b_i e_i$$

$$SN = \sum_{j=1}^{n} NB_j MC_j \quad \text{또는}$$

$$B \sim BI = [A_B]W_1 + [SN]W_2$$

- B : 구매 행동
- BI : 구매 의도
- A_B : 제품 구매 행동에 대한 태도
- bi : 구매 행동이 결과 i를 가져다 줄 것이라는 소비자 신념
- ei : 결과 i에 대한 소비자 평가
- SN : 주관적 규범(subjective norm)
- NB_j : 규범적 신념(normative belief)
- MC_j : 준거인 j의 뜻에 순응하려는 동기
- n : 부각 속성의 수
- m : 중요한 준거인 혹은 준거 집단의 수
- W_1, W_2 : 상대적 중요도에 대한 가중치

(2) 구성 요소

① 구매 행동에 대한 태도(A_B)

구매 행동에 대한 태도^{A_B}는 개인이 어떤 행동을 수행하는 것에 대한 전반적인 평가를 의미한다. 다속성 태도 모델에서 태도는 브랜드와 관련된 신념을 나타내지만 합리적 행동 모델에서는 브랜드의 구매와 관련된 신념을 의미한다.

예를 들어, 김씨는 가족과 함께 여름 휴가지로 이탈리아 로마, 하와이, 그리고 태국 파타야 중 한 곳을 결정하려 한다고 가정하자. 그리고 네 가지 부각^{중요} 속성을 가격, 고유성, 쾌락성, 그리고 교육성이라고 하자. 태도는 관광지를 선택할 경우 네 가지 속성별로 초래되는 결과^{bi}와 그 결과에 대한 평가^{ei}에 의해 결정된다. 김씨의 신념과 결과에 대한 평가는 다음과 같은 척도에 의해 측정될 수 있다. 이와 같은 척도로 김씨의 해외 여행에 대한 태도 점수를 계산하면 <표 6-4>와 같다.

▶ 표 6-4 이탈리아 로마 여행에 대한 태도 점수

이탈리아 로마를 여행하면(i)	신념	평가	신념×평가
	(bi)	(ei)	bi · ei
가격 부담이 클 것이다.	+2	-3	-6
고유성이 많을 것이다.	+3	+2	+6
쾌락성이 높을 것이다.	+3	+3	+9
교육성이 클 것이다.	+2	+2	+4
이탈리아 로마 여행에 대한 태도 A_B =Σbiei =13			

② 주관적 규범(SN)

주관적 규범이란 개인의 구매 행동에 대해 부모, 배우자, 친구 등이 어떻게 생각할 것인가에 대한 주관적 생각이다. 주관적 규범은 규범적 신념[NB]과 순응 동기[MC]에 의하여 결정된다. 규범적 신념이란 준거 집단 혹은 준거인이 자신의 행동을 지지 혹은 반대할 것인지에 대한 개인의 생각이고, 순응 동기는 준거 집단 혹은 준거인의 의견을 자신이 얼마나 수용할 것인가에 관한 것이다.

김씨는 로마 여행과 관련하여 두 명의 준거인, 직장 상사와 친구가 있다. 주관적 규범을 결정짓는 각 준거인에 대한 규범적 신념과 순응 동기는 다음의 척도에 의해 측정된다. 이를 바탕으로 주관적 규범의 점수를 환산하면 <표 6-5>와 같다.

▶ 표 6-5 이탈리아 로마 여행에 대한 주관적 규범

준거인	규범적 신념	순응 동기	규범적 신념×순응 동기
	NBj	MCj	NBj · MCj
직장 상사	-2	+2	-4
친구	+3	+1	+3
이탈리아 로마 여행에 대한 주관적 규범 SN = ΣNBj · MCj = -1			

③ 구매 의도 (BI)

구매 의도는 구매 행동에 대한 태도 A_B, 주관적 규범 SN, 그리고 이 두 요소에 대한 상대적 중요도W_1, W_2에 의해 영향을 받는다. 김씨의 태도 점수와 주관적 규범 점수를 구하고 나면 태도와 주관적 규범의 상대적 가중치를 부여해야만 김씨의 구매 의도 점수를 계산할 수 있다. 김씨는 주위 사람들의 의견을 상당히 존중하는 소비자로서 자신의 태도에는 0.4, 주관적 규범에는 0.6의 가중치를 부여한다면 김씨의 이탈리아 로마여행에 대한 구매 의도 점수는 4.6이 된다. 이와 같은 방식으로 나머지 해외 여행지하와이와 태국 파타야에 대한 구매 의도 점수를 계산할 수 있으며, 대안들 중 가장 높은 구매 의도 점수를 얻는 여행지가 구매될 가능성이 높은 것으로 해석할 수 있다.

$$BI = W1(A_B) + W2(SN) = (0.4)(13) + (0.6)(-1) = 4.6$$

(3) 선행 연구 결과

관광 및 여가 연구자들은 이 이론을 이용하여 태도가 행동 의도에 어느 정도 영향을 미치는지를 지속적으로 연구해왔다. 중소 도시 주민 100명을 대상으로 왜 어떤 주민은 여름 동안 캠핑을 떠나고 다른 사람은 가지 않는지를 조사한 결과, 태도와 주관적 규범이 행동 의도의 약 74%를 예측하는 것으로 나타났으며, 실제 행동과의 상관 관계는 0.77로 높게 나타났다 Young & Kent, 1985. Brwon[1999]은 호주 Ayers Rock을 왜 올라가는지를 조사했는데, 행동 의도와 실제 행동과의 상관 관계가 0.73으로 높게 나타났다. 대부분의 소비자 행동 연구자들은 태도 모델[1)]에 비해 행동의 예측 능력이 높다는 점을 들어 합리적 행동 모델의 유용성을 인정하고 있다.

하지만 이견이 여전히 존재한다. 첫째, 태도 요소와 규범적 요소 간에는 상호

의존성이 높아 별개의 독립된 변수로 취급하는 것은 문제점이 있다는 것이다. 즉, 준거 집단의 행동 규범이나 기타 사회적 영향은 많은 부분이 개인에게 내재화되어 그들의 신념과 태도 형성에 이미 영향을 주고 있기 때문에 규범적 요소를 태도 요소와 분리해서 측정한다면 이는 중복 측정의 오류를 범할 가능성이 있다는 것이다Ryan & Bonfield, 1980. 둘째, 합리적 행동 모델은 개인의 과거 경험을 포함시키지 않았는데, 개인의 과거 경험은 미래 행동을 결정하는 데 많은 영향을 미친다. 마지막으로, 인간의 감정적인 측면과 충동적 행위도 고려하지 않았다.

2) 계획된 행동 이론

(1) 개요

합리적 행동 이론에서 확대된 것으로 개인의 통제하에 있지 않은 행동에 대한 연구 결과로 제시된 것이다. 행동은 그 행동을 하려는 의지의 정도에 달려 있기도 하지만 허용된 자원이나 방해 요인에 의해서도 영향을 받는다. Ajzen은 1985년 합리적 행동 이론을 보완하기 위해 행동 통제라는 개념을 포함시켜 계획된 행동 이론Theory of planned behavior을 제시하였다그림 6-9 참조.

▶ **그림 6-9** 계획된 행동 이론 모델

* 자료 : Azen, I.(1991). The theory of planned behavior. Organizational Behavior and Human Decision Processes, 50, p.182.

(2) 구성 요소

계획된 행동 이론에서는 행동 의도가 실제 행동의 결정 요인이 되며 행동 의도는 행동에 대한 태도, 주관적 규범, 지각된 행동 통제perceived behavioral control에 의해 결정된다. 지각된 행동 통제란 개인이구매행동을 수행하는 것을 쉽게 혹은 어렵게 지각하는 정도를 말한다. 이는 개인이 가지고 있는 가용 자원과 기회와 관련이 있다. 계획된 행동 이론은 행동 의도가 있더라도 혹은 자신의 태도가 긍정적일지라고 그 행위가 자신의 통제력 밖에 있으면 행동 의도나 행동이 일어나지 않는다는 것에서 출발하였다.

(3) 선행 연구 결과

중국인의 홍콩 방문 의도에 대한 연구 결과에 따르면, 중국인의 홍콩에 대한 긍정적 태도는 홍콩에 대한 방문 의도에 긍정적 영향을 미치는 것으로 나타났다 Lam & Hsu, 2004. 하지만, 홍콩의 높은 물가, 휴가 기간, 그리고 비자 문제 등과 같은 통제력 밖에 있는 요소들은 홍콩의 방문 의도에 부정적인 관계가 있는 것으로 나타났다.

계획된 행동 이론은 개인의 행동을 예측해 주는 데 많은 기여를 해왔다. 하지만 합리적 행동 이론과 같이 인간의 이성적 측면만을 강조하고 있다. 따라서 인간의 감정적인 측면과 충동적 행위에 대한 고려를 하지 않았다. 또한, 개인의 과거 경험을 고려하지 않았다는 점이 단점으로 지적되고 있다.

제4절 태도 형성과 마케팅 전략

다속성 태도 모델의 기본 가정은 평가 기준 또는 속성이 다수이며 다수의 속성을 동시에 고려하여 태도를 평가하게 된다는 것이다. 따라서 특정 대상에 대한 전반적인 호好·불호不好의 평가를 나타내는 수치가 산출되어 진다. 앞서 설명한 바와 같이 다속성 태도 모델은 몇 가지 한계점을 지니고 있지만 마케팅 활용 측면에서 유용하게 활용할 수 있다. 또한, 합리적 행동 이론을 이용한 마케팅 시사점도 살펴본다.

1. 다속성 태도 모델을 이용한 마케팅 전략

다속성 태도 모델은 다음의 4가지 측면에서 마케팅의 시사점을 제시해 주고 있다. 이에 대한 설명은 다음과 같다.

1) 속성에 대한 신념 변화

마케터는 소비자의 속성에 대한 신념^{bi}을 변화시킬 수 있다. <표 6-2>의 예를 적용할 때, W호텔은 자사의 약점인 주차 시설을 보완하고 이를 설득시킴으로써 태도 점수를 향상 시킬 수 있다. 이러한 속성에 대한 신념을 변화시키기 위해 광고 소구와 직원의 설득 노력이 가장 일반적이다.

관광 서비스 상품은 무형의 특성을 지니고 있기 때문에 고객의 신념을 변화시키기 위해 서비스의 특징적인 속성과 편익에 대한 신념을 호의적으로 강화시켜 나가야 한다. 호텔의 경우 서비스 구매를 편리하게 해주는 무료 예약 전화, 이메일 주문, 자동 예약 주문 등은 고객의 태도 형성에 중요한 역할을 할 수 있다. 한국-싱가포르를 잇는 유일한 저가 항공사인 스쿠트 항공사는 가격이 낮으면 서비스 품질이 낮을 것이라는 소비자의 기대에 대하여 비용 절감과 효과적 마케팅을 통해서 저가 항공사의 서비스를 이용해도 전혀 문제가 없다는 소비자의 신념을 변화시킨 좋은 사례이다.

2) 속성에 대한 평가의 변화

속성에 대한 평가^{ei}의 변화는 속성의 중요도를 유리하게 바꾸는 것이다. 즉, 여러 개의 속성 중에서 과거에는 별로 중요하게 생각하지 않았던 속성을 자사 제품에 유리하도록 중요하게 부각시키는 것이다.

소비자가 호의적으로 평가하는 속성일지라도 속성 평가가 낮은 수준으로 나타나면 태도 형성에 큰 영향을 미치지 못하게 된다. 이러한 경우 특정 속성이 매우 중요한 편익을 제공한다는 점을 강조함으로써 소비자들을 일깨울 수가 있다. 하지만, 일반적으로 속성 평가는 소비자의 내면적 가치를 반영하는 경우가 많아 속성 평가를 변화시키는 것은 속성에 대한 신념을 변화시키는 것보다 어렵다.

3) 새로운 속성 부각

마케터는 소비자가 과거에 생각하지 못했던 새로운 속성의 중요성을 고려하도록 부각시키는 것이 중요하다. 예컨대, 스타벅스는 스타벅스 카드 모바일 앱을 통해 음료를 선택하고 결제할 수 있는 O2O온라인 투 오프라인 서비스로 주문 대기 시간을 단축하여 편리하게 음료를 주문할 수 있는 '사이렌 오더'서비스를 론칭하여 성공을 거두고 있다. 백세주는 자사가 만든 술은 취하도록 마구 마시는 술이 아니며 한약재를 첨가하여 건강까지 생각하는 술이라는 점을 강조하여 성공한 사례로 꼽힌다.

4) 제품과 속성 중요성 연결 강화

대부분의 소비자들은 제품을 여러 가지 속성들의 결합으로 인식하고 있고, 속성별로 상대적 중요성을 부여하고 있다. 따라서 마케터들은 자사 제품의 강점이 소비자들에게 중요한 속성으로 인식되도록 마케팅 전략을 실행해야 한다. 철도청은 출발 및 도착 시간의 정확성을 강조하는 광고와 새로운 설비를 갖춘 객차를 도입(예 자전거 운반, 노래방 등)하여 기존의 열차에 대한 부정적 태도를 개선하였을 뿐만 아니라 고속도로의 정체에 식상한 여행객들을 유인함으로써 높은 경영 성과를 실현하고 있다.

▶ 그림 6-10 열차 카페와 자전거 여행

달리는 열차 카페에서 차류/음료류/식사 및 간식류/스낵 잡화류, 미니콘서트 룸, 인터넷 PC방 등의 서비스와 시설 이용 가능	자전거 전용 칸 내부 모습
* 자료 : 코레일 뉴스(2008.1.28.)	* 자료 : 바이시클 뉴스(2012.3.25.)

2. 합리적 행동 이론을 이용한 마케팅 전략

합리적이성적 행동 이론은 행동은 개인의 의지적 통제가 가능한 행동을 의미하며 행동 의도를 거쳐서 일어난다. 행동 의도는 개인적 요인인 태도구매 행동에 대한 태도와 사회적 요인인 주관적 규범에 의해 영향을 받는다. 여기서 구매 행동에 대한 태도는 어느 브랜드대상에 대한 태도라기 보다는 개인의 행동에 대한 태도이다(예 럭셔리 관광 자체는 좋아하더라도 그것을 구매하게 되면 많은 비용을 지출해야 하기 때문에 구매하는 행동에 대해서는 부정적인 태도를 가지게 됨).

따라서 마케터들은 촉진 과정에서 특정 제품의 사용으로부터 소비자가 얻는 편익이나 혜택을 강조하는 것이 중요하다. 크루즈 관광은 일반적으로 많은 비용을 동반하는 럭셔리 관광이다. 마케터는 고비용 측면보다 럭셔리 크루즈 관광을 통해 고객이 얻게 되는 심리적 편익(예 위신)이나 사회적 편익(예 동일 계층 사람들과 교류) 등 다양한 편익을 강조함으로써 소비자는 자신의 구매 행동에 대해 긍정적 태도를 가지게 된다그림 6-11 참조. 또한, 주관적 규범의 영향력을 고려하여 가족이나 동료로부터 특정 제품의 구매에 대해 지지를 보는 장면을 보여준다.

▶ 그림 6-11 다양한 혜택을 강조한 크루즈 관광

* 자료 : 롯데관광 홈페이지

Chapter

07

태도 변화와
관광 행동

이 장을 학습하고 나면 학생들은 다음의 내용을 이해하게
될 것이다.

1   태도 변화의 특성
2   태도 변화의 영향 요인
3   태도 변화에 대한 저항 요인
4   균형 이론과 마케팅 전략
5   일치성 이론과 마케팅 전략
6   인지 부조화 이론과 마케팅 전략
7   자기 지각 이론과 마케팅 전략
8   사회적 판단 이론과 마케팅 전략
9   정교화 가능성 모델과 마케팅 전략

태도는 일반적으로 장기간에 걸쳐 다양한 요인들에 의해 형성된다. 태도가 일단 형성되면 일관성을 유지하려고 하기 때문에 태도가 변하기 쉽지 않다. 즉, 태도는 일관성을 해하는 정보나 자극에 저항하는 성격을 지니기 때문이다. 그러나 태도가 일관성을 유지하지 못할만큼 강한 외부 자극이 유입되면 기존 태도는 일관성이 무너지고 새로운 태도가 형성된다.

태도 변화는 크게 경제적 관점과 심리학적 관점에서 이해될 수 있다. 경제적 관점에서는 소비자가 기꺼이 지불하고자 하는 금액과 받아들이는 가치에 대한 인식 간의 관계에 변화가 있을 때 태도의 변화가 발생한다고 가정한다. 심리학적 관점에서는 어떤 대상에 대한 기존의 상태에서 새로운 자극, 정보, 그리고 지식 등이 주어질 때 심리적 갈등을 느끼게 되며, 이러한 갈등을 완화시키는 수단으로 태도 변화가 발생하게 된다고 보는 것이다.

본 장에서는 태도 변화의 특성 그리고 태도 변화의 저항 요인에 대해 학습한다. 그리고 태도 변화 이론으로 균형 이론, 일치성 이론, 인지 부조화 이론, 자기지각 이론, 사회적 판단 이론, 그리고 정교화 가능성 모델 등을 살펴본다. 마지막으로 이들 태도 변화 이론들을 바탕으로 마케팅 시사점을 살펴본다.

▶ 그림 7-1   제7장 요약도

제1절 태도 변화의 특성 및 저항	제2절 태도 변화 이론	제3절 태도 변화 이론과 마케팅 전략
• 태도 변화의 특성 • 태도 변화 영향 요인 • 태도 변화의 저항	• 균형 이론 • 일치성 이론 • 인지 부조화 이론 • 자기 지각 이론 • 사회적 판단 이론 • 정교화 가능성 모델	• 균형 이론과 마케팅 전략 • 일치성 이론과 마케팅 전략 • 인지 부조화 이론과 마케팅 전략 • 자기 지각 이론과 마케팅 전략 • 사회적 판단 이론과 마케팅 전략 • 정교화 가능성 모델과 마케팅 전략

제1절 태도 변화의 특성 및 저항

어떤 대상에 대해 형성된 소비자의 태도는 지속적이긴 하지만 불변은 아니다. 즉, 태도는 개인 경험이나 외부적 요인에 의해 변할 수 있다. 태도 변화는 설득 과정을 통하여 일어나게 되는데 설득은 신념이나 태도를 원하는 방향으로 변화시키기 위한 커뮤니케이션의 전달 과정을 의미한다. 본 절에서는 태도 변화 특성, 태도 변화의 영향 요인, 그리고 태도 변화의 저항에 대해 살펴본다.

1. 태도 변화의 특성

고객의 태도가 변하지 않는다면 좋은 제품을 제공하는 기업으로선 매우 좋은 일이다. 하지만 좋지 않은 태도를 가진 제품을 제공하는 기업으로서는 최악의 상황에 치닫게 될 것이다. 결과적으로 고객의 태도는 변하고 있고 그렇기 때문에 마케터는 마케팅 노력을 지속적으로 수행하게 되는 것이다. 태도 변화는 개인이 어떤 대상에 대해 가지고 있는 생각이나 감정을 변화키는 것을 의미한다. 이러한 소비자의 태도 변화는 여러 측면에서 그 특성을 찾아 볼 수 있다.

첫째, 태도는 욕구보다 변화시키기 용이하다. 욕구는 태도보다 더욱 지속적이고 뿌리 깊게 내면화되어 있다. 또한, 문화적 가치나 아동기부터 주입된 사회적 지향성을 반영하는 욕구는 깊이 뿌리박혀 있어 광고에 의해 변화시키는 것이 매우 어렵다Naknishi & Bettman, 1974.

둘째, 태도의 인지적 요소는 감정적 요소보다 변화시키기 용이하다. 상표에 대한 신념을 변화시키는 것은 상표의 감정적 요소를 변화시키는 것보다 용이하다. 왜냐하면, 신념의 변화가 감정의 변화를 선행하기 때문이다. 대부분의 광고는 암묵적으로 신념을 변화시키는 것이 보다 용이하다는 가정에 기초하고 있다. 이런 현상은 상표의 속성을 전달하는 광고가 더 많다는 사실에서 쉽게 추론할 수 있다.

셋째, 약한 태도는 강한 태도보다 변화시키기 용이하다. 만일 특정 상표에 대한 태도가 특별히 강하지 않으면 광고는 소비자로 하여금 다른 상표로 전환하도록 설득할 수 있다. 반면, 특정 상표를 강력하게 선호하는 사람은 쉽게 경쟁 상표로 전환하지 않는데 경쟁 상표에 대한 대부분의 주장을 무시 내지 거부해 버리기 때문이다.

넷째, 상표 평가에 대한 확신이 부족한 소비자의 태도는 변화시키기 용이하다. 자신의 상표 평가를 확신하지 못하는 소비자는 제품 정보에 보다 더 수용적이다. 따라서 태도 변화가 생길 가능성이 높다. 상표를 평가함에 있어 평가 기준에 관한 혼란은 소비자로 하여금 의사 결정을 하는 데 있어서의 확신을 감소시킨다.

다섯째, 정보가 모호할 때 태도를 변화시키기 용이하다. 경쟁 상표에 대해 상호 모순적인 정보나 평가할 수 없는 매우 기술적인 정보에 직면한 소비자의 태도는 변화가 일어나기 쉽다. 정보가 모호하게 되면 결론적 제시나 명료한 정보 제공을 통하여 주요한 평가 기준에 대한 신념의 변화를 생기게 할 수 있다.

여섯째, 관여 수준이 낮을 때 태도 변화가 용이하다. 제품에 대해 관여 수준이 높을 때는 개인의 신념과 일치하는 정보만 수용하고 기존의 태도와 상반되는 정보는 선택적 지각에 의해 회피하므로 기존의 태도는 변하기 어렵다. 이에 반하여 관여도가 낮은 경우에는 태도 괴리적인 정보에도 수용적이 되므로 태도가 변하기 쉽다.

마지막으로, 태도가 상호 모순되면 변화시키기 용이하다. Heider의 균형 이론에 따르면, 두 신념이 상호 모순되게 되면 균형을 이루기 위해 하나 혹은 둘 모두가 변화된다제2절 참조. 이러한 신념 간의 불균형은 하나 이상의 태도에 대하여 변화를 유발하는 긴장을 유발하게 되어 태도 변화로 이어진다.

2. 태도 변화의 영향 요인

소비자의 태도를 연구하는 중요한 이유는 태도가 행동을 하기 전의 심리적인 준비 상태이기 때문에 인간 행동의 이해를 위해서는 태도에 대한 이해가 필수적이기 때문이다. 하지만 태도 변화는 일반적으로 변화되어야 할 태도 자체가 어떤 상태인지에 따라 변화의 속도가 촉진되기도 하고 저해되기도 한다. 태도 변화에 영향을 미치는 요인들을 내부적 요인과 외부적 요인으로 구분하여 설명해 보면 다음과 같다.

1) 내부적 요인

(1) 유사성

기존 태도와 새로운 태도 사이가 서로 유사한 것인지의 정도에 따라 태도 변화의 정도가 달라진다. 유사할수록 태도 변화가 어렵다. 하지만 반대의 태도를 가지고 있다든지 극단적인 태도를 가진 소비자에게서는 새로운 태도 변화를 기대하기 힘들다.

(2) 일관성

인지적, 감정적, 행위적 태도 간에 일치성의 정도가 높으면 태도는 안정적이고 고정적이어서 변화시키기 힘들다인지 → 감정 → 행동. 즉, 인지, 감정, 행동 중 어느 한 요소만 변화시킨다고 해서 태도가 쉽게 변하지 않기 때문이다.

(3) 조화성

한 개인이 가지고 있는 태도가 그가 갖고 있는 다른 태도들과 조화를 이룰 때 그 태도는 변하기 어렵다. 상호 조화되는 태도들끼리는 서로가 서로를 강하게 만들기 때문이다. 즉, 상호 조화되는 태도(예 안나푸르나 트레킹 코스는 자연 그대로이다. 후손 대대로 물려주기 위해서는 참가 인원을 통제해야 한다) 들은 상호 강한 영향을 미쳐 태도 변화를 어렵게 한다.

(4) 유용성

특정 태도는 그 사람이 어려서부터 외부 세계에 적용하고 욕구를 충족하기 위해 유지해 온 결과의 산물이다. 따라서 어떤 태도가 자신에게 계속 이용 가치가 있다고 판단되면 그 태도는 좀처럼 변하지 않는다.

2) 외부적 요인

(1) 메시지 원천

기존 태도를 바꿀 수 있는 원천은 광고, 사람, 특정 기관, 책 등 다양하며 이들이 전문성, 신뢰성, 그리고 호감성 등의 특성을 지닐 때 쉽게 설득 될 수 있다.
- 전문성: 전문가가 설득할수록 태도 변화가 쉽다(예 의사의 지시).
- 신뢰성: 메시지를 전하는 사람혹은 설득자이 편향되지 않은 객관적인 정도를 말한다. 신뢰성이 높게 지각될 때 태도 변화가 쉽다.
- 호감성: 메시지를 전하는 사람을 좋아할 때 태도 변화가 쉽다.

(2) 메시지의 내용과 전달 방법

메시지의 내용이 설득적이고 객관적일 때 그리고 메시지 전달 방법이 효과적일 때 태도 변화가 쉽다. 메시지 내용은 언어, 그림, 부호 등으로 나타낼 수 있으며, 일반적으로 시각적인 것이 효과적이다. 메시지 전달은 TV, 라디오, 신문, 잡지, 모바일, 인터넷, 옥외 빌보드 등 다양한 매체를 이용할 수 있다. 방송 매체는 감성적인 메시지 전달에 인쇄 매체는 정보 중심의 메시지 전달에 유용한 것으로 알려져 있다.

(3) 공포 분위기

공포와 위협 상황에서 사람들은 단순해지기 때문에 설득이 잘되며 어린이일수록 공포적 분위기에 태도 변화가 쉽게 일어난다금연 광고. 생명보험 광고. <사례 7-1>은 위생의 위험 요소와 테러의 공포 분위기가 미국 시민의 태도를 변화시키고 있는 사례이다.

(4) 집단에의 소속감이나 연결 정도

특정 집단에 대한 소속감이나 연결 정도가 약할수록 태도 변화는 쉽게 일어난다. 결속력이 강한 집단에 소속되어 있는 구성원들은 자신이 속한 집단의 태도가 변하지 않는한 쉽게 자신들의 태도를 변화시키지 않는다.

(5) 저항감

태도 변화에 대한 저항이 낮을 수록 태도를 변화시키기 쉽다. 일반적으로 사람들은 변화보다 안정을 추구하는 경향이 강하다. 변화는 새로운 태도와 행동을 요구하며 어느 정도의 위험을 감수해야 하기 때문에 사람들은 변화에 저항하게 된다.

재채기를, 팔뚝으로...미국인의 '세균과의 전쟁'과 독특한 위생 관념

<중략> 닐 포스트먼(Neil Postman)에 따르면, 미국은 '과학이 문화를 지배하기 시작한 최초의 나라'다. 이 역사 초유의 '테크노폴리(Technopoly)' 사람들은 위생에 대해 어떻게 생각하고 있을까? 그리고 미국인들의 독특한 위생 관념은 그들의 삶과 문화에 어떤 영향을 끼치고 있을까?

▶ 도서관 사서에게 '손 살균제'는 업무 필수품

사람의 몸은 박테리아·바이러스, 그리고 곰팡이의 온상이다. 머리부터 발끝까지 예외가 없지만, 가장 문제가 되는 부분은 손이다. 가장 많은 미생물이 서식하는 것으로 따지자면, 손은 사타구니나 겨드랑이, 입을 따라오지 못한다. 그러나 이 부위들은 일상적인 교류에 손만큼 널리 사용되지 않는다는 점을 기억할 필요가 있다.

미국인들에게 손은 애증의 대상이다. 미국인만큼 악수를 많이 하는 사람들도 드물지만, 손의 위생 상태에 대해 이들만큼 민감한 사람들도 없기 때문이다. 충돌하는 이 두 가지 관습을 평화롭게 공존시키는 방법은 하나밖에 없다. 끊임없이 씻고 소독하는 것이다. <중략>

도서관에서 반납 업무처럼 남의 손이 닿았던 물건을 만져야 하는 사람들의 책상 위에는 흔히 살균제가 놓여있다. 남의 손에 '오염된' 물건과 닿은 자신의 손을 처리하기 위해서다. 이들의 염려를 덜기 위해 다양한 살균제들이 '최고의 살균력'과 '간편한 용법'을 요란하게 선전한다. '99.99%의 살균력'을 자랑하는 이 손바닥 로션들은 물도 필요 없다. 손바닥에 문질러서 말리기만 하면 된다.

'손 위생'에 대한 미국인들의 큰 관심은 살균 용품 시장을 거대한 규모로 키워 놓았다. 에이피(AP)의 2008년 3월 9일 보도에 따르면, 현재 미국에서 팔리고 있는 살균용 세정 용품만 해도 1600종류가 넘는다. 기업들은 살균 용품을 팔아 매년 수천억의 수익을 내며, 이 시장은 매년 커지고 있다.

▶ 재채기는 손이 아니라 팔뚝으로 막아라

손에 대한 관리는 예절과 규범에서도 큰 비중을 차지한다. 손은 어느 경우든 항상 오

염되어 있다. 이 사실을 모르는 사람은 없다. 그러나 손이 사회적 관용의 대상인 '일상적 오염'이상의 상황에 노출되는 것은 피해야 한다. 손바닥에 재채기를 하거나, 손을 씻지 않고 화장실 밖으로 나가는 행위, 그리고 땀에 젖은 손으로 악수를 청하는 것은 모두 사회적 금기에 해당한다.

그러나 가장 중요한 것은 이러한 오염 상황이 공적 장소에서 일어난 경우, 어떤 조치를 취하거나 취하는 척이라도 해야 한다는 사실이다. 재채기는 안 하는 것이 가장 좋지만, 불가피한 경우는 입을 막은 채 해야 한다. 손바닥은 곤란하다. 그 손은 언제든지 '교류용'으로 사용될 수 있으며, 화폐나 손잡이·컴퓨터 키보드·수도꼭지 등 공적 자산을 광범위하게 오염시킬 수 있기 때문이다.

재채기를 막는 데 가장 바람직한 부위는 팔뚝이다. 손목 위쪽에서 어깨에 이르는 어느 부위든 상관없지만, 최대한 손목에서 떨어진 어깨 방향을 고르는 것이 좋다. 손에서 가장 먼 곳일수록 타인에게 끼치는 영향을 최소화할 수 있고, 어깨에 가까울수록 표면적이 넓어 공중으로 퍼지는 바이러스를 효과적으로 제어할 수 있기 때문이다. <중략>

재채기가 나올 때 무의식 중에 손바닥을 가져가는 경우가 많다. 만일 손바닥에 재채기를 했다면 어떻게 해야 할까? 먼저 조용히 주위를 살펴보자. 목격자가 없다면 그냥

하던 일을 계속하면 된다. 그러나 근처에 누군가 있다면 자리를 잠시 떴다가 돌아오는 것이 좋다. 꼭 손을 씻기 위해서가 아니라, 뭔가 조치를 취했다는 느낌을 남들에게 주기 위해서다.

▶ 사람보다 개에게 키스하는 게 위생적?

<중략>. 2005년 10월 14일, 미국의 에이비시(ABC) 방송은 '미국인들이 널리 믿는 그릇된 신념들'을 소개했다. 그 가운데 하나가 "정말로 개의 입은 사람 입보다 깨끗한가?"였다. 이 방송은 '개가 상처를 핥는 습관 때문에 사람들이 개의 입을 깨끗하다고 생각하는 경향이 있다'고 분석했다. 그러고는 수의사 등 전문가의 도움을 받아 "개도 입에 세균이 있기 때문에 완전히 안전하지는 않다"고 진단을 내린다. 결론이 인상적이다.

<중략>

▶ 테러의 공포, 마케팅 수단이 되다

살균 용품에 대한 미국인들의 관심과 수요는 계속해서 늘고 있다. 매년 새로운 살균 용품이 소비자를 찾는다. 에이피(AP) 보도에 따르면, 2003년과 2006년의 3년 사이만도 살균 용품의 종류가 무려 8배 이상 늘었다. 물론 이것은 미국인들의 위생에 대한 관심이 계속 늘고 있음을 의미한다. 그러나 이것이 반드시 자발적인 태도 변화는 아니다.

살균 용품의 종류와 매출이 폭등한 것이 9·11테러 이후라는 점에 주목할 필요가 있다. 미국 정부는 '테러와의 전쟁'을 선포하며 국민들에게 '생화학 테러'의 위험을 지속적으로 홍보했다. 탄저병이 테러 수단으로 쓰일 가능성은 거의 없다는 학계의 설득에

도 불구하고, '흰 가루'는 어느덧 공포의 대상이 되었다. 정부가 유포한 생화학 테러의 공포는 미국인들의 위생 관념을 강박으로 바꾸어 놓았다. 뒤 이어 '사스(SARS)'와 조류 독감도 이 공포 분위기에 한몫했다.

그리고 기업들은 소비자들의 공포심을 한껏 활용했다. '공포에 질린 국민들은 다스리기 쉽다'는 것이야 정치인들에게는 상식이지만, 기업인들 역시 이 진리가 '소비자'에게도 통한다는 사실을 잘 알고 있었던 것이다.

▶ '5초 법칙(five-second rule)'

몇 년 전, 거지 같은 행색으로 긴 여행을 다녔던 적이 있다. 그러다가 비슷한 처지의 일본인 청년을 만났다. 둘 모두 배가 고팠으나, 식당에 갈 돈은 없었다. 둘은 주머니를 털어 빵 한 조각을 샀다. 그리고는 벤치에 앉아 빵을 반으로 나누었다. 그 일본인 친구는 정신없이 빵을 먹다가, 주먹 만한 덩어리를 땅바닥에 떨어뜨렸다. 당황하던 것도 잠간, 그 친구는 차분하게 빵을 집어 들어 먼지를 털었다. 그리고는 이런 말을 했다.

"5초 안에 주워먹으면 괜찮아." 한국에서도 비슷한 이야기를 들었던 적이 있다. 어린 시설, 친구 한 명이 떨어뜨린 과자를 주우면서 그 말을 했었다. 흥미로운 것은, 미국에도 똑같은 미신이 있다는 사실이다. '5초 법칙'(가끔 '10초 법칙'을 주장하는 사람들도 있다)이라는 것으로, 재빨리 움직이면 균이 도착하기 전에 음식을 집을 수 있다는 것이다. 과학을 좋아하는 미국인들, 이 주장을 검증하지 않을 리 없다. 몇몇 과학자들이 이 주장의 과학적 근거를 따져보기 위한 실험을 했다. 결론? 5초 이내도 얼마든지 바이러스가 침투할 수 있다는 것이다. 중요한 것은 '몇 초'가 아니라, '어느 바닥'에 떨어지느냐라는 것이다. 당연하지 않겠는가?

버려진 음식을 아까워하는 것은 만국 공통인 것 같다. 궁핍을 경험하지 않은 나라는 없기 때문이다. 결국 '5초 법칙'은 땅에 떨어진 음식을 집으면서 '과학'의 이름으로 위안을 얻기 위한 노력인 셈이다. 사람은 '합리적인 동물'이 아니라 '합리화하는 동물'이라는 사실을 말해주는 것일까? 문화는 다양하지만, 결국 사람 사는 것은 비슷하다는 점을 보여주는 것일까?

자료 : 오마이 뉴스(2008. 3. 16)

3. 태도 변화의 저항

개인의 태도를 변화시킨다는 것이 용이한 것은 아니다. 태도는 지속성과 일관성이 있기 때문이다. 특히, 태도 변화에 대한 저항이 존재하기 때문에 더욱 그러하다. 펩시콜라가 코카콜라를 넘어서는데 100년이 걸렸다는 <사례 7-2>처럼 소비자의 태도가 쉽게 변하지 않음을 알 수 있다. 태도 변화에 대한 저항 요인을 살펴보면 다음과 같다.

첫째, 상반된 주장이다. 소비자 자신의 태도에 상반되는 어떤 주장이 전달될 때 그에 대해 반박을 시도할 수 있다. 그리하여 자신의 기존 입장에 더 장점이 있다는 것을 자신에게 과시함으로써 태도 변화에 저항한다.

둘째, 신뢰성이 부족한 정보원이다. 태도 변화를 유발하는 정보원이 어떤 식으로든 믿을 수 없거나 부정적이라고 생각되는 경우 태도 변화에 저항이 발생한다.

셋째, 메시지의 왜곡이다. 개인은 자기가 듣고 싶은 것만을 들으려고 함으로써 태도 변화에 저항한다. 이때 상반되는 정보의 내용은 자신의 태도와 일치하는 방향으로 왜곡시키거나 일치하는 정보만 선택적으로 수용한다.

넷째, 합리화이다. 개인의 정서면에서 불안정감을 해소하는 방어 기제와 상반될 때 정보를 자의적으로 해석하여 태도 변화에 저항한다.

마지막으로, 전면적 거부이다. 가장 많이 나타내는 태도 변화의 저항 방식이다. 이는 어떤 논리적인 근거에 의해 주장을 반박하거나 그 원천을 약화시키려고 노력하기보다는 아무런 이유도 없이 단순히 거부해 버리는 방법이다.

사례 ⑦-2

펩시가 코카의 아성을 무너뜨린 비결은

펩시가 코카콜라 제국을 넘어서는 데는 100년이 걸렸다. 70년간 저가 전략으로 2인자 자리를 확고히 한 뒤 30년 만에 1위까지 올라섰다. 오랜 시간이 걸렸지만 그 과정이 너무 극적이었기에 마케팅 사례로 자주 인용된다. 펩시가 세상에 모습을 드러낸 것은

1893년. 코카콜라에 딱 7년 뒤진다. 하지만 펩시는 100년간 코카콜라의 등을 보고 다녀야만 했다. 코카의 '선점 효과'가 그만큼 막강했기 때문이다. 1930년대까지 펩시는 코카콜라와 가격은 비슷하지만 품질은 그저 그런 콜라에 지나지 않았다. 회사의 경영이 어려운 것은 당연한 결과였다.

그러나 펩시는 주저앉지 않았다. 1933년 중대 결단을 내렸다. 콜라의 가격을 코카콜라의 절반 수준으로 내린 것이다. 회사의 자금 사정이 급박하게 돌아가자 박리다매로 전환한 셈이다. 그러나 이면에는 중요한 판단이 숨어 있다. 자존심은 상하지만 냉철하게 판단하면 그 정도 가격이 적당하다는 게 경영진의 생각이었다.

그 결정은 펩시콜라를 확고한 2인자 반열에 올려 놓았다. 로열 크라운과 닥터 페퍼 같은 군소 업체들이 펩시의 저가 전략에 무릎을 꿇었다. 1위로 가는 징검 다리를 확보한 셈이다. 이후 순풍에 돛단배처럼 나아갔다. 광고로 이미지를 올리며 가격도 서서히 높였다.

그러던 중 1970년 위기가 닥쳤다. 원료 값이 크게 오른 것이다. 2위를 지키기도 어려운 상황이 됐다. 펩시의 경영진들은 또 한 번 중대 결단을 내린다. '콜라 전쟁'을 선언한 것이다. 우선 코카콜라와 같은 수준으로 제품의 가격을 올리고 마케팅에 열을 올렸다. 그러나 사정은 크게 나아지지 않았다. 눈을 가리고 시음하면 펩시콜라의 맛이 좋다는 사람이 더 많은데도 소비자들은 코카콜라만 찾았다. 코카콜라의 '브랜드 파워'에 절망감을 느꼈다. 고민하던 끝에 펩시는 불리한 처지를 역이용하기 시작했다. 1975

년 텔레비전에 한 편의 광고를 내보냈다. 눈을 가리고 콜라를 마시던 사람이 눈가리개를 벗으며 "어~펩시잖아!"를 외치는 것이었다. 입소문이나 이벤트로 인지도를 높이는 '버즈(buzz) 마케팅'을 사용한 것이다.

반응은 폭발적이었다. 코카콜라의 과민 대응에 오히려 펩시의 인지도는 더 높아졌다. 이 광고를 시작한 지 8년 만에 코카콜라와 30% 가량 차이가 나던 시장점유율은 10%까지 좁아졌다. 펩시는 고무됐다. 70년 만에 1인자 곁에 다가서게 된 것이다. 그러나 10%의 격차를 줄이는 것은 더 힘들었다. 따라 해도 2등은 되지만 1등이 되기 위해서는 1등보다 뛰어난 것이 있어야 했다.

새로운 것을 찾았다. 젊은 세대를 집중 공략하는 '다음 세대의 선택(the choice of next generation)'을 기치로 삼았다. 이 깃발 속에는 코카콜라를 쉰 세대로 밀어 넣는 '브랜드 포지셔닝'이 담겨 있었다. 펩시는 이 브랜드 포지셔닝으로 기성 세대를 집중 공략하는 코카콜라와 정면 충돌도 피할 수 있었다.

20년을 쏟아 부은 피땀이 열매를 맺기 시작했다. 펩시를 즐기던 청소년들이 대학을 마치고 사회에 나가면서 코카를 누르기 시작한 것이다. 이제 처지는 거꾸로 됐다. 코카콜라는 '이게 진짜(The real thing)'라는 광고 문구를 내세워 공세를 폈지만 어렸을 때부터 펩시에 길들여진 입맛이 바뀔 리 없었다. 이에 힘입어 펩시는 지난 2004년 말 매출에서 25%, 총이익에서 10% 코카콜라를 앞섰다. 지난해 말 시가 총액마저 코카콜라를 추월했다.

자료 : 머니투데이(2006.1.5)

제2절 태도 변화 이론

  좁은 의미의 태도 변화는 이미 형성되어 있는 기존의 태도 변화를 뜻하지만, 넓은 의미로서는 기존의 태도 자체의 변화뿐만 아니라 새로운 태도의 형성과 이미 형성되어 있는 기존의 태도의 강화까지를 포함하는 개념이다. 태도 변화에 관한 다양한 이론이 있는데 널리 인용되고 있는 것은 균형 이론, 일치성 이론, 인지 부조화 이론, 자기 지각 이론, 사회적 판단 이론, 그리고 정교화 가능성 모델 등을 들 수 있다. 학자들에 따라 관여도 수준을 기준으로 구분하기도 하지만 본 서書에서는 구분 없이 설명하고자 한다.

1. 균형 이론

  균형 이론Balance theory에 의하면 사람들은 자신들이 갖고 있는 신념과 태도들 간에 일관성을 유지함으로써 심리적으로 편안한 느낌을 갖고 싶어 한다Heider, 1946. 균형 상태가 깨어지면 균형을 회복하기 위해 기존의 신념이나 태도를 변화시킴으로써 균형 상태를 회복하고자 한다.

  균형 이론에서는 태도 변화 과정을 설명하기 위해 태도와 관련된 세 요소들 간의 삼각 관계, 내 자신 혹은 개인person : P, 태도 대상attitude object : O, 관련 대상(X) 간의 관계이다. 여기서 관련 대상(X)은 광고 모델, 준거인, 속성 등이 될 수 있다. 세 구성 요소 간의 삼각 관계는 균형 혹은 불균형으로 나누어진다. 그리고 두 요소들 간에 긍정적 관계(+)와 부정적 관계(-)로 설정된다.

  각각의 상황이 균형 상태인지 불균형 상태인지의 판단은 세 단계를 거친다. 첫째, 두 요소 간의 관계가 正(+)의 관계일 때는 +1을, 負(-)의 관계일 때는 -1을 부여한다. 둘째, 각 관계에 주어진 세 개의 값들을 곱한다. 셋째, 곱해진 결과가 +1이면 각 요소 간 균형을 이룬 상태이고, -1이면 불균형 상태가 된다. 이 같은 과정을 통해 기본적으로 균형 상태(#1~#4)와 불균형 상태(#5~#8)의 여덟 가지 관계가 만들어질 수 있다그림 7-2 참조.

▶ 그림 7-2 균형 및 불균형의 P-O-X 삼각 관계

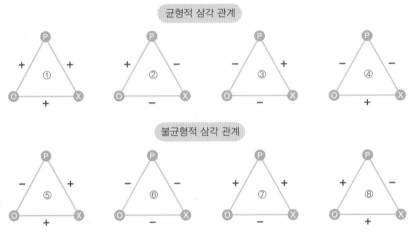

* 여기서 +는 두 요소들 간에 긍정적 관계. 그리고 -는 부정적 관계를 나타낸다.

* 자료 : 이학식 · 안광호 · 하영원(2007). 소비자 행동 : 마케팅 전략적 접근. 법문사. p.265

　균형 이론은 P, O, X 간의 상호 관계에서 일어나는 균형이나 불균형 상태를 잘 설명해 주고 있다. 균형 이론은 광고에 제시되는 모델과 소비자 그리고 상품과의 관계를 나타내는 중요한 이론으로서 광고 모델을 선정할 때 좋은 지침이 되고 있다. 그러나 다른 내적 요소들의 영향과 좋아하고 싫어하는 데 있어서의 강약의 정도 차이를 무시하고 있어서 태도 변화의 양을 수량적으로 계측할 수 없다는 점이 단점으로 지적되고 있다Baron & Byrne, 1977.

2. 일치성 이론

　균형 이론은 요소들P-O-X 간의 정(+)과 부(-)의 관계만을 파악할 뿐 요소 간 관계 강도는 고려하지 않는다. 일치성 이론Congruity theory은 요소 간의 관계를 계량적으로 구체화하고 태도 값의 크기를 모형에 포함시켰다. 즉, 균형 이론은 불균형 상태를 균형 상태로 만드는 방법들을 설명했는데, 일치성 이론은 소비자가 이 방법들 중 어떤 것을 선택할 것인지를 설명하는 이론이다Osgood & Tannenbaum, 1955. 즉, 두 요소 간의 연관 관계가 약한 쪽의 관계를 바꾸어서 균형 상태로 만든다는 것이다.

　예를 들어, 균형 이론에서 P-O 관계는 負(-), P-X 관계는 正(+), O-X 관계는 正(+)의 형태를 나타내는 불균형 상태에서 소비자가 어떤 식으로 균형을 찾아갈지

에 대한 해답은 제시해 주지 못한다. 그러나 일치성 이론은 보다 강한 태도 값을 나타내는 관계는 유지되고 다른 관계를 변화시킴으로써 균형을 찾게 된다. <그림 7-3>의 B에서 보듯이 박군(P)이 스키(X)에 대한 태도를 긍정적으로 바꾸면서 균형 상태를 유지하고 있다. 즉, P-X 관계가 P-O나 X-O의 관계 강도보다 정도가 약하다는 것을 나타낸다.

▶ 그림 7-3 일치성 이론

3. 인지 부조화 이론

인지 부조화 이론Theory of cognitive dissonance은 1957년 Festinger에 의해 정립되었다. 인지 부조화란 두 가지 이상의 반대되는 믿음, 생각, 가치를 동시에 지닐 때 또는 기존에 가지고 있던 것과 반대되는 새로운 정보를 접할 때 개인이 받는 정신적 스트레스나 불편한 경험 등을 의미한다.

관광객의 인지 부조화는 관광객이 가지고 있는 여행 상품에 대한 인식과 실제로 관광 체험 과정에서의 인식 사이에 불일치 혹은 부조화가 발생하는 상태를 의미한다. 관광객은 일반 소비자에 비하여 인지 부조화를 경험하는 경우가 훨씬 다양하고 그 대안을 찾는 경우가 많을 수 있다. 관광은 일반 제조 기업의 상품처럼 효용으로 남는 것이 아니라 경험으로 남게 되고 경험에 의해 가치, 신념, 의견 등 인지적 요인들의 변화가 수반되기 때문이다.

4. 자기 지각 이론

자기 지각 이론Self-perception theory에 의하면 개인은 자신의 행동을 되돌아보고 상황을 고려하여 자신의 태도를 추론한다. 따라서 행동이 변하면 태도가 변한 것으로 추론한다^{Bem, 1972}. 인지 부조화 이론과 자기 지각 이론의 공통점은 어떤 대상에 대한 개인의 태도는 자신의 행동 원인이 된다는 점에 있다.

인지 부조화 이론과 자기 지각 이론의 차이점은 태도 변화의 방식에 있다. 인지 부조화 이론은 자신의 태도와 상반된 행위를 하는 경우 심리적 불일치를 느끼게 되기 때문에 기존의 태도를 변화시키는 것으로 설명하고 있다. 이에 반해 자기 지각 이론은 자신의 태도를 행위에 맞추어 나간다^{그림 7-4 참조}.

자기 지각 현상, 즉 행동이 태도를 결정하는 경우는 관광객 행동에서 쉽게 찾아 볼 수 있다. 예를 들면, 관광지에서 여행 일정에 없는 관광객의 비계획적 행동이 이에 해당한다. 관광객들의 관광지에서의 탈 일상적 행동을 통해 그들의 심리적 상태를 이해할 수 있다.

▶ 그림 7-4 인지 부조화 이론과 자기 지각 이론의 태도 변화 방식

5. 사회적 판단 이론

어떤 이슈에 대해 판단을 내려야 할 때 주어진 메시지를 기존의 태도와 비교하여 판단하게 된다. 기존의 태도가 준거 기준으로 작용하여 새로운 정보가 현재 자신이 가지고 있는 태도와 차이가 크면 거부하게 되지만 수용 범위를 벗어나지 않으면 크게 신경 쓰지 않는다. 그런데 차이가 크지 않은 정보는 실제보다 오히려 좋게 해석하여 수용하고, 기존의 입장과 차이가 큰 정보는 실제보다 차이를 더 크게 해석하는 경향이 있는데 이러한 현상을 사회적 판단 이론^{Social judgement theory}이라 한다^{Sherif & Sherif, 1967}.

사회적 판단 이론에 따르면, 소비자는 설득적 메시지에 노출되었을 때 그 메시지가 수용 영역에 속하면 설득이 이루어지고, 거부 영역에 속하면 설득이 이루어지지 않으며, 중립 영역에 속하면 수용도 거부도 아닌 입장을 취한다. 일반적으로 고관여일수록 자신의 입장이 분명하기 때문에 자신의 태도와 차이가 나는 정보를 수용하는 영역은 좁아지고, 반면 거부하는 영역은 넓어진다. 반대로 저관여인 경우에는 수용 영역이 넓어지고 거부 영역이 좁아져 자신의 태도에 반하는 정보라도 비교적 쉽게 수용할 수 있다. 수용 영역이 넓으면 수용할 수 있는 상표 대안의 수도 많아져서 소비자의 상표 전환의 가능성이 높아질 수 있다이학식 외, 2006.

수용 범위 내에 있는 메시지를 실제보다 더욱 긍정적으로 해석하는 경향을 동화 효과Assimilation effect라 하고, 거부 영역에 있는 메시지를 실제보다 더 부정적으로 해석하는 경향을 대조효과contrast effect라 한다. 고관여자는 자신의 가치관의 변화를 유도하는 메시지의 수용 영역이 좁기 때문에 자신의 선입견이나 편견에 기초하여 메시지를 선택적으로 지각할 가능성이 높다. 저관여자는 메시지를 왜곡할 가능성이 낮아 동화 효과 내지 대조 효과가 일어날 가능성이 낮다. 따라서 저관여의 경우에는 약간의 과장된 메시지도 큰 저항 없이 수용될 수 있다.

6. 정교화 가능성 모델

Petty와 Cacioppo는 태도와 설득에 대한 선행 연구 결과를 토대로 정교화 가능성 모델Elaboration Likelihood Model을 제안하였다. 정교화 가능성이란 소비자가 메시지에 노출될 때 정보에 주의를 기울여서 자신의 관심과 관련지어 정보를 처리하려는 노력의 정도를 말한다. 이 모델에 의하면 두 가지 경로에 의해 태도가 형성 및 변화된다. 정보 처리자의 정교화 가능성 정도, 즉 정보 처리자가 정보 처리를 위해 상당한 노력을 기울이는 중심 경로central route와 정보 처리를 위하여 그다지 노력을 기울이지 않는 주변 경로peripheral route를 통해 태도 형성이 이루어진다그림 7-5 참조.

중심 경로는 소비자의 이성적인 사고를 활용한 정보 처리 방식이고 주변 경로는 감성적인 느낌을 활용한 정보 처리 방식이다. 중심 경로를 통하여 태도 형성이 이루어질 때는 중심적 단서central cues, 즉 제품 정보를 주의 깊게 관찰하는 인지적 노력이 투입되므로 그 결과 형성된 태도는 장기간 지속되는 경향이 있다. 주변

▶ 그림 7-5 정교화 가능성 모델

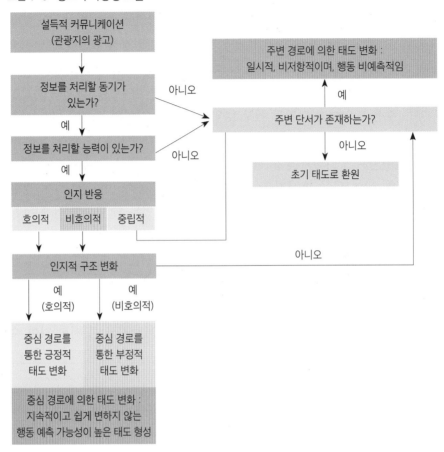

* 자료 : Petty, R. E., & Cacioppo, J. T. (1986). Communication and persuasion : Central and peripheral routes to attitude change, p.4. New York : Springer-verlag.

경로를 통한 태도 형성은 다양한 주변 단서peripheral cues, 즉 광고 모델이나 배경 음악 등에 의해 태도 형성이 이루어지므로 태도는 이러한 단서가 두드러지는 동안만 일시적일 가능성이 높다. 따라서 태도 변화가 쉽게 일어날 수 있다.

제3절 태도 변화 이론과 마케팅 전략

앞서 균형 이론, 일치성 이론, 인지 부조화 이론, 자기 지각 이론, 사회적 판단 이론, 그리고 정교화 가능성 모델과 같은 다양한 태도 변화의 이론에 대해 학습하였다. 이러한 태도 변화 이론 내지 모델은 소비자의 태도 변화를 유발하는 데 유용한 근거를 제시해 준다. 본 절에서는 이들 이론의 마케팅 시사점을 살펴본다.

1. 균형 이론과 마케팅 전략

태도가 어떻게 변화되는지 사례를 들어 설명해 보자. <그림 7-6>에서 박군(P)에게는 친한 친구 김군(O)이 있고 이 둘의 사이는 매우 좋다(+). 친구 김군(O)은 스키 타는 것(X)을 매우 좋아하는(+) 반면에 박군(P)은 스키가 위험하다고 좋아하지 않는다. 대신 온천을 즐겨 찾는다. 이 경우 세 평가의 곱이 負(−)의 관계 부호를 나타내므로 불균 형상태가 된다. 이 경우 박군(P)은 첫째, 스키를 좋아함으로써(①), 둘째, 김군(O)이 스키를 더 이상 좋아하지 않음으로써(②), 마지막으로 친구 김군(O)을 더 이상 좋아하지 않음으로써(③) 심리적 균형을 찾을 수 있다. 균형 이론을 이용한 태도 변화 전략은 크게 두 가지로 설명할 수 있다.

▶ 그림 7-6 균형 이론과 소비자 태도 변화

1) 광고 모델 이용 전략

소비자는 좋아하는 연예인이나 운동 선수 혹은 자신의 준거인 등이 출연한 광고에 노출되면 그 제품에 대한 태도가 호의적으로 변할 수 있다. 예를 들면, 특정 브랜드에 대한 소비자들의 태도가 부정적일 때 인기인을 자사 상표 광고에 출연시킴으로써 태도 변화를 시도할 수 있다. 동서식품이 김연아를 모델로 한 <사례

7-3>은 균형 이론에 기초하고 있다. 즉, 소비자(P)는 김연아(O)에 대해 긍정적인 태도를 가지고 있는데 김연아를 광고 모델로 등장시켜 특정 상품(X)에 대해 긍정적인 태도를 보이도록 소비자의 인지 균형을 돕고 있다.

사례 ⑦-3

'피겨 여신' 김연아처럼

··· 부드럽고 향이 깊은 '맥심 화이트골드' 동서식품,
맥심 화이트골드 커피믹스 신규 TV 광고 방영

▲ '피겨 여신' 김연아처럼 ··· 부드럽고 향이 깊은 '맥심 화이트골드'
동서식품, 맥심 화이트골드 커피믹스 신규 TV 광고 방영

- 김연아 출연, '부드럽게 다가와 깊은 향을 남기는' 맥심 화이트골드의 매력 전달
- 화이트골드와 어울리는 호주 대자연의 아름다운 영상미 '눈길'

대한민국 대표 커피전문기업 동서식품㈜(대표: 이광복)은 김연아와 함께하는 맥심 화이트골드 TV광고를 새롭게 선보인다고 29일 밝혔다. 이번 광고는 맥심 화이트골드의 브랜드 이미지를 제고하고, 제품의 매력을 소비자들에게 널리 알리기 위해 기획됐다. 특히, 우유를 넣어 부드러우면서도 깊은 향이 특징인 화이트골드의 특징을 나타내기 위해 '부드럽게 다가와 깊은 향을 남기는 화이트골드'를 컨셉으로 광고를 제작했다.

광고는 김연아가 호주의 대자연을 배경으로 바람에 머리카락을 날리며 커피를 즐기는 모습이 돋보인다. 2012년부터 맥심 화이트골드의 메인 모델로 활동중인 김연아의 섬세한 표현력을 바탕으로, 푸른 목초지, 부드러운 바람, 커다란 나무 등 아름다운 호주의 풍경이 어우러지며 맥심 화이트골드만의 부드럽고 깊은 감성을 표현했다. 김연아의 우아함과 기품 있는 분위기가 돋보이는 이번 맥심 화이트골드의 새 광고는 다양한 매체를 통해 공개될 예정이다.

동서식품 이수아 마케팅 매니저는 "이번 광고 속에서 돋보인 김연아의 기품 있는 자태가 부드럽게 다가와 깊은 향을 남기는 화이트골드의 매력을 잘 전달했다"며 "많은 소비자들이 화이트골드와 함께 다가오는 따스한 봄을 맞이할 수 있기를 기대한다"고 말했다. <중략>

자료 : 맥심 홈페이지

2) 설득적 메시지 이용 전략

바람직한 속성에 대해 자사 브랜드가 그 속성을 가지고 있다고 소비자를 설득하거나 자사 브랜드가 갖지 않는 속성에 대해 그 속성이 바람직하지 않다고 설득하는 것이다. 일반적으로 전자의 경우가 태도 변화를 더 쉽게 변화시키는 방법이다. <그림 7-7>은 모 우유 제조사가 업계 최초로 제조 일자를 표기하여 우유에 대한 신선도 정보를 정확하게 전달함으로써 소비자가 바람직하다고 생각하는 속성을 강조하였다.

▶ 그림 7-7 우유 업계 최초로 제조 일자를 표기한 서울우유 광고

제조 일자 표기를 통해 우유의 신선도를 파악하는 데 유용한 정보를 정직하게 제공한 광고로서 TV CF와 리서치 회사 엠브레인(Embrain)의 패널이 함께하는 AD 컨슈머리포트에서 지난 2012년 2월 그랑프리 광고로 선정되었다.

* 자료 : 한국경제(2012.6.21.)

2. 일치성 이론과 마케팅 전략

<그림 7-6>에서 박군(P)이 김군(O)을 좋아하는 정도가 스키(X)를 싫어하는 정도보다 더 강하다면 부정적 태도보다 긍정적 태도가 더 강하므로 스키에 대한 부정적 태도는 긍정적 방향으로 크게 변하고, 김군에 대한 긍정적인 태도는 부정적 방향으로 조금 변하여 일치성이 회복될 수 있다. 반면, 박군(P)이 스키(X)를 싫어하는 정도가 너무 크다면 상대적으로 약한 친구 김군(O)에 대한 긍정적인 태도를 부정적으로 바꾸는 것이 쉬울 것이다. 일치성 이론 역시 균형 이론을 이용한 마케팅 전략과 동일하게 사용할 수 있다.

1) 광고 모델 이용 전략

균형 이론에 따르면 자사 상표에 대한 소비자들의 태도가 부정적일 때 인기인을 자사 상표 광고에 출연시킴으로써 소비자들의 태도가 호의적인 방향으로 변화하

는 것을 기대할 수 있다. 이를 일치성 이론에 적용하면 인기인을 광고 모델로 이용하는 경우 인기 정도가 클수록 태도가 호의적 방향으로 더욱 많이 변화할 것으로 기대할 수 있다. 그 이유는 일치성 이론은 보다 강한 태도 값을 나타내는 관계는 유지되고 상대적으로 약한 관계가 변화됨으로써 균형을 찾게 된다고 전제하기 때문이다.

2) 설득적 메시지 이용 전략

자사 브랜드에 대해 소비자가 원하는 속성을 갖지 않은 것으로 생각하여 소비자가 비호의적인 태도를 가지는 경우, 균형 이론은 그 브랜드가 그 속성을 가지고 있다고 설득하거나 그 속성이 바람직하지 않다고 설득함으로써 소비자의 태도가 변하는 것으로 예측한다. 이를 일치성 이론에 적용하여 확대하면 설득력이 강할수록 태도가 보다 많이 변할 것으로 기대할 수 있다.

3. 인지 부조화 이론과 마케팅 전략

인지 부조화 이론을 이용한 마케팅 전략은 소비자의 인지 부조화를 감소시켜 태도를 변화시키는 것이다. 인지 부조화는 다음과 같이 발생 상황에 따라 부조화가 감소되며 그에 따라 태도가 변할 수 있다.

첫째, 선택한 대안이 선택하지 않은 대안에 비하여 그렇게 나쁘지 않다고 스스로 합리화하거나, 또는 선택한 대안이 다른 장점을 갖고 있기 때문에 선택한 대안이 더 좋다고 생각함으로써 부조화를 감소시킬 수 있다Howard & Sheth, 1969. 이렇게 함으로써 선택하지 않은 대안에 대한 태도는 더 부정적으로 변할 수 있고, 선택한 대안에 대한 태도는 보다 긍정적으로 변할 수 있게 된다. 또한, 해당 제품 구매의 중요성을 낮추며 자신의 결정을 지지해주는 정보를 탐색하고 배치되는 정보는 회피함으로써 부조화를 감소시키려는 노력을 할 수 있다. 오리온 닥터유그림 7-8 참조는 과자를 먹으면 살이 찌고 건강에 좋지 않다는 생각 때문에 먹으면서 죄책감을 느끼는 소비자에게 먹는 즐거움에 죄책감을 덜어주고 건강에 좋은 과자라는 점을 강조하여 소비자의 인지 부조화를 해소시키고 있다.

둘째, 태도와 다르게 행동할 경우 발생하는 인지 부조화는 태도나 신념을 행동에 준하는 방향으로 변화시킴으로써 감소될 수 있다. 예를 들어, 캄보디아 앙코르와트를 패키지 여행으로 다녀온 후 인지 부조화를 경험하고 있다고 가정하자.

이 경우 '패키지 여행도 괜찮아'라든가 '원래 패키지 여행'은 개인의 자유로운 행동을 제약하게 되어 있어'라고 자신의 평소 생각을 바꾸어 인지 부조화를 극복할 수 있다. 이를 위해 해당 여행사는 여행 직후 감사의 전화나 메시지 전달 등을 통해 고객이 이용한 패키지 여행 상품이 우수하고 인기있다는 것을 인식시키는 것이 중요하다.

▶ 그림 7-8 오리온 닥터유 광고

* 자료 : https://www.google.co.kr/

  마지막으로, 불일치 정보에 노출되어 인지 부조화를 겪는 경우에는 부조화를 증가시킬 가능성이 있는 새로운 정보는 회피하고, 이미 가지고 있는 불일치 정보를 왜곡시킴으로써 부조화를 감소시킬 수 있다. 또한, 구매 결정의 중요성 자체를 의도적으로 낮춤으로써 부조화를 감소시킬 수 있다. 가령, 패밀리 레스토랑에서 가족과 함께 식사한 소비자가 'A 패밀리 레스토랑은 서비스 품질이 별로야'라는 말을 들어서 부조화가 발생한 경우, '과거에는 그랬는지 몰라도 지금은 그렇지 않다'라고 정보를 왜곡하면서 인지 부조화를 감소시킬 수 있다. <사례 7-4>는 경험 디자인을 다루는 기업들은 소비자의 인지 부조화를 오히려 강화시켜 새로운 패러다임의 제품이나 서비스 개발의 기회로 삼고 있다.

사례 ⑦-4

"UX, '양은 냄비'에서 배워라"

경험 디자인은 사람들에게 진정한 경험을 제공하기 위해서 무엇인가를 디자인하는 과정이다. 여기서 말하는 '무엇'은 매우 다양하다. 컴퓨터나 스마트폰과 같은 제품이 될 수도 있고, 게임이나 만화와 같은 콘텐츠가 될 수도 있다. 또 금융이나 의료와 같은 서비스가 될 수도 있다. 그 무엇이 특히 디지털 기술을 이용한 IT제품을 이야기할 때에 우리는 사용자 경험(UX)이라고 한다. 그렇다면 진정한 경험은 무엇일까? 경험주의 철학의 대가인 존 듀이는 우리 일상의 삶 속에서 시작과 끝이 분명해 다른 경험과 확연히 구분되고 그 나름대로의 소기의 목적을 충만하게 이룰 수 있는 경험을 진정한 경험(Real Experience)이라고 했다. <중략>

기업이나 기관이 경험 디자인을 잘하기 위해서는 어떤 조건이 필요할까? 나는 경험 디자인을 담당하는 조직의 문화는 '양은 냄비' 같아야 한다고 생각한다. 양은 냄비는 주석과 니켈의 합금을 이용한 주방도구이다. 일반적으로 양은 냄비는 부정적인 어감으로 종종 한국인의 특성을 비판하는 표현으로 '냄비 근성'이라는 용어로 사용됐다. 그런데 모든 것이 급격하고 빠른 속도로 바뀌는 디지털 환경 속에서는 양은 냄비의 특성이 오히려 경험 디자인을 담당하는 조직이 갖고 있어야 할 덕목이 될 수도 있다. 양은 냄비의 특성은 크게 세 가지로 볼 수 있다.

첫 번째 특징은 '속도'다. 전도율이 높기 때문에 한 번 열을 받으면 금방 부글부글 끓는다. 하지만 불이 없어지기만 하면 또 단번에 식는다. 워낙 얇게 제작돼 열에너지를 보존할 수 없기 때문이다. 그래서 양은 냄비는 라면을 끓이는 데 제격이라고 한다. 빨리 끓기 때문에 가뜩이나 인스턴트 제품인 라면을 준비하는 데 시간도 절약되고 빨리 식기 때문에 면발이 냄비 바닥에 들러붙을 가능성이 낮다.

<중략> 이런 양은 냄비의 속성은 경험 디자인을 담당하는 조직 문화에 적합할 수 있다. 속도는 사용자의 경험을 점진적으로 개선시켜 나가는데 가장 핵심적인 성공 요인이기 때문이다. 한 가지 예를 들어보자. 삼성전자의 패블릿(phablet) 제품인 노트는 아이폰 4S가 시장에 출시되고 얼마 안돼 발

표됐다. 처음에 시장에 출시됐을 때에는 호불호가 명확하게 갈렸다. 화면이 크기 때문에 이동 중에 여러 가지 작업들을 수행할 수 있고, 특히 동영상을 감상하거나 인터넷을 탐색하는 데 기존 휴대폰보다 좋은 경험을 제공해줄 수 있었다.

반면 기기가 너무 커서 한 손으로 들기가 힘들었고 스타일러스 펜의 정확도나 필기감이 떨어졌다. 이런 상황에서 삼성전자는 갤럭시 노트를 시장에 출시하고 나서 2012년 1월부터 2013년 2월까지 1년 동안 엄청나게 빠른 속도로 총 15회에 걸쳐 업그레이드를 실시했다. 빨리 끓고 빨리 식는 양은 냄비 같은 조직이 필요한 이유다.

양은 냄비의 두 번째 특징은 '갈등'이다. 양은 냄비는 일단 끓기 시작하면 정신없이 맹렬하게 끓어오른다. <중략>. 이처럼 부글부글 끓어오르는 특성을 경험 디자인을 다루는 조직에 적용해보자. 점진적인 혁신을 무조건 신속하게 추진한다고 해서 진정한 경험이 제공되는 것은 아니다. 점진적 혁신이 한쪽 방향으로 치우쳐 발전하면 사람들이 느끼는 부조화(dissonance)는 더욱 커지기 때문이다. 갈등으로부터 심리적인 부조화를 느끼면, 근본적인 변화를 기대하는 개인과 인지적 부조화를 시장 확보의 기회로 활용하려는 기업가의 정신이 만나 패러다임의 변화를 일으키는 새로운 지배적 디자인이 창출된다. 갈등의 정도가 심하다는 것은 다른 시각으로 보면 현재 시장을 지배하고 있는 제품이나 서비스를 더 이상 견디지 못하고 심리적 부조화를 느끼는 사람들이 훨씬 더 많아진다는 의미이다. 점점 더 많은 사람들이 첨예한 갈등을 느낄수록 이

기회를 통해서 시장을 지배하려는 기업의 갈망도 뚜렷해질 수밖에 없다. 따라서 새로운 패러다임의 제품이나 서비스의 소재가 될 수 있는 갈등이 첨예하게 나타나는 것이다. <중략>

세 번째는 양은 냄비의 '유연성'이다. 양은 냄비는 워낙 저렴한 비용으로 제작되기 때문에 쉽게 구부러지고 찌그러진다. <중략> 이러한 유연성을 경험 디자인을 다루는 조직에 적용해보자. 현재의 지배적 디자인이 사용자가 느끼는 인지적 부조화를 더 이상 봉합할 수 없을 때에는 기존의 디자인에 대한 관성을 과감하게 끊어버리고 새로운 패러다임의 디자인을 채택할 수 있어야 한다. 물론 인지적 부조화가 별로 높지도 않은데 너무 일찍 지배적 디자인과 전혀 다른 새로운 디자인을 제시했다가 시장에서 실패하는 경우도 발생한다.

그러나 기존의 지배적 디자인에 너무 오래 매달려 있는 위험보다 빠른 변화를 시도하는 위험성이 훨씬 낮다. 지배적 디자인을 고집할 때 처음에는 감수해야 할 희생이 그다지 크지 않지만 결국 위험 요소는 점점 커지기 때문이다. 우리는 그 과정을 노키아 휴대폰, 소니 TV, 코닥 카메라 필름에서 이미 확실하게 목격했다. 앞에서 이야기한 신속함과 유연함, 그리고 첨예한 갈등이라는 양은 냄비의 세 가지 특성은 잘 활용됐을 때에는 사람들에게 진정한 경험을 효과적으로 제공할 수 있는 환경을 제공해 준다. 그러나 자칫 잘못 적용됐을 때에는 오히려 심각한 부작용을 초래할 수도 있다. 속도가 높아서 쓸데없이 바쁘게 움직이지만 실속이 없을 수도 있고, 지나치게 유연성만 강조하다 보

면 근본이 흔들릴 수도 있다. 갈등을 첨예하게 느끼다보면 조직원들 사이에 불화가 심해져서 조직 자체가 와해돼 버리는 경우가 발생할 수도 있다. 그렇다면 이런 부작용을 효과적으로 미연에 방지할 수 있는 방법은

무엇일까? 이는 결국 경험 자체에 대한 근본적인 이해를 바탕으로 생각해볼 수 있다. <중략>

자료 : 머니투데이(2015.2.2)

4. 자기 지각 이론과 마케팅 전략

자기 지각 이론을 토대로 개인의 태도를 변화시키고 개인의 순응을 이끌어내기 위해 사용하는 대표적 방법으로 FITD^{Foot-In-The-Door : 문간에 발 들여 놓기} 기법이 있다. FITD에 의하면 처음에는 부담 없이 구매할 수 있는 제품을 권하여 구매하도록 만든 다음 그것보다 비싼 제품을 권하는 것으로 처음에 긍정적인 행동을 통해 호의적인 태도가 형성되었기 때문에 다른 제품도 구매할 가능성이 높아지게 된다고 보는 것이다사례 7-5 참조.

자기 지각 이론은 또한 제품의 할인 폭에 대한 시사점을 제공한다. 소비자는 그다지 좋아하지 않던 제품도 할인 때문에 구매할 수 있으며 구매 후 자신의 태도를 호의적으로 변화시킬 수 있다. 할인 폭이 너무 크면 소비자가 그 제품을 좋아해서라기보다 가격 할인 때문에 구매했다고 생각하게 되고, 이럴 경우에는 태도가 호의적으로 변하지 않을 수 있다과다정당화 효과[1]. 할인 폭이 너무 작으면 유인 자체가 되지 않기 때문에차이 식역에 도달하지 못함 사전에 소비자 반응을 검토하여 할인시 가격 인하의 폭을 신중하게 결정해야 할 필요가 있다.

1) 특정 행동을 자신의 태도라기보다는 외적 요인으로 귀인시키는데 이것을 과다정당화 효과Over-justification effect라고 한다.

호프집 왜 뻥튀기를 공짜로 막 퍼줄까

들어가면 안주 주문 여부에 관계없이 종종 마른 과자인 뻥튀기를 무료 서비스로 내놓는다. 주머니 사정이 좋지 않는 경우에 호프 한 잔에 안주 없이 뻥튀기를 안주 삼기도 한다. 하지만 곧 호프 한 잔을 다 비우게 되고, 다시 한 잔을 시키게 된다.

술잔이 늘어나니 안주를 시키게 되고 애초의 예산 범위를 넘어가게 되어 사용을 절제하려던 카드를 꺼내들게 된다. 여기에서 뻥튀기는 미끼 안주가 된다. 어떻게 보면 '늪 안주'라고도 할 수 있다. 무심코 발을 들여놓았다가 차츰 빠져드는 늪 같은 특징이 있기 때문이다. 무심코 하나 집어먹었는데 자꾸만 먹게 되고 그것이 술 소비량을 늘리게 되고 나중에는 더 많은 술과 안주를 시키게 하니 말이다. '한 발부터 먼저 들여놓기 기술'(A Foot in the door technique) 기법보다 더 심하다.

술을 배울 때 우리는 뻥튀기가 목이 마르게 하는 특징이 있음에도 불구하고 그 원인도 모르면서 맥주를 마셨다. 심지어 삼겹살집에서는 뻥튀기를 주지 않는 이유에 대해서는 생각하지 않는 경우도 있다. 당연히 삼겹살집에서 목이 마르다고 소주를 벌컥벌컥 마시지는 않는다. 술이 잘 들어가게 하는 것은 뻥튀기만이 아니다. 사실 뻥튀기는 생리적이므로 당연하다. 뻥튀기가 몸의 물기를 흡수해 가니 목이 마르고 맥주를 마시게 하니 말이다.

호프집에서는 보통 음악이 시끄럽다. 소비와 밀접한 이유가 있다. 프랑스 브르타뉴-쉬드대학교 행동 과학과의 니콜라스 게강 교수는 18~25세 사이 40명의 술 마시는 행동을 분석했다. 술집 주인의 허락에 따라 보통크기인 72데시벨에서 시끄러운 소리크기인 88데시벨까지 바꾸어 관찰했다. 사람들은 소리가 클수록 더 많이 마시는 것으로 나타났다. 또 다른 실험에서 이를 뒷받침하는 결과가 나왔다. 주크 박스에서 음악이 나오는 상황에서는 평균 3.77병의 맥주를 주문한 반면, 음악이 나오지 않을 때는 2.44병을 주문했다. 머무는 시간도 차이가 났다. 음악이 없었을 때는 30.26분이었지만, 음악이 있을 때는 89.03분이었다.

왜 이런 일이 일어나는 것일까. 소리가 크면 사람들이 열 받게 되고 이를 식히려고 맥주를 들이켜게 되는 것일까. 일부분은 맞지만 전부 맞는 것은 아니다. 일단 음악 소리가 크고 빠르면 사람들은 대화하기가 힘들어져 그 사이에 술을 더 먹기도 한다. 즉, 대화가 끊기는 사이에 사람들은 순간적으로 술을 먹거나 다른 사람에게 술을 더 권하기도 한다. 이를 통해 술 소비는 더 늘어난다. 한편, 시끄러울수록 사람들은 크게 말을 하게 된다. 크게 말을 할수록 몸에서 열이 나고, 목도 컬컬하게 된다. 따라서 맥주를 들이켜게 된다. 빠른 음악을 틀면 그만큼 흥분과 각성의 정도가 올라가기 때문에 술도 빨리 먹는다. 빠르고 소리가 큰 음악이 제격이 된다. <중략>

음악이 시끄러운 곳은 롯데리아나 맥도널드 같은 패스트푸드점도 마찬가지다. 하지만 이런 공간의 의자는 맥주집과는 달리 불편하다. 이는 신나는 음악으로 테이블 회전율을 높이려는 것이다. 패스트 푸드점을 이용하는 이들은 대부분 지갑이 두둑한 이들이 아닌데다가 그들이 먹을 수 있는 한계효용상 음식의 양은 한정되어 있다.

저녁 시간대에 대형 유통점에서 신나는 음악을 들려주는 것도 마찬가지다. 사람들이 많기 때문에 이때는 낮과는 달리 빠른 음악을 튼다. 패스트 푸드점은 오랫동안 앉을 수 없도록 자리를 불편하게 만들어놓았다. 대형 유통점에 편안하게 앉을 공간은 없이 빨리 카터를 끌다가 나가야 한다. 국내의 한 조사에 따르면 매장에서 음악이 나오면 물건을 빨리 고르고 계산대로 가게 된

다고 답한 비율이 51.9%였고, 그렇지 않다는 답이 26.3%에 불과했다. 다른 실험에서 음악이 나오지 않을 때 고객이 매장에 머무른 시간은 119.86초였고 느린 음악이 나올 때는 127.53초 빠른 음악이 아닐 때는 108.93초였다. <중략>

술집의 음악이 시끄러우면 맥주가 잘 들어간다고는 하지만, 무조건 시끄러운 음악 때문에 술을 많이 마시는 것은 아니다. 즐겁게 시끄러운 음악이어야 한다. 또한 음악의 종류에 따라 소비하는 술이 다르다. 고전적인 음악이 나올 때 사람들은 와인을 더 많이 먹거나 소비했다. 오히려 팝음악이 나오면 와인을 소비하지 않는다. 무엇보다 사람들에게 공감을 이끌어내는 음악이 필요하다. 이를 위해서는 앞선 인지 심리학적 실험 결과와는 달리 문화 콘텐츠 차원의 선별 노력이 필요하다. <중략>

자료 : 데일리안(2011.1.8)

5. 사회적 판단 이론과 마케팅 전략

사회적 판단 이론에 따르면 관여도가 높은 소비자는 수용 영역이 좁기 때문에 수용할 수 있는 대안의 수가 적으며, 포괄적인 평가 과정을 거치게 되므로 브랜드를 평가할 때 고려하는 속성의 수가 많다. 다수 속성들을 대상으로 포괄적 평가 과정을 거치는 고관여 소비자의 경우, 일단 자신이 선호하는 브랜드가 결정되면 그 브랜드에 대한 충성도가 높아 브랜드 전환을 잘 하지 않는다. 반면, 관여도가 낮은 소비자는 수용 영역이 넓기 때문에 수용할 수 있는 대안의 수를 고려하여, 대안 평가시 시간을 많이 소비할 의사가 없기 때문에 소수의 속성만을 사용한다. 또한, 브랜드 충성도가 낮기 때문에 상표 전환 가능성이 높다. 사회적 판단 이

론에 근거하여 관여도 수준별, 수용 영역, 상표 대안의 수, 고려 속성, 상표 전환 등을 살펴보면 <표 7-1>과 같다.

▶ 표 7-1 사회적 판단 이론과 관여도 수준

구 분	고관여 소비자	저관여 소비자
수용 영역	좁다	넓다
수용 가능한 상표 대안 수	적다	많다
상표 평가시 고려하는 속성의 수	많다	적다
상표 전환 가능성	낮다	높다

자료 : 이학식 · 안광호 · 하영원(2007). 소비자 행동 : 마케팅전략적 접근. 법문사, p.275.

고관여 소비자는 광고 메시지에 많은 주의를 기울이고 과거 경험에 비추어 광고 내용을 해석할 가능성이 크다. 하지만 저관여 소비자는 광고 메시지에 주의를 적게 기울이고 그 내용을 별 저항 없이 받아들일 가능성이 크며 이로 인해 자주 구입하던 브랜드도 쉽게 전환할 수 있다. 따라서 저관여 제품의 경우, 차별적이고 독창적인 광고는 긍정적인 태도 형성과 브랜드 전환을 유도할 수 있다. 제품의 속성을 부각하는 광고를 제작할 경우 소비자의 수용 영역에 포함되어 동화 효과가 일어날 수 있도록 광고 메시지를 만들어야 한다.

사회적 판단 이론에 근거한 동화 효과와 대조 효과를 마케팅에 적용해 보면, 마케터는 제품의 기능이나 속성의 변화를 동시에 시도하는 것보다 한번에 조금씩 변화시키는 것이 필요하다는 것을 시사한다. 예를 들면 삼양라면은 우지파동으로 회사 이미지와 신뢰도가 추락했을 때 4차에 걸쳐 광고 캠페인을 하였다.

1차	"이거 무슨 라면이야?" "이 라면 이름이 뭐예요?"
2차	"이거 삼양라면이죠?" "삼양라면 훌륭하네~"
3차	"먹고 싶다!" 삼양라면
4차	"먹어보면~ 아하 삼양라면"

6. 정교화 가능성 모델과 마케팅 전략

고관여 소비자는 정보 처리에 상당한 노력을 기울이나 저관여 소비자는 정보 처리에 그다지 노력을 기울이지 않는 경향이 있다. 고관여 소비자는 주로 중심 경로에 의해 태도를 형성 및 변경하므로 중심 단서가 주변 단서보다 더 많은 영향을 미치게 된다. 따라서 고관여 상태일 경우 제품의 차별적 특성이나 혜택 등을 제시하는 것이 효과적이다그림 7-9 참조.

▶ 그림 7-9 중심 경로를 통한 태도 형성 및 변화

* 자료 : www.naver.com

반면에 저관여 소비자는 주로 주변 경로에 의해 태도를 형성하거나 변화시킨다. 따라서 저관여 소비자에게 구체적 제품 정보보다는 광고 분위기, 음악 혹은 광고 모델 등의 주변 요소에 중점을 두어야 할 것이다그림 7-10 참조. Petty[1983] 등은 광고 모델의 매력도가 고관여보다 저관여 소비자의 제품 태도에 더 많은 영향을 미치고 있음을 입증하였다그림 7-11 참조.

▶ 그림 7-10 주변 경로를 통한 태도 형성 및 변화

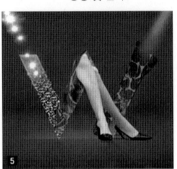

* 자료 : 동아일보(2010.7.2) 재인용

▶ 그림 7-11 관여도에 따른 제품 태도

* 자료 : Petty, R. E., Cacioppo, J. T., & Schumann, D.(1983). Central and peripheral routes to advertising effectiveness : The moderating role of involvement. Journal of Consumer Research, 10(September), p.142.

Chapter

08

학습과
관광 행동

학습목표

이 장을 학습하고 나면 학생들은 다음의 내용을 이해하게 될 것이다.

1 학습의 특성
2 고전적 조건화와 학습
3 수단적 조건화와 학습
4 고전적 조건화와 수단적 조건화의 차이점
5 강화 유형 및 강화 계획
6 인지 주의 학습의 영향 요인
7 행동 주의와 인지 주의 학습 이론의 차이점
8 대리 학습의 유형
9 대리 학습의 영향 요인
10 학습 이론과 마케팅 전략

개인 구매 의사 결정 과정에 영향을 미치는 내부적 요인은 태도, 학습, 동기, 그리고 개성을 포함한다. 이 장에서는 네 가지 내부적 요인 중 학습에 대해 설명한다.

학습은 직접·간접의 다양한 경험을 통해 나타나는 제품, 브랜드, 상점, 광고 등에 대한 지식, 신념, 태도, 구매 방법, 그리고 실제 구매 행동에 있어서의 변화를 의미한다. 학습의 결과는 소비자의 최종 구매 행동으로 표출되기 때문에 소비자가 특정 제품이나 서비스에 대하여 어떻게 경험하고 학습하게 되는지 그 과정을 이해하는 것이 중요하다. 소비자는 바람직한 소비 생활과 구매 활동을 학습을 통해 배우게 된다.

학습 과정에 관한 이론에는 행동 주의, 인지 주의적, 그리고 대리 학습 이론이 있다. 여기서는 학습 이론들이 소비자의 학습 과정을 설명하고 이해하는 데에 어떻게 적용될 수 있는지 알아보기 위하여 고전적 조건화, 수단적 조건화, 인지적 학습, 그리고 대리 학습에 대하여 살펴본다. 마지막으로 이들 학습 이론을 적용하기 위한 적절한 마케팅 시사점을 살펴본다.

▶ 그림 8-1 제8장 요약도

제1절 학습의 개념과 특성	제2절 행동 주의 학습 이론
• 학습 개념 • 학습 특성 • 학습 이론의 유형	• 고전적 조건화 이론 • 수단적 조건화 이론 • 고전적 조건화와 수단적 조건화의 차이점 • 행동 주의 학습 이론과 마케팅 전략
제3절 인지 주의 학습 이론	제4절 대리 학습 이론
• 통찰 학습 이론 • 정보 처리 학습 이론 • 행동 주의와 인지 주의 학습 이론의 차이점 • 인지 주의 학습 이론과 마케팅 전략	• 대리 학습 이론의 개요 • 대리 학습의 유형 • 대리 학습의 영향요인 • 대리 학습과 마케팅 전략

제1절 학습의 개념과 특성

　소비자는 브랜드에 대한 신념과 태도, 가치, 선호 등 자신의 구매와 소비에 영향을 미치는 많은 것들을 학습을 통해 습득한다. 이러한 의미에서 소비자 행동은 본질적으로 학습된 행동learned behavior이라고 할 수 있다. 소비자는 주변 세계에 적응하는 수단을 학습함으로써 구매 의사 결정에 관한 많은 문제를 효과적으로 해결 할 수 있다. 본 절에서는 학습의 개념과 특성 그리고 학습의 제 이론 유형에 대해 살펴본다.

1. 학습 개념

　심리학에서는 개인을 둘러싸고 있는 환경에서 여러 가지 사건들을 경험함으로써 일어나는 행동의 영속적 변화를 학습으로 정의하고 있다. 마케팅 학자들은 학습을 소비자가 새로운 자료에 접하여 과거에 가지고 있던 신념을 새로운 자료에 맞추어 적응시키는 과정으로 보고 있다. 즉, 정보와 경험의 결과로서 수반되는 지식, 태도, 행동의 변화로 정의하고 있다. Kimble[1961]은 학습을 훈련의 결과 일어나는 행동 잠재력의 영속적인 변화라고 정의하였다. 관광객 행동의 관점에서 보면, 학습이란 관광객의 소비 행동에 영향을 미치는 지식과 경험을 획득하는 과정을 의미한다. 관광객 학습은 관광객 자신, 가족, 준거집단, 광고, 커뮤니케이션 등을 통해 이루어진다.

　학습은 관광 및 환대 산업에서도 큰 의미를 지닌다. 휴가 동안 여행을 하거나, 축제에 참가하거나, 스키를 타거나 하는 관광객의 행동은 학습에 의한 행동이다. 예를 들어, 학생들의 수학 여행이나 체험 활동(예 농촌 체험, 갯벌 체험, 템플스테이 등) 등은 인성 함양과 창의력 향상을 위한 하나의 학습 과정이다. <사례 8-1>과 같이 교과 과정과 연계한 다양한 현장 체험을 통해 어린이들은 자연 보호의 소중함을 학습하게 된다.

사례 ⑧-1

'뗏목타고, 농사짓고'…영동 체험 마을 '인기'

충북 영동의 금강변에 자리잡은 농촌 체험 마을에 피서객들이 몰리고 있다. 저렴하게 숙식하면서 물놀이를 즐기고 농사와 전통 문화 체험도 할 수 있기 때문이다. 16일 영동군에 따르면 지난해 '우수 농어촌 마을'로 뽑혀 농수산 식품부 장관상을 받은 양산면 수두리 '비단강 숲마을'에서는 8월 말까지 방 예약이 거의 끝났다.

이 마을에는 80명이 한꺼번에 머물 수 있는 체험 시설이 있는데, 숙박비가 1인당 1만원으로 저렴하고 인근 금강에서 뗏목을 타고 물고기나 다슬기를 잡을 수도 있다. 지난해에는 1만4천여 명이 이 마을을 다녀갔다. 이순실 사무장은 "여름 체험객을 위해 마을 안 공터에 텐트 30여 채를 설치할 수 있는 야영장도 만들었다"며 "마을에서 재배된 유기농 쌀과 약초·산나물 등으로 차린 '비단강 엄마밥' 등이 인기상품"이라고 말했다.

▲'굼벵이'관찰하는 어린이들 (영동=연합뉴스) 박병기 기자 농촌체험마을인 충북 영동군 학산면 도덕리'시항골'에서 어린이들이 굼벵이(장수풍뎅이 유충)를 관찰하고 있다.

학산면 지내리 '금강모치 마을'도 포도·블루베리 등 농산물 수확과 짚공예 체험 등 다채로운 프로그램을 앞세워 도시민을 끌어들이고 있다. 이 마을도 지난해 8천 900여 명의 체험객이 다녀갔다.

'풍뎅이 마을'로 이름난 학산면 도덕리 '시항골'은 표고농사에서 나오는 폐목으로 '굼벵이(장수풍뎅이 유충)'를 관광 상품으로 개발하여 인기를 끌고 있다. 이 마을에는 굼벵이 농장과 곤충 표본관 등이 잘 꾸며져 학생과 가족 단위 체험객의 방문이 끊이지 않는다. 강완구 사무장은 "단체 체험객을 위해 20명이 머물 수 있는 큰 방을 하루 15만원에 제공한다"며 "포도 수확이 시작되면 체험 신청이 급증할 것"이라고 전망했다.

자료 : 연합뉴스(2012.7.16)

▲ '뗏목 타는 체험객들 (영동=연합뉴스) 박병기 기자 = 농촌체험마을인 충북 영동군 양강면'비단강숲마을'서 청소년들이 뗏목타기 체험을 즐기고 있다.

2. 학습 특성

학습은 개인의 경험이나 연습 혹은 훈련 등에 의한 것이어야지 신체적 발육이나 본능적 행동과 같은 자연적인 성숙과는 구별된다. 예를 들어, 하품을 못하던 갓난 아기가 성장하면서 졸음이 오면 하품을 하게 되는데 이것은 학습된 행동의 변화라고 볼수 없다. 여기에서는 네 가지의 학습 특성을 살펴본다.

1) 행동의 변화를 수반한다.

행동이란 외적으로 표출되는 육체적 활동뿐만 아니라 태도, 신념, 지식 축적과 같은 심리적·인지적 활동도 포함한다. 학습으로 인한 개인의 행동 변화는 다음의 세 가지 기준에 따라 판단할 수 있다.

첫째, 물리적 행동의 변화이다. 인간은 학습을 통해 걷고, 달리고, 놀고, 즐기고, 물건을 운반하고, 사용하는 등의 육체적인 행동을 배우게 된다. 이런 물리적 행동은 자신이 직접 생활하는 과정에서 직접 습득하기도 하지만 타인이 하는 행동을 보거나 TV나 영화 등을 통해서 간접적으로도 배우게 된다.

둘째, 지식, 사고, 신념 등 인지적cognitive1) 측면의 변화이다. 사람들은 어려운 상황에 처했을 때 해결하는 방법 그리고 타인과 의사 소통을 하고 세상을 현명하게 살아가는 방법 등 경험을 통해 학습하게 된다. 즉, 욕구를 충족시킬 수 있는 방법을 지식의 축적과 사고 능력의 개발 등을 통해 터득하게 된다.

마지막으로, 태도 등과 같은 심리적 측면의 변화이다. 환경타인도 포함에 대한 태도와 감정도 학습을 통해 형성된다. 이를 테면, 학습을 통해 싫거나 좋은 대상이 뚜렷해지며 학습의 결과에 따라 그 대상에 대한 태도나 감정은 변하게 된다.

 1) 인지(Cognitive) : 인식으로도 사용되며, 사물을 알아보고 그것을 기억하며 추리해서 결론을 얻어내고 그로 인해 생긴 문제를 해결하는 등의 정신적인 과정을 의미한다.

2) 경험의 결과로서 발생한다.

경험이란 물리적 경험뿐만 아니라 정신적 경험도 포함한다. 반드시 개인이 직접적으로 경험할 필요는 없다. 우리는 다른 사람들에게 영향을 주는 사상들이나 행동들을 관찰함으로써 대리적으로 학습할 수 있다. 따라서 경험에 의하지 않는, 즉 단순히 본능에 의한 행동 변화는 학습의 대상에서 제외된다.

3) 지속적 행동 변화를 수반한다.

학습은 지속적인 행동 변화를 수반한다. 어떠한 특정의 행동은 단순한 계기에 의해 일어나기보다는 오랜 기간에 걸쳐 학습된 후 일어난다. 일반적으로 학습이 어린 시절 이루어지거나 학습의 효과가 큰 경우일수록 변화된 행동은 보다 오랜 기간 지속성을 갖는다.

4) 학습 과정이나 결과를 직접 관찰하기 어렵다.

많은 관광 상품 구매 의사 결정은 관광객이 과거로부터 학습한 경험을 토대로 이루어진다. 호텔 선택에 있어서 쉽고 빠른 의사 결정이 이루어지는 것은 이의 경험에 의한 학습의 반응으로 볼 수 있다. 이러한 호텔 선택에 대한 학습은 직접 관찰할 수는 없지만 호텔 선택 학습 과정을 통하여 수행상의 행동을 추론함으로써 파악이 가능하다. 호텔 선택 행동 이전과 이후의 호텔 이용자 의식은 그 행위를 비교하여 나타나는 반응을 추론해 봄으로써 변화를 알 수 있다.

3. 학습 이론의 유형

학습 이론에는 행동 주의, 인지 주의, 그리고 대리 학습 이론이 있다그림 8-2 참조. 자극과 반응의 관계를 통해 학습 이론을 정착시킨 행동 주의 학습 이론은 소비자 행동 연구자나 마케팅 학자들의 관심을 별로 끌지 못해 왔으며, 또한 이론에 대한

▶ 그림 8-2 학습 이론의 유형

실증적 검증도 활발히 진행하지 못해 왔다. 하지만 최근에 이들 이론들이 소비자 행동 연구에 중요한 시사점을 제공하고 있다는 사실을 인식하면서 마케팅 학자들의 많은 관심을 모으고 있다.

인지 주의 학습 이론은 개인이 어떻게 정보를 처리하고 지식을 축적하는지를 설명해 준다. 행동 주의 학습 이론에 반해 인지 주의 학습 이론은 소비자 행동 연구자로부터 많은 관심을 받아 왔다. 이 이론은 학습의 결과가 반드시 외적 행동의 변화로 나타난다고 보지 않는다. 대표적 인지 주의 학습 이론으로 통찰 학습 이론과 정보 처리적 학습 이론이 있다.

마지막으로 대리 학습은 하여금 타인^{모델}의 행동 및 행동의 결과를 관찰함으로써 자신의 행동을 변화시키고자 하는 시도를 말하는데, 이를 모델링이라고도 한다. 대리 학습에는 공개적 모델링, 비공개적 모델링, 그리고 언어적 모델링이 있다.

제2절 행동 주의 학습 이론

행동 주의 학습 이론^{behaviorist learning theory}은 자극에 대한 결과로서 반응에서 일어나는 변화를 주시한다. 자극과 반응^{S-R}이론을 근본으로 하는 Pavlov의 고전적 조건화 이론^{classical or respondent conditioning}과 Skinner의 조작적 혹은 수단적 조건화 이론^{instrumental or operant conditioning}으로 구분된다. 이들 이론의 개요와 특징은 다음과 같다.

1. 고전적 조건화 이론

행동 주의 학습 이론에 의하면 개인의 행동 대다수는 학습을 통해서 형성되고 수정될 수 있다. 이러한 행동 주의 관점에 따르면 개인은 외부 자극에 대해 반응하는 존재이다. 여기서는 파블로프의 고전적 조건화 이론의 개요와 영향 요인 등에 대해 살펴본다.

1) 개요

Pavlov는 개에게 먹이를 줄 때마다 종을 치는 것을 반복하다 나중에는 먹이 없이 종만 치더라도 개의 침샘에서 침이 분비된다는 것을 발견하였다. 이때 먹이가 침의 분비를 유발하는 것은 자연스러운 현상인데, 이와 같이 자연스럽게 어떤 반응을 유발하는 자극을 무조건 자극unconditioned stimulus : US이라고 하고 이때의 반응을 무조건 반응unconditioned response : UR이라고 한다.

종소리처럼 처음에는 어떤 반응을 일으키지 않으나 무조건 자극먹이과 짝지어서 반복 제시되면 나중에 동일하거나 유사한 반응침의 분비을 유발시키는데, 이러한 자극을 조건 자극conditioned stimulus : CS이라 하고 조건 자극에 의해 유발된 반응을 조건 반응conditioned response : CR이라고 한다. 중립 자극과종소리 무조건먹이 자극을 결부시켜 반복적으로 노출시키면 조건 자극은 무조건 자극에 의하여 야기된 반응과 매우 유사한 반응을 유발한다는 것이 고전적 조건화 이론이다그림 8-3 참조. 결론적으로 개가 침을 흘리는 것과는 아무런 관계가 없는 실험자혹은 연구자의 모습, 발자국, 종소리 등에 침을 흘리는 것과 같이 개의 행동이 변하였기 때문에 새로운 학습을 한 것으로 보았다.

고전적 조건화 이론은 학습 주체가 수동적인 학습을 통해 특정 행동 반응을 유발하게 되는 과정을 설명하는 데 초점을 맞추고 있다. 따라서 이를 수동적 조건화respondent conditioning라고도 한다.

▶ **그림 8-3** 고전적 조건화 이론의 과정

Pavlov 실험			소비자 행동		
무조건 자극 (먹이)	무조건 자극 (먹이)		무조건 자극 (인기있는 음악, 모델)	무조건 자극 (인기있는 음악, 모델)	
	+ 반복 중립 자극 (종소리) → 조건 자극 (종소리)			+ 반복 중립 자극 (제품) → 조건 자극 (제품)	
무조건 반응 (침 흘림)	무조건 반응 (침 흘림)	조건 반응 (침 흘림)	무조건 반응 (즐겁고 호감느낌)	무조건 반응 (즐겁고 호감느낌)	조건 반응 (즐겁고 호감느낌)

* 자료 : 이학식·안광호·하영원(2006). 소비자 행동 : 마케팅 전략적 접근(제4판), 법문사, p.303.

2) 고전적 조건화와 소비자 학습

고전적 조건화 개념은 마케터가 자사 제품 및 브랜드에 대하여 소비자를 어떻게 학습시켜야 하는가를 이해하고 설명하는 데 도움을 준다. 소비자가 중립적인 태도를 갖는 어떤 제품중립 자극과 함께 즐거운 음악과 멋진 배경 등무조건 자극을 함께 연출하는 광고에 반복적으로 노출되면 나중에는 그 제품에 대해 소비자는 자연스럽게 호의적인 태도를 형성할 수 있다.

광고는 보통 감정을 유발시키는 무조건 자극음악, 배경, 모델과 상품조건자극 : 제품을 짝지어 제시한다Smith & Engel, 1968. 레스토랑이나 호텔의 경우 서비스 상품에 대한 고객의 호의적 태도를 유발하는 무조건 자극으로서 음악, 분위기, 향기, 미술품 전시, 분위기 등을 활용하고 있다. 싱가포르 에어라인의 경우 광고에선 스튜어디스를 항상 그리고 크게 등장시킨다. 중립 자극인 싱가포르 에어라인을 스튜어디스의 밝고 깨끗한 모습의 무조건적 자극과 반복적으로 연결시켜 항공사의 이미지를 편안한 기내 서비스를 약속하는 항공사로 변모시키는 것이다그림 8-4 참조.

▶ 그림 8-4　고전적 조건화 광고 사례

3) 고전적 조건화 영향 요인

고전적 조건화에 의한 학습이 쉽게 일어나는가 그렇지 않은가는 무조건 자극의 강도, 자극의 반복 횟수, 자극 순서, 그리고 무조건 자극 친숙도 등에 의해 영향을 받는다. 이러한 영향 요인들에 대하여 설명하면 다음과 같다.

(1) 무조건 자극의 강도

무조건 자극이 강할수록 조건화가 더 잘 이루어진다. 파블로프의 실험에서 개에게 주는 먹이의 맛이나 냄새가 만족스러울수록 그리고 TV 광고의 내용이 보다 즐거울수록 고전적 조건화에 의한 학습 효과가 크다는 것이다. 조건 형성은 일상적인 자극보다는 새롭고, 특이하고, 강렬한 자극이 효과적인데 이러한 자극들은 다른 자극에 비해 더 뚜렷하고 분명하기 때문이다Hearst, 1999.

(2) 반복 횟수(노출빈도)

고전적 조건화에 의한 학습이 이루어지기 위해서는 무조건 자극과 조건 자극이 결부되어 반복적으로 학습자에게 제시되어야 한다. 하지만 자극의 반복 횟수에 대한 학습의 효과 연구 결과는 일관적이지 않다.

Gorn[1982]은 200명의 학생들에게 배경 음악인디언 노래과 함께 볼펜 광고를 보게 한 다음 그 볼펜과 다른 볼펜색깔만 다름 중 한 가지를 선택하게 하였다. 연구 결과, 인디언 음악을 좋아하는 학생들은 광고에서 제시된 볼펜을 주로 선택하였고 싫어한 학생들은 주로 다른 볼펜색깔이 다른 것을 선택하였다. 이 실험에서는 단 1회의 노출만으로 고전적 조건화에 의한 학습이 이루어질 수도 있는 것으로 나타났다.

한편, Kellaris와 Cox[1989]는 1회의 노출로는 고전적 조건화의 효과가 없다고 주장하였다. 이들은 Gorn의 연구 결과는 피실험자들이 연구자가 원하는 방향으로 행동하도록 유도되었기 때문일 것이라고 추측하였다.

(3) 자극 제시 순서

고전적 조건화 이론은 무조건 자극과 조건 자극이 주어지는 순서에 의해서도 영향을 받는데, 선행적 조건화, 후행적 조건화, 그리고 동시 조건화 세 가지 형태가 있다. 선행적 조건화는 조건 자극상품이 먼저 제시된 다음 무조건 자극배우을 노출시키는 것이다. 후행적 조건화는 무조건 자극이 조건 자극을 선행하는 것으로 분위기 연출이나 모델을 제시하고 그 다음에 제품을 보여 주는 것이다. 동시 조건화는 무조건 자극과 조건 자극을 동시에 제시하며 연결시키는 것이다. 이 셋 중에서 선행적 조건화가 가장 효과적이며 후행적 조건화가 가장 비효과적인 것으로 알려져 있다.

(4) 무조건 자극 친숙도

제시된 무조건 자극에 친숙할 경우 학습 효과는 낮아질 수 있다. 잘 알려진 음악을 사용하는 것보다는 잘 알려지지 않은 음악이나 그 광고를 위하여 음악을 새로이 제작하여 사용하는 것이 바람직하다. 피겨 스케이팅 김연아 선수가 큰 대회마다 배경 음악을 다르게 선정하여 큰 반향을 일으킨 것이 좋은 예이다. 물론 잘 알려진 음악이 매우 좋은 것이라면 무조건 자극의 강도가 강하므로 별로 좋지 않은 새로운 음악보다는 더 효과적일 수도 있다.

2. 수단적 조건화 이론

수단적 혹은 조작적 조건화 이론은 개인의 행동은 행동 이후에 주어지는 어떤 강화 혹은 보상 요인에 의해 학습된다는 것이다. 여기서는 수단적 조건화 이론의 배경과 영향 요인 등에 대해 살펴본다.

1) 개요

Skinner는 쥐와 비둘기 같은 동물을 대상으로 동물의 반응을 관찰하고 반응 결과를 통제할 수 있도록 Skinner 상자를 고안하였다. Skinner는 상자 속의 레버를 누르면 세 가지 결과 중 어느 한 가지로 나타날 수 있도록 상황을 만들었다그림 8-5 참조. 첫째는 레버를 누르면 먹이가 나오도록 하는 것이고, 둘째는 상자 내의 약간의 전기가 흐르도록 한 다음 레버를 누르면 전기가 흐르지 않도록 하고, 셋째는 처음에는 전기가 흐르지 않다가 레버를 누르면 전기 충격이 오도록 상황을 만들었다. 이 실험에서 쥐는 호기심에서 혹은 우연히 레버를 누를 수 있는데 몇 번의 반복 끝에 그 레버를 누르면 결과가 어떻게 된다는 것을 학습하고, 그 다음부터는 스스로 레버를 누르거나 혹은 절대로 누르지 않았다.

▶ 그림 8-5 Skinner 상자

* 자료 : Hawkins, Best & Coney(2004). Consumer behavior : Building marketing strategy. McGraw Hill, p.321

2) 수단적 조건화와 소비자 학습

Skinner 상자 속에서 쥐는 어느 순간 레버를 누르게 되고, 그로 인해 먹이를 얻게 되면 그때부터 자극과 반응즉 레버를 누름과 먹이 획득 간의 연계를 인식하게 된다. 처음에는 레버를 누르는 행동과 먹이 획득 간의 연계 관계를 곧바로 인식하지 못했지만 몇 번의 경험을 통해 알게 되었다. 여기서 쥐의 행동레버 누름은 고전적 조건화에서처럼 무조건 자극에 대한 무의식적인 반응의 결과로서 학습된 것이 아니고 반응 후 주어지는 보상먹이 때문에 의식적·능동적으로 학습된 것이라 볼 수 있다.

수단적 조건화 이론은 개인 행동은 행동 후에 주어지는 어떤 보상이나 강화 요인에 의해 학습이 가능하다는 사실을 시사하고 있다. Skinner는 수단적 조건 형성에서 가장 중요한 것이 강화reinforcement이며, 강화를 어떻게 하느냐에 따라 인간의 행동을 통제할 수 있는 것으로 보았다. 즉, 강화를 통해 바람직한 행동을 유발할 수 있다는 것이다. 강화 혹은 강화물(예 경품, 할인, 쿠폰 등)은 어떤 행동 후에 주어지는 보상, 자극, 그리고 사건event들을 의미하는 것으로서 그 행동이 다시 반복될 확률에 직접적인 영향을 준다.

3) 수단적 조건화 영향 요인

다양한 요인들이 수단적 조건화에 영향을 미칠 수 있다. 수단적 조건화에 미치는 대표적 영향 요인으로 강화 유형과 강화 계획강화 스케줄 등이 있다. 이에 대한 내용은 다음과 같다.

(1) 강화 유형

강화는 긍정적 강화정적 강화, 부정적 강화부적 강화, 정적 처벌과 부정적 처벌 등 네 유형으로 분류된다. 긍정적 강화positive reinforcement란 긍정 자극을 제시함으로써 바람직한 행동을 증가시키는 것을 말한다. 높은 성적, 맛있는 음식, 봉급, 장학금, 승진, 인정, 칭찬, 감사 전화 등은 모두 정적 강화물의 예이다. 이와는 달리 혐오적 자극을 제거하거나 철회(예 Skinner의 실험에서 전기충격 제거 혹은 철회)함으로써 바람직한 행동을 증가시키는 것을 부정적 강화라고 한다. 해외 여행시 비행기 내에서 승객이 취해서 소란을 일으킬 경우 알코올 음료 서비스 제공을 중단하는 것이 한 예이다그림 8-6 참조.

▶ 그림 8-6 자극의 강화 유형

구분	선호 자극	혐오 자극
제시	정적 강화(+)	정적 처벌(-)
제거	부적 처벌(-)	부적 강화(+)

* 괄호 속의 (+)기호는 바람직한 행동의 빈도를 증가시킨다는 의미이고, (-) 기호는 바람직하지 못한 행동의 빈도를 감소시킨다는 의미임.

처벌은 혐오적인 자극을 제시하거나 제거함으로써 바람직하지 못한 행동의 발생을 억제시키는 경우를 말한다. 처벌은 정적 처벌과 부정적 처벌로 구분된다. 전자는 혐오 자극을 제시하여 그리고 후자는 선호 자극을 제거하여 바람직하지 못한 행동의 발생을 억제시키는 것이다. 예컨대, 도보 여행시 자연을 훼손하는 관광객에게 벌금을 부과혐오 자극 제시 하거나 아동들에게 TV를 보지 못하게 하는 것선호 자극 제거도 처벌이다. 소비자는 처벌의 원인이 되는 반응들을 하지 않도록 학습한다.

아래 <그림 8-7>에서와 같이 실제 조직에서 조직 구성원들이 보유한 역량을 최대한 행동으로 이끌어내는 데 있어서는 정적 강화가 부적 강화보다 더 효과적이

▶ 그림 8-7 정적 강화와 부적 강화의 수행 패턴 비교

* 자료 : 오세진(2009.11.30). '루저' 양산하는 평가제도, 조직 망친다. 동아비즈니스리뷰, 46호.

다. 하지만 실제로 조직에서 인사 평가시 직원들의 긍정적인 결과나 행동에 초점을 맞추기보다 잘못된 결과나 행동에 초점을 맞추는 경우가 많기 때문에 부적 강화가 많이 사용되고 있다.

(2) 강화 계획

강화 계획에 따라 행동이 학습되는 속도와 패턴 그리고 지속성 등이 달라진다. 강화 계획은 구체적인 강화물보상을 제시하는 방식을 의미하는데 연속 강화와 부분 강화가 있다표 8-1 참조.

▶ 표 8-1 부분 강화 계획

부분 강화 계획		내 용
비율 강화 계획 (ratio schedule)	고정 비율 강화 계획 (fixed-ratio)	매 n번의 반응마다 강화물이 주어진다(쿠폰, 마일리지 프로그램 등).
	변동 비율 강화 계획 (variable-ratio)	평균적으로 n번의 반응마다 강화물이 주어지나 정확하게 몇 번째 반응에 강화물이 주어지는지는 알 수가 없다(카지노 게임, 복권).
간격 강화 계획 (interval schedule)	고정 간격 강화 계획 (fixed-interval)	정해진 시간이 지난 후의 첫 번째 반응에 강화물이 주어진다(백화점 정기 세일).
	변동 간격 강화 계획 (variable-interval)	평균적으로 어떤 정해진 시간이 지나간 다음의 첫 번째 반응에 강화물이 주어진다. 하지만 정확하게 언제 강화물이 주어지는지는 알 수가 없다(마트나 백화점 타임 세일).

연속강화continuous reinforcement는 목표 반응을 할 때마다 강화물을 제공하는 것을 말한다. 이에 비해 부분 강화intermittent reinforcement 또는 간헐적 강화는 행동이 일어날 때마다 매번 강화가 주어지지는 않는 경우를 총칭한다. 부분 강화는 비율 강화와 간격 강화로 나누어진다. 비율 강화 계획은 강화물이 제공되는 방식이 반응에 따라 결정되는 반면에 간격 강화 계획은 강화물이 제공되는 방식이 반응뿐만 아니라 시간에도 기초를 두고 있다.

3. 고전적 조건화와 수단적 조건화의 차이점

수단적 조건화에서는 학습 주체가 환경에 대해서 능동적으로 대처하며 그로 인해 조건화가 형성된다고 가정한다. 이 때문에 수단적 조건화는 흔히 조작적작동적 조건화라 불려진다. 수단적 조건화도 자극^{S}과 반응^R 간의 연계에 토대를 둔다는 점에서는 고전적 조건화와 동일하다.

▶ 표 8-2   고전적 조건화와 수단적 조건화의 차이점

고전적 조건화	수단적 조건화
수동적 학습자(passive learner)를 전제로 한다.	능동적 학습자(active learner)를 전제로 한다.
조건화 과정은 이미 확립된 자극-반응 관계에 기초한다.	사전의 자극-반응 관계는 필요하지 않다.
행동 전의 자극이 조건화의 결정적 요건이다.	행동 후의 강화 요인이 조건화의 결정적 요건이다.
무의식적인 반응이 강화되고 학습된다.	반응은 의식적으로(긍정적 보상 때문에) 강화되고 그 결과 학습된다.

* 자료 : Wilkie(1986). Consumer behavior. John Wiley & Sons, p. 423.

그러나 두 가지 조건화에는 몇 가지 차이점이 있다. 첫째, 고전적 조건화는 수동적인 학습인 데 비해 수단적인 조건화는 보다 의식적이고 목적 지향적인 학습을 전제한다. 둘째, 고전적 조건화는 사전의 자극-반응 관계에 기초하나 수단적 조건화는 이러한 사전의 관계가 필요하지 않다. 셋째, 고전적 조건화에서 학습은 반응 이전에 제시된 자극에 의해 이루어지는 데 반해 수단적 조건화에서 학습은

주어진 자극에 대한 반응의 결과보상에 의해 이루어진다. 차이점을 요약하면 <표 8-2>와 같다.

4. 행동 주의 학습 이론과 마케팅 전략

행동 주의 학습 이론은 현장에서 다양하게 활용되고 있다. 여기서는 자극 제시 순서와 자극 일반화가 마케팅 전략에 어떻게 활용될 수 있는지 살펴본다. 또한, 수단적 조건화가 어떻게 마케팅에서 활용되고 있는지도 살펴본다.

1) 고전적 조건화와 마케팅 전략

(1) 자극 제시 순서와 마케팅 전략

고전적 조건화 이론에서 선행적 조건화가 가장 효과적이며 후행적 조건화가 가장 비효과적인 것으로 알려져 있다. 한 연구는 외식 기업 브랜드에 대한 태도 형성에 있어 고전적 조건화의 효과를 조사하기 위해 피자 전문점의 로고가 찍힌 피자 상자와 레이스 카를 두 집단의 피험자들에게 보여 주었다Kim 외, 1996. 이 실험에서 피자 상자는 조건 자극을 그리고 레이스 카는 신속한 피자 배달을 상징하는 무조건 자극이다. 첫번째 집단에게는 선행적 조건화피자 상자 → 레이스 카를 그리고

▶ 그림 8-8 선행적 조건화 예

두 번째 집단에게는 후행적 조건화레이스 카 → 피자 상자로 실험하였다. 실험 결과, 선행적 조건화의 경우가 전문점에 대한 태도 점수에 있어서 높게 나타났다. 이는 제품이나 서비스에 대해 보다 호의적인 고객의 태도를 학습시키는 데 있어 선행적 조건화가 보다 효과적이라는 것을 입증한다.

선행적 조건화는 지역 축제 브랜드화를 구축하는데 유용하게 적용될 수 있다. 화천 산천어 축제의 경우, 지역 명칭이나 캐릭터혹은 BI를 제품 명칭산천어이나 이미지보다 먼저 제시할 때 조건 형성의 효과가 크게 나타날 수 있다그림 8-8 참조.

(2) 자극 일반화와 마케팅 전략

자극의 일반화generalization란 특정 자극에 조건화되면 그와 비슷한 자극에 의해서도 유사한 반응이 일어나는 현상을 말한다. 소비자가 좋은 분위기와 결부된 어떤 제품 광고에 수차례 노출되어 그 제품에 대한 호의적인 태도를 형성하게 되면 이와 유사한 경쟁 제품에도 태도가 어느 정도 호의적으로 변하게 된다. 선도 기업은 자사 제품이 경쟁 제품과 차별적으로 보이게 함으로써 일반화를 감소시킬 수 있다. 후발 기업은 기존 경쟁자의 제품과 유사하게 함으로써 경쟁자의 광고로부터 간접적인 이득을 기대할 수 있다. 자극 일반화는 가족 브랜드 구축, 제품 계열 확장 전략, 그리고 미투유사 패키지화 전략에 많이 이용된다.

① 가족 브랜드 구축

한 기업이 여러 연관 제품에 하나의 동일한 브랜드를 사용하는 경우를 공동브랜드family brand라고 부른다. 즉, 다양한 제품들이 한 회사명의 명성을 이용하는 것이다. 예를 들어, 미국 호텔 브랜드인 Holiday InnsHoliday Inn Select, Holiday Inn Express, Holiday Inns and Suites와 RamadaRamada Inns, Ramada Plaza Hotels, Ramada Limited는 모든 제품에 동일 브랜드명을 사용하고 있다.

② 제품 계열 확장

이는 관련 제품들을 기존의 브랜드에 추가하는 것을 말한다. 즉, 서로 유사한 기능을 수행하거나, 동일한 고객 집단에게 판매되거나, 같은 유통 경로를 이용하기 때문에 밀접하게 관련된 제품들의 집합을 말한다. 예컨대, 여행사가 판매하고 있는 단체 여행 상품 계열(예 해외 개인, 해외 단체, 국내 개인, 국내 단체 여행), 승차권 예매 계열(예 비행기, 고속버스, 선박, 기차), 부수 예약 서비스 계열(예 각종 여행 정보, 호텔 예약) 등이 좋은 사례이다.

③ 미투(유사 패키지화) 전략

미투(me too) 전략은 고전적 조건화 학습에서 자극의 일반화와 유사하지만 소비자가 서로 다른 자극에도 동일한 반응을 보이는 것을 마케팅에 활용한 것이다. 이 전략은 기업의 대표 브랜드와 유사한 모방 제품이 성과를 내는 방법이기도 하고, 브랜드 확장이나 제품 확장에도 응용할 수 있으며, 제품의 명성이나 신뢰성이 높은 경우에 활용할 수 있다. <사례 8-2>는 항공사마다 각자 개성을 가진 서비스를 제공하려고 노력하면서도 노선이나 마케팅 전략에서는 경쟁사의 인기 서비스를 모방한 사례이다.

사례 ⑧-2

"네가 하면 나도 한다" … 항공업계 '미투' 마케팅 바람

단독노선 사라지고 라운지 등
인기 서비스 따라서 도입

이른바 '대박' 난 상품이나 서비스를 따라서 출시하는 '미투'(Me-Too) 마케팅 바람이 항공업계에서 불고 있다. 항공사마다

YONHAP NEWS

개성을 유지하려고 노력하면서도 노선이나 마케팅 전략에서는 경쟁사의 인기 아이템을 모방하는 사례가 늘고 있다.

항공업계에 따르면 다양한 노선에 항공사들이 앞다퉈 취항하면서 과거 특정 회사가 독점하던 단독노선이 사라지는 추세다. 일본 삿포로는 대한항공, 오키나와는 아시아나항공이 과거 양분했던 노선이지만 각 노선에 제주항공과 진에어 등 저비용항공사(LCC)가 잇따라 취항했다. 이에 더해 대한항공은 오키나와에, 아시아나항공은 삿포로(7월 예정)에 신규 취항하면서 서

로 상대 노선에 진출하는 형국이 됐다. 대한항공은 또 자회사인 진에어와 공동운항을 통해 제주항공 취항 이전 아시아나항공의 단독노선이던 사이판에 진출할 예정이다.

LCC들도 기존 항공사가 개척해 수익성이 검증된 노선에 대거 몰리며 경쟁체제를 구축하고 있다. 제주항공은 7월 일본 삿포로와 말레이시아 코타키나발루 노선에 취항할 예정이다. 해당 노선은 이미 대한항공과 이스타항공 등이 먼저 취항했다. 진에어는 아시아나항공에 이어 제주항공이 취항하며 시장을 키운 사이판에 진출할 예정이어서 경쟁이 치열해질 것으로 보인다. 제주항공이 처음 선보여 효과를 본 자유여행 라운지(해외 현지 여행안내 시설)는 다른 LCC로도 번졌다.

진에어는 최근 괌에 라운지를 개설해 이곳을 여행하는 승객들을 대상으로 호텔과 렌터카 예약 등의 편의 제공에 나섰다. 라운지는 2012년 제주항공이 대한항공 단독노선이던 괌에 취항했을 당시 여행사들로부터 외면받자 개별 여행객을 유치하기 위해 내놓은 전략 상품이다. 여행사 패키지보다 스스로 일정을 구성하는 자유여행의 인기와 맞물려 승객 유치를 견인한 것으로 평가받는다.

이처럼 '미투' 마케팅 바람이 불면서 과거에는 특별했지만 이젠 일반화된 기내 서비스들도 있다. 기내 프러포즈, 풍선 만들기, 가위바위보 게임과 같은 이색적인 기내 오락 서비스는 이제 대부분의 LCC에서 만나볼 수 있다.

기내에서 음료와 간식을 파는 유료 서비스도 LCC들의 새로운 수익 모델로 주목 받으며 도입하는 곳이 점차 늘고 있다. 업계 관계자는 "단독노선이 사라지고 복수 운항 체제로 전환하면 소비자 선택권 확대로 이어진다"며 "라운지나 기내 이색 서비스 역시 더 많은 항공사가 도입하는 과정에서 품질이 향상돼 고객 편익을 높일 수 있을 것"이라고 말했다.

자료 : 연합뉴스(2016.6.20)

2) 수단적 조건화와 마케팅 전략

(1) 강화 계획과 빈도 마케팅

빈도 마케팅은 제품 또는 서비스를 자주 또는 상당한 양을 구매하는 고객에게 보상을 해주는 마케팅 프로그램이다. 아시아나의 ABC 프로그램, 대한항공의 Sky Pass 프로그램, 아메리칸 에어라인의 마일리지 보너스 프로그램 등 비행기 회사의 마일리지 제도가 이에 해당된다. 빈도 마케팅과 같은 보상 프로그램은 수단적 조건화의 강화 계획을 응용한 마케팅 전략의 한 사례이다.

(2) 강화 계획과 판촉 전략

마케터는 무료 샘플, 쿠폰, 또는 소액 할인, 그리고 정기 할인 판매 등을 통해 해당 제품이나 서비스 구매를 촉진시킬 수 있다. 이는 앞서 설명한 바와 같이 강화 계획을 응용한 전략의 한 예이다. 또한, 관광지에서 어린이들에게 배지 등과 같은 인센티브 제공과 칭찬을 제공해 주면 자연 자원을 보호하기 위한 활동을 더 잘 하는 경향이 있다Steop & Gramann, 1987. 이러한 결과는 국립 공원이나 자연 자원 위주의 관광지에서 방문객 관리에 효과적으로 활용될 수 있음을 시사한다. 여기서 어린이에게 제공된 인센티브와 칭찬은 강화에 해당되며, 이는 관광지 관리에서 강화를 통한 학습의 효과를 반영하고 있다.

(3) 조형과 마케팅 전략

조형shaping이란 목표 행동을 정해놓고 그 행동과 가까운 행동이 나오면 보상을 주고 반대로 그 행동과 멀어지는 행동을 하면 보상을 주지 않는 것을 말한다. 다시 말해 원하는 행동은 남겨두고 원치 않는 행동은 제거하는 방식으로 훈련을 시킨다. 이런 과정을 통해서 점차 목표한 행동으로 접근해 가는 것이다. 이런 일련의 절차들이 마치 돌을 이용해서 조각을 할 때 필요한 부분은 남겨두고 불필요한 행동은 정으로 쪼아서 없애버리는 것과 비슷하다고 해서 조형이라는 용어를 쓴다.

조형의 원리를 응용한 사례는 여러 곳에서 찾아 볼 수 있다. 관광지에서 돌고래 쇼나 코끼리 재주 넘기 등에서 등장하는 동물들이 매우 복잡한 행동이 포함된 아주 멋진 묘기를 보이는 것은 이 조형의 원리를 응용한 사례이다그림 8-9 참조. 또한, 면세점 등에서는 파격적인 할인 품목을 제시함으로써 관광객을 점포 안으로 유인하는 전략도 조형의 한 사례이다. 일단 점포 안으로 들어온 관광객은 점포 안으로 들어오지 않은 관광객에 비해 다른 제품을 구매할 가능성이 커진다.

▶ **그림 8-9** 조형 사례

제3절 인지 주의 학습 이론

인지 주의 심리 학자들은 행동 주의는 개별주의적이고, 단편적인 사건이나 행동에 집착하며, 표출된 외형적 행동에 지나치게 의존한다고 비판하면서 인간의 내적 인지 과정의 중요성을 강조하였다. 학습에 대한 인지 주의의 입장은 학습에 대한 자발적 참여, 문제 해결을 위한 정보처리, 새로운 학습을 위한 기존의 학습 내용의 재구성 및 재배열 등을 강조한다. 인지 주의 학습 이론에는 통찰 학습 이론, 장 학습 이론, 정보 처리 학습 이론, 기호-형태 학습 이론, 신경망 학습 이론 등이 있다. 여기서는 통찰 학습 이론과 정보 처리 학습 이론에 대해 살펴본다.

1. 통찰 학습 이론

독일의 심리학자 Köhler[1926]는 한 실험에서 침팬지를 우리 속에 상자들과 막대기^{수단}를 넣어 놓고 천정에 손이 닿지 않도록 바나나^{목표 행동 혹은 의도적 행동}를 매달아 놓았다. 이 상황에서 침팬지들은 여러 가지 행동들을 해 보다가 포기하는 듯했지만 결국에는 올바른 해결책을 찾아내곤 하였다. 예컨대, 막대^{통찰}로 과일을 쳐서 떨어뜨리거나, 상자^{통찰}를 끌고 가서 받침대로 삼아 올라가서 바나나를 땄다. 바나나를 점점 더 높이 매달아 놓았지만 침팬지들은 상자 위에 또 상자를 쌓아서 바나나를 따는 행동까지도 할 수 있었다. 상자와 막대를 치워 버리면 침팬지는 작은 사다리나 책상을 가지고와서 받침대로 사용했다^{그림 8-10 참조}.

통찰insight이란 상황을 구성하는 요소 간의 관계를 파악하는 것을 말한다. 이렇게 본다면 학습이란 학습자의 통찰 과정을 통한 인지 구조의 변화라고 볼 수 있다. 따라서 통찰 학습 이론은 목표 인식, 그 목표를 성취하기 위한 의도

▶ 그림 8-10 Köhler의 침팬지 실험

* 자료 : Köhler, E. (1926).Die Persö nlichkeit des dreijä hrigen Kindes. Leipzig: Verlag von S. Hirzel.

적 행동, 문제 해결을 위한 통찰력, 그리고 목표 성취 등 네 가지 과정으로 요약할 수 있다그림 8-11 참조.

관광 소비자는 여러 가지 경로를 통해 관광지나 관광 상품에 대해 배우게 된다. 예컨대, 아메리카 대륙의 쿠바에 대한 관광지 광고를 통해 사회주의 국가가 새로운 관광지가 될 수 있음을 배운다. 광고의 정보를 통하여 쿠바를 관광했을 때의 즐거움과 같은 잠재적 결과를 추론할 수 있다. 뿐만 아니라 직접 여행을 함으로써 그곳에 대해 정확하게 알게 된다.

▶ 그림 8-11 통찰 학습 과정

* 자료 : 황용철·김동훈(2011). 소비자 행동·형설출판사, p.191.

2. 정보 처리 학습 이론

이 이론은 새로운 정보가 투입되어 문제 해결이 이루어지며 일부 정보가 저장되고 필요에 따라 기억으로부터 정보가 인출재생되는 과정과 방식에서 학습이 이루어진다고 본다. 즉, 정보와 관련된 학습자의 내적 처리 과정을 컴퓨터의 처리 과정에 비유하고 있다.

정보 처리의 구성 요소는 정보가 저장되는 정보 저장소와 정보의 이동을 의미하는 정보 처리 과정 두 가지로 나누어 진다. 처음 거치는 정보 저장소는 감각 등록기이다. 투입된 정보는 매우 짧은 시간 동안 감각 기억고에 머무르며 즉시 처리되지 않을 경우 곧 유실된다. 두 번째로 거치는 정보 저장소는 단기 기억작동기억인데 투입된 정보가 짧은 시간 동안 머무른다성인의 경우 5~9개의 정보가 20초 정도 저장된다. 마지막 정보 저장소는 장기 기억이다. 장기 기억에 존재하는 정보들은 체계적으로 장기간 저장되어 있다그림 8-12 참조.

정보 처리 과정은 정보를 하나의 저장소에서 다른 저장소로 옮기는 내부적인 활동으로서 주의, 시연, 부호화, 인출의 처리 과정이 포함된다. 주의는 감각 등록기에 들어온 자극정보에 대하여 반응관심을 보이는 것을 말한다. 시연rehearsal은 단기 기억 속의 자극정보을 계속 되내면서 반복 연습하는 것을 말하며, 부호화는 단기 기억으로 들어온 정보를 더 잘 기억될 수 있는 형태로 전환시키는 과정을 말한다. 마지막 과정은 인출retrieval인데 장기 기억고에 저장되어 있는 수많은 정보들 중에서 필요한 정보를 탐색하여 재생시키는 과정을 말한다. 인출 방법에는 회상recall과 재인recognition이 있다. 전자는 기억해내야 할 대상을 직접 보지 않는 상태에서 간접적 단서에만 의지하여 그 대상을 인출하는 방식이고, 후자는 대상을 직접 보고 있는 상태에서 그것을 사전에 접하였는지 판단하는 인출 방식이다.

▶ 그림 8-12 정보 처리 모형

3. 행동 주의와 인지 주의 이론의 차이점

행동 주의와 인지 주의 학습 이론의 공통점은 피드백의 중요성이다. 행동 주의는 행동을 수정하기 위해 피드백의 사용을 지지하였다. 인지 주의는 적절한 정신 기능 수행을 보조하는 메커니즘으로서 긍정적인 피드백의 중요성을 강조하였다.

▶ 표 8-3 행동 주의 학습 이론과 인지주의 학습 이론의 차이점

구 분	행동 주의 학습 이론	인지 주의 학습 이론
인간관	자극(환경)에 수동적으로 반응 한다.	기존의 지식을 재조직하는 능동적 존재 이다.
학습관	자극과 반응의 결합으로 새로운 행동이 학습된다.	지식이 학습되고 지식의 변화가 행동의 변화를 가능하게 한다.
기본 가정	인간의 행동은 특정한 환경적 자극에 대한 기계적·수동적 반응이다.	인간은 외부의 반응을 능동적·적극적으로 지각하고, 해석하고, 판단하는 사고 과정을 통해 행동한다.
강화	강화가 반응의 강도를 강하게 한다.	행동 후에 일어날 일을 알려주는 신호 역할을 한다.
동기	외적 강화(보상)	내적 동기

이러한 공통점에도 불구하고 여러 측면에서 차이점을 보인다. 예를 들면, 인간 관에 대해서 행동 주의 학습 이론은 학습자를 수동적으로 본 반면(예 고전적 조건화) 인지 학습 이론은 학습자를 능동적으로 간주한다. 또한 행동 주의 학습 이론은 동기가 외적 강화에 의해 형성되고 강화된다고 본 반면 인지 학습 이론은 내적 동기의 중요성을 강조한다. 두 이론의 차이점을 요약하면 <표 8-3>과 같다.

4. 인지 주의 학습이론과 마케팅 전략

소비자의 인지적 학습은 제품이나 서비스를 직접 사용해 본 경험을 통해 또는 타인이 사용하는 것을 관찰하거나 TV, 신문, 잡지 등의 대중 매체나 친구, 가족 등 인적 정보원으로부터 제품 관련 정보를 처리한 결과로서 일어난다. 즉, 소비자는 여러 가지 대안에 관한 정보를 취득하고 처리하여 이 정보를 소비자가 가지고 있던 기존의 신념과 통합하는 과정이라 볼 수 있다. 인지적 학습에 대한 마케팅 시사점은 첨가, 조율, 재구조화 세가지 유형으로 구분하여 볼 수 있다.

1) 첨가

인지 주의 학습은 대부분 첨가accretion에 속한다. 첨가는 가장 단순하면서도 가장 보편적으로 사용되는 방법 중의 하나이다. 구매자는 제품과 서비스에 대한 정보 처리 결과 기존의 지식 구조에 새로운 지식이나 신념을 덧붙이게 된다. 기존의 지식 구조에 첨가하는 인지적 학습의 단순한 예로서 연상 관계를 들 수 있다. 한 예로 <사례 8-3>은 회복 음료하면 연상되는 박카스의 광고이다. 또 다른 예로서, "디즈니랜드는 세계 최초의 테마파크이며 세계에서 가장 많은 볼거리를 제공한다"라는 새로운 지식을 얻게 되면 기존의 디즈니랜드와 관련된 지식 구조에 이 지식을 첨가하게 된다. 이러한 유형의 인지적 학습은 아주 단순한 유형으로서 소비자 지식 구조에 큰 변화를 야기하지 않는다.

사례 ⑧-3

동아제약 박카스 '시작은 피로회복부터'

1962년 '젊음과 활력을!' 헤드라인으로 등장
국민에게 힘 실어주고 희로애락 나누며 함께 존재할 것

박카스 광고는 단순한 상품 광고가 아닌 시대의 트렌드를 반영해왔다. 공익적 메시지와 국민 건강을 우선하는 콘셉트로, 일상 생활에서의 생활사를 담아내며 공감을 얻고 있다. 박카스 광고는 1962년 '젊음과 활력을!'이라는 헤드라인으로 등장했다. 한국전쟁 후 건강 상태가 최악이던 국민들에게 '간을 건강하게 해주는 건강 지킴이'라는 이미지를 전달했고, 광고 덕분에 박카스는 날개 돋친 듯 팔려나갔다.

▲ 박카스 2019년 신규 캠페인 '시작은 피로회복부터' ⓒ동아제약

풀려야 할 건
피로만은 아니다

승승장구하던 박카스에도 시련은 찾아왔다. 1976년 오남용을 부추길 수 있다며 정부가 자양강장 드링크류의 대중광고를 금지했다. 1976년부터 1993년까지 무려 17년간 박카스 광고를 통한 '시대의 메시지'를 전달할 수 없었다. 1993년 동아제약은 기존 광고와 달리 보통 사람들을 모델로 하는 휴먼광고 콘셉트로 광고계에 복귀했다. 묵묵히 음지에서 일하는 보통 사람을 담은 '새한국인'시리즈다.

'남들이 알아주지 않으면 어떤가? 그날의 피로는 그날에 푼다'는 카피로, 묵묵히 일하는 휴먼스토리를 펼쳐 소비자들의 공감대를 이끌어 냈다. 1997년까지 버스종점편, 환경미화원편, 노사화합편 등 총 13편의

새한국인 시리즈가 전파를 탔다.

1998년부터는 젊은 세대로 소구 타깃을 넓히며 그들의 열정, 젊음, 도전, 희망 등의 메시지를 담은 광고를 전개했다. '지킬 것은 지킨다'라는 유명 광고 카피가 이때 나왔다. 동아제약 관계자는 "당시 외환위기 등으로 침체돼 있던 사회 분위기를 젊은이들이 먼저 나서 활력을 불어넣어 보자는 공익적 메시지를 꾸준히 전달하고자 했다"며 "단순한 상품 광고가 아닌 시대를 반영하며 젊은 층까지 타깃을 넓힐 수 있었다"고 말했다.

2006년 이후엔 제품의 본질인 '피로회복'의 상황을 다양한 접근 방식을 통해 소비자들에게 알리고자 했다. 2008년 시작한 '당신의 피로회복제는?' 캠페인의 경우 물

리적 피로뿐 아니라 정신적 피로까지 아우를 수 있는 생활 속 다양한 피로회복의 상황을 소재로 삼았다.

특히 캠페인의 출발을 알린 '태안반도편'은 사회적 이슈를 제품광고와 연결한 대표적 사례로 꼽힌다. 2009년에는 '우리는 누군가의 박카스다', 2010년엔 '진짜 피로회복제는 약국에 있습니다'라는 광고를 선보였다.

2012년부터 동아제약은 '풀려라 5000만! 풀려라 피로!'라는 메인 카피와 '대한민국에서 OOO으로 산다는 것'이라는 콘셉트로 각각의 피로 상황을 흥미 있게 구성한 캠페인을 선보였다. 대한민국 생활인이라면 누구나 어깨에 짊어지고 있는 피로와 고뇌를 보여주고 그 속에서 희망을 찾는 이야기를 풀어낸 것이다.

특히 대화회복편은 하루 종일 엄마만 찾는 딸과 딸과의 대화를 기대하다 실망하는 '투명 아빠'를 소재로 한 광고로, 아빠와 딸의 서먹한 관계를 유쾌하게 풀어내 많은 공감과 웃음을 자아냈다.

2016년은 젊은 세대들의 피로를 풀어주기 위해 '나를 아끼자'라는 박카스 TV광고 캠페인을 새롭게 선보였다. '콜센터', '좋더라', '아껴서'편을 통해 자신을 스스로 응원하며 노력하는 청춘의 모습을 담아냈다.

2017년에는 '나를 아끼자' 캠페인을 유지하면서 그 응원의 대상을 전국민 차원으로 확대해 모두가 공감할 수 있는 이 시대의 가장의 모습을 담은 '딸의 인사'편을 선보였다. 딸의 인사편에는 야근에 시달리는 가장의 모습을 등장, 가족과 더 많은 시간을 가질 필요가 있음을 유쾌하게 담아냈다.

지난해에는 엄마로서 제2의 인생을 시작한 여성들을 응원하는 '엄마'편과 육아하는 아빠를 응원하는 '최고의 승진'편을 선보였다. 엄마편에는 출산과 육아로 인한 '경단녀(경력단절 여성)'를 소재로 집안일과 육아에 전념하며 힘을 내는 이 시대 엄마의 모습을 담아냈다. 최고의 승진편에는 육아와 사회적 목표를 병행하며 열심히 살아가는 이 시대 아빠의 모습을 담아냈다.

올해는 신규 박카스 TV광고 캠페인 '시작은 피로회복부터'을 선보였다. 이번 캠페인은 학업, 취업, 결혼, 육아 등 많은 문제를 안고 살아가는 이 시대의 현대인들에게 그 어떤 것보다 가장 먼저 풀어야 할 것은 자신의 피로임을 환기시켰다.

동아제약 측은 "반세기 넘게 화려하고 현란하지는 않지만 소박한 일상의 이야기들을 통해 대한민국의 트렌드를 반영해왔다"면서 "앞으로도 박카스 광고는 항상 국민 옆에서 힘을 실어주고 희로애락을 나누며 함께 존재할 것"이라고 강조했다.

자료 : 데일리안(2019.4.22.)

2) 조율

조율tuning은 개인이 제품이나 서비스에 대해 새로운 지식을 축적함에 따라 자신이 가지고 있던 지식 구조의 일부를 변화시키거나 재검토하여 기존의 지식 구조를 일반화하는 것을 말한다. 즉, 특정 브랜드나 상품에 대해 지식이 많아져 소비자가 그 지식을 묶어서 이야기하는 것을 말한다. 이 과정에서는 소비자의 지식 구조 중 일부가 결합되어 새로운 전반적 의미가 도출될 수 있다. 예를 들어, 관광객은 Marriott International 호텔과 관련된 여러 가지 특성을 결합하여 '세계 최고의 비즈니스 호텔'이라는 일반적 구조로 변형할 수 있다.

3) 재구조화

재구조화restructuring는 첨가나 조율과는 달리 기존의 지식과는 전혀 다른 새로운 의미 구조를 만들거나 또는 기존의 지식 구조를 재편하는 것을 말한다. 외식 소비자는 레스토랑 브랜드 A & W, KFC, Pizza Hut, Taco Bell, Long John's Silver 등을 음식의 종류에 따른 별개의 지식 구조를 형성할 수도 있다.

제4절 대리 학습 이론

관찰 학습 이론은 타인을 관찰함으로써 학습한다고 가정한다. 관찰 학습의 과정은 Bandura[1977]가 처음 체계적으로 연구를 하였는데 그는 고전적 및 조작적 조건 형성과는 다른 별개의 학습이라고는 보지 않았다. 조건 형성 이론가들이 직접 경험을 강조한 반면에 그는 관찰을 통해 대리적 조건 형성이 일어날 수 있다고 강조함으로써 조건 형성의 범위를 확장시켰다. 관찰 학습은 다른 사람의 행동을 관찰한 결과 행동이 변화하는 것을 지칭하여 모델링, 모델 학습, 그리고 대리학습 등 다양하게 불리고 있다. 본 절에서는 대리 학습의 이론적 개요, 유형, 영향요인, 그리고 마케팅 시사점에 대해 살펴본다.

1. 개요

관찰 학습observational learning이란 인간의 사고와 감정 및 행동이 직접 경험에 의해서뿐만 아니라 간접 경험, 즉 대리 경험을 관찰함으로써 학습되어진다는 이론이다. 따라서 대리 경험은 관찰에 의한 것이며 관찰은 모델model을 관찰함으로써 학습이 이루어진다는 것이다.

관찰 학습이 일어나기 위해서는 주의, 암기, 실제 연습, 동기 등 네 가지 조건이 필요하다Hergenhahn, 1988. 학습이 이루어지기 전에 모델타인의 행동에게 주의해야 한다. 관찰을 통해서 얻은 정보는 미래에 사용하기 위해 기억하게 된다. 그리고 연습을 통해 사람들은 자기 자신의 행동을 관찰하고 그것을 모델화한다. 마지막으로 모델화된 행동은 그것을 실행하고자 하는 동기가 유발될 때 비로소 학습된다.

관찰 학습 이론은 인간 행동을 설명하는 데 유용하다. 예컨대 TV가 인간 행동에 큰 영향을 미치는 것은 관찰 학습 때문이다. TV의 영향력은 어린이에게 강하게 나타나는데 아동들은 TV 모델로부터 많은 반응을 모방하기 때문이다Huston & Wright, 1982.

2. 대리 학습의 유형

대리 학습에는 공개적 모델링, 비공개적 모델링, 그리고 언어적 모델링 세 가지가 있다. 이에 대한 내용 설명은 아래와 같다.

1) 공개적 모델링

공개적외재적 모델링overt modeling은 개인이 타인의 행동 및 행동의 결과를 관찰하여 자신의 행동을 변화시키고자 하는 시도를 말한다. TV에서 자신이 호감을 가지고 있는 운동 선수나 연예인이 해안가에서 물놀이 하는 장면을 보면 자신도 그 곳으로 여행을 떠나고 싶은 충동을 느끼게 된다. 또한, 음주 운전의 비극적인 모습을 보면 음주 운전을 하지 않는 것도 이에 해당한다.

2) 비공개적 모델링

비공개적내재적 모델링covert modeling은 모델이 어떤 상황에서 취하는 행동과 결과를 상상하도록 요구함으로써 이루어진다. 예를 들면, 시각적 효과를 보여 줄 수 없는 라디오 광고 등에서 시원한 파도 소리나 시원한 음료수를 마시는 소리를 들려주어 그 상황을 상상하도록 함으로써 학습시키는 방법이다. 파도 소리나 음료수 마시는 소리를 통해 관광 소비자는 여행 욕구와 갈증 해소 욕구를 느끼게 된다. <사례 8-4>는 스타들의 목소리를 이용하여 소비자들의 호기심을 자극하는 비공개적 모델링의 사례이다.

사례 ⑧-4

스타 목소리로 소비자의 귀를 잡는다

▶ 광고에 목소리 등장… 호기심 자극 효과도
"이젠, 귀 기울여 광고를 '들어' 보세요~"

TV 광고에 스타의 얼굴 대신 '목소리'만 기용해 소비자의 호기심을 자극하는 기업들이 늘고 있다. 기존에는 목소리만 필요한 경우, 성우가 더빙을 하는 게 대세였지만 요즘은 제품 캐릭터에 맞는 유명인의 목소리를 동원하는 것이 일반화되고 있다. 유명인이 목소리만 출연하는 경우를 '보이스 오버'라고 하는데, 글로벌 기업들은 일찌감치 이 기법을 전략적으로 활용해 오고 있다.

최근 코카콜라는 '코카콜라 제로'의 광고에 임창정의 목소리를 등장시켰다. 임창정이 '오도방정을 떠는' 코믹한 캐릭터의 스카이다이버 목소리를 더빙했다. 한동안 네티즌 사이에 이 목소리를 두고 누구의 목소리인지 논쟁이 벌어지기도 했다. 업체 입장에서는 과외의 홍보 효과까지 누린 셈이다.

캔커피 음료 '레쓰비'는 10년 이상 라디오 디제이 경력을 자랑하는 이문세의 목소

리를 등장시켜 캔커피 광고에 걸맞는 묵직한 분위기를 연출했다. '래미안 아파트' 광고에는 인기 MC 최유라의 친근한 목소리가 등장해 소소한 일상 얘기를 전한다. AIG보험 광고에 목소리만 출연한 최화정은 톡톡 튀는 말투로 광고에 생기를 불어넣었다는 평가를 받고 있다.

스타들의 목소리만 들어간 'CM송'도 유행을 타고 있다. 대표 주자는 SK텔레콤 광고에 등장하는 '되고송'의 '김건모'버전. 가수 김건모가 직접 출연하지 않는 대신, 노랫소리를 통해 소비자들의 귀를 쫑긋 세우게 만든다.

자료 : 조선일보(2008. 6. 4)

3) 언어적 모델링

언어적 모델링verbal modeling은 보여주지도 않고 행동을 직접 제시하지도 않는다. 소비자에게 자신과 유사한 다른 사람이 특정 상황에서 어떻게 행동했는가를 들려준다. 예컨대, 수재민 돕기나, 불우 이웃 돕기 등의 사례를 보여줌으로써

많은 후원금을 내도록 유도하는 경우가 이에 해당된다. 공개적 모델링은 TV나 인적 판매 등에 의해서 이루어지는 경우가 많고 비공개적 모델링과 언어적 모델링은 보통 인적 판매, 라디오, 신문 등의 매체에 의해 행해진다.

3. 대리 학습의 영향 요인

대리 학습은 다양한 요인에 의해 영향을 받는다. 여기서는 모델 특성, 학습자의 특성, 그리고 모델화된 행동 및 행동 결과의 특성에 대해서 살펴본다.

1) 모델 특성

모델이 보다 신뢰적으로 느껴질수록 모델링 효과는 커진다. 인기 있는 연예인이나 관련 전문가를 광고 모델로 활용하는 것은 이 때문이다. 또한, 모델의 특성이 학습자와 유사할수록 그 효과는 커진다. 이것은 소비자가 동질감을 강하게 느끼기 때문이다.

<그림 8-13>은 한국관광공사 홍보 대사 2PM과 미쓰에이가 '터치 코리아 투어' 콘텐츠를 제작하여 한국을 사랑하는 외국인들과 함께 한국을 여행하는 모습을 담은 리얼 버라이어티 형태의 영상의 한 단면이다. 최근 동남아시아에서 K-Pop으로 큰 인기를 얻고 있는 이들이 외국인들과 함께 한국을 여행하는 모습은 외국인 관광객 유치에 긍정적 역할을 하고 있다.

▶ 그림 8-13 미쓰에이 수지의 관광 홍보 대사 사진

* 자료 : 마이데일리(2012.10.30)

2) 학습자 특성

학습자마다 모델화된 행동을 다르게 받아들일 수 있다. 학습자가 보다 의존적일수록, 자신감과 자아 존중의 정도가 낮을수록, 그리고 모방 행동에 따라 만족스런 결과를 얻은 경험이 많을수록 모델링 효과는 크게 나타난다.

3) 모델화된 행동 및 행동 결과의 특성

모델화된 행동이 수행되는 방식에 따라 모델링 효과는 달라진다. 모델화된 행동이 매우 주의 깊고 생동적일수록 그리고 보다 뚜렷할수록 모델링 효과는 커진다. 또한, 행동 결과가 진실처럼 느껴질수록 그 효과는 더 커진다.

4. 대리 학습과 마케팅 전략

대리 학습에서는 전달자의 매력이 중요한데 이는 단순한 신체적 매력만을 뜻하지는 않는다. 다양한 요소에 의해 구성된 사회적 매력을 소유한 사람을 매력적이라고 평가하는데 이는 신체적 매력뿐만 아니라 전문성 및 평가자와의 유사성 등이 복합적으로 작용한다. 예를 들어, 대학생 모델을 직접 기용함으로써 여성들로 하여금 신선한 이미지를 갖게 한다든지 전문 모델이 아닌 주부 모델을 활용함으로써 소비자들로 하여금 친숙함을 느껴 광고 효과를 극대화할 수 있다김소영 외, 2007.

기업들은 종종 자사 제품을 사용한 후의 긍정적인 결과를 소비자에게 보여준다. 매력적인 연예인이 사회적으로 성공을 나타내는 의상을 입은 것을 보여주거나 화장품이나 향수를 사용하고 있음을 보여 주는 것이다. 이때 소비자들은 해당 연예인이 입고 있는 의상을 입거나 화장품 혹은 향수 등을 사용함으로써 자신들이 좋아하는 연예인들의 행동사회적 성공의 모습을 모방할 수 있다.

Chapter

09

동기와
관광 행동

제1절 동기의 개념과 특성
제2절 동기 유형과 동기 갈등
제3절 동기의 제 이론
제4절 동기와 마케팅 전략

이 장을 학습하고 나면 학생들은 다음의 내용을 이해하게
될 것이다.

1 동기 개념 및 유형
2 일반 소비 동기와 관광 동기 차이점
3 동기의 내용 이론과 과정 이론 특징
4 Maslow의 욕구 계층 이론
5 Alderfer의 ERG이론
6 Herzberg의 두 요인 이론
7 McClleland의 성취 동기 이론
9 동기 제 이론 간의 차이점
9 동기 갈등의 유형별 차이점
10 동기와 마케팅 전략

소비자 행동은 사람과 주변 환경과의 상호 작용에 의해 이루어지는 복잡한 사회적 행동이다. 즉, 소비 행동은 소비자의 동기, 지각, 학습, 동기 등과 같은 심리적 요인과 소비자를 둘러싼 환경과의 상호 작용에 의해 결정된다. 주변 환경이 소비 행동에 많은 영향을 미치는 것은 사실이지만, 주변 환경에 대한 이해만으로 소비 행동 모두를 이해하기는 어렵다. 점심 값을 아껴 값비싼 커피를 마시는 외식 소비자의 행동을 어떻게 이해할 것인가? 명품을 구입하기 위해 지나치게 높은 비용을 지불하는 행동을 어떻게 이해할 것인가? 왜 탈일상성을 추구하고 싶어 하는가? 왜 미지의 세계를 여행하고 싶어 하는가? 이 물음이 바로 동기에 관한 질문들이다.

인간에게는 다양한 욕구가 내재되어 있는데 미충족된 욕구로 인해 야기된 심리적 긴장감이 행동 유발의 직접적인 동기로 작용한다. 실제로 개인의 내면 세계에 잠재되어 있던 욕구가 어떤 계기로 활성화되면, 이 욕구를 충족시키기 위해 필요한 행동이 야기된다. 이런 이유 때문에 통상적으로는 욕구와 동기를 같은 의미로 사용하기도 한다. 그러나 엄밀하게 구분하면 욕구는 동기의 원천이라 할 수 있다.

동기는 다양하고 개인적 차이도 많기 때문에 소비자를 가장 잘 충족시킬 동기를 찾아 유발시키는 마케팅 전략이 필요하다. 제9장에서는 구매 의사 결정 과정에 영향을 미치는 내부적 요인, 즉 태도, 학습, 동기, 성격, 그리고 라이프 스타일 중 동기에 대해 학습한다. 세부적으로 동기는 어떠한 특성을 지니고 있으며, 왜 동기 갈등이 발생하는지, 그리고 동기의 이해를 위한 주요한 이론은 무엇인지 살펴본다. 마지막으로 환대 및 관광 분야에 동기를 마케팅 전략에 어떻게 활용할 수 있는지에 대해 학습한다.

▶ 그림 9-1   제9장 요약도

제1절 동기 개념과 특성	제2절 동기 유형과 동기 갈등	제3절 동기의 제 이론	제4절 동기와 마케팅 전략
• 동기와 동기 부여 • 욕구 및 필요와 동기 • 동기 특성	• 소비 동기 유형 • 관광 동기 유형 • 동기 갈등	• 내용 이론 • 과정 이론	• 동기 유발 전략 • 시장 세분화 • 동기 갈등과 마케팅 전략

제1절 동기 개념과 특성

　목표 지향적인 관광을 하는 이유는 문화적 환경, 개인적 상황, 개인적 특성 등에 따라 다양하게 나타난다. 관광의 본원적 동기는 탈일상성과 즐거움의 추구이다. 그러나 진정한 관광의 동기는 개인의 내면에 있으며 스스로 인식하지 못하는 무의식적인 욕구일 수도 있다. 따라서 개인의 관광 동기혹은 소비 동기를 정확히 이해하는 것은 매우 어려운 일이다. 본 절에서는 동기와 동기 부여의 의미상 차이점, 욕구 및 필요와 동기 간의 차이점, 그리고 동기 특성에 대해 알아본다.

1. 동기와 동기 부여

　동기는 일상 생활에서도 흔히 사용되는 용어로서 다양한 뜻을 가지고 있다. 동기는 움직인다는 의미로 라틴어 "모베레movere"에서 유래한 것으로 "움직이게 한다" 또는 "행동하게 한다"는 뜻을 지니고 있다.

　동기는 motive와 motivation의 두 가지 용어로 종종 사용된다. 전자를 일컬을 때 사용하는 동기motive의 의미는 개인의 행동을 어떤 목적을 위하여 일정한 방향으로 작동시키는 내적 자극을 말한다김소영 외, 2008. 통상적으로 동기를 행동의 원인이라고 말하지만 동기는 단순히 행동을 유발시키는 것으로 그치지 않고 야기된 행동이 특정 목표를 지향할 수 있도록 강한 추진력을 가진 비교적 지속성 있는 내적 성향을 말한다.

　동기 유발motivation 혹은 동기 부여는 동기가 활성화되어 행동을 유발시키는 과정을 의미한다. 동기가 활성화되면 행동이 시작되고 일정한 목표가 달성될 때까지 그 행동은 지속된다. 따라서 동기 유발이란 어떻게 행동이 시작되어, 활기를 띠게 되고, 목표 지향적으로 추진되며, 결국 그 행동이 끝나게 되는가를 나타내주는 동적인 개념이라 할 수 있다.

　동기는 정태적 관점에서 보는 행동의 원인이고 동기 유발은 이 원인이 활성화되어 행동을 유발시키는 과정을 의미하기 때문에 이 두 개념은 불가분의 관계를 가지고 있다. 따라서 이 두 용어는 실제로 혼용해서 사용되기도 한다. 본 書에서도 동기와 동기 부여를 구분하지 않고 사용하고자 한다.

　한편, 관광 동기는 사람이 관광을 통해서 만족을 얻고자 할 때 일어나는 관광 행동을 일으키는 추동력driving force으로 정의된다. 다시 말해, 관광 행동을 유발하는 자극 혹은 관광 행동을 지배하는 추동력이라 할 수 있다. 일반적으로 인간의 관광 동기는 4단계로 구성되는데 첫 번째는 불균형 상태이고, 두 번째는 일상 탈출이다. 세 번째는 일상 탈출의 방법으로써 ① 집에 머문다, ② 여행을 간다, ③ 여행 이외의 활동을 한다 중에서 하나를 선택한다. 마지막 단계는 동기이다. 즉, 일상 탈출의 방법으로 여행을 선택했을 경우 사회 심리적 동기와 문화적 동기가 존재한다Crompton, 1979.

2. 욕구 및 필요와 동기

욕구needs란 이상적인 상태ideal state와 현재 상태present state와의 차이에서 나타나는 일종의 결핍(불일치 혹은 불균형) 상태를 말한다. 예컨대, 등산을 하게 되면 땀을 배출하게 되며 이로 인해 갈증을 느끼게 된다. 이때 갈증은 현재 상태를 의미하며 갈증이 없는 상태가 이상적인 상태인 것이다. 관광 현상도 이와 마찬가지이다. 관광을 하고 싶은데 이를 충족시키지 못하면 불균형 상태미충족 욕구가 되는데 이것이 관광 욕구인 것이다.

욕구 충족을 위해 구체적인 수단에 대한 열망의 형태로 나타나는 것이 필요wants이다. 즉, 운동 후 미네랄 음료, 탄산 음료, 우유, 생수 등과 같은 구체적인 수단을 통해 갈증을 해소하고자 하는 열망이 필요이다. 욕구는 모든 인간에게 정도의 차이는 있으나 비교적 공통적인 반면에 필요는 개인의 특성이나 상황에 따라 다르게 나타난다. 예를 들어, 등산이나 운동 후 거의 모든 사람은 갈증을 느끼게 된다. 하지만 갈증 해소라는 동일한 욕구에 대해 어떤 사람은 미네랄 음료를 어떤 사람은 이온 음료를 필요로 할 수 있다.

욕구와 필요의 차이는 또한 인식의 차이로 설명될 수 있다. 개인은 누구나 생리적 욕구나 정신적 욕구를 가지고 있지만 그 사실을 인식하고 있는 사람이 있고 그렇지 못한 사람이 있다. 따라서 욕구가 구체화된 필요로 활성화되기 위해서는 충족되지 않은 욕구를 인식해야만 한다.

욕구와 필요가 동기와 다른 점은 미충족된 욕구와 이를 충족시킬 수 있는 구체적 수단에 대해 인식했다 하더라도 그것이 동기를 갖지 못하면 행동으로 발전되지 않는다는 점이다. 즉, 동기는 필요를 행동으로 유발시키는 매개 역할을 한다. <그림 9-2>는 관광객의 동기 형성 과정을 도식화한 것이다. 개인이 필요한 것을 인식할 때 욕구가 필요로 전환되며 개인의 목표 달성을 위해 행동으로 발전시키는 것이 동기이다. 한편, 필요를 인식하게 해 주는 역할은 마케팅 자극이 대표적이다. 또한 마케팅은 소비자의 행동구매에 직접적 영향을 미친다. 그리고 욕구를 충족시키기 위해 동기를 부여하기 위해서는 행동의 목표가 존재해야 한다.

▶ 그림 9-2 동기 형성 과정

* 자료 : Mill, R.C & Morrison, A. M.(1992). The tourism system. Prentice Hall, Inc., N.J., p.18.

3. 동기 특성

동기의 일반적인 특성으로는 <그림 9-3>과 같이 네 가지가 있다. 하지만 개인의 구매 동기는 자신이 처한 상황이나 구매 상황에 따라 달라질 수 있다.

1) 관찰이 불가능하다.

▶ 그림 9-3 동기의 특성

동기는 관찰이 불가능하다. 따라서 행동을 관찰함으로써 동기를 추정할 수가 있다. 그러나 상이한 동기가 동일한 행동을 유발시킬 수도 있으며, 또한 동일한 동기가 상이한 행동을 유발시킬 수도 있기 때문에 동기의 정확한 추정에는 어려움이 따른다. 예를 들면, 음식점에서 식사를 하고 있는 사람들 중에는 배가 고파서생리적 동기, 사교적 모임을 갖기 위해서사회적 동기, 또는 스트레스를 해소하고 휴식을 얻기 위해 그곳을 찾은 사람도 있을 것이다. 이처럼 음식점에 오게 된 동기가 저마다 다를 수 있기 때문에 행동을 보고 동기를 추정하는 일은 쉽지 않다.

2) 복수의 동기를 갖는다.

행동은 단일의 동기에 의해서 유발되는 경우보다는 여러 동기가 복합적으로 작용하여 유발되는 경우가 더 보편적이다. 따라서 동기 간 갈등이 발생할 수 있다. 예컨대, 가족과 하와이에서 여름 휴가를 보내면서 현지 친지를 방문한다든가 비즈니스를 수행한다든가 하는 것이다. 예를 들어, 연말에 지친 심신을 회복하고 사교의 욕구를 동시에 충족시키기 위한 많은 남성들은 스파에서 모임을 갖기도 한다.

3) 방향성을 갖는다.

동기는 행동을 설명하는 매개 변인으로 동기와 행동 간의 관계를 [욕구] - [동기] - [행동]의 과정으로 나타낼 수 있다. 욕구는 어떤 결핍 상태로 인해 정신적, 신체적인 긴장 상태가 유발되는 현상으로 동기를 유발하는 근원이다. 동기는 어떤 내적 성향이나 습관을 활성화 또는 촉발하고, 실제로 실행하고 있는 행동의 강도를 다양하게 변화시키고, 여러 가지 가능한 행동 중에서 특정의 행동을 하도록 하는 것과 같이 행동의 방향을 결정하는 중요한 기능을 한다.

4) 개인 차이가 있다.

동기는 다양하고 개인 간 차이도 많기 때문에 마케터는 관광자를 가장 잘 충족시킬 수 있는 동기를 찾아야 한다. 여행을 하는 동기는 주로 탐험이나 즐거움에 대한 갈망 때문에 일어난다. 따라서 관광 서비스 제공자들은 관광자에게 쾌락적hedonic 동기를 유발할 수 있는 경험과 흥분을 경험할 수 있도록 관심을 유발해야 한다. 예를 들면, 신혼 부부들은 환상에 대한 욕구가 매우 강하다. 이들에게는 실용적 여행 상품보다는 처음이자 마지막인 신혼의 독특한 경험을 구매할 수 있는 동기 유발 전략이 필요하다.

제2절 동기 유형과 동기 갈등

구매 행동을 유발하기 위해서 광고, 제품 개발, 기능 향상 등 다양한 전략을 활용할 수 있다. 그러나 마케터 입장에서 보면 근본적인 동기 유발이 어렵기 때문에 동기를 외부적 자극 요인에 의해 활성화시키는 방향으로 유도해야 한다. 이러한 측면에서 볼 때 제품 선택에 있어서 동기의 유형에 무엇이 있는가를 살펴볼 필요가 있다. 하지만 다수의 동기들이 동시에 활성화되면 개인은 갈등을 경험하게 된다. 소비자는 한정된 자원을 갖고 있으면서도 원하는 제품은 많기 때문에 동기 갈등이 발생한다. 또한, 소비자가 구매 과정에서 겪게 될 수 있는 동기 갈등에 대해서도 학습한다.

1. 소비 동기 유형

Sheth 등[1991]은 소비자의 소비 선택에 영향을 미치는 5가지의 소비 동기를 제시하였다. 다섯 가지 소비 동기는 기능적 가치, 사회적 가치, 정서적 가치, 상황적 가치, 그리고 인식론적 가치이다.

첫째, 기능적 가치이다. 이는 제품의 품질, 기능, 가격, 서비스와 관련된 소비 가치로 실용적 또는 물리적 성능에 대한 효용을 말한다. 예를 들면, 관광 소비자가 여름 휴가를 해변가에서 보내기 위해 태양으로부터 노출된 피부를 보호할 목적으로 선크림을 구매한다면 이는 선크림이 그 소비자에게 피부 보호라는 기능적 가치를 제공해 주는 것이 된다.

둘째, 사회적 가치이다. 이는 제품을 소비하는 특정 사회 계층이나 집단과 관련된 소비 가치이다. 다시 말해, 특정 사회 계층이나 집단에 대한 소속감을 나타낼 수 있는 가치를 말한다. 준거 집단의 영향에 민감하게 반응하고 과시적 성향이 높은 소비자가 백화점에서만 판매되는 고급 브랜드 화장품을 구입하는 경우가 해당된다.

셋째, 정서적 가치이다. 이는 다른 제품에 비해 그 제품이 특별한 느낌이나 감정 상태를 제공하는 효용을 말한다. 단순히 좋고 싫음과 같은 평가적 측면 이외에 애정, 혐오, 공포, 재미, 지루함 등과 같은 다양한 감정적 느낌을 의미한다[Holbrook & Hirshman, 1982].

넷째, 상황적 가치이다. 이는 상황에 따라 선택 대안들이 가지는 가치가 다르게 인식되는 것을 말한다. 상황 요인들은 소비자로 하여금 평소 계획했던 브랜드가 아닌 다른 브랜드를 구매하도록 유발하기도 한다. 예를 들어, A 여행사가 유럽 가족 여행 특별 상품을 처음 출시하면서 한시적으로 가격을 할인해 주는 경우가 이에 해당한다.

마지막으로, 인식론적 가치이다. 이는 호기심에 이끌리는 행동의 유발, 새로움의 제공, 지식에 대한 욕구를 만족시키는 결과로서 제품으로부터 얻어지는 지각된 효용이다. 면세점에서 명품을 구입하거나 골동품 상점에서 진귀한 가치의 상품을 구입하는 것은 제품의 인식론적 가치와 관련이 있다^{표 9-1 참조}.

▶ 표 9-1 Sheth, Newman, & Gross 등의 소비 가치(동기) 유형

소비 가치(동기)	내용
기능(효능)적 가치	제품의 성분, 기능, 가격, 원료, 효과 등과 관련된 가치
사회적 가치	제품을 소비하는 사회 계층 및 집단과 관련된 가치
정서적 가치	제품 소비에 의한 긍정적, 부정적 감정과 관련된 가치(즐거움, 만족감 등)
상황적 가치	제품을 소비하는 특정 상황과 관련된 가치
인식론적 가치	제품 소비를 촉발하게 된 새로움. 진귀함, 호기심과 관련된 가치

* 자료 : Sheth, J. N., Newman, B. L., & Gross, B. L.(1991). Why we buy what we buy : A theory of consumption values. Journal of Business Research, 22, p.159-170.

김소영²⁰⁰⁸ 등은 선행 연구에서 밝혀진 동기를 <표 9-2>와 같이 설명하고 있다. 이들은 소비 동기를 기능적, 심미적, 사회적, 호기심, 그리고 상황적 다섯 가지로 분류하고 있다. 이들 각각의 동기는 복합적일 수 있고 개별적일 수 있다.

▶ 표 9-2 김소영 등의 소비 동기 유형

동기 유형	내 용
기능적 동기 (functional motives)	• 제품이 수행하는 기능 또는 유용성에 의한 제품 선택(연비를 강조하는 자동차 광고) → 기능적 가치 추구 • 호텔 객실의 편안함, 편리한 접근성, 레스토랑 음식의 맛과 품질
심미적 동기 (aesthetic motives)	• 제품 또는 제품 유형의 외형과 편이성에 의한 제품 선택(디자인을 강조하는 자동차 광고) → 정서적 가치 추구 • 호텔이나 레스토랑 인테리어, 음악, 분위기

사회적 동기 (social motives)	● 제품 소유자의 사회적 지위 또는 존경에 의한 제품 선택(신분을 강조하는 자동차 광고) → 사회적 가치 추구 ● 크루즈 여행
호기심 동기 (curiosity motives)	● 새로운 제품이나 상표에 의한 호기심으로 인한 제품 선택(색다른 경험을 강조하는 자동차 광고) → 진귀적 가치 추구 ● 신규 호텔이나 레스토랑 개점, 새로운 메뉴 개발
상황적 동기 (situational motives)	● 원하는 제품이나 브랜드가 있지만 금전적인 부담 때문에 억제되다가 가격 할인과 같은 예상치 못한 수익 등의 상황 에서의 제품 선택 → 상황적 가치 추구 ● 특별 이벤트, 패키지 가격 할인

2. 관광 동기 유형

관광의 동기는 환경의 변화에 따라 변해왔다. 과거에는 물, 안전, 음식, 치료 등의 생리적 동기를 충족시키기 위해 관광을 주로 하였으나, 오늘날에는 권태감, 삶의 문제들로 가득한 일상에서의 탈출, 그리고 문화, 휴식, 존경, 자아 실현과 같은 사회적·심리적 동기를 충족하기 위해 관광을 많이 한다. 현대 관광자의 대부분은 고차원적인 자기 실현의 욕구를 추구하고 있다. 관광 동기는 학자들에 따라 다르게 분류되어 왔으나 여기서는 McIntosh와 그의 동료, Cook과 그의 동료, Iso-Ahola, 그리고 기타 동기 유형에 대해서 살펴본다.

1) McIntosh 등의 관광 동기 유형

이들은 관광 동기가 관광 심리학의 중요한 부분의 하나임을 강조하면서 관광 동기를 네 가지, 즉 신체적 동기, 문화적 동기, 대인 관계 동기, 그리고 지위와 명예에 대한 동기로 분류하였다표 9-3 참조. 특히, 이들은 관광 행동에는 여러 동기가 복합적으로 일어날 수 있기 때문에 한 가지의 동기만 있다는 것을 기대해서는 안된다고 주장하였다.

2) Cook 등의 관광 동기 유형

관광 동기는 추진 요인push factor과 유인 요인pull factor으로도 분류된다Cook 외, 2006. 추진 요인은 관광객 자신이 관광 행동을 추진하는 심리적 동기나 내재적 동기를 의미하는 것으로 도심으로부터의 일탈, 휴식, 건강, 탐험심, 가족 방문, 친

▶ 표 9-3 맥킨토시와 골드너의 관광 동기 유형

신체적 동기 (physical motivations)	• 육체적 휴식, 스포츠 참가, 쇼핑, 해변 레크리에이션, 치료 및 보양, 긴장에 대한 고려 등
문화적 동기 (cultural motivations)	• 타국에 관해 알고자 하는 욕망(예 음악, 예술, 민족, 종교 등) • 올림픽과 같은 국제적 특별 행사의 체험 등
대인 관계 동기 (interpersonal motivations)	• 새로운 사람, 친구, 친척을 만나려는 동기 • 일상 생활과 가족, 이웃으로부터 탈피
지위와 명예에 대한 동기 (status & prestige motivations)	• 보다 좋은 인식, 평판, 지식 및 명예 등에 대한 동기 • 학습 또는 사업, 자기개발, 자아 실현

* 자료 : McIntosh, R. W., Goeldner, C. R., & Ritchie, J. R. B. (1995). Tourism : Principles, Practices, Philosophios(7th ed.). New York : John Wiley & sons. Inc.

교 모임 등을 예로 들 수 있다. 이에 반해 유인 요인은 관광지의 매력 등이 관광객으로 하여금 관광 동기를 유발하여 관광 행동을 일으키는 요인을 의미한다. 역사적·문화적 관광 자원, 엔터테인먼트, 쇼핑, 해변 등이 에에 해당한다그림 9-4 참조.

▶ 그림 9-4 관광 동기의 추진 및 유인 요인

추진 요인 (push factors)	유인 요인 (pull factors)
일상 탈피 휴식 건강 모험 지위 사회적 친교 및 친목 도모 탐험심 신기성 추구 즐거움 취미 즐거움	해변 레크리에이션 시설 역사적 장소 문화적 자원 자연 경관 접근성 지식 함양의 기회 이문화의 경험의 기회 예산과 경비 환경 구성

* 자료 : Cook, R. A., Yale, L, J. & Marqua, J. (2006). Tourism : The Business of Travel(3rd ed.), p.44.

3) Iso-Ahola의 여가 동기의 유형

여가 동기를 나열하는 것만으로 여가 행동의 동기를 모두 설명하기는 어렵다.

그래서 일부 학자들은 최소한의 기본 동기를 가정하고 그것의 진행 과정을 이해하는 데 도움이 되는 연구 모형을 제시하였는데, Iso-Ahola[1980]에 의한 여가 동기의 추구seeking -회피escaping 모형이 대표적이다그림 9-5 참조.

관광 동기를 관광 행동에 참여하려는 사회·심리적 힘으로 정의한 Iso-Ahola는 인간을 여행으로 이끄는 힘을 본질적으로 규명하고자 노력하였으며 두 가지의 동기 차원을 제시하였다. 하나는 일상적인 환경일에서 탈출하고자 하는 동기이며 또 하나는 심리적·내재적 보상을 추구하는 동기이다. 즉, Iso-Ahola는 관광 동기를 개인적 상황의 추구와 회피 그리고 사회적 상황의 추구와 회피의 두 가지 축으로 설명하였다.

▶ 그림 9-5 여가 동기 추구-회피 모형

* 자료 : Iso-Ahola, S. E. (1980). The social psychology of leisure and recreation. Duguque, IA: Wm C. Brown Company Publisher, p.11.

개인의 관광 동기는 일상 생활로부터의 스트레스 해소와 같은 개인적 상황의 회피일 수도 있고 호기심, 신기성, 그리고 성취감 같은 개인적 상황의 추구일 수도 있다. 또한, 관광 동기는 도심의 답답함이나 직장 동료와의 갈등 해소를 위한 사회적 상황으로부터의 회피일 수고 있고, 어떤 단체의 친목 도모를 위해 관광을 하는 사회적 상황의 추구함일 수도 있다. 하지만 Iso-Ahola가 추구와 회피의 지향점으로 왜 개인적인 것과 사회적인 두 가지만 고려했는지는 명확하지 않다.

4) 기타

다나카기이치田中喜一. 1950는 관광 동기를 심리적 동기(예 사향심, 교류심, 신앙심), 정신적 동기(예 전문, 지식, 환락), 신체적 동기(예 요양, 치료, 운동), 그리고 경제적 동기(예 사업, 쇼핑)로 분류하면서 각각의 동기는 다양한 목적을 가지고 있다고 주장하였다. Mill과 Morrison[1995]은 관광 동기를 Maslow의 욕구 5단계에 학습 이해 욕구와 심미 욕구(예 환경, 경관)를 추가하여 7가지로 나누어 설명하였다. 하지만 학습 이해 욕구와 심미 욕구는 포괄적 의미에서 보면 Maslow의 자아 실현 욕구에 포함된다.

3. 동기 갈등

제품의 구매와 관련하여 동기 갈등을 느끼게 되면 구매 결정이 지연되거나 결정 불능 상태를 초래할 수 있다. 따라서 동기 갈등의 해결 방법은 소비자 자신뿐만 아니라 마케터에게도 상당히 중요한 문제이다. 동기 갈등은 접근-접근, 회피-회피, 접근-회피 갈등으로 구분된다[Lewin1940].

1) 접근-접근 갈등

『접근-접근 갈등』approach-approach conflict은 두 가지 긍정적인 혹은 매력적인 동기 간의 갈등이다. 즉, 두 가지 매력적인 대안들 중에서 어느 하나만 선택해야 할 때 경험하게 된다. 제한된 예산으로 사고 싶은 제품이 둘 이상 있을 때 이와 같은 갈등을 겪게 된다. 특히, 가족원이 공동으로 사용할 제품을 구매하려는 경우 가족원마다 선호하는 제품이나 상표가 다르고 한정된 자원을 갖고 있기 때문에 동기 갈등이 발생한다.

이 갈등은 일시적으로는 불안감을 갖게 하기는 하지만 악영향을 미치지는 않는다. 여름 휴가 보너스로 해외 여행을 갈 것인가 아니면 시내 호텔 수영장을 갈 것인가, 또는 시골 부모님 효도 여행을 보내드릴 것인가 아니면 시골 부모님을 위해 용돈을 드릴 것인가 등 양자 택일을 해야 하는 경우 어떤 대안을 선택하더라도 악영향을 주지 않는다. 이러한 갈등을 해결하기 위해서는 두 가지를 묶어서 판매하는 전략이 필요하다(예 철도 여행과 선박 여행을 연계한 관광 상품)

2) 접근-회피 갈등

『접근-회피 갈등』approach-avoidance conflict은 긍정적 특성과 부정적 특성을 동시에 가지고 있는 대안을 선택할 때 경험하게 되는 동기 갈등을 말한다. 즉, 대

▶ 그림 9-6   제로 코카콜라

영양 성분		
1회 제공량 200ml 기준		
총 8회 제공량 1.5L		
1회 제공량당 함량		*% 영양소 기준치
열량	0kcal	
탄수화물	0g	0%
당류	0g	0%
단백질	0g	0%
지방	0g	0%
포화지방	0g	0%
트랜스지방	0g	0%
콜레스테롤	0g	0%
나트륨	15mg	1%
* %영양소 기준치 : 1일 영양소 기준치에 대한 비율		

▶ 코카콜라가 가지고 있는 상쾌한 맛은 살리면서 칼로리가 '제로'인 제품으로 코카콜라의 고유의 맛을 사랑하며 칼로리 섭취에 염려가 있는 소비자를 위한 제품으로 칼로리에 대한 과학적 자료까지 제시하고 있음

* 자료 : http://www.cokezero.kr/ko/products/

안의 긍정적인 측면을 고려하면 행동을 수행하고 싶지만긍정적 동기 발생 대안의 부정적인 측면을 고려하면 행동을 수행해서는 안 된다는 생각이 들어부정적 동기 발생 의사 결정을 함에 있어 갈등을 겪게 되는 경우를 말한다. 예를 들어, 콜라의 맛을 생각하면 당장 마시고 싶지만긍정적 동기 콜라의 카페인 성분이 건강에 해롭다는 점을 고려한다면 마셔서는 안 된다는부정적 동기 생각도 들어 콜라의 구매 결정에 갈등을 겪는 경우가 이에 해당한다그림 9-6 참조. 이를 해소하기 위해 코카콜라는 다이어트 Coke와 제로 코카콜라를 출시하였다.

3) 회피-회피 갈등

대안마다 모두 부정적 특징을 가지고 있으나 이 가운데 어느 하나를 반드시 선택해야 할 때 느끼게 되는 갈등을 『회피-회피 갈등』avoidance-avoidance conflict 이라고 한다. 삼복 더위에 냉장고가 갑자기 고장이 나서 수리를 하든가 아니면 새것을 구입해야 하는데, 수리하는 데에도 상당히 많은 비용과 수리 시간이 필요하다면 두 개의 대안이 모두 부정적이므로 의사 결정에 갈등을 느끼게 된다. 이러한 갈등을 해소 내지 감소시키기 위해서는 신속한 서비스 제공, 저렴한 가격 제공, 할부 서비스 등으로 부정적인 요소를 제거 내지 감소시켜야 한다.

제3절 동기의 제 이론

동기 이론은 주로 경영학의 조직 행동 분야에서 다루어져 왔으나 관광 소비자 행동 분야에서는 거의 응용되지 않고 있다. 주된 이유 중의 하나는 심리학 전공을 한 관광학자들이 많지 않기 때문이다. 하지만 관광 서비스 제공자에게는 관광 동기에 의한 시장 세분화와 조직 구성원의 동기 부여 전략을 실행하는데 많은 시사점을 제시해 주고 있다. 동기 이론은 내용 이론과 과정 이론으로 분류된다.

1. 내용 이론

내용 이론은 행동을 유발하는 요인이 무엇인지에 초점을 두고 있다. 따라서 개인의 필요와 욕구에는 어떠한 것이 있으며 그것의 우선 순위가 어떻게 정해지느냐에 초점을 두고 있다. 내용 이론에는 Maslow의 욕구 계층 이론, Alderfer의 ERG 이론, Herzberg의 두 요인 이론, McClelland의 욕구 성취 이론 등이 있다.

▶ 그림 9-7 동기 이론 분류도

* 자료 : 저자 정리

1) Maslow의 욕구 계층 이론

Maslow[1970]의 이론은 동기 부여 이론, 욕구 계층 이론, 욕구 위계 이론 등의 개념으로 불리고 있으나 의미는 동일하다. 이 이론은 인간은 무엇인가를 필요로 하는 결핍의 존재라는 것, 충족되지 않은 욕구만이 행동을 일으킨다는 것, 그리고 개인의 욕구는 균등한 강도를 갖고 있지 않고 계층적으로 되어 있다는 세 가지 가정을 바탕으로 하고 있다.

Maslow에 따르면 인간의 욕구는 즉 저차원의 욕구에서 고차원의 욕구로 실현된다고 주장하였다. 따라서 그의 이론을 계층적 혹은 위계적hierarchical이라 불린다. 욕구별 주요 내용과 이러한 욕구 충족을 위해 기업에서 직원에게 제공하는 활동 내지 서비스를 정리하면 <그림 9-8>과 같다. <그림 9-9>는 욕구별 광고 사례이다.

▶ 그림 9-8 Maslow 욕구 계층 이론

단계	욕구 내용	기업 제공 활동 혹은 서비스 지원
자아 실현의 욕구 (5단계)	자아 발전과 이상적 자아를 실현하고픈 욕구	도전적 과업, 창의성 개발, 잠재 능력 발휘, 인센티브 여행, 봉사 활동 지원 등
존경의 욕구 (4단계)	타인으로부터의 존경, 자아 존중, 타인 지배 욕구	포상, 승진, 타인의 인정, 책임감 부여, 중요 업무 부여
소속의 욕구 (3단계)	사랑, 우정, 인간 모임에의 소속 욕구	동호회 활동지원, 체육대회, 야유회 개최 등
안전의 욕구 (2단계)	생활의 질적 안정과 타인의 위협이나 재해로부터의 안전 욕구	고용 보장, 생계 보장 수단 부여, 안전한 작업 조건
생리적 욕구 (1단계)	생존을 위한 의·식·주 욕구와 성욕, 호흡 등의 신체적 욕구	통풍, 냉난방 장치, 조명 시설, 휴식 공간, 최저 임금

* 자료 : Malsow, A.H.(1970). Motivation and personality(2nd ed.). NY : Harper & Row. 내용 수정 보완

▶ 그림 9-9 욕구별 광고 사례

생리적 욕구를 강조한 광고	안전 욕구를 강조한 광고
▲ 자료 : 고민정·고용진(2017), 빅데이터 활용과 광고 사례 기반의 소비자 행동론, p.246 재인용.	▲ 자료 : 한국정책 신문(2017.7.14)
WWF(세계자연보고기금) 자연 보호 광고: 나무를 인간의 폐에 비유하여 좋은 공기를 마시고 싶은 사람의 생리적 욕구 강조	걱정인형 광고: 고객들의 걱정을 대신해주고 고객들은 행복하기만 바라는 마음을 나타내는 메리츠 화재의 걱정인형 광고

소속·애정의 욕구를 강조한 광고	존경의 욕구를 강조한 광고
	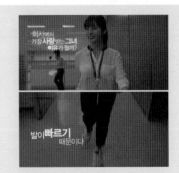
▲ 자료 : 아시아경제(2010.2.22)	▲ 자료 : 프로스펙스 홈페이지
동화약품 활명수 광고: 가족이 함께할 때 아이들이 스트레스를 덜 받고 소화도 더 잘된다는 연구결과를 바탕으로 하여 가족과 같은 소속의 애정을 강조함	프로스펙스 광고: 회사에서 사랑받는 이유가 뭘까? 발이 편하고 빠르게 활동적으로 일할 수 있으니 이 운동화 덕분에 다른 사람들에게 인정받을 수 있다는 점 강조

자아실현 욕구를 강조한 광고

▲ 자료 : 구글

아디다스 광고: 불가능이란 없다라는 슬로건으로 사람들이
가지고 있는 자아실현 욕구를 자극한 아디다스 광고

Maslow의 이론은 몇 가지 한계점을 지니고 있다. 첫째, 일단 충족된 욕구는 더
이상 동기 유발 요인으로 작용하지 않는다고 보고 있지만 사실은 그렇지 않다. 둘
째, 욕구가 단계성을 갖는다고 가정하고 있지만 이는 욕구에 대한 개인차를 전혀
고려하지 않고 있다는 점이다. 개인에 따라서 자아실현의 욕구가 안전이나 애정
에 대한 욕구보다도 선행되고 강도가 높을 수 있다. 셋째, 두 가지 이상의 욕구즉,

▶ 그림 9-10 미국인과 중국인의 욕구 단계 차이

* 자료 : Nevis, E.C.(1983). Using an American perspective in understanding another culture : Toward a hi-
erarchy of needs for the peoples republic of China. The Journal of Applied Behavioral Science, 19,
p.256.

복수 욕구를 동시에 가질 수 있으며 복수 욕구에 의해 개인의 행동은 영향받는 경우가 많다. 즉, 반드시 위계적이지 않을 수 있다는 점이다. 마지막으로, 문화 차이에 따라 욕구 단계에 차이가 존재함은 간과하였다그림 9-10 참조. Nevis[1983]는 중국인에게 있어 가장 하위 차원의 욕구는 소속과 사회적 욕구라고 지적하였다.

2) Alderfer의 ERG 이론

Alderfer는 인간의 욕구를 존재 욕구E : existence, 관계 욕구R: relatedness, 성장 욕구G : growth로 명명하였다. 그에 따르면 상위 욕구의 충족이 여의치 않아 좌절되는 경우에는 그보다 낮은 단계의 하위 욕구의 중요성이 커지거나 집착할 수 있다고 주장하였다. 가령, 성장 욕구가 좌절되면 낮은 단계인 관계 욕구의 중요성에 집착하게 되며, 관계 욕구의 중요성이 강해지면 관계 욕구가 충족되어 다시 상위 욕구인 성장 욕구를 추구하게 된다그림 9-11 참조. 여기서 성장 욕구가 좌절되어 낮은 단계의 관계 욕구 중요성을 인식하게 되는 것을 퇴행이라 한다. 따라서 ERG 이론은 위계적 구조를 가지고 있다고 할 수 있다.

존재 욕구는 인간이 생존을 유지하기 위한 욕구로서 Maslow의 생리적 욕구, 물리적 측면의 안전 욕구를 포함하는 개념이다. 관계 욕구는 대인 관계, 가족, 친우 등과의 관계와 관련되는 욕구로서 Maslow의 안전 욕구 일부와 친교, 애정 욕구 및 존경의 욕구 일부가 여기에 해당한다. 성장 욕구는 잠재적 능력을 개발하기

▶ 그림 9-11 Alderfer의 ERG 이론에 따른 욕구 충족 진행 과정

* 주 : 점선 - - - ▶ : 좌절 / 퇴행,   실선 ──▶ : 만족 / 진행

* 자료 : Alderfer, C. P. (1969). An empirical test of new theory of human needs. Organizational Behavior and Human Performance, 4(1), 142 - 175.

위한 욕구로서 Maslow 자아 실현의 욕구와 일부 존경의 욕구가 이 범주에 속한다.

Maslow 이론과의 차이점은 두 가지로 요약할 수 있다. Maslow는 충족된 욕구는 더 이상 동기 요인이 될 수 없다고 주장하고 있으나 Alderfer는 상위 단계의 욕구가 충족되지 않으면 하위 단계의 욕구로 퇴행할 수 도 있음을 강조한다. 또한, Maslow는 하위 욕구가 충족되어야 상위 욕구 나타난다고 주장하고 있으나 Alderfer는 세 가지 욕구가 동시 출현할 수 있으며 하위 욕구의 미충족에서도 상위 욕구가 나타날 수 있다고 주장하였다.

3) Herzberg의 두 요인 이론

Herzberg의 두 요인two factor이론에 따르면, 인간에게는 두 가지 서로 다른 욕구가 존재하며 인간의 행동에 미치는 영향이 다르다고 전제하면서 위생 요인hygiene factors과 동기 요인motivators으로 구분하였다. 위생 요인은 임금, 작업 조건, 지위나 신분, 경영 방침, 관리, 대인 관계, 직장 안정성 등이며 이 요인들이 충족되지 않으면 조직 구성원은 불만족해져서 조직체를 떠나거나 성과에 좋지 않은 영향을 준다. 그러나 이들 요인이 충족되거나 개선되어도 만족하거나 생산성이 높아지지 않기 때문에 불만족 요인이라 불린다.

동기 요인은 성취감, 인정, 책임감, 성장, 발전, 직무의 도전성, 승진, 존경과 자아 실현의 욕구 등을 포함한다. 개인으로 하여금 열심히 일하게 하고 또한 성과도 높여주는 요인이다. 동기 요인이 충족되지 않더라도 개인은 불만족하지 않기 때문에 만족 요인으로 불린다. 직무 만족을 위해서는 우선 위생 요인이 충족되어야 하고 그런 다음 동기 요인의 영향을 받기 때문에 위계적 구조를 가지고 있다고 할 수 있다.

Maslow 이론과의 차이점을 비교해 보면, Maslow는 개인의 내적 욕구에 관심을 기울인 반면 Herzberg는 이전까지 무시되고 있었던 직무 내용적인 요소에 관심심리적 만족을 갖게 했다는 평가를 받고 있다. 조직 구성원의 내적 만족을 위해 직무 설계를 한다든가 권한 위임을 부여함으로써 창의적 능력을 발휘하도록 하는 것이 중요하다는 점을 암시한다. 또한, 관광서비스 제공자가 훌륭한 먹거리나 즐길 거리를 제공하더라도 관광객은 만족하지 않을 수 있다. 그 이유 중의 하나로서 동기 요인이 충족되지 않았기 때문일 수 있다.

4) McClleland의 성취 동기 이론

McClleland1961는 친교, 권력, 그리고 성취 등의 3가지 욕구를 제안 하였는데

이 세 가지의 욕구가 인간 행동의 80%를 설명한다고 주장하였다. 이 3가지 욕구는 Maslow의 애정, 존경, 자기 실현 욕구들과 대략적으로 상응된다.

성취 욕구란 어려운 일을 성취하려는 것, 일을 신속히 그리고 독자적으로 해내려는 것, 스스로의 능력을 성공적으로 발휘함으로써 자긍심을 높이려는 것 등에 관한 욕구이다. 이 욕구가 강한 사람은 성공에 대한 강한 욕구를 가지고 있고, 책임을 적극적으로 수용하며, 행동에 대한 즉각적인 피드백을 선호한다.

권력 욕구는 조직 내에서 권력에 대한 욕구로서 타인을 지배, 리드, 통제하려는 욕구이다. 따라서 높은 권력 욕구를 가지고 있는 사람은 리더가 되어 남을 통제하는 위치에서는 것을 선호하며 자기가 바라는 대로 행동하도록 강요하는 경향이 크다.

친교 욕구는 대인 관계 전반에 관한 욕구로서 타인과 친하고 밀접한 관계를 맺으려는 욕구이다. 친교 욕구가 높은 사람은 다른 사람들과 좋은 관계를 유지하려고 노력하며 타인에게 친절하고 동정심이 많고 타인을 도우며 즐겁게 살려고 하는 경향이 강하다.

성취 욕구 이론에 따르면 훈련을 통해서 조직 구성원의 성취 동기를 높일수 있다. 그 이유는 인간의 동기는 선천적인 것보다 사회·문화로부터 학습된다고 보기 때문이다. 또한, 직무 설계시 너무 쉽거나 단순 작업 방식보다 어느 정도의 난이도가 있도록 설계하여 구성원들이 생각과 경험이 요구되도록 하는 것이 필요하다 점을 시사하고 있다.

<그림 9-12>는 동기의 내용 이론들의 관계성을 도식화 한 것이다. 동기 내용 이론들은 행동을 유발하는 원인에 초점을 두고 있기 때문에 비록 제 이론들에서 욕구(혹은 동기)를 다르게 표현하고 있지만 의미상 중복되는 부분이 매우 많다.

▶ 그림 9-12 동기의 내용 이론 비교

Maslow	Alderfer	Herzberg	McClleland	McGregor
자아실현 욕구	성장 욕구	동기 요인 •성장 •승진 •성취	성취 욕구	Y 이론형
존경 욕구			권력 욕구	
소속 욕구	관계 욕구		친교 욕구	
안전 욕구	존재 욕구	위생 요인 •직장 보장 •월급 •직업 조건		X 이론형
생리적 욕구				

* 자료 : Hellriegel,D., Slocum, J.W., & Woodman, R.W.(1998). Organizational Behavior(8th ed.). Southwestern College Publishing, Cincinnati, Ohio. p.154 수정 인용.

2. 과정 이론

과정이론은 인간의 행동이 활성화, 유지, 중단되는 과정을 분석하는 이론이다. 대표적으로 Vroom의 기대 이론, Adams의 공정성 이론, 그리고 Locke의 목표 설정 이론 등이 있다.

1) Vroom의 기대 이론

Vroom은 동기 정도는 결과의 가능성(기대: expectancy), 성과에 대한 보상 가능성(수단성: instrumentality), 그리고 행동 결과에 대한 매력의 정도유의성: valence의 함수에 의해 결정된다는 기대 이론(expectancy theory)을 주장하였다. 즉, 어떤 직무를 수행하기 위한 동기 유발 수준은 개인이 노력해서 직무를 성공적으로 달성할 수 있는가라는 기대, 성과에 따르는 보상이 확실한가에 대한 수단성, 그리고 보상이 개인에게 얼마나 매력적인가에 대한 유의성에 의해 결정된다는 것이다. <그림 9-13>은 Vroom의 기대 이론 모형을 나타낸 것이며 이에 대한 내용은 다음과 같다.

▶ **그림 9-13** Vroom의 기대 이론 모형

* 자료 : Vroom, V. H. (1964). Work and motivation. San Francisco, CA: Jossey-Bass.

① 노력 - 성과 관계(기대, E)

기대는 일정 수준의 노력을 하면 성과 향상이 될 것이라는 개인의 주관적 확률을 의미한다. 즉, 이는 목표 달성을 위해 자신이 가지고 있는 능력과 가능성에 대해 인식하는 정도를 의미한다.

② 성과 - 보상 관계(수단성, I)

수단성은 일정 수준의 성과가 원하는 보상을 가져오리라고 생각하는 개인의 믿음 정도를 의미한다.

③ 보상-개인 목표 관계(유의성, V)

유의성은 조직의 보상이 개인 목표나 욕구를 충족시키는 정도 그리고 잠재적 매력 정도를 나타낸다.

기대 이론은 조직 구성원의 동기 부여 활성화에 유용하다. 관광 및 환대 기업들은 유능한 인재를 유치하고 유지하기 위해 높은 보상을 중요한 조건으로 제시해 왔다. 미국 월스트리트 저널에 따르면, 경쟁이 치열한 아시아 노동 시장에서 근로자들은 많은 권한 부여와 교육 기회의 제공 등에 더 매력을 느끼고 있는 것으로 나타났다. 하지만 기대 이론이 설명하는 것처럼 과연 인간이 행동할 때 그림처럼 복잡한 과정을 거치는지 의문이며 변수에 대한 정의 또한 모호하다.

2) Adams의 공정성 이론

Adams[1965]는 조직 구성원 간 처우의 공정성[형평성]에 대한 인식이 동기 부여에 영향을 미친다는 공정성 이론[equity theory]을 제시하였다. 즉, 개인의 투입([예] 노력, 비용, 교육 수준, 기술, 연령, 성별 등)과 여기서 얻어지는 산출([예] 보상, 급여, 승진, 성취감, 특혜 등) 비율이 타인의 것과 비교했을 때 불공정하다고 인식되면 개인은 불공정성을 감소시키고 공정성을 유지하기 위하여 동기가 유발된다는 것이다.

공정성 이론에 의하면 과대 보상이든 과소 보상이든 불공정성을 지각하는데, 그 이유는 개인은 과소 보상[타인에 비하여 투입 대비 적은 산출을 얻는 것]에 대해서는 불만족을 느끼고, 과다한 보상[타인에 비하여 투입 대비 많은 산출을 얻는 것]에 대해서는 부담감을 지각하게 되기 때문이다[그림 9-14 참조]. 불공정성에 대한 민감성은 과소 보상에서 더욱 예민하게

▶ 그림 9-14 과소 및 과대 보상과 불공정 및 공정 관계

* 주: 투입-시간, 노력, 교육훈련, 경험, 기술, 나이, 건강, 지적 능력, 충성심
   산출-급여, 승진, 성장, 도전감, 성취감, 인정, 직무 안정, 의사 결정 참여

나타난다. 과소 보상일 경우는 불만족을 느끼므로 자신의 투입을 감소시키거나 산출을 증가시킴으로써 그리고 과다 보상일 경우는 죄책감을 느끼므로 자기의 투입을 증가시키거나 산출을 감소시킴으로써 타인의 비율과 균형을 맞추기 위하여 노력한다.

관광 및 환대 서비스 분야서 공정성 이론은 서비스 회복과 관련지은 연구가 대부분이다. 서비스 실패 회복 노력에 따라 고객과의 관계를 강화할 수도 있고 오히려 악화시킬 수도 있는데 그 결과는 얼마나 공정하게 처리하느냐에 달려 있다. 예를 들어, 해외 관광을 하고 난 후 고객이 여행사에게 계약 불이행(例 특급 호텔 미투숙)에 대해 환불을 받았다_{분배적 공정성}하더라도 여행사의 내부 업무 처리 절차로 인하여 고객이 한 달 이상을 기다려야 했다면 고객은 그 과정이 공정_{절차적 공정성}하다고 느끼지 못할 것이다. 하지만 공정성 이론은 조직에 공헌한 것과 자신이 받은 보상의 양을 객관적으로 측정하기가 어렵다는 문제가 있다.

3) Locke의 목표 설정 이론

Locke[1968]는 목표가 가장 강력한 동기 유발 요인이라는 목표 설정 이론goal setting theory을 제시하였다. 즉, 사람들은 일을 할 때 자기 욕구의 충족 여부 등을 따지지 않고 설정된 목표를 달성하기 위하여 열심히 일한다는 것이다.

이 이론에 의하면 목표 난이도와 구체성에 의하여 개인의 성과가 결정된다. 목표 난이도가 높을수록 성취감이 크므로 노력의 강도를 높이며 그리고 구체적일수록_{목표량과 달성기간 제시} 성과 평가가 용이하기 때문에 성과를 향상시키려 노력한다. 하지만, '최선을 다하라'라는 식의 추상적 목표는 그 어느 것도 충족시키지 못하기 때문에 성과를 향상시키지 못한다.

이 이론을 실제 조직에 적용시킨 기법 중의 하나가 목표 관리Management By Object이다. MBO는 목표 설정과 결과 평가에 체계적 방법을 이용함으로써 조직의 성과와 종업원의 만족 모두 향상시키고자 하는 관리 기법이다. MBO에서의 목표 설정은 리더와 부하가 공동으로 목표를 설정한다. 따라서 부하는 조직의 목표를 달성하기 위해 주체 의식을 보다 많이 가지게 되고, 또한 목표 몰입을 가져와서 동기를 유발 시킨다.

Chapter 09 동기와 관광 행동

제4절 동기와 마케팅 전략

　지금까지 살펴 본 동기에 관한 제 이론들을 종합해 보면 인간의 행동은 그의 욕구와 밀접한 관련이 있다는 점, 다양하고 무한하다는 점, 욕구의 특성이나 개인의 성향에 따라 끝없이 충족되어져야 하는 욕구도 있다는 점, 사회가 풍요로울수록 사회적 욕구가 소비자 행동을 지배하는 경향이 있다는 점 등을 알 수가 있다. 여기서는 어떻게 이러한 다양한 동기를 마케팅 전략에 활용할 것인가를 설명한다.

1. 동기 유발 전략

　마케팅 담당자는 개인의 잠재된 욕구를 환기시키거나 미충족된 욕구를 자극시킴으로 동기를 활성화시킬 수 있다. 즉, 신제품 개발, 포장 개량, 광고, 그리고 다양한 판촉 활동 등을 통해 소비자들의 욕구와 동기를 유발시킬 필요가 있다. 그러나 단순히 동기를 자극시키는 데 그쳐서는 안 되며 자사 상표를 구매하도록 행동을 유발시키는 방향으로 강하게 자극해야 한다. 소비자는 마케터가 제시한 대안이 자신의 욕구를 충분히 충족시켜 줄 것이라는 확신이 생기지 않으면 쉽게 구매 행동을 수행하지 않는다. <사례 9-1>은 이색 체험 동기 충족을 위한 우주 여행과 해저 호텔의 실현 가능성에 대해 설명하고 있다.

　사례 ⑨-3

　우주여행, 해저호텔 10년 후 보편화된다" …2024 보고서

　10년후에는 우주와 해저 호텔로의 여행이 보편화할 것이라는 보고서가 나와 눈길을 끈다. 전세계 여행 가격 비교 사이트 스카이 스캐너(www.skyscanner.co.kr)는　10년 뒤 여행 트렌드의 변화에 대한 전문가들의 통찰력을 담은 '2024 미래 여행(2024 Future of Travel): 여행지와 호텔의 미래' 보고서를 발표했다.

보고서에 따르면 10년 뒤인 2024년에는 억만장자들이나 가능한 것으로 생각됐던 지구 궤도 여행과 해저 호텔 체험이 좀 더 보편화 될 것으로 예측된다. 또 항공 기술의 획기적인 발전으로 저궤도 우주 항공기를 통해 대륙 간 비행 시간이 크게 단축될 전망이다. 보고서는 이 같은 기술이 민간 기업들의 지속적인 투자로 이미 상당 부분 현실화되고 있다고 전했다. 미국의 민간 우주 관광 기업인 '월드 뷰 엔터프라이즈(World View Enterprise)' 사는 2016년부터 40만㎥의 헬륨 가스 풍선에 가압 선실을 매달아 여행객들을 지구 표면 위 30㎞ 높이까지 실어 나를 예정이며, 우주 여행 사업체인 '버진 갤럭틱(Virgin Galactic)'은 대기권 도약 기술을 상업 항공에 적용해 2시간 30분 만에 런던에서 시드니로 날아갈 수 있는 기술을 개발 중이다.

스페인 바르셀로나에 세워질 '모빌로나 우주 호텔(Mobilona Space Hotel)'은 여행객들이 우주에 가지 않고도 창문을 통해 실제처럼 은하계를 보거나 수직으로 된 바람 터널과 스파 시설에서 무중력 상태를 느낄 수 있도록 설계해 보다 저렴한 가격으로 많은 이들이 우주 여행을 '체험'해 볼 수 있게 할 계획이다.

2015년 개장을 앞두고 있는 두바이의 '워터 디스커스 호텔(Water Discus Hotel)'은 상상화에서나 봐왔던 해저 호텔의 모습을 옮겨놓은 듯하다. 해수면 9m 아래에 수족관과 같은 창문이 있는 21개의 스위트룸으로 설계된 이 호텔은 스파, 정원, 수영장을 갖췄을 뿐 아니라 고객이 잠수 장비를 갖추고 해저 체험을 할 수 있는 시설도 선보일 예정이다.

보고서는 이와함께 10년 뒤엔 P2P형(사용자 간 직접 연결) 여행이 전 세계 여행 산업에 지대한 영향을 미칠 것으로 전망했다. 현재 에어비앤비(Airbnb)가 선보이고 있는 홈스와핑 협력 여행의 컨셉이 보다 확장돼 숙박 뿐 만 아니라 현지인과의 식사 등도 선택 가능해 지면서 미래에는 호텔 및 다이닝 산업에 상당한 타격을 줄 것으로 내다보고 있다. 여행자가 현지인 미식가의 집에 초대를 받아

함께 식사를 즐기는 '서퍼 클럽(Supper Club)'은 이미 유럽과 미국에서 폭발적인 인기를 얻고 있다.

'체험의 경제학(The Experience Economy)'의 저자 '조셉 파인(Joseph Pine)'은 "앞으로 현지인 중 5~10%가 여행자에게 자신의 집을 대여해 줄 것으로 예상된다"며, "여행 시장이 성숙한 선진국에서 저렴하면서도 알찬 여행을 원하는 이들에게 이보다 더 안성 맞춤인 여행 형태는 없을 것"이라 말했다. 전통적인 여행사와 아날로그 시스템의 숙박업계가 할 일이 더욱 적어지는 것이다.

이와 같은 P2P형 여행에 대처하기 위해 10년 뒤 호텔 업계는 보다 고도화된 개인 맞춤형 서비스를 제공하는데 주력할 것으로 보고서는 예측했다. 2024년에는 호텔 소프트웨어가 고객의 소셜 미디어 프로필 분석 등을 통해 개인 고객의 취향이 정확히 반영된 객실을 예약할 수 있을 것으로 기대된다. 미래학자인 '이안 피어슨(Ian Pearson)'은 가까운 미래에 고객의 숙면을 돕는 마사지 기능 및 알람 기능이 탑재된 베개, 혈당 수치를 모니터링하고 체질별 식사 구성에 조언을 해 주는 센서가 부착된 잠옷을 제공하는 호텔이 등장할 것이라 전망했다.

이미 '라스베가스MGM 그랜드 호텔(MGM Grand in Las Vegas)'은 고객 시차 적응에 도움을 주는 조명 시설과 비타민C가 함유된 샤워 시스템를 제공 하고 있고, '페닌슐라 홍콩(Peninsula Hong Kong) 호텔'은 고객이 태블릿 PC를 통해 조명, 커튼, 실내 온도, 식사 주문, 일일 관광 코스까지 조정할 수 있는 기술을 도입해 미래 호텔의 면모를 과시하고 있다.

사이버텍처(Cybertecture) 사의 '사이버 미러(Cyber Mirror)'는 거울을 고객의 동작에 반응하는 터치스크린으로 탈바꿈 시켜, 고객이 양치질을 하며 클라우드에 저장한 모든 데이터를 활용할 수 있도록 해준다.

보고서는 중국 여행 시장의 폭발적 성장으로 10년 뒤 파리, 로마, 뉴욕 등 전통적 인기 여행지는 중국인 여행객으로 채워지고, 아프리카의 보츠와나, 앙골라 또는 중동의 레바논, 남아시아의 부탄 등이 새로운 인기 여행지로 부상할 것으로 내다봤다.

보고서는 이밖에 기후 변화나 멸종 동물의 증가로 지금이 아니면 볼 수 없는 무엇인가를 찾아 떠나는 '최후의 여행'이 여행객들의 눈길을 끌 것으로 봤다.

전문 여행 업체인 내추럴 해비타트 어드벤처(Natural Habitat Adventures)의 릭 구스크(Rick Guthke) 제너럴 매니저는 빠르게 진행되는 해빙 때문에 더 이상 물개 사냥터로 향하는 북극곰을 보지 못할까 봐 지금도 수만 명의 관광객들이 해마다 캐나다 북부로 몰려들고 있다고 전했다.

스카이 스캐너에서 한국 시장을 담당하고 있는 김현민 매니저는 "스카이 스캐너가 올 한해 연간 캠페인으로 진행한 '2024 미래 여행 보고서'를 통해서 기술이 우리의 습관

인센티브 여행은 조직 구성원에게 동기 부여를 강하게 하는 수단이다traveldailynews, 2012. 미국의 인센티브 마케팅 협회가 시행한 설문 조사 결과에 따르면, 응답자 중 86%가 인센티브 여행이 큰 동기 부여가 된다고 응답하였다. 인센티브 여행 지원 자격 요건이 충족되는 사람과 그렇지 못한 사람 1,000명 중 96%의 지원 적격자들은 인센티브 여행이 매우 또는 다소 동기 부여를 한다고 응답하였다. 91%의 지원 부적격자들은 인센티브 여행을 나중에라도 갈 수 있으므로 동기 부여가 된다고 응답하였으며, 인센티브 여행을 다녀온 72.4%의 응답자들은 회사에 대한 충성도가 높아졌다고 응답하였다.

2. 시장 세분화

관광 동기는 시장 세분화의 중요한 기준 변수로 이용된다. 마케터의 입장에서 보면 관광객의 동기 이해는 관광객의 행동을 이해하고 예측함에 있어 출발점이 된다. Balogu와 Uysal1996은 독일 관광객을 신기성 추구자, 도시생활 추구자, 해변 리조트 생활 추구자, 스포츠 활동 추구자 등으로 시장을 세분화하였으며, 시장 세분화 기준으로 동기 요인을 이용하였다. 이탈리아 스풀레토 음악 축제 방문객의 참여 동기를 조사한 한 연구는 사교와 유흥성, 이벤트 매력과 흥분성, 단체 친목성, 문화와 역사성, 가족 친화성, 그리고 신비성 등 6가지 요인을 도출하였다 Formica & Uysal, 1998. 군집 분석을 실시하여 방문객을 열광 집단과 보통 집단으로 세분화하였는데, 전자는 주로 기혼자들이며 나이가 많고 소득 수준이 높은 반면 후자는 나이가 적고 미혼이며 소득 수준이 낮은 것으로 나타났다.

국내의 한 연구는 2000년 경주 문화 엑스포 참가자들을 대상으로 방문 동기에 따라 축제 시장을 세분화하였다Lee 외, 2004. 문화 탐구, 가족 화합, 신기성, 탈출, 축제매력,

사회성의 6개 동기로 분류하였다. 요인에 따른 군집 분석 결과, 문화, 가족 추구형, 다목적 추구형, 탈출 추구형, 그리고 이벤트 추구형 등으로 동기가 세분화되었다.

3. 동기 갈등과 마케팅 전략

인간의 욕구를 충족시키기 위해 복수의 동기가 동시에 발생함에 따라 동기 갈등이 유발된다. 여기서는 동기 갈등에 따른 마케팅 시사점과 해당 사례를 살펴본다.

1) 접근-접근 갈등과 마케팅 전략

접근-접근 갈등은 대안들의 매력이나 특성이 유사할수록 갈등의 크기가 커진다. 이러한 갈등은 선호도가 비슷한 상표 구매시에도 나타난다. 두 가지 대안의 매력이 비슷하면 할수록 갈등은 더욱 커지게 된다.

접근-접근 갈등의 해결 방안으로 두 가지를 생각해 볼 수 있다. 첫째는 두 개의 대안을 재평가하여 더 나은 대안을 선정하는 방법이다. 즉, 추가적 정보를 탐색하고 대안을 보다 면밀히 비교·검토한 후 장점이 더 많은 대안을 선택한다. 또 하나의 방법은 두 개의 대안이 지니고 있는 서로 다른 두 개 혹은 그 이상의 장점 혹은 편익을 동시에 충족시킬 수 있는 새로운 방안이 있는가를 모색하는 것이다 패키지 상품. 예컨대, 사계절 온천 테마파크인 덕산 리솜 스파캐슬은 사계절 온천욕

▶ 그림 9-15 덕산리솜 스파캐슬

* 자료 : 덕산리솜 스파캐슬 홈페이지

을 즐길 수 있을 뿐만 아니라 동시에 겨울에는 눈썰매장, 여름에는 워터레이 광장에서 수영을 즐길 수 있다. 마케터는 이와 같은 갈등의 해결책을 제시해 줌으로써 고객을 유인할 수 있다.

2) 접근-회피 갈등과 마케팅 전략

제품이나 서비스는 대부분 장점과 단점의 속성을 지니고 있기 때문에 소비자는 접근-회피 갈등을 흔히 경험하게 된다. 이를 테면, 품질은 우수하나 가격이 비싸다거나, 맛은 있으나 영양가가 없다거나, 디자인은 세련되었지만 견고하지 않다거나 이런 식으로 긍정적인 측면과 부정적인 측면을 동시에 지니고 있는 제품들을 흔히 접하게 된다. 개인은 목표와 관련된 긍정적 속성과 부정적 속성 어느 한쪽에 더 비중을 두어 목표를 추구할 것인지 회피할 것인지 여부를 결정해야 하기 때문에 세 갈등 유형 가운데 가장 강한 스트레스를 유발한다.

따라서 접근-회피 갈등을 해소시켜주고 긍정적인 방향으로 동기를 유발할 수 있는 전략이 필요하다. 콜라 회사들이 맛은 동일하나 카페인이 섞이지 않은 콜라를 개발하게 된 이유도 바로 여기에 있다. 또한, 품질은 우수하나 값이 비싸 재정적인 이유로 갈등을 겪는 소비자를 위해 신용 판매 제도를 활용하는 것도 좋은 예이다. 최근에는 명품을 소유하고 싶어 하는 중산층 소비자를 위해 개발된 합리적 가격의 고급 제품인 '매스티지mass+prestige' 브랜드가 대중적 인기를 얻고 있는 것도 접근-회피 갈등 해소 측면에서 이해할 수 있다사례 9-2 참조.

사례 ⑨-2

'매스티지 브랜드'의 대표적인 성공사례는…?

매스티지(Masstige)란 '대중'(mass)과 '명품'(prestige product)의 합성어로 '실속형 명품', '세컨드 명품'을 뜻한다.

미국의 경제 잡지인 하바드 비즈니스 리뷰에서 처음 소개한 이 신조어는 소득 수준이 높아진 중산층들이 비교적 값이 저렴하면서도 감성적 만족을 얻을 수 있는 제품을

원하는 경향에 의해, 중가 제품을 주로 구입하던 중산층 소비자가 고품질이나 감성적인 만족을 얻기 위해 저렴한 신명품 브랜드를 소비하는 것을 말한다. 매스티지 제품의 특징은 비교적 고가이면서 대량 생산이 가능하고, 소비층에게 동질감과 개인적 자긍심을 주며 가격에 적합한 가치를 갖고 있다. 한마디로 품질과 브랜드는 '명품' 이미지를 갖추되 합리적인 가격으로 대량 생산과 유통을 하는 것이다.

이는 웰빙·절약 등의 사회적 헤게모니에 발맞추어 현대 중산층 소비자들의 대표적인 소비 심리로 자리 잡았다. 베트남 요리 전문 브랜드인 '샤브향'은 이런 매스티지를 콘셉트로 적용한 성공적 사례이다. 주식회사 삼성 에프씨는 베트남 요리 전문 식자재 전문 유통으로 출발하여, '샤브향' 외에도 '미스누들', '포램' 등의 유사 브랜드 역시 성공적으로 런칭시킨 바 있다. 당사는 월남쌈 샤브샤브 브랜드로서, 별도의 광고 없이 오직 바이럴 마케팅만으로 성장한 케이스이다. 3년 만에 120개 매장을 돌파한 당사의 브랜드 파워는 창업 이후 폐업된 점포가 단 한군데도 없는 것에서도 여실히 드러난다. 그 성공

비결은 고객을 위한 맞춤 메뉴 개발과 음식 문화 개선 프로그램 등 자체적으로 투자와 지원을 아끼지 않는다는 점이다. 기본과 원칙에 충실하면서 창의적 변화를 모색해 고객뿐만 아니라 프랜차이즈 사업 파트너에게도 열렬한 지지를 얻어 꾸준한 매출 상승 궤도를 유지하고 있다.

브랜드 뜻은 '자연의 맛을 담다'라는 의미로, 매스티지 콘셉트답게 최고의 맛을 지향한다. 특징으로는 담백한 국물에 12가지 신선한 야채와 고기, 해물을 살짝 데치고 자체 개발한 3가지의 특제 소스를 곁들여 일반 샤브와 달리 월남쌈에 싸먹는 것이다. 주 메뉴는 월남쌈 샤브샤브, 월남쌈 구이, 쌀국수 등 웰빙 식단으로 구성되어 있으며, 식재료를 데쳐 먹기 때문에 남녀 노소가 즐길 수 있다. 이 외에도, 고양 시민 복지 나눔 1촌 맺기에 쌀국수 기탁, 사랑의 쌀국수 1,000그릇 무료 나눔 후원, 월드비전을 통한 아프리카 어린이 돕기 후원 등 각종 기부 및 후원 활동을 지속적으로 진행하고 있어 브랜드 이미지 강화에도 성공적인 행보를 이어가고 있다.

자료 : 한국경제(2012.7.19)

3) 회피-회피 갈등과 마케팅 전략

마음에 들지 않은 두 대안 중 하나를 선택해야 하는 경우 소비자는 추가적인 정보 탐색을 통해 상대적으로 더 나은 대안을 선택하려 한다. 따라서 마케터는 소비자로 하여금 적은 부담으로 신제품을 구매하도록 하는 방법을 생각해 볼 수 있다. 즉, 고장이 난 냉장고를 인수하고 그 대금을 제품 구매 가격에서 공제해 준다거나, 신용 판매 제도를 활용하는 방법 등이 있다. 또한, 부정적 측면을 최소화시키거나 소비자들의 신념이나 인지 구조에 변화를 줌으로써 부분적으로 해소될 수 있다. <사례 9-3>은 소비자의 회피-회피 갈등을 해소시키기 위해 보상 판매 전략을 활용한 아웃도어 회사에 관한 내용이다.

사례 ⑨-3

아웃도어 출혈 경쟁시대 막 올랐다 … 등산화도 '보상 판매'

헌 제품을 가져오면 새 제품을 할인해 주는 '보상 판매' 마케팅이 아웃도어 업계에서도 각광받고 있다. 시장 고객 유치 경쟁이 치열해지면서 주로 IT·가전 업계에서 실시하던 보상 판매 마케팅이 아웃도어 업계로 옮겨왔다.

7일 관련 업계에 따르면 센터폴은 오는 28일까지 등산화 보상 판매를 실시한다. 센터폴은 지난해 9월 세정 그룹이 출시한 아웃도어 브랜드. 신규 고객을 유입하기 위해 이 같은 전략을 택했다. 브랜드 상관 없이 헌 등산화를 가져와 15만원 이상 제품을 구입하면 3~5만원 할인 혜택을 제공한다.

수거한 등산화는 안전상 이유로 원칙적으로 폐기 처분한다. 일부만 국내 기부 단체에 보낼 계획이다. 센터폴 관계자는 "고객 입장에선 할인 행사지만 회사로선 타 브랜드에 충성도가 높았던 고객을 신규 고객으로로 끌어들이는 전략"이라며 "봄 신제품 수요층을 타깃으로 해 다른 업체보다 일찍 보상 판매에 들어갔다"고 말했다.

신생 업체들은 지난해 봄과 가을 산행 시즌을 앞두고 너도 나도 보상 판매 행사에 뛰어들었다. 머렐은 지난해 10월 헌 등산화를 가져오면 신발을 10% 할인 판매했다. 아이더도 작년 3월 자사 또는 타사의 등산화, 운동화, 배낭 등을 매장으로 가져오면 2~5만 원을 보상했다. 아이더는 다음달에도 보상 판매를 실시할 계획이다.

지난해 한해에만 신규 및 재론칭한 아웃도어 브랜드가 10여 개 이상. 기존 브랜드에

서 세분화한 라인까지 선보일 예정이어서 이런 고객 유치 전략은 더욱 치열해질 전망이다.

업계 관계자는 "보상 판매는 가전 제품, IT기기 판매 업체에서 주로 택하는 전략으로 몇 년 전만 해도 아웃도어 업계에선 잘 보이지 않았다"며 "경기 불황과 치열한 업계 경쟁이 맞물리면서 자사 브랜드를 노출시키고 신제품 판매를 위한 방안으로 보상 판매가 늘어난 것"이라고 말했다.

자료 : 한국경제신문(2013.2.7)

Chapter
10

성격과
관광 행동

학습의 포인트

이 장을 학습하고 나면 학생들은 다음의 내용을 이해하게
될 것이다.

1 성격의 개념
2 성격의 구성 요소
3 성격 연구의 중요성
4 Freud 정신 분석 이론의 특징
5 브랜드 개성의 개념
6 브랜드 개성의 영향 요인
7 특성 이론과 마케팅 전략
8 정신 분석 이론과 마케팅 전략
9 성격과 시장 세분화
10 브랜드 개성과 마케팅 전략

의사 결정 과정에 중요한 영향을 미치는 또 하나의 내부 요인은 성격이다. 개인이나 마케터들은 사람들의 심리와 행동을 이해하고자 한다. 하지만 많은 노력에도 불구하고 개인의 성격을 정확하게 평가하지 못하는 경우가 많다.

심리학자들은 사람들이 공통적으로 가지고 있는 성격 패턴을 밝혀내고, 성격이 사회적·심리적 적응과 어떻게 관련되는지를 주로 연구한다. 인간의 행동과 생활 방식을 이해하기 위하여 인간에 대한 체계적인 관찰이나 실험 연구 등을 통해 형성된 이론이 성격 이론이다. 성격 이론을 이해함으로써 매우 복잡한 존재인 인간에 대하여 어느 정도 이해를 할 수 있으며 그들이 맺어나가는 인간 관계를 이해하는 데 도움이 된다.

개인의 여가 활동이나 관광 행동은 성격적 특성에 많은 영향을 받는다. 어떤 사람은 암벽 등산을 좋아하고 번지 점프나 파도 타기와 같은 모험 관광을 즐긴다. 반면에 가정에서 TV를 시청하고 가족과 즐거운 게임을 즐기기도 한다. 이러한 행동의 차이는 성격의 차이에서 그 원인을 규명할 수 있다.

성격 연구는 크게 두 종류로 이루어지고 있는데, 그 중 하나는 어떤 성격 유형이 있는지와 같은 상태에 초점을 두는 특성 이론character theory이다. 다른 하나는 성격이 어떻게 형성되고 어떻게 발달하며, 그러한 성격이 생활하는 데 어떤 기능을 하는지를 이해하고자 하는 과정 이론processing theory이다.

성격의 이해는 마케터 입장에서 소비자의 행동을 이해하는 중요한 역할을 한다. 또한, 경쟁 우위적 마케팅 전략을 수립할 수 있는 토대가 된다. 여기서는 성격의 개념 및 특징, 성격의 제 이론, 브랜드 개성, 그리고 성격과 마케팅 시사점에 대해 살펴본다.

▶ 그림 10-1 제10장 요약도

제1절 성격의 개념 및 중요성	제2절 성격의 제 이론	제3절 브랜드 개성	제4절 성격과 마케팅 전략
• 성격의 개념 • 성격의 구성 요소 • 성격 연구의 중요성	• 유형론 • 특질론 • 정신 분석 이론	• 브랜드 개성의 개념 • 브랜드 개성의 영향 요인 • 브랜드 개성의 유형	• 특성 이론과 마케팅 전략 • Freud 성격 이론과 마케팅 전략 • 성격과 시장 세분화 • 브랜드 개성과 마케팅 전략

제1절 성격의 개념 및 중요성

인간의 행동은 주로 개인의 성격personality에 의해 결정된다. 마케터는 소비자의 성격 이론을 제대로 이해하여야 소비자 행동을 체계적·과학적으로 분석할 수 있다. 인간의 성격을 이해하면 그 사람이 다른 사람과 다른 방식으로 생각하는 것을 이해하게 되고, 그 사람의 특정 행동까지도 수정할 수 있게 된다. 뿐만 아니라 인간의 과거 행동 패턴을 이해하고 현재와 미래의 행동을 예측하기 위해서도 성격에 대한 이해가 필요하다. 본 절에서는 성격의 개념과 특성, 성격의 구성 요소, 그리고 성격의 연구 중요성에 대해 학습한다.

1. 성격의 개념

영어의 personality는 그리스어의 "persona(페르소나)"에서 유래되었으며, persona는 그리스 연극에서 배우들이 쓰던 가면을 일컫는 말이다. "per"는 '무엇을 통하여through' 그리고 "sonare"는 '말하다speak'라는 의미를 지니고 있다. 이처럼 배우가 가면을 쓰고 무대에서 연극하듯이 사람들이 사회 속에서 피상적으로 나타내는 사회적 이미지를 뜻한다. 즉, personality는 사회라는 커다란 무대에서 사람들이 나타내는 외현적인 행동 양식인 것이다. 성격이란 용어는 개성이란 개념으로도 많이 사용되나 여기서는 성격으로 주로 사용하며 브랜드 개성과 같은 상황에 따라서는 개성이란 용어도 사용한다.

성격에 대한 정의는 다양하다그림 10-2 참조. 성격의 내적 요소에 초점을 맞출 경우 성격은 한 인간이 선천적으로 가지는 정신적, 정서적, 사회적 특질의 동일체라고 정의할 수 있다. 이와는 달리 외적 요소에 초점을 맞출 경우 성격은 사회 속에서 이루어지는 개인의 조직화된 행동 패턴이라고 정의할 수 있다. 또한, 개인의 차이에 초점을 맞춘다면 성격을 다른 사람과 구분되는 독특한 특성이라고 정의할 수도 있다. 그리고 시간과 상황의 변화에도 변함없는 성격의 안정성에 초점을 맞춘다면 성격을 일관된 개인의 심리·사회적 특성이라고 정의할 수 있을 것이다. 성격이 안

▶ 그림 10-2 성격의 정의

성격의 내적 측면

성격의 안정성 측면 · 성격 정의의 초점 · 성격의 외적 측면

성격의 개인 차이 측면

정성과 일관성이 있어야 한다는 의미는 성격이 쉽게 변화하지 않음을 의미하는 것은 아니다.

이와 같이 성격의 정의는 성격의 어느 면을 강조하느냐에 따라 다양하게 정의될 수 있다. 이러한 점을 고려하여 심리학에서는 성격을 선천적, 후천적 요소의 상호 작용으로 결정되며 비교적 일관되게 한 개인을 특징 짓는 독특한 심리·사회적 특성으로 정의한다. 마케팅 조사에서는 환경의 자극에 대한 지속적인 반응과 연결되어 있는 개념으로 정의하고 있다Kassarjian, 1971.

2. 성격의 구성 요소

영어에서 성격은 주로 외현적인 행동 측면에 초점을 맞추고 있다. 현재 심리학에서 사용하고 있는 성격이란 용어는 성격의 어원처럼 외현적인 행동 양상만을 뜻하지는 않는다. 앞서 성격의 정의에서 보았듯이 성격은 크게 내적 요소와 외적 요소로 구성되어 있다그림 10-3 참조.

▶ 그림 10-3 성격 구성 요소

성격의 내적 요소란 선천적으로 타고난 비교적 안정된 심리적 요소를 말하는데, 이는 사회적·문화적 요인에 의해 주로 결정되는 외현적인 행동 요소와 구분되는 개념이다. 내적 요소는 특히 '공격적이다', '착하다' 등과 같이 선천적인 특성character과 생물학적으로 그리고 선천적으로 결정되는 기질temperament로 구분된다. 특성이란 말은 성격과 구분 없이 사용되기도 하지만 주로 선천적인 요소를 더 강조한다.

특성과 달리 기질은 개인의 생리적 기초와 밀접하게 관련되어 있으며 성격과 특성이 이루어지는 기반을 담당한다. 사람들은 생리적 요소를 강조하는 기질에 따라 똑같은 상황이라도 정서적으로 반응하는 패턴이 다르다. 예컨대, 테마파크에서 롤러코스터를 타기 위해 대기하는 줄이 매우 길 때 어떤 사람은 쉽게 짜증내고 흥분하지만 어떤 사람은 그러려니 하고 기다린다.

성격의 외적 요소는 영어의 personality를 말한다. 이는 사회적·문화적 환경내에서 사람들이 나타내는 가시적이고 일관된 행동 패턴을 의미한다. 성격과 기질의 차이점은 성격은 인간 행동의 다양한 표현의 전체를 의미하고 기질은 성격을 결정하는 생리적 요소를 의미한다. 그러므로 성격은 후천적인 것도 포함하지만 기질은 선천적인 것만 포함한다.

3. 성격 연구의 중요성

사회 생활을 하면서 사람들은 자기 자신뿐만 아니라 다른 사람이 어떻게 행동할 것인지도 예측하고 싶어한다. 이유는 행동을 결정하는데 있어 성격이 중요한 요소이기 때문이다. 심리학자들이 성격을 연구하는 목적은 크게 네 가지이다.

첫째, 행동을 결정하는 요소로서의 성격을 연구한다. 개인의 행동은 사회적 상황과 생리적 상태, 경험, 교육 정도, 부모의 영향 등과 같은 다양한 요소들에 의해 결정되지만 그 중에서도 행동을 결정하는 내적으로 안정된 요소가 바로 성격이다. 개인의 성격을 알면 그 사람의 행동 성향과 사회 적응 가능성을 예측할 수 있기 때문에 일반 사람들뿐만 아니라 심리학자들의 주된 관심거리이다. <사례 10-1>은 구매 행동에 따른 성격의 차이가 존재함을 핸드폰 구매 고객을 대상으로 파악한 것이다.

사례 ⑩-1

아이폰 사용자는 외향적, 삼성폰 이용자는 성실

"아이폰 사용자들은 휴대 전화 의존도가 높고 외향적이며, 삼성 핸드폰 사용자들은 성실하고 새로운 것에 대한 호기심이 있다." 최근 호주의 한 통신회사가 스마트폰 제조

▲ 좌각종 휴대폰들. 어떤 폰을 쓰는가에 따라 성격이 나타난다는 연구결과가 나왔다.

업체별 사용자들에 대한 성격을 분석한 내용을 발표해 화제가 되고 있다.

호주 언론에 따르면 호주의 통신 회사 'Telstra'는 대표적인 휴대폰 제조업체 4군데의 제품을 이용하는 사람들 1300명을 대상으로 관심도와 취미 등을 조사해 휴대폰 선택에 따른 프로파일링을 실시해 발표했다. 다음은 조사 결과를 요약한 것이다.

- 아이폰 = 아이폰 소유자들은 휴대 전화 의존도가 높다(Heavy). 성격은 외향적이며 해외 여행, 집에 초대하기를 좋아하고, 또한 마사지나 피부 등에 신경쓰는 고급스러운 삶을 즐긴다.

- 삼성 = 휴대 전화에 대한 의존도는 중간(moderate). 성실한 성격에 쾌활하며 새로운 경험에 대해 개방적이다. 일도 열심히 하지만 비디오 게임 같은 것도 즐긴다.

- HTC = 아이폰이나 삼성 사용자에 비해 쾌활한 편은 아니다. 남성 사용자가 많다. 삼성 사용자들처럼 비디오 게임을 좋아하지만 일에 대해서는 릴렉스한 태도를 갖는다.

- 최신 스마트폰보다 피처폰 선호자 = 나이가 많다. 외출하는 것보다 정원에서 꽃을 기르는 것을 좋아한다.

이같은 조사에 대해 호주 디킨 대학의 소비자 행동 전문가인 폴 해리슨 박사는 물건을 구입하려고 선택하거나 선택하지 않는 것에서도 사람의 성격을 파악할 수 있다고 말했다. 그는 스마트폰 선택도 일종의 액세서리의 선택과 같은 비슷한 모습이라며 자신을 표현하고, 자신의 이미지에 맞는 휴대폰을 선택하는 경향을 보였다고 말했다.

자료 : 인터뷰 365(2013.12.4)

둘째, 성격은 인간 삶의 방식을 결정하는 중요한 요소다. 대개의 사람들은 정신적으로 건강하고 사회적으로 바람직한 성격을 가지고 살아간다. 그러나 어떤 사람들은 어린 시절의 심리적 외상trauma이나 콤플렉스에 빠져 정신적으로 건강하지 못하고 사회 생활에 제대로 적응하지 못한다. 그러한 사람들에게 자신의 성격을 정확히 파악할 수 있는 기회를 제공하고 바람직한 성격을 형성하도록 도와줌으로써 그들이 사회에 적응하고 보다 나은 삶을 영위할 수 있도록 도와주기 위해 성격 연구가 필요하다.

셋째, 성격은 정신 세계를 구성하는 중요한 요소다. 사람은 신체적 외양이나 신체 구조만으로 결정되는 것이 아니다. 비록 눈으로 볼 수 없고 만질 수는 없지만 정신 세계가 존재하고 있다. 이러한 정신 세계에서 성격이 차지하는 비중은 상당히 크다.

마지막으로, 성격은 건강한 삶과 밀접한 관련이 있다. 사람들의 심리적 건강을 비롯한 육체적 건강은 주로 생물학적으로 결정된다고 믿기 쉬우나 모든 병은 마음에서 비롯된다는 말이 있듯이 건강은 심리적 요인과 밀접하게 관련되어 있다. 성격이 건강과 밀접한 관련 있다는 연구들이 많이 보고되고 있다. A타입의 성격을 가지고 있는 사람들은 심장 마비가 일어날 확률이 높고, 암에 잘 걸리며, 알코올이나 약물 남용 가능성이 많다는 연구들은 성격과 건강이 관련되어 있다는 단적인 증거들이다.

제2절 성격의 제 이론

성격 이론은 크게 두 주류로 분류될 수 있다. 그 중 하나는 특성 이론character theory인데 이는 성격이 어떻게 형성되고 발달하는가 보다는 현재 어떤 종류의 성격 유형이 있는지와 같은 상태에 관심이 더 많다. 사람들은 평소에 뚱뚱하면 여유롭고, 마르면 지적이며, 곱슬머리면 고집이 세다는 등 나름대로의 성격을 분류하고 있다. 특성 이론은 이러한 특성을 찾아내어 성격을 분류하는 이론인데 유형론과 특질론이 있다그림 10-4 참조.

또 하나의 연구 주류는 성격이 어떻게 형성되고 어떻게 발달하며, 그러한 성격이 생활하는 데 어떤 기능을 하는지에 초점을 둔 과정 이론processing theory이다. 특성 이론은 사람의 성격을 묘사하고 분류하는 데는 유용하지만 성격이 어떻게 형성되고 그리고 형성된 성격이 어떤 의미를 갖는지는 제대로 설명하지 못한다. 과정 이론에는 무의식과 어린 시절의 경험을 강조하는 정신 분석 이론, 개인과 환경의 상호 작용을 강조하는 행동 주의적 관점의 사회 학습 이론, 개인의 주관적 경험과 자기 실현을 강조하는 인본 주의 이론(예 Maslow) 등이 있다. 행동 주의 이론(예 고전적 조건화 등)은 학습 이론에서 다루었으므로 여기서는 유형론, 특질론, Freud의 정신 분석 이론과 Horney 등의 신정신 분석 이론 등에 대해 살펴본다.

▶ 그림 10-4 성격 이론 체계도

1. 유형론

유형론typology은 가장 오랜 역사를 가진 성격 이론이다. 고대 그리스의 의사인 Hippocrates는 생리학 개념을 이용하여 기질의 차이점과 유사점을 설명하였다. 그리스인들은 정서적, 신체적 건강은 체액이라고 불리는 네 가지 액체의 균형에 달려 있다고 믿었다. 사람의 체액을 혈액, 점액, 흑담즙, 담즙으로 구분하고 그 중 어느 체액이 신체 내에서 우세한가에 따라 성격이 결정된다고 주장했다. 가령, 혈액이 우세하면 성격이 다정하고 유쾌하다는 식이다. 이렇듯 체액을 중심으로 하는 성격 이론을 체액론이라고 한다표 10-1 참조.

▶ 표 10-1 유형론의 분류와 특징

학자	성격 유형	성격 특징
Hippocrates의 체액론	다혈질형(혈액)	다정하다, 유쾌하다, 느긋하다,
	점액질형(점액)	냉정하다, 무표정하다.
	흑담질형(흑담즙)	동작이 느리다, 우울하다, 슬프다,
	담즙질형(담즙)	의지가 강하다, 민첩하다, 화를 잘 낸다.
Kretchemer의 체격론	쇠약형	갸냘프고 마른 사람들로 정신분열증에 걸릴 성향이 많다.
	비만형	둥글고 땅딸한 사람들로 조울증에 걸릴 성향이 많다.
	투사형	강하고 근육이 발달된 사람으로 조울증보다 정신분열증의 경향이 다소 많다.
	이상발육형	신체발달이 균형이 잡히지 않은 사람들로서 투사형과 유사한 성향을 보인다.
Sheldon의 체격론	내배엽형	내장구조들이 고도로 발달된 사람들로 수줍어하고 내성적인 기질을 가지고 있다.
	중배엽형	근육이 우세한 사람들로 활동적, 자기주장적, 정력적인 기질을 가지고 있다.
	외배엽형	근육이 섬세하고 약한 사람들로 편안함을 즐기며, 사교적인 기질을 가지고 있다.

* 자료 : 저자 정리

Kretchemer와 Sheldon은 체격론을 주장하였다. 독일의 정신과 의사 Kretchemer는 체형에 따라 쇠약형, 비만형, 투사형, 그리고 이상발육형 네 가지로 분류하였다. 미국의 Sheldon은 Kretchemer의 연구를 바탕으로 4만 6,000명을 대상으로 체형을 분석하여 내배엽형, 중배엽형, 그리고 외배엽형 세 가지로 유형화 하였다.

2. 특질론

특질trait은 한 사람을 다른 사람과 비교적 · 영속적으로 구분해 주는 심리적 성향을 말한다. 이는 성격을 이루는 기본 단위이자 인간 행동의 다양성개인차을 설명해 주는 중요한 요소이다. 특질은 선천적으로 타고날 수도 있고 후천적으로 형성될 수도 있다. 성격을 사회 생활이나 대인 관계를 영위할 때 사람들에게 공통적으로 나타나는 공통 특질과 개인을 특징 짓는 개별 특질로 분류하려는 이론이 특질론이다.

특질론은 어느 두 사람도 완전히 동일한 성격을 가질 수 없다는 가정에 기초한다. 한 개인은 시간과 장소에 따라 비교적 일관적이지만 타인과는 서로 다른 성격의 특징들을 갖는다고 본다. 대표적인 특질 이론가들은 Allport[1937], Cattell[1946], 그리고 Eysenck[1944]이다.

Allport는 인간을 설명하는 약 18,000여 개의 형용사를 분석하여 성격을 공통 특질과 개별 특질로 구분하였다. 그는 특질은 개인에게 여러 가지 다른 자극이나 상황에 대해 유사한 방식으로 반응하도록 조작하는 실체로서 개인의 사고, 정서, 행동을 결정하는 역할을 한다고 주장하였다. Cattell은 개인의 특징적 행동을 설명할 수 있는지의 여부에 따라 표면 특질과 근원혹은 원천 특질로 분류하였다. 전자는 인간이 보이는 다양한 행동 중에서 각기 서로 관련되어 있다고 여겨지는 일련의 행동을 묶어 놓은 것이다(예 착한 행동-인사하기, 질서 지키기). 후자는 성격의 핵심을 이루는 것으로 개인의 행동, 생각, 정서에 영향을 줌으로써 행동의 일관성을 결정하는 역할을 한다.

Eysenck는 성격을 세 가지 차원으로 분류하였다. 내향성-외향성사교성, 활발, 능동성, 주장성, 감각 추구, 태평함, 모험심 등, 안정성-불안정성불안, 우울, 죄책감, 낮은 자기 존중, 수줍음, 변덕, 감정적 등, 그리고 정신병적 경향성공격성, 차가움, 충동성, 반사회성 등이 그것이다. 예를 들어, 정신병적 경향이 높은 사람은 공격적이고 냉정하며 타인에 대한 배려를 하지 못하고, 사회적 관습을 받아들이지 않으며, 충동적인 행동 특성을 보인다고 주장하였다. <사례 10-2>는 개인의 성격이 내향적이냐 외향적이냐에 따라 외식 창업 아이템을 다르게 선정해야 사업 성공 가능성이 높음을 강조한 사례이다.

사례 ⑩-2

성격에 맞는 창업아이템은.. 내성이면 배달, 외형이면 음식점 유리해

창업을 앞둔 예비 창업자들의 고민거리는 한 두가지가 아니다. 특히 창업 성패를 쥐고 있다고 해도 과언이 아닌 창업 아이템 선정에 있어서는 머리에 쥐가 날 정도다. 사실 창업을 앞두고 먼저 깊히 고민해야 사안은 바로 자신에 대한 성격을 객관적으로 판단해야 한다는 점이다.

소상공인 시장 진흥공단 산하의 지역별 소상공인 지원 센타는 창업자들을 대상으로 적성검사를 통해 성격에 맞는 아이템을 소개하기도 한다. 어떤 창업이든 소비자와 반드시 만나게 되며, 여러 고객층을 만나다 보니 그만큼 자신의 성격과 맞아야 유리하다는게 전문가들의 조언이다.

다시 말해 자신의 성격상 외부인과 접촉을 지나치게 꺼린다면 창업 인생은 순탄할 수가 없다. 그렇다고 자신의 약점을 고치고자 마음을 단단히 먹어보아도 실제 천성을 바꾸기란 생각만큼 쉽지는 않다.

창업 전문가들은 "고객과의 접촉이 많은 업종이라면 사람들과의 호흡을 즐기는 성격의 소유자가 유리할 수 밖에 없다"며 "그러나 업종에 따라서는 내성적인 사람이 유리한 경우도 있어 가급적 자신의 성격과 잘 맞는 창업 아이템을 찾아보는 것이 좋다"고 소개하고 있다.

그렇다면 내 성격과 맞는 업종 선별은 어떻게 해야 할까. 업계에서는 고객과의 접촉률과 비교해 판단을 해보라는 설명이다. 가령 상대방에게 설득을 해야 일이거나 또한 상대방의 의사 결정에 민감하게 반응하는 예비 창업자라면 유통이나 판매업보다는 치킨, 커피 전문점등 테이크 아웃, 배달업등 고객의 접촉점

▲ 프랜차이즈 창업자가 가맹본부 상담을 받고 있다. (사진=강동완 기자)

이 짧은 업종이 적합할 수 있다.

반대로 소비자와의 접촉을 즐기거나 잠음이 생겨도 쉽게 잊어버리는 성격이라면 삼계탕 전문점, 호프 전문점등 외식업, 주류업, 온라인 서비스업등이 비교적 적합할 수 있다.

프랜차이즈 전문가들은 "요즘은 프랜차이즈 창업 수요가 증가하면서 창업주가 별도의 관리인을 내세우는 경우도 있어 본인의 성격적 약점은 다소 보완할 수 있다"며 "다만 창업은 내성적이거나 외향적이거나 자신이 가장 잘 할 수 있는 재주에 맞춰 고민해 보면 생각보다 쉽게 본인에게 맞는 아이템을 찾아낼 수 있다"고 말했다.

자료 : 머니위크(2014.3.14.)

McCrae와 Costa[1987]가 집대성한 성격 Big5는 신경성, 외향성, 친화성, 성실성, 그리고 경험에 대한 개방성이다[표 10-2 참조]. 이는 다양한 연구들에 의해 그 유효성이 확인되었고 현대 심리학에서 널리 인정 받고 있는 성격 이론이자 특질 이론이다. 한 연구에 따르면, 신경성 성향이 낮고, 외향성이 높고, 그리고 호의성이 높은 성격을 지닌 사람들일수록 서비스 직업인 호텔업에 잘 맞는 것으로 알려져 있다[Kim 외, 2007].

▶ 표 10-2 성격의 Big5 모델

성격	행동 특징	관광 행동*
신경성 (neuroticism)	● 분노, 우울함, 불안감과 같은 불쾌한 정서를 쉽게 느끼는 성향 ● 걱정, 부정적 감정 등과 같은 바람직하지 못한 행동과 관계된 것으로, 걱정, 두려움, 슬픔, 긴장 등과 같은 특질을 포함(정서적 안정성은 정서적 불안정성과 반대되는 특징)	● 예측 불가능 여행 ● 재미 추구 경향이 낮음
외향성-내향성 (extraversion-introversion)	● 다른 사람과의 사교, 자극과 활력을 추구 하는 성향 ● 사회와 현실 세계에 대해 의욕적으로 접근하는 속성과 관련된 것으로, 사회성, 활동성, 적극성과 같은 특질을 포함	● 외향성: 단체·친목 여행 선호, 분위기 메이커 ● 내향성 : 고독 즐기기, 개인 여행, 자기 성찰 여행
친화성 (agreeableness)	● 타인과 협조적인 태도를 보이는 성향 ● 사회적 적응성과 타인에 대한 공동체적 속성을 나타내는 것으로 이타심, 애정, 신뢰, 배려, 겸손 등과 같은 특질을 포함	● 여행 중 동료와의 갈등이 적음 ● 사교 여행 선호 ● 자기만족여행추구

성실성 (conscientiousness)	● 목표를 성취하기 위해 성실하게 노력하는 성향 ● 과제 및 목적 지향성을 촉진하는 속성과 관련 된 것으로, 심사 숙고, 기준이나 규칙 준수, 계획 세우기, 조직화, 과제의 준비 등과 같은 특질을 포함.	● 계획된 여행 선호 ● 진지한 여가 선호 ● 관광지 규범 준수
경험에 대한 개방성 (openness to experience)	● 상상력과 호기심, 모험심, 예술적 감각 등으로 보수 주의에 반대되는 성향 ● 개인의 심리 및 경험의 다양성과 관련된 것 으로, 지능, 상상력, 고정 관념의 타파, 심미 적인 것에 대한 관심, 다양성에 대한 욕구, 품위 등과 관련된 특질을 포함	● 탐험·모험 여행 선 호 ● 신기성 추구 여행

* 고동우(2003) 자료를 참고로 하였음.
* 자료 : McCrae, R. R. & Costa, P. T.(1987). Perscnality frait strucfure as a human universal American Psychologist, 52(2), 509-516.

3. 정신 분석 이론

정신분석psychoanalysis은 Freud에 의해 창시된 이론으로 무의식과 성욕을 강조하는 정신 분석 이론과 사회 문화적 속성과 집단 무의식을 강조하는 Horney, Jung, 그리고 Adler 중심의 신정신 분석 이론으로 구분된다. 정신 분석 이론은 인간의 무의식적 동기, 내면적인 힘, 그리고 그 힘들의 갈등을 중시한다.

1) Freud 정신 분석 이론

Freud는 인간의 행동에는 반드시 원인이 있으며 그 원인을 이루는 것이 바로 무의식적 동기라고 주장했다. 무의식적 동기는 주로 성욕과 공격성으로 이루어져 있으며 그러한 무의식적 동기와 의식 간에는 끊임없는 갈등이 빚어지는데, 이 갈등이 인간의 정신 세계를 지배하는 힘이 되는 것이다. 무의식적 동기는 선천적인 것 이외에 후천적으로도 형성되는 것이 있는데 그것이 바로 성격 구조다. 그는 인간의 성격을 원초아, 자아, 그리고 초자아의 세 가지 체계로 구성되어 있다고 보았다.

(1) 원초 자아(id)

원초 자아 혹은 원초아는 성격 형성의 기초가 되는 것으로 신생아 때부터 존재하는 정신 에너지의 원천적 저장고이며 이로부터 자아와 초자아가 분화된다. 쾌락 원리긴장감소, 고통의 최소화, 현실과 환상을 구별 못함에 의해 지배되는 원초아는 인간의 본능적이고 충동적인 행동을 유발하며 인간의 감정과 정서를 형성한다. 프로이트는 성적性的인 차원에서의 본능적인 에너지를 리비도Libido라 하였다. 관광 행태적 측면에서 본다면 식도락 여행이나 순수 여행 등이 이에 해당된다. <사례 10-3>은 한 외식 업체가 성적 본능인 리비도를 자극하여 소비자로 하여금 제품을 구매하게 함으로써 그 만족도를 높이려는 전략을 사용하고 있다.

사례 ⑩-3

성적 코드로 유혹하는 프랜차이즈 '벌집 삼겹살' 광고

누드(Nude) 내세워 '속이 궁금하시죠?'
속삭이지만 상술 속내만 돋보여

걸 그룹들을 내세운 성 상품화가 성행되고 있는 가운데 광고 속 스타들의 파격적 섹시 경쟁도 날로 뜨거워지고 있다. 자신들의 늘씬한 몸매를 통해 섹시·깜찍·발랄한 이미지를 돋보이게 하는가 하면 꿀벅지, 베이글녀, 청순 글래머, 잼벅지, 골반 여신 등 특정 신체 부위의 매력을 내세우기도 한다.

특히 광고에서 여성의 벗은 몸은 에로티시즘(eroticism) 소재로서 소비자의 눈길을 손쉽게 붙잡을 수 있는 수단으로는 제격이기에 자주 활용되기 마련이다. 여성 4인조 그룹 LPG의 리더 가연도 이런 흐름에 휩쓸리기라도 하듯 최근 외식 프랜차이즈 '벌집 삼겹살'이 내놓은 새로운 메뉴의 광고 모델로 나섰다.

'누드 벌집'이라는 메뉴는 기름기를 쏙 빼 더욱 담백해진 삼겹살을 신선한 채소와 특제 소스로 버무려 먹는 것이 특이하다. 전국 수백여 체인점에 배포돼 부착되는 광고는 나체의 모델이 중요 신체 부위를 '속이 궁금하시죠? 직접 드셔보세요'라는 메시지가 쓰여져 있는 얇은 판넬(Panel)로 가리며 쭉 뻗은 길 다란 다리와 육감적인 몸

▲ 여성 4인조 걸그룹 리더 가연의 '벌집 삼겹살' 누드광고

▲ 에로티시즘이 예술적으로 팔릴 수 있다는 점을 보여준 '옵세션(Otsession)' 향수 광고(아래)

매가 도드라져 있는 모습을 취하고 있다.

설득 커뮤니케이션에서 자아 방어(Ego defensive) 개념의 억압(repression)이론은 사람의 무의식 세계 속에 잠재하는 성 본능인 리비도(Libido)를 자극하여 대상 만족을 취하도록 하고 이 제품을 구매하게 됨으로써 그 만족도를 더욱 높이려는 것으로 설명된다. 이 광고도 이러한 이론을 활용하고 있는 듯하다. 그러나 기름기를 뺐다 하여 '누드 벌집'이라고 이름 붙여진 삼겹살 메뉴와 모델의 누드 모습을 연결시킨 콘셉트가 지나치게 생뚱맞아 어색하기만 하다. 광고의 설득 효과에 긍정적 영향을 미치는 모델의 중요한 속성 중 하나로 모델의 신체적 매력을 꼽고 있다.

특히 섹시하고 날씬한 여성 모델이 광고에 등장할 때 소비자들은 일반적으로 그 광고 속의 브랜드에 대해 호의적 태도를 보이는 경향이 있다. 사람들은 아무런 근거도 없이 매력적인 외모를 가진 사람들을 그렇지 않은 사람들에 비해 성격 등의 인품 또한 좋을 것이라고 생각하는 일종의 편견(偏見) 같은 것을 갖고 있기 때문이다.

하지만 예쁘고 날씬한 광고 모델이 반드시 효과적인 것은 아니다. 모델의 신체적 매력과 그 모델이 보증하는 제품이 서로 조화를 이룰 때 광고 효과가 나타나기 때문이다. 예컨대 우유 광고의 경우 우유가 몸에 좋다는 것을 나타내기 위해 건강한 여성의 나신(裸身)을 이용한다거나, 마릴린 먼로가 무엇을 입고 자느냐는 질문에 '샤넬 넘버 5'라고 대답한 광고 이후 누드와 향수의 관계는 더욱 돈독해졌다는 사례들이 그것들이다. <중략>

'Obsession' 향수 광고는 에로티시즘이 예술적으로 팔릴 수 있다는 점을 보여 준 성공 사례다. 이 광고는 누드의 아름다움을 광고에 접목시켜 그림 속 누드가 따라하고 싶은 대상이 아니라 감상하고 싶은 오브제(Objet)로 비춰지기도 한다. 1989년 당시 미국인 2만 4,000명을 대상으로 한 조사에서 '가장 좋게 기억되는 인쇄 광고'에 선정되었으며 4년 연속 '기억률 1위 광고'에 오르기도 했다. 광고에서의 과도한 성적 소구는 너무 가벼워 보일 뿐 아니라 자칫하면 제품 이미지가 천박함으로 굳혀질 수 있는 위험마저 있다.

적당한 성적 호기심을 유발하거나 환상을 심어주는 것은 제품으로의 관심으로 연결되지만 지나치면 성적인 자극과 욕구만 부추길 뿐 제품에 대한 관심은 떨어지게 된다. 이 광고 역시 이러한 우려가 크게 남는다. '벌집 삼겹살'이 이런 광고를 하는 의도는 따로 있는 듯하다. <중략>

자료 : 일요서울(2011.8.13)

(2) 자아(Ego)

자아는 원초 자아의 욕구를 충족시키기 위해서 개인의 성장과 더불어 외부 세계와 끊임없이 상호 작용하면서 현실을 반영하여 형성된다. 그러므로 자아는 현실원리를 따른다. 인간은 세상과 조화를 이루면서 살아가기를 원하며 현실에 적응해 나가기 위해서는 원초 자아 이외에 자아 메커니즘을 필요로 한다. 자아는 환경과 원초아와의 충돌 사이에 균형을 유지하도록 목표를 정하며 이를 위해서 대안을 평가하고 결정하도록 이끈다. 관광 형태적 측면에서 본다면 관광 목적이 사회적 참여나 위신 혹은 위광이 이에 해당한다.

(3) 초자아(Super-ego)

초자아는 사회가 요구하는 규범, 도덕, 양심적 측면에 작용한다. 개인이 소속된 사회는 인간의 본능적 충동을 무한대로 용인하지 않기 때문에 본능적 욕구 충족을 제한하는 사회적 규범에 순응하려는 초자아가 형성되게 된다. 초자아는 자신의 행동이 옳은지 혹은 그른지를 가늠하면서 완벽함을 추구한다. 초자아는 부모가 주는 보상과 벌을 통해서 점차 발달되어 간다. 따라서 초자아는 윤리적 비판적 기능을 한다. 교육적 그리고 문화적 관광이 초자아의 원리에 해당한다 할 수 있다. 각 요소의 특성, 기능, 지배 원리 그리고 이들 요소와 관광 형태를 요약하면 <그림 10-5>와 같다.

▶ 그림 10-5 Freud 성격 구조와 관광 형태

* 자료 : 저자 정리

2) Horney 신정신 분석 이론

성격 형성에 있어 프로이드 학파는 무의식과 관련하여 생물학적 성 본능 본능에 초점을 맞추고 있는 반면에 신 프로이드 학파는 사회적 환경의 역할을 강조한다. 대표적인 학자로는 Horney^{Horn-eye로 발음를} 들 수 있다. Horney는 어린 시절의 사건들이 이후에 정서적 문제의 발판을 이룬다는 프로이트의 생각에는 동의하였다. 하지만 그녀는 서로 다른 문화, 역사적 시기, 경제적 상황, 가족적 배경 등 아주 다른 환경에서 개인은 성장하기 때문에 다양한 성장 과정을 겪는다고 주장하였다.

그녀는 인간의 성격을 순응형, 공격형, 그리고 고립형의 세 가지로 분류하였다.

① 순응형compliance : 타인을 향하는 성향을 의미한다. 이러한 성격을 지닌 사람은 타인이 원하는 대로 행동하고 타인과의 마찰을 회피하고, 자신을 타인을 위해 희생하고, 겸손하며, 그리고 타인을 잘 신뢰하며 집단에 협력적이다.

② 공격형aggressiveness : 권력욕이 강하고 타인에게 대항하는 성향을 의미한다. 이러한 성격의 소유자는 권력 지향적이고, 남보다 앞서 성취하는 데 큰 가치를 부여하며, 타인과 비교하여 자신의 경쟁력과 지위를 스스로 평가하여 자아 이미지를 형성하고, 외부 지향적이고, 자기 주장이 강하며, 그리고 자신감이 강하다.

③ 고립형detached : 자립심이 강하고 타인과 멀리 떨어져 있으려는 성향이 강하다. 이러한 성격의 소유자는 타인과의 사랑, 증오, 협동심도 없으며, 타인과 어떤 식으로든 연관되지 않으려 한다. 즉, 홀로 지내는 것을 좋아하며 내성적이고 타인을 쉽게 믿지 않는다.

Horney 성격 이론은 소비자의 상표 선호도 성향을 연구하는 데 유용하게 활용된다. Cohen¹⁹⁶⁷은 Horney의 연구를 마케팅에 적용할 수 있는 CAD^{compliance, aggressiveness, detached, 35문항} 척도를 개발하여 세 가지 성격과 구매 행동 간의 관계를 연구하였다. 순응형 성향이 강한 사람은 구취 제거제, 비누, 아스피린 등을 많이 소비하는 것으로 나타났는데 이는 다른 사람들에게 좋은 인상을 주고 남들에게 많이 알려진 브랜드의 제품을 구매하는 행동으로 해석할 수 있다. 공격적 성향이 강한 소비자는 올드 스파이스라는 애프터 셰이프 로션을 많이 소비하는 것으로 나타났는데 이는 남성다움과 정복의 상징으로 해석할 수 있다. 한편, 고립형은 맥주를 적게 마시고 차를 많이 마시는 것으로 나타났다.

제3절 브랜드 개성

미래에는 고객의 욕구를 만족시키고 고객과 지속적인 관계를 맺는 브랜드만이 성공을 보장받을 수 있을 것이다. 이와 관련하여 인간으로서의 브랜드, 즉 브랜드 개성brand personality의 중요성이 커지고 있다. 이는 고객이 자신의 자아 개념과 일치하거나 혹은 자신이 바라는 자아와 부합하는 브랜드를 구입함으로써 스스로를 표현할 수 있고 브랜드를 마치 인간인 것처럼 일대일 관계와 같은 관계를 맺을 수 있기 때문이다. 여기서는 브랜드 개성의 개념, 브랜드 개성의 영향 요인, 그리고 브랜드 개성의 유형을 설명한다.

1. 브랜드 개성의 개념

소비자들은 브랜드가 마치 살아있는 대상인 것처럼 인격적 특성, 즉 개성을 부여한다. 이는 부분적으로 유명 인물과의 연관성을 강조하거나 사용자 이미지의 창조와 같은 광고자의 전략에 기인하기도 한다. 이와 같이 브랜드 개성이란 브랜드에 부여된 일련의 인간적 특성이다Aaker, 1997.

브랜드 개성은 우리가 다른 사람에 대해서 갖는 이미지와 같이 브랜드가 인간인 것처럼 생각하게 한다. 브랜드에 따라 친숙한 느낌을 주기도 하고 똑똑한 느낌을 주거나 날카로운 느낌을 주기도 한다. 이것은 브랜드의 개성을 이미지화해서 사람들 머릿속에 기억되고 있어서 그런 것이다. 예를 들어, Coca-Cola 관련한 브랜드 개성의 특성은 침착한 미국인 그리고 현실적인 등과 같은 것이다Pendergrast, 1993. 코카콜라와 비교하여 펩시는 젊고, 흥미로우며, 최신 유행을 의미하고, Dr Pepper는 반항, 특유, 재미 등을 의미한다Plummer, 1985.

<그림 10-6>은 브랜드 개성을 활용한 청정원의 '건강한 프로포즈' 사례이다. (주) 대상은 청정원을 '요리하는 것을 좋아하는 가정적인 여자, 겉모습뿐 아니라 속마음까지 건강하고 깨끗한 여자'라는 브랜드 개성을 이미지화 하였다. 이를 위해

"정원아, 나랑 결혼해 주겠니?"라는 장동건의 프로포즈를 테마로 TV광고를 하여 큰 성공을 거두었다김지현, 2012.

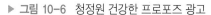

▶ **그림 10-6** 청정원 건강한 프로포즈 광고

* 자료 : 파이낸셜뉴스(2007.9.4.). 재인용

2. 브랜드 개성의 영향 요인

브랜드 개성은 소비자가 브랜드와의 접촉을 통해 형성되는 것으로 브랜드를 차별화하는 수단이다. 따라서 브랜드 개성은 다양한 요인들에 의해 영향을 받는다. 여기서는 제품, 기업 문화, 브랜드 심벌, 기업 후원, 인적 요인, 촉진 수단을 대상으로 학습한다.

1) 제품 요인

브랜드 개성에 영향을 미치는 제품 요인으로 제품의 속성내부적 특성과 외부적 특성, 패키지 또는 디자인, 가격, 색상 등을 들 수 있다. 제품 속성 중 제품의 내부적 특징은 브랜드 이미지를 형성하는 가장 기본적인 요인이다, 예를 들면, 쿠어스 라이트 Coors Lite처럼 라이트 맥주의 속성을 가지고 있다면 브랜드 개성은 호리호리하고 운동 선수 같이 표현될 수 있다. 또한, 섬유 음료인 '미에르 화이바'는 날씬하고 활동적인 성격의 브랜드로 연상된다.

이러한 제품 속성이 브랜드 개성의 내부적 특징이라면 패키지 또는 디자인은 제품의 외부적 특징이라고 할 수 있다. Coca-Cola의 병 모양이 재미나 흥미의 개성을 주는 것처럼 패키지나 디자인도 영향을 끼칠 수 있다.

가격도 브랜드 개성의 영향 요인의 하나이다. 예를 들면, 티파니Tiffany와 같은 고가의 보석 브랜드는 가격으로 인해 세련되고 부유한 상류층의 개성을 연상시키는데, 이는 사치품이나 희귀한 제품은 평범한 제품보다 사용자의 풍족함과 고상한 취향을 나타낼 수 있기 때문이다Aaker, Batra & Myers, 1994.

브랜드 개성을 강화하기 위해 색상도 많이 이용되고 있다. 예를 들면, 빨간색은 식욕을 자극하는 색으로 식품 업계에서 많이 활용한다(예 코카콜라). 스타벅스는 환경과 자연을 생각하는 환경 경영을 지향한다는 이미지를 부각시키기 위해 초록색의 브랜드 컬러를 사용하고 있고 바리스타들에게도 초록색 앞치마를 두르게 하고 있다.

2) 기업 문화

기업 문화나 경영 이념 등과 관련된 브랜드 개성은 제품과 관련된 개성과 비교하여 무형적이며 보다 주관적인 특성을 가진다. 기업 문화나 경영 철학과 연계된 브랜드 개성은 종업원들에게 자긍심을 불어넣어 줄 수 있으며, 이는 전사적으로 브랜드 파워를 키우는 데 강한 동기 부여가 된다. 기업과 관련된 브랜드 개성은 브랜드 자산 구축에 중요한데 그 이유는 기업과 관련된 연상은 경쟁사들이 쉽게 모방하기 어렵고 기능적 혜택은 물론 상징적 혜택과 경험적 혜택 등도 함께 제공하기 때문이다. 또한, 여러 제품을 생산하는 기업의 경우 기업과 관련된 브랜드 연상은 개별 제품의 신뢰성을 제고하는 데 도움을 준다.

3) 브랜드 심벌

심벌은 제품의 속성을 연상시키고, 연상의 다양성을 확보해 주고, 브랜드에 대한 호감을 유발한다. 또한, 브랜드를 외적으로 보여주는 수단일 뿐 아니라 그 브랜드의 개성과 문화를 반영하기도 한다. 심벌은 그 자체로서 강력하고 시각적인 은유를 창출할 때 가장 중요한 브랜드 개성의 요소가 될 수 있다Aaker & Joachimsthaler, 2000. 예를들어, 맥도날드의 골든아치는 전쟁의 위험을 줄여주는 평화의 상징이 되기도 하였다.

4) 기업 후원

후원은 유형적인 속성 이상으로 브랜드를 확장시키는 데 매우 효과적이다. 이는 후원을 통해 생긴 연상 이미지로 브랜드와 고객 간의 관계가 깊어지고, 후원 대상이 가시화됨으로써 원하는 개성을 얻을 수 있고, 개성을 브랜드와 결부시켜 브랜드의 이미지를 개선하거나 강화시키기 때문에 중요하다Aaker & Joachimsthaler, 2000. 가령, 굿이어Goodyear 타이어는 미국 슈퍼볼 행사 후원을 통해 열정적이라는 브랜드 개성 형성에 큰 역할을 하고 있다.

5) 인적 요인

(1) 최고 경영자

어떤 회사들은 조직과 관련된 연상을 효율적으로 대표하고 표현할 수 있는 카리스마적인 사장을 내 세운다. 예를 들어, Bill Gates가 연설에 초대되거나 뉴스 프로그램에 나오면 Microsoft사의 신제품은 결국 뉴스거리가 된다. 이처럼 설립자나 회장을 전면에 내세워 회사를 의인화하는 것은 소비자와의 관계를 창조하는 데 도움이 된다Aaker, 1996. 세계 최대 테마파크 디즈니월드Disney World 창업자 월트 디즈니Walt Disney하면 상상력, 꿈, 희망 그리고 즐거움을 연상시키는 것도 이에 해당한다.

(2) 종업원

고객을 직접 상대하는 서비스 기업의 경우는 종업원들의 외모나 태도 등을 통한 이미지가 브랜드로 전이되므로 브랜드 개성화에 종업원의 이미지가 매우 중요하다. Southwest Airlines은 즐겁고 유쾌한 항공 서비스를 제공하는 것으로도 유명하다. 예를 들어, 부활절에는 토끼 복장을 할로윈 데이Halloween Day에는 그에 어울리는 다양한 의상을 입는다. 또한, '손님께서 담배를 피우고 싶다면 언제든지 날개 위에 마련된 테라스로 자리를 옮겨 저희가 특별히 준비한 영화「바람과 함께 사라지다」를 즐기시기 바랍니다'라는 금연 안내 방송도 한다. 이는 일하면서도 즐기는 기분이 들기 때문에 고객뿐만 아니라 직원들도 좀 더 공감할 수 있어 즐거움과 행복을 주는 이미지가 강화되었다.

(3) 광고 모델

많은 브랜드들은 유명인을 활용하는 광고를 더 선호하고 있다. 광고 모델을 이용하는 기본적 원리는 모델 개성의 특성이 해당 브랜드에 스며들어야 한다는 것이다. 대표적인 예로 Nike를 들 수 있다. Nike의 "Just Do It"으로 표현된 개성은 여러 스포츠 스타(예 Michael Jordan)에게 어울릴 수 있도록 유연하게 적용되었다Upshaw, 1995.

6) 촉진 수단

브랜드 개성에 영향을 미치는 가장 큰 요인은 광고다. 광고의 크리에이티브 스타일이나, 광고에 대한 태도, 광고 모델, 메시지에 나타난 브랜드 포지셔닝 또는 슬로건 등이 소비자로 하여금 개성을 형성케 하는 중요한 브랜드 접촉점인 것이다. 브랜드 개성은 광고를 통해 소비자에게 경험적이고 상징적 기능을 혜택으로 (예 펩시의 젊고 열정적인 개성 등) 제시한다Reynols & Gutman, 1984.

이벤트 또한 브랜드 개성을 형성할 수 있는 기회를 제공한다. 단순히 소비자들에게 이벤트 경험을 제공하는 것만으로도, 특히 그 이벤트가 권위 있는 것일 때는 브랜드 개성에 관해 많은 이점을 전달해 줄 수 있다(예 현대카드 수퍼 콘서트). 강력한 연상 이미지가 이벤트에 결부되고 이것이 다시 브랜드에 결부되면 사람들은 인식면에서 좀 더 일관적으로 이해하기 위해 그 브랜드가 세계적이라는 인식을 강화시키려는 경향이 있다Aaker & Joachimsthaler, 2000.

3. 브랜드 개성의 유형

인간의 개성을 연구하기 위해 심리학자들은 특성 혹은 특질 형용사 접근법을 사용하였다. 심리학의 인간 개성 연구에 영향을 받아 소비자 행동에서도 특성 관련 형용사를 사용하여 브랜드 개성의 차원을 규명하려는 연구들이 진행되었다.

Aaker는 1997년 브랜드 개성 척도brand personality scale : BPS를 개발하였다. 즉, 브랜드 개성을 성실, 흥미, 능력, 세련, 강인함 등 다섯 가지가 차원으로 설명하였다. 다섯 가지 브랜드 개성 차원과 그 세부 내용은 <표 10-3>과 같다. 예컨대, 홀마크Hallmark 카드는 진실함을, 베네통Benetton과 MTV는 흥미로움을, The Wall Street Journal은 탁월함을, 메르세데스Mercedes와 Guess 진은 세련됨을, 그리고 리바이스^{Levis}와 나이키^{Nike}브랜드는 활동적으로 소비자에게 인식되고 있다.

▶ 표 10-3 브랜드 개성 차원

개성 차원	소단위 요소	세부 항목
성실함 (sincerity)	현실성	가족 중심, 소도시, 전통, 노동자 계급, 미국적인
	정직함	진지함, 실제적, 도덕적, 사려 깊은, 관심
	건전함	오리지널, 진정한, 영원한, 전통, 유행에 뒤떨어진
	활기	정서적, 다정함, 친밀감, 행복
흥미로움 (excitement)	모험	유행, 흥미, 색다른, 화려한, 적극적인
	생기	냉정한, 젊은, 생동감 있는, 외향적인, 진취적인
	상상력	독특한, 유머 있는, 놀라운, 예술적인, 재미있는
	현대적	독립적인, 동시대의, 혁신적인, 적극적인
유능함 (competence)	믿을 수 있는	열심히 일하는, 능률적인, 신뢰할 수 있는, 주의 깊은
	지적인	기술적, 조직적, 진지함
	성공적인	리더, 확신, 영향력 있는
세련됨 (sophistication)	상류 계층	화려한, 멋진, 과시적, 세련된
	매력적인	열성적인, 부드러움, 섹시한, 신사적인
강인함 (ruggedness)	외향적인	남성다운, 서부의, 활동적인, 운동 선수다운
	거친	드센, 강한, 분명한

* 자료 : Aaker, J.L. (1997). Dimensions of brand personality. Journal of MarketingResearch, 34(August), p.352.

환대 및 관광 분야에서도 브랜드 개성에 대한 연구는 다양히 이루어지고 있다. 호텔이나 외식 분야 마다 브랜드 개성을 측정하는 요소가 다양하지만 Aaker가 제시한 개성 척도를 대부분 수정하여 사용하고 있다^{표 10-4 참조}.

▶ 표 10-4 호텔관광 분야에서의 브랜드 개성 차원

분야	연구자 및 연구 대상	브랜드 개성 요소
호텔	신강현 · 이기황(2007) 특1급 호텔	정감, 열정, 세련됨, 성실함
레스토랑	정효선 · 윤혜현(2011) 패스트 푸드 레스토랑	호감성, 유행성, 강인함, 유능함, 세련됨
	이용기 · 윤유정 · 김은주(2008) 패밀리 레스토랑	유능함, 성실함, 활기찬, 세련됨, 강인함
	김경민 · 김경희(2010) 전문 한식 레스토랑	진실성, 강인함, 흥미성, 유능함, 세련됨
관광	한 경 · 양위주(2009) 해양 관광지	매력성, 강인성, 전문성, 신뢰성, 독특성
	전영주(2010) 컨벤션 개최지	풍요로움, 세련됨, 화려함, 진솔함
	김형길 · 안순화 · 김정희(2009) 관광도시브랜드	혁신성, 평온함, 세련성, 신뢰성, 역동성

* 자료 : 저자 정리

제4절 성격과 마케팅 전략

소비자의 성격 파악은 마케팅 전략을 세우는 데 가장 기본적인 조건이 될 수 있다. 소비자의 성격은 구매 의사 결정 과정은 물론 행동에도 지대한 영향을 미치기 때문이다. 그럼에도 불구하고 성격과 관련된 관광 행동 연구는 아직 미미한 수준에 머물러 있다. 본 절에서는 앞서 살펴본 성격의 제 이론을 응용한 마케팅 전략과 브랜드 개성을 활용한 마케팅 전략에 대해 살펴본다.

1. 특성 이론과 마케팅 전략

개인의 행동을 일정 기간에 걸쳐서 관찰해 보면 그 사람의 행동에는 어떤 일관성이나 규칙이 존재하고 있다. 이러한 일관성이나 규칙을 특성trait 자질이라고도 한다이라고 한다. 특성 이론은 일반 소비자 행동 분야뿐만 아니라 호텔 관광 분야에서 브랜드 개성을 이용하여 시장을 세분화하는데 적극 이용되어 왔다.

1) 소비자 행동 분야

대표적 연구로는 Evans[1959]의 자동차 연구와 Dutta-Bergman과 Wells[2002]의 성격 연구가 있다. Evans는 에드워드 개인 선호도 스케줄, 즉 EPPS[Edwards Personal Preference Schedule]를 이용하여 Ford 자동차와 Chervolet 자동차 소유자의 개성을 파악하고자 하였다. EPPS는 Murray의 욕구 이론에 기초하여 개발된 것으로 인간의 기본적 욕구와 동기 14개를 측정하는 항목들의 집합으로 <표 10-5>에 제시되어 있다.

▶ 표 10-5 EEPS의 개성 변수

성취(achievement)	다른 사람들과 경쟁하고 앞서려는 성향, 성공 지향적
순응(compliance)	타인의 의사 결정을 따르는 성향
질서(order)	자신의 일 혹은 주변을 정리 혹은 체계화하는 성향
과시(exhibition)	타인으로부터 주목받고 싶어하는 성향
자주(autonomy)	자유를 추구하고 타인의 지시나 간섭을 싫어하는 성향
친화(affiliation)	타인과 교제를 원하는 성향, 그룹에 참여하고 싶어하는 성향
분석(analysis)	타인을 이해하고 자신의 행동을 분석하는 성향
의존(dependence)	도움받기를 원하는 성향
자기 비하(self-deprecation)	타인에 비해 열등감을 느끼는 성향
지원(assistance)	타인을 도와주는 성향, 동정심
변화(change)	새로운 것을 추구하는 성향
인내(endurance)	한 과업에 집착하는 성향, 주어진 일을 열심히 하는 성향
이성애(heterosexuality)	섹스에 대해 얘기하고 싶거나 매력적으로 보이고 싶은 성향
공격(aggression)	타인을 공격하거나 해를 입히기를 원하는 성향

* 자료 : Edwards, A.L.(1957). Edwards Personal Preference Schedule manual. New York : Psychological Corp. Assael, H.(1984). Consumer behavior and markeling action(2nd ed.). Mass : Kent Publishing Company, p. 269. 재인용.

마케터들은 Ford 자동차 소유자들은 독립성이 강하고, 충동적이고, 남성적이고, 변화에 민감하고, 자신감이 큰 반면, Chevrolet 자동차 소유자들은 보수적이고, 절약적이고, 위신적·의식적이고, 덜 남성적이고, 그리고 극단적인 것을 회피하는 것으로 인식하여 브랜드를 구축하고 시장 세분화를 하였다. 하지만, 연구 결과, Ford 자동차 소유주들과 Chevrolet 자동차 소유자들 간 개성 변수에서는 차이가 없는 것으로 나타났다. 이에 Evans는 소비자의 외부 변수가 승용차 브랜드 선택 행동에 밀접한 관련이 있다고 주장하였다. 즉, 외부 변수소득 수준, 연령, 승용차 사용기한와 승용차 브랜드 선택 행동 간의 상관 관계가 성격과 브랜드 선택 행동 간의 상관 관계보다 높게 나타났다.

Dutta-Bergman과 Wells[2002]는 개인 중심형idiocentric과 집단 중심형allocentric성격을 가진 소비자들 간 소비 차이를 연구하였다. 집단 중심형은 기술직 직업에 주로 종사하고, 개인 중심형은 손수 만드는 가내 수공업형 직장에서 일하는 경향이 높았다. 이들 간의 소비 차이는 만족감, 건강 의식, 음식 준비, 중독성, 여행과 엔터테인먼트 등에서 차이가 있는 것으로 나타났는데 이를 요약하면 <표 10-6>과 같다.

▶ 표 10-6 개인 중심형과 집단 중심형 간의 소비 차이

요소	차이점
만족감(contentment)	개인 중심형은 '나는 최근의 내 생활방식에 아주 만족 한다'에 대해 집단 중심형보다 점수가 높음. 또한 재정적 상태에 대해서도 만족함
건강 의식 (health consciousness)	집단 중심형 집단은 콜레스테롤이 높고, 염분성이 높으며, 지방이 많은 음식을 훨씬 더 회피함
음식 준비 (food preparation)	집단 중심형 소비자가 개인 중심형보다 음식을 준비하는 데 더 많은 시간을 소비함
일 중독성(workholics)	개인 중심형이 집단 중심형보다 직장에 늦게까지 남아 일함
여행과 엔터테인먼트 (travel & entertainment)	개인 중심형이 집단 중심형보다 다른 문화와 여행에 대한 관심이 많음. 또한 영화관, 예술관, 박물관에 가기를 더 좋아함

* Dutta-Bergman, M.J. & Wells, W. D.(2002). The values and lifesyles of Idocentrics and Allocentrics in an individualist culture : A descriptive approach. Journal of Consumer Pyschology, 12(March), 231-242. 저자 내용 정리. 연구 대상 20개 요소 중 5개 요소만 제시함.

2) 관광 행동 분야

관광 분야에서의 대표적인 특성 이론의 연구는 Plog의 성격 유형과 관광 행동 유형에 관한 연구이다. Plog는 왜 어떤 사람은 항공기를 이용하는데 다른 사람은 그렇지 않은지, 그리고 어떤 요소가 사람들로 하여금 항공기를 이용하게 하는지를 연구하였다. 그는 어떤 사람들은 높은 소득 수준에도 불구하고 항공기를 이용하지 않고, 또 다른 사람들은 여행시 항공기를 다른 사람보다 더 자주 이용한다는 사실을 발견하였다. 이러한 차이는 개인이 서로 다른 성격을 가지고 있다는 사실에 기인한다고 주장하였다.

그는 추가 연구에서 여행시 항공기를 이용하지 않은 집단을 내부 중심형 혹은 자기 중심형psychocentric으로 그리고 항공기를 자주 이용하는 집단을 외부 중심형 혹은 타인 중심형allocentric이라 지칭하면서, 이 두 유형 중간에 위치하는 집단을 중간 지향형이라고 하였다. 내부 중심형은 자기 자신에 주로 관심을 가지며 모험심도 적은 반면, 외부 중심형은 자신감이 넘치고, 호기심이 많으며, 외향적이고, 모험심이 강하며, 그리고 자신의 삶의 영역을 확대하기 위해 모험을 즐기는 것으로 나타났다.

Plog는 1972년에 관광지의 인기가 높다가 낮아지는 이유를 규명하기 위한 연구에서 내부 중심형과 외부 중심형의 여행 행동이 여러 측면에서 중요한 차이가 있음을 밝혀냈다표 10-7 참조. 내부 중심형은 자기 생활의 예측성에 대해 강한 욕구를 가지고 있어 직접 운전하여 갈 수 있는 친숙한 관광지를 방문하는 것이 보통이다. 이들의 관광 목적지에서의 활동, 호텔, 식당, 오락 등에 대한 선택 행동은 일관되고 예측 가능한 것이다.

이에 반해 외부 지향형은 비예측성에 대한 욕구가 강하여 일상 생활과 멀리 떨어져 있고, 잘 알려지지 않은 관광지를 선호하고, 낯선 지역을 방문하여 다른 문

▶ 표 10-7 내부 중심형과 외부 중심형 여행자 특성

내부 중심형(지향성)	외부 중심형(지향성)
친숙한 관광지 선호	관광자가 가지 않는 관광지 선호
관광지에서 평범한 활동 선호	새롭고 색다른 관광지의 선호
상당한 휴식을 줄 수 있는 태양과 즐거움이 있는 곳을 선호	다른 사람이 방문하기 전에 새로운 경험 을 했다는 느낌을 갖고자 함
낮은 활동 수준	높은 활동 수준
자동차 여행 선호	비행기 여행 선호
대형 호텔, 가족 식당, 기념품점 등 많은 사람이 모이는 시설 선호	훌륭한 호텔과 음식을 필요로 하나 반드시 현대적이거나 체인 호텔을 원하지 않으며, 사람이 드문 관광 시설 선호
가족적 분위기, 친숙한 오락 활동, 덜 이국적 분위기 선호	다른 문화권의 사람들과 만나거나 교제 시도
활동 스케줄이 꽉찬 패키지 여행 선호	교통과 호텔 등 기본적인 것만 여행 일정에 포함시키고 상당한 자유와 융통 성을 주는 활동 추구

* 자료 : Plog, S.(1974). Why destination areas rise and fall in popularity. Cornell Hotel and Restaurant Administration Quarterly, 14(4), 55-58.

▶ 그림 10-7 Plog의 여행자 성격 분류

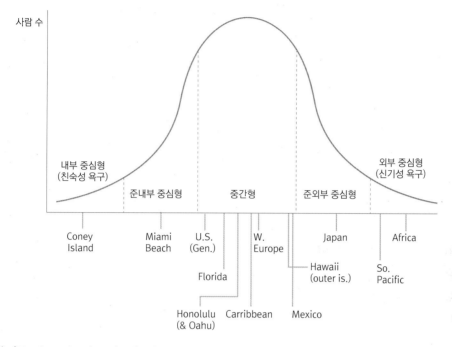

* 자료 : Plog Research, Inc(1974). Leisure Travel-Making it a growth market again. John Wiley & Sons.

화적 배경을 가진 사람들과 만나고 싶어 한다. 이들의 이상적인 휴가 여행은 변화무쌍하고 복잡한 것이라 할 수 있다. <그림 10-7>은 여행객의 성격 특성(내부 중심형 vs. 외부 중심형)에 따라 관광지 목적지 선택에 차이가 있음을 보여준다. 가령, 내부 중심형 관광자들은 대중적으로 인기있는 Coney Island를 선호하는 한편, 외부 중심형은 관광객의 발길이 없는 Africa 등을 선호한다. 대부분의 관광지는 중간형에 속한다.

최근에 Plog[2001]는 기존의 용어, 즉 psychocentric, midcentric, 그리고 allocentric이 모호감을 준다고 판단하여 모험적인 사람venturers과 의존적인 사람dependable이라는 용어로 대체하였다그림 10-8 참조. 관광지가 처음 개발되기 시작했을 때는 관광객을 위한 시설이 거의 없는 상태로 주로 모험심이 강한 venturers들이 찾게 되고 점차 centric-venturers, centric-dependable, dependable한 사람들이 많이 찾게 된다. 결국 이러한 현상으로 인해 관광지는 태동기를 거쳐 성장기와 성숙기로 발전하고 결국 쇠퇴해 가는 말년기와 노년기를 거치게 된다. Plog는 관광 목적지는 개인 관광객의 성격에 맞는 성격 특성을 지니고 있으며, 그 패턴은 관광객의 성장주기와 일치한다고 주장하였다.

▶ 그림 10-8 Plog의 성격 유형과 관광지 성장 과정

* 자료 : Plog, S.(2001). Why destination areas rise and fall in Popularity : Un update of a Cornell Quarterly Classic. Cornell Hotel and Restaurant Administration Quarterly, 42(3), p.15. 저자 수정 보완.

2. Freud 성격 이론과 마케팅 전략

Freud가 제시한 인간의 원초 자아, 자아, 그리고 초자아의 세 가지 성격 구조는 개인의 관광 행동과 관련성이 있다. 원초 자아는 유아 자아 상태child ego state, 자아는 성인 자아 상태adult ego state, 그리고 초자아는 부모 자아 상태parent ego state를 의미한다Mayo & Javis, 1981. <그림 10-9>는 자아 상태별 특성, 행동, 연령, 활동, 그리고 관광 행태 등을 설명하고 있다.

▶ 그림 10-9 자아 상태별 관광 행태

	유아 자아 (Child ego)	성인 자아 (Adult ego)	부모 자아 (Parents ego)
특　　성	원하는 대로 행동	객관적 처리, 합리적 사고	선, 악의 교화 윤리적 사고
행　　동	충동 행동	의사 결정 행동	규범적 행동
연　　령	아동기	성인기	장년기
활　　동	관광 여행, 스포츠, 오락	가정생계, 현실 문제 해결	교화, 교육
관광행태	순수 여행	저가 여행, 겸목적 관광	건전 여행 (교육, 문화, 소비 억제)

* 자료 : 저자 정리

　유아 자아 상태는 장난스럽고 우스꽝스러운 행동, 자연스러운 말이나 행동과 관련된 욕구, 정서, 관능적 즐거움의 추구를 지배한다. 성인 자아 상태는 성격에 있어서 현실적으로 무엇이 진행되고 있는가에 관한 정보를 수집하는 역할을 한다. 성인 자아 상태는 또한 외부 현실을 지각하고 여러 가지 문제를 해결하기 위해 교감과 직관을 필요로 한다. 부모 자아 상태는 우리가 과거에 부모의 감정을 이미지화한 것을 재경험하거나 우리의 부모가 우리에게 느끼고 행동한 대로 다른 사람에게 느끼고 행동하게 되는 상태를 말한다.

　이 세 가지 성격 요소는 개인의 관광 여부, 관광지 선택, 소비 행위, 그리고 체류 기간 등을 결정하는 데 영향을 미칠 수 있다. 유아 자아 상태는 기본적으로 쾌락을 추구하는 성향으로 관광 동기는 바로 이 유아 자아 상태에 기초하고 있다. 이 상태에서 욕구 표현은 '재미있는 일을 하고 싶다', '맛있는 것을 먹고 싶다', '휴가를 즐기고 싶다'와 같이 나타난다. 대부분의 관광지나 여행사의 광고는 잠재 관광객의 유아 자아 상태를 자극하여 관광 행동을 유발시킨다. <그림 10-10>은 신혼 여행 욕구를 자극하는 원초 자아적 광고의 예이다.

　부모 자아 상태에서 개인은 여행을 일시적으로 유보할 수도 있다. 왜냐하면, 부모 자아 상태는 개인으로 하여금 자신의 의견, 편견, 방법에 관련된 정보뿐만 아니라 합리적 의사 결정과 관련한 정보를 수용하도록 이끌기 때문이다. 부모 자아 상태는 도덕성과 윤리성을 강조하기 때문에 관광을 하는 데 있어 그 지역 사회의 사

▶ **그림 10-10** 원초아의 속성을 자극하는 허니문 여행지

▲ 하와이 와이키키 해변. ⓒ하와이 관광청　　　▲ 보라카이 스노클링. ⓒ필리핀 관광청

회적 규범을 잘 따르도록 지시하게 된다. 그러나 관광지의 광고는 일반적으로 유아 자아 상태에 호소하여 행동을 유발시키기 때문에 부모 자아 상태가 유아 자아 상태의 쾌락적 욕구를 추구할 수 있도록 허용하도록 유도하는 것이 중요하다.

　부모 자아와 유아 자아 상태와의 사이에서 야기되는 갈등을 해소하기 위해 성인 자아의 역할이 중요하다. 성인 자아는 현실적인 측면을 강조하는 특성을 지니고 있기 때문에 관광 의사 결정이나 관광 행동을 할 때 합리적이고 객관적인 정보의 처리와 판단을 지시하게 된다. 따라서 성인 자아 상태에 부합하는 광고는 건강에 대한 고려나 여행 경비와 같은 경제성을 강조하는 것이 중요하다.

　부모 자아와 유아 자아 상태와의 사이에서 야기되는 관광 의사 결정의 갈등을 해소하기 위해서는 다음의 세 가지 광고 소구 전략을 활용할 수 있다_{Kennedy, 1977}. 첫째, 관광이 유아 자아 상태의 즐거움을 경험할 기회를 제공해 주며, 교육 기회의 제공을 강조하여 부모 자아 상태에 소구하는 것이다. 둘째, 부모 자아 상태가 유아 자아 상태의 관광을 허용하도록 설득하는 방법을 이용하는 것이다. 예를 들어, 생태 관광이나 현장 체험을 통해서 부모에게 자녀의 현장 교육과 건전한 인성의 성장 기회를 제공해 준다는 것을 소구하는 것이다. 마지막으로, 부모 자아 상태에 소구하기 위해서 교육뿐만 아니라 가족과 지인과의 사회성 강화, 자연 세계로부터의 심미성 강화, 재충전의 기회, 심신의 균형을 위한 관광의 효과를 강조하는 것이다.

3. 성격과 시장 세분화

　요즘 자기만의 독특한 색깔을 나타내려는 욕구가 강해지면서 개성에 맞는 제

품을 선호하려는 경향이 더욱 뚜렷해 지고 있다. 성격은 소비자의 이미지이기 때문에 제품의 특별한 기능적 편익보다는 자신의 이미지나 기업 혹은 브랜드의 이미지를 더 중요시하게 된다. 이러한 추세를 반영하여 소비자의 성격에 의한 시장 세분화 연구가 활발히 진행되어 왔다.

국내 와인 소비자를 대상으로 성격 유형에 따른 시장 세분화 연구에서 와인 소비자의 성격이 책임감, 예민성, 우호성, 창의성, 그리고 외향성 등 다섯가지 유형으로 도출되었다김주향, 2014. 시장 세분화를 위해 군집 분석을 실시하여 3개 집단군집1, 군집2, 군집3이 도출되었으며, 외향성, 창의성, 책임감, 우호성 요인이 군집별 차이가 있는 것으로 나타났다. 책임감은 목적 지향적 혹은 책임있는 행동의 특성을 의미하므로 와인을 판매할 때 와인에 대한 신뢰성 있는 정보를 제공하는 것이 중요하다.

Ackoff와 Emshoff1975는 Anheuser-Busch사의 맥주 세 가지 상표Budwiser, Michelob, Busch에 대하여 각 세분 시장의 특성을 조사하였다. 조사에 앞서 연구자들은 맥주 소비자를 성격에 따라 피로 회복형, 사교적 음주형, 탐닉적 과음형, 폭음형 등 4가지 유형으로 분류하였다표 10-8 참조. 연구자들은 맥주 소비자에게 동일한 맥주를 서로 다른 용기에 넣어 다르게 상표를 붙인 후 가장 좋아하는 상표를 선택하게 하는 실험을 하였다. 실험 결과, 동일한 맥주임에도 맥주 소비자들은 자신의 성격 유형과 일치하는 이미지의 상표를 선택하였다. 따라서 맥주가 실제로 각각 서로 다른 성격의 집단에게 소구되고 있음이 밝혀졌다.

소비자의 성격에 의한 시장 세분화 연구가 지속 되고 있음에도 실용 가치가 비교적 낮은 것으로 알려져 있다Engel, Blackwell, & Miniard, 1986. 그 이유는 성격을 기준으로 세분화한 시장에서 동질적인 인구 통계적 특징을 발견하기 어렵기 때문이다. 뿐만 아니라 성격에 의한 세분화된 시장의 크기가 비교적 작아서 비경제적이기 때문이다김종의 외, 2013.

▶ 표 10-8 성격 유형별 음주 행동의 특성

구분	인구 통계적 특성	성격 유형	음주 행동의 특성
피로 회복형 (reparative drinker)	중년층	• 타인을 위해서라면 야망을 희생하려 한다.	• 주로 일과 후에 가까운 친구들과 마신다. • 취하지 않게 자제할 줄 한다. • 다른 사람들에게 봉사한데 대한 자기 보상 수단으로 음주를 한다.
사교적 음주형 (social drinker)	청·장년층	• 의욕적이다. • 자신이 원하는 것을 얻기 위하여 타인을 이용하려 한다. • 야망은 아직 실현 시키지 못했지만 기대가 크다.	• 주말에 많이 마신다. • 많은 사람들과 관계를 유지하기 위해 마신다. • 음주량을 통제할 줄 안다.
탐닉 과음형 (indulgent drinker)	모든 연령층	• 자신을 실패자로 생각한다. • 자신의 실패에 대해 환경과 타인을 비난한다.	• 과음한다. • 현실 도피형으로 주로 혼자서 마신다.
폭음형 (ocean drinker)		• 자신을 실패자라고 생각하나, 그 실패의 책임이 자신의 부족함 때문이라고 생각한다.	• 과음하며, 자신의 결점을 위장하기 위하여 (남에게 간파되지 않게 하기 위하여) 술을 마신다. • 혼자 마시지는 않는다.

* 자료 : Ackoff, R. L., & Emshoff, J. R.(1975). Advertising research at Anheuser-Busch, Inc.(1968-1974). Sloan Management Review, 16(2), 1-15.

4. 브랜드 개성과 마케팅 전략

소비자는 자신이 구매하는 제품이나 서비스가 상징하는 것을 통해서 자신의 자아나 실체를 창출하고 강화하려는 경향이 있다. 이러한 이유 때문에 브랜드 개성은 마케터와 브랜드 관리자에게 중요한 시사점을 제공한다.

1) 차별화

첫째, 브랜드 개성은 경쟁사 브랜드와 차별화하는데 유용하다. 시장에서 브랜드들 간에 별 차이가 없거나 크게 차이가 없다고 소비자가 인식하고 있을 경우에 특히 그러하다. 1980년대 스포츠 시장에는 스포츠 신발의 기능적 속성이 브랜드들 간에 비슷하기 때문에 디자인과 같은 패션성을 더 강조하자는 입장과 기능성을 더 강조하자는 두 가지 흐름이 강하게 형성되어 있었다. 나이키는 후자의 입장에서 자신의 브랜드 아이덴티티브랜드 네임이나 로고 등 브랜드를 알아보게 하는 요소를 전달하는 과감한 광고 캠페인을 통해 자신의 브랜드 개성을 지속적이고 공격적으로 전달하여 시장을 장악하였다. 국내 아시아나 항공도 '미소가 아름다운 그녀, 그녀의 이름은 아시아나'라는 광고를 통해 친절하고 상냥한 이미지를 강하게 연상시키는데 성공한 사례이다. <사례 10-4>는 외식 브랜드의 첫 인상을 강화하고 브랜드의 성격(예 청결, 세련, 실용)을 한 눈에 보여 주기 위해 유니폼을 전략적으로 활용하고 있는 사례이다.

사례 ⑩-4

외식 브랜드 첫 인상, 유니폼도 전략!

식당에 들어서는 고객과 제일 처음 만나게 되는 직원들의 유니폼. 외식 브랜드의 첫 인상을 좌우하고 브랜드의 성격과 특징을 한눈에 보여주기 때문에 유니폼의 중요성은 점점 커지고 있다. 스타일리시한 수트 스타일로 프리미엄 콘셉트를 강조하고, 유니폼 디자인을 고객들에게 직접 공모받는 등 유니폼을 활용한 적극적인 마케팅 활동으로 주목받는 외식 브랜드를 소개한다.

▶ 미스터 피자? 유니폼 공모전으로 마케팅에 적극 활용

외식 브랜드만의 독특한 유니폼을 만들면서 고객의 의견을 적극 반영하기 위해 유니폼을 만드는 과정에서부터 고객들의 의견을 반영하며 마케팅에 적극 활용하는 기업도 있다. 미스터 피자는 소비자들의 적극적인 참여를 유도하는 "2010 미스터피자 유니폼 디자인 공모전"을 2011년 1월 14일(금)까지 진행한다. 디자인에 관심 있는 사람이라면 누구나 참여가 가능한 공모전으로, 공모 부분은 홀직원 남녀 유니폼(셔츠, 바지, 앞치마, 타이 등 액세서리), 주방 남직원 유니폼(티셔츠, 바지, 주방 앞치마), 배달 남직원(배달 점퍼, 바지, 모자)이다. 미스터 피자의 2029 타깃의 상큼함, 세련미, 실용성, 차별성을 잘 살린 1등에게는 표창 및 상금 1천만원이 수여되며 참가자 전원에게

미스터 피자 무료 시식권 및 감사 카드를 증정해 브랜드 호감도 증대를 기대하고 있다.

▶ 마르쉐? 스위스 본사 강조한 '알프스 하이디 소녀풍' 유니폼

스위스에 본사를 두고 있는 마르쉐는 유러피안 마켓 레스토랑의 콘셉트를 살려 알프스 하이디 소녀풍의 유니폼 디자인을 선보인다. 깜찍하고 귀여우면서 직원별로 조금씩 차별화를 둔 유니폼 디자인으로 소비자들의 시선을 사로잡으며 신선한 재료와 다양한 요리라는 특징을 강조하고 있다. 불어로 시장(Market)을 뜻하는 마르쉐는 다양한 요리와 식품이 풍성하게 진열되어 있어 자유롭게 여행하듯이 다니면서 원하는 음식을 골라 먹을 수 있는 재미가 있어 유럽의 재래 시장에 와있는 환상적인 경험을 갖게 한다. 이를 위해 고전적이고 어두운 느낌의 미국풍 패밀리 레스토랑과 차별화된 분위기로 각 매장을 스위스 샬레, 아프리카, 영국풍 정원, 이탈리안 빌라, 스위스 오두막 등의 콘셉트로 꾸며 이국적인 인테리어와 유니폼의 조화로 소비자들에게 좋은 반응을 얻고 있다.

▶ O'COCO(오코코) – 수트 스타일 유니폼으로 신뢰도 UP!

장류 전문 기업 신송에서 운영하는 프리미엄 치킨 브랜드 O'COCO(오코코)는 기존의 치킨 전문점의 티셔츠 차림의 캐주얼한 유니폼과는 달리 흰 와이셔츠와 검은 정장 바지의 스타일리시한 수트 스타일 유니폼으로 깔끔하고 고급스러운 브랜드 이미지를 전달한다. 배달 직원 역시 같은 차림의 고급스러운 유니폼을 착용하는데 가정에 방문하는 배달 직원에 불편함을 느끼는 소비자들에게 신뢰감을 주고 고급 레스토랑의 치킨을 집에서 바로 맛보는 듯한 기분을 느낄 수 있게 하기 위해서다.

자료 : 머니투데이(2010.12.28)

2) 마케팅 커뮤니케이션

기업은 마케팅 커뮤니케이션을 통해 브랜드 개성을 전달함으로써 목표 고객들이 자신의 자아를 표현하는 것을 돕게 된다. 브랜드가 소비자의 자아 표현 욕구를 충족시키게 되면 소비자에게 있어 브랜드는 자신의 자아를 표현하는 수단으로 활용되고 장기적으로 생명력을 갖게 된다. 기업은 브랜드와 고객 간의 장기적인 관계를 유지하기 위해 브랜드 개성을 활용할 수밖에 없다. 예를 들어, McDonald 는 광고나 행사 등을 통해 가족 구성원이 함께하는 모습을 보여 줌으로써 브랜드가 가지고 있는 가족적인, 진실한, 활기찬, 재미 있는 등의 브랜드 개성을 고객과 잘 커뮤니케이션하고 있다.

3) 시장 세분화

브랜드 개성은 시장 세분화에 유용하게 활용될 수 있다. 예를 들어, 김경희[2011] 는 한국 방문 일본 관광객을 대상으로 브랜드 개성에 따른 한식 시장을 세분화하였다. 한식 브랜드 개성은 진실성, 강인성, 세련됨, 유능함, 그리고 흥미성 등 다섯 개 차원으로 도출되었으며, 이를 기초로 흥미 추구 집단, 세련성 추구 집단, 능력·진실성 추구 집단 등 세 개의 집단으로 분류되었다. 이 세 집단 중 능력·진실성 추구 집단이 한식에 대한 만족도와 충성도가 가장 높게 나타났다.

4) 포지셔닝

브랜드 개성이 브랜드 포지셔닝을 수립함에 있어 중요한 의미를 지니는 이유는 지속적인 브랜드 차별화의 중심점이 되기 때문이다. 코카콜라, Marriott International, Hilton, Pizza Hut, Disney World 등의 개성을 생각해 보면 각 브랜드가 속해 있는 제품군내에서 어느 경쟁자도 쉽게 모방할 수 없는 지속적인 차별적 이미지를 제공해 주고 있다. 브랜드 포지셔닝 컨셉에 이용되는 예는 여러 곳에서 찾아볼 수 있다. Miller Lite는 미국에서 온 순수한 정통 라거 맥주라는 포지셔닝 컨셉에 정통성이라는 브랜드 개성을 사용하고 있다.

라이프 스타일과
관광 행동

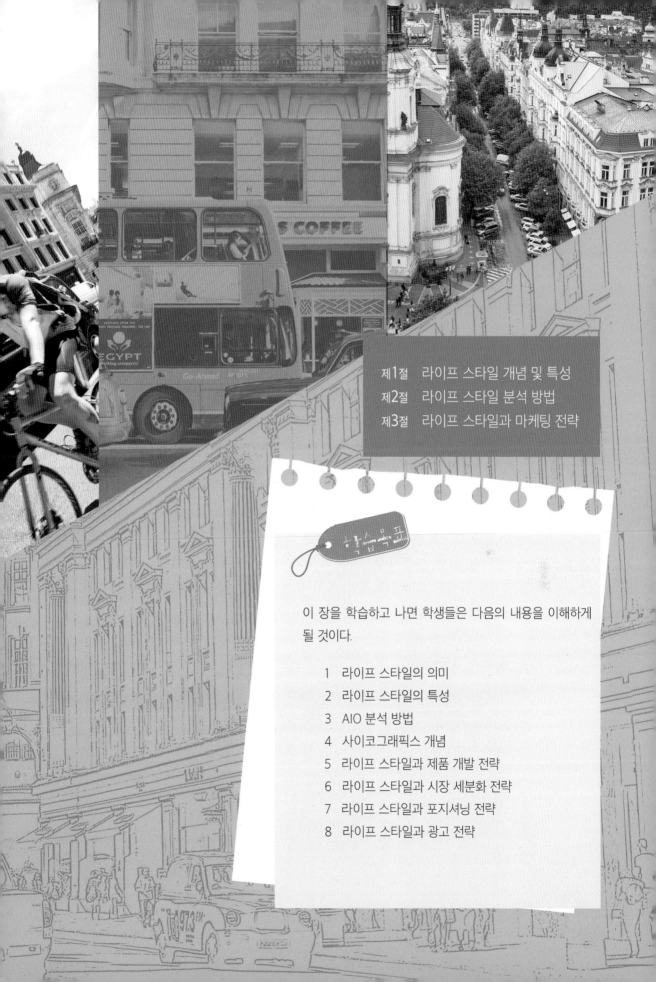

이 장을 학습하고 나면 학생들은 다음의 내용을 이해하게
될 것이다.

1   라이프 스타일의 의미
2   라이프 스타일의 특성
3   AIO 분석 방법
4   사이코그래픽스 개념
5   라이프 스타일과 제품 개발 전략
6   라이프 스타일과 시장 세분화 전략
7   라이프 스타일과 포지셔닝 전략
8   라이프 스타일과 광고 전략

라이프 스타일lifestyle은 개인의 시간과 돈을 어떻게 소비하는가의 선택을 반영해 주는 한 가지 소비 형태를 말한다. 따라서 라이프 스타일은 소비자 구매 의사 결정 과정에 중요한 영향을 미치는 내부 요인이다.

일반적으로 마케팅에서의 라이프 스타일은 소비 패턴의 단면을 나타내는 말로써 사회 전체 또는 사회 일부 계층의 특징적인 생활 양식이라고 할 수 있다. 다시 말해 다른 집단의 생활 양식과 구별되는 것으로서 문화, 가치관, 자원, 상징 등의 제 요소가 상호 작용한 결과이다. 특히, 소비자 행동에 있어 라이프 스타일은 주로 고객의 라이프 스타일이 생활 의식과 생활 행동에 대해 어떠한 영향을 미치고 그 결과로서 구매 행동에 어떠한 상호 관계를 갖게 되는가를 분석·파악하는 것이다. 마케터가 라이프 스타일을 적극 활용하기 위해서는 고객의 라이프 스타일을 정확히 분석할 수 있어야 한다.

기업 입장에서 모든 소비자의 욕구를 만족시키는 서비스를 제공하기는 불가능하다. 이에 따라 표적 고객을 선정해 선택과 집중으로 마케팅 효과를 극대화하는 전략이 요구되고 있다. 표적 고객을 선정할 때는 좁게는 상권 및 입지의 특성을 고려한 세분화 전략과 함께 사회 환경적인 요인, 문화, 인구 변화 등을 고려한 접근이 필요하다.

이러한 맥락에서 소비자의 라이프 스타일 이해는 마케터 입장에서 새로운 마케팅 기회를 제공해 줄 수 있다. 그 이유는 개인의 라이프 스타일은 인구 통계적 특성(예 나이, 성별, 거주지 등), 문화적 특성, 심리적 특성을 반영하기 때문이다. 본 장에서는 라이프 스타일의 개념, 특성 분석 방법에 대해 설명한다. 또한, 라이프 스타일을 응용한 마케팅 전략에 대해 학습한다.

▶ 그림 11-1 제11장 요약도

제1절 라이프 스타일 개념 및 특성	제2절 라이프 스타일 분석 방법	제3절 라이프 스타일과 마케팅 전략
• 라이프 스타일 개념 • 라이프 스타일의 특성 • 라이프 스타일과 구매 의사 결정 과정	• 라이프 스타일 분석의 접근 방법 • AIO 분석 방법 • 사이코그래픽스 • VALS • 라이프 스타일 분석 방법의 한계점	• 새로운 발상 • 제품 개발 전략 • 시장 세분화 전략 • 포지셔닝 전략 • 광고 전략

제1절 라이프 스타일 개념 및 특성

1960년대 전반기까지만 해도 소비자 행동을 유형화하는 기준으로 연령, 성별, 소득 수준과 같은 인구 통계적 변수가 주로 이용되었다. 인구 통계적 변수는 마케팅 담당자에게 유용한 정보를 제공하지만 소비자 행동을 세분화하는데 있어 필요하고 충분한 정보를 제공하지 못한다. 이 같은 문제점을 보완하기 위하여 1960년대 후반기에 이르러 소비자 행동을 세분화하는 데 있어 라이프 스타일을 활용하기 시작하였다.

개인의 라이프 스타일은 구매 행동과 관련이 있다. 라이프 스타일은 인구 통계적 변수를 비롯해서 문화, 사회 계층, 준거 집단, 가족과 같은 변수 등의 영향을 받아 독특한 형태로 형성되므로 국가별, 집단별, 개인별로 상이하게 나타난다. 본절에서는 라이프 스타일의 개념, 라이프 스타일 특성, 그리고 라이프 스타일과 구매 의사 결정 과정에 대해 살펴본다.

1. 라이프 스타일 개념

라이프 스타일의 용어는 Max Weber에 의해 사회학에 소개되었는 데 소비 패턴의 단면을 나타내는 의미로 사용되었다^{Barkman & Gilson, 1978}. 그 후 명확한 정의없이 생활 양식이나 생활 태도 혹은 행동 양식의 개인적·사회적 내지는 문화적 차이를 표현하기 위해 사용되어 왔다.

과거의 라이프 스타일은 의식주와 동일시 되었다^{월간 CEO, 2015}. 즉, 개인이나 가족의 생활 방식이나 가치관으로 형성되는 문화적이고 심리적인 차이로 인식되었다. 하지만 오늘날의 라이프 스타일은 개인이나, 가족들, 즉 소비자들이 원하고 꿈꾸는 삶의 모습이다. 소비자는 추상적으로 자신의 라이프 스타일을 꿈꾸고 그것이 실제 자신의 삶에 묻어나길 원하고 있다.

소비자 행동 연구에서 라이프 스타일 용어를 처음 도입한 학자는 Lazer¹⁹⁷¹였다. 그는 라이프 스타일을 특정 문화나 집단의 생활 양식을 표현하는 독특한 구성 요소와 관련 있는 것으로서 문화, 자원, 심벌, 면허 및 승인과 같은 제 요소의 총화로 정의하였다. 라이프 스타일은 개인의 가치 체계와 개성의 산물로 정의되기도 한다^{Engel & Blackwell, 1982}. Assael¹⁹⁹²은 타인과 구별되는 개인 성향에 초점을 두고 개인의 생활, 흥미, 의견 등으로 구체화되는 생활 양식으로 정의하였다. 가치관, 개성 및 라이프 스타일의 용어는 의미상의 중복되는 측면이 많으나 일반적으로 라이프 스타일은 개성의 영향과 개인에 의해 내면화된 사회적 가치를 결합한 파생 개념으로 생각할 수 있다.

위의 정의를 종합해 보면 라이프 스타일은 특정 사회, 특정 집단, 또는 개인이 지니고 있는 독특한 생활 양식 혹은 생활 방식, 즉 시간과 돈을 사용하는 방식을 말한다. 개인의 생활 방식은 그가 속하는 문화, 사회 계층, 준거 집단 등의 영향을 받아 독특한 형태로 형성·개발되기 때문에 국가별, 사회 계층별, 특정 집단별, 또는 개인별로 상이한 라이프 스타일을 보이게 된다.

Engel[1978] 등이 지적한 것처럼 라이프 스타일은 동기와 학습, 사회 계층, 인구통계 변수 등의 다양한 변수들의 함수일 뿐만 아니라 개인의 가치 체계와 개성이 반영되는 복합적 개념의 성격을 지니고 있다. 따라서 사회적·문화적 환경 요인과 더불어 소비자의 심리적 측면도 라이프 스타일과 연계시켜 이해한다면 라이프 스타일의 본질적 측면을 좀 더 명확하게 이해할 수 있을 것이다.

2. 라이프 스타일의 특성

라이프 스타일의 본질을 이해하고 학문적으로나 실무적으로 적절히 활용하기 위해서는 라이프 스타일의 특성을 이해할 필요가 있다. 라이프 스타일의 특성은 여섯 가지로 요약할 수 있다.

첫째, 라이프 스타일은 생활 의식, 생활 행동, 가치관, 태도 등의 의미를 포함하는 복합체이다村田昭治, 1979. 생활 의식이란 생활 환경에 대해 갖는 주관적인 지각, 소비 및 구매 의식, 기대와 열망 등의 심리학적 제 요소들이 복합되어 있는 복합체를 의미한다. 생활 행동은 생활의 현재화로 나타난 것을 의미하며 생활 의식에 동조하여 나타나게 된다.

둘째, 라이프 스타일은 가시적이다. 다시 말해 외부적으로 나타나는 개인이나 집단의 행동 패턴이므로 누구나 쉽게 관찰 가능하다.

셋째, 라이프 스타일은 생동감이 있고 실제적이다. 라이프 스타일은 개인이나 집단의 생활 모습을 보다 생동감 있게 실제적으로 나타내므로 이용 가치가 높다. 예를 들어, X, Y, N세대 간 매체 접촉 형태에서 구체적이고 실질적인 차이를 보여준다.

넷째, 라이프 스타일은 특정 개인으로부터 사회 전체에 이르기까지 매우 다양하다. 즉, 라이프 스타일은 집단별, 사회 계층별, 국가별 다양한 형태로 나타난다.

다섯 째, 다양한 생활 요소들을 통해 라이프 스타일을 분석할 수 있다. 예를 들어, 개인의 제품 구매와 소유, 사용 패턴, 가계 지출의 배분 패턴, 생활 시간의 배분 패턴, 생활 공간 이용 패턴 등의 분석을 통해 라이프 스타일을 파악할 수 있다. <사례 11-1>은 1인 가구 증가와 이들의 라이프 스타일에 적합한 여행 상품과 문화 상품을 출시하여 소비 시장을 선도해 가는 사례이다.

마지막으로, 라이프 스타일은 개인의 가치를 반영하는 표현 양식이다. 따라서 개인 스스로 생활 환경의 변화에 적응하여 자신만의 라이프 스타일을 창조하기 위해 많은 노력을 한다. 하지만 환경 변화로부터의 영향을 최소한으로 축소하여 기존의 라이프 스타일을 유지하려는 경향도 지니고 있다.

사례 ⑪-1

경제력을 갖춘 1인 가구가 증가하면서 여행, 문화생활 등 놀거리에 대한 관심이 높아지고 있다. 영화 및 TV를 즐겨 보고, 혼자 여행을 가기도 하며, 등산을 가기도 하는 등 뭐하고 놀지에 대해 고민을 하게 된 것이다. 특히 젊은 1인 가구 중 자신의 행복을 위한 투자를 아끼지 않는 포미족(For me)은 솔로이코노미(Solo economy) 시장에서 놓칠 수 없는 소비군이기도 하다.

미래에셋증권 리서치 센터에 따르면 1인 가구의 문화 서비스 지출 금액은 전체 평균 대비 보다 증가율이 높았다. 지난 2006년부터 2014년까지 전체 오락 및 문화 지출은 연평균 4.2%이었으나 1인 가구의 성장률은 5.4%였으며, 같은 기간 동안 문화서비스의 성장은 전체 가구 평균이 7.6%인 것에 비해, 1인 가구는 8.8% 수준이었다. 오락문화비 지출의 세부적인 구성으로는 문화서비스(영화, 공연 등) 32%, 여행 15%, 운동/오락 서비스 13% 등 3대 항목이 소비의 60%를 차지하고 있으며, 이와 관련해 NH투자증권 리서치센터에서는 1인 여행 및 개별자유여행(FIT) 수요가, 문화서비스의 경우 영화 및 공연(뮤지컬, 콘서트 등) 관람지출이 빠르게 증가하는 것으로 추정했다.

▶ **개별자유여행 성장·1인을 위한 문화 변화**

한국관광공사의 자료를 보면 지난 2014년 20대 남성과 여성의 경우 개별자유여행의 비율이 각각 25.6%, 12.0%에 달했다. 여행업계에서는 이를 '나홀로 여행족'이 늘어난 것으로 보고 있으며, 이에 맞춘 패키지 상품도 내놓고 있다. 여행사 상품을 이용한 것 뿐만 아니라 에어텔이나 항공권만 구입하는 '나홀록 여행족'도 늘어나고 있다. 인터넷·모바일이 발달하다보니 어디서든 여행정보를 습득하고 자유롭게 된 점도 혼자 하는 여행에 도움을 주고 있다. 대한상공회의소의 1인가구 증가가 소비시장에 미치는 영향 조사결과에서도 향후 적극적으로 지출을 늘리고자 하는 항목으로 여행(41.6%)을 가장 많이 꼽은 것으로 보면 앞으로 여행은 1인 가구 시장에서 계속적으로 확대될 것으로 보인다.

이와 함께 지속적으로 성장하고 있는 영화시장과 공연시장도 1인 가구의 수혜를 볼 것으로 전망된다. 한국콘텐츠진흥원에 따르면 공연시장은 2010~2013년 관객 수가 2400만 명에서 4000만 명으로 증가했으며, 1인 관객을 위한 이벤트로 늘어나고 있다. 가수 포맨과 성시경은 싱글족들을 위해 티켓 1장만 구입한 사람에게 선물을 증정하거나 1인용 좌석을 VIP석으로 격상시켜주는 이벤트를 하기도 했다. 또 CGV는 지난해 1인 관람객이 10.1%까지 성장했다고 밝혔다. 연간 4편을 관람하는 관객 중 2편 이상을 혼자 관람하는 고객의 비중도 2015년 3.9%이다. 이들은 영화를 타인과의 관계 보다는 '취미'로 생각한다는 점이 특징이다. 이를 기반으로 메가박스에는 지난해 연말 아예 솔로관을 운영하기도 했다.

1인 가구를 타깃한 미디어 1인 가구의 증가는 미디어 콘텐츠의 내용과 형태에도 변화를 주고 있다. MBC 예능프로그램 '나혼자 산다'가 기러기 아빠, 주말부부, 청년, 독신남 등 다양한 캐릭터의 1인 가구의 삶을 그려내면서 신선한 자극을 준 뒤 1인 가구

각 연령대 내 1인 여행비중(2014년)

2015년 해외여행 예상 형태

자료: 한국관광공사, NH투자증권 리서치센터

를 타깃으로 한 TV프로그램이 점차 늘어나고 있다. 1인 가구 드라마를 표방한 tvN의 '식샤를 합시다'는 다양한 연차의 1인 가구들이 한 오피스텔에 거주하면서 벌어지는 에피소드와 맛집을 주 콘텐츠로 보여주면서 본격적인 '쿡방'을 보여줬다. 인기에 힘입어 제작된 시즌2에서는 국내 1인 가구 비율이 가장 많다는 세종시를 배경으로 삼포세대 미혼남, 자발적 1인 가구 할머니, 외로운 자유를 가진 기러기 가장, 여대생 등 다양한 1인 가구들의 모습을 다루기도 했다.

이후 지난해부터는 눈에 띄게 '먹방', '쿡방' 프로그램이 늘어났고 그 인기는 '쉐프테이너'라는 신조어까지 탄생시켰다. 지난해 화제가 된 JTBC '냉장고를 부탁해'는 게스트가 냉장고에 있는 재료만으로 음식을 15분에 만드는 콘셉트이고, tvN 의 '집밥 백선생'은 남성 게스트들이 출현해 레시피를 직접 따라해 보거나 응용해보면서 손쉽게 할 수 있는 요리를 위주로 보여주고 있다<중략>.

자료 : 데일리팝(2016.3.21)

3. 라이프 스타일과 구매 의사 결정 과정

소비자의 가치관과 의식 변화는 소비자 행동의 변화를 가져오기 때문에 제품이나 서비스 제공자의 마케팅 전략의 변화는 불가피하다. 소비자 행동은 소비 행동뿐만 아니라 소비 대상을 획득하는 구매 활동과 이를 유발하는 구매 의사 결정 과정을 포함한다. 구매 의사는 라이프 스타일의 영향에 의해 결정된다.

라이프 스타일이 구매 의사 결정에 영향을 미치는 과정을 도식화 하면 <그림 11-2>와 같다. 그림에서와 같이 라이프 스타일은 소비자의 일상의 구매 활동과 소비 활동에 대한 자극 역할을 수행한다. 또한, 구매 과정 이후에 나타난 결과가 라이프 스타일을 변경시킬 수 있다는 것을 나타내고 있다. 즉, 구매 후의 결과는 미래 행동의 자극으로서의 역할을 하는 데 충분할 만큼 환경의 변화를 가져 올 수 있다조윤기, 2006.

▶ **그림 11-2** 라이프 스타일과 구매 의사 결정 과정

* 자료 : Hawkins, D. I., Coney, K. A., & Best, R. J.(1980). Consumer behavior. Business Publications Inc., p.360.

제2절 라이프 스타일 분석 방법

라이프 스타일이 마케팅 전략 개발에 유용하게 이용될 수 있다는 사실이 알려짐에 따라 이를 측정하는 많은 노력이 이루어졌다. 라이프 스타일 분석은 인구 통계적 분석과는 달리 소비자들을 심리적 차원에 입각하여 파악하고자 하는 계량적 접근 방법이다. 본 절에서는 AIO 분석 방법, 사이코 그래픽스, VALS, 그리고 라이프 스타일 분석 방법의 한계점에 대해 설명한다.

1. 라이프 스타일 분석의 접근 방법

라이프 스타일 분석은 크게 거시적 방법과 미시적 방법으로 나누어지고^{Plumer,} ¹⁹⁷⁴, 각각은 객관적 자료에 의한 방법과 주관적 자료에 의한 방법으로 나누어 질 수 있다. 거시적 분석은 한 나라 또는 지역 사회 전체에 대하여 라이프 스타일의

동향을 파악하는 것이 목적이다. 이 중에서 객관적인 자료에 입각한 분석은 화폐액으로써 표시되는 경제량 이외에 지역 사회의 생활 수준이나 생활 환경의 상태와 질의 특징을 기술, 분석, 예측하려는 것이다표 11-1 참조.

주관적 자료에 의한 대표적인 분석 방법으로 Yankelovich Monitor조사와 SRIStanford Research Institute의 사회 추세 예측 조사가 있다. Yankelovich 모니터 조사는 라이프 스타일을 상대적 중요도를 고려하여 우선 순위별로 사회 경향을 시계열적으로 추적하는 방법이다. 후자는 개인의 가치관과 라이프 스타일의 변화 동향의 예측이나 생활의 질을 예측한다. 이러한 거시적 분석은 장기적인 전략 수립의 유용한 정보를 제공해 준다.

미시적 분석은 개인의 가치관이나 생활 욕구 패턴을 분석하여 사회 동향의 파악이나 예측을 하는 것이 주목적이다. 이 분석은 특정 제품의 소유나 사용여부, 기대 효용 또는 욕구의 정도 등을 라이프 스타일 규정 변수들로 보고 이들에 따라 소비자들을 세분화된 집단들로 나누어 이해하려 한다. 소비자의 일상 행동, 개인적·사회적 관심사, 그리고 태도 등을 반영하는 항목들을 바탕으로 라이프 스타일의 특성을 파악하는 AIO기법, 사이코그래픽스, 그리고 VALS가 있으며 이에 대한 설명은 아래와 같다.

▶ 표 11-1 라이프 스타일 분석 방법

분류	객관적 자료에 의한 분석	주관적 자료에 의한 분석
거시적 분석	생활의 질 지표 분석	● 사회적 경향의 모니터 분석(Yankelovich Monitor 조사) - 라이프 스타일 변수에 의한 조사 결과에 계량적 방법에 따라 몇 개의 사회적 경향을 추출하는 방법(시계열 분석)
	인구 통계적 요인의 추세 분석	● SRI의 사회 추세 예측 조사 - 소비자들의 가치와 라이프 스타일 등이 변화하는 과정을 추적
미시적 분석	인구 통계적 및 사회 경제적 요인에 의한 세분화 분석 (직업, 소득, 연령 및 주거지 등에 의함)	● AIO법 - Wells와 Tigert에 의해 개발된 것으로 라이프 스타일 변수를 명세화, 표준화 하였음 ● Psychographics - 개인의 심리적 경향과 요구 패턴 등에 의한 소비자 분류 ● VALS - 개인의 욕구, 가치, 신념 등을 바탕으로 라이프 스타일 분석

* 출처 : 김원수, 마케팅 정보 시스템론 (서울 : 박영사, 1990), p.434 재구성

2. AIO 분석 방법

AIO방법은 소비자의 인간적 측면이나 라이프 스타일을 일상의 활동activities, 주변의 사물에 대한 관심interests 그리고 사회적·개인적·사회적 이슈에 대한 의견opinions이라는 세 가지 차원에서 파악하려는 방법이다. 즉, 이 세가지 요소에 라이프 스타일이 반영되어 있다고 보는 것이다. AIO의 요소들을 설명하면 다음과 같다Reynolds & Darden, 1974.

첫째, 일상의 활동이다. 이는 소비자가 무엇을 하면서 어떻게 시간을 소비하는가를 알아보기 위한 것이다. 어떤 대중 매체를 시청 또는 구독하고, 어떻게 쇼핑을 하고, 제품 및 서비스에 대해 이웃과 주로 무슨 얘기를 하는가와 같은 소비자의 관찰 가능한 일상의 제반 행동이 측정 대상이다.

둘째, 주변 사물에 대한 관심이다. 이는 소비자가 좋아하고 중요하게 여기는 것이 무엇인가를 알아보기 위한 것이다. 특정 대상, 사건, 그리고 상황에 대한 소비자의 관심 정도가 측정 대상이 된다.

셋째, 자신과 주위 세계에 대한 의견이다. 이는 소비자가 특정 사물이나 사건에 대하여 어떻게 생각하고 있는가를 알아보기 위한 것이다. 다른 사람의 행동 또는 의도에 대한 신념, 장래 사건에 대한 예측, 여러 현실 문제에 대한 평가 등 소비자의 해석, 기대, 평가 등을 측정한다.

AIO를 이용하여 라이프 스타일을 측정하는 경우 수십 혹은 수백 개의 진술로

▶ 표 11-2 라이프 스타일 측정에 사용되는 AIO 변수

활동 (A : Activities)	관심 (I : Interests)	의견 (O : Opinions)	인구 통계적 특성 (Demographics)
일	가족	자기 자신	나이
취미	가정	사회 문제	교육
사회 활동	직장	정치	소득
휴가	지역 사회	기업	직업
대접/오락	오락	경제	가족 규모
클럽 활동	유행(패션)	교육	거주지
지역 사회 활동	음식	제품	지리
쇼핑	매체	미래	도시 규모
스포츠	성취	문화	라이프 사이클 단계

* 자료 : Plummer, J. T.(1974). The concept and application of lifestyle segmentation.Journal of Marketing, 38(Jan.), p.34.

표현하여 응답자에게 제시하고 그 진술에 대한 동의 정도를 나타내게 하여 측정한다. 최근에는 일반적으로 포함되는 인구 통계적 변수 이외에도 태도, 가치, 행위, 사용량 등의 항목들을 사용하기도 한다. AIO 측정에 사용되는 변수는 <표 11-2>와 같고 이를 토대로 작성한 설문 문항의 예는 <표 11-3>과 같다.

스페인의 지역 주민 100,000명을 대상으로 관광 행동을 조사하기 위해 AIO 기법을 이용한 한 연구는 주민의 라이프 스타일 유형을 가정 지향형home-loving, 이상 주의형idealistic, 자율 주의형autonomous, 쾌락 주의형hedonic, 그리고 보수 주의형conservative 다섯 가지로 분류하였다González & Bello,

▶ 표 11-3 AIO 측정 설문 문항의 예

분류 문항	문항 내용	평점 척도 [동의함 ～ 동의안함]				
휴가에 관하여	1. 우리집은 가족 단위로 자주 여행한다.	5	4	3	2	1
	2. 나는 혼자서 원거리 여행을 즐긴다.	5	4	3	2	1
	3. 휴가 땐 집에서 조용히 쉬고 싶다.	5	4	3	2	1
	4. 휴가는 자녀들 중심으로 계획한다.	5	4	3	2	1
쇼핑에 관하여	1. 나는 쇼핑을 즐긴다.	5	4	3	2	1
	2. 나는 큰 쇼핑 센터에 가는 것을 좋아한다.	5	4	3	2	1
	3. 나는 인근의 쇼핑 센터를 더 좋아한다.	5	4	3	2	1
	4. 나는 할인 품목을 찾아 쇼핑하는 것을 좋아한다.	5	4	3	2	1
스포츠에 관하여	1. 나는 스포츠 경기를 관전하는 것을 좋아한다.	5	4	3	2	1
	2. 나는 스포츠 경기를 관전하는 것보다 직접 하는 것을 좋아한다.	5	4	3	2	1
	3. 나는 팀 스포츠보다 개인 스포츠를 좋아한다.	5	4	3	2	1
오락 및 휴식에 관하여	1. 우리 가족은 외식을 자주한다.	5	4	3	2	1
	2. 우리 가족은 함께 외출하는 것을 좋아한다.	5	4	3	2	1
	3. TV가 나의 주 오락원(娛樂源)이다.	5	4	3	2	1
	4. 나는 모임에 가는 것보다는 집에서 조용한 저녁을 보내는 것을 좋아한다.	5	4	3	2	1
	5. 나는 파티를 여는 것을 좋아한다.	5	4	3	2	1

* 자료 : 김종의·김소영·임승희·석유미·김소리(2013). 소비자행동론. 형설출판사. p.358.

2002. 가정 지향적 집단은 가족과 함께 휴가 여행을, 이상 주의형은 도시 외곽에서의 휴가 여행을, 자율 주의형은 주말 여행을, 쾌락 주의형은 즐거움을 만끽하는 쾌락 여행을, 그리고 보수 주의형은 널리 알려진 해안가나 일광욕을 즐기는 것으로 나타났다.

한 국내 연구는 농식품 구매 형태를 기준으로 도시 소비자의 라이프 스타일을 가치 추구형, 건강 추구형, 편의 추구형, 유행 추구형으로 분류하였다박정원·양승룡. 2012. 가치 추구형 소비자의 식품 지출액 비중은 육류와 가공 식품이 높았고, 구입 경로로는 슈퍼 마켓과 전문점 이용 비율이 높았다. 이들 소비자는 정보 수집 활동에도 적극적인 특성을 보였다.

3. 사이코그래픽스

사이코그래픽스Psychographics : 심리묘사적 변수는 인구 통계학적 변수와 구별되는 개인의 심리적 특성심리 묘사과 욕구의 패턴에 관한 것이다. 사이코그래픽스는 AIO분석과 혼용되지만 AIO보다는 광의의 개념으로 개인의 개성, 가치, 신념 등을 사용해 소비자 행동의 내적 배경을 설명하고 라이프 스타일 유형을 분류하는 데 활용되고 있다. 따라서 사이코그래픽스를 활용한 분석은 인구 통계학적 변수 뿐만 아니라 심리적 특성에 따른 소비자의 차이점을 규명할 수 있기 때문에 인구 통계적 자료만으로 얻을 수 없는 소비자에 대한 유용한 정보를 제공해 준다.

사이코그래픽스는 소비자들의 욕구, 필요, 동기, 관심, 태도, 신념, 개성, 가치 등에 대한 다양한 설문을 가지고 대규모 표본 조사를 통해 소비자의 심리적 특성을 양적으로 측정·분석한다. 설문 내용은 개성 조사나 동기 조사에서 이용하는 설문 내용과 유사하지만 조사 방법에 있어서는 다음과 같은 차이점이 있다.

첫째, 동기 조사에서처럼 상담과 같은 주관적인 조사 방법보다는 대규모 표본을 대상으로 객관적 측정을 한다는 점이다. 따라서 심리적 특성에 대한 질적 정보 대신 양적 정보를 제공한다.

둘째, 소비자의 심리적 측면을 행동과 관련시켜 측정함으로써 동기 조사에서와는 달리 추상적 정보가 아닌 상당히 구체적인 정보를 얻을 수 있다.

마지막으로, 소비자의 심리적 특성에 대한 계량적 접근을 가능하게 한다. 뿐만 아니라 소비자의 심리적 특성을 소비자의 상이한 행동 양식과 연관시켜 분석할 수 있다.

4. VALS(Values and Lifestyles)

VALS는 미국 스탠포드 연구소^{SRI}의 Arnold Mitchell에 의하여 개발된 라이프 스타일 분석 방법이다. 시장 세분화 기준과 표적 시장의 특성을 분석하는 데 유용하게 이용되고 있다. 또한, 인구 통계적 자료나 소비 통계뿐만 아니라 전체적으로 개인을 조명한다는 점에서 많은 기업들로부터 상업적 유용성을 인정받고 있다.

VALS는 초기의 VALS I, 1988년 수정된 VALS II, 인터넷 사용자를 분류하는 iVALS, 일본인의 생활을 분류하는 jVALS 등이 있다. VALS도 AIO 기법처럼 라이프 스타일의 특성을 파악하기 위해 소비자의 심리적 측면에 대한 측정 및 분석의 중요성을 강조하고 있다.

1) VALS I

VALS I 은 욕구, 필요, 가치관 등에 관한 800여 개의 문항을 1,600여 명의 미국 소비자를 대상으로 3년 간 설문 조사하여 라이프 스타일을 크게 4가지_{세부적으로 9개 유형}, 즉 통합형, 외부 지향형, 내부 지향형, 그리고 욕구 지향형으로 나누었다. 통합형은 환경 변화에 대해 적응력이 높고 자아 실현의 욕구가 강한 소비자, 외부 지향형은 기존의 가치관이나 규범에 순응하는 성향의 소비자, 내부 지향형은 자신의 내적 욕구 충족과 자아 표현을 중시하는 소비자, 욕구 지향형은 삶의 기본적 욕구를 충족하고자 하는 소비자를 지칭한다.

VALS는 Maslow의 욕구 이론을 기본으로 하고 있다. Maslow의 생리적, 안전의 욕구는 욕구 지향형 소비자, 사회 및 존경의 욕구는 외부 지향형 소비자, 그리고 자아 실현 욕구는 내부 지향형 소비자 집단이 중시하는 라이프 스타일이다. 외부 지향형 소비자 집단이 전체 67%를 차지하여 가장 규모가 크다.

VALS I 은 전체 인구의 약 87%가 두 개의 집단, 즉 외부 지향형과 내부 지향형이며 나머지 일곱 개 집단은 기업에서 관심을 갖기에는 너무나 작아서 실제 업무에 활용하기가 어렵다. 또한, 각 세분시장이 너무 광범위하고 일반적이어서 실용성이 부족하다. <표 11-4>는 VALS I 에 의한 라이프 스타일에 따른 소비자의 구매 행동 특징을 설명하고 있다.

국내에서 라이프 스타일 연구는 1975년 중앙일보와 동양방송이 최초로 실시하였다. 본격적인 라이프 스타일 연구는 1986년부터 제일기획에서 실시하는 ACR^{Annual Consumer Research}인데, 이는 전국의 대규모 표본을 대상으로 하는 조사이다_{손영화, 2013}. 2006년 ACR 조사_{전국 3,500명 대상}에서소비자의 유형을 성별이나 연령과 상관없이 가치관이나 사회관에 따라 분석한 결과, Green형, Red형, Olive형, White형으로 분류되었다사례 11-2 참조. ACR에서는 총 257개 라이프 스타일 항목을 조사하였으며 요인 분석을 통해 8개의 요인을 도출한 후 4개 집단으로 유형화하는 K평균 군집 방법을 사용하였다. 그리고 이성적-감성적 그리고 외향적/도전적-내향적/개인적 요소를 기본적 축으로 설정하여 소비자를 분석하였다.

VALS I 는 다음의 두 가지 가정을 전제로 하고 있어 마케터들에게 비판받고 있다. 첫째, 소비자들은 오직 한 분류에 속한다. 둘째, 특정 제품에 대해 구매 동기를 가진 소비자들은 자신들의 소득과 무관하게 그것을 소비한다. 이러한 전제에 대한 비판에서 벗어나기 위해 SRI는 VALS II 를 개발하였다.

▶ 표 11-4 VALS I 라이프 스타일 유형별 특징

대분류	세분집단	라이프 스타일 특성	구매 행동 특성
통합형	통합자 (integrateds)	● 전체 인구의 2%, 평균 연령 40세 ● 개인적 성공과 사회적 문제에 모두 관심이 있음 ● 정신적 균형을 이루고 있으며, 자아 성취형 생활 양식을 나타냄	● 자아 표현을 위한 구매
외부 지향형	성취자 (achievers)	● 전체 인구의 22%, 평균 연령 43세. 높은 교육 수준, 경제적 풍요 ● 자신에 대해 자부심이 있고 인생에 대해 도전적인 태도를 취함 ● 일에 적극적, 자신의 삶에 대해 전반적 만족	● 성공 과시형 구매 ● 고급 점포에서 구매
	경쟁자 (emulators)	● 전체 인구의 10%, 평균 연령 27세 ● 도전적, 경쟁적, 일에 대해 적극적 ● 성취자의 삶을 갈망. 사회적 신분 상승 노림	● 재력 과시형 구매 ● 모방 선호 ● 유행 추종
	순응형 (belongers)	● 전체 인구의 35%, 평균 연령 52세 ● 전통적, 보수적, 가정 지향적 성향. 고졸 학력. 생산직에 종사 ● 인생에 대해 긍정적 태도, 대체로 만족한 편, 단순한 사고	● 가족 중심 구매 ● 대규모 대중 시장 선호
내부 지향형	사회 의식 (societally conscious)	● 전체 인구의 8%, 평균 연령 39세 ● 사회적 문제에 관심이 많고 정신적으로 성숙함 ● 교육 수준이 가장 높고 경제적으로 풍족함. 전문직이 많음 ● 물질적 측면보다 정신적 측면을 중요시하고 진보적인 사고를 가짐	● 검소, 절약형 구매 ● 환경에 높은 관심

	경험 추구자 (experientials)	● 전체 인구의 7%, 평균 연령 27세 ● 진보적이고 충동적. 인생의 새로운 경험을 원하고 찾음 ● 직업 이외의 활동으로부터 심리적 만족을 추구함.	● 조립품 구매 선호 ● 직접 점포 방문하여 제품 관찰
	개인주의 (I-Am-Me`s)	● 전체 인구의 5%, 평균 연령 21세 ● 새로운 인생과 경험을 적극적으로 수용하고 원함 ● 개성과 감각 추구. 자아를 발견하고 가치관을 정립하는 단계	● 제품에 대한 호기심이 많음 ● 취미를 과시하기 위한 구매
욕구 지향형	생계 유지형 (sustainers)	● 전체 인구의 7%, 평균 연령 33세 ● 미래에 대한 희망을 갖고 현재의 낮은 생활 수준을 감내함 ● 경제적 빈곤에서 탈피하기 위해 부단히 노력	● 가격 중시 ● 신중한 구매 결정
	생존 위주형 (survivors)	● 전체 인구의 4%, 평균 연령 66세 ● 경제 여건 열악, 낮은 교육 수준, 사회에서 소외되어 집안에서 주로 소일, 불안정한 사회적 신분, 심리적 무기력, 타인에 대한 신뢰 부족	● 가격을 매우 중시 ● 비계획적 구매 빈번

* 자료 : Engel, J.F., Blackwell, R.D., & Miniard, P. W.(1995). Consumer behavior(8th ed.). The Dryden Press, p.457. 김종의 외(2013). 소비자 행동론, 형설출판사. p.360. 수정 보완

사례 ⑪-2

▶ Green형

앞으로 더욱 자라날 것을 기대하는 그린형은 미래 지향적, 긍정적 사고를 보인다. 현실과 사회에 대해 아직 잘 모르지만, 활동적인 성향을 보인다. 특히, 가족 관계에 있어서는 아직은 가족보다 친구에게 고민을 상담하는 등 또래 집단을 선호한다. 소비를 즐기고, 기능이 복잡한 제품에 대해 별다른 거부 반

1. 가족관계	친구가 좋은 걸 어떡해
2. 패션·미용	친구들과 똑같이, 동시에 눈에 띄게
3. 쇼핑	쓰고 싶으면 쓴다.
4. 식생활	음식? 끼니 때우기
5. 주생활	이왕이면 더 좋은 집
6. 건강 생활	아직은 건강해.
7. 여가 취미	일상 속 작은 발견
8. 직장생활	직장은 또 다른 나의 가정처럼
9. 금융·재테크	재테크??? 잘 몰라~
10. 정보 추구/기술	기술보다는 인간이 먼저~

응을 보이지 않는 특성을 보인다. 식생활에 있어서는 음식에 대한 관심이 적은 편이며, 건강이나 영양보다는 맛있는 군것질을 즐긴다. <중략>

▶ Red형

정열적 행동파인 레드형은 자기 중심적이고 개인주의 성향이 짙다. 특히 트렌드, 패션, 개성 등을 중시하며, 충동성을 가지고 있으며, 즐거운 삶을 살고자 한다. 동시에 미래를 위한 준비를 하는 유형이며, 가족을 중시하면서도 자기 중심적 웰빙을 추구하는 성향을 보인다. 패션을 중시하고, 외모를 가꾸는 데

1. 가족관계	가족!
2. 패션·미용	난 소중하니까~
3. 쇼핑	나는 트렌드 리더
4. 식생활	맛 집! 멋 집!
5. 주생활	즐길 수 있는 주거문화 만들기
6. 건강 생활	스스로에 대한 존중
7. 여가 취미	즐겨라. 이 순간을
8. 직장 생활	조직의 일을 우선시~
9. 금융재테크	수익을 위해서라면 위험도 즐겨라~
10. 정보 추구/기술	인터넷은 내 생활의 필수품

돈을 아끼지 않으며, 브랜드를 중시하며, 충동 구매를 즐기고, 신제품에 관심이 많고 친환경 제품을 선호한다. 식생활에 있어서는 맛있는 음식을 찾아다니며, 친환경 음식을 먹으려고 노력한다. 여가 생활에 있어서는 모험과 스릴을 즐기며, 동호회 및 외부 활동을 즐기는 특색을 보인다. <중략>

▶ Olive형

가정적인 차분한 요리의 색깔을 보이는 올리브형은 보수적이고 안정성을 추구한다. 올리브형은 가족을 제일 중요시 여기고, 자녀의 성공을 중요시하는 가족 중심적인 성향을 보인다. 여가 생활에 있어서는 가족, 친구, 이웃과 함께 즐길 수 있는 여가를 추구한다. 기술 변

화의 수용을 어려워하며, 여전히 전통적 매체에 의존하는 성향을 보이는 유형이다. <중략>

▶ White형

자신을 드러내기보다 순응하는 화이트형은 대세 추종형이다. 다른 사람의 다양성을 인정하면서 동시에 경제성의 논리에 민감한 편이다. 쇼핑을 할 때도 할인 매장이나 세일기간을 적극 이용하는 합리적인 소비 성향을 보인다. 식생활은 영양보다는 맛위주로 먹으며, 가격에 민감한 편이다. 여가 시간을 주위 친구, 직장 동료들과 함께 보내며, 스트레스 해소를 여가의 목적으로 삼는 특색을 보인다. <중략>

1. 가족관계	가족이 제일 중요~
2. 패션·미용	옷은 편안한 게 최고!
3. 쇼핑	멀리 보는 소비자
4. 식생활	건강한 먹을거리가 건강한 삶을 만든다.
5. 주생활	나만의 하우징 스타일을 꿈꾸며
6. 건강 생활	잘 먹고 잘 사는 법 깨치기
7. 여가 취미	함께 따로 또 같이
8. 직장 생활	직업은 안정성이 최고!
9. 금융·재테크	안정적 투자를 위해 계획적으로 준비
10. 정보 추구기술	그래도 TV, 신문이 믿을 만해

1. 가족관계	결혼?! 인생을 살아가는 선택의 조건~
2. 패션·미용	거부할 수 없는 외모 지상주의
3. 쇼핑	선(先)저축 후(後)소비
4. 식생활	영양보다는 맛!
5. 주생활	내 집 갖기는 머나먼 나의 꿈인가?
6. 건강 생활	나도 건강할까?
7. 여가 취미	날려라, 스트레스
8. 직장 생활	일은 일, 나는 나!
9. 금융·재테크	돈은 중요한 것, 관심을 가져야~
10. 정보 추구기술	새로운 기술을 배우기는 해야지

자료 : 제일기획(2007).

2) VALS II

VALS I의 단점을 보완하기 위해 1988년 VALS II가 개발되었다. VALS I이 행동이나 관심에 중점을 둔 반면에 VALS II는 소비자의 태도, 재정 상태, 직업 만족도, 매체 습관, 개인 활동, 제품 사용에 관한 내용에 초점을 두었다. VALS II는 두 가지 차원을 중심으로 전체 소비 시장을 8개 집단으로 분류하였다그림 11-3 참조. 기준이 되는 두 가지 차원은 소비자가 세상을 바라보는 3가지 세계관원칙 지향적, 신분 지향적, 행동 지향적(가로축)과 소비자가 보유한 자원소득, 교육 수준, 자신감 등(세로축)을 나타내고 있다.

원칙 지향적 소비자는 세상이 어떠해야 된다는 자신의 견해에 따라 행동하고, 신분지위 지향적 소비자는 타인의 의견에 따라 행동한다. 그리고 행동 지향적 소비자는 여가 활동이나 다양성을 적극적으로 추구한다. 이러한 세계관에 따른 3개의 집단은 자원의 많고 적음에 따라 다시 두 집단풍부한 자원, 제한된 자원 소유 집단으로 나누어진다. 따라서 8개의 세분 집단으로 나누어진다.

▶ 그림 11-3 VALSⅡ에 의한 라이프 스타일 유형

* 자료 : Blackwell, R. D., Miniard, P. W., & Engel, J. F.(2000). Consumer behavior(9th. ed). Thomson/South-Western College publisher, p.224

▶ 표 11-5 VALSⅡ에 의한 세분 집단별 특징

세분 집단	특성
충족형	전문직에 종사, 변화에 능동적, 가정 중시, 건강 중시
신뢰형	전통적(보수적), 규칙 존중, 높은 애국심, 변화에 수동적
실현형	자아존중 성향, 삶을 보다 멋있게, 변화에 능동적, 고급품 선호
성취형	자신의 업무에 만족, 성공을 보여주기 위해 고급품 구매 경향
노력형	추구 가치는 성취자와 유사하나 더 격리된 생활을 원함, 성취자를 모방하려는 성향. 스타일 중시
분투형	안전과 생존에 관심, 소득 가장 적고 나이가 많음, 높은 상표 애호도
경험형	가장 젊으며 운동과 사회 활동 적극적, 유행에 민감, 높은 소비 성향
자급형	실용적 및 편리성 중시, 가족·일·여가 중시, 가정용 공구 소비

* 자료 : 이학식·안광호·하영원(2006). 소비자 행동: 마케팅 전략적 접근(4판). 법문사. p.365. 저자 수정 정리.

VALSⅡ에 의한 라이프 스타일 중 관광 산업에서 가장 의미 있는 유형은 성취형과 충족형으로 알려져 있다Mill & Morrison, 1998. 성취형 소비자는 여행을 자주하며, 고급 호텔이나 리조트에 머무르는 것을 좋아하고, 특히 개별 여행과 가족 여행을 선호한다. 충족형은 다른 집단에 비해 상대적으로 장기 여행을 하며, 여행 계획을 짜는 것에 즐거움을 느끼며, 가격 의식적이고 모험적인 여행을 좋아하지만 가이드 투어나 체인 호텔은 회피하는 경향을 보인다.

5. 라이프 스타일 분석 방법의 한계점

라이프 스타일 분석 방법은 소비자들을 본질적으로 이해하고 그들의 행동을 예측하는 좋은 기법이다. 또한, 신제품의 개발과 시장 분석, 커뮤니케이션 내용 및 방법을 결정하는 효율적 방법이라고 할 수 있다. 하지만 여전히 많은 연구를 필요로 하고 있는데, 이것을 정리해 보면 다음과 같다.

첫째, 라이프 스타일의 특성에 비교적 동질적인 성격이 내포되어 있어 소비자의 행동을 묘사하고 예측하는 데 제한적이다.

둘째, 라이프 스타일 연구는 기본적으로 가격으로 판매되는 상품이나 전문가가 명세서에 따라 구입하는 제품들에 대해서는 부적합하다. 개인적 취향에 어울리는 구매 행동을 할 수 없기 때문이다.

셋째, 라이프 스타일을 효과적으로 마케팅에 적용하려면 소비자의 제품 사용, 매체의 접촉 실태, 소비자의 인구 통계적 특성이 정확하게 조사·분석되어야 한다. 하지만, 라이프 스타일에 속하는 특성을 정량적으로 파악하여야 하므로 방법론에 있어 어려움이 있다村田昭治. 1979.

마지막으로, 소비자 행동은 경제적, 사회적, 심리적 등의 제 요소와 관련되어 있기 때문에 각 분야의 전문 지식을 소유하여야 한다.

제3절 라이프 스타일과 마케팅 전략

라이프 스타일은 마케터가 새로운 발상이 필요할 경우, 제품 개발을 할 경우, 시장을 세분화할 경우, 포지셔닝 전략을 수립할 경우, 그리고 표적 시장에 적합한 마케팅 커뮤니케이션 전략을 수립하려는 경우 등에 유용한 정보를 제공한다. 왜냐하면 소비자는 라이프 스타일 유형에 따라 그들의 구매 행동 양식에 차이를 보일 뿐만 아니라 그들이 선호하는 제품이나 광고 매체 등도 서로 상이하기 때문이다.

1. 새로운 발상

과거의 소비자 행동 분석은 구매 행동이나 소비자 행동이라고 하는 생활의 부분적 분석이 주가 되었다. 오늘날 기업은 소비자의 라이프 스타일 설계에 적극적으로 참가하고 있다. 이를 통해 기업은 소비자의 새로운 욕구를 발견하게 된다. 이것은 과거의 생산자 지향적 사고에서 소비자 지향적 사고로 변화됨을 의미한다. 마케터는 소비자의 라이프 스타일 설계 과정에 마케팅을 접합시켜 나가야 한다. <사례 11-3>은 캠핑하면 야외를 생각하게 되는데 이를 도심과 고급 라이프 스타일을 역발상하여 호텔의 빈 공간을 효율적으로 활용한 제주 신라 호텔과 쉐라톤 워커힐 호텔의 야외 캠핑존 사례이다.

사례 ⑪-3

'럭셔리 호텔에서 텐트치고 야외에서 논다?'

호텔과 캠핑. 전혀 어울리지 않을 것 같은 이 둘의 조합이 '호텔은 객실 내에서만 즐긴 다'는 편견을 깨고 큰 호응을 얻고 있다. 31일 관련 업계에 따르면 국내 특급 호텔 중

▲ 제주 신라 호텔의 야외 캠핑존. 텐트 한 동 설치하는 데 든 비용은 500~800만 원 선으로 호텔 객실 뺨치는 고급스러움을 느낄 수 있다. 1인당 7만5,000원~10만원 가량의 바비큐 비용만 내면 내 것처럼 즐길 수 있다.

▲ 쉐라톤 워커힐 호텔의 캠핑존.

처음으로 호텔 내에 야외 캠핑&바비큐 존을 선보인 제주 신라 호텔은 지난해 12월 야외 캠핑 이용객이 전년대비 29.1%, 올 1월에는 48.7% 증가했다. 겨울 한파에도 불구하고 이용객이 비약적으로 늘어난 것.

서울 광장동에 위치한 쉐라톤 그랜드 워커힐이 지난 해 10월 문을 연 캠핑존 '캠핑 인 더 시티' 역시 고공 행진을 이어가고 있다. 평일에는 저녁에만 운영하고 있음에도 불구하고 총 12동 중 평균 6~10동이 예약되고 있으며 주말에는 예약이 90~100% 만료될 정도다. 지난 12월에는 한 달 전부터 예약이 완료돼 2,000명 이상이 캠핑존을 이용했다. 연휴가 낀 이달에도 1,000명 정도가 찾은 것으로 호텔 측은 추정하고 있다.

이같은 호텔 캠핑의 성공 비결은 최근 버라이어티 TV프로그램인 '1박2일', '남자의 자격'등을 보며 도심을 떠나 캠핑을 즐기고 싶어하는 고객들이 많아진 데에 있다. 호텔 측은 이러한 트렌드를 간파, 손쉽고 안전하게 즐길 수 있도록 틈새 시장을 파고들었다.

제주 신라 호텔 관계자는 "많은 이들이 친자연적인 야외 캠핑을 즐기고 싶어하지만 막상 직접 텐트치고 야외 취침하는 수고는 꺼린다"며 "이에 야외에서 셀프 바비큐를 만들며 캠핑의 분위기를 만끽하되 잠은 편안하게 객실에서 이용할 수 있도록 기획했다"고 말했다.

워커힐 호텔 관계자 역시 "캠핑존이 위치한 곳은 여름에 야외수영장으로 운영되는 곳인데 겨울에는 활용도가 떨어졌다"며 "요즘 유행하는 걷기, 캠핑, 럭셔리 라이프스타일을 접목하는 동시에 호텔의 빈 공간을 활용할 수 있는 호텔의 '도심 속 캠핑'이야말로 역발상의 성공적인 모델"이라고 평가했다.

워커힐 호텔의 경우, 캠핑의 주요 고객이 넥타이·하이힐 부대라는 점도 색다르다. 장비 설치·장보기·설거지 등 뒷정리가 필요 없다는 점에서 새로운 회식 장소를 찾는 직장인들 사이에서 각광받고 있는 것. 이처럼 야외 테이블·그릴·파라솔 등 캠핑 도구에서부터 바비큐 재료까지 호텔에서 전부 제공한다는 점이 호텔 캠핑의 가장 큰 장점이다.

모든 용품은 '스노우 피크', '오가와' 등 해외 유명 아웃도어 캠핑 브랜드다. 말이 텐트지 한 동 설치 비용은 500~800만 원 선으로 호텔 객실 뺨치는 고급스러움을 느낄 수 있다. 제 돈 주고 이러한 럭셔리 캠핑을 즐기기는 쉽지 않지만 호텔 캠핑은 전복·꽃등심·LA갈비 등이 제공되는 캠핑 음식값

으로 1인당 7만 5,000원부터 10만원 가량만 내면 내 것처럼 사용할 수 있다. 제주 신라 호텔은 오는 3월부터 기존의 호텔 캠핑에서 한 단계 더 나아간 '글램핑'(글래머러스 + 캠핑의 합성어)을 선보일 예정이다.

호텔 관계자는 "자연에서 느끼는 여유로움과 편안함과 함께 특별한 추억을 제공하는 호텔 캠핑존이 인기를 모으고 있다"며 "국내에서는 시작 단계인 만큼 앞으로는 '집 밖의 내 집' 같은 느낌을 살릴 수 있도록 점차 발전해나갈 수 있다"고 말했다.

자료 : 아시아경제(2012.1.31)

2. 제품 개발 전략

소비자는 라이프 스타일에 맞는 욕구를 만족시킬 수 있는 새롭고 보다 개량된 제품을 기대한다. 즉, 소비자가 필요한 제품을 가족 수, 식습관, 여가 활동, 라이프 스타일 등에 따라 최적의 상품이나 서비스를 개발하여 제공해야 한다. 라이프 스타일 변화에 맞춤 서비스는 외식, 카드, 금융, 가전, 건축, 백화점 등의 분야에서 활발히 제공되고 있다. <사례 11-4>는 골드 미스터와 골드 미스의 라이프 스타일을 이해하여 신제품을 개발하여 인기를 얻고 있는 호텔 상품, 여행 상품, 그리고 의류 상품을 소개하고 있다.

'솔로 이코노미' 이끄는 큰손, 슈퍼싱글 무엇에 지갑 여나

골드 싱글. 학력이나 경제력 등 충분한 조건을 갖추고도 혼자 사는 독신 남녀를 일컫는다. 이들은 1인 가구 소비 시장에서 어엿한 큰손으로 통한다. 기업들은 이들의 소비 패턴을 관찰하고 고객으로 끌어들이기 위해 팔을 걷어붙였다. 골드 싱글들이 주도하는 '솔로 이코노미'를 들여다봤다.

제약 회사 임원으로 재직 중인 골드 미스 황인주(42) 씨는 승마와 와인이 인생의 즐거움이다. 얼마 전 500만 원대 고급 와인 셀러를 구매한 뒤에는 지인들을 초대해 한 달에 한 번 와인 파티를 연다. 지난 연말에는 한 해 동안 수고한 자신을 위한 선물로 200만 원대 호텔 패키지를 구입해 휴식을 취했다. 외국계 기업 법무팀에서 일하는 싱글남 성민수(45) 씨는 머리부터 발끝까지 자신의 외모 가꾸기에 돈을 아끼지 않는다. 아마추어 아이스하키 선수인 성 씨는 주말마다 하키장에 나가 운동과 인맥 관리를 겸하고 주말엔 백화점 남성 편집숍에 쇼핑하러 간다. 젊음을 유지하기 위해서라면 2000만~3000만 원짜리 프티성형도 마다하지 않는다.

1인 가구가 빠르게 늘면서 이들의 소비 문화인 이른바 '솔로 이코노미'가 주목받고 있다. 통계청의 발표에 따르면 2000년 15.5%에 그쳤던 국내 1인 가구 비율은 2015년 25%를 넘어 2035년에는 34.3%로

▲ 롯데호텔서울 레이디스 셀레브레이션 패키지.

2인 가구(34.0%)를 능가할 전망이다. 이들의 소비지출 규모 역시 현재 50조 원 규모에서 2030년 194조 원으로 급증할 것으로 예상되고 있다.

홀로 사는 30~50대 고소득 전문직 종사자로 대표되는 골드 미스터와 골드 미스는 '솔로 이코노미'를 이끄는 큰손이다. 이들은 주변 눈치를 보지 않고 현재의 풍요로운 삶을 즐기는 라이프 스타일을 추구하며, 무엇보다 자신에게 아낌없이 투자한다는 특징이 있다. 기업들이 골드싱글의 소비 패턴에 주목하고 그들의 니즈에 맞는 제품과 서비스 개발에 박차를 가하는 것은 어쩌면 자연스러운 현상이다. <중략>

▶ 골드 미스 홀로 즐기는 럭셔리 1인용 호텔 패키지

호텔가는 골드 미스의 지갑을 가장 적극

▲ 롯데백화점 미아점 남성 전용 바버샵.

적으로 공략하는 업종 가운데 하나다. 그동안 가족, 연인 등 2인 이상을 겨냥했던 패키지 상품에 1인용을 추가하거나 아예 싱글용을 신설하면서 '고소득 나홀로족' 모시기에 나서고 있다. 롯데 호텔 서울은 여성들끼리 특별한 모임이나 파티를 즐길 수 있는 '레이디스 셀레브레이션 패키지'를 선보여 인기몰이 중이다. 쉐라톤 그랜드 워커힐 호텔은 지난해 말 싱글 여성들을 위해 바비 파티 드레스와 클럽 라운지의 조식, 와인 룸서비스 등이 포함된 '바비룸 패키지'를 선보여 소위 대박을 쳤다. <중략>. 리츠칼튼 서울 관계자는 "화려한 라이프 스타일을 추구하는 여성 고객들을 겨냥한 '레이디스 패키지'가 어느새 호텔가의 트렌드로 자리 잡았다"며 "골드 미스들은 재방문율이 높고, 입소문의 중심에 있기 때문에 파급력을 무시할 수 없다"고 말했다.

여행·항공업계도 골드 싱글에 주목한다. 온라인 쇼핑몰 인터파크에 따르면 지난해 에어텔(항공과 숙박을 패키지로 묶은 여행 상품)을 이용한 해외 여행객 중 30% 이상이 '1인 여행객'으로 나타났다. 이 중 83%가 20~30대이지만, 40~50대(17%)도 나 홀로 여행에 동참하는 사례가 늘고 있다. <중략>. 30대 후반 골드 미스 윤승주 씨는 "10년 전부터 혼자 여행하기 시작해 워낙 많이 돌아다니다 보니 요즘엔 한 가지 주제를 가지고 관광을 즐기게 된다"며 "이번 설 연휴에는 발칸 반도 쪽으로 클래식 투어를 다녀올 계획"이라고 전했다. 한 프리미엄 호텔 예약 사이트 관계자는 "유럽의 유명하지 않은 부티크 호텔 등 독특한 숙소를 예약하는 경우를 보면 혼자 떠나는 싱글족"이라며 "그들은 온전히 자신만을 위한 여행을 추구하는 만큼 개성 있고 프라이빗하게 만들기를 원한다"고 밝혔다.

▶ '다이아 미스터' 1000만 원대 피부 관리도

골드 미스터 시장은 골드 미스 시장보다 더 큰 폭으로 성장하고 있다. 능력 있는 독신 남성을 뜻하는 '골드 미스터'에 외모를 꾸미는 데 관심이 많은 '그루밍족'의 특성까지 겸비한 남성을 가리키는 '다이아 미스터'가 신조어로 등장할 정도다. KT경제경영연구소는 지난해 1인 가구의 부상과 솔로 이코노미 보고서에서 막강한 경제력으로 무장한 골드 미스터들의 씀씀이가 골드 미스의 배에 달한다고 분석한다.

실제로 강남의 한 피부과가 30~40대 미혼 남성 고객들을 조사한 결과, 이들은 1인당 700만~1000만 원을 지출해 골드 미스 고객보다 3배나 높은 구매력을 보였다. 아내와 함께 온 기혼 남성들이 평균 100만 원을 쓰는 것과 비교해도 골드 미스터의 파워는

▲ 100여 개 고급 수입 브랜드가 입점한 신세계백화점 본점의 럭셔리 남성관.

막강했다. CNP차앤박 피부과 관계자는 "미혼 남성들은 회당 80만~120만 원인 주름, 탄력, 기미 색소 관리 프로그램을 한번에 5회 정도 구매한다"고 귀띔했다.

지난해 신세계와 롯데, 현대 백화점이 잇따라 남성 전문 편집숍을 리뉴얼하고 수입 브랜드를 대거 영입한 것도 이들 골드 미스터를 잡기 위해서다. 신세계 백화점은 본점 7층에 남성 클래식·컨템퍼러리 전문관을 선보인 데 이어 6층에 에르메네질도 제냐, 브리오니 등 100여 개의 고급 해외 브랜드를 모은 '럭셔리 남성관'을 열었다. 롯데백화점 본점도 기존 남성 캐주얼 매장을 확장해 프라다옴므를 비롯한 남성용 고급 수입 브랜드들을 입점시켰으며 현대백화점 역시 무역센터점에 남성 전문관 '현대 멘즈'를 열어 남심(男心) 잡기에 나섰다. <중략>

자료 : 한국경제매거진(2015.2. 117호)

3. 시장 세분화 전략

최근에는 라이프 스타일을 기준으로 한 시장 세분화에 많은 관심을 보이고 있다. 종래에는 인구 통계적, 사회 경제적, 또는 성격 변수를 기준으로 시장을 세분화하는 것이 일반적이었다. 그러나 인구 통계적 변수나 사회적 요인 등을 기준으로 하여 세분화된 시장들 간에는 소비자 행동 측면에서 별다른 차이점이 확인되지 않았다. 다시 말해, 구매 행동과 밀접한 관계가 있는 소비자의 일상적인 행동, 욕구, 관심, 가치관 등의 변수들로는 시장 세분화를 명확하게 구현할 수 없다는 것이다Wells & Tigert, 1971.

여행객의 라이프 스타일에 관한 연구에서 Lawson[1999] 등은 1,703명의 뉴질랜드인을 대상으로 설문 조사를 실시하였다. 분석 결과, 모험 추구형, 스포츠 헌신

형, 재미 애착 휴가형, 학습 추구형, 가족 행사형, 그리고 가족 휴가형으로 여행자
집단을 분류하였다. 이들 집단별 여가 활동과 숙식 행동 등에 있어 차이가 존재하
였다. 예를 들면, 여행 동기에 있어 모험 추구형은 사회 교류나 모험을 그리고 가
족 휴가형은 휴식이나 일상 탈출이 주된 동기였다. 숙박에 있어서는 모험 추구형
은 캠핑장이나 배낭 여행객 숙박 시설을 주로 이용하는 편인데 반해 학습 추구형
은 호텔이나 모텔을 선호하였다.

관광 소비자 행동의 특성에 따라 라이프 스타일을 유형화하기 위한 노력도 다
양하게 이루어져 왔다. 해외 지향적 관광객은 신비성과 같은 다양성 추구의 라이
프 스타일을 지니고 있으며Wells, 1972, 활동형 라이프스타일을 지닌 관광객은 적
극적으로 생활 환경의 변화를 모색하고 해외 관광을 자주하는 경향이 있다Ber-
nay, 1970. 위락용 자동차 여행객recreational vehicle traveller은 가족 중심적이며,
친환경적이고, 그리고 사교적 인관 관계를 중시하는 라이프 스타일의 특징을 가
지고 있다Hawes, 1978. 필리핀 방문 한국 관광객 중에서 가족 중심형 라이프 스타
일을 지닌 관광객은 색다른 체험, 기분전환, 조용한 휴식 시간, 화합 등의 관광 동
기를 가지고 있는 것으로 나타났다김성혁 외, 2008. 관광 소비자 행동 특성에 따른 라
이프 스타일 유형 연구를 요약하면 <표 11-6>과 같다.

▶ 표 11-6 관광 소비자 행동 특성에 따른 라이프 스타일 유형

연구자	라이프 스타일 유형
Bernay(1970)	활동 지향적 여행객, 가정 지향적 여행객
Wells(1972)	정태적 여행객, 자녀 지향적 여행객, 해외 지향적 관광객
Hawes(1978)	활동적 여행자, 몽상가, 한가로운 여행자
Darden & Perreault(1975)	일반적인 자신감, 의견 선도자형, 계획 중심자형 여행객, 정보 추구형 여행객, 캠핑 여행객, 건강 추구형 여행객, 1급 여행객, 국내 여행객, 방랑형 여행객, 역사 유적형, 스포츠 관람객, 향토 음식 추구형
Mayo & Jarvis(1981)	정태 지향형 여행자, 해외 지향형 여행자, 역사 지향형 여행자, 위락용 차량 지향형 여행자, 후불형 여행자
김홍범 & 허창(1997)	외향적 독립형, 가정적 진보주의형, 가정적 보수주의형, 성취 지향형, 현금 선호형, 리더십 및 자기 관리형
김성혁 · 전정아 · 정다운 (2008)	개인 중심형, 가족 중심형, 무의식형

4. 포지셔닝 전략

라이프 스타일 정보는 소비자의 기본적 욕구와 제품이 소비자의 생활과 어떠한 관련성이 있는가에 대한 정보를 제공함으로써 제품 포지셔닝에 활용될 수 있다. 그리고 특정 제품 사용자와 비사용자의 라이프 스타일을 분석하여 제품 사용자들의 라이프 스타일에 적합하게 제품 포지셔닝을 할 수 있다.

General Foods는 카페인 없는 Sanka 커피를 재포지셔닝하기 위하여 건강에 관심이 많은 소비자들의 사이코그래픽스를 이용하여 분석하였다. 과거에는 카페인 제거 커피의 표적 시장으로서 주로 노년층을 대상으로 하였으나, 연구 결과에 따라 모든 연령층의 활동적 성취자들을 표적으로 하였다. 이와 함께 광고의 소구점도 모험적 라이프 스타일로 하였다. <사례 11-5>는 술자리가 잦은 남성들의 라이프 스타일을 분석하여 간 건강에 좋은 '헛개 차(茶)'를 남성들의 '차'로 포지셔닝하여 성공을 이룬 사례이다.

사례 ⑪-5

간 건강 공신, 1천억 헛개 음료 시장을 잡아라

**건강 음료 각광받으며 앞 다투어
헛개 제품 출시 '급성장'**

남양유업 '17차', 광동제약 '옥수수 수염차' 이후 이렇다 할 '히트상품'이 나타나지 않은 차 음료 시장에 최근 헛개음료가 돌풍을 일으키고 있다. 현재 시판되고 있는 헛개음료는 10여종에 달하며, 헛개 성분을 함유한 유산균 음료 등을 모두 합하면 50여종에 달한다.

관련 업계 종사자에 따르면 국내 헛개 음료는 불과 2년 전만 해도 40억 원 수준이었지만 지난해에는 300억 원 가량으로 7배 이상 성장했으며, 올해는 1,000억 원에 달할 전망이다.

현재 헛개 음료 시장은 업계 1위인 CJ제일제당의 '컨디션 헛개수'를 비롯, 광동제약의 '힘찬 하루 헛개차(茶)', 롯데칠성음료의 '오늘의 차 아침 헛개'등이 각축을 벌이고 있다. 또한 지난 5일에는 웅진식품의 '홍삼 헛개수'가 이 시장에 새롭게 진입했다.

▶ 헛개 음료의 인기 이유

메이저 음료 업체들이 헛개 음료 시장에 뛰어드는 데는 노무족(No more uncle), 로엘족(Life of Open-mind, Entertainment and Luxury) 등으로 불리며 적극적이고 주체적으로 소비에 나서고 있는 남성들이 새로운 소비층으로 급부상했다는 점이다. 이에 헛개 음료 브랜드들은 술자리가 잦은 남성들의 라이프 스타일을 분석하여 간 건강에 좋은 '헛개 차'를 '남성들의 차(茶)'로 포지셔닝하고 다양한 마켓팅 활동을 전개하여 차 음료 시장에서 소외 된 남성들을 적극적으로 공략하고 있다. 또 구수하고 담백한 헛개차의 풍미는 단맛을 내는 성분에 민감하게 반응하는 웰빙족들까지 끌어들이며 건강 음료로 새로이 각광을 받고 있는 중이다.

▶ 다양한 헛개 음료 출시 러시

헛개 음료 시장에서 단연 돋보이는 제품은 업계 1위를 달리고 있는 CJ제일제당의 '컨디션 헛개수'(2010년 9월 출시)이다. 이 제품은 헛개 나무 중에서도 갈증 해소에 최고라고 100% 국산 헛개나무 열매 추출액이 8,300mg(340ml 기준)이 함유되어 있다. 또 이뇨 작용과 부기 제거에 월등한 효능이 있는 국산 칡 성분이 함유되어 있으며, 열량 뿐 아니라 당류, 나트륨, 지방, 콜레스테롤, 나트륨 까지 모두 0(제로)이기 때문에 디톡스, 다이어트 등에 관심이 많은 여성 소비자들까지 주요 고객층으로 끌어 들이고 있다. 이러한 여세를 몰아 출시 1년 4개월 만에 누적판매량 2,000만 병을 돌파했다.

닐슨 데이터 분석 결과에 따르면 올해 1,2월 '컨디션 헛개수'의 마켓 점유율은 50% 로 마감되어 업계 선두를 차지했다. 이는 지금까지 업계 1위라고 알려져 왔던 광동 '힘찬 하루 헛개차'의 점유율 34.1%를 크게 웃도는 수치이다. CJ제일제당 제약 사업부의 컨디션 헛개수 브랜드매니저는 "'컨디션 헛개수'는 음주 후 갈증 해소에 도움을 주는 음료로 남심(男心)을 잡은데 이어 건강 음료로 입지를 넓히며 여심(女心)까지 공략하고 있다."며 "앞으로 다양한 마케팅, 프로모션 활동 등을 펼치며 올 한해 400억 원 매출을 달성하는데 주력할 계획이다."고 전했다.

헛개 음료 시장의 2위 제품인 광동제약의 '힘찬 하루 헛개차'(2010년 4월 출시)는 헛개 나무 열매 추출액이 4,390mg (340ml)이 함유돼 있으며 '남자들의 차(茶)'를 표방한 제품이다. 이 제품의 주요 소비자인 남성들의 만족도를 더욱 높이기 위해 거칠고 강한 남성의 이미지로 디자인된 리뉴얼 제품을 지난해 새롭게 출시했다. 특히 힘찬 느낌의 붓글씨로 한자 '男(사내 남)'을 형상화해 남자들을 위한 차라는 점을 확실히 느낄 수 있도록 했다. 또한 주요 고객인 남성들을 '시루떡'으로 표현한 광고로 화제를 모으기도 했다.

지난해 12월 출시한 롯데칠성음료의 '오늘의 차 아침헛개'(2011년 12월 출시)는 100% 국산 헛개 나무 열매 추출액과 칡즙 농축액, 한방 혼합 추출 농축액 등이 함유되어 있으며, 술 마신 다음 날 간 때문에 피곤한 아침, 숙취로 힘든 아침을 상쾌하게 시작할 수 있도록 도와준다는 컨셉트의 제품이다. 현재 월평균 3억~4억 원의 매출을 올리고 있으며 시장 점유율은 5.9%이다.

헛개 음료 시장에 가장 늦게 뛰어든 웅진식품의 '홍삼 헛개수'(2012년 4월 출시)는 숙취 해소와 간 건강에 관심이 많은 3040 직장인들을 위해 출시된 제품. 헛개 열매 추출액 1만7330mg과 홍삼 농축액이 들어있다. 출시를 기념해 직장인들을 대상으로 한 회식 이벤트를 진행하는 등 공격적인 마케팅 활동을 계획하고 있다.

이 외 한국야쿠르트가 선보인 간 건강에 도움을 주는 제품인 '헛개나무 프로젝트 쿠퍼스'(2011년 10월 출시) 헛개 나무 열매에서 채취한 추출분말이 2460㎎이나 들어 있다.

한국인삼공사가 30~40대 직장인 남성을 위한 차음료 '헛개 홍삼수'(2011년 6월 출시)는 국내산 헛개나무 열매 추출액에 국내산 6년근 홍삼 농축액을 조화시킨 차음료이고, 풀무원녹즙은 신선초라고 불리는 명일엽에 헛개나무 추출액을 한 병에 담은 '칸 러브 명일엽 &헛개'(2012년 4월)는 유기농으로 재배한 국내산 명일엽과 헛개나무 추출물에 열대 과일과 레드 자몽이 함유돼 있다.

업계 관계자는 "헛개 음료가 처음 시장에 출시되었을 시 숙취 해소 등에 좋은 '남성 음료'로 포지셔닝되었지만 '헛개'의 다양한 효능이 알려지면서 남녀 노소 할 것 없이 즐겨 찾고 있다"며 "앞으로 녹차, 옥수수 수염차를 잇는 차 음료의 차세대 주자로 자리잡을 것이다"라고 전했다.

▶ 간 건강의 일등 공신 헛개

중국의 맹선이 쓴 '식료본초'에는 어떤 사람이 집 수리 중 실수로 헛개나무 한 토막을 술독에 빠뜨렸는데, 며칠 후 술독의 술이 전부 물이 되었다는 설이 실려있다. 또 서송이라는 사람이 지은 '도경본초'에도 헛개나무를 기둥이나 서까래로 써서 집을 지으며 그 집안에 있는 술이 모두 물로 변한다는 흥미로운 이야기가 적혀있다.

최근에는 이렇게 민간에서만 전해내려오던 헛개의 효능이 과학적으로 입증되고 있다. 전남대 농업생명과학 대학 나천수 교수는 KBS '생로병사의 비밀'의 '헛개편'에서 "헛개는 알코올을 분해함은 물론이고 여러 가지 독성 물질들을 제거하는 효능이 우수한 것으로 나타났다"고 전했다.

분당 서울대학교 병원은 알코올성 간 손상 환자를 두 그룹으로 나누어 헛개 효능에 대한 임상 실험을 실시한 결과, 헛개 열매 추출물을 먹은 그룹이 r-GTP(감마GTP, 알코올에 의한 손상도를 나타내는 수치)가 정상 수준으로 돌아오는 것을 밝혀 내었다는 연구 결과를 발표했다.

자료 : 약업신문(2012.4.23.)

5. 광고 전략

라이프 스타일 분석이 광고 결정에 이용된 예로는 스낵 구매자를 대상으로 한 것에서부터 맥주나 승용차 등의 구매자를 대상으로 한 것에 이르기까지 다양하다. 연구자들은 응답자들의 일반적 혹은 제품 관련적 라이프 스타일, 인구 통계적 특성, 매체 사용 패턴 등에 관한 자료를 수집·분석한 후 그 결과를 토대로 시장을 세분화하고 포지셔닝과 광고 전략을 수립하려는 데 주안점을 두고 있다.

<그림 11-4>는 한 우유 업체의 라이프 스타일 맞춤형 광고 사례이다. '저무지방 & 고칼슘 우유' 3종을 홍보하기 위해 각각 별도의 영상을 제작하고 소비자가 연령과 체질 그리고 라이프 스타일에 맞춰 제품을 선택하도록 광고하였다. '저지방 & 고칼슘 2%' 편엔 놀이터에서 신나게 뛰어노는 어린이를 이용하여 성장기 어린이를 공략하였다. '저지방 & 고칼슘 1%' 편엔 배우 정만식을 통해 건강을 챙기기 시작한 30~40대 남성 공략하였고, '무지방 & 고칼슘 0%' 편에선 수영선수 정다래를 기용해 다이어트 여성 소비자를 타겟으로 하였다.

▶ 그림 11-4 매일 유업 '저지방 & 고칼슘' 우유 2% 광고

* 자료 : http://www.google.co.kr

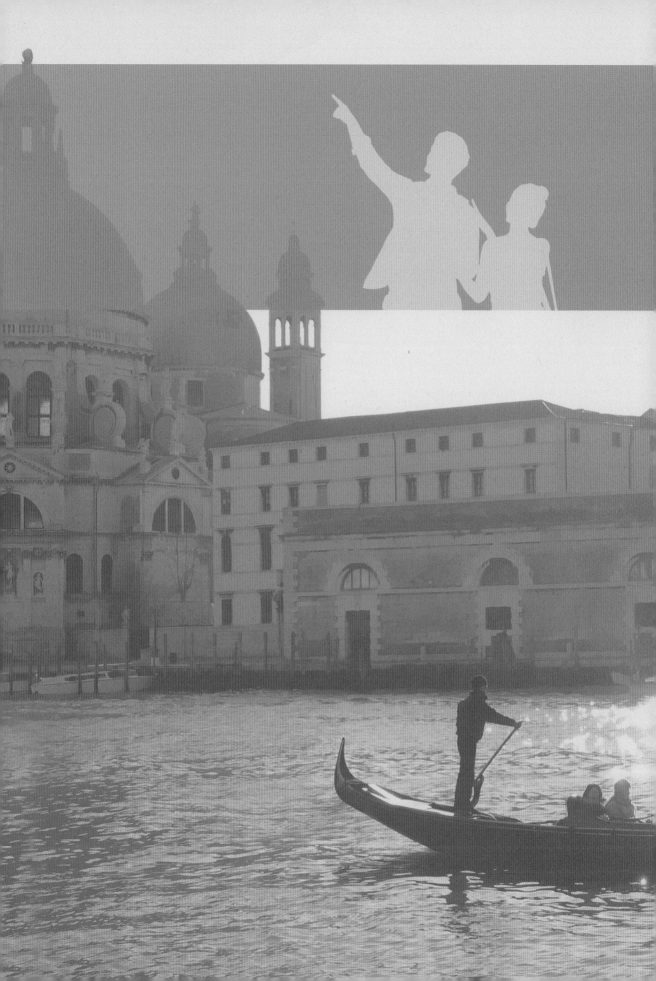

PART 4
구매 의사 결정의
외부 영향 요인

Chapter

12

준거 집단과
관광 행동

학습 목표

이 장을 학습하고 나면 학생들은 다음의 내용을 이해하게
될 것이다.

1   준거 집단의 개념
2   준거 집단의 유형 및 특성
3   준거 집단의 영향력 및 영향 요인
4   구전 커뮤니케이션의 중요성
5   부정적 구전 커뮤니케이션의 영향
6   의견 선도자 역할 및 특징
7   구매 결정에 대한 준거 집단의 영향
8   구전 커뮤니케이션과 마케팅 전략
9   브랜드 커뮤니티와 마케팅 전략
10 의견 선도자와 마케팅 전략

지금까지 구매 의사 결정 과정에 중요한 영향을 미치는 내부 요인에 대해 살펴보았다. 이 장부터는 외부 요인에 대해 설명한다. 구매 의사 결정 과정에 영향을 미치는 외부 요인으로는 준거 집단, 가족, 문화, 그리고 사회 계층이 있는데, 우선 준거 집단과 관광 행동에 대해 살펴보고자 한다.

준거 집단의 행동 규범은 개인에게 행동 지침이나 준거 체계의 구실을 하게 된다. 준거 집단은 현재 개인이 속해 있거나 앞으로 소속되고 싶은 집단이므로 자기가 속한 준거 집단의 규범을 추종하거나 동일시 또는 내면화하여 행동하게 되는 것이다. 그러므로 소비자가 어떠한 준거 집단에 소속되어 있느냐에 따라 저마다 다른 영향을 받게 된다. 왜냐하면 사람들이 한 집단의 구성원이 되고 싶어하는 집단의 소비 규범은 다른 집단의 소비 규범과는 다르기 때문이다.

준거 집단은 개인의 판단 기준이나 행동 유형에 많은 영향을 주면서 각 구성원의 준거점이 되고 있다. 준거 집단의 영향력은 제품이나 구성원의 개성에 따라 다르기 때문에 획일적으로 설명할 수는 없지만, 자기의 것과 집단의 그것과를 비교할 때 준거 집단의 영향력을 가장 많이 받는다. 제12장에서는 준거 집단의 의의 및 특성, 준거 집단의 유형, 준거 집단의 영향력, 구전 커뮤니케이션, 의견 선도자, 그리고 준거 집단과 마케팅 전략에 대해 살펴본다.

▶ **그림 12-1**   제12장 요약도

제1절 준거 집단의 특성 및 영향	제2절 구전 커뮤니케이션	제3절 의견 선도자
• 준거 집단의 정의 및 특성 • 준거 집단의 유형 • 준거 집단의 영향 • 준거 집단 영향력 결정 요인	• 구전 커뮤니케이션 개념 • 구전 커뮤니케이션의 영향 • 구전 커뮤니케이션의 모델 • 부정적 구전 커뮤니케이션	• 의견 선도자의 개념 • 의견 선도자의 특징

제4절 준거 집단과 마케팅 전략
• 구매 결정과 준거 집단 • 구전 마케팅 • 준거 집단과 판매 촉진 • 의견 선도자와 마케팅 전략

제1절 준거 집단의 특성 및 영향

개인은 현재 자신이 속해 있는 집단뿐만 아니라 소속되기를 희구하거나 갈망하고 있는 집단에 의해서도 영향을 받는다. 예컨대, 사람들은 누구나 그가 속하기를 희구하는 집단에 대해서는 그 집단의 기대에 부응하는 행동을 하고 싶은 강한 욕구를 가지고 있기 때문에 그 집단의 규범에 순응하게 되고, 그로 인해 그 집단의 강한 영향을 받게 된다. 본 절에서는 준거 집단이 무엇이며 어떠한 특징을 가지고 있는지, 그리고 어떤 유형이 있는지를 설명한다. 또한 준거 집단의 영향 유형과 영향 요인에 대해 살펴본다.

1. 준거 집단의 정의 및 특징

인간은 누구나 가족을 비롯해 학교나 직장 등에 소속되며 그 집단 속에서 행동 양식을 학습한다. 즉, 개인은 한 특정의 준거 집단의 구성원으로서 활동하기 때문에 해당 준거 집단으로부터의 영향을 받을 수 밖에 없다. 여기서는 개인의 행동에 영향을 미치는 준거 집단이 무엇이며 어떤 특성을 지니고 있는지 살펴 본다.

1) 준거 집단의 정의

준거 집단reference group이라는 용어는 1942년 Hyman의 저서 『The Psychology of States』에서 최초로 언급되었다. 그는 개인이 다른 사람과 비교되거나 또는 자신의 문제 해결에 대한 판단을 위해 사용되는 준거점을 제공하는 집단을 준거 집단이라 하였다. McCarthy[1993]는 한 개인이 특정 문제에 대해 태도를 형성할 때 사람들에게 영향을 받는다면 그것이 준거 집단이라고 하였으며, Kotler 등[2005]은 개인의 태도, 행동, 지각 등에 영향을 미치는 모든 집단으로 정의하였다.

준거 집단의 개념이 처음부터 이와 같은 의미를 지니고 사용된 것은 아니다. 처음에는 가족이나 친구와 같이 직접적인 대면 관계를 유지하고 있는 개인이나 집단만을 지칭하였다. 오늘날에는 직접적인 대면 관계뿐만 아니라 개인이 선호하는 특성과 유사하게 행동하는 데 영향을 미치는 연예인, 스포츠 스타, 정치인 등 간접적으로 영향을 주는 개인이나 집단까지 포함한다. 집단으로는 가족, 친구, 사회 계층, 지역 사회에 이르기까지 매우 다양하다.

2) 준거 집단의 특성

개인은 소비 행동을 수행하는 과정에서 가족을 비롯한 여러 준거 집단에 의해 영향을 받는다. 준거 집단이 소비자 행동을 이해함에 있어 특히 중요한 이유는 다음과 같은 특성을 지니고 있기 때문이다. 우선, 준거 집단의 영향은 소비자 자신의 목적이나 의도 또는 의식적인 노력 없이도 발생한다. 개인이 자연 발생적인 집단, 즉 가족과 같은 1차적 집단에 소속되어 있기 때문이다.

또한, 직접적인 대면 관계를 유지하고 있지 않아도 준거 집단은 소비자에게 영향을 미칠 수 있다. 가령, 연예인을 준거 대상으로 여기고 있다면 그 소비자는 연예인들의 행동 규범에 호의적 반응을 보이고, 그들의 행동을 모방함으로써 그들과 직접적인 접촉 없이도 영향을 받게 된다. 자신의 주위 친구들이 동일한 운동을 하는 사람일수록 여가시간에 하는 운동의 빈도가 높은 이유도 준거 집단의 영향 때문이라 볼 수 있다.

2. 준거 집단의 유형

준거 집단은 그 목적에 따라서 다양하게 분류될 수 있다. 집단 구성원으로 소속될 수 있느냐의 여부에 따라 회원 집단과 비회원 집단 등으로 구분된다_{그림 12-2 참조}. 회원 집단은 다시 접촉 빈도에 따라 1차적 집단과 2차적 집단으로 그리고 공식적인 역할과 조직 구조에 따라 공식 집단과 비공식 집단으로 분류된다. 비회원 집단은 열망 집단과 회피 집단으로 나누어진다.

▶ 그림 12-2 준거 집단의 유형

* 자료 : 이학식 · 안광호 · 하영원(2007). 소비자 행동 : 마케팅 전략적 접근. 법문사, p.399.

1) 회원 집단

회원 집단membership group은 개인이 실제로 소속되어 있는 집단을 말한다. 개인은 특정 집단에의 구성원 자격을 자동적으로 얻기도 하지만 특정 목적을 위해 집단을 형성하거나 이미 조직되어 있는 집단에 구성원 자격을 의도적으로 얻기도 한다. 여기서는 1차 집단과 2차 집단 그리고 공식 집단과 비공식 집단의 특성을 위주로 살펴보자고 한다.

(1) 1차 집단과 2차 집단

구성원 간의 접촉 방식에 따라 1차 집단과 2차 집단으로 분류된다. 1차 집단primary groups은 구성원 간에 직접 대면적 상호 작용을 통해 1차적 관계를 유지하고 있는 집단을 말한다. 1차 집단의 구성원들은 신념이나 행동면에서 상호 간에 유사성이 매우 많기 때문에 상당한 응집력이 있으며, 가족, 놀이 집단, 친구 집단, 동료 집단 등이 있다.

2차 집단secondary groups은 1차 집단과 마찬가지로 대면적 상호 작용은 이루어지지만 개인의 사고와 행동에 미치는 영향이 훨씬 덜하며 산발적으로 이루어진다. 2차 집단은 전문직 종사자들의 모임이나 각 업계 종사자들의 협회 등을 들 수 있다. 이들 집단 간의 접촉 방식과 특징 등을 요약하면 <표 12-1>과 같다.

▶ 표 12-1 1차 집단과 2차 집단 특징 비교

구 분	1차 집단	2차 집단
의 미	구성원 간의 대면 접촉 혹은 직접적인 접촉이 이루어지는 집단	구성원 간에 간접적인 접촉이 이루어지며 특정 목적을 달성하기 위해 인위적으로 결성된 집단
특 성	• 구성원의 인성 형성에 영향 • 인격적이고 비형식적인 인간관계가 나타남 • 구성원 간의 관계가 지속적이고 친밀감과 유대감이 높음 • 도덕이나 윤리와 같은 비공식적 수단에 의해 통제	• 부분적이고 형식적이며 비인격적인 인간관계가 나타남 • 구성원 간의 관계가 부분적이고 수단적임 • 법률이나 규칙과 같은 공식적인 수단에 의해 통제
예 시	가족, 놀이 집단, 마을 등	회사, 학교, 군대, 동호회, 협회 등

* 자료 : 저자 정리

(2) 공식 집단과 비공식 집단

공식 집단formal groups은 조직적 구조와 명확한 목적을 가지며 집단 구성원의 자격 요건멤버십이 명확히 규정되어 있는 집단을 말한다. 학교, 회사, 노동 조합 등이 대표적인 예이다. 공식 집단은 집단의 목적에 위배되는 행동을 규제하는 명시된 규정에 의하여 구성원들의 행동에 영향을 준다. 예를 들어, 멤버십 중심의 골프 클럽의 경우에는 클럽의 출입에 관련한 규정(예 복장)을 두기도 한다.

비공식 집단informal groups은 명확한 목적없이 비구조적 상호 작용을 특징으로 하는 자연 발생적 집단이다. 조직의 구조가 엄격하게 형성되어 있지 않으며 상호 간의 친목에 근거를 둔다. 규범이 엄격할 수도 있으나 문서화 되는 경우는 드물다. 공식 집단 내에는 많은 비공식 집단이 존재하는데 회사 내에 테니스 클럽, 등산 클럽, 독서 모임 등이 그 예이다.

사회 심리학 분야에서는 비공식 집단에 대한 연구를 주로 하는데 이유는 비공식 집단이 공식 집단보다 인간 행동에 더 많은 영향을 주기 때문이다. 또한, 마케터들도 비공식 집단에 많은 관심을 가지는 데 그 이유는 비공식 집단이 개인의 구매 행동에 더 영향을 미치기 때문이다.

2) 비회원 집단

개인이 현재 소속 되어 있지 않은 집단을 말하나 개인은 그가 소속 되어 있지 않은 집단에 의해서도 영향을 받을 수 있다. 현재 개인이 소속되어 있지 않지만 참여하고 싶어 하는 집단을 갈망희구집단aspirational group이라 하고, 반대로 소속되고 싶지도 그리고 영향 받고 싶지도 않은 집단을 회피 집단avoidance group이라 한다.

소비자는 특히 희구 집단의 영향을 많이 받는다. 소속될 가능성이 거의 없는 경우에도 희구 집단을 준거 대상으로 채택하고 그 집단 구성원의 라이프 스타일이나 행동 양식을 모방하려는 소비자들이 상당히 많다. 유명 연예인이나 자수성가한 사업자 등이 주로 이러한 집단에 속한다. 한편, 어떤 종류의 바bar 혹은 클럽club이나 레스토랑의 경우에는 독특한 분위기와 문화로 인해 일반 사람들이 접근을 회피하기도 한다.

3. 준거 집단의 영향

개인은 직장, 학교, 친구 등 상호 접촉하는 과정에서 많은 사람들로부터 영향을 받게 된다. 준거 집단의 영향이 발생되는 과정과 영향의 유형은 집단의 규모나 집단 구성원들의 역할과 지위에 따라 다르게 나타난다. 소비자의 구매 선택혹은 행동에 미치는 영향의 유형으로는 규범적 영향, 정보적 영향, 가치 표현적 영향, 그리고 효용적 영향이 있다.

1) 규범적 영향

규범적 영향은 소비자가 준거 집단의 규범이나 기대에 순응하도록 하는 영향력을 말한다. 즉, 준거 집단의 구성원은 지속적인 구성원으로 인정받기 위하여 그 집단의 기준이나 규범에 따라야 한다. 구성원이 집단 규범에 순응할 때는 보상을 받지만 순응하지 않을 때는 벌을 받는다. 집단 규범에 순응하는 데 대한 1차적인 보상은 집단이 그러한 개인을 인정해 주는 것이다. 가령, 호텔의 고급레스토랑에서의 식사나 의복 및 가구의 구매는 매우 가시적이기 때문에 집단은 규범적 영향력을 발휘할 수 있다.

개인은 집단의 규범에 순응하기 전에 집단의 소속으로 얻게 되는 혜택과 비용을 비교하게 된다. 과거 해외 여행은 많은 사람들로부터 사치의 상징물로서 부정적으로 인식되었다. 따라서 관광객 입장에서는 해외 여행으로부터 얻게 되는 성공이나 지위의 상징과 같은 혜택과 주위 사람들로부터의 질시와 배타라는 비용을 비교하고 구매 의사 결정을 하게 되었다. 그러나 최근에는 주위를 의식하지 않고 자신의 취향에 맞는 제품을 선택하는 경향이 증가하고 있다.

2) 정보적 영향

소비자가 합리적인 구매 결정을 하고자 할 때나 구매하고자 하는 제품을 직접 평가할 수 없을 때 준거집단의 의견을 구하고자 한다. 이 때 준거 집단은 정보 제공의 역할을 수행하게 되며 이에 따라 정보적 영향informational influence이 일어나게 된다. 정보적 영향은 내재화를 통해 타인의 영향을 수용한다. 내재화란 타인이 주는 영향이 자신의 가치와 신념에 부합되므로 그의 영향을 수용하는 것을 의미한다.

정보적 영향은 보통 두 가지 방식을 통하여 나타난다. 개인은 박식한 타인으로부터 정보를 탐색하거나 타인의 행동에 대한 관찰을 토대로 추론한다Park & Lessig, 1977. 이때 관찰된 타인의 행동은 정보 제공적이기 때문에 정보적 영향이 일어나게 된다. 특히, 관찰에 의해 제품의 특성을 평가하기 어려운 경우에 소비자는 신뢰성이 높은 준거 집단의 전문성에 의존하게 된다.

3) 가치 표현적 영향

개인은 특정 집단에 소속된 것을 나타내고 싶거나 혹은 그 집단에 소속되고 싶을 때 그 집단 구성원들의 규범, 가치, 행동 등을 따른다. 즉, 다른 사람들과 소속감 혹은 일체감동일시을 갖도록 영향을 줄 수 있는데 이것이 준거 집단의 가치 표현적 영향이다. 단순히 어떤 보상을 얻을 목적으로 타인의 영향을 수용하는 순응(◉ 규범적 영향)과 달리 동일시는 타인과 동질성을 추구하려 하기 때문에 타인의 영향을 보다 적극적으로 수용하는 상태를 말한다김종의 외, 2013.

개인은 자신의 생각과 집단의 생각이 일치하지 않더라도 단지 집단을 좋아하는 감정 때문에 집단에 대하여 동조하게 된다. 따라서 마케터는 광고를 함에 있어서 소비자들이 자신과 유사하다고 지각되는 그런 부류의 준거 집단을 효율적으로 이용함으로써 효과를 발휘할 수 있다.

4) 효용적 영향

소비자는 제품이나 서비스를 구매할 때 제한된 경험으로 인해 불확실성에 직면할 수 있는데 이때 준거 집단의 도움을 받을 수 있다. 이를 효용적 영향이라 한다. 준거 집단의 도움으로 소비자는 불확실성으로부터 야기된 구매 위험, 즉 재정적 손실 등을 피할 수 있게 된다.

4. 준거 집단 영향력 결정 요인

마케터는 소비자가 어떤 제품을 결정할 때 어떤 상황에서 어떤 종류의 집단을 참고하는가 그리고 그 집단의 영향력은 어느 정도인지 파악하는 것이 필요하다. 준거 집단의 영향력을 결정짓는 요인에는 제품 요인, 집단 요인, 그리고 개인 요인이 있다.

1) 제품 요인

첫째, 제품이나 서비스의 현저성을 들 수 있다. 준거 집단 영향력의 정도를 결정해 주는 가장 일반적인 속성은 제품의 현저성이다. 현저성이란 어떤 제품이 두

드러져 사람의 주목을 끌 수 있는 정도를 의미한다[Keiman, 1961]. 어떤 제품이 매우 가시적인 것이라 할지라도 모든 사람이 그와 같은 제품을 소유하고 있다면 현저하다고 할 수 없다. 현저성이 뛰어난 제품이나 서비스를 구매할 때 소비자는 준거 집단의 영향을 많이 받게 된다.

둘째, 관여도이다. 준거 집단의 영향력은 사회적 관여도에 따라 다를 수 있다. 일반적으로 관여도가 높은 제품이 준거 집단의 영향을 받기 쉽다. Witt와 Bruce[1970]는 맥주, 세제, 담배 등의 세 가지 제품에 대한 구매 결정에 있어서 준거 집단 영향력의 차이를 분석하였다. 실험 결과, 관여도가 높은 담배나 맥주는 준거 집단의 영향을 많이 받아 집단 구성원 간 상표 선택의 일치를 보였다. 그들은 1972년에 실시한 실험에서도 집단 성원 간 상표 선호의 일치는 제품의 상징적 관여도와 관련이 있다는 결론을 얻었다. 이는 준거 집단 영향력 차이는 제품과 관련된 상징적 특성에 있으므로 상징적 가치가 높은 제품일 경우 준거 집단의 영향이 강할 것이라는 것을 시사한다.

마지막으로, 제품에 대한 지각된 위험이다. 소비자는 구매하려는 제품이나 서비스에 대한 지식이 없을 때 준거 집단의 충고와 평가에 의존하려 한다. 제품에 대한 지식이 적으면 소비자는 제품 구매에 위험을 지각하게 되는 것이다. 지각된 위험이 높은 제품은 대체로 기술적으로 복잡하고 고가격의 고관여 제품이라 할 수 있다. 요컨대, 여행과 같은 지각된 위험이 큰 제품일수록 소비자는 구전에 의한 정보를 더 의존하기 때문에 준거 집단의 영향도 커지는 것이다.

2) 집단 요인

집단 요인에는 집단 응집력, 구성원 간 공동 지향성, 그리고 집단 압력이 있다. 집단 응집력은 집단 내 구성원들이 서로에게 느끼는 친근감 또는 집단 내 전체의 매력 수준을 뜻한다. 공동 지향성은 한 개인이 어떤 대상에 대해 다른 사람들과 유사한 견해나 가치관을 가졌다고 느끼는 정도를 의미한다. 집단 압력이란 집단의 규범에 동조하도록 집단의 구성원들에게 행사되는 압력을 말한다. 일반적으로 집단 응집력이 강하고, 구성원 간 공동 지향성이 강할 때, 그리고 집단의 압력이 강할 때 준거 집단의 영향력이 증가한다.

3) 개인 요인

개인적 요인으로는 자신감, 성격, 지식 등이 있다. 예를 들어, 자신감이 강한 사람일수록 특정 문제에 대한 준거 집단의 영향력은 줄어든다. 타인 지향적 성격을 지닌 사람들은 존경하는 준거 집단과 동료의 가치와 태도에 민감하게 반응하는 경향이 높기 때문에 준거 집단의 영향력을 쉽게 수용하는 편이다. 그리고 개인은 타인의 행동에 대해 많이 알고 있을수록 주변의 영향력을 많이 받게 된다.

제2절 구전 커뮤니케이션

집단의 영향력 전달 방법에는 구전 커뮤니케이션과 의견 선도자가 대표적이다. 이들의 역할에 따라 구매 행동에 미치는 영향은 강하거나 약하게 나타나게 된다. 본 절에서는 구전 커뮤니케이션 개념, 구전 커뮤니케이션의 영향, 그리고 부정적 구전 커뮤니케이션의 동기 및 중요성에 대해 설명한다.

1. 구전 커뮤니케이션 개념

"만족한 고객은 최고의 판매원"이라는 격언은 마케터에게 구전 커뮤니케이션의 중요성을 설명해준다. 구전Word-of-mouth : WOM은 1954년 Fortune지에 소개된 Whyte의 연구에서 사용되기 시작하였는데, 그는 에어컨 구매시 구전 커뮤니케이션이 결정 요인이라고 주장하였다.

구전 커뮤니케이션은 커뮤니케이터가 자신의 상업적 이익을 목표로 하지 않고 수행하는 비공식적인 커뮤니케이션을 의미한다Zaltman & Wallendorf, 1982. Aaker와 Myers1982는 광고의 수신자가 친구나 동료에게 이야기함으로써 정보의 원천이 되는 형태의 커뮤니케이션이라고 정의하였다. 이들은 커뮤니케이션이 목표 대상에 도달하면 끝나는 것이 아니라 전달을 받은 표적은 구전 경로를 통해서 다른 사람들에게 그 내용을 다시 전파·확산시키는 점을 중시하고, 상품이나 상표의 특성에 따라 구전 광고에 중점을 둘 것이냐 아니면 기존의 방식인 대중 매체를 이용할 것이냐를 결정하는 것이 중요하다고 보았다.

따라서 구전 커뮤니케이션을 개인의 이해 관계를 떠나서 자신의 직·간접 경험을 비공식적으로 교환하는 행위 또는 과정으로 정의할 수 있다. 이러한 구전 커뮤니케이션의 결과 소비자의 태도나 구매 행동에 어떤 효과나 변화를 초래하는 작용이 구전 영향이다.

2. 구전 커뮤니케이션의 영향

구전 커뮤니케이션의 효과가 매스 커뮤니케이션mass communication 효과보다 큰 이유는 피드백과 추가적 설명의 기회가 있기 때문이다. 또한, 구전은 보다 신뢰감 있는 조언을 제공하며 개인적 접촉을 통하여 사회적 지지와 격려의 효과를 얻을 수 있기 때문이다. 따라서 준거 집단이나 가족으로부터의 정보는 구매 의사 결정에서 위험을 줄이는 수단이 된다. 구전 커뮤니케이션은 소비자의 상표 전환에 대한 영향력에 있어서 라디오 광고의 2배, 인적 판매의 4배, 신문과 잡지의 7배 정도로 효과가 있는 것으로 밝혀졌다Katz & Lazarsfeld, 1955. 신제품 구매시에도 긍정적인 구전 커뮤니케이션을 받은 사람들이 부정적인 커뮤니케이션을 받은 사람들보다 3배의 구매 가능성이 높은 것으로 나타났다Arndt, 1967.

구전 커뮤니케이션은 모든 제품군에 대한 우위적인 커뮤니케이션 수단이 아니지만 다음의 상황에서 특히 중요한 역할을 할 수 있다. 첫째, 제품을 볼 수 있을 때, 둘째, 제품이 독특하여 스타일 등을 쉽게 확인할 수 있을 때, 셋째, 제품이 막 도입되었을 때, 넷째, 제품이 준거 집단의 규범에 대한 신념 체계에 중요할 때, 다섯째, 제품의 구매가 위험스러워 보여 추가적인 정보 탐색이 필요할 때, 마지막으로 소비자가 구매 의사 결정에 있어 관여될 때 등이다Assael, 1992.

3. 구전 커뮤니케이션의 모델

집단 구성원들 간의 제품에 관한 정보를 교환하는 과정을 다루는 구전 커뮤니케이션 모델은 대인 영향 과정을 살펴봄으로써 이해할 수 있다. 대인 영향력 이론에는 일방 흐름 이론, 2단계 흐름, 그리고 다단계 흐름 커뮤니케이션 모델multi-stage interaction이 있다.

1) 일방 흐름 이론

개인 영향력에 관한 고전 이론들에 따르면 하층 계급의 사람들은 그 보다 상위 계급의 사람들을 모방한다고 주장한다Holmes & Lett, 1977. 즉, 영향력은 상위 사회 계층에서 하위 계층으로 수직적으로 흐른다는 것이다. 이를 일방 흐름 이론 혹은 하향 전파 이론trickle-down theory이라 한다. 이것은 새로운 패션이나 스타일의 영역에서 두드러진다.

일방 흐름 이론은 오늘날 경제적으로 어느 정도 성장한 나라에서는 거의 찾아보기가 힘들다. 새로운 패션은 즉시 대중 매체를 통해 유포되고 그와 동시에 대량 생산의 형식으로 모방되기 때문이다. 그러나 이러한 일방 흐름의 현상은 대중 매체에의 접근이 제한되어 있거나 결여되어 있는 저개발국가에서는 아직도 찾아볼 수 있다.

2) 2단계 흐름 모델

2단계 흐름 모델은 1940년 미국 대통령 선거 직전에 투표 행동에 대한 조사에서 규명된 것이다Jacoby 외, 1978. 선거에 있어 매스 미디어가 여론에 큰 영향을 미쳤을 것으로 가정했으나 조사 결과 투표 결정에 영향을 준 것은 대중 매체가 아닌 인적 의사 소통을 통해 이루어졌음이 밝혀졌다. 또한, 대중 매체에 대한 접촉도가 높고 그 영향을 많이 받는 의견 선도자opinion leader가 영향의 행사자로 작용하고 있었다는 것이다.

대중 매체로부터 의견 선도자를 통하여 일반 대중에게로 들어가는 이러한 과정이 2단계 흐름 모델이다Two step flow of communications. 2단계 흐름 모델에서 의견 선도자는 대중 매체와 다른 소비자 간의 매개체로 그리고 소비자들은 정보에 소극적인 추종자로 인식된다그림 12-3 참조.

▶ **그림 12-3   2단계 커뮤니케이션 모델**

* 자료 : Katz, E. & Lazarsfeld, P. F.(1955). Personal influence : The part played by people in the flow of mass communications. Glencoe, Now York : Free Press.

2단계 흐름 모델은 의견 선도자 및 그를 중심으로 이루어지는 인적 커뮤니케이션의 중요성을 부각시킨 점에서 높이 평가될 수 있다. 하지만 커뮤니케이션 기술이 고도로 발달한 오늘날 정보의 확산이나 영향을 정확하게 설명해 주기는 미흡하다. 그리고 추종자들은 의견 선도자로부터 수동적으로 제품 정보를 받아들이며 자신에게 필요한 정보를 능동적으로 탐색하지 않는다고 가정한다는 점에서 한계점이 있다.

3) 다단계 흐름 커뮤니케이션 모델

다단계 모델은 정보의 전달과 영향력 행사가 아래 그림과 같이 의견 선도자와 추종자 간에 쌍방향으로 이루어진다.이 모델의 작동 메커니즘은 3단계로 이루어 진다. 우선 대중 매체를 통해 제공되는 정보에 의견 선도자와 추종자가 동시에 노출된다. 2단계에서는 정보와 영향력이 의견 선도자로부터 추종자에게 전달된다. 마지막으로 의견 추종자들로부터 의견 선도자에게 역으로 정보와 영향력이 전달된다.

▶ 그림 12-4 다단계 흐름 커뮤니케이션

* 자료 : Assael, H(1984). Consumer behakior and marketing action, kent publishing Company, A Division
    of Wadsworth, Inc. p.415.

다단계 모델의 중요한 특징 중의 하나는 정보 통제자의 역할이다. 정보 통제자 _{정보를 가려내거나 왜곡할 수 있는 위치에 있는 사람}는 집단에 영향을 주지 않고 집단에게 아이디어나 정보를 소개하기 때문에 의견 선도자와는 구별된다. 의견 선도자는 대중 매체로부터 집단으로의 정보의 흐름을 통제할 수 없는데 그 이유는 추종자는 직접 대중 매체로부터 그리고 정보 통제자로부터 정보를 받기 때문이다. 게다가 의견 선도자와 추종자 사이의 구전 커뮤니케이션은 의견 선도자가 추종자로부터 정보를 탐색하고 추종자는 의견 선도자로부터 정보를 부탁하기 때문에 쌍방 간의 흐름으로 이루어진다.

4. 부정적 구전 커뮤니케이션

부정적 구전 커뮤니케이션이란 커뮤니케이션의 목적을 훼손하는 제품 혹은 마케팅 조직에 관하여 소비자들 간에 일어나는 대인 커뮤니케이션^{Richins, 1984}으로 정의되거나, 불만족한 제품이나 소매점에 관해 타인에게 이야기하는 것으로 정의 된다

Richins, 1983. 따라서 부정적 구전 커뮤니케이션은 소비자들이 자신들의 부정적인 직·간접 경험을 비공식적으로 교환하는 행위나 과정이라 할 수 있다.

1) 부정적 구전 커뮤니케이션의 유형

부정적 구전 커뮤니케이션은 발생 형태에 따라 임의적 구전random WOM, 조직적 구전systematic WOM, 그리고 루머로 분류할 수 있다. 임의적 구전은 특별한 패턴 없이 발생한다. 대부분의 부정적 구전이 이러한 형태이며 제품 및 기업에 대한 정보원의 부정적 경험에서 발생한다. 조직적 구전은 특정 제품이나 기업에 대한 동일한 문제점을 다수의 소비자들이 공유하는 경우에 발생한다. 조직적 구전은 마케팅 조직에서 심각한 위험이 될 수 있으므로 제품 설계, 제품 품질 통제, 광고 등의 마케팅 요인들을 통해서 해결해야 한다.

루머는 임의적, 조직적 부정적 구전의 형태를 모두 포함하고 있다. 기업이나 제품에 대한 악성 루머는 기업 활동에 상당한 타격을 주게 된다. 이러한 예는 미국 P&G 社의 '사탄과 연합'이나 맥도널드의 '햄버거 지렁이 고기 함유 소문'에서 찾을 수 있다. 기업은 부정적인 구전 행위를 하거나 반복 구매를 거부하는 소비자에 대응하는 전략을 수립하여야 한다. <사례 12-1>은 부정적 구전 커뮤니케이션, 특히 헛소문으로 인한 기업의 매출과 기업 이미지 피해 사례의 심각성을 보여주고 있다.

사례 ⑫-1

"카더라" SNS 악성 루머 공포… 기업들 대책 '식은 땀'

광속 확산에 치명상
잘못된 정보 "사실처럼" 진상 규명되기도
전 매출 급감·이미지 추락
허둥대지 말고 유연하게

SNS 특성 이해가 우선, 진심 담긴 소통 자세로 팔로어 우호 여론 형성을 기업이나 정치인들이 소셜 네트워크 서비스(SNS) 공간에서 유통되는 부정적인 정보나 루머에 대처하기 위한 방안을 찾느라 부심하고 있다. 무서운 속도로 정보가 유통되는 SNS의 특성 때문에 진상을 알리거나 사과문을 게재할 틈조차 없이 잘못된 정보나 루머가 소비자들의 인식에 사실처럼 굳어지는 경우가 잦아지고 있기 때문이다. 특히 기업은 작은 루머라도 순식간에 막대한 매출 손실을 입을 수 있다는 점에서 치명적이다. 전문가들은 SNS에서 악성 루머가 퍼질 경우 기업이나 정치인들이 보다 유연하고 적극적인 자세로 진정성을 갖고 SNS 공간에서 소통하는 것이 중요하다고 말하고 있다.

지난해 12월 19일 유투브에는 국제 특송 업체 페덱스(Fedex)의 택배원이 컴퓨터 모니터를 배달하면서 물건을 배송지 집 울타리 너머로 던지고 가버리는 장면이 담긴 동영상이 올랐다. 이 동영상은 파손된 모니터를 배달받은 고객이 방범용 폐쇄 회로(CCTV)에 찍힌 영상을 유투브에 올린 것으로, 사흘 만에 100만 명 이상이 시청하면서 파장은 걷잡을 수 없이 확산됐다. 페덱스의 수석 부사장은 영상이 올라온 지 닷새 뒤에야 인터넷 동영상을 통해 소비자들에게 사과했다. 강학주 이스토리랩 연구소 소장은 "최근에는 SNS와 관련이 없을 것 같은 기업들조차 SNS로 위기를 맞는 경우가 늘고 있다"며 "기업의 SNS 위기관리는 피할 수 없는 핵심 이슈가 되고 있다"고 말했다.

샤브샤브 전문점 채선당 종업원의 임산부 폭행 의혹 사례는 기업이 SNS에서 퍼지는 부정적인 입소문에 어찌 대응해야 할지 몰라 허둥대는 바람에 논란이 커졌다는 분석이다. 채선당 측이 발 빠르게 사과문을 게재하는 등 즉각 대응에 나서긴 했지만 SNS 등을 통해 소비자들과 소통하는 데는 미흡했다는 것이다. 당시 종업원이 임산부를 폭행했다는 내용이 SNS를 통해 급속히 확산되자 채선당 측은 인터넷 웹페이지를 통해서만 사과문을 게재했을 뿐, SNS 사용자들에게는 충분히 자사 입장을 설명하지 않았다. 이로 인해 SNS 공간에서는 사과문과 상관없이 부정적인 입소문이 확산될 수밖에 없었다는 것이다. 소셜 분석업체 트리움의 이종대 이사는 "채선당 측의 사과나 사실 규명을 위한 움직임이 제대로 소셜 미디

어를 통해 유포되지 못한 측면이 있다"며 "이는 소셜 미디어에 대한 채선당 측의 마인드 부족과 사건 진상에 대한 경찰의 모호한 태도가 한 몫을 한 것으로 보인다"고 말했다.

전문가들은 기업들이 SNS상의 '관계 모니터링'에 더 신경을 써야 한다고 충고하고 있다. 자사와 관련된 SNS상의 소문을 기계적으로 모니터링하고 걸러내기만 할 것이 아니라 SNS를 통해 소비자들과 보다 인간적으로 소통하는 데 더 노력해야 한다는 것이다. 지난해 12월 커피 전문점 탐앤탐스가 자사 공식 트위터에 담당자가 실수로 올린 글 때문에 큰 위기를 맞기 직전 진솔한 사과를 함으로써 위기를 모면한 경우가 있다. 지난해 12월 19일 김정일 북한 국방 위원장 사망 소식이 알려지자 탐앤탐스는 자사 트위터를 통해 '김 위원장의 명복을 빈다'는 내용의 트윗글을 남겼고 이는 곧 SNS 상에서 부정적인 여론을 형성했다. 하지만 담당자가 큰절을 올리는 장면을 올리는 등 진심으로 사과하는 모습을 보여줌으로써 트위터 팔로워들 사이에 우호적 여론이 형성됐고 그 덕분에 탐앤탐스는 막대한 손실을 피할 수 있었다. 탐앤탐스에 대한 부정적 여론이 퍼지고 심지어 근거 없는 악성 루머까지 생겼지만 오히려 우호적인 SNS 여론이 확산을 저지한 것이다. <중략>

자료 : 한국일보(2012.3.1)

2) 부정적 구전 커뮤니케이션의 중요성

부정적 구전 커뮤니케이션은 고객의 부정적인 느낌을 강화시킬 뿐 아니라 다른 사람들에게까지 부정적인 인상을 확대시키기 때문에 기업에게 매우 치명적일 수 있다. 오늘날 고객들은 주로 인터넷을 통해 불평을 하는데 다양한 웹사이트는 많은 사람들에게 부정적 구전커뮤니케이션이 확산되도록 촉매제 역할을 한다. 어떤 고객은 해당 기업의 현재 및 잠재 고객들을 대상으로 안티사이트를 만들어 제품 또는 서비스 실패, 기업의 무능, 악행 등을 다른 고객들에게 확산시키는 방식으로 기업에 대한 불평을 전달하기도 한다.

Gallop 조사에 따르면, 레스토랑이 비좁고 시끄럽더라도 음식의 질이 중간 정도이면 소비자가 인내하지만 음식의 질이 나쁘면 부정적 구전을 가족 등에게 전하여 레스토랑 선택에 부정적 영향을 미치게 된다정익준, 1997. 특히, 외식 사업은 소상권주의이므로 구전이 단골 고객을 만드는 데 큰 역할을 하기 때문에 외식 업체의 선택에 큰 영향을 미친다임봉영 · 이지호, 1996.

마케터는 부정적 구전 커뮤니케이션의 수준을 최소화하기 위해 다음과 같은 노력을 할 수 있다. 첫째, 마케터는 정당한 불평에 대해 반응하고 있다는 것을 고객들에게 보여 주어야 한다. 둘째, 마케터는 label 또는 포장에 상세한 보증이나 불평 절차에 관한 정보를 제공할 필요가 있다. 셋째, 마케터는 긍정적 태도를 가지고 있는 종업원, 상점 표식store signs, 그리고 고객들에게 고객 불평에 대한 반응을 보여주어야 한다. 마지막으로 기업들은 불평과 제안을 쉽고 자유롭게 말할 수 있도록 이메일 주소나 전화 번호를 제공해야 한다.

제3절 의견 선도자

의견 선도자는 타인의 태도나 행동에 영향을 미치는 사람이다. 또한, 추종자에게 그들의 결정을 지지하거나 또는 확인시켜 주는 긍정적 피드백을 제공한다. 여기서는 의견 선도자의 개념과 의견 선도자의 특징에 대해 살펴본다.

1. 의견 선도자의 개념

의견 선도자opinion leader 개념이 최초로 등장한 것은 1940년 미국 대통령 선거에서 나타난 유권자들의 투표 행위에 관한 연구에서였다. 유권자에게 영향을 미치는 사람을 의견 선도자라 칭하고, 공공 문제에 대해 가장 많은 관심을 가지고 있고 그 사회의 나머지 구성원에게 영향을 미치는 사람들이라고 정의하였다. 일부 학자들은 의견 선도자를 정보 전달의 채널로서 뿐만 아니라 사회적 억압의 원천으로 취급하기도 하였다Glock & Nicosia, 1963.

의견 선도자는 한 사회 집단의 구성원으로서 다른 구성원들에게 커뮤니케이션을 통한 정보와 조언을 제공하여 그들의 태도나 행동 그리고 의견에 영향을 미치는 사람이다. 의견 선도자가 모든 사회 집단에 똑같은 효과를 나타내거나 중요하다는 것을 의미하지는 않는다.

마케팅 분야에서는 의견 선도자를 특정한 판매 상황과 관련하여 인적 영향력을 발휘할 수 있는 사람, 즉 다른 사람들에게 정보와 조언을 해주는 사람이라고 할 수 있다. 의견 선도자들은 신제품에 대한 정보를 제공하기도 하고 신제품 채택에 따르는 지각된 위험을 감소시키는 데 기여하는 등 정보 제공자, 설득자, 확인자로서의 기능을 수행한다.

2. 의견 선도자의 특징

의견 선도자의 특성을 찾기 위해서 식료품, 의상, 공공 문제, 영화, 관광 분야 등에서 다양한 연구가 이루어져 왔다. 하지만 여러 제품군과 구매 상황에 적용될 수 있는 일반적인 의견 선도자의 특성은 아직 제시되지 않고 있다. 선행 연구를 토대로 의견 선도자 특성을 정리하면 다음과 같다.

1) 인구 통계학적 특성

의견 선도자의 연령을 종합적으로 볼 때 연구 대상의 분야에 따라 달라지며, 특히 그 사회 구조와 관련되어 다르게 나타난다. 전통적인 사회일수록 의견 선도자는 추종자보다 나이가 많은 반면 근대적인 사회일수록 의견 선도자의 나이는 추종자보다 젊은 경향이 있다Rogers, 1962.

사회적 지위면에 있어서 의견 선도자는 추종자와 같은 계층에 속하나 그 계층 내에서는 비교적 높은 지위를 점유하고 있다Robertson, 1971. 교육이나 직업면에 서는 비교적 교육 정도가 높고 전문직이거나 관리직에 있는 사람이 의견 선도자가 될 가능성이 높다.

2) 사교성

의견 선도자는 사회적 의사 소통의 빈도가 높고, 조직과의 통합이 잘 되며, 사회 활동의 참여도가 높다. 사회성은 어떤 분야를 막론하고 의견 선도자에게서 공통적으로 발견되는 특성의 하나로서 의견 선도자를 식별해 내는 중요한 기준이 된다. 의견 선도자가 의견 추종자들에게 영향력을 미치기 위해 그들과 어떠한 형태로든지 접촉하지 않으면 안 된다는 것을 생각할 때 의견 선도자가 사교성이 높다는 것은 당연하다Reynolds & Wells, 1979.

3) 외향성

의견 선도자의 특성은 여행 빈도, 여행 반경, 외부 정보의 수용도 등을 나타내는 외향성에서도 나타난다. 대체로 의견 선도자는 추종자보다 외부 지향적이지만 사회 구성에 따라 다른 특성을 보이기도 한다Rogers & Svenning, 1969.

4) 규범 순응도

의견 선도자는 추종자보다 사회 규범의 가치와 기준을 더 잘 알고 있으며 이를 더욱 성실히 준수하는 경향이 있다. 특히, 자신의 위치를 유지하기 위하여 의견 선도력을 행사하는 분야에 있어서는 규범이나 가치에 더 순응적이다. 연구에 따르면, 규범을 강요하거나 법의 강제력을 통해 여행사 가이드가 관광객들(예 추종자)로 하여금 생태 관광의 원칙에 따르도록 하는 것이 효과적이지 않은 것으로 나타났다Botha 외, 1999.

5) 혁신성

의견 선도자가 반드시 혁신자라고 할 수는 없지만 의견 추종자보다 혁신성이 높은 경향이 있다. 대체로 신제품의 경우 혁신자로서 구매를 시도하는 사람이 많으며 통상 의견 선도자가 되는 경향이 높다Robertson & Myers, 1969. 반면 Wilkening의 연구에서는 15명의 혁신자 중 의견 선도자는 3명에 불과했고, Coleman 등의 신제품 확산에 관한 연구 조사에서도 의견 선도자와 혁신자는 거의 일치하지 않았다Rogers, 1962.

의견 선도자의 혁신성에 관한 연구에서 서로 상이한 차이가 나는 것은 사회 규범에 의한 영향력으로 설명될 수 있다. 즉, 사회 규범이 사회 변화에 호의적일 때 의견 선도자들은 더 혁신적이나 사회 규범이 보수적일 때는 의견 선도자의 혁신성이 높지 않음을 의미한다Rogers & Schoemaker, 1971. 따라서 마케터는 의견 선도자를 지나치게 혁신적으로 만들면 그 사회의 규범에서 벗어나게 되므로 추종자를 잃게 된다는 사실도 고려해야 한다.

6) 매체 노출

의견 선도자는 의견 추종자보다 자신이 관심을 갖고 있는 화제와 관련된 대중 매체에 더 많이 노출되어 있고 외부 세계와 접촉이 활발하다. 이것은 보다 외향적인 정보 원천을 이용하려는 경향이 있다는 것을 의미한다Feldman, 1966. 의견 선도자들은 또한 TV나 라디오 보다는 잡지에 의존하는 경향이 높은 것으로 나타났다Summers, 1970.

7) 지식과 관심

의견 선도자는 의견 추종자보다 각 제품 분야에 있어서 더 높은 관심을 보인다. 의견 선도력과 지식 및 관심 수준과의 상관성은 실제로 가구, 화장품, 개인 장신구류, 패션품 등에서 나타난다Schiffman & Kanuk, 1983. 또한, Nicosia1964의 자동차 보험의 소비자 연구에서도 입증되었다.

제4절 준거 집단과 마케팅 전략

마케터는 준거 집단을 이용하여 자사 제품을 구매하는 데 영향을 미치고자 한다. 즉, 준거 집단의 제품 구매 행동과 라이프 스타일 등을 잠재 고객에게 보여줌으로써 자사 제품에 대한 긍정적 태도를 형성하고 집단 규범에의 순응 압력을 유발하고자 한다. 준거 집단을 이용한 마케팅 전략은 다음과 같다.

1. 구매 결정과 준거 집단

준거 집단은 여러 형태로 소비자의 구매 의사 결정 과정에 영향을 미치게 되지만 모든 제품과 브랜드 구매에 똑같은 영향을 미치는 것은 아니다. 준거 집단의 영향은 개인과 구매 상황에 따라 달라질 뿐만 아니라 구매할 제품이나 브랜드의 성질에 따라서도 다르다.

일반적으로 두 가지의 기준, 즉 제품 유형^{필수품과 사치품}과 제품의 소비 상황^{공공적 사용과 개인적 사용}에 따라 제품이 네 가지 범주로 분류되며 각 제품 범주에 미치는 준거 집단의 영향이 다르게 나타난다. 각 범주에서 제품과 브랜드 선택에 준거 집단이 어떠한 영향을 미치는가를 보면 <표 12-2>와 같은데, 준거 집단의 영향이 강하게 나타나는 것은 공공적으로 사용하는 사치품(예 골프 클럽, 스키)이다. 이는 제품이 사용하는 집단의 신분을 상징하는 힘이 강하기 때문이다. 이와 반대로 개인적으로 사용되는 필수품(예 침대요, 냉장고 등)에 대한 준거 집단 영향은 매우 낮다.

▶ 표 12-2 제품 유형과 소비 상황에 따른 준거 집단의 영향

제품 브랜드	필수품(necessities) (제품 선택에 대한 집단 영향이 약함)	사치품(luxuries) (제품 선택에 대한 집단 영향이 강함)
공공적(public) (상표 선택에 대한 준거 집단의 영향이 강함)	공공 장소에서 사용되는 필수품 (손목시계, 자동차, 옷…)	공공 장소에서 사용되는 사치품 (골프클럽, 스키, 요트…)
개인적(private) (상표 선택에 대한 준거 집단의 영향이 약함)	개인적으로 사용되는 필수품 (침대요, 램프, 냉장고…)	개인적으로 사용되는 사치품 (가정용 비디오 게임, 얼음 제조기, 쓰레기 압축기…)

* 자료 : Bearden, W. O. & Etzel, M. J.(1982). Reference group influence on product and brand purchase decisions. Journal of Consumer Research, 9, p.185.

사람들은 여행에 관한 많은 정보를 주위의 친구, 직장 동료, 가족 등을 통해서 얻고 공식적인 정보원보다는 비공식적인 정보원을 자주 사용하는 경향이 있다. 또한, 해외 여행은 재정적 측면이나 혹은 안정성에서 높은 위험을 수반하고 그리고 사치품이라고 볼 수 있기 때문에 준거 집단에 의존하는 경향이 높게 나타난다 Kim & Chalip, 2004. 하지만 일반 여행 상품의 경우 공개성과 사적 영역의 구분이 명확하지 않고 브랜드 자체의 의미가 없는 경우가 많으므로 브랜드 선택시 준거 집단의 영향은 상대적으로 미미할 수 있다.

2. 구전 마케팅

구전 마케팅이란 소비자 입에서 입으로 전달되는 제품, 서비스, 기업 이미지에 대한 모든 것에 의한 마케팅이다. 구전 마케팅은 가공되지 않은 정보를 자신의 경험과 주관적 평가를 통해 효과적인 커뮤니케이션으로 변화시키는 도구이다. 구전은 대중 커뮤니케이션에 비해 쌍방향의 강점을 지니고 있고, 특히 소비자 경험이 실질 인물에 의해 전달되므로 소비자가 선택하기 힘든 제품에 대한 영향력은 매우 높다. 치열한 경쟁 시장에서의 생존은 물론 신시장 개척에 있어서 가장 강력한 마케팅 수단이 구전이다. 대표적 구전 마케팅 수단으로 바이러스 마케팅, 버즈 마케팅, 브랜드 커뮤니티 마케팅, 인플루언서 마케팅 등을 들 수 있다.

1) 바이러스 마케팅

바이러스 마케팅virus marketing은 바이럴 마케팅viral marketing이라고도 불리는데 온라인 매체를 타고 개인용 컴퓨터로 옮겨 다니는 컴퓨터 바이러스처럼 전파된다고 해서 붙여진 이름이다. 흥미나 호기심을 유발하는 광고나 컨텐츠를 접한 고객은 인터넷 상의 여러 수단(예 블로그, 카페 등)을 통해 다른 고객에게 선전하게 만드는 마케팅 기법이다. 대중 매체를 통해 다수에게 무차별 전해지는 기존 마케팅과 달리 한 번 이용해 본 소비자가 주위 사람

▶ 그림 12-5 코카콜라의 Share a Coke 광고

* 자료 : http://www.naver.com

들에게 직접 전파하도록 유도하기 때문에 광고비가 거의 들지 않으면서 큰 파급 효과를 볼 수 있다.

바이러스 마케팅은 여러 기업에서 사용하고 있다. 코카콜라의 'Share a Coke'는 미국 청소년들이 친구 이름이 새겨진 코카콜라를 찾아 선물하는 사람이나 선물 받는 사람 모두 자신의 페이스북이나 인스타그램 등으로 인증샷을 올리는 등 자발적인 입소문으로 큰 성공을 거두었다_{그림 12-5 참조}.

2) 버즈 마케팅

버즈 마케팅^{buzz marketing}이란 꿀벌이 윙윙 날아다니는 것처럼 소비자가 제품에 대해 직접 말하도록 하는 마케팅 기법으로서 해당 제품에 대해 큰 이슈를 만들어 입소문이 나게 하는 기법이다. 즉, 매스 마케팅 기법을 이용하지 않고 개인적인 인적 네트워크를 통해 마케터가 원하는 정보를 소비자들에게 전달하는 구전 마케팅 기법이다. 이 기법의 특징은 선전 효과나 사람들의 흥미를 유발하려는 목적으로 벌이는 각종 이벤트나 활동을 가리키는데 대개 괴팍하고 입이 딱 벌어지는 이벤트나 사건의 형태를 띤다. 버즈 마케팅의 성공 조건 중의 하나는 호의적인 소문을 퍼트려줄 수 있는 영향자(⑩ 의견 선도자)를 만들어야 한다_{사례 12-3 참조}.

사례 ⑫-2

예측불허 너클 볼, 버즈(Buzz) 마케팅

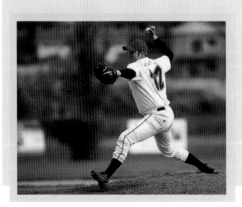

야구에서 투수가 던지는 구종(球種, 투수가 던지는 공의 종류) 중 너클 볼(Nuckle Ball)이라는 공이 있다. 이 공이 다른 구종과 다른 한 가지 특징은 날아가는 궤적의 '불규칙성'이다. 독특한 그립(공을 잡는 방법) 때문에 궤적의 예측이 어려워 공을 던지는 투수도 받는 포수도 공의 낙하지점을

정확하게 알지 못한다. 타자가 치기 어려운 스트라이크 존 구석으로 들어간 너클볼은 그야말로 마구(魔球)에 가깝다. 그러나 반대로, 스트라이크 존 한 가운데로 흘러들어가는 너클볼은 타자들에게 '치라고 던져주는' 연습용 공과 같다.

▲ 출처: 픽사베이

마케팅에도 마치 너클 볼처럼 그 효과의 불확실성을 전제로 수행하는 기법이 있다. 바로 버즈(Buzz) 마케팅이다. 버즈 마케팅은 '꿀벌이 윙윙거리는(Buzz)' 것처럼 소비자들이 특정 상품에 대해 자발적으로 메시지를 전달하고, 긍정적인 입소문을 내도록 하는 마케팅 전략이다. 때로는 입소문마케팅 또는 구전마케팅(word of mouth)이라고도 표현되기도 하나 SNS의 일반화로 방법론 측면에서 버즈 마케팅은 약간의 차이가 있는 것으로 여겨지고 있다. 대부분의 마케팅 전략이 그러하듯 버즈 마케팅도 생활과 맞닿은 부분이 의외로 많다.

▶ 성공의 전제, 소문을 입증하는 '품질'

쉽게 말해서 버즈 마케팅은 '좋은 입소문'이 퍼지도록 만드는 것이다. 그렇기 때문에 상품에 대한 긍정적 평가가 확산될 수 있는 채널을 선택하고, 그에 맞는 이벤트를 진행한다. 1차적으로 기업 차원의 SNS 페이지 운영이나 커뮤니티 관리, 오프라인 판촉을 통해 소문만 내면 되기 때문에 기존 매스미디어 광고 마케팅에 비해 비용이 훨씬 저렴한 것은 버즈 마케팅의 가장 큰 장점이다. 또한 기존 매체로는 마케팅에서 의도한 메시지의 전달이 어려운 소비자들에게도 접근할 수 있는 것도 유리한 점이다. 다만, 여기서 중요한 것은 '좋은 소문'을 뒷받침할 수 있는 상품이나 서비스의 품질 혹은 동일 상품과의 차별화다. 기본적으로 품질이 떨어지는 상품은 많은 사람들로부터 좋은 평가를 받을 수 없고, 좋은 소문도 나지 않기 때문이다. 차별화는 마케팅 초기 소비자들의 관심을 모을 수 있다. 물론 품질로 상품을 접한 모두를 만족시키는 것은 현실적으로 불가능하지만, 적어도

▲ 하이트진로 팝업스토어 기린이치방 가든 SNS 인증. 출처 = 인스타그램

'대다수'를 설득시킬 수 있어야 한다.

우리 주변의 대표적 버즈 마케팅 성공 사례로는 롯데주류 '순하리 처음처럼', 해태제과 '허니버터칩', 빙그레 '옐로우 카페', 하이트진로 팝업스토어 '기린이치방 가든' 등이 있다. 특히, 허니버터칩의 경우 마케팅 초기에 전혀 의도하지 않았던 SNS 입소문으로 기대를 뛰어넘는 '대박'을 터뜨린 사례로 남아 있다. 가수 싸이의 이름을 전 세계로 알린 '강남스타일' 뮤직비디오도도 같은 맥락으로 해석이 가능하다. <중략>

자료 : 이코노믹리뷰(2016.7.26.)

3) 브랜드 커뮤니티 마케팅

브랜드 커뮤니티brand community란 특정 브랜드를 주제로 인터넷에 개설돼 브랜드에 대한 정보와 구매 관련 정보가 활발히 교류되며 실제 구매가 이뤄지기도 하는 커뮤니티를 말한다. 소비자들이 자발적으로 만든 브랜드 커뮤니티는 소비자가 특정 상품을 중심으로 동질감을 갖게 되거나 특정 브랜드를 좋아해 개설하는 형태다.

특정 브랜드에 소속된 회원들은 자신들이 선호하는 브랜드 제품의 오류나 서비스 질에서의 실수 등에 대해서 관대하다. 경쟁 상품이 더 우수하다 할지라도 브랜드를 바꾸려하지 않는다. 특히, 커뮤니티 회원들은 종종 다른 이들에게 회사의 마케팅 메시지를 전하는 등의 회사가 수행해야 할 역할까지 해준다.

브랜드 커뮤니티는 소비자의 성향과 욕구를 파악하는 정보의 원천이 되므로 기업은 적은 비용으로 고객과 장기적인 관계를 유지할 수 있다. 뿐만 아니라 브랜드 커뮤니티는 브랜드에 대한 태도, 충성도, 연대감 형성 등에 긍정적인 영향을 미치므로 결과적으로 강력한 브랜드 자산을 구축하게 하는 영향 요인이 된다성영신·임성호, 2000; 이문규 외, 2004. <사례 12-3>은 기업이 고객과의 원활한 소통을 위해 공식 커뮤니티를 성공적으로 운영하는 유아복, 외식, 그리고 유통 업체 사례이다.

하지만, 브랜드 커뮤니티는 때때로 위협 요인이 되기도 한다. 이는 회원들 간의 커뮤니케이션을 통해 부정적인 정보를 공유하면서 개인으로서는 거의 행사할 수 없었던 파워를 지니게 되기 때문이다. 강력한 브랜드 커뮤니티가 특정한 마케팅 활동이나 브랜드의 변화에 대해 저항을 하거나 거부하게 되면 이는 기업의 입장에서는 큰 위협으로 작용할 수도 있다Muniz & O'guinn, 2001.

마니아 브랜드, 홈페이지보다 '커뮤니티'가 대세

▶ 주부들 입소문의 근원지 '인터넷 커뮤니티'로 기업 마케팅 집중

주부들에게 소통이 가능한 커뮤니티가 새로운 마케팅 수단으로 각광받고 있다. 소비재 관련 기업들이 인터넷 공식 커뮤니티를 통한 주부들과의 소통의 장을 늘려가고 있기 때문이다. 브랜드 홈페이지에서는 딱딱한 제품 정보만 얻을 수 있는 데 반해, 커뮤니티에서는 제품을 사용하는 유저 간의 교류가 가능하고 기업과의 양방향 소통이 가능해 소비자들의 호응이 높다. 이 같은 추세에 힘입어 홈페이지보다 공식 커뮤니티에 홍보 중점을 두는 기업들의 행보가 두드러지고 있다. 기업은 공식 커뮤니티에서 다양한 콘텐츠로 살림의 실질적인 구매자인 주부들의 입맛에 맞춘 정보와 이벤트를 제공한다. 또한 실속 있는 이벤트로 브랜드 이미지 상승을 유도하기도 한다.

공식 브랜드 커뮤니티 운영은 주부들에게 브랜드에 대한 친근함을 늘리고, 회원들의 의견을 제품 개발에도 반영시킬 수 있기 때문에 이러한 추세는 더욱 늘어날 전망이다. 커뮤니티 회원들에게 각종 정보와 혜택을 제공하고 있는 브랜드의 공식 커뮤니티들을 소개한다.

▶ 오픈부터 풍성 - 알퐁소 공식 카페 론칭

유아동 전문기업 ㈜제로투세븐의 의류브랜드 '알퐁소'는 최근 공식 카페 '알퐁홀릭'을 개설했다. 0~5세 아이를 위한 캐주얼 브랜드 '알퐁소'는 8월 27일 공식 카페를 론칭하고 이에 발맞춰 '알퐁소'는 8월 29일부터 한 달간 카페 오픈 이벤트로 '알퐁소' 캐릭터에 대한 느낌을 적는 '알퐁소의 첫인상을 말해주세요', 친구에게 카페 가입을 추천하거나 타 커뮤니티 및 블로그에 알퐁홀릭을 홍보하는 '알퐁소 카페를 친구에게 추천하면 선물이 팡팡', '알퐁홀릭 카페 소문내기 이벤트' 등 다양한 행사를 진행하며, 참여자 중 당첨된 회원에게는 궁중비책 효72 로션 세트와 매일아이 포인트 등 풍성한 상품을 증정한다. 또한 '알퐁소'는 추후 카페를 통해 '알퐁소 체험단 모집' 등 다양한 온라인 이벤트를 실시할 예정이다.

'알퐁소'를 담당하는 제로투세븐 김소영 비주얼마케팅팀 대리는 "이미 자매브랜드 '알로앤루'의 '아이러브 알로앤루'와 포래즈의 '포래지안' 공식 카페가 알찬 정보로 엄마들 사이에서 인기 커뮤니티로 자리 잡고 있어 출발이 순조롭다"며 "콘텐츠 개발을 통해 더욱 친근한 이미지를 구축하겠다"라고 밝혔다.

▶ 만든 요리 자랑하고 레시피 공유까지 - 르쿠르제 공식 카페

프랑스 주방용품 브랜드 르쿠루제 코리아의 공식 카페는 주부들의 인기에 힘입어 '2011 네이버 대표카페'에 선정된 대표적인

브랜드 커뮤니티다. 르쿠르제는 '음식과 요리는 단순한 쿠킹이 아닌 문화와 사람이 함께하는 라이프'라는 취지로 공식 카페를 통해 회원들의 노하우를 공유하는 사이버 공간으로 활용하고 있다.

르쿠르제 카페에는 본사에서 제공하는 동영상 레시피 게시판과 회원들이 참여하는 레시피 게시판이 운영되며 오프라인 쿠킹클래스와 할인행사 정보를 제공하고 있다. 또한 벼룩시장 코너를 통해 가지고 있는 르쿠르제 제품을 회원 간에 매매할 수 있는 공간을 만들어 인기를 끌고 있다.

▶ 다양한 오프라인 정보전달 - 현대백화점 아이클럽

백화점에서도 주부들을 잡기 위한 커뮤니티를 개설하고 있다. 현대백화점은 '아이클럽i-club 카페'를 운영하여 기업에 대한 호감도를 높이고 있다. 아이클럽 카페는 0~12세의 자녀를 둔 백화점 고객을 대상으로 육아, 건강, 교육문화 등의 정보와 혜택을 제공하고 있다. 특히 연령대별로 주제를 달리하여 출산 전 '프리맘 클래스', 출산 후 '스마트맘 클래스'를 별도 개최하고, 백화점에서 진행하는 온·오프라인 행사에 대한 정보를 신속하게 제공하여 카페 가입자를 늘리고 있다. 백화점 각 지점에서 개최되는 유·무료 체험전도 아이클럽 회원들에게는 할인 혜택이 부여된다. 현대백화점은 아이클럽을 통해 고객이 직접 작성한 현대백화점의 서비스와 상품에 대한 개선 사항을 실질적인 운영 방침과 행사 기획 등에 반영하고 있다.

자료 : 뷰티한국(2012.8.30)

4) 인플루언서 마케팅

인플루언서 마케팅Influencer marketing은 주로 SNS상에서 일반 대중들에게 영향력을 미치는 인플루언서영향력 있는 개인, 즉 입소문을 낼 수 있는 사람를 활용한 마케팅 기법이다KB 지식 비타민, 2018. 최근 몇 년 동안 여행 업계 마케팅은 블로그에서 인플루언서로 확대되어 왔다. 여행사들은 인기 유튜버와 동행하는 여행 상품을 만들어 판매하기도 하고 인플루언서 개인 계정에 여행 상품 홍보물을 게재하기도 한다. 인플루언서는 제품에 대한 상세한 설명, 솔직한 사용 경험, 재미있는 멘트, 전문 지식 등을 소유하고 있기 때문에 충성도가 높은 팔로워 및 구독자에게 외식 및 관광 서비스에 대한 구매 결정에도 큰 영향을 미친다사례 12-4 참조.

인플루엔자보다 강한 영향력 '인플루언서'

1인 미디어 발달로 개인의 영향력 증가

▶ 인플루언서가 갖는 상업성엔 문제점도 존재

싸이월드 시절에 유명인의 미니홈피를 들어가본 기억이 있는가. 좋아하는 배우나 연예인의 미니홈피 BGM을 듣고, 대문사진을 구경하는 건 꽤 흥미 있는 일이었을 것이다. 하지만 그들과 '친구'를 맺는 건 거의 불가능했기 때문에 그들이 보여주고 싶은 만큼의 삶만 구경하고 동경하는 게 일반인에게 허락된 전부였다.

시대가 변하면서 SNS 풍경도 바뀌었다. 이제 사람들은 연예인뿐 아니라 SNS에서 '핫한' 사람, '셀럽'들의 일상을 시시각각 확인하고 댓글이나 라이브방송 채팅으로 그들과 소통한다. 그 중심엔 지금 '인플루언서'가 있다.

▲ 먹방 전문 인플루언서 '밴쯔'(사진=아프리카TV 화면 캡처)

▶ 1인 미디어 발달로 등장한 영향력 있는 개인

영향력을 뜻하는 '인플루언스(influence)'에서 파생된 인플루언서(influencer)는 영향력 있는 개인이란 의미다. 주로 인스타그램, 페이스북, 유튜브 등에서 수많은 팔로워를 거느린 연예인, 셀럽, 소셜스타를 지칭한다. 유튜브, 아프리카TV 등에서 직접 창작한 컨텐츠로 시청자와 소통하는 유명 '크리에이터(creator)'들 역시 인플루언서에 속한다.

인플루언서는 팔로워의 수에 따라 구분되기도 한다. 팔로워 수가 500명~1만 명 사이면 '마이크로(혹은 나노) 인플루언서', 1만~100만 명은 '매크로 인플루언서'이고 팔로워가 100만 명 이상일 경우는 '메가 인플루언서'이다. 참고로 160만 명의 팔로워를 보유한 뷰티 인플루언서 이사배는 월수입이 5000만 원 이상, 연봉은 6억에 달한다.

인플루언서의 부상은 1인 미디어의 발달과 관계가 깊다. 인터넷, 스마트폰의 발달로 개인이 스스로 컨텐츠를 생산하고 컨텐츠 소비자와 직접 소통하기가 쉬워졌기 때문이다. 이는 '씬님', '밴쯔', '대도서관' 같은 인기 크리에이터들을 등장시키고 더 나아가 대중에게 큰 영향력을 행사할 수 있는 인플루언서가 되도록 만들었다.

▶ 기존 마케팅 공식을 깨는 인플루언서의 상업적 영향력

인플루언서가 가진 영향력은 상품을 홍보하고 판매하는 데 활용되기도 한다. '인플루언서 마케팅'이라고 불리는 이 전략은 인플루언서가 협찬이나 보상을 받은 브랜드의 상품을 홍보하는 방식으로 진행된다. 실제로 아모레퍼시픽에 속한 아리따움은 2017년 뷰티 인플루언서 '고밤비'와 협업 제품을 내놓아 출시 3분 만에 완판시켰고, 마몽드는 '홀리'와 협업을 하여 신제품 홍보 영상이 게시 2일 만에 10만 조회수를 기록하기도 했다.

한발 더 나아가 요즘은 SNS를 통해 직접 만들거나 구한 제품을 판매하는 인플루언서 '셀슈머(Cell-sumer)'와 이렇게 제품을 파는 채널 '셀 마켓(Cell Market)'이 팔로워들에게 주목을 받고 있다. 기존 마켓의 이미지와는 전혀 다른 1인 마켓의 모습을 세포(cell)로 표현한 것이다. 실제로 셀슈머들은 제품을 포스팅하고, 댓글과 라이브 방송을 통해 소비자와 직접 소통하는 등 판매의 모든 절차를 혼자서 해결한다. 셀슈머들의 이런 노력은 제품의 판매량으로 보답 받는다. 일례로 인스타그램 인플루언서 '비글 부부'의 자체 뷰티 브랜드 '리바이포유'의 '스팀셀 에센스'는 출시 8시간 만에 완판되었다.

이처럼 인플루언서 마케팅과 셀 마켓이 효과를 볼 수 있는 이유로는 팔로워가 인플루언서의 행위에 친숙함을 느끼고 그것을 자연스러운 것으로 여겨 큰 거부감을 갖지 않는 데 있다. 또한 인스타그램의 주 사용 연령층인 10~20대에게 가장 인기 있는 컨텐츠가 패션, 뷰티 콘텐츠인 것도 한몫을 한 것으로 보인다. 무엇보다도 인플루언서의 영향을 매일 받는 수많은 고정 팔로워들의 존재는 인플루언서가 가진 가장 큰 힘이라고 볼 수 있다.

▶ 상업성에 뒤따르는 문제점들 해결해야 영향력 유지 가능

하지만 이런 인플루언서의 상업적 영향력에 대한 부정적인 시선도 존재한다. 인플루언서가 제품 사용 경험을 소개한다면서 실제로는 제품 홍보를 하는 행위나 광고주에게 협찬 받은 제품을 본인 돈으로 직접 구매해서 체험했다며 후기를 올리는 경우가 그 원인에 속한다. 인플루언서를 믿고 그의 제품을 구매·사용했다가 피해를 봤는데 제대로 된 피해 보상을 받지 못하는 사례 등도 팔로워가 인플루언서를 곱게 보지 못하게 만든다. 또한 인플루언서의 영향력을 이용해서 돈을 벌 목적으로 가짜 SNS 계정을 만드는 업체들까지 존재한다.

가짜 계정 문제나 제품 협찬 사실을 밝히는 문제는 정부와 공정거래위원회의 규제로 해결해야 할 일이다. 하지만 제품 교환·환불, 피해 보상 등을 확실히 하여 팔로워와의 관계를 깨뜨리지 않는 것, 더 나아가 상업적 컨텐츠가 아닌 원래 하던 컨텐츠에도 집중하는 것은 인플루언서 자신의 '인플루언스'를 위해서라도 스스로 신경 써야 할 부분이다.

자료 : 이데일리(2019.4.4.)

3. 준거 집단과 판매 촉진

1) 전문가 활용

준거 집단의 전문성은 소비자의 제품 구매에 영향을 미치는 중요한 요인의 하나이며 유명 인사의 전문성과 진실성에 의해 결정된다. 유명인이 등장하는 제품 광고가 그렇지 않은 광고보다 호의적으로 평가되는 경향이 있는데 이러한 현상은 청소년층을 주요 고객으로 하는 제품의 광고에서 두드러진다. 한 사례로, 한국 야쿠르트는 유산균 분야의 저명한 과학자인 배리마셜 박사를 '헬리코박터 프로젝트 윌'이라는 위 건강 음료 광고 모델로 발탁하여 큰 성공을 거두었다_{마셜박사는 2005년 노벨 의학상 수상}.

▶ 그림 12-6 전문가를 활용한 광고의 예

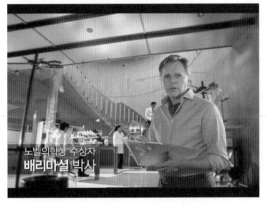

▲ 헬리코박터 프로젝트 윌 광고 모델일 배리 마살 박사

▲ 헬리코박터 프로젝트 윌

* 자료 : https://www.google.co.kr/

2) 소비자 증언 광고

증언testimonial 광고란 브랜드나 제품에 대해 전하고 싶은 얘기를 소비자의 입을 빌려 증언하듯 전달하는 광고 기법을 말한다. 왜 광고에 증언이 필요할까? 내가 직접 경험해 보지는 못했지만 나보다 먼저 경험해 본 사람의 얘기를 통해 제품에 대한 판단을 내릴 수 있도록 해 주기 때문이다.

가정 주부 또는 일반 소비자가 일상 생활에서 발생되는 문제점을 광고하고 그 제품을 사용하여 문제점을 해결하는 방법을 보여줌으로써 증언 형태의 광고가 효력을 발휘할 수 있다. 이러한 증언 광고는 광고 모델과 소비자를 같은 입장에 서게함으로써 소비자가 "나도 모델로 참여할 수 있겠다"라는 기대를 할 수 있도록 해야 한다.

▶ 그림 12-7 소비자 증언 광고 사례

프로스펙스 W	청정원 맛 선생
실제 워킹 마니아인 모델 이선진씨를 발탁. 이씨는 처음에 러닝화를 신었다가 워킹화로 바꿔신고 훨씬 편안하고 가볍게 걷는다. "당신에게 워킹은 완벽한 스포츠입니다. 그런데 왜,러닝화를 신고 걸으시죠?"라며 워킹화와 러닝화를 구분해야 한다고 조곤조곤 설명한다.	청정원의 천연 조미료 맛선생 광고는 주부가 직접 맛 선생을 써 본 경험을 얘기한다. 주부가 "좀 비싸다고 생각했는데 가족이 매일 먹는 것이라 생각하면 아깝지 않다"고 전한다.
* 자료 : 한국경제신문(2009.10.10.)	* 자료 : 중앙일보(2010.3.9.)

3) 준거인을 이용한 직접 판매

준거인을 직접 판매원으로 적절히 활용할 수가 있다. 가족, 친지 등의 1차적 비공식 집단은 소비자의 지식, 태도, 가치뿐 아니라 특정 제품과 브랜드의 구매에도 영향을 미치게 되므로 직접 판매 방식을 이용하는 기업은 이를 활용하여 마케팅 전략을 수립할 수 있다. 미국의 Tupperware사와 Avon사는 가정에서 친구나 동료들을 초대하여 판매 파티를 열거나 제품의 용도에 대한 실연을 보이는 등의 준거 집단을 활용하여 성공을 거두고 있다이학식 외, 2006.

4. 의견 선도자와 마케팅 전략

의견 선도자들은 대중 매체나 여행사보다는 관광 정보 안내 센터, 여행 브로슈어, 방문객 뷰로Visitor's Bureau와 같은 관광 조직에서 제공하는 정보를 선호하는 경향이 있다Kim & Chalip, 2004. 이들은 의견을 제공할 뿐만 아니라 다른 사람으로부터 의견을 많이 구하기도 한다. 또한, 의견 선도자일수록 다양한 사회 조직에 일반인들보다 더 많이 관여되어 있으며 여행 잡지도 더 많이 읽고 여행도 더 많이 하는 것으로 알려져 있다.

의견 선도자들은 다른 사람이 가보지 않은 오지나 관광 개발이 진행 중인 곳으로 가는 경우가 많다. 이러한 관광지의 경우 매스 미디어에 노출되는 경우가 적기 때문에 의견 선도자들은 관광 조직을 통해 적극적으로 정보를 찾고 의견을 구하게 된다. 이렇게 잘 알려지지 않은 관광지일수록 의견 선도자의 역할과 구전 효과가 더 중요하게 작용한다. 따라서 개발 중이거나 혹은 개발 초기 단계의 관광지 관리자들은 의견 선도자를 파악하고 이들에게 효과적으로 접근할 수 있는 방법을 찾는 것이 중요한 업무가 될 수 있다.

Chapter

13

가족과
관광 행동

학습목표

이 장을 학습하고 나면 학생들은 다음의 내용을 이해하게
될 것이다.

1 가족의 개념
2 가족의 주요 기능
3 가족 생활 주기의 의미
4 가족 생활 주기별 관광 행동
5 가족 구매 의사 결정의 특징
6 가족 구매 의사 결정에서 가족 구성원의 역할
7 가족 구매 의사 결정 유형
8 가족 구매 의사 결정과 관광 행동
9 가족 구매 의사 결정에서의 자녀의 영향
10 가족과 마케팅 전략

외부 요인으로 가족은 구매 의사 결정 과정에 중요한 영향을 미친다. 인간은 태어나면서부터 가족의 일원으로 태어나고 가족이라는 울타리에서 성장하고 생존한다. 가족은 오랜 세월에 걸쳐 형성된 문화와 관습을 바탕으로 주위 환경에 적응되어 나타난 제도로서 필요에 따라 만들었다가 없앨 수 있는 임의적인 제도가 아니다. 가족은 개인의 인격 형성에 강한 영향력을 미치며, 사회 공동의 행동 특징과 문화 규범을 습득시키는 사회화 과정을 담당하는 집단이며, 그리고 사회를 존속시키는 가장 기본 단위이다. 또한, 가족은 경제 활동을 통해 획득한 소득으로 각 구성원의 다양한 욕구를 충족시켜 주는 경제 주체 이기도 하다.

사회에 있어서 가족은 소비재에 대한 소비 단위라고 할 수 있다. 왜냐하면, 식료품, 주택, 자동차, 가구 등과 같은 제품은 가족 단위에 의해 소비되고 있기 때문이다. 따라서 가족은 소비 과정에 있어서 직접적인 역할을 하는 것뿐만 아니라 자녀의 사회화에 간접적인 역할도 한다.

개인은 가족의 사회적 가치관 및 행동 패턴에 의해 영향을 받기 때문에 구매와 소비 패턴은 가족 단위에 의해 강하게 영향을 받게 된다. 본 장에서는 가족의 개념, 기능 및 중요성, 가족 생활 주기, 가족 구매 의사 결정의 특성 및 가족 구성원의 역할, 그리고 가족과 마케팅 전략을 살펴본다. 또한, 한 사람이 태어나서 죽을 때까지의 과정인 가족 생활 주기에 따라 관광 행동이 어떻게 변해가는지도 학습한다.

▶ 그림 13-1 제13장 요약도

제1절 가족의 개념 및 기능	제2절 가족 생활 주기
• 가족의 개념과 형태 • 가족의 기능 • 소비 행동 측면에서 가족의 중요성	• 가족 생활 주기의 개념 • 가족 생활 주기별 특징 • 가족 생활 주기와 관광 행동
제3절 가족 구매 의사 결정	제4절 가족과 마케팅 전략
• 가족 구매 의사 결정 모델 • 가족 구성원의 역할 • 가족 구매 의사 결정 유형 • 가족 구매 의사 결정과 관광 행동	• 제품 전략 • 가격 전략 • 유통 전략 • 촉진 전략 • 가족 생활 주기와 마케팅 전략

제1절 가족의 개념 및 기능

가족은 사회에 있어서 가장 중심적이고 기본적인 구성 단위이다. 사회적 행동 중에서 가족이 중심이 되는 행동은 아주 많을 뿐만 아니라 개인의 구매 행동에 직접적이고 광범위한 영향을 미치고 있다. 가족과 다른 사회 집단과의 차이점은 가족은 대면적 친밀성과 협동성이 강하다는 점 그리고 소득 단위인 동시에 소비 단위라는 점이다. 가족은 중요한 소비 주체이기 때문에 마케터에게 많은 시사점을 제공하고 있다. 본 절에서는 가족의 개념과 가족 형태, 가족의 기능, 그리고 관광 행동 측면에서의 가족의 중요성을 학습한다.

1. 가족의 개념과 형태

가족이란 혈연, 결혼, 또는 입양에 의해 맺어진 2인 이상의 집단을 말한다. 가족은 구성원들의 생리적, 정신적, 경제적, 사회적 제 욕구를 충족시키기 위해 형성된 것으로서 한 개인이 소속된 최초의 일차적 집단이다. 또한, 인간 사회의 어디서나 발견할 수 있는 가장 기본적인 사회 단위이자 소비자 행동에 있어서 중요한 영향을 미치는 많은 사회 집단 중의 하나이다.

가족은 핵가족과 대가족으로 구분된다. 핵가족은 부부와 그들의 미혼자녀로 구성된 최소의 가족 단위를 말하며, 핵가족에서 성장한 자녀들이 결혼하여 분가하면 그 자녀는 각각 독립된 새로운 또 하나의 핵가족을 형성하게 된다. 개별 가족, 단순 가족, 요소 가족, 부부 가족이라 표현하기도 한다.

핵가족에다 조부모, 삼촌, 숙모, 사촌 또는 인척을 포함하는 비교적 대규모의 식구를 대가족이라고 한다. 대가족은 결혼한 신랑, 신부가 어디에 거주하는가에 따라 부처 확대 가족, 모처 확대 가족, 양처 확대 가족, 외숙처 확대 가족의 네 가지 형태로 분류[1]할 수 있다.

1) • 부처 확대 가족 : 결혼한 신랑, 신부가 시가에 거주하는 형태
• 모처 확대 가족 : 결혼한 신랑, 신부가 신부집에서 거주하는 형태
• 양처 확대 가족 : 결혼한 신랑, 신부가 시가와 신부집 어느 쪽이든지 선택하여 거주하는 형태
• 외숙처 확대 가족 : 신랑의 외삼촌 집에서 거주하는 모계 사회의 거주 형태

2. 가족의 기능

과거의 가족은 생산, 소비, 교육을 비롯하여 아주 포괄적인 기능을 수행해 왔다. 오늘날에는 이러한 많은 가족 기능을 다른 기관들이 대행해 주고 있기 때문에 가족이 아니면 수행할 수 없는 본질적 기능만을 주로 수행하고 있다. 따라서 가족 성원의 역할도 변할 수밖에 없다. 전통적인 가족 기능을 살펴보면 <그림 13-2>와 같다. <사례 13-1>은 가족의 식사 문화가 가족 간 갈등을 해소시키는 데 중요한 역할을 하고 있음을 나타내고 있다.

▶ 그림 13-2 가족의 기능

사례 ⑬-1

온 가족 둘러앉아 도란도란… 사랑 깊어지고 생각 커지더라

조선 중기 문신 유성룡(1542~1607)과 제 35대 미국 대통령 존 F 케네디(1917~1963). 활동 지역도, 생몰 연대도 다른 두 사람에겐 확실한 공통 분모가 하나 있다. '밥상 머리 교육이 엄격한 집안 출신'이란 점이 그것. 유성룡 가문에선 어른이 수저를 들 때까지 자녀는 식사를 시작할 수 없었다. 케네디 전 대통령의 어머니 로즈 여사는 자녀에게 약속의 가치를 일깨우기 위해 정해진 식사 시간을 어기면 밥을 주지 않았다.

공교육 현장이 학교 폭력이나 집단 따돌림, 우울증, 자살 등으로 얼룩지면서 인성 교육의 필요성을 제기하는 목소리가 높아지고 있다. 이와 관련, 적지 않은 전문가가 청소년의 인성 회복을 위한 대안으로 밥상 머리 교육을 제안한다. '(밥상 머리 교육으로 대표되는) 가정의 교육적 기능이 회복돼야 청소년의 병든 인성을 바로잡을 수 있다'는 얘기다. 이에 맞있는 공부는 오늘부터 월 1회씩 총 3회에 걸쳐 밥상머리 교육에 관한 심층 기획을 마련했다.

양홍준(46)씨는 정주(서울 광남중 3년)·성민(서울 구남초등 5년)·성주(서울 구남초등 3년) 등 세 아들을 상대로 매일 아침·저녁 식사 시간을 활용, 밥상 머리 교육을 실천하고 있다. 출근·등교 준비로 분주한 아침 식사 땐 간단히 각자의 일정을 확인하는 정도로 대화를 나누고, 비교적 여유 있는 저녁 식사 시간엔 그날의 일상과 고민을 공유한다.

▶ 양홍준씨 가족 사례 |

"제 비밀, 친구보다 아빠가 더 많이 알죠"

양씨는 자녀에게 사교육을 일절 시키지 않는다. 세 아이는 또래 친구가 학원을 오가는 시간에 각자 관심 분야의 책이나 신문 기사를 읽으며 '나만의 시간'을 갖는다. 양씨는 "밥상 머리 교육 덕분에 아이들이 자기 생각을 조리 있게 말하는 방법을 터득했다"고 자랑했다. "둘째 성민이는 말이 없는 편이어서 걱정을 좀 했어요. 가족 앞에서조차 부끄럼을 타 자기 생각을 효과적으로 전달하지 못했죠. 그런데 함께 식사하는 시간과 횟수가 늘면서 대화하거나 토론할 기회가 많아지자 어느 순간 표현력이 놀랄 만큼 자라더군요. 얼마 전 전교 부회장 선거에서 당선됐을 때도 연설 유세 활동 덕을 크게 봤다고 하더라고요. 내심 뿌듯했습니다."

▲ 양홍준씨 가족이 밥상에 둘러앉아 담소를 나누고 있다. (왼쪽부터) 아버지 양홍준씨, 장남 정주군, 막내 성주군, 둘째 성민군, 어머니 이진숙씨./이경호 기자 ho@chosun.com

아이들도 아버지 양씨의 교육 방식에 크게 만족하고 있다. 장남 정주군은 "매일 두 차례씩 식사 시간에 가족과 나누는 대화 덕분에 가족 관계가 한층 친밀해졌다"고 강조했다. "우리 가족은 서로에게 숨기는 게 없어요. 학교 선생님께 혼났던 일, 친구와 다퉜던 일까지 시시콜콜 다 얘기하죠. 아마 제 비밀은 친구들보다 부모님과 동생들이 더 많이 알고 있을 거예요(웃음)."

양씨에 따르면 상당수의 부모가 자녀 교육에까지(경제 논리인) '기회 비용' 개념을 적용한다. "자녀가 자랑스러워 하는 부모, 자녀에게 존경받는 부모가 되려면 '내가 널 이렇게 공들여 키웠으니 너도 그에 상응하는 성과를 내놓아야 한다'는 식으로 자녀를 대해선 안 됩니다. 그 반대도 마찬가지죠. 자녀에게 필요한 건 물질적 보상이 아니라 '내 얘길 귀담아들어 주는' 가족의 존재 그 자체예요. 아무리 바빠도 최소 주 1회는 자녀와 밥상을 마주하고 앉으세요. 그리고 아이들 얘기에 귀기울여 주시기 바랍니다. 그게 바로 최고의 인성교육이니까요."

▶ 전문가 진단과 조언 |

상차림 조금만 신경 쓰면 교육 효과 '백배'

우리 선조들은 예부터 식사 때마다 부모와 자녀가 밥상에 둘러앉아 대화를 나누곤 했다. 그 과정에서 부모는 자연스레 자녀에게 식사 예절과 삶의 지혜를 전수했다. 부모 교육 전문가로 활동 중인 조현(심리학 박사)씨는 "밥상 머리 교육은 인성 교육의 첫걸음이 된다는 점에서 아무리 강조해도 지나치지 않다"고 말했다. "가정은 인간이 태어나 처음으로 사회화 과정을 경험하는 공간입니다. 사회화의 필수 요소인 인성 역시 가정 교육을 토대로 확립되죠. 특히 식사는 수면이나 배변 등 가정에서 이뤄지는 여타 행위와 달리 '온 가족이 함께하는' 활동이란 점에서 주목할 필요가 있습니다. 음식이 곁들여진 상태에서 나누는 대화를 통해 가족 구성원 간 공감대가 형성되고 서로를 이해하고 배려하는 마음이 싹트게 되거든요."

조씨는 "밥상 머리 교육의 효과는 상차림만 좀 달리해도 금세 나타난다"고 귀띔했다. "자녀 입장에서 '집밥'은 부모의 사랑과 관심을 가장 쉽게 확인할 수 있는 척도입니다. 상 위에 오르는 반찬 중 한 가지 이상은 반드시 직접 요리한 것으로 준비하세요. 식탁보·수저·접시·식기 등에 조금씩 변화를 줘 엄마의 정성을 보여주는 것도 중요합니다. 귀한 손님 대접하듯 차려내는 상차림은 자녀를 감동시키거든요. 부모에게 감사하는 마음도 절로 생기게 하고요."

자료 : 조선일보(2012.9.16)

1) 성(性)과 자녀 출산 기능

가족은 남녀의 사랑을 기초로 하여 이룩되므로 가족 구성의 중심이 되는 부부 간의 성적(性的) 욕구를 충족시키는 기능을 한다. 그리고 부부 간의 성생활의 필연적인 결과로 자녀를 출산하는 생식의 기능은 사회의 다른 집단에서 대신할 수 없는 가족만의 고유한 기능이며 가장 중요한 기능이다.

2) 부양·보호적 기능

부모는 어린 자식을 양육하고 자식은 노부모를 부양한다. 이러한 부양·보호의 관계는 권리·의무의 관계 이전에 인간 본연의 사랑에서 우러나오는 자연적인 현상이다. 가족 중 환자, 실업자, 노령자 등의 보호는 보호적 기능의 대표적 예로 들수 있다. 오늘날에는 가족의 부양·보호적 기능은 경찰, 병원, 사회 보장 제도 등과 같은 사회와 국가가 많은 책임을 지고 있다.

3) 교육적 기능

어린이는 태어나면서부터 부모의 애정 속에서 인간 관계, 생활 양식, 행위 규범, 가치 체계를 학습하게 된다. 즉, 하나의 생물학적 개체가 하나의 인격적인 존재로 성장해 간다. 그래서 점차 사회의 일원으로서 적응하며 생활할 수 있는 필요한 기본적 인성을 형성하게 된다.

4) 경제적 기능

가족의 경제적 기능은 생산적 기능과 소비적 기능의 양면을 모두 포함한다. 가족 생활은 재산의 공동 생산과 공동 소비의 성격을 띠고 있다. 과거에는 가족에서 남자는 생계를 위한 생산에 종사하여 수입면을 담당하고 여자는 자녀를 낳아 기르고 의·식·주 생활면을 관리하는 소비면을 담당하였다. 오늘날에는 맞벌이 가족이 많아 부부가 동시에 생산과 소비의 역할을 수행하고 있다.

5) 휴식 기능

가족은 가족원에 대하여 심신의 긴장이나 피로를 회복시켜 주는 휴식의 기능을 갖는다. 즉, 사회 생활로 지친 몸과 마음을 가정에 돌아와 쉬며 긴장을 풀고 다음날 노동을 할 수 있도록 노동력을 재생산하게 한다. 증가하는 직장 스트레스는 가족의 휴식 기능의 중요성을 더욱 부각시키고 있다.

6) 오락 기능

가족은 구성원들이 함께 즐기는 여가 생활을 통해 오락 기능을 수행한다. 가족

끼리 옹기종기 모여서 즐기는 윷놀이와 같은 오락은 가족의 결속력과 생활의 활력을 제공하기 때문에 그 의의가 크다. 가족 오락은 가족 개개인에게 도움이 될 뿐 아니라 건전한 사회를 이룩하는데도 필요히다.

7) 사회화 기능

가족은 가족 구성원으로서 그리고 준거 집단으로서 자녀들의 사회화를 돕는다. 여기서 사회화는 자녀를 교육하여 나중에 사회 생활에 적응해 나가는데 필요한 기본적인 교양, 지식, 기술 등을 가르치는 것을 의미한다. 예를 들면, 성격 형성, 대인 관계 형성, 옷차림, 예의 범절, 언어, 직업 선택 등을 포함한다.

기족은 또한 준거 집단으로서 자녀의 사회화 기능을 발휘하게 된다. 즉, 어린이들이 소비자로 기능하는 데 적합한 기술, 지식, 태도들을 습득하고 자신의 위치에 적합한 사회적 역할을 학습하는 것이다Wikie, 1986. 어린이는 성장하면서 소비와 관련된 것을 부모나 다른 사람으로부터 은연중에 보고 배우게 된다.

8) 종교적 기능

가족의 종교적 기능은 기본적인 종교적 의례나 형식뿐만 아니라 하루하루 생활하는데 감사하고 삶의 진리를 깨달으며 인간 능력의 한계를 인정하는 생활의 태도를 가지도록 하는 기능을 포함한다. 또한 조상님에 대한 차례나 숭배 등도 종교적 기능인데 가령 명절날 친척끼리 모여 차례를 지내는 것도 종교적 기능의 하나이다.

3. 소비 행동 측면에서 가족의 중요성

가족이 소비 행동 측면에서 중요한 이유는 다양한 측면에서 접근이 가능하다. 그 이유는 의사 결정의 주체가 다양하고 또한 가족 구성원의 역할이 다르기 때문일 것이다. 몇 가지를 설명하면 다음과 같다.

첫째, 자동차, 주택, 가전 제품, 여행 등 가족 단위에서 구매하거나 사용되는 제품이나 서비스가 많기 때문이다. <사례 13-2>에서 보는 바와 같이 직장의 주5일제 근무로 인해 가족 중심의 비즈니스와 문화가 자리 잡고 있다. 이러한 분위기는 리조트나 스키장이 가족 중심으로 탈바꿈하고 있는데서도 알 수 있다.

둘째, 관혼 상제와 같은 가족 단위의 의례 행사가 반복적으로 발생하므로 의례 용품 시장의 규모가 상당히 커 기업에 있어서는 중요한 시장 기회가 되기 때문이다. 연간 혼수 용품 시장의 규모는 약 10조원대에 이른다고 한다.

셋째, 가족 단위의 소비 용품이 아닌 개인을 위한 제품이라도 구매 행동에 가족의 영향이 미치기 때문이다. 특히, 어린이를 위한 장난감 시장이나 학습지 시장은 부모의 의사 결정이 매우 중요하다. 최근 호텔 산업에서 골드 키즈gold kids의 영향으로 고가의 키즈 캠핑 매출이 증가하고 있다. 야외 캠핑장을 운영하고 있는 제주 신라 호텔이나 롯데 호텔 제주와 같은 특급 호텔에 어린 자녀가 있는 가족 단위 고객들이 '글램핑화려하고 럭셔리한 캠핑을 즐기는 이들'을 즐기러 오는 경우가 크게 증가하고 있다.

마지막으로, 가족의 생활 주기에 따라 소비 생활이 달라질 수 있기 때문이다. 신혼 부부 단계에서 어린 자녀를 둔 보금자리 1기로 이행되면 유아 용품이나 교육 용품이 구매 품목에 추가된다.

사례 ⑬-2

'주5일'이 만든 가족 중심 바람… 산업계에 패밀리가 떴다

"서두르세요. 매진임박입니다!" 홈쇼핑을 보던 아내가 휴대 전화를 꺼낸다. 뭘 사려고 할까? 뜻밖에도 캠핑 용품이다. 아내는 '난지 캠핑장'으로 놀러 가자고 한다. '난지도에 갈 거면 그냥 집에 있지. 같은 서울인

데…'. 내키지 않았지만 예약을 하려다가 깜짝 놀랐다. 8월 말까지 예약이 꽉 찬 것이다. 그것도 대부분 가족 단위 예약이란다. 이처럼 최근 캠핑 여행으로 대표되는 '가족 중심 문화'가 트렌드로 떠오른 이유는 무엇일까?

먼저, 기본적으로는 '주5일 근무제'와 '주5일 수업제'가 만났기에 가능해진 일이다. 지난 50년 동안 가족 여행은 오직 여름 휴가철에만 가능했지만 '주5일 시대'라는 변화는 일년 내내 매주 가족 여행을 가능하게 만들었다. 대한민국에 '가족 중심'이라는 새 바람이 일어날 수 있는 환경이 만들어진 것이다.

여기에다 경제적 어려움과 정신적 불안감이 만나면서 가족 중심 문화에 불이 붙었다. 불황이 지속되면서 세상이 점점 각박해지고 살림살이가 팍팍해졌다. 그러다 보니

선택의 여지가 없는 불황형 대가족, 가족형 창업까지 나타났다. 그동안 일에만 매달려 살아왔지만 결국 믿고 의지할 수 있는 것은 가족뿐이란 것을 깨닫게 되었기에 고도 성장 기간 동안 멀리 떨어져 있던 '가족'과 '행복'이 드디어 만난 것이다. 1955년 엘리아 카잔 감독의 영화 '에덴의 동쪽'을 보면 그야말로 슬픔이 파도처럼 밀려온다. 영화는 한 가정이 철저히 파괴되는 과정을 통해 '모든 슬픔은 가족에서 시작한다'는 것과 '인간이란 가족의 사랑 없이는 살 수 없다'는 사실을 알려 준다. 이 고전의 의미가 그 어느 때보다도 절실하게 느껴지는 것은 불황의 산물로 오는 정신적 불안감 때문이리라.

결국 여러 가지 시대 상황이 가족 중심의 소비, 가족 중심의 여가 활동 등 가족과 함께 하는 새로운 문화를 만들고 있다. 지금 사회적으로 '패밀리가 뜨는 것'은 단지 여행

만이 아니다. 외식·숙박은 물론이고 패션·금융·통신까지 모든 산업에서 가족을 연결시키는 상품과 마케팅이 활개를 치고 있다. 대한민국에 '가족'이란 슈퍼 트렌드가 시작된 것이다. 앞으로 모든 산업은 '가족 산업'으로 다시 태어날 수 있고, 모든 업종에 '가족 코드'를 넣으면 새로운 가치가 들어갈 수 있을 것이다. 필자는 이제 이 산업을 더욱 깊이 들여다 볼 수 있도록 새로운 이름을 붙여 보았다.

1. 가족 대상 사업(For Family Biz.) : 가족을 대상으로 가치를 창출해 주는 사업이다. 기존에 있던 가족 식당·가족 영화·가족 여행 등은 서비스의 종류와 깊이가 심화되며, 소프트웨어·콘텐츠·디바이스·서비스 등이 문화와 예술 디자인, 그리고 과학 기술과 결합해 이 산업을 확대시켜 나갈 것이다.

2. 가족끈끈 사업(Family-ship Biz.) : 그동안 소원했던 가족들을 보다 가까이 연결시켜 주는 사업인데, 각자의 역할을 깨닫고 변화를 돕는 프로그램들이 시도되고 있다. 예컨대 아버지 학교, 어머니 학교, 부부 학교 등이 있으며, 앞으로는 가족이 함께 변화하고 행복을 느낄 수 있도록 가족 사랑 교실, 가족 합

창단, 가족 모험단, 가족 예술단 등으로 다양하고 풍성하게 진화할 것이다.

3. 가족처럼 사업(Family-like Biz.) : 가족이 특별한 이유는 '내 편을 들어주고', '내 말을 들어주는', 이른바 절대적인 신뢰를 바탕으로 하는 '가족 코드' 때문이다. 가족 아닌 사람들을 가족처럼 느끼게 해주거나 회사 혹은 조직을 가족 같은 분위기로 만들어 주는 사업이 커질 것이다. 최근 집처럼 편안한 직장을 만들겠다는 '홈퍼니(Home + company) 경영'도 같은 맥락이다.

4. 가족만들기 사업(Family-making Biz.) : 커플 매니징 비즈니스, 재혼 비즈니스 등과 같이 말 그대로 가족을 만들어 주는 사업이 대표적인 예인데 다문화 시대를 맞아 입양·결연 등으로 확장될 것이다. 그 형태는 어느 TV 프로그램에서처럼 남녀 미팅과 짧은 여행을 복합시켜 비교적 깊이 있게 상대를 관찰할 기회를 제공하는 것에서 찾아볼 수 있다. 앞으로는 보다 더 다양한 모습의 매칭 서비스가 등장하리라 생각한다. <중략>

자료 : 중앙SUNDAY(2012.8.12)

제2절 가족 생활 주기

가족 생활 주기는 결혼에 의한 가족 형성부터 이혼이나 사별로 인한 가족 해체까지의 가족의 전 생애 과정으로서 세별 및 세대 내에서 자녀 여부, 자녀 연령, 학력, 자녀 출산, 자녀 결혼 등을 기준으로 구분한다. 최근 초혼 연령의 상승과 미혼율의 증가 등으로 인한 출산력 저하와 평균 수명의 연장 및 고령화 등으로 가족 생활 주기에 많은 변화가 나타나고 있다. 본 절에서는 가족 생활 주기 개념, 주기별 특성, 그리고 가족 생활 주기와 관광 행동에 대해 이해하고자 한다.

1. 가족 생활 주기의 개념

가족 생활 주기란 독신기로부터 출발하여 결혼, 자녀 출산, 성장한 자녀의 결혼, 그리고 부부 중 한 사람이 사망하는 단계에 이르기까지 가족 구성의 단계적 변화 과정을 말한다. 가족 생활 주기를 적응화 과정으로 설명하는 학자도 있다 Cohen, 1981. 결혼 초 신혼 가족은 자녀 양육, 주택, 가구, 차량 등의 주요 구매 행동에 관한 장기 계획을 수립하며 장년기로 접어들수록 각자의 제품 선호도 등에 있어 전문화 내지 일치되는 경향이 생겨 가족 구성원에게 의사 결정이 위임되는데 이러한 과정이 바로 적응화 과정이다.

가족 생활 주기 개념이 마케팅 분야에서 관심을 얻고 있는 주된 이유는 생활 주기 변수가 인구 통계 변수에 비해 훨씬 명확하게 소비자 행동 특성을 설명해 주기 때문이다. 즉, 가족 생활 주기 변수는 동일한 연령이나 비슷한 소득 수준의 소비자라 하더라도 결혼 여부나 자녀수의 차이 등으로 인해 소비 행동이 다를 수 있다는 점이다.

2. 가족 생활 주기별 특징

가족의 생활 주기는 외국 학자들에 의해서 다양하게 구분되어 왔다. 특히, 1960년 이후에 가족 생활 주기의 연구는 광범위해졌는데 그 대표적인 인물들로는 Glick, Duvall, Rogers, Wells와 Gubar 등이 있다. Glick은 미국의 인구 센서스 자료를 분석하여 아내의 연령을 기준으로 7단계로 구분하였고, Duvall은 인

▶ 표 13-1 가족 생활 주기별 소비 및 행동 패턴

가족 생활 주기	소비 및 행동 패턴
1. 대학생 단계: 부모님 집에 거주하지 않는 젊은 단독 가구	• 적은 재정적 부담, 패션리더나 파티 • 기본적인 부엌 장비, 가구, 차 구입
2. 신혼부부 단계: 젊고 자녀가 없는 가구	• 자산 및 소득과 소비 동시 증가
3. 자녀 양육기(Full nest) I 단계: 6세 이하 자녀	• 주택 구입 시기, 금융 자산 적음 • 가구의 재정적 부담 증가
4. 자녀 양육기(Full nest) II 단계: 6~14세 자녀	• 가구의 재정적 부담 점차 완화 • 맞벌이 가구 증가 • 광고를 통한 구매 의도 감소
5. 자녀 양육기(Full nest) III 단계: 15세 이상 자녀	• 맞벌이 가구 증가 및 재정 상황 호전 • 새로운 제품에 대한 구매 욕구 증가
6. 노인 가구(Empty Nest) I 단계: 자녀의 출가로 인해 노인부부만 거주, 직장에서 높은 지위	• 자가 주택 소유 정점 • 재정적 상황이나 저축상황에 만족 • 자기개발, 기부 및 선행활동, 고가 제품 구입
7. 노인 가구(Empty Nest) II 단계: 자녀의 출가로 인해 노인부부만 거주, 직장 은퇴	• 수입이 급감하지만 주택 소유 중
8. 직장 있는 황혼(solitary survivor I) 단계: 사별가구, 직장 근무	• 현재 소득은 괜찮으나 주택을 판매할 의사 존재
9. 은퇴한 황혼(Solitary survivor II): 사별가구, 직장 은퇴	• 다른 은퇴 그룹처럼 같은 의약 및 요양 청구

* 자료 : Wells, W. D. & Gubar, G.(1966). The life cycle concept. Journal of Marketing Research, 2, 355-363.
(권치홍 외, 2015. 재인용)

간 발달 이론에 입각하여 첫 자녀의 성장 단계에 따라 8단계로 구분하였다. 특히, Duvall은 2세대 핵가족을 중심으로 가족 생활 주기를 개념화하였다. 그리고 Rogers는 첫 자녀뿐 아니라 마지막 자녀의 성장에 따른 가족 발달도 포함하여 24단계로 세분하였다.

Wells와 Gubar는 가족 생활 주기를 9단계로 분류하였다표 13-1 참조. 이 분류는 자녀 없는 부부만의 단계, 자녀를 출산하고 이들을 양육시키기 위해 재정적 어려움이 증대되는 단계, 자녀가 독립하거나 자녀의 생계 보조 역할로 인해 재정적 문제가 거의 없는 단계, 마지막으로 수입원이 없어 재정적 곤란이 다시 문제가 되는 노년기 단계로 구분하고 있다. 이러한 분류 방법은 최근의 가족 특징인 이혼율 증가, 출생률 감소, 노인 인구와 독신자 증가 등에 비추어 볼 때 현실과 맞지 않은 측면이 있다.

오늘날 다양한 가족의 형태가 출현하고 있다. 따라서 <그림 13-3>과 같이 보다 현대적인 가족 생활 주기가 개발되었다. 현대 가족 생활 주기는 젊은 독신으로부터 노년기 독신까지 7단계로 나누어지며 단계에 따라 가족의 재순환 과정을 포함하고 있다. 늦은 결혼과 독신, 동거, 맞벌이 부부, 이혼, 적은 수의 자녀 등으로 인해 가족의 구조가 변하고 그로 인해 가족 생활 주기도 변하고 있다. 따라서 현대적 가족 생활 주기는 이혼을 한 가족과 자녀가 없는 부부를 특별히 고려하여 개발된 것이라 볼 수 있다.

▶ 그림 13-3 현대적 가족 생활 주기

* 자료 : Murphy, P.E. & Staples, W.A.(1979). A modernized family life cicyle. Journal of Consumer Research, June. 6, p.17.

우리나라의 경우에는 대가족 제도, 남아 선호, 자녀 과잉 보호, 자녀-부모 간의 경제적 관계 등 서구의 가족 특성과 많은 차이점이 있기 때문에 서구의 가족 생활 주기 모델을 그대로 적용하기에는 문제점이 있다. 우리나라의 가족 생활 주기에 대한 연구는 해외 연구자들의 연구 결과를 수정하여 주로 사용하고 있다. 예를 들어, 유영주[1984]는 듀발과 밀러의 8단계 유형을 우리나라 가족 생활 주기에 적절하게 수정하여 첫 자녀를 기준으로 6단계 유형으로 제시하였다. 즉, 가족 형성기, 자녀 출산 및 양육기, 자녀 교육기, 자녀 성인기, 자녀 결혼기, 노년기 등으로 분류하였다. 또한, 세계보건기구[WHO]의 가족 주기 모형을 적용하여 우리나라 가족 주기를 가족 형성기결혼~ 첫째 출생, 가족 확대기첫째 출생~막내 출생, 가족 확대 완료기막내 출산 ~ 자녀의 첫 번째 결혼, 가족 축소기자녀의 첫 번째 결혼 ~ 모든 자녀 결혼 완료, 가족 축소 완료기노부부만 남는 빈둥지 시기, 가족 해체기배우자 사망 이후 혼자서 살아가는 시기 등 6단계로 구분하는 경우도 있다김승권 외, 2000

3. 가족 생활 주기와 관광 행동

가족 생활 주기는 관광 관련 활동과 밀접한 연광성이 있는 것으로 국내외 연구 결과 입증되었다. 가족 여가 활동은 가족 생활 주기의 각 단계에 따라 여가 활동의 유형, 참여도, 시간 사용의 양 등에 차이가 있는 것으로 알려져 있다. 가족 생활 주기에 따른 가족 여가 스포츠 참여 동기의 차이를 살펴본 연구에 따르면, 노년기에서 신체적 동기, 정서적 동기, 사회적 동기가 가장 높게 나타났다이수연, 2014. 가족 외식 행동의 차이에 관한 연구에서는가족 1~4단계로 구분 전화 배달 서비스나 레스토랑 방문 식사는 2단계초등생 자녀가 있는 가족의 가족이 가장 빈번히 이용했지만 4단계의 가족자녀 없는 시니어 가족은 거의 사용하지 않았다유정림 & 박동연, 2002. 그리고 각 가족 생활 주기 단계별로 가장 자주 이용하는 메뉴는 치킨으로 나타났다. 농어촌 민박에 있어 가족 생활 주기가 다음 단계로 넘어갈수록 친절성, 청결성과 같은 환대 시설로서의 속성을 보다 중시하는 경향에서 체험, 직판, 식사 등의 부대 서비스의 중요성도 함께 고려하는 경향으로 변화하는 것으로 나타났다송완구, 2020.

뉴질랜드를 찾은 외국인을 대상으로 가족 생애 주기에 따른 관광 지출의 패턴과 휴가 여행의 종류를 분석한 연구에 따르면, 가장 많이 지출하는 사람들은 독신자와 노인 가구 Ⅰ단계였다표 13-1 참조. 쇼핑 지출의 경우에는 의외로 은퇴 후 독신이 된 사람들이 가장 지출을 많이 하는 것으로 나타났다Lawson, 1991. 미혼의 독신자는 활동적이고 장기간 여행을 선호하는 것으로 나타났다. 자녀 양육기 Ⅰ단계와 Ⅱ단계에 해당하는 사람들은 거의 모든 관광 활동에 관심을 보이지 않았으나 자녀 양육기 Ⅲ단계에 접어들면서 서서히 다양한 관광 활동이나 스포츠에 대한 관심을 보이기 시작하였다. 노인 가구 Ⅰ단계에 속해 있는 사람들은 여행 기간은 짧지만 여행 빈도는 높고 관광지에서의 지출을 많이 하는 편이었다. 노인 가구 Ⅱ단계는 신체적 문제로 육체적 부담이 많은 래프팅이나 모터 보트 등은 회피하는 대신에 시간적 제약이 감소함에 따라 여행 기간도 늘어나고 방문 장소도 많이 증가하였다.

제3절 가족 구매 의사 결정

가족 구매 결정은 개별 소비자의 구매 결정과는 그 방법이나 절차면에 있어서 차이점이 있다. 그러므로 가족 구매 행동을 이해하기 위해서는 무엇보다도 가족 구성원 가운데 누가 구매 결정에 실제로 참여하고 구매 결정 과정에서 어떤 역할을 수행하는지 살펴보아야 한다. 여기서는 가족 구매 의사 결정 모델, 가족 구매 의사 결정에서의 가족 구성원의 역할, 가족 구매 의사 결정 유형, 그리고 가족 구매 의사 결정과 관광 행동에 대해 학습한다.

1. 가족 구매 의사 결정 모델

가족 구매 의사 결정은 가족의 욕구 충족을 극대화하는 의사 결정을 하기 때문에 개인의 의사 결정과는 다르다. 또한, 가족 집단을 분석 단위로 하며 구매 의사 결정 역할을 두 사람 이상에게 위임할 필요성을 갖기 때문에 개인의 구매 의사 결정보다는 더욱 복잡하다. 여기서는 Sheth 모델과 Assael 모델을 살펴본다.

1) Sheth의 모델

소비자 구매 의사 결정에 관한 선행 연구들이 개인 위주의 태도나 신념 그리고 의도 등의 변수를 고려하기 때문에 이를 가족 내에서 활용하는 데 어려움이 많다. 이러한 어렵고 복잡한 가족의 구매 의사 결정 이해에 도움을 준 것이 Sheth의 모델이다그림 13-4 참조. Sheth는 개인 구매 행동을 가족 구매 행동으로 변형시키려는 시도를 했다는 점에서 커다란 의의를 갖는다. Sheth의 모델에서는 가족의 구매 의사 결정에 영향을 미치는 구성원을 남편과 아내 그리고 기타의 구성원으로 나타내고 있으며, 가족 구성원 각각의 동기와 평가적 신념 그리고 의사 결정 과정에서 나타나는 성향을 인정하고 있다.

또한, 남편과 부인 그리고 다른 성원들은 자원의 획득과 소비 과정에서 가족이라는 한 단위를 구성하기 때문에 각자의 태도는 서로 영향을 주고받으며 가족 구매 의사 결정을 행하게 된다. 이 모델은 의사 결정에 영향을 끼치는 세 개의 원천인 아버지, 어머니, 그리고 기타의 가족 구성원을 나타내고 있다. 또한, 가족 구매 의사 결정을 자율적 결정과 공동 결정으로 나누어 설명하고 있다.

▶ 그림 13-4 Sheth의 가족 구매 의사 결정 모델

* 자료 : Assael, H.(1984). Consumer behavior and marketing action(2nd ed). p.390

2) Assael의 모델

Assael의 가족 구매 의사 결정 모델은 가족 구성원의 심리적 요소를 중심으로 Sheth 등의 연구를 발전시킨 것이다그림 13-5 참조. 이 그림에서 가족 구매 의사 결정은 개인의 구매 의사 결정과 세 가지 점에서 차이가 있다.

첫째, 개인적 구매 의사 결정에서와는 달리 의사 결정의 전 과정이 개별 소비자한 사람에 의해 처리되지 않고 여러 가족 구성원들에 의해 분담 또는 공동으로 처리된다는 점이다. 둘째, 가족 구성원 사이에 역할 분담이 이루어진다는 점이다. 제품이 가족 구성원들에 의해 공동으로 사용되는 경우는 제품 구매에 따르는 지각된 위험이 크고 중요한 제품을 구매하는 경우에는 다른 구성원들과 공동으로 구매 결정을 하게 된다. 이런 경우에도 가족 구성원은 서로 역할 분담을 하게 된다. 마지막으로, 이러한 역할 분담 등으로 갈등이 발생할 수 있어 갈등 해소를 위한 노력(예 설득, 협상, 흥정)이 필요하다는 점을 강조하고 있다.

▶ 그림 13-5 Assael의 가족 구매 의사 결정 모델

* 자료 : Assael, H. (1995). Consumer behavion and marketing action(5th ed.). Cincination Ohio : South
  Westen College Publishing, p.560.

2. 가족 구성원의 역할

가족 구성원들은 구매 과정에서 각자의 역할을 수행한다. 각 역할들은 제품이나 서비스에 대한 욕구를 결정하고 구매 의사 결정과 관련된 정보를 수집하고 처리하며 구입 및 사용하는 것 등을 포함한다. 상황에 따라 모든 역할이 가족 구성원 중 어느 한 사람에 의해 단독으로 수행되기도 하지만 대부분은 여러 구성원에 의해 분담되어 수행된다. Hawkins 등[2004]은 구매 과정에서 인식할 수 있는 역할들을 제안자, 정보 수집자, 영향자, 결정자, 구매자, 사용자 등 6가지로 분류하였다[그림 13-6 참조].

제안자는 가족 중에서 처음 제품이나 서비스에 대한 욕구와 필요 등의 문제를 인식하고 구매의 필요성을 제기하는 사람을 말한다. 정보 수집자는 여러 가지 원천으로부터 정보를 획득하고 평가하는 사람으로서 주로 의사 결정에 필요한 정보를 수집한다. 영향자는 구매 상황에서 정보를 탐색하고 제공하거나 설득하는 사람이다. 의사 결정자는 언제, 어디서, 어떻게, 어떤 것을 구매할 것인가 등과 같은 의견을 결정하는 사람을 말한다. 구매자는 실제로 구매하는 사람이다. 의사 결정자가 곧 구매자일 수도 있지만 구매 결정이 다른 사람에 의해 사전에 행해지고 그 이행을 구매자가 맡게 되는 경우도 있다. 가족 구매의 경우에는 실제로 많은 상품들이 모든 성원을 위한 구매 대리인으로서 행동하는 아내에 의해 구매되는

▶ 그림 13-6 가족 의사 결정 과정의 상이한 역할

• 제안자 : 가족 구성원(부모, 아이)
• 제품이나 서비스 필요성 최초 제안자

제안자
(initators)

정보 수집자
(information gather)

• 정보의 수집자 : 가족 구성원
• 정보 원천별로 여러명 분담 가능
• 정보원천 아는 사람

• 실제 사용자 혹은 소비자
• 사용자가 가족구성원 전체 또는 개인일 수 있음
• 사용 후 평가, 전달, 재구매 여부 공지

사용자
(user)

• 실제 제품이나 서비스 구매자
• 점포 선택, 구매 협상의 재량권 행사자
• 부모가 구매자 대리인 역할 (유아 제품 등)

구매자
(Purchaser)

영향력 행사자
(influencer)

• 정보 탐색하거나 설득하는 사람
• 의사 결정기준과 평가에 영향력을 행사하는 사람
• 정보 수집자가 아닌 구성원이 많은 영향력 행사 가능

의사결정자
(decion maker)

• 구매 여부 결정자
• 구매 시기, 장소, 구매량 등 결정
• 가족 구성원들 사이의 권력 구조를 나타냄

경우가 많다. 사용자는 구매된 제품이나 서비스를 실제로 소비 또는 사용하는 사람을 말한다.

가족처럼 두 사람 이상이 구매 의사 결정에 참여하는 경우에는 대안에 대한 태도 및 선택과 관련하여 갈등이 일어날 가능성이 많다. 이는 가족 구성원 개인의 욕구와 생각이 다르기 때문에다. 예를 들어, 가족의 해외 여행시 청소년 자녀를 둔 부모는 교육적 목적을 선호하지만 자녀들은 즐길 거리에 더 관심이 많아 갈등이 발생할 수 있다. 이러한 갈등 해소를 위해서 가족 구매 의사 결정시 토론을 통해 합의를 이루는 것이 중요하다. 또한, 다수 구성원들을 만족시키기 위하여 다수의 대안을 구매하거나 가족 한 구성원으로 하여금 구매 의사 결정을 하도록 권한과 책임을 위임하여 갈등을 해소할 수 있다.

3. 가족 구매 의사 결정 유형

가족 구매 의사 결정은 의사 결정에 있어서 누가 지배적인가에 초점을 두고 있다. 여기서 지배력이란 개념은 상당히 폭 넓은 개념이지만 상대적으로 큰 영향력,

즉 다른 가족 구성원들보다 의사 결정에 더 많은 영향력을 행사하는 것으로 정의
된다. 우리나라의 가족 구조는 가부장적 특성으로 인해 대부분 가장이 모든 문제
에 있어 최종 결정권을 갖는 경우가 많다. 그러나 권력 구조에 많은 변화가 일어
나면서 아내도 상당한 결정권을 가지고 있으며 자녀들도 자율적 결정을 할 수 있
도록 자유 재량권을 많이 가지고 있다.

1) 가족 구매 의사 결정 방법

Wolfe[1959]는 부부 의사 결정의 구조를 부부가 각기 독립적으로 의사 결정을
하는 자율적 결정 영역, 남편 지배 영역, 부인 지배영역, 남편과 부인이 의견 일치
를 통해 이루어지는 공동 의사 결정 영역으로 분류하였다. Davis와 Rigaux[1974]
는 울프의 가족 의사 결정 분류를 원용하여 25가지 대표적인 상품에 대해 남편과
부인의 구매 의사 결정에 있어서의 상대적 영향력을 조사하였다.

25개 품목에 대하여 ① 제일 먼저 구매 제안한 사람은 누구인가? ② 누가 주로
정보를 탐색하였는가? ③ 최종적으로 의사 결정한 사람은 누구인가? 등의 질문
에 대해 부인, 남편, 부부 공동, 기타 중 해당 항목에 표시하게 한 다음 공식을 이
용하여 부부의 상대적 영향력 계수와 역할 전문화 정도를 계산하였다. 상대적 영
향력 계수가 2.5 이상이면 부인 지배적, 1.5~2.5 사이에 있으면 자율적 또는 공동
지배적, 그리고 1.5 이하이면 남편 지배적 제품이 된다. 역할 전문화 정도의 경우
50% 이상이면 부부 공동 결정 영역이 되고 그 이하이면 자율적 결정 영역의 제
품으로 분류된다그림 13-7 참조.

$$\text{상대적 영향력 계수} = \frac{(\text{남편 빈도수} \times 1\,\text{점}) + (\text{부부 공동 빈도수} \times 2\,\text{점}) + (\text{부인 빈도수} \times 3\,\text{점})}{\text{총 빈도수}}$$

$$\text{역할 전문화 정도} = \frac{\text{부부 공동 빈도수}}{\text{총 빈도수}} \times 100$$

2) 가족 구매 의사 결정 유형

(1) 아내 주도적/지배적 결정

주로 아내에 의해 구매 의사 결정이 이루어지는 경우로서 가정 내에서 사용되

▶ 그림 13-7 가족 구매 의사 결정시 제품군별 부부의 역할

* 자료 : Putnam, M. & Davidson, W.R.(1987). Family purchsing behavior : Family product category management horizons, Inc.

는 제품에서 흔히 나타난다. 아내 주도적 의사 결정의 예는 가사나 자녀 양육에 필요한 용품, 아내 의류, 자녀 의류, 주방 용품, 식품 등에서 흔히 찾아 볼 수 있다.

(2) 남편 주도적/지배적 결정

남편이 구매 의사 결정에 주도적인 영향력을 행사하여 최종적인 의사 결정을 한다. 자동차 수리, 연장 구입, 스포츠 용품 구입, 생명 보험 가입 등에 대한 결정은 대체로 남편 주도형으로 이루어진다. 이러한 남편 주도적 의사 결정은 문화적 요인에 의해 나타나기도 한다. 예를 들어, 인도와 같은 나라에 있어서는 전통적으로 여성이 제품 구매나 상표 선택에 개입하는 것이 금지된다.

(3) 자율적 결정

남편과 아내 각자 독자적으로 행하는 경우로서 부부의 상대적 영향력이 비슷하게 미치는 여행 가방이나 카메라 등과 같은 제품과 일상적인 제품을 구매할 때 주로 발생한다. 이러한 자율적 의사 결정 배경에는 각자가 구매하려는 제품에 대한 구매 지식이 있다는 것을 반영한다.

(4) 공동 결정

배우자 각각이 동등한 영향력을 갖는 경우로서 주택, 의복, 자동차, 가구, 여행 등 주로 상품의 가격이 높거나 부부에게 큰 영향을 미치는 제품 구입에 있어서는 공동 의사 결정을 한다. 휴가를 갈 경우 휴가의 날짜나 경비, 휴가 기간, 숙박 비용 등은 남편이 주로 결정하고, 목적지나 숙박 시설의 결정은 가족 전체의 공동 의사 결정으로 이루어지는 경향이 높게 나타난다^{Ritchie & Filiatrault, 1980}.

<그림 13-8>은 특정 제품이나 서비스 구매시 구체적으로 누가 제안하고, 정보 탐색하고, 그리고 최종 구매 결정을 하는지 일련의 과정을 나타내고 있다. 예를 들어, 가구의 경우 아내가 주도적으로 가구 구매의 필요성을 인식하고(1), 그리고 정보를 탐색하지만(2), 최종적으로는 부부가 자율적으로 결정(3)하고 있음을 나타낸다. 휴가의 경우 이 세가지 과정을 모두 부부 공동 결정을 하고 있다.

3) 가족 공동 구매 의사 결정 상황

어떤 상황에서 가족 공동으로 구매 의사 결정이 이루어지고 또 어떤 상황에서 개별 구성원에 의해 구매 의사 결정이 이루어질까? 가족 공동 의사 결정이 더 많이 이루어지는 상황은 다음과 같다^{Sheth, 1974}.

▶ 그림 13-8 구매 의사 결정 단계별 부부 비중의 변화

* 자료 : Davis, H. L., & Rigaux, B. P.(1974). Perception of marital roles in decision processes. Journal of Consumer Research, 1(1), p. 54.

첫째, 제품 구매시 지각된 위험이 높을 때 흔히 공동 결정을 하게 된다. 즉, 지각된 위험이 큰 경우, 잘못된 결정이 가족 전체에 영향을 미치므로 위험과 불확실성을 줄이기 위한 것이다. 예를 들면, 가족 여행이나 주택 구입 등은 재무적 위험과 심리적 위험이 비교적 크기 때문에 공동 결정을 하게 될 경향이 많다.

둘째, 구매 결정이 가족에게 중요할 때 공동 결정을 할 가능성이 높다. 중요성이 높은 제품이나 서비스에 대한 구매 결정일수록 지각된 위험이 높아져 공동 결정을 하는 경향이 있다. 예컨대, 가족이 지난 몇 년간 다녀온 관광지를 또다시 휴가를 갈 것인가 하는 결정이 그 예가 될 수 있다.

셋째, 구매 시간에 대한 압박이 크지 않을 때 공동 결정이 많이 일어난다. 구매 시간에 대한 압박이 클수록 가족 중 어느 한 사람이 결정하게 된다. 실제로 일상 생활에서 공동 의사 결정을 할 만한 가치가 없는 것이 많이 존재한다.

마지막으로, 인구 통계적 특성에 따라 공동 결정의 정도가 다르지만 젊은 신혼 부부일수록 공동 결정을 하는 경향이 높다. 하지만 연령이 많아짐에 따라 상대방의 선호도를 잘 알게 되므로 공동 결정 필요성이 낮아지게 된다.

4. 가족 구매 의사 결정과 관광 행동

가족의 구성원이 구매 의사 결정 과정에서 서로 다른 역할을 수행하기 때문에 그리고 때로는 공동으로 역할을 수행하기 때문에 구매 결정에 어떻게 영향을 미치는지 이해하기가 쉽지 않다. 여기서는 남편과 아내의 영향과 자녀의 영향으로 나누어 설명하고자 한다.

1) 남편과 아내의 영향

가족 여행의 의사 결정은 가족 구성원 간의 공동 의사 결정에 의해 결정된다고 볼 수 있다. 기존의 연구는 관광 행동을 공동 결정에 의한 행동보다는 개인 결정에 의한 행동으로 인식하여 왔다. 가족의 여행 의사 결정에 대한 초기 연구들에 따르면, 여행 정보 탐색은 주로 남성들에 의해 주로 이루어지는 것으로 나타났다Jenkins, 1978. 하지만 이후의 연구에서 아내가 관광 목적지 선택과 정보 수집자녀가 있는 경우에서 그리고 남편은 재정 부분에서 깊이 관여하고 있음이 밝혀졌다Zalatan, 1998. 한 국내 연구에서는 가족 여행 목적지 선택에 있어서 주부의 영향력이 지배적이었다권용주, 2001.

그러나 상당수가 가족 여행 의사 결정(예 정보 탐색, 예산, 관광지 선택, 숙박 기간)이 가족의 여러 구성원들에 의해 공동으로 이루어진다Litvin, Xu, & Kang, 2004. 그 이유는 앞서 설명한 바와 같이 가족 여행은 심리적 위험을 많이 수반(예 많은 비용 지출)하며 매우 중요한 의사 결정이기 때문이다. 관광의 경우 전체 의사 결정 과정의 약 70%가 남편과 아내가 공동으로 그리고 나머지 30% 정도는 남편 주도 혹은 아내 주도적으로 결정되는 것으로 나타났다Nicolas & Snepenger, 1999.

최근에는 요리, 세탁, 청소, 육아 등 전통적으로 여성의 역할로 간주되던 영역에 남편의 참여가 증대되고 있다. 이는 여성의 사회적, 경제적 능력의 향상에 따른 것으로 볼 수 있다. 이러한 현상은 가족 구조를 기본으로 한 해당 제품군에 대한 표적 시장과 메시지 유형의 변화가 필요하다는 사실을 암시하고 있다.

2) 자녀의 영향

가족 의사 결정에 있어서 자녀가 최종 결정을 할 수 있는 수준은 아닐지라도 자녀의 영향력은 엄연히 존재한다. 일반적으로 아이들은 어른들보다 사회적 경험이 적기 때문에 가족 구매 의사 결정에는 큰 영향을 주지 못한다. 그러나 장난감, 옷, 시리얼, 학용품 등과 같은 아이들과 관련된 상품의 구매에 대해서는 부모보다 지식이 더 많기 때문에 비록 그 의사 결정이 가족에 의해 이루어진다 하더라도 다른 상품보다 아이들의 영향력이 상대적으로 더 크게 나타난다Lee & Beatty, 2002.

관광 분야에서 가족 의사 결정에 관한 연구가 미흡하지만 어린이들의 역할에 대해서는 많은 관심을 가져왔다. 자녀들은 가족이 특정 여행지를 방문하려 할 때 촉매 역할 내지는 거부권을 행사하기도 하며Ryan, 1992 부모와 교섭을 통하여 그들의 욕구를 달성하고자 함으로써 가족 행동에 영향을 미치기도 한다Thornton 외, 1997. 어린이가 선호하는 패스트푸드 레스토랑이나 패밀리 레스토랑일 경우 정보 탐색에 있어 자녀의 역할이 크게 나타난다박진영, 1997. 공공 레크리에이션 서비스 구매의 경우 어머니의 역할은 정보 검색 단계와 최종 결정 단계에서는 우세하였지만 최종 결정은 어머니와 자녀가 공동으로 하는 것으로 나타났다Howard & Madrigal, 1990.

마케터들은 어린이의 역할에 대해 많은 주의를 기울이고 있다. 그 이유로 어린이 시장의 규모가 급속히 성장하고 있고, 가족의 구매 의사 결정에 중요한 영향을 미치며, 그리고 현재 어린이의 소비 행동은 미래 성인이 되었을 때 자화상이 되기 때문이다. 어린이들은 대부분의 제품을 직접 획득할 수 없고 구매 대리인인 부모를 통해 얻는다. 이때 부모의 의사 결정에 어린이가 행사할 수 있는 영향력의 크기는 두 가지의 기본적인 요인, 즉 어린이의 자기 주장과 부모의 자녀 중심적인 정도에 달려 있다.

제4절 가족과 마케팅 전략

가족 구성원 개개인은 구매 의사 결정시 다양한 기능을 수행하기 때문에 마케터는 세심한 주의가 필요하다. 가족 구성원들의 제품 및 서비스 구매 행동에 영향을 주는 마케팅 전략은 제품, 가격, 유통, 광고 전략으로 나누어 살펴볼 수 있다. 여기서는 또한 가족의 생활 주기에 따른 마케팅 전략도 학습한다.

1. 제품 전략

가족 구성원의 욕구에 맞추어 제품을 개발할 것인가를 결정하는 일은 쉽지 않다. 가족 구성원의 욕구와 성격 등이 모두 다를 수 있기 때문이다. 하지만 가족 구성원이 공동으로 사용한다면 마케터는 다음과 같은 신제품 개발을 위한 전략을 선택할 수 있다. 가족 중 어느 한 사람만을 중심으로 제품을 개발하거나, 가족 구성원 각각을 만족시킬 수 있는 여러 가지 제품을 개발하거나, 가족이 공동으로 사용할 수 있는 한 가지 제품을 개발할 수 있다. <사례 13-3>에서처럼 코로나 이후 여행 트렌드는 가족 중심이 될 것이며 특히 안전을 강조한 여행 상품이 인기를 얻게 될 것으로 보인다.

사례 ⑬-3

'위드(With) 코로나' 시대의 여행 트렌드
– 'S.A.F.E.T.Y' 한 여행을 떠나볼까

코로나19로 인해 라이프스타일의 많은 부분이 바뀌었지만, 그중에서도 상당 부분을 차지한 것은 아마도 여행 문화일 것이다. 특히 노는 것에도 최선을 다한다는 한국인에겐 더욱 그렇다. 유명 관광지를 다니고, 현지 음식을 맛보고, 멋스러운 숙소에서 휴식을 취하는 등 여행은 우리에게 공공연한 휴식 수단이었고, 일상에 활력제가 되곤 했었다. 그럼 이제 그 모든 것을 포기해야 할까? 아니다. 이제는 코로나19와 일상 생활이 공존하는 '위드 코로나(With Corona)' 시대가 도래한 만큼, 방역과 안전에 신경을 쓰고 휴식도 취할 수 있는 여행이 트렌드로 부상하고 있다. 한국관광공사는 코로나19 시대의 여행 트렌드로 'S.A.F.E.T.Y'를 선정, 안전 인식이 여행 트렌드를 새롭게 바꾸고 있다고 설명한다. <중략>

지난 5월, 본지에 한 칼럼이 소개되었다. '포스트 코로나 시대의 여행-우리 여행 갈 수 있을까?'(-2020.05.28, 이주영)라는 제목의 칼럼이다. 내용은 미국 방송사 CNN이 분석한 '코로나19 이후 여행 트렌드'를 인용, '앞으로 여행이 어떻게 이루어질 것'인가 대해 설명하고 있다. 해당 칼럼의 내용을 간략하게 요약해보자면, 앞으로는 크루즈와 같은 단체 여행의 축소되고, 여행지에선 방역과 소독이 상시 존재하며, 공유 경제 서비스의 하락, 그리고 항공 산업 미래의 위축과 뉴 노멀 대안 여행의 도래 등을 예상되는 현상으로 꼽았다. <중략>

▶ 언택트 시대의 관광 키워드 'S.A.F.E.T.Y'
한국관광공사는 SKT의 T맵 교통데이터

및 KT의 빅데이터를 활용해 코로나19 국내 발생시점인 2020년 1월20일부터 5월30일까지 총 21주간 국내 관광객의 관광이동패턴 및 행동 변화를 종합적으로 분석한 결과를 발표했다. <중략> 한국관광공사는 코로나19 기간 중의 관광 활동 트렌드를 'S·A·F·E·T·Y(안전)'라는 6개 키워드, 즉 △근거리(Short distance), △야외활동(Activity), △가족 단위(Family), △자연친화(Eco-area), △인기 관광지(Tourist site), △관광 수요회복 조짐(Yet)으로 정리했다. <중략>

▶ #Short Distance 가깝고, 친숙한 곳으로 떠나요

대부분의 여행객들이 익숙한 곳에서 안정감을 찾을 것으로 보인다. 해외 여행 대신 국내 여행으로, 장거리 대신 근거리 여행을 통해 휴식을 즐기고자 하는 성향이 커진 것. 한국관광공사에 따르면 안전을 우려해 장거리 관광 목적지보다는 집 근처 친숙한 근거리 생활 관광지에서 코로나19로 인한 스트레스를 해소하는 것으로 분석됐고, 특히

수도권·대도시 근교의 관광수요 증가폭이 큰 것으로 나타났다.

▶ #Alone & Family 여행은 나 혼자, 또는 가족과 함께

한국관광공사에 따르면 코로나19 국민 국내 여행 영향조사 결과에서도 국내 여행 재개 시 여행 동반자로 응답자 대부분이 가

족(99.6%)을 들었으며, 이는 '2018 국민여행 조사' 결과(49.4%)와 비교해보자면 매우 높은 수치이다. 호텔스닷컴의 '포스트 코로나 시대의 여행 트렌드'를 함께 살펴보면 이는 더 명확해진다. 코로나19로 인해 연인과의 여행(25%)보다 가족 여행(48%)을 더 선호하는 것으로 나타났다. 응답자 43%는 '코로나19로 인해 한동안 만나지 못한 가족이나 친구들과 함께 더 많은 시간을 보내고자 여행을 시작하겠다'고 답변했다.

▶ #Outdoor 아웃도어, 자연 친화적 여행지 속으로

안전을 의식해 코로나19 미발생 지역 또는 청정 지역 이미지가 강한 지역이나, 숲, 바다와 같은 야외로 향하는 관광 수요가 증가했다. 동시에 공간과 활동의 제약이 커지면서 밀폐된 공간에서 단순 관람보다는 야외에서 즐기는 여행, 아웃도어 레저 활동이 인기를 끌고 있다. 의미 있는 경험(experience)을 중시하는 경향이 커진 것. 특히 수도권·대도시 근거리 캠핑장을 중심으로 캠핑객이 급증했으며, 이는 안전을 의식해 야외에서 가족과 별도의 공간을 선호하는 것

으로 추정된다.

▶ #Wellness 웰빙·웰니스 여행으로 심신 건강까지

웰니스(wellness, 웰빙과 행복·건강의 합성어)는 신체와 정신뿐만 아니라 사회적 건강까지 추구하는 상태를 표현하는 단어로, 최근 코로나19로 일상에 지친 사람들을 대상으로 웰니스 트렌드가 다시금 주목받고 있다. 호텔스닷컴은 전 세계 전염병 대유행으로 인해 새로운 세대인 'E 세대' 여행자가 생겨났다고 밝혔다. 'Enlightened(깨우친)'의 앞 글자를 딴 E 세대 여행자들은 여행을 통해 정신적, 육체적 건강 향상을 원하는 이들이다. 호텔스닷컴 조사 결과, 한국 여행자들 중 93%는 '여행이 마음과 육체, 정신을 풍요롭게 만들며 포스트 코로나 스트레스의 해소를 도울 것'으로 생각한다고 답했다.

▶ #Supreme 프리미엄 국내 여행족의 등장

해외 여행을 떠나려던 사람들이 일제히 계획을 취소하면서 시간과 금액을 국내 여행에 투자하는, 이른바 프리미엄 국내 여행족들이 등장했다. 야놀자에 따르면 국내 4·5성급 호텔 예약 건수는 전년 동기 대비 102% 증가했다고 한다. 해외 여행이 불가능한 상황에서 선택의 폭이 좁아진 소비자들이 비용 대비 최상의 경험을 제공하는 프리미엄 숙소에서의 호캉스를 선택한 것

으로 분석된다. 워커힐 호텔앤리조트(이하 워커힐)에서는 멀리 여행을 떠나고 싶은 고객들의 갈등을 해소해 줄 패키지를 마련했다. 올 여름 휴가의 정석이 된 '룸콕'과 '호캉스'를 즐기는 동시에, 여름 휴양지로 사랑받는 '하와이'와 '발리'의 감성을 각각 담은 객실 2종을 선보인 것.

자료 : 매일경제신문(2020.8.14.)

2. 가격 전략

의사 결정자가 누구인가에 따라 가격 전략이 달라질 수 있다. 일반적으로 승용차 구입에 대한 지출 범위는 주로 남편이 결정하고 가구에 대한 지출 범위는 주로 부인이 결정하는 경향이 있는데 이는 남편과 부인의 가격 민감도에 따라 가격 수준이 결정되어야 함을 의미한다. 예를 들어, 어린이날과 어버이날 등의 각종 기념일로 가득한 5월에 관광, 외식, 호텔 업계에서는 가족과 어린이 소비자들을 위해 합리적인 가격으로 맛과 혜택을 모두 즐길 수 있는 다양한 가정의 달 프로모션을 선보인다.

3. 유통 전략

가족 구매 의사 결정의 성격은 유통 전략에도 영향을 미친다. 공동으로 결정이 이루어지면 부부가 오랫동안 편안하게 쇼핑할 수 있는 점포가 되어야 한다. 따라서 가족의 휴식을 위한 편의 시설과 휴식 공간 제공이 매우 중요하다. 또한 남편과 부인이 함께 올 수 있는 시간을 배려하여 매장의 개점 시간은 길게 해야 한다. 어린이를 동반한 가족의 외식을 돕기 위해 외식 업체들이 어린이 놀이 시설, 게임

시설 등을 설치 운영하는 것이 요즈음 추세이다_{사례 13-4 참조}. 부모들은 자녀들의
요구를 가정에서보다 쇼핑 센터 등에서 더 많이 수용하는 경향이 있다. 그러므로
과자류, 캔디, 아이스크림 등의 점포 내 촉진은 어린이 지향적이어야 한다.

사례 ⑬-4

패밀리레스토랑, 요즘 매장 평수 줄이는 까닭

운영비 감소 …장내 북적해져 맛집'착시'
효과도

　패밀리 레스토랑 하면 대형 규모의 매장
을 떠올리곤 했던 기존 선입견에서 벗어나
매장 크기를 줄이고 실속형으로 리뉴얼한
매장들의 매출이 눈에 띄게 증가하고 있는
것으로 나타났다. 크기를 줄이면 같은 수의
고객이 오더라도 매장이 북적거리기 때문
에 자연스럽게 전시 효과도 거둘 수 있다.

　22일 관련 업계에 따르면 아모제 그룹이
운영하는 오므토토마토는 지난달 오므토
토마토 신림점을 리뉴얼 개장했다. 약 132
㎡(40평) 규모였던 매장을 절반 수준인 82
㎡(25평) 가량으로 줄이고 매장 내부 인테
리어를 밝고 활기찬 분위기로 바꿨다. 매장
콘셉트에 맞게 기존 메뉴들보다 약 10~20%
가량 저렴하게 신메뉴도 출시했다. 결과는
성공적이었다. 고객 수가 눈에 띄게 증가한
것. 가격이 저렴해진 덕분에 매출은 지난해
와 비교했을 때 비슷한 수준이지만 매장이
절반으로 줄었다는 점을 상기하면 매장 운
영 효율성 측면에서는 집객 효과를 톡톡히

보고 있는 셈이다. 특히 눈에 띄는 점은 어
린이를 동반한 가족 고객이 많이 늘었다는 점
이다.

　오므토토마토 매장 관계자는 "리뉴얼하기
전보다 가족 고객이 2배 가량 늘었다"면서
"이전에는 젊은 여성 고객이 많았던 것과 비
교하면 고객층이 다양해졌다"고 말했다. 그
는 이어 "식사 시간대나 주말에는 인원이 몰
려 대기시간도 길어졌다"며 "기존에는 대기 시
간이 거의 없거나 있어도 5~10분 정도로 짧았
는데 지금은 15~20분 정도 된다"고 설명했다.

　베니건스는 최근 베니건스 분당점 매장
안에 66㎡(20평) 규모의 어린이 놀이 시설
을 따로 만들었다. 기존 약 330㎡(100평)
규모의 매장에서 264㎡(80평)만 실제 운영
공간으로 활용키로 한 것. 식사 공간을 다소
줄여 가족 단위 고객을 위한 키즈 카페를
만든 것인데 고객 반응이 뜨겁다. 리뉴얼 개
장 이후 고객 유입이 평일 오후 기준 300%
까지 늘어나는 등 전달 대비 고객 수가 2배
넘게 증가했다. 주부들의 입소문을 타고 분
당 주민뿐만 아니라 판교까지 고객들의 발

길이 이어지고 있다는 게 회사 측 설명이다.

베니건스 관계자는 "매장의 공간 활용을 높인 사례"라면서 "좌석 규모를 줄이고 고객 수는 오히려 늘어나는 효과를 얻었다. 리뉴얼 개장 초기라 매출이 집계되진 않았지만 고객 수가 증가한 만큼 당연히 매출에도 긍정적인 영향이 있을 거라고 본다"고 말했다.

업계 관계자는 "사람들이 줄 서서 먹는 식당은 왠지 한번쯤 가고 싶은 게 소비자 심리"라면서 "이 때문에 맛집 같은 경우는 매장 크기를 늘리지 않고 좁은 채 그대로 운영하는 경우도 있고, 역으로 장사가 잘 돼 매장을 넓혔다가 매출이 떨어지는 곳들도 있다. 이 매장들도 규모보다 내실을 우선으로 삼아 매출을 올리겠다는 의지로 보인다"고 설명했다.

자료 : 아시아경제(2012.8.22)

4. 촉진 전략

효과적인 광고 메시지를 개발하기 위해 무엇보다도 가족의 구매 행동 양식을 파악하고 이해하여야 한다. 구매 결정이 남편 지배적이라면 남편의 관심을 유발시킬 광고 메시지를 개발해야 하고, 또한 광고 매체도 남성지향적인 것을 선정해야 한다. 패스트 푸드의 경우 어른과 어린이를 함께 지향하는 광고를 시행하는 것이 바람직하다. 특히, 패스트 푸드에 대한 기존의 상식과 편견을 깨고 건강한 식재료로 만든 음식이라는 것을 강조하기 위해 가족과 함께 나눠 먹는 모습을 묘사하는 것이 중요하다.

구매 결정에는 최종 결정권자뿐만 아니라 결정 과정에서 다양하게 영향력을 행사하는 다른 구성원들의 역할도 중요하기 때문에 영향력 행사자들의 관심, 욕구, 취향도 메시지 개발과 매체 선정에 반영해야 한다. 구매 결정에 관여하는 가족 모두에게 접근할 수 있는 방법으로 가족 개개인을 대상으로 별개의 메시지를 개발한 후 여러 매체를 이용하여 차별적 광고를 하는 방법이 있다. 하지만 이 방법은 비용이 많이 든다. 또 다른 방법으로는 구매 결정에 관여하는 가족 모두에게 동시에 소구하기 위해 광고의 모델로 가족 구성원을 대변할 여러 사람을 동시에 등장시키는 방법이 있다.

5. 가족 생활 주기와 마케팅 전략

여가 내지 관광 활동은 가족 구성원에게 매우 중요하다. 관광 활동은 가족 구성원 간 상호 교류 촉진은 물론 가족 결속력을 증진시키기 때문이다. 이러한 이유로 오늘날 가족 단위의 관광이 많이 일어난다.

따라서 관광 서비스 공급자들은 가족의 생애 주기에 따라 시장을 세분화하고 이를 토대로 특정 서비스를 기획, 판매하고 있다. 예를 들어, 신혼 여행 부부를 위한 휴양지 호텔의 개발이 이에 해당한다. 또한, 여행사들이 노년층을 상대로 효도 관광과 같은 상품을 제공해 온 것도 좋은 예이다. 크루즈 여행사들은 과거에는 주로 노년층을 대상으로 서비스를 제공해 왔으나 최근에는 젊은 고객에게도 크루즈 관광 상품의 매력을 소구하여 큰 인기를 끌고 있다.

주제 공원 역시 여러 단계의 생애 주기에 속한 가족에게 적합한 상품, 즉 어린 아이, 소년 소녀, 그리고 부모들에게까지도 어필할 수 있는 상품을 개발해 왔다. 스키장도 한때는 소수의 마니아들을 대상으로 서비스를 제공하여 왔으나 스키 이외에도 즐길 수 있는 시설들을 마련함으로써 여러 단계의 생애 주기에 속한 사람들의 욕구를 만족시키고 있다. 따라서 요즘은 스키장이 중요한 가족 놀이 장소로서 각광 받고 있다.

▶ 표 13-2 가족 생애 주기에 따른 여행 전략

가족 생애 주기	여행 전략
어린이	어느 장소나 관광지로 재빨리 가서 그곳에서 다양한 휴가 활동에 참여한다.
결혼 전 젊은 층	모험적인 여행으로 목적지나 활동이 계획되어 있지 않다. 따라서 여행의 진정한 즐거움을 그 자체의 목적으로 삼는다.
결혼 후 젊은 층	분주한 여행으로 가능한 많은 곳을 다니면서 최대한으로 관광 대상을 보게 한다. 관광 대상 중 어느 하나에 더 큰 중요성을 부여하지 않도록 한다.
중년층 대상	다양한 목적과 다양한 목적지가 포함된 여행을 제공한다. 여기에는 친구, 친지, 종교, 사업, 직업상의 모든 여행 이유가 오락적인 관심 하나로 귀결되어야 한다.
노년층	여행 자체와 관광지에서의 활동에 대해 동등하게 관심을 가질 수 있는 특정 관광지를 개발하여 공급한다.

* 자료 : Nolan, M. L.(1971). A qualitative study of family travel patterns. Unpublished paper, Recreation and Parks Department, Texas A & M University.

　이러한 예들은 단순히 나이만을 고려한 마케팅 활동이 아니라 가족 생애 주기와 그에 따른 개인과 가족의 욕구와 흥미에 따라 이루어져야 한다는 것을 암시하고 있다. 관광 서비스 공급자들은 여행 전략을 수립할 때 가족 생애 주기에 따라 다양한 여행 전략을 고려할 수 있다표 13-2 참조Nolan, 1971. 예를 들어, 결혼 전 젊은 층은 모험적인 여행을 선호하고 진정한 여가를 즐기려는 경향이 강하므로 패키지 관광보다는 배낭 여행, 오지 탐험 등의 개인 혹은 소규모 여행 상품 개발이 고려되어야 할 것이다.

　한편, 국내 한 여행사가 최근 5년간 자사 여행 상품 예약데이터 약 1,200만 건을 분석한 결과, 영·유아부터 노년에 이르기까지 생애주기가 흘러감에 따라 선호 하는 해외 여행지가 바뀌는 것으로 조사됐다표 13-3 참조. 가족 생활 주기별 최고 인기 국가는 1순위와 2순위 합계 기준 일본으로 나타났다.

▶ 표 13-3　2014~2018년 한국인 여행객의 가족 생활 주기별 선호 여행지

	1순위	2순위
미취학 아동(1~7세)	괌(17.4%)	필리핀(17.0%)
초등학생(8~13세)	필리핀(11.6%)	일본 오사카(10.5%)
중고등학생(14~19세)	일본 오사카(19.3%)	일본 북규슈(7.2%)
사회초년생(20~29세)	일본 오사카(22.4%)	일본 도쿄(8.4%)
신혼기(30~34세)	필리핀(10.5%)	태국(9.8%)
자녀육아기(35~44세)	일본 오사카(10.6%)	필리핀(10.2%)
중년기(45~59세)	베트남(11.7%)	태국(8.5%)
은퇴기(60세~)	베트남(12.6%)	일본 북규슈(9.2%)

* 자료 : 하나투어. 투어코리아(2020.8.26.) 재인용

Chapter

14

문화 및 사회 계층과
관광 행동

학습목표

이 장을 학습하고 나면 학생들은 다음의 내용을 이해하게
될 것이다.

1 문화의 개념과 특성
2 물질 문화와 비물질 문화 차이점
3 하위 문화별 역할 및 중요성
4 비교 문화 이해
5 문화적 차이에 의한 관광 행동
6 사회 계층의 개념 및 특징
7 사회 계층별 소비 행동의 특성
8 사회 계층별 관광 행동
9 문화와 마케팅 전략
10 사회 계층과 마케팅 전략

제품이나 서비스를 구매하는 데 다양한 요인들이 작용하고 이 요인들에 의해 실제 상품 구매가 일어난다. 그러한 요인에는 개인적·심리적 요인이 있는가 하면 사회적·문화적 요인이 있다. 사회적·문화적 요인으로는 앞서 설명한 바와 같이 가족, 준거 집단이 있고, 이 장에서 설명할 문화와 사회 계층이 있다. 이러한 요인 중 한 가지만 작용할 수도 있지만 일반적으로 여러 요인들이 복합적으로 작용하여 소비자의 구매 행동에 영향을 미치게 된다.

문화는 인류가 만들어낸 정신적, 물질적 유산으로서 집단이 공유하기 때문에 집단의 가장 작은 단위인 가족, 사회, 국가 등이 가진 성격에 따라 다양한 모습으로 나타나게 되고 각각의 고유한 특징을 가지게 된다. 문화는 집단 구성원들이 갖는 필요에 의해 만들어지는 것이기 때문에 그 구성원들의 삶에 맞으면 그 이상의 어떤 것을 요구하지 않는 경향이 강하다. 따라서 문화는 어느 것이 우수하고 어느 것이 열등한지 비교가 불가능한 성격을 지니고 있다. 개인의 소비 행동, 특히 의사 결정은 이러한 개인 혹은 집단의 문화적 차이에 따라 다르게 나타난다.

문화와 같이 개인의 구매 의사 결정에 큰 영향을 미치는 또 하나의 사회 문화적 요인은 사회 계층이다. 사회 계층은 한 사회 안에서 구별되는 인간 집단을 말하는 것으로 서열적 상하 관계의 구조를 이루고 있다. 사회에서 계층의 존재는 개인의 의식이나 생활 양식에 큰 영향을 준다. 예를 들어, 여가, 주거, 여행, 음식, 자동차, 교육 등의 소비 수준이나 소비 방식의 차이에 영향을 미친다. 본 장에서는 문화와 사회 계층의 기본적 특성과 관광 행동에 미치는 영향, 그리고 이들 요인에 따른 마케팅 전략을 학습한다.

▶ 그림 14-1 제14장 요약도

제1절 문화의 특성과 분류	제2절 사회 계층의 특성과 분류	제3절 문화 및 사회 계층과 관광 행동	제4절 문화 및 사회 계층과 마케팅 전략

• 문화 개념
• 문화 특성
• 문화 분류
	• 사회 계층 개념
	• 사회 계층 특성
	• 사회 계층의 분류
	  방법
		• 문화와 관광 행동
		• 사회 계층과 관광
		  행동
			• 문화와 마케팅 전략
			• 사회 계층과 마케팅
			  전략

제1절 문화의 특성과 분류

　문화는 인간의 욕구와 행위의 가장 기본적인 요소이다. 인간은 태어나 성장하면서 사회화되는 과정에서 가치, 지각, 흥미와 행동을 학습하게 된다. 예컨대, 미국에서 성장한 어린이는 성취와 명예, 효율과 실천, 향상 심리, 물질 향수, 자유, 박애주의 및 부유함과 용기와 같은 가치관을 지니는 경향이 있다. 한국에서 성장한 사람은 그와는 달리 가정과 우정, 예의 범절을 중시하고, 자기 주위의 사회 구성원들의 평가에 깊은 관심을 가진다. 문화의 차이에 따라 라이프 스타일이 다르게 되며 이에 따라 소비 행위도 다르게 나타나게 된다. 본 절에서는 문화의 개념 및 특성, 문화의 종류, 그리고 비교 문화에 대해 학습한다.

1. 문화 개념

　문화를 의미하는 영어의 'Culture'는 '보살핀다', '경작한다', '양육한다'는 뜻을 가진 'Colear'라는 동사에서 유래되었다. 따라서 문화라는 말은 자연 상태에서 인간이 만들어낸 것이란 뜻을 지니고 있다. 문화는 인간이 사회의 구성원으로서 이룩한 지식, 신념, 기술 내지 예술, 윤리, 도덕, 법률, 관습을 포함하는 복합적인 총체Taylor, 1891이며, 특정 사회의 구성원에 의해 공유되고 계승되는 행동 결과와 학습된 행동의 구성체Linton, 1947이기도 하다. Jary 등1991은 문화를 사상, 의상, 언어, 종교, 의례, 법이나 도덕 등의 규범, 가치관과 같은 것들을 포괄하는 사회 전반의 생활 양식으로 보았다. 위 정의를 종합해 보면 문화란 그 사회에 속해 있는 사람들의 사회적인 유물이며 독특한 생활 양식이라 할 수 있다.

　문화는 구체적으로 박물관, 민속공연, 역사적인 유물과 같은 과거의 유산을 의미하기도 하지만, 영화, 드라마, 축제와 같은 지금 시대의 산물도 포함된다. 또한, 문화는 책, 석탑, 고택과 같은 유형적인 것과 도덕, 생활 풍습과 같은 무형적 것도 포함한다. 문화는 한 사회가 공유하는 의미와 전통을 반영하며 그 속에 포함된 가치나 규범 등을 통해 사람들의 다양한 행위에 영향을 미친다.

2. 문화 특성

　문화를 서로 다르게 정의하고 있지만 문화가 어떤 속성을 가지고 있는가에 대해서는 대부분 의견의 일치를 보이고 있다. 이러한 일치된 견해를 보이는 것은 문화의 본질에 대해서는 공감한다는 의미이다. 문화의 본질을 이해하기 위해 문화의 특성을 생각해 볼 필요가 있다. 문화의 특성은 <그림 14-2>와 같이 여섯 가지로 설명할 수 있다.

▶ 그림 14-2 문화의 특성

1) 문화는 학습된다.

문화는 학습을 통해 어린 시절부터 습득하게 된다. 즉, 인간은 생활하는 과정에서 욕구를 충족시키는 방법을 배우고, 선과 악을 구분하는 판단력을 기르며, 특정 상황에 대응하는 적합한 행동이 무엇인가를 배우게 된다. 어린 시절부터 자신의 문화적 가치를 학습하는 이러한 과정을 사회화 과정 혹은 문화화이라 한다. 이 사회화 과정을 통해 인간은 비로소 사회의 제반 환경에 적응하며 살아가는 방법을 터득하게 된다. 이와 같이 문화는 특정 사회의 제반 환경에 적응할 수 있도록 후천적으로 학습되는 생활 양식이다.

2) 문화는 사회적 유산이다.

문화는 인간이 창조하여 세대 간에 전승된 사회적, 역사적 유산이다. 현재 문화는 선대로부터 내려오는 삶의 지혜가 축적된 결과이며 여기에 우리의 지혜가 가미되어 후대에 전승된다. 따라서 문화의 가치는 사회적 차원에서 특별한 상황이 전개되지 않는 한 시대를 초월하여 상당한 세월 동안 변화하지 않는다. 다만,

시간이 지날수록 양적으로나 질적으로 문화적 특성이 성숙되는 것으로 볼 수 있다.

3) 문화는 규범적이다.

문화는 인간이 자연 환경에 적응하기 위해 창조한 것이지만 인간이 만들어 낸 문화적 환경에 의해 행동의 제약을 받게 된다. 문화는 인간에게 사회의 일원으로서 바르게 생활하는 방법과 살아가는 데 필요한 인간의 유형을 제시할 뿐만 아니라 그것을 따르도록 강요하는 영향력을 지니고 있다. 사실 사람들은 아무 행동이나 할 수 있는 것은 아니다. 먹고 싶고, 가지고 싶다고 해서 남의 것을 훔쳐서도 안 되며, 덥다고 해서 혼자서만 완전히 벗고 다닐 수 있는 것도 아니다. 다만, 더울 때 얼마만큼 시원하게 입고 다닐 수 있는지는 오직 그 사회의 문화적 규범이 말해 줄 뿐이다.

4) 문화는 가변적이다.

문화는 사회의 욕구가 변화하면 그에 적응하기 위해 변화하는 특성을 가지고 있다. 문화가 가변적인 가장 큰 이유는 유전이나 본능이 아닌 후천적으로 배우는 것이기 때문일 것이다. 예를 들어, 전통적인 관혼상제冠婚喪祭 관습은 허례 허식적인 측면이 많아 검소하고 부담 없는 생활 분위기를 요구하는 현대 사회의 욕구를 충족시키지 못하기 때문에 새로운 가정 의례 준칙을 통해 관습의 변화를 도모하게 되었다.

5) 문화는 사회 구성원에 의해 공유된다.

특정 행동 유형이나 생활 방식이 그 사회의 문화적 특성으로 인식되기 위해서는 다수의 구성원들에 의해 공유되어야 한다. 문화적 제 특성을 공유할 수 있도록 해주는 일차적 변수로는 공통의 언어를 들 수 있다. 공통의 언어를 사용하는 구성원들 간에는 의사 소통 및 사회적 교류가 활발히 이루어지기 때문에 문화적 특성의 보편화가 가능하고 용이하다. 흔히 다민족 국가에서 단일 문화가 존재하지 않고 다수의 하위 문화가 공존하는 것도 이 때문이다. 또한, 대중 매체의 발달도 많은 구성원들로 하여금 문화적 특성을 공유하도록 하는 데 일익을 담당하고 있다.

▶ 그림 14-3 우리나라 전통 관혼상제 모습

전통 관례   전통 혼례

전통 상례   전통 제례

* 자료 : http://www.google.co.kr/imgres?imgurl

6) 문화는 하나의 전체를 이루고 있다.

한 사회의 문화는 지식, 신앙, 예술, 도덕, 법, 관습 등 수많은 부분들로 구성되어
있다. 한 사회의 문화를 구성하는 이러한 부분들은 무작위 또는 각기 독립적으로
존재하는 것이 아니라 상호 긴밀한 관계를 유지하면서 하나의 전체를 이루고 있다.

3. 문화 분류

문화는 여러 가지 요소가 복잡하게 조합되어 있고 기능적으로 상호 관련되어
있기 때문에 문화를 이해하기 위해서는 체계적인 분류를 해 보는 것이 필요하다.
여기서는 세 가지 기준, 즉 문화의 유형성, 문화의 영역, 그리고 문화의 비교성으
로 구분하여 설명하고자 한다그림 14-4 참조.

▶ 그림 14-4 문화의 분류

1) 물질 문화

물질 문화material culture란 우리가 일상 생활에서 사용하는 모든 물리적 유형 재와 그것을 이용하는 기술적인 방법에 관한 문화를 말한다. 식사할 때 사용하는 도구젓가락, 숟가락, 포크 등에서부터 건물, 도로, 교통 수단, 커뮤니케이션 수단, 대중 매체 등에 이르기까지 사람들의 일상 생활과 관련된 물리적 측면을 총칭하는 개념 이다. 재화의 소유와 축적은 행복과 성공을 그리고 인생의 만족과 불만족을 초래 하는 중요한 원천이 되고 있다.

물질 문화는 정신 문화와 달리 실용성이 문화 수준을 평가하는 기준이되므로 사회 간 우열을 쉽게 내릴 수 있는 것이 특징이다. 즉, 인간의 기본적 욕구를 충족 시키기 위해 어떤 재화나 도구가 사용되고 있으며 어느 정도로 문명이 보급되어 있는가 등에 따라 그 사회의 물질 문화 수준이 결정된다. 손으로 음식을 먹는 사 회보다는 도구를 이용하여 식사를 하는 사회가, 그리고 전화, 냉장고, 컴퓨터 등 의 보급률이 높은 사회가 그렇지 않은 사회에 비해 적어도 물질적 측면에서는 문 화 수준이 더 높다고 말할 수 있다.

2) 비물질 문화

비물질 문화non-material culture란 인생의 목표와 방향 그리고 행동의 규칙과 방식에 관한 문화를 말한다. 즉, 미신, 사상, 관습을 비롯해서 예절, 법률, 제도 등 정신적·행동적 측면의 생활 양식을 비물질 문화라 한다. 일반적으로 비물질 문화는 정신 문화또는 가치 문화와 규범 문화또는 행동 문화로 구분할 수 있다.

정신 문화는 삶의 의미와 인생의 목표 그리고 행동의 방향에 대해 부여하는 가치, 신념, 태도에 관한 문화를 말한다. 즉, 이상적인 인생 설계에 대한 그 사회의 보편화된 신념 및 가치 체계를 정신 문화라 한다(예 노인 공경 사상). 규범 문화는 구체적으로 행동이 수행되는 절차나 방식에 관한 문화이다. 다시 말해서 대다수의 사회 구성원이 인정하고 기대하는 행동 양식을 말한다(예 인사 하기).

3) 하위 문화

하위 문화subculture란 용어는 1950년에 사회학자 Riesman이 사용한 것이 최초이다. '서브'sub란 사회적 주류 문화high culture와 가치관으로부터 일탈한, 인종적으로 소외된 그룹이나 거리의 아이들street children, 동성 연애자 등의 하위 단위란 의미로, 미디어 문화 이외의 가치관과 행동 양식, 언어 등 원래의 문화에 대응하는 의미에서 'subculture'라는 이름이 붙게 되었다.

하위 문화는 인종별, 연령별, 종교별, 지역별, 사회 계층별, 그리고 국적별 등 6가지로 분류할 수 있다. 다양한 하위 문화들은 상호 무관하게 각기 독립적으로 존재하는 것이 아니라 복합적으로 상호 관련되어 하나의 전체 문화, 즉 주류 문화를 구성한다. 개인은 여러 하위 문화의 구성원이 될 수 있으며 개인의 문화 정체성은 어느 하나의 하위 문화가 아닌 여러 하위 문화를 바탕으로 형성하게 된다.

(1) 인종별 하위 문화

다민족 국가에서는 한 국가 내에 인종별 하위 문화가 많이 존재한다. 미국은 흑인계, 스페인계, 인디언계, 중국계 등 무려 100개 이상의 인종 집단이 서로 다른 문화권을 형성한 채 공존하고 있다. 일반적으로 인종이 다르면 전통, 가치, 습성이 달라 그들의 소비 양식에도 차이가 나게 된다. 오늘날 아주 작은 규모의 사회를 유지하는 오지의 사람들이나 특유한 소수 민족 집단의 문화와 관련된 관광이 인기를 끌고 있는데 이는 인종별 하위 문화의 독특성을 체험하기 위한 것이다사례 14-1 참조.

해가 사막으로 숨어들면 실크로드는 꿈을 꾼다

▶ 회족의 도시 중국 인촨

인촨 사파두 사막에서 낙타를 탄 관광객들이 사막을 가로지르고 있다. 당나라 시절 실크로드의 주요 거점 중 하나였던 인촨의 풍경이 재현된 듯하다.

눈이 침침할 정도로 지상은 온통 누랬다. 흙과 바위만이 끝없이 펼쳐졌다. 비행기가 중국 인촨(銀川)공항 활주로에 내려앉는 동안 창 밖에서 생기를 찾기는 어려웠다. 황사의 발원지인 중국 서북부 내륙 지역의 풍광다웠다. 그러나 인촨을 둘러싼 척박한 환경이 이 일대 문명을 낳았다. 인촨은 타클라마칸 사막 북쪽을 가로질러 동방과 서방을 이은 실크로드의 주요 거점이었는데 이는 도시 자체가 오아시스였기 때문이다. 72개의 호수가 있는 '호수의 도시', 뒤로는 '아버지의 산' 하란산, 앞으로는 '어머니의 강' 황하가 있는 배산임수의 지형이다. 상인들이 긴 여정의 중간에 쉬어가고, 사막의 사람들이 대를 이어갈 수 있는 삶의 자리였던 셈이다.

▶ 사막에 남은 아라비아의 꿈

곳곳에서 뾰족한 첨탑으로 하늘을 찌르고 있는 이슬람 사원들이 그 교류의 역사를 증언하고 있다. 인촨이 속한 녕하회족 자치구 인구의 3분의 1인 2,000여만 명은 중동 지역에 뿌리를 둔 소수 민족 회족으로 무슬림 문화를 지켜오고 있다. 약 1,000~1,400년 전인 중국 당나라 시절 중동 지역의 아라비아와 세 차례 대전을 치렀는데 이때 중국에 왔다가 고향에 돌아가지 못한 아라비아 병사와 상인들이 이들의 조상이라고 한다.

"중국은 14~17세기 명나라 시절부터 회족을 한족과 결혼시켜 융화하는 정책을 폈지만 저희는 이슬람 율법에 따라 민족의 정체성을 지켜왔죠." 인촨 중화 회향 문화원에 들어서자 목덜미부터 발목까지 가린 푸른 전통 의상을 입은 젊은 회족 여성 가이드가 마중을 나왔다. 박물관, 이슬람 사원, 공연장 등을 갖춘 이곳에서는 회족의 문화를 체험할 수 있다. 박물관에는 회족이 중동 지역에서 가져온 코란과 향로, 넝쿨 같은 문자와 용맹한 전쟁의 역사가 빼곡하다. 이슬람 사원에서는 '여성들은 눈 이외에는 다 가려야 하고 남성도 배꼽부터 무릎까지는 드러내서는 안 된다'는 원칙이 관광객에게도 적용된다. 실제 예배를 드릴 때에는 남녀 신도 간에 병풍을 칠 정도로 이슬람 율법은 엄격하다고 한다.

하지만 예외가 있다. 공연장에서 펼쳐지는 회족의 저녁 공연에서 낮의 금기는 가차 없이 깨진다. 밸리 댄스 복장의 여성 무용수, 웃통을 벗은 반라 차림의 남성 무용수들이 남녀의 사랑을 주제로 통속적인 공연을 펼친다. 그리워하고, 만나고, 헤어지고, 너풀거리는 몸짓은 과장되어 있다. 관광객들은 약 1시간 정도 이 공연을 안주 삼아 만찬을 즐긴다.

"원래 농사를 짓던 회족들은 문화원이 생긴 후 이렇게 예술가가 되었죠." 인촨시 여유국 관계자가 술잔을 쨍그랑 부딪치며 설명했다. 조금 아리송했다. 관광객의 얕은 눈으로는 융화 정책에도 굴하지 않고 지켜온 회족의 건전성과 관광산업의 요구 사이의 긴장을 읽을 수 없다. 눈이 어지럽고 취기가 오르는 만큼 밤이 깊어갈 뿐.

▶ 관광 코스가 된 전쟁의 미로

교류의 거점에는 침략과 전쟁의 역사 또한 깃들게 마련이다. 이튿날 찾은 황하변 만리장성에는 명나라 때 흉노족의 공격에 대비해 병사들을 주둔시킨 지하 굴인 장병동이 복원되어 있다. 원래 길이는 3km에 달하지만 관광객들에게 공개된 것은 1km 남짓 정도다. "조심해서 따라오라"는 가이드의 경고는 엄살이 아니다. 한 사람만 지나갈 수 있는 계단을 따라 16m를 내려가면 군데군데 켜진 작은 조명등 외에는 빛이 전혀 없는 동굴이 기다리고 있다. 어두울 뿐 아니라 복잡하다. 적이 들어왔을 경우 길을 잃도록 거미줄처럼 설계했기 때문이다. 중간 중간에는 함정이 있다. 바닥에 쇠꼬챙이를 박아 놓은 5m 깊이 구덩이, 벽에서 불쑥 튀어나온 몽둥이 모양의 장애물이 앞을 가로막는다. 물론 지금은 구덩이를 유리로 덮고 장애물을 부드러운 재질로 감싸 위험하지는 않지만 일행을 잃었을 때는 무시무시할 법하다. <중략>

▶ 사막의 일몰, 백일몽 같은

2010년 '중국 내 10대 휴양 도시'로 선정되기도 한 인촨의 사막은 중국인들에게 인기 있는 놀이터다. 다양한 놀거리가 개발되어 있다. 모래 바람으로 인한 호흡기 질환만 괘념치 않는다면 낙타 타기, 지프차 타기, 모래 썰매 등을 통해 망망 대해 같은 사막을 누빌 수 있다. 인촨 북부 사파두 사막이 대표적인 곳. 중국의 4대 사막인 이곳은 중국 과학원이 1950년대부터 풀을 1m × 1m 간격 그물 형태로 심어 모래 날림을 막는 사업을 해 유명해졌고 360여km의 사막 횡단 철도 포란선의 경유지이기도 하다. 사막에서 하룻밤을 청할 수 있는 호텔도 있다.

사막의 레포츠보다 사막의 정취를 느끼고 싶다면 사호를 찾는 편이 낫다. 황하의 지류를 댐으로 막아 만든 인공 호수 내에 바람에 날린 모래가 겹겹이 쌓인 사구가 섬을 이룬 곳. 철마다 다른 철새가 날아와 갖가지 날개로 물과 하늘을 수놓는다. 여름에는 연꽃이 피고 가을에는 갈대가 3m 높이로 자란다. 사구로 가려면 유람선을 타고 이들 사이를 천천히 흘러가야 하는데 그 기분이 한적하다.

이곳에도 낙타와 지프차, 모래 썰매가 기다리고 있지만 백미는 일몰이다. 위치에 따라 물속으로 떨어지는 해도, 모래 속으로 숨어드는 해도 볼 수 있는데 어느 쪽이든 눈이 시리게 붉다. 깜빡, 백일몽을 꾼 것 같다.

자료 : 한국일보(2012.4.18)

(2) 연령별 하위 문화

연령을 기준으로 청소년층과 노년층 또는 신세대와 기성 세대 등으로 하위 문화를 식별할 수 있다. 어느 사회에서나 청소년층과 노년층 사이에는 소비 성향, 쇼핑 행동, 미디어 습성 등에 상당한 차이가 있다.

한 예로서 여피족YUPPIES과 욘족YWAN을 들 수 있다. 여피는 1980년대 도시나 그 주변을 기반으로 지적인 전문직에 종사하는 젊은이young, 도시형urban, 전문직professional의 머리글자를 딴 'yup'에서 나온 용어로서 가난을 모르고 자란 세대 가운데 고등 교육을 받고 도시 근교에서 전문직에 종사하면서 고수입을 올리는 도시의 젊은 인텔리를 의미한다. 욘YWAN 족은 2000년대 젊고young 부유하지만wealthy 평범한normal 사람들을 일컫는 말이다. 30, 40대에 자신의 힘으로 큰 돈을 벌고도 사치를 멀리하는 사람들을 지칭한다. 욘족의 특징은 평범과 자선인데 이들은 사치를 멀리하고 가급적 평범하게 살려고 한다. 그리고 제3세계의 빈곤 문제나 질병 퇴치 같은 자선 사업에 시간과 돈을 아끼지 않는데 그 이유는 정신적인 만족과 보람을 주기 때문이다. <사례 14-2>는 20대부터 60대까지 연령별 문화 향유에 대한 태도가 상당한 차이가 있음을 보여주고 있다.

사례 ⑭-2

서울의 20대는 '문화 열광족' … 하지만 '삶의 만족도'는 낮아

서울에 살고 있는 20대 중에서 문화 생활을 좋아하는 이들은 영화나 연극 관람을 한 달에 한 번, 전시회는 두 달에 한 번 꼴로 찾아간다. 이들은 문화 활동을 위해 연간 69만4281원을 지불한다. 주로 친구와 함께 문화 활동을 즐기지만, 혼자서 즐기는 경우도 많다.

서울 문화 재단은 20대부터 60대까지 세대별로 문화 향유·소비가 어떻게 달라지는지 조사한 '서울 시민 문화 향유 실태 조사' 결과를 30일 발표했다. 재단은 문화 생활 고관여자 2,905명을 상대로 조사, 세대별로 8개 그룹으로 분류해 특징을 정리했다. 8개 그룹은 20대 문화 열광족, 30대 화려한

싱글녀, 육아맘·대디, 40대 프렌디, 컬쳐맘, 블루 싱글녀, 50대 낭만족, 60대 액티브 시니어 등이다.

20대는 문화 예술 관심도(93점), 문화 예술 중요도(77.1점)가 8개 그룹 가장 높게 나타나 문화 열광족으로 분류됐다. 하지만 삶의 만족도는 70.1점으로(전체 평균 71.3점) 가장 낮게 나타났다. 특히 이들의 '거주지 문화 환경에 대한 만족도'는 49.3점에 그쳤다. 재단은 "20대는 불안하고 고단한 삶을 문화로 위로 받는다"고 분석했다.

30대는 결혼 여부에 따라 문화에 아낌없이 투자하는 '화려한 싱글'과 문화 생활보다는 아이를 키우는 즐거움에 푹 빠진 '육

8개 문화 활동 특성 그룹

세대	특성 요소
20대	현실에 대한 불안을 문화로 극복하는 <문화 열광족>
30대	문화에 아낌없이 투자하는 <화려한 싱글녀>
30대	문화 최전방에서 물러나 육아의 행복에 빠진 <육아맘>
40대	성장하는 자녀들과 집 근처에서 놀고 싶은 <프렌디>
40대	본인은 문화 소외층이지만 아이를 위해 문화를 찾는 <컬쳐맘>
40대	30대처럼 화려하지만 조금 외롭고 피곤한 <블루 싱글녀>
50대	양육의 그늘에서 벗어나 문화 강좌에 열공하는 <낭만족>
60대	문화 만족이 삶의 만족으로 연결되는 행복한 <액티브 시니어>

아맘·육아대디'로 문화 생활 패턴이 갈렸다. 20대에 비해 경제적 여력이 개선된 '화려한 싱글'은 문화 예술 비용으로 연간 82만 1,262원(전체 평균 55만 9,632원)을 지불해 8개 그룹 중 최고인 것으로 나타났다. 상대적으로 비싼 연극과 전시회 관람도 많아져 고가의 티켓 구매도 서슴지 않는 열혈 문화 애호층이다. 반면 결혼과 출산으로 자녀 양육에 집중하게 되는 30대 '육아맘', '육아대디'는 문화 예술에 대한 관심, 관람횟수, 삶에서 차지하는 문화 예술의 중요성이 모두 급격하게 감소하는 것으로 나타났다.

40대는 가족, 자녀들과 집 근처에서 노는 게 편한 '프랜디(Friendy)', 자신은 문화 소외층이지만 자녀들을 위한 문화 생활에는 적극적인 '컬쳐맘', 여전히 화려하지만 조금은 외로운 '블루 싱글'로 구분된다.

50대는 '낭만족'으로 분류됐다. 이들은 양육 부담에서 벗어나 사그라졌던 문화 예술에 대한 관심이 부활하면서 문화 예술 교육에 대한 경험이 71.9%로 조사 대상 세대 가운데 가장 높게 나타났다.

60대는 연평균 문화 공연 관람 횟수가 30대 수준을 회복, 삶의 만족도(74.4점)는 세대 중 제일 높게 나타났다. 문화 예술로 행복한 황혼을 보내는 '액티브 시니어'(Active Senior)라 할 수 있다.

서울 시민 문화 소비의 두 가지 행태. '자기 만족 추구형'과 '가족 행복 추구형'의 비교.

구분	자기 만족 추구형	가족 행복 추구형
해당 그룹	• 20대 문화 열광족 • 30대 화려한 싱글녀 • 40대 블루 싱글녀 • 50대 낭만족 일부 • 60대 액티브 시니어	• 30대 육아맘 • 40대 컬쳐맘 • 40대 프랜디
문화 예술 관심도	고	저
문화 예술의 중요도	고	저
문화 예술 관람 횟수	고	저
문화 예술 지불 금액	고(60대 저)	저(40대 일부 상승)
문화 예술 경험 전반 만족도	무관(50, 60대 고)	무관(컬쳐맘 고)
서울 문화 환경 만족도	20대 고, 30대 싱글녀와 60대 저	평균 수준
거주지 문화 환경 만족도	저	고
삶의 만족도	저(60대 고)	고(육아맘 최고)
여가 활동 동반자	친구 또는 혼자 (60대 동호회)	가족
주요 장애 요인	• 비용 부족 1위 • 시간 부족 (60대는 제외) • 정보 부족	• 비용 부족 1위 • 교통 불편 • 육아 문제

자료 : 경향신문(2015.1.30.)

(3) 종교별 하위 문화

각 종교는 인생의 목표와 생활 방식에 대한 그들 특유의 신념 체계를 구축하고 있으며 이에 의해 신자들은 영향을 받는다. 사실 개인의 종교적 신념은 그들의 생활 태도와 행동 양식에 지배적인 영향을 끼친다. 가령 가치관의 차이에 따라 가톨릭은 강력한 가족의 결속을 강조함으로써 보다 전통적인 경향이 있으며 신교는 성공에 대한 수단으로서 일에 대한 윤리관에 가치를 부여하는 경향이 있다. 유태교는 자신의 행동과 자기 교육에 대해 개인적인 책임을 강조하는 부분이 있고 이슬람교는 가족 규범의 고수를 강조하는 보다 보수적인 경향이 있다. <사례 14-3>은 우리나라 고유 명절인 설날 차례 의식이 종교에 따라 다소 차이가 있음을 보여주고 있다.

사례 ⑭-3

2014년 '한국인의 설'

오늘로 2014년 달력을 펼친 지 4주가 됐습니다. 새해 맞이 결심이 벌써 작심삼일로 무너졌다 해도, 우리에겐 또 한 번 결심을 다잡을 기회가 있습니다. 갑오년(甲午年) 청마(靑馬)의 해 첫 날, 한국인의 '진짜' 설날이 사흘 앞으로 다가왔습니다. 지난 해 설날은 일요일로 주말 포함 사흘 연휴에 그쳤지만, 올해 설날은 1월 31일 금요일로 하루 더 긴 나흘 연휴가 됐습니다.

2014년 한국인의 설 풍경
조사 개요
- 조사 기간 : 2014년 1월 13~16일(4일간)
- 표본 추출 : 휴대 전화 RDD 표본 프레임에서 무작위 추출
- 응답 방식 : 전화 조사원 인터뷰- 조사 대상 : 전국 만 19세 이상 남녀 1,208명
- 표본 오차 : ±2.8%포인트(95% 신뢰수준)
- 응답률 : 16%(총 통화 7,720명 중 1,208명 응답 완료)
- 의뢰처 : 한국 갤럽 자체 조사

▶ '설에 1박 이상 일정으로 고향 방문 계획 있다' 43% - 작년 대비 7%포인트 늘어

한국 갤럽이 지난 1월 13일부터 16일까지 나흘간 전국 만 19세 이상 남녀 1,208명에게 설 연휴를 맞아 1박 이상 일정으로 고향을 방문하거나 관광 여행을 할 계획이 있는지 물

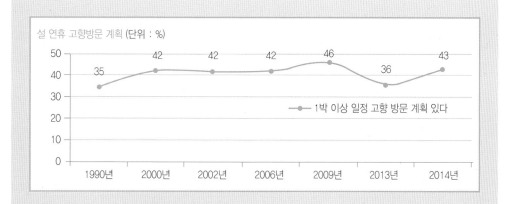

설 연휴 고향방문 계획 (단위 : %)

- 1박 이상 일정 고향 방문 계획 있다

은 결과, '고향 방문 계획만 있다'는 응답이 41%, '고향 방문과 관광 여행 모두 계획하고 있다' 2%로 우리 국민 43%가 고향 방문 계획이 있는 것으로 나타났다. '관광 여행 계획만 있다'는 2%, '둘 다 계획 없다'는 54%였다.

올해 고향 방문을 계획하고 있는 사람은 작년 대비 7%포인트 늘어 2000년 이후 설 고향 방문 평균 수준(42% 내외)으로 회복됐다. 지난 해 설날은 일요일이어서 연휴가 주말 포함 사흘로 짧았던 탓에 예년에 비해 고향 방문을 포기하는 사람이 많았지만, 올해 설날은 금요일로 지난 해보다 하루 더 여유 있는 나흘 연휴다.

설 연휴 고향 방문 계획을 연령별로 보면 결혼, 취업 등으로 부모로부터 독립한 자녀 세대인 30대와 40대에서 60%로 가장 높았고, 자녀의 귀향을 맞이할 부모 세대에 해당하는 60세 이상에서는 16%로 가장 낮았다.

우리의 음력 설은 과거 오랜 기간 동안 '구정'으로 불리다가 1985년 '민속의 날'로 지정돼 하루 공휴일이 됐고 1989년 비로소 '설날'로 개칭돼 전후 하루까지 포함해 총 사흘 공휴일이 됐다. '설날'이라는 이름을 되찾은 1989년 조사에서는 우리 국민의 82%가 음력

설을 지낸다고 답했으나, 5년 후인 1994년에는 90%, 1997년에는 94%로 늘었다. 이번 2014년 조사에서는 92%가 '음력 설'을, 4%는 '양력 설'을, 3%는 '둘 다 지낸다'고 답했다. 한편, '둘 다 지내지 않는다'는 응답은 1%였다.

▶ 고향 방문 목적지(市/道): '부산/울산/경남' 21%, '광주/전라' 18%, '대전/충청' 17%
 - 수도권(서울/인천/경기) 거주 고향 방문자의 58%, 충청권 이남으로 이동

올해 1박 이상의 고향 방문 계획이 있는 응답자들(전체 응답자의 43%, 525명)에게 방문하는 시/도를 물은 결과, '부산/울산/경남'이 21%로 가장 많고, 그 다음은 '광주/전라' 18%, '대전/충청' 17%, '대구/경북' 15% 순으로 나타났다.

▶ 유교식으로 절하며 차례를 지내는 가구: 71%
 - 종교별 큰 차이(불교인 93%, 종교없음 84%, 천주교인 66%, 개신교인 24%)

신정이나 구정에 어떤 방식으로 차례를 지내는지 물은 결과, '유교식으로 절을 한다' 71%, '기독교식으로 기도나 묵상을 한다' 14%로 나타났으며, '차례를 지내지 않

신년 차례 지내는 방법 (단위 : %)

질문 : 귀 대근 신정이나 구정에 차례를 지내십니까?
　　　(지낸다면) 유교식으로 절을 하십니까, 아니면 기독교식으로 기도나 묵상을 하십니까?

* 30 표본 미만은 수치를 제시하지 않음.
* 1992~2009년은 전국(제주도 제외) 개별면접조사, 2013~2014년은 전국 휴대전화 RDD 조사.

는다'는 응답은 12%였다. 유교식 차례를 지내는 가구 비율은 2006년까지 80%에 육박했지만 이후 70% 선으로 감소했고, 차례를 지내지 않는다는 가구는 2009년까지 10%를 넘지 않았으나 작년과 올해는 10%를 웃도는 수준으로 늘었다.

종교별로 보면 불교인(270명)의 대부분(93%)과 종교가 없는 사람(542명)의 84%,

천주교인(113명)의 66%가 유교식 절을 하는 방식으로 차례를 지내는 반면 개신교인(270명)은 절반(47%)이 차례 시 기도와 묵상을 하며 24%만이 절을 한다고 답했다.

▶ 지난 설에 가족과 함께 한 놀이: '윷놀이' 30%, '고스톱' 16%, '노래방' 5%
　- 8년 전 대비 '고스톱' 비율 급감(42%→16%)

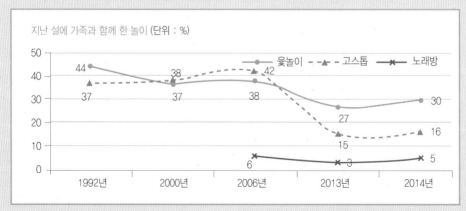

지난 설에 가족과 함께 한 놀이 (단위 : %)

질문 : 귀하께서는 지난 설 명절에 가족, 친척들과 놀이를 하신 적이 있습니까?
　　　(했다면) 어떤 놀이를 하셨습니까? (복수응답)

작년(2013년) 설 명절에 가족, 친지들과 함께 어떤 놀이를 했는지 물은 결과(복수응답), '윷놀이' 30%, 잃고스톱' 16%, '노래방' 5% 순이었으며 54%는 '가족과 놀이를 하지 않았다'고 답했다. 1992년, 2000년, 2006년 조사에서는 우리 국민 열 명 중 네 명이 지난 설에 가족과 함께 '고스톱'이나 '윷놀이'를 했다고 답했지만, 이후 2013년과 2014년 조사에서는 그 비율이 크게 줄었다. 2006년에 비해 '고스톱'은 42%에서 16%로, '윷놀이'는 38%에서 30%로 감소한 반면, '가족과 놀이를 하지 않았다'는 비율은 39%에서 54%로 15%포인트 늘어 사뭇 달라진 명절 가족 모임 분위기를 짐작케 했다. <중략>

자료 : 데이터뉴스(2014.1.28.)

(4) 지역별 하위 문화

지역적 특성으로 인해 특정 지역 구성원들의 의식 구조와 문화 유형에도 차이가 있다. 우리나라에서는 서울, 경상도, 충청도, 전라도, 제주도 등 행정 구역별로 문화적 차이를 발견할 수 있다. 그러나 우리나라의 경우에 지역이 협소할 뿐만 아니라 최근에 이르러 교통 수단의 발달, 대중 매체의 보급, 지역 간 인구 이동 등으로 지역별 문화적 차이가 현저히 희석되고 있다. 지역별 문화 차이의 대표적 사례가 음식이다(예 전주 비빔밥, 함흥 냉면 등).

4) 비교 문화

문화권이 다르면 사람들의 생활 방식이 다르고 그들의 행동 양식도 서로 다르기 때문에 소비자로서의 행동에도 많은 차이점이 존재한다. 예를 들어, 펩시콜라는 대만에서 "Come Alive With Pepsi"라는 의미로 광고했는데 중국어로 이 문구가 "펩시는 당신의 조상을 다시 살려냅니다"로 번역되어 큰 이미지 손상을 입었다. 상이한 문화권에 속하는 사람들 간에 과연 소비자 행동적 측면에서 어떠한 차이점이 있는지를 알아보는 것은 소비자 행동 연구자나 마케팅 담당자에게 모두 의미 있는 일이다. 문화를 비교 분석하는 데 유용한 세 모델을 소개하면 다음과 같다.

(1) Kluckhohn과 Strodtbeck의 비교 문화 모형

이들은 문화적 차이를 비교하기 위하여 5가지 질문을 사용하였다. 첫째, 인간의 본성은 기본적으로 선한가?, 악한가? 둘째, 인간과 자연의 관계는 어떠한가? 셋째, 삶의 주관심사가 과거인가, 현재인가, 미래인가? 넷째, 사람의 활동 양식이 정적인가, 동적인가? 다섯째, 인간 관계는 개인 중심적인가, 단체 중심적인가, 권위주의적인가? 자기 문화나 자기의 가치관 혹은 행위가 어떤 행위인가? 이들 질문을 통해서 비교하고자 하는 현지 문화의 가치관과 행위를 조사하여 두 문화의 차이를 분석하였다.

서구 사회는 <표 14-1>의 오른쪽의 유형이 그리고 아시아와 같은 보다 전통적인 사회는 왼쪽의 유형이 주류가 될 가능성이 높다. 이 모형은 문화의 여러 측면 가운데 일부만을 보여 주고 있으므로 이것만을 가지고 현지의 외국 문화를 완전히 이해할 수 있는 것은 아니다. 그러나 이 모형은 매우 간단하면서 현지 문화에 대한 이해를 높일 수 있다는 것이 장점이다.

▶ 표 14-1 Kluckhohn과 Strodtbeck의 비교 문화 유형

기준	행위 및 사고유형		
인간의 본성 지향[1]	기본적으로 약함	선과 악의 혼합	기본적으로 선함
인간과 자연의 관계	자연에 복종	자연과의 조화	자연을 정복
시간 지향성	과거 지향적 (전통적)	현재 지향적 (순간적)	미래 지향적 (목표 지향적)
활동 지향성[2]	정적	내면 성장	동적
인간 관계 지향성	권위 주의적 (상하 관계)	단체 중심적 (공존 관계)	개인 중심적 (동등한 관계)

* 주 : 1) 인간의 본성은 선과 악 이외에도 가변성인가 불변성인가를 기준으로 분류할 수 있다.
　　2) 정적 : 인생에 꼭 무엇을 달성해야 되는 것은 아니고 존재하는 것만으로도 충분하다.
　　　　내면성장 : 인간의 존재 이유는 내면성 성장에 있다.
　　　　동적 : 인간이 노력하면 그것에 대한 대가를 받게 되며 사람은 일을 성취하기 위해서 존재한다.
* 자료 : Kluchohn, F. & Strodtbeck, F.(1961). Variations in value orientations. Evanston, IIIinois : Row, Person & Co, p.196.

(2) Hall의 비교 문화 모형

Hall[1976]은 국가의 문화를 고배경 문화high-context culture와 저배경 문화low-context culture의 개념으로 이원화하였다그림 14-5 참조. 여기에서 배경은 구성원의 사고 방식과 생활 양식을 평가하는 방법으로 각 국가의 사회 문화를 평가하는 데 중요한 역할을 한다.

고배경 문화에서는 사회 구성원들이 자신의 생각이나 의견을 상대방과 대화를

통해서 솔직하게 겉으로 표현하는 것을 주저한다. 대부분의 정보가 개인에 내부화되어 명백하게 부호로 나타나거나 메시지로 옮겨지지 않는다. 다시 말해, 의사전달자의 배경이나 기본적인 가치관 등에 더 많은 정보를 포함하기 때문에 실제로 구두로 나타낸 메시지에는 정보가 적게 포함된다는 것이다.

반면에 저배경 문화에서는 메시지가 명백하고 커뮤니케이션에 있어서 실제의 대화를 통해서 대부분의 정보가 교환된다고 보고 있다. 이러한 차원에서 볼 때 중국, 일본, 아랍 문화는 고배경 문화에 속하며 미국 또는 독일의 문화는 저배경 문화로 분류된다. 미국의 경영자들이 일본 기업의 경영자들과 협상을 할 때 일본의 파트너들이 분명하게 그 핵심을 밝히지 않는다고 불만을 표시하는 이유의 하나가 이와 같은 문화적인 차이에서 기인한다고 할 수 있다.

저배경 문화에서 중요한 것으로 여기는 법률적인 서류 사무가 고배경 문화에서는 오히려 그것 보다 개인의 말이 더욱 확실한 보증서적인 역할을 한다. 즉, 책임과 신뢰와 의리가 중요한 가치로서 강조되는 고배경 문화에서는 법적 인가 등이 그렇게 필요한 것이 아니고 책임, 명예, 신뢰 등에 더 큰 의미를 두고 있다는 것이다. 조직상의 책임 문제가 발생했을 때 고배경 문화에서는 그 조직의 최고위층에

▶ 그림 14-5 고배경 문화와 저배경 문화 특징 비교

고배경 문화		저배경 문화
사회적 지위, 신분 중시	⟷	실제 내용 중시
신용에 의한 인간 관계	⟷	능력, 손익 계산 관계
의식, 절차, 상견례 협상	⟷	법, 규정에 의한 협상
시간 윤회 사상	⟷	시간은 돈
공적 공간	⟷	개인적 공간
조직의 고위층 중심	⟷	담당자 중심
느린 협상	⟷	신속한 결정
비공식적 거래	⟷	경쟁 입찰
개인의 신용 보증	⟷	서면, 계약 보증

* 자료 : Munter, M.(1993). Cross-cultural communication for managers. Business Horizons, May-Jun, p.72.

게 그 책임이 주어지나 저배경 문화에서는 가능한 한 그 책임과 관련된 최하위층에게로 옮겨진다.

(3) Hofstede 비교 문화 모형

Hofstede[1991]는 세계 70개국 11만 여 명을 대상으로 설문하여 국가 간의 행동 차이를 설명하기 위하여 다음의 4가지 문화의 차원을 발견하였다. 네 가지 차원은 개인 주의 대 집단 주의, 권력 차이, 불확실성에 대한 회피성, 남성다움 대 여성다움이었고, 추후 연구에서 장기 지향성 차원이 추가되었다. 이러한 이분법적 비교는 몇 가지 한계점에도 불구하고 문화 간 차이와 유사성을 쉽게 비교할 수 있기 때문에 타문화를 이해하는 데 유용한 것으로 평가되고 있다.

① 개인 주의와 집단 주의(individualism-collectivism).

개인 주의 사회에서는 개인의 이익이 집단의 이익 때문에 희생되어서는 안된다고 생각하며 집단 주의 사회는 집단의 이익을 위해서는 언제라도 개인의 이익이 희생되어 질 수 있다고 믿는 문화이다. 개인 주의에서 높은 점수를 받은 국가는 청교도적인 직업 윤리를 지지하며, 독창적이며, 개인 성과에 의한 승진이 이루어진다. 반면, 개인 주의 점수가 낮은 국가는 청교도적인 직업 윤리가 덜 강조되며, 개인 주의 측면에서 덜 독창적이며, 연공 서열제에 근거한 승진이 이루어진다.

② 권력 격차(power distance)

권력 격차권력과 불평등는 제도나 조직 속에 권력이 불평등하게 배분되어 있는 정도를 말한다. 권력 격차가 낮다는 것은 권력의 차이를 잘 받아들이지 못한다는 것으로 권력 격차가 낮은 나라의 조직은 분권화된 수평 조직 형태를 갖는다. 반면, 권력 격차가 높은 문화에서는 중앙 집권적이며 계층화된 형태의 조직 구조를 가진다. 권력 격차가 큰 사회에서는 인간 사이의 불평등은 당연한 것으로 여기며 사회 관계는 권위적이다.

③ 불확실성 회피(uncertainty avoidance)

불확실성 회피는 불확실성에서 오는 두려움을 회피하고자 하는 정도를 말한다. 불확실성을 회피하는 국가의 경우에는 안정에 대한 강한 욕구를 보이며 전문가를 존중한다. 한편, 불확실성을 받아들이는 정도가 높은 국가의 경우는 개인의 독창성, 위험 추구 행동, 그리고 개인의 책임성이 강조된다.

▶ 표 14-2 Hofstede의 국가별 문화 차이

국 명	개인주의	권력 간의 간격	불확실성의 회피성향	남성중심의 정도
한 국	18	60	85	38
그리스	35	60	112	57
대 만	17	58	69	45
싱가포르	20	75	8	48
파키스탄	14	55	70	50
미 국	91	40	46	62
일 본	46	54	92	95
영 국	89	35	35	66
독 일	67	35	65	66
프랑스	71	68	86	43
인 도	48	77	40	56
덴마크	74	18	23	16
이스라엘	54	13	61	47
오스트리아	55	11	70	79

* 자료 : Hofstede, G, H.(1980). Motivation, leadership, and organization: Do American theories apply abroad?. Organizational Dynamics, Summer, pp. 46-49..
* 주 : 각 국가별 점수 분포: 최저 1점에서 최고 120점

④ 남성성과 여성성(masculinity-femininity)

남성성이 높은 사회는 사회 구성원이 타인에 대한 애정이나 생활의 질에 대한 관심보다는 권력, 돈과 재물의 획득 등에 더 많은 관심을 기울이는지를 가리키는 차원이다. Hofstede에 따르면 낮은 점수를 나타내는 여성적 경향은 다른 사람에 대한 관심이나 삶의 질에 대해서 가치 부여를 하는 사회이다.

⑤ 장기 지향성과 단기 지향성(long-term orientation or short-term orientation)

장기 지향적인 사회는 미래에 더 많은 중요성을 부여한다. 이런 사회에서는 지속성혹은 끈기, 절약, 적응 능력 등 보상을 지향하는 가치를 조성한다. 단기 지향적인 사회에서는 전통에 대한 존중, 호혜성, 사회적 책임의 준수 등 과거와 현재에 관련된 가치가 중요시 된다. 장기 지향성은 보통 동아시아에서 높게 나타나고 이슬람원이나 아프리카에서는 낮게 나타난다.

제2절 사회 계층의 특성과 분류

사회 계층은 성격, 동기, 가치 등의 면에서 소비자 행동을 분석하려 할 때 큰 의의가 있다. 같은 소득이라 하더라도 직업에 따라 다른 구매 패턴이 작용되고 있다. 사회 계층의 결정 요인으로서 많은 수의 지표를 이용하고 있는데 그 중 몇 몇은 측정이 가능하나 매우 추상적이고, 또한 몇 몇은 다른 지표들보다 더 중요하게 고려되고 있다. 본 절에서는 사회 계층의 의미 및 특징 그리고 사회 계층의 분류에 대해 설명하고자 한다.

1. 사회 계층 개념

사회 계층이란 한 사회 내에서 거의 동일한 지위에 있는 사람들로 구성된 집단으로 정의할 수 있다. 동일 계층에 속하는 사람들은 직업, 소득, 교육 수준 등 사회적·경제적 특성이 유사하기 때문에 그들의 신념이나 가치, 사고 방식, 교양, 라이프 스타일, 행동 양식에 이르기까지 여러 측면에서 매우 유사하다. 이런 특성에 준해서 사회 계층의 개념을 정의하면, 가치, 라이프 스타일, 행동 등이 유사한 개인 또는 가족을 동질적인 집단으로 층화한 사회적 집단 계층을 말한다.

사회 구성원들은 혈통, 부富, 직업, 학력, 기술 수준 등이 각각 다를 뿐만 아니라 그들의 사회적 역할 및 사회에 대한 기여도가 다르기 때문에 구성원 모두가 동등한 지위를 향유하는 사회를 기대하기는 어렵다. 어느 사회에서나 구성원들은 다양한 기준에 의해 여러 집단으로 분류되고 분류된 집단들은 다시 계층화됨으로써 결국 어떤 형태로든 사회적 계층이 존재하게 된다.

2. 사회 계층의 특성

앞서 설명한 바와 같이 사회 계층은 한 사회 안에서 구별되는 인간 집단을 의미한다. 사회 계층은 피라미드형 구조를 가질 수도 있고 다이아몬드형 구조도 가질수 있다. 그럼에도 불구하고 인간의 집단은 다음과 같이 몇 가지 특성을 가지고있다.

1) 사회적 지위

사회 계층은 사회적 지위를 나타내는데, 지위란 타인에 의해 지각된 사회에서의 개인의 서열을 의미한다. 개인의 사회적 지위는 개인적인 특성, 즉 다른 사람에 대한 영향력의 정도라든가, 권력, 혈통, 학벌, 직업 등에 의해 결정된다. 따라서 권력이 많거나 다른 사람이 존경하는 직업을 가진 사람은 타인에 의해 높은 신분으로 지각되고 사회 속에서 대우를 받게 된다. 소비자들은 이러한 사회적 계층적 의미와 상징때문에 제품을 구매하기도 한다. 오늘날은 재화의 이용 가능성이 높아져 계층적 의미와 상징성을 띈 제품들이 대중화나 평준화됨으로써 전통적인 지위 상징물들이 계층을 명확하게 나타낼 수 없게 되는 경우가 많다.

2) 계층적 구조

사회 계층은 상층에서 하층에 이르기까지 몇 단계로 층화되어 있는데 이는 신분의 고하를 나타내는 신분 구조적 성격을 가지고 있다. 따라서 특정 계층에 속하는 사람은 그가 그 계층의 규범이나 행동 양식을 따르고 있지 않다 하더라도 그보다 낮은 계층의 사람들에 의해 자신들보다 높은 신분으로 지각된다. 이는 사회적 집단의 세분 현상이 결과적으로 신분의 계층화를 초래하였음을 의미한다.

3) 유사성

동일한 계층에 속하는 사람들은 가치관, 사고 방식, 태도, 라이프 스타일, 행동양식 등에 있어 유사성이 많은데 이는 사회적·경제적 특성이 비슷하기 때문이다. 이를 테면 중류층은 하류층에 비해 좀 더 합리적이고 미래 지향적이며 국가관·사회관이 명확한 반면 하류층은 국가나 사회보다는 자신이나 가족 중심적이며 단기적인 안목과 사고를 하는 특성이 있다. 따라서 구매 행동을 수행함에 있어서도 중류층이 하류층에 비해 보다 계획적이고 합리적인 것으로 알려져 있다.

4) 이동성

개인은 특정 계층에 영구히 소속되는 것이 아니라 계층 구조를 따라 신분이 상승하거나 하락할 수 있다. 예를 들어, 외식업 종업원이 성공하여 외식업의 사장이 된다면 계층 구조상 더 높은 단계로 상승하는 예가 된다. 또한, 사회 전체적으로도 그 나라 사회 계층의 특성은 시간과 상황의 변화에 따라 조금씩 변화한다. 하지만 인도의 카스트 제도처럼 제도적으로 계층간 이동이 제약된 사회도 있다.

5) 계층 간 이질성

교육 배경이나 직업, 소득 수준, 라이프 스타일이 유사한 동일 계층의 구성원들끼리는 서로 유대 관계를 가지는 성향이 있지만 다른 계층의 구성원들과는 별로 관계를 가지지 않는다. 이와 같은 계층 간 상호 작용의 제한성으로 인해 마케터들은 계층 간의 대인적 커뮤니케이션을 통해 제품 구매를 확산시키는 데 어려움이 있다.

3. 사회 계층의 분류 방법

사회 계층 지표로 가장 일반적으로 사용되는 변수로는 직업, 교육, 자산, 소득, 가문, 생활 양식 등이 있다. 그 중에서도 직업은 다른 변수의 기본적 속성을 거의 모두 포함하고 있기 때문에 가장 만족할 만한 지표로 평가되고 있다. 여기서는 사회 계층의 분류 방법인 Warner의 지위 특성 지표, Coleman과 Rainwater의 사회 지위 계층, BBC 계층 분류 방법, 그리고 우리나라의 사회 계층 구조를 살펴본다.

1) Warner의 지위 특성 지표

사회 계층에 대한 종합 지표들 중에서 가장 넓게 이용되는 지표는 Warner의 지위 특성 지표ISC : Index of Status Characteristics이다. Warner는 1940년대 초 미국 중서부 도시에 대한 사회 계층 연구에서 지위 특성 지표(ISC)를 개발하였다. 이 지표는 직업, 소득 원천, 교육 수준, 주택의 유형, 주거 지역 등 4개 요인을 이용하여 조사하였다. 그는 각 계층 결정 요인을 7단계로 나누어 1점부터 7점까지 부여하여 각 개인의 지위 특성 지수를 최저 12점부터 최고 84점까지 산출하여 점수에 따라 사회 계층을 최하류층에서 최상류층까지 6단계로 구분하였다표 14-3 참조.

▶ 표 14-3 Warner의 지위 특성 지표(ISC)

점수	직업 (가중치 4)	소득원 (가중치 3)	주택 유형 (가중치 3)	주거지역 (가중치 2)
1	전문직 대기업의 소유주	상속받은 재산	초호화 저택	대단히 양호
2	준전문직 대기업 임원	본인이 번 재산 소득	고급 주택	양호 : 고급 아파트, 교외의 고급 주택지
3	사무직 근로자	이익과 상속 재산	좋은 집	평균 이상 : 집 주위에 상당한 공간이 있는 주거지, 좋은 조건 의 아파트
4	숙련 노동자	봉급	평균적인 집	평균 : 주거 환경이 악화되지 않 은 보통 주거지역
5	소규모 자영업자	임금	보통 집	평균 이하 : 상업 지구화되어 주 거 환경이 악화되기 시작한 지역
6	반숙련 노동자	사적인 생계비 보조	나쁜 집	열악한 지역 : 주거 환경이 상당 히 악화된 준빈민가
7	비숙련 노동자	정부의 생계비 보조	판잣집	매우 열악한 지역 : 빈민가

* ISC 점수 = (직업×4) + (소득원×3) + (주택유형×3) + (주거지역×2)
* 사회 계층의 분류 체계

사회계층	점수의 범위	인구분포
최상류층	12~17	1.4%
상류층	18~24	1.6%
중상층	25~37	10.2%
중하층	38~50	28.8%
하류층	52~62	33.0%
최하류층	63~84	25.0%

* 자료 : Warner, W. L., Meeker, M., & Eells, K.(1960). Social class in America ; A manual of procedure for the measurement of socical status. NY : Harper & Row Publishers, p.123.

2) Coleman과 Rainwater의 사회 지위 계층

Coleman과 Rainwater에 의해 개발된 사회 지위 계층은 인구 통계적 변수와 사회 변화 추세를 반영하여 Warner 지수를 수정한 것이다. Warner지수와 다른 점은 교육과 직업에 더 많은 비중을 둠으로써 각 계층 간의 파워와 권위의 차이를 명확히 부각시키고자 한 것이다. 또한, 중류층을 중산층과 근로자층으로 세분화함으로써 두 계층 간에 직업과 가치에서 차이가 존재함을 반영하였다표 14-4 참조.

▶ 표 14-4 Coleman과 Rainwater의 사회 지위 계층

계층	특징
상류층	● 최상층(0.3%) : 유산으로 물려받아 부자인 '특별한 자본가 계층' 사회, 귀족적 가문 ● 상류층(1.2%) : 새로운 사회적 엘리트, 전문 직업인, 기업의 지도자 ● 중상층(12.5%) : 대학을 졸업한 관리자 및 전문 직업인 중 나머지 부류
중류층	● 중류층(32%) : 평균 소득의 사무실 근무자 및 이와 비슷한 현장 작업자, '좋은 거주지'에서 살고 있음. '적절한 것을 하려고' 시도함. ● 근로 계층(38%) : 평균 소득의 현장 작업자로서 소득, 학교 배경 및 직무에 관계없이 '근로 계층 라이프 스타일'을 선호함.
하류층	● 하층(9%) : 일을 함. 복지 혜택을 받지 않음. 생활 수준은 빈곤층보다 높음. '지저분하고 쓰레기 같이'로 판단되는 행동을 함. ● 최하류층(7%) : 복지 혜택을 받음. 보기에도 몹시 빈곤함. 거의 일을 하지 않음(또는 '아주 지저분한 일'을 함)

* 자료 : Coleman, R. O.(1983). The continuing significance of social class of marketing. Journal of Consumer Research, 10(December), p.270.

3) BBC의 사회 계층 분류

영국 BBC 방송국은 계층을 결정하는 전통적 잣대인 경제적 자본소득 등과 교육 수준을 사회적 자본 인맥과 문화적 자본 등을 함께 측정했다. 그 결과 현대 영국 사회는 <그림 14-6>처럼 엘리트, 안정된 중산 계층, 기술적 중산 계층 등 7개 계층으로 분류되었다.

신 사회 계층의 특징으로 노동자 계층의 쇠퇴이다. 대신에 '풍족한 신노동자 계층'과 '신서비스 노동자 계층'으로 분화되고 있다. 풍족한 신노동자 계층[15%]은 도시의 젊은 노동자로서 소득은 중간 수준이지만 사회·문화적 자본 향유도는 높다. 영국 사회에서 두 번째로 높은 비중을 차지하는 신서비스 노동자 계층[19%]은 사회적·문화적 자본을 풍부하게 소유하고 있으면서 도시에 거주하는 젊은 신흥 계층이다. 영국 사회에서 가장 큰 비중[25%]을 차지하는 안정된 중산 계층은 자본을 골고루 향유하며 도시 외곽의 인구 밀도가 낮은 지역에 거주하는 비율이 높았다.

▶ 그림 14-6 BBC에 의한 사회 계층 분류

당신은 어느 계급에 속하나요   자료 : BBC

비중(%) 계층

6 ······· ① 엘리트 소득이 월등히 높아 타 집단과
뚜렷하게 구분.
사회·문화적 자본 풍족

25 ······ ② 안정된 중산계층 경제·사회·문화적
자본 골고루 향유

6 ······· ③ 기술적 중산계층 경제적으로 풍족하지만
사회·문화적 자본 부족.
사회적 활동에서 배제

15 ······ ④ 풍족한 신노동자 계층 상대적으로 젊은 집단.
중간 정도의 소득
사회·문화적으로 활발

14 ······ ⑤ 전통적 노동자 계층 사회·문화적 자본으로
상대적으로 낮지만 빈곤하진 않음.
평균 66세로 가장 고령 집단

19 ······ ⑥ 신흥 서비스 노동자 계층 신흥 계급으로 젊고
도시에 거주. 비교적 가난하지만
사회·문화적 자본은 풍족

15 ······ ⑦ 불안정한 프롤레타리아 가장 가난한 집단,
사회·문화적 자본 낮음

* 2011년 1월 시작된 본 연구는 BBC의 그레이트 브리티시 계층 서베이에 응한 16만 1400명의 응답과 여론조사 기관 GFK가 1,026명을 대상으로 심층 면접한 결과를 토대로 진행되었다.

* 자료 : 중앙일보(2013.4.8.).

4) 우리나라의 사회 계층 구조

우리나라의 사회 계층 구조에 대한 것으로는 통계청에서 행하는 주관적 계층 의식 조사가 있다. 통계청에 의한 사회 계층 분류는 가족 단위로 가구주를 조사 대상으로 주관적 방법으로 조사하며, 상상, 상하, 중상, 중하, 하상, 하하의 여섯 계층으로 구분하고 있다.

<표 14-5>는 우리나라의 사회 계층을 5단계로 구분하여 나타낸 것이다. 상층에 속한 사람은 자기의 능력으로 사회의 엘리트층으로 기업인, 전문직의 고급 공무원, 의사, 교수, 법조인 등으로 구성되며 자신의 지위를 상징하는 제품들을 많이

구매·소비하는 특징이 있다. 중간층은 교육 수준이 높은 사람들로서 사회적 지위나 부 그 자체보다는 자신의 경력 관리에 더 가치를 두며 고급 주택가에 살기를 희망한다. 도시 하위계층은 봉급이 아닌 일당 개념으로 일하거나 흔히 말하는 3D 직업 종사자들로서 엥겔 지수[1]가 높은 편이다. 농어촌 하층은 일반적으로 교육 수준이 낮은 편으로서 경제적으로 도시 하층보다는 높으나 제품의 소비 수준은 도시 하층보다 낮아 가능한 한 자급 자족하는 소비 행태를 보인다.

이러한 사회 계층은 주로 소득에 의해서만 분류된 것이다. 진정한 의미의 사회 계층은 직업, 교육 소득 원천, 주택의 유형, 주거 지역 등의 여러 변수를 종합적으로 사용하여야 한다.

▶ 표 14-5 우리나라의 사회 계층 구조

계층 분류(6)		특징
상위 및 중상위 계층		고위 임직원, 전문가이면서 종사상의 지위가 자영업자, 고용주, 상용근로자로써 종사상의 지위와 관계없이 상위 직업군에 속하는 사람
중간층	신중간층	정신적 노동에 종사하는 기능공, 사무종사자로 종사상의 지위가 고용주에서 일용근로자에 이르는 사람
	구중간층	서비스와 판매근로자, 기능원 및 관련 기능원, 장치기계조작원이며 자영업자
노동계층		서비스 및 판매근로자로서 상용근로자나 임시, 일용근로자
농촌자영자층		농업, 어업 종사자이면서 자영업
하위계층		농업, 어업 종사자 중 피고용인이거나 단순 노무 근로자

* 자료 : 임경태 외 4인(2012). 우리나라 사회계층별 건강 관련 삶의 질의 차이와 관련 요인. Journal of the Korea Academia-Industrial Occupation Society, 13(5), 2182-2198.

1) 엥겔지수 : 1857년 독일 통계학자 Ernst Engel이 가계 지출을 조사한 결과 저소득 가계일수록 식료품비가 차지하는 비율이 높고, 고소득 가계일수록 식료품비가 차지하는 비율이 낮음을 발견하였는데 이를 '엥겔의 법칙'이라고 한다. 그리고 총가계 지출액 중에서 식료품비가 차지하는 비율을 '엥겔지수'라고 한다.

제3절 문화 및 사회 계층과 관광 행동

관광객의 행동에 영향을 미치는 외부 영향 요인 중 가장 범위가 넓은 것이 문화일 것이다. 문화는 한 사회의 성격을 나타내기 때문에 그리고 사회 계층은 관심이나 가치관이 유사한 그룹끼리 형성되기 때문에 개인 혹은 집단의 생활 방식이나 관광 소비 행동에 영향을 미치게 된다. 본 절에서는 문화 및 사회계층과 관광 소비자 행동 간의 관련성에 대해 살펴본다.

1. 문화와 관광 행동

문화는 관광객의 행동에 다양하게 영향을 미친다. 예를 들면, 관광 동기, 정보 탐색, 여행 일정 및 방식, 관광 활동, 관광 만족도 및 재방문 의도 등의 의사 결정 과정에 영향을 미치게 된다. 이에 대한 내용을 살펴보면 다음과 같다.

1) 관광 동기

문화에 따라 관광 동기가 다르게 나타난다. 예를 들어, 일본 관광객은 지위나 가족 간의 화목 그리고 지식의 동기를 중요시 하는 경향이 강하다. 반면, 모험심이 강하고 도전적인 미국인의 경우는 일상 탈출이나 신기성을 상대적으로 더 중요하게 여기는 경향이 높다Kim & Lee, 2000.

2) 정보 탐색

정보 탐색 행위도 문화의 차이에 따라 다르게 나타난다. 불확실성을 회피하는 경향이 강한 문화에 속해 있는 여행객일수록 리스크를 감수하기 싫어하므로 정보 탐색시 상업적 정보보다는 친구나 여행사와 같은 커뮤니케이션 채널을 주로 이용한다. 독일 여행객은 관광 목적지 정보를 TV나 라디오를 통해서 주로 획득하는데 반해 일본인은 여행사로부터 정보를 획득하는 경향이 높다Money & Crotts, 2003.

한편, 정보 탐색에 있어 집단 주의와 개인 주의 문화 간에도 차이가 존재한다. 한국인이나 일본인은 비즈니스 여행의 경우 여행사나 회사의 여행 담당자, 여행 가이드나 친구로부터 여행 정보를 주로 얻는다. 한편, 개인 주의적 성향이 강한 호주 사람들은 주로 관광청이나 항공사 등을 통해 직접적으로 정보를 얻는다Chen, 2000.

3) 여행 일정 및 방식

일본인이나 미국인은 세밀하게 짜여진 여행을 높이 평가하지만 한국인은 느슨하고 자유롭게 여행을 할 수 있는 여행 스케줄을 선호한다Pizam & Jeon, 1996. 동양인(예 일본인)은 가이드가 있는 패키지 여행을 선호하나 서양인(예 독일인)은 리스크를 무릅쓰고서라도 개인 여행을 선호한다Money & Crotts, 2003. 또한, 일본, 한국, 인도네시아, 중국인과 같은 아시아인들은 모호한 것을 회피하고 다른 사람과의 충돌을 회피하는 경향이 강하지만 호주 관광객들은 모호한 것을 감내하고 다른 사람과의 충돌을 회피하지 않는 경향이 강하다Reisenger & Turner, 2003.

4) 관광 활동 기간 및 서비스 경험

문화에 따라 관광 활동에 대한 태도도 다르게 나타난다. 예를 들어, 불확실성을 회피하고자 하는 경향이 강한 아시아 관광객(예 일본과 한국)은 대부분 짧은 기간 동안 관광지에 체류하므로 방문하는 관광지의 수가 적으며 그리고 비교적 단체 관광을 선호한다Crotts & Litvin, 2003. 또 다른 연구에서는 미국 방문 일본인의 평균 체류 기간이 약 5일 정도로 평균 14일을 체류하는 독일인보다 약 3배의 차이가 있는 것으로 나타났다Money & Crotts, 2003. 또한, 미국인 관광객은 고급 서비스와 고급 레스토랑을 선호하나 일본 관광객은 이에 비해 새로운 요리를 먹으려 하지도 그리고 시도하지도 않는 경향이 높은 것으로 나타났다Seldon & Fox, 1988.

5) 서비스 평가 기준 및 재방문 영향 요인

관광객의 사후 평가, 즉 만족도나 재방문 의도 또한 문화적 차이에 영향을 받는다. 한국인이나 일본인은 서비스의 적시성 혹은 정시성을 매우 중시하기 때문에 만족도에 미치는 영향이 상대적으로 크다Reisenger & Turner, 2003. 일본인은 관광지 재방문 영향 요인 중 재미와 휴식을 가장 중요하게 고려하나 미국인과 중국 여행객들은 관광지에 대해 더 많이 알고 경험하는 것을 더 중요시한다Caneen, 2004. 문화에 따른 관광 행동의 차이점을 요약하면 <표 14-6>과 같다.

▶ 표 14-6 동서양인의 문화 차이에 따른 관광 행동 비교

주제	아시안 관광자	서구인 관광자
관광 동기	• 일본인 : 지위, 가족 간 화목, 지식 동기 강함	• 미국인 : 일상 탈출, 신기성 욕구 강함 • 독일인 : 위험 감수 성향
정보 탐색 원천	• 한국인 · 일본인 : 여행사, 친구, 여행 담당 동료, 여행 가이드의 정보에 의존	• 독일인 : 미디어 광고, 목적지 관광청에 직접 접촉한 정보에 의존 • 호주인 : 관광청이나 직접 항공사로부터 정보 획득
여행방식과 일정	• 한국인 : 느슨하고 자유로운 여행 일정 선호 • 공통 : 패키지 투어 선호 • 일본인 : 세밀하고 완벽하게 짜인 계획의 여행 선호 • 중국인 : 안전하고 대규모 그룹 여행 선호	• 독일인 : 위험 감수 경향, 렌터카 선호 • 미국인 : 세밀하게 짜인 여행 일정 선호
지역사회 교류	• 한국인 · 일본인 · 중국인 · 인도네시안 : 다른 사람과 충돌 · 갈등 회피, 언어적 장벽 상황 회피	• 호주인 : 모호한 것을 감내하고 타인과의 충돌을 회피하지 않음
여행기간 및 방문 장소	• 비교적 짧은 기간 체류, 방문지수 적은 편, 여행 동료 많은 편, (미국 방문 일본인) 체류 기간 평균 5일	• 개별 여행 선호, 장기 체류 경향, (미국방문 독일인) 체류 기간 평균 14일
선호 경험	• 한국인 : 자국 요리 선호, 모험적 활동 선호 • 고급 레스토랑 선호, 집단 활동 선호	• 새로운 경험과 메뉴 선호, 다양한 경험 중시, 개별 활동 선호
서비스 평가 기준	• 한국인 · 일본인 : 서비스 정시성, 신뢰성, 정중함, 사려 깊은 배려 중시, 외국어에 대한 두려움	• 미국인 : 고유한 경험과 자유로운 선택 중시
재방문시 기대하는 편익	• 일본인 : 재미와 휴식을 중시 • 중국인 : 관광지에 대해 더 많이 알고 다양한 경험 중시	• 미국인 : 관광지에 대해 더 많이 알고 다양한 경험 중시

* 자료 : 고동우(2013). 관광심리학. 대왕사. pp. 396.

2. 사회 계층과 관광 행동

사회 계층 또한 개인의 태도와 행동에 직접적 영향을 미친다. 예를 들어, 중상층에 속한 사람들은 남부끄럽지 않은 생활에 신경을 쓰게 되어 일상 생활 속에서 상당한 변화를 추구하고 자녀들의 교육에도 중요한 비중을 둔다. 따라서 상위 계층 사람들의 행동을 어느 정도 모방하고 싶어 하는 경향이 나타난다. 구체적으로 사회 계층은 가족 여행, 관광 목적지 선호도, 자기 지각, 그리고 부부 여가 활동 등에 영향을 미친다.

1) 가족 여행

사회 계층은 가족 여행에 상당한 영향을 미칠 수 있다. 일반적으로 중산층 가족은 관광의 교육적 경험을 중시하기 때문에 관광에 더 많이 참여하게 되지만 노동계층은 교육에 대해 똑같은 중요성을 부여하지 않기 때문에 똑같은 식으로 관광에 참여하지 않는 경향이 있다Mayo & Jarvis, 1981. 따라서 여행 상품을 중산층 가정에게 권장할 때는 여행을 교육적 경험으로서의 중요성을 강조하는 것이 바람직하다. 반면 노동 계층에게는 교육 이외의 다른 편익을 강조하거나 가족의 교육 경험이 중요하다는 것을 먼저 확신시키는 것이 필요하다.

2) 관광 목적지 선호도

각 계층은 서로 다른 형태의 여행 목적지와 관광 대상을 선호한다. 중산층 부모들은 자신들의 자녀들이 역사나 과학에 관해 중요한 것을 배운다는 점에서 여행 경험을 중요시하여 역사적 유적지, 이색적인 풍습, 박물관, 해외 여행, 농촌 관광 등에 많은 매력을 느낀다Sharpley, 1996. 스코틀랜드의 농촌 지역을 방문한 관광객을 조사한 연구에서 전체 방문자의 71%가 중산층, 중하층, 그리고 숙련된 노동자 계층이었다Frochot, 2005. 한편, 하류 계층의 사람들은 친구나 친척 방문 여행에 큰 의미를 두는 경향이 강하게 나타난다Seaton & Palmer, 1997.

좋아하는 레스토랑이나 음식에서도 사회 계층 간 선호도의 차이가 존재한다. 보통 서민층 사람들은 새롭고 진귀한 음식보다는 익숙하고 전통적인 음식을 선호하는 경향이 있다. 반면, 상류층 사람들은 자연 식품을 더 선호하며 정크 푸드Junk food를 최대한 피하는 경향을 보인다장호찬·라선아, 2008.

3) 자기 지각

사회 계층에 따라서 관광에 대한 개인의 지각은 달라진다. 중산층에 속한 사람들은 보통 하위층에 속한 사람들보다 이 세상에 대해 폭넓은 관점과 그에 대한 자기만의 위상을 가지고 있다고 인식한다. 또한, 국가적 행사나 세계적 사건에 대해 자기 스스로 직접 또는 간접적으로 관련이 있다고 느끼며, 하위 계층보다 외부로부터의 자극에 대해 더 자신감을 가지며 모험적으로 위험에 대처하는 경향이 있다. 결국 중산층은 하위층보다 여행에 더 관심을 갖게 된다고 볼 수 있다. 중산층의 사람들은 또한 연극이나 영화 감상 등의 취미 생활과 자녀의 교육 그리고 여행과 같은 정신적 충만을 도모하는 데 많은 시간을 소비하는 경향이 있다Berelson & Steiner, 1967.

이에 반해 하위층에 속한 사람은 보통 주변 세상에 대해 한계를 쉽게 느끼고 주변 세상을 위협적인 측면에서 지각하고 있다Gans, 1962. 따라서 유럽이나 장거리 목적지로 여행하는 것을 불필요하고 무익하고 흥미 없는 것으로 느낀다. 이런 부류의 사람들은 국내의 익숙한 환경을 갖춘 가까운 곳에서 휴가 여행을 즐기는 것이 대부분이다. 또한, 하위층의 사람들은 경제적 여유가 생기면 여행보다는 값비싼 주방 기구나 가재 도구 등 여러 가지 물건을 구입하려고 한다. 이러한 물건은 경제적 안정을 상징하기 때문에 우선시 된다.

4) 부부 여가 활동

노동 계층은 중산층보다 남편과 아내의 역할이 분명히 구분된다. 노동 계층의 부인은 자녀의 양육과 같은 일상적인 책임의 대부분을 맡고 있고, 중요한 가정일에 있어서 남편의 동의를 구하며, 그리고 상당히 순종적이다. 자기를 돌봐 주고 정체 의식을 부여해 주는 사람으로서 남편에게 의지하도록 배워왔기 때문이다Benette & Kassarjian, 1972.

노동 계층의 남편은 중산층의 남편과 마찬가지로 가족들과 함께 여가를 즐긴다. 그러나 노동 계층의 남편은 주기적으로 친구 몇 몇과 함께 집을 떠나 장기간 여가 활동을 하는 경향이 있는데 이것이 가장의 남성다움을 확인시켜주는 행위라고 생각하기 때문이다Levy, 1966. 하지만 중산층 부부의 여가 활동에 있어서는 남자들끼리 가끔 낚시나 사냥을 가지만 거의 가족과 함께 휴가 시간을 보낸다Benette & Kassarjian, 1972.

제4절 문화 및 사회 계층과 마케팅 전략

문화와 사회 계층은 개인 행동에 직·간접으로 영향을 미치는 제 요인 중 가장 포괄적인 요인이다. 특히, 구매 의사 결정 과정에 영향을 크게 미치기 때문에 마케터는 시장 세분화 및 마케팅 믹스 전략을 적절히 수립해야 한다. 본 절에서는 문화와 사회 계층의 차이에 따른 효과적 마케팅 전략에 대해 학습한다.

1. 문화와 마케팅 전략

개인이 속한 문화권이 다르면 그의 집단 관계에 대한 사고 방식 또는 집단 속에서의 질서에 대한 견해마저 달라진다. 따라서 마케터에게 있어서 표적 시장이 어떠한 문화권에 속해 있으며 문화적 가치가 어떻게 변화하고 있는지 세심하게 관찰하지 않으면 안 된다. 여기서는 제품 전략, 가격 전략, 유통 전략, 그리고 촉진 전략을 살펴본다.

1) 제품 전략

국가 간 소비 패턴이 다르다는 사실은 구매될 수 있는 제품 유형이 다르다는 것을 의미한다. 예를 들면, KFC는 1973년 브라질 시장에 진출하였으나 실패하였는데 그 이유는 KFC에서 판매하는 치킨이 브라질인들의 식성과 맞지 않는 음식이라는 사실을 무시했기 때문이다. KFC의 이런 실패 사례는 해당 국가의 식습관에 대한 무지에서 나온 것이라고 할 수 있다. 브라질에서는 길에서 판매하는 숯으로 구운 훈제 닭고기가 훨씬 인기있는데 이는 KFC치킨에 비해 가격이 저렴할 뿐만 아니라 그 사람들의 입맛에 잘 맞기 때문이다.

한편, 색채의 이해도 매우 중요하다. 동일한 색채라도 문화마다 그 의미는 다르게 받아들여지고 있다. 예를 들어, 미국에서는 핑크색을 여성의 색으로 취급하는 경향이 있지만 다른 많은 나라에서는 노랑색을 그렇게 여긴다. 이란에서는 청색이 조의를 표하는 색으로 인식되지만 극동 지역에서는 흰색이 동일한 상황에서 사용된다. 녹색은 이집트와 시리아의 국가 상징색이므로 제품이나 포장에서 이를 사용하는 것은 국민의 부정적 감정을 유발시킬 수 있다. 중국 문화에서 빨간색은 생명 그리고 자주색은 고급 제품을 나타내기 때문에 광고에 빨간색과 자주색을 많이 사용한다.

유교 문화의 영향을 받은 아시아권 관광객들은 정중하고 신뢰성과 정시성이 있으며 사려 깊게 배려하는 서비스에 대한 가치를 부여한다Wong & Lau, 2001. 또한, 여행 기간 집단 의식을 존중하기 때문에 가능한 범위 내에서 레크리에이션 활동이나 바비큐 파티 등과 같은 집단 활동을 여행 일정에 포함하는 것이 바람직할 수 있다Reisinger & Turner, 2003. 따라서 마케터는 고객의 이러한 욕구를 충족시킬 수 있는 양질의 서비스를 제공해야 한다.

2) 가격 전략

가격 전략의 수립에 있어서 해당 지역의 경제 여건과 관습을 고려해야 한다. 예를 들어, 개발 도상국은 국민의 평균 소득이 낮기 때문에 소포장 단위의 제품을 개발해 구매에 소요되는 재정적 부담을 낮춰 줄 필요가 있다. 이에 비해 미국의 경우에는 1회에 대량으로 구매하는 구매 패턴을 보이며 또 국민 소득도 높기 때문에 오히려 대포장 단위의 형태로 제품을 판매하는 것이 효과적이다.

3) 유통 전략

나라에 따라 쇼핑 관습과 유통 패턴이 다르기 때문에 점포 위치나 형태를 결정하는데 마케터는 신중해야 한다. 예컨대, 식료품 구매에 있어 프랑스 주부들은 구멍 가게나 집 근처 슈퍼 마켓을 많이 이용하지만 미국 주부들은 대형 슈퍼마켓을 더 많이 이용한다. 여성 의류의 구매도 프랑스에서는 전문점을 선호하는 데 반해 미국 주부들은 백화점이나 할인점을 더 자주 이용하는 경향이 있다.

4) 촉진 전략

촉진 프로그램을 개발할 때에는 다른 어떤 마케팅 프로그램 개발 때보다도 문화적 차이에 민감해야 한다. 광고의 경우 매체의 가용성, 매체별 선호도, 메시지의 소구력 등 여러 측면에서 면밀한 분석이 선행되어야 한다. 예컨대, 형식 주의나 타인 지향적 가치가 지배적인 사회(예 아시아)에서는 상표의 명성이나 제품의 가시적 가치에 중점을 두어야 하고, 반대로 실용 주의 문화가 성숙한 사회(예 유럽)에서는 제품의 실용성이나 실질적 가치를 강조해야 한다.

촉진 커뮤니케이션에 사용되는 언어의 선정에 있어서도 신중을 기해야 한다. 언어는 문화의 신념과 관습을 전달해 주는 수단이다. 상당수의 마케팅 실수가 언어에 대한 이해 부족에서 발생하고 있다. 코카콜라가 중국에 도입되었을 때 점포 소유주들은 'Ke Kou Ke La'라는 단어, 즉 '왁스 올챙이를 씹는다'라고 번역되는 단어로 된 문구로 점포의 간판을 만들었는데 판매를 촉진시킬 가능성이 전혀 없는 것이었다. 그 후 코카콜라는 4만자의 중국말을 조사하여 실제와 발음이 거의 같게 발음될 뿐만 아니라 '입을 즐겁게 하다'라고 의미하는 'Ko Kou Ko Le'로 변경하였다. 또한, Gillette사는 외국 시장에서 'Trac Ⅱ'면도기를 'GⅡ'면도기로 상표명을 바꾸었는데 이는 조사 결과 'Trac'이 로마어로 '약하다'는 것을 의미하였기 때문이다.

2. 사회 계층과 마케팅 전략

사회 계층을 정확하게 측정하는 것이 쉬운 일은 아니다. 하지만 사회 계층에 대한 이해는 여행, 승용차, 외식, 골프 클럽 등 사회 계층 간의 구매 행동에 많은 차이를 보이는 제품들에 대한 마케팅 전략 수립에 유용하다. 사회 계층에 따른 마케팅 전략을 살펴보면 다음과 같다.

1) 시장 세분화

사회 계층에 의한 세분화는 사회의 구성원들 중에 동일한 가치, 관심 그리고 행동을 공유하는 층으로 세분화하는 것을 의미한다. 일반적으로 사회 계층에 따라 자동차, 의류, 가구, 관광 활동, 독서 습관 등에 대한 선호에 큰 차이를 보인다. 사회 계층은 어떤 하나의 변수에 의해 형성된 것이 아니라 교육 수준, 직업, 소득, 집의 형태, 거주 지역 등의 여러 변수들이 복합적으로 관련되어 있기 때문에 사회적 계층을 명확히 구분하는 것은 쉽지 않다. 마케터는 사회 계층별로 라이프 스타일 다르기 때문에 하나의 특정 계층을 표적 시장으로 선택하여 배타적 마케팅 전략을 구사하는 것이 필요하다.

2) 제품 전략

사회 계층에 따라서 제품 선택과 제품 사용에는 많은 차이가 있다. 상류층에 의해 주로 구매가 이루어지는 제품들은 해외 여행, 골프, 고급 승용차, 고급 의류, 고급 화장품 등이 있다. 하지만 이들 제품은 중류층이나 하류층에 의해 구매되는 경우도 종종 있다. 마케팅 담당자가 관심을 가장 많이 가지는 집단은 가장 큰 세분 시장인 중류층이다. 상류층은 고가 사치품들의 중요한 표적 시장이 될 수 있지만 시장의 규모가 크지 않아서 대부분의 신제품들은 이 집단에 대한 비중을 높이 두지 않는다. 상류층을 위해서는 고가의 사치품 표적 시장이고 사회적 영향도가 크므로 상징성이 큰 제품개발을 그리고 중하류층을 위해서는 기능성이 우수한 제품을 소비자에게 제공하여 리스크를 줄여 주는 전략이 중요하다.

3) 유통 전략

점포 선택과 사회 계층 간에는 깊은 관계가 있다. 소비자들은 일반적으로 어떤 점포의 사회적, 지위적 서열을 생각하고 자신들과 부합되지 않은 것으로 판단되는 점포는 좋아하지 않는다Rich & Jain, 1968. 그 결과 서로 다른 사회 계층의 구성원들은 동일한 제품과 브랜드를 각각 다른 점포에서 구입한다. 예를 들어, 상위 계층 소비자들은 위험하다고 지각되는 제품에 대해서는 일상적으로 이용하는 백화점에서 그리고 위험 지각이 낮은 제품은 할인점에서 쇼핑하는 경향이 있다. 반면에 하위 계층 소비자들은 가장 편안하다고 느끼며 정보를 얻는 데 친절한 판매원들에게 의존할 수 있는 인근의 점포와 할인점에서 쇼핑하곤 한다Benette & Kassarjian, 1972.

4) 촉진 전략

사회 계층을 가장 잘 이용할 수 있는 부분은 광고이다. 하류층에 속하는 소비자들은 시각적으로 강하고, 활동적이며, 외향적이고, 힘이 있고, 일상 생활의 문제 해결 방식을 제시하는 광고에 더 주의를 기울인다. 그러나 상류층에 속하는 소비자들은 상징적이며 보다 개별적인 분위기, 지위나 자기 표현에 의미 있는 상징이나 대상을 제시하는 광고에 반응을 더 나타낸다. 예를 들어, 미국의 「The New Yorker」나 「Saturday Review」와 같은 잡지는 거의 중산층 이상의 계층이 구독하고 있어 외국 관광지, 국제 항공사, 유람선 등에 관한 광고를 많이 게재하고 있다. 이와는 대조적으로 「Time」, 「Newsweek」, 「Sports Illustrated」와 같은 잡지는 국내 여행 시장을 취급하는 기업 광고를 주로 게재한다Mayo & Jarvis, 1981.

참 고 문 헌

국문 참고문헌

고동우(2013). 관광심리학. 대왕사.

고민정·고용진(2017), 빅데이터 활용과 광고 사례 기반의 소비자 행동론. 생능출판사

김경희(2011). 브랜드개성에 따른 한식 시장세분화와 소비자만족도 및 충성도 비교 -일본소비자 대
　　　상-. 한국콘텐츠학회논문지, 11(10), 416-424.

김승권 외(2012). 2012년 전국 출산력 및 가족보건·복지실태조사. 한국보건사회연구원.

김성혁·전정아·정다운(2008). 라이프스타일과 관광동기, 관광행동에 관한 연구 : 필리핀 방문 한국
　　　인 관광객을 대상으로. 관광레저연구, 20(4), 22-47.

김소영·김숙영·김종의·한동여(2008). 소비자 행동의 이해와 마케팅 응용. 형설출판사.

김완석(2000). 광고심리학, 서울 : 학지사

김원수(1990). 마케팅 정보 시스템론. 서울 : 박영사.

김인신·조민호(2011). 제주 올레 관광지 속성, 도보 관광객 편익, 그리고 지각된 가치 간 관계 분석-
　　　수간-목적 사슬 이론 적용, 관광연구논총, 23(2), p.127-154.

김영한·임희정(2003). 스타벅스 감성마케팅. 넥서스.

김종의·김소영·임승희·석유미·김소리(2013). 소비자행동론. 형설출판사.

김주향(2014). 와인 소비자의 성격 유형에 따른 시장 세분화 연구 : 2단계 군집분석을 적용하여 관
　　　광·레저연구, 26(7), 467-484.

김지헌(2012). 소비자의 기억을 잡아라. 갈매나무

김향자·손정환(1999). 관광안내정보시스템 구축방안, 한국관광연구원, 기본연구, 99-102.

박정운·양승룡(2012). 도시가구 소비자의 농식품 구매행태 분석. 한국식품유통학회 2011 동계학술
　　　대회 논문집, p.69-104.

박진영(1997). 가족외식 구매의사결정에 있어서 자녀의 역할에 관한 연구. 관광연구, 24(1), 143-161.

서구원·민형철(2009). 복합문화공간형 유통매장에서의 체험과 소비자 태도. 서울 도시연구, 10(4),
　　　143-158.

성영신·임성호(2000). 브랜드 커뮤니티 활동, 왜 하는가. 광고학 연구, 13(5), 159-175.

송완구(2020). 가족생애주기를 고려한 농어촌민박 활성화 방안 연구. 호텔관광연구, 22(2), 191-203.

안영면(2000). 현대관광소비자 행동론. 동아대학교 출판부.

오세진(2009.11.30). '루저' 양산하는 평가 제도, 조직 망친다. 동아비즈니스리뷰 46호, 동아일보.

유영주(1984). 한국도시가족의 가족생활주기 설정에 관한 연구. 한국가정관리학회지 2(1). 111-129.

유정림·박동연(2002). 가족생활주기에 따른 외식동기의 차이. 대한지역사회영양학회지, 7(2), 188-
　　　198.

이수연(2014). 가족생활주기에 따른 가족 여가스포츠 참여 활동 및 활성화 방안. Journal of Leisure
　　　and Recreation Studies, 38(2), 102~113.

이학식 · 안광호 · 하영원(2006). 소비자 행동 : 마케팅 전략적 접근(제 4판). 법문사.

이학식 · 안광호 · 하영원(2007). 소비자 행동 : 마케팅 전략적 접근. 법문사.

임경태 외 4인(2012). 우리나라 사회계층별 건강관련 삶의 질의 차이와 관련 요인. Journal of the Korea Academia-Industrial Occupation Society, 13(5), 2182-2198.

임붕영 · 이지호(1996). 외식산업경영론. 형설출판사.

임종원 · 김재일 · 홍성태 · 이유재(1999). 소비자 행동론-이해와 마케팅에의 전략적 활용-(제2판). 경문사.

장호찬 · 라선아(2011). 관광객 행동론. 방송통신대학교 출판부

정익준(1997). 호텔 · 외식산업마케팅. 형설출판사.

조윤기(2006). 라이프 스타일에 따른 마케팅 전략. 전문경영인 연구, 9(1), 21-44.

村田昭治, 井關利明, 川勝久 편저(1979). ライフスタイル全書, 東京, ダイヤモソト社.

한경수(1990). 관광객 행동론. 형설출판사.

신문 · 인터넷

경향신문(2015.1.30.). 서울의 20대는 '문와 열광족'…하지만 '삶의 만족도'는 낮아 http://news. khan.co.kr/kh_news/khan_art_view.html?artid=201501301147051&code=620101

뉴스투데이(2015.7.13).가장 센 놈과 붙어 이기려는 '2등 전략' 광고. http://www.news2day.co.kr/

남도일보(2019.10.8.). 식음료업계, 숫자 마케팅으로 브랜드 강점 단번에 알린다. http://www. namdonews.com/news/articleView.html?idxno=543996

데일리안(2019.4.22.). 동아제약 박카스 '시작은 피로회복부터'. https://www.dailian.co.kr/news/ view/789209/?sc=naver

데일리안(2011.1.8). 호프집 왜 뻥튀기를 공짜로 막 퍼줄까. http://www.dailian.co.kr/news

데일리팝(2016.3.21.). 1인 가구 라이프스타일 - 뭐 재밌는 것 없나. http://www.dailypop.kr/news/ article

동아 비즈니스리뷰(2009.8.1.38호). 여가 트렌드에서 사업 기회를 잡아라.

동아비즈니스 리뷰(2013.9.15. 137호). 만지면 중독된다… 촉각 마케팅의 힘

동아일보(2010.7.2). 쉬는 느낌까지 색다른'W'만의 음악을 느껴보세요. www.donga.com

동아일보(2014.5.14.). 신제품 모험 대신 '리뉴얼 전략'. http://news.donga.com/3/ all/20140513/63452185/1

데이터뉴스(2014.1.28.). 2014년 '한국인의 설'. http://www.datanews.co.kr/site/datanews/ DTWork.asp?itemIDT=1002910&aID=20140128130659190

매일경제(2020.8.14.).'위드(With) 코로나' 시대의 여행 트렌드-'S.A.F.E.T.Y'한 여행을 떠나볼까. https://www.mk.co.kr/news/culture/view/2020/08/837915/

매일경제(2012.8.17). 주스도 '강남 스탈'~ 강남 아줌마들 덕에 10배 비싼 착즙주스 '불티. http:// news.mk.co.kr

매일신문(2012.5.26). 알레그로, 때론 포르테… 매장 음악 마케팅의 비밀은. http://www.imaeil.com/

머니위크(2014.3.14.). 성격에 맞는 창업아이템은.. 내성이면 배달, 외형이면 음식점 유리해. http:// mnb.moneyweek.co.kr/mnbview.php?no=2014031310328033541

머니투데이(2006.1.5). 펩시가 코카의 아성을 무너트린 비결은. http://www.mt.co.kr/view/ mtview.php?type=1&no=2006010510041789858&outlink=1

머니투데이(2010.12.28). 외식 브랜드 첫 인상, 유니폼도 전략! http://mnb.moneyweek.co.kr

머니투데이(2015.2.2). UX, '양은 냄비'에서 배워라. http://news.mt.co.kr

뷰티한국(2012.8.30). 매니아 브랜드, 홈페이지보다 '커뮤니티'가 대세. http://beauty.hankooki.com/

아시아경제(2017.9.25.). 롯데리아, 고객만족도1위 기념 이벤트…'AZ버거·와규 버거 세트메뉴 업그레이드'. http://www.asiae.co.kr/news/view.

아시아경제(2012.1.31).'럭셔리 호텔에서 텐트치고 야외에서 논다?'http://view.asiae.co.kr/

아시아경제(2012.8.22). 패밀리레스토랑, 요즘 매장 평수 줄이는 까닭. http://view.asiae.co.kr/news

아시아경제(2010.2.22). 가족 사랑이 최고의 소화제. http://www.asiae.co.kr/news/

아주경제(2015.4.7.). 중국 정부, 자국민 관광객'어글리 차이니스'블랙리스트 만든다. http://www.ajunews.com/view/20150407092538232

아트인사이트(2015.11.24.).컬러마케팅, 마음을 찬란하게 물들이다.http://www.artinsight.co.kr/news/view.php?no=20010

약업신문(2012.4.23.). 간 건강 공신, 1천억 헛개 음료 시장을 잡아라. http://www.yakup.com/news/index.html?mode=view&cat=12&nid=151889

연합뉴스(2016.6.20.). "네가 하면 나도 한다"…항공업계 '미투' 마케팅. https://www.yna.co.kr/view/

연합뉴스(2012.7.16).'뗏목타고, 농사짓고'… 영동 체험마을'인기'. http://news.naver.com/

오마이 뉴스(2008.3.16.). 재채기를, 팔뚝으로...미국인의 '세균과의 전쟁'과 독특한 위생 관념. http://www.ohmynews.com/NWS_Web/view/at_pg.aspx?CNTN_CD=A0000855136

이데일리(2019.4.4.).인플루엔자보다 강한 영향력 '인플루언서'. https://www.edaily.co.kr/news/read?newsId=01108646622452840&mediaCodeNo=257

이코노믹리뷰(2019.2.15).그들이 하면, '100만 팔로어'들이 본다 - 우리나라의 인플루언서 마케팅 확장. http://www.econovill.com/news/article

이코노믹리뷰(2016.7.26.). 예측불허 너클 볼, 버즈(Buzz) 마케팅. http://www.econovill.com/news/articleView.html?idxno=294749

이코노믹 리뷰(2011.12.6). "대박 매출 색깔을 찾아라" 기업들 컬러마케팅, '열공.'http://er.asiae.co.kr/

인터뷰 365(2013.12.4). 아이폰 사용자는 외향적, 삼성폰 이용자는 성실. http://interview365.mk.co.kr/news/66218

일요서울(2011.8.13). 성적 코드로 유혹하는 프랜차이즈 '벌집삼겹살' 광고. http://www.ilyoseoul.co.kr/news/

월간CEO&(2015.6.1.). 라이프스타일 진화.

제일기획(2007). 유형별로 본 소비자 특성-GROW

조세일보(2018.5.21.). 4차산업혁명이 몰고온 소비자 행동의 변화. https://m.joseilbo.com/news/view.htm?newsid=353378#_enliple

조세일보(2017.7.20.). 포미족 잡아라. 외식 업계, '커스터마이징' 메뉴 러시. http://www.joseilbo.com/news/htmls/2017/07/20170720330707.html

조선비즈(2011.9.17). 리조트王이 된 대통령의 아들.

조선일보(2008.6.4). 스타 목소리로 소비자의 귀를 잡는다.

조선일보(2012.9.16). 온가족 둘러앉아 도란도란 … 사랑 깊어지고 생각 커지더라. http://news.chosun.com/

佐藤尚之 외(2011). SIPS~소셜미디어 시대의 새로운 소비자 행동 모델 개념도. http://www.dentsu.co.jp/sips/

주간한국(2012.1.25, 2408호). '금남의 벽' 허물고 외모 가꾸기 열중.

중앙SUNDAY(2012.8.12, 제283호). '주5일'이 만든 가족중심 바람 … 산업계에 패밀리가 떴다.

중앙일보(2013.4.8.). 노동자·중산층의 분화 … 현대는 7계급 사회. http://article.joins.com/news/article/article.asp?total_id=11142267&ctg

중앙일보(2010.3.9.).직접 써보니 …'테스티모니얼 광고' 뜬다. https://news.joins.com/article/4050740

한국경제신문(2020.7.21.). 향기에 취해 지갑 여는 소비자들…향기 마케팅의 세계. https://news.naver.com/main/read.nhn?mode=LSD&mid=sec&sid1=004&oid=050&aid=0000054422

한국경제(2012.7.19). '매스티지 브랜드'의 대표적인 성공사례는…? http://www.hankyung.com/news/

한국경제신문(2012.4.9). 특이한 브랜드명이 고객의 눈길 끈다. http://kmomnews.hankyung.com/

한국경제신문(2013.2.7). 아웃도어 출혈경쟁시대 막 올랐다. 등산화도 보상판매.

한국경제신문(2009. 10. 9). 증언 광고가 많아진 까닭은. http://www.hankyung.com/news/app/newsview.php?aid=2009100926831

한국관광연구원(1999). 관광안내정보 시스템 구축방안.

한국농어민신문(2020.7.7.). 코로나 이후 농촌관광, 새 가치 접목해야. http://www.agrinet.co.kr/news/articleView.html?idxno=178024

한국일보(2017.11.3.).SNS 입소문 좇아 젊은 세대 자유여행 바람. http://www.hankookilbo.com/News

한국일보(2012.3.1). "~카더라" SNS 악성루머 공포… 기업들 대책 '식은 땀'. http://news.hankooki.com/

한국일보(2012.4.18). 해가 사막으로 숨어들면 실크로드는 꿈을 꾼다. http://news.hankooki.com

한국정책 신문(2017.714). 나 알아요? 보험사 캐릭터로 친해지기. http://www.kpinews.co.kr/news/article

한겨레신문(2007.1.12.).1등은 바뀌지만 '1호'는 영원하다.http://www.hani.co.kr/arti/

헤럴드 경제 신문(2014.9.29.). 우주여행, 해저호텔 10년 후 보편화 된다"…2024 보고서- http://news.heraldcorp.com/view.php?ud=20140929000327&md=20141002005806_BL

헤럴드경제신문(2016.10.7.). 뇌파로 맛 진단…日, 최첨단 미각 마케팅. http://pop.heraldcorp.com/

헤럴드경제(2012.8.25). 진지한 여가에도 관심을 기울일 때. http://news.heraldcorp.com/

THE PR News(2013.1.8.). 오리온 초코파이의 이유 있는 변신. http://www.the-pr.co.kr/news/articleView.html?idxno=7292

Klaus Schwab (2016). 「클라우스 슈밥의 제4차 산업혁명」, 새로운현재.

KB 지식 비타민(2018,10. 79호). 인플루언서 마케팅과 SNS커머스의 성장.

해외 참고문헌

Aaker, D. A.(1996), Building strong brands. NY : The Free Press.

Aaker, D. A.(1997). Should you take your brand to where the action is? Harvard Business Review, 745(5), 135-142.

Aaker, D. A., & Joachimsthaler, E. A.(2000). Brand leadership. NY: The Free Press.

Aaker, D. A., Batra, R., & Myers, J.G. (1992) Advertising Management. 4th ed. Englewood Cliffs, NJ: Prentice Hall.

Achenbaum, A. A.(1972). Advertising doesn't manipulate consumers. Journal of Advertising Research, 12(2), 3-13.

Ackoff, R. L., & Emshoff, J. R. (1975). Advertising research at Anheuser-Busch Inc.(1963-1968). Sloan Management Review, 16(Winter), 1-15.

Adams, J.S. (1965). Inequity in social exchange. In L. Berkowitz (Ed.), Advances in experimental social psychology (Vol. 2) (pp. 267-299). New York: Academic Press.

Ajzen, I. & Fishbein, M.(1980). Understanding attitudes and predicting social behavior. Englewood Cliffs, NJ : Prentice-Hall.

Alderfer, C. (1969). An empirical test of a new theory of human needs. Organizational Behavior and Human Performance, 4, 142-175.

Allport, G. W.(1937). Personality : A psychological interpretation. New York: Holt, Rinehart, & Winston.

Allport, G. W.(1935). Attitudes. In C.A. Murchinson,(ed), A Handbook of social Psychology, Worcester, MA : Clark University press).

Antil, J. H.(1984). Conceptualization and operationalization involvement. Advances in Consumer Research, 3, 207.

Arndt, J.(1967). Role of product-related conversation in the diffusion of a new product. Journal of Marketing Research, 4, 291-295.

Assael, H.(1984). Consumer behavior and marketing action(2nd ed.). Boston, Massachusetts : Kent Publishing Company.

Assael, H.(1992). Consumer behavior and marketing action(4th ed.). Boston : Kent Publishing Company.

Assael. H.(1995). Consumer behavior and marketing action(5th ed.). Cincinnati, Ohio : South Western College Publishing.

Azen, I.(1991). The theory of planned behavior. Organizational Behavior and Human Decision Processes, 50, 179-211.

Babin, B., Darden, W., & Griffin, M.(1994). Work and/or fun : Measuring hedonic and utilitarian shopping value. Journal of Consumer Research, 20, 644-656.

Balogu, S. & Uysal, M.(1996). Market segments of push and pull motivations : A canonical correlations approach. International Journal of Contemporary Hospitality Management, 8(3), 32-38.

Bandura, A.(1977). Social learning theory. New York : General Learning Press.

Bargeman, B., Joh, C. H., & Timmermans, H.(2002). Vacation behavior using a sequence alignment method. Annals of Tourism Research, 29(2), 320-337.

Barkman, H. W. & Gilson, C. C.(1978). Consumer behavior : Concept and strategies. California : Dickonson Publishing Company.

Baron, R. A., & Byrne, D.(1977). Social psychology : Understanding Human Interaction(2nd ed.). MA : Allyn and Bacon Inc.

Bearden, W. O. & Etzel, M. J.(1982). Reference group influence on product and brand purchase decision. Journal of Consumer Research, 9, 183-194.

Belk, R. W.(1974). An exploratory assessment of situational effects in buyer behavior.

Journal of Marketing Research, 11(2), 156-163.

Bem, D. J.(1970). Beliefs, attitudes, and human affairs. Belmont, Calif.: Brooks/Cole.

Bem, D. J.(1972). Self-perception theory. In L. Berkowitz (Ed.), Advances in Experimental Social Psychology(Vol. 6, pp.1-62). New York : Academic Press.

Benette, P. & Kassarjian, H. H.(1972). Consumer behavior. Englewood Cliffs, New Jersey : Prentice Hall, Inc.

Berelson, B. & Steiner, G. A.(1967). Human behavior. New York : Harcourt, Brace & World, Inc.

Bernay, E. K.(1970). Emerging lifestyles and their effect on the travel market. Proceedings of the First Annual Conference, Salt Lake City : Travel Research Association.

Bettinghaus, E. P., & Cody, M. J.(1987). Persuasive communication. Fort Worth, TX : Harcourt Brace Jovanovich College Publishers.

Bitner(1992). Servicescapes : The impact of physical surroundings on customers and employees. Journal of Marketing, 56(April), 57-71.

Blackwell, R. D., Miniard, P. W., & Engel, J. F.(2001). Consumer behavior(9th ed.). Southwestern, Thomson Learning.

Bloch, P. H.(1981). A conceptual and empirical analysis of consumers' involvement with products. Unpublished Doctor Dissertation, University of Texas at Austin.

Bloch, P. H., & Richins, M. L.(1983). A theoretical model for the study of product importance perceptions. Journal of Consumer Research, 47(Summer), 69-81.

Botha, C., Compton, J., & Kim, S.(1999). Developing a revised competitive position for Sun/Lost city, South Africa. Journal of Travel Research, 37, 341-352.

Brown, T. J.(1999). Antecedents of culturally significant tourist behavior. Annals of Tourism Research, 26(3), 676-700.

Caneen, J. M.(2004). Cultural determinants of tourist intention to return, In Crouch, G.I., Perdue, R.R., Timmermans, H.J. & Uysal, M. (eds), Consumer Psychology of Tourism, Hospitality and Leisure. Wallingford, Oxfordshire : CABI Publishing.

Cattell, R. B.(1946). Confirmation and clarification of primary personality factors. Psychometrika, 12, 197-220.

Chen, J. S.(2000). Cross-cultural differences in travel information acquisition among tourists from three Pacific-rim countries. Journal of Hospitality & Tourism Research, 24(2), 239-251.

Cohen, D. C.(1981). Consumer behavior, Random House, inc.

Cohen, S.A., Prayag, G., & Moital, M.(2013). Consumer behaviour in tourism: Concepts, influences and opportunities. Current Issues in Tourism, 17(10), 1-38.

Cohen, J. B.(1967). An interpersonal orientation to the study of consumer behavior. Journal of Marketing Research, 4(August), 270-278.

Coleman, R. O.(1983). The continuing significance of social class of marketing. Journal of Consumer Research, 10(December), 265-280.

Cook, R. A., Yale, L, J. & Marqua, J(2006). Tourism : The business of travel(3rd ed.), p.44.

Crompton, J. L.(1979). Motivations for pleasure vacation. Annals of Tourism Research, 6(4), 408-424.

Crotts, J. C. & Litvin, S. W.(2003). Cross-cultural research : Are researchers better served by knowing respondents' country of birth, residence? Journal of Travel Research, 42(Nov.), 186-190.

Darden, W. R., & Perreault, D. D.(1975). A study of vacation lifestyle, marketing travel and tourism. Proceedings of the Seventh Annual Conference, Salt Lake City : Travel Research Association, pp.231-236.

Davis, H. L. & Rigaux, B. P.(1974). Perception of marital roles in decision processes. Journal of Consumer Research, 1(1), 51-62.

Decrop, A., & Snelders, D.(2004). Planning the summer vacation : An adaptable process. Annals of Tourism Research, 31(4), 1008-1030.

Dutta-Bergman, M.J. & Wells, W. D.(2002). The values and lifesyles of Idocentrics and Allocentrics in an individualist culture : A descriptive approach. Journal of Consumer Pyschology, 12(March), 231-242.

Edwards, A. L.(1957). Edwards Personal Preference Schedule manual. New York : Psychological Corp.

Engel, J. F., Blackwell, R. D., & Kollat, D. K.(1978). Consumer behavior(3rd ed.). Dryden press, Hinsdale, IL.

Engel, J. F., Blackwell, R. D., & Miniard, P. W.(1986). Consumer behavior(5th ed.). The Dryden Press.

Engel, J. F., Blackwell, R. D., & Miniard, P. W.(1993). Consumer behavior(7th ed.). The Dryden Press.

Engel, F., Blackwell, R. D., & Miniard, P.W(1995). Consumer ehavior(8th ed.). The Dryden Press.

Engel, J. F., & Blackwell, R. D.(1982). Consumer behavior(4th ed.). New York : The Dryden Press.

Evans, F. B.(1959). Psychological objective factors in the prediction of brand choice : Ford Versus Chevrot. Journal of Business, 32, 340-369.

Eysenck, H. J.(1944). Types of Personality: A factorial study of 200 neurotic soldiers. Journal of Mental Science, 90, 851-861.

Feldman, S. P.(1966). Some dyadic relationships associated with consumer choice. in Raymond M. Hass, ed., Science, Technology and Marketing, American Marketing Association, pp.758-776.

Festinger, L.(1953). A theory of cognitive dissonance. Stanford, CA : Stanford University Press.

Festinger, L. A.(1957). Theory of cognitive dissonance. California : Stanford University Press.

Fishbein, M.(1963). An investigation of relationships between beliefs about an object and the attitude toward that object. Human Relations, 16, 233-240.

Fodness, D. & Murray, B.(1999). A model of tourist information search behavior. Journal of

Travel Research, 37(Feb.), 220-230.

Formica, S., & Uysal, M.(1998). Market segmentation of an international cultural-historical event in Italy. Journal of Travel Research, 36(4), 16-24.

Fredrich, O.(1984). Trapped in a musical elevator. Time(December, 10), p.3.

Frochot, I.(2005) A benefit segmentation of tourists in rural areas : A Scottish perspective. Tourism Management, 26(3), 335-346.

Galanter, E.(1962). Contemporary psychophysics, In New Directions in Psychology(eds.), R. Brown et al., Holt, New York : Rinehart, Winston.

Gans, H. J.(1962). The urban villagers. New York : The Free Press.

Gilbert, D. C.(1991). Consumer behavior in tourism. In C. P. Cooper (Ed.), Progress in Tourism, Recreation and Hospitality Management, Vol. 3: 78-105. Lymington, Hants, UK: Belhaven Press.

Glock, C. Y. & Nicosia F. M.(1963). Sociology and the study of consumers. Journal of Advertising Research, 3(3), 21-27.

González, A. M., & Bello, L.(2002). The construct "lifestyle" in market segmentation: The behaviour of tourist consumers. European Journal of Marketing, 36(1/2), 51-85.

Gorn, G. J.(1982). The effects of music in advertising on choice behavior: A classical conditioning approach. Journal of Marketing, 46, 94-101.

Gutman, J. (1991), Exploring the Linkage between consequences and values, Journal of Business Research, 22, 143-149

Gutman, J. (1997), Means-end chains as goal hierarchies, Psychology & Marketing, 14, 6, 545-560,

Hall, E. T.(1976), Beyond culture, New York, N.Y; Anchor Press-Doubleday.

Hawes, D. K.(1978). Empirically profiling four recreational vehicle marketing segments. Journal of Travel Research, 16,

Hawkins, D. I, Best, R. J., & Coney, K. A.(2004). Consumer behavior : Building marketing strategy(9th ed.). New York, NY, McGraw-Hill.

Hawkins, D. I., Best, R. J. & Coney, K. A.(1992). Consumer behavior : Implications for marketing strategy. Richard D. Irwin, Inc.

Hawkins, D. I., Coney, K. A., & Best, R. J.(1980). Consumer behavior. Dallas : Business Publications, Inc.

Hearst, E.(1999). After the puzzle boxes: Thorndike in the 20th century. Journal of the Experimental Analysis of Behavior, 72, 441-446.

Heider, F.(1946). Attitudes and cognitive organizations. Journal of Psychology, 21(Jan.), 107-112.

Hellriegel,D., Slocum, J..W., & Woodman, R.W.(1998). Organizational Behavior(8th ed.). Southwestern College Publishing, Cincinnati, Ohio.

Hergenhahn, B. R.(1988). An introduction to theories of learning. Prentice Hall.

Herrington, J. D. & Capella, L. M. (1996). Effects of music in service environments: A field study. The Journal of Services Marketing, 10, 26-41.

Herzberg, F.(1966). Work and the nature of man. Cleveland: World Publishing Co.

Hofstede, G, H.(1991). Cultures and organizations : Software the mind. England : McGraw - Hill Book Company.

Hofstede, G, H.(1980). Motivation, leadership, and organization: Do American theories apply abroad?. Organizational Dynamics, Summer, pp. 42-63.

Hogarth, R.(1987). Judgement and choice(2nd ed.). John Wiley & Sons Inc.

Holbrook, M. B. & Hirchman, E.(1982), The experiential aspects of consumption : Fantasies, feelings, and fun. Journal of Consumer Research, 9, 132-140.

Holmes, J. H., & Lett, J. K.(1977). Product sampling and word-of-mouth. Journal of Advertising research, 17(5), 35-40.

Hornik, J.(1992). Tactile stimulation and consumer response. Journal of Consumer Research, 19(December), 449-458.

Hosany, S. &d Witham, M.(2009). Dimensions of cruisers'experiences, satisfaction and intention to recommend. Working paper series SoMWP-0905, School of management, Royal Holloway University of London.

Houston, M. J. & Rothschild, M. L.(1978). Conceptual and methodological perspectives on involvement. In: Hunt, H.K. (Ed.), Advances in Consumer Research 5, Ann Arbor MI : Association for Consumer Research, pp.184-187.

Howard, D. R., & Madrigal, R.(1990). Who makes the decision : The parent or the child?: The perceived influence of parents and children on the purchase of recreation services. Journal of Leisure Research, 22(3), 244-258.

Howard, J. A., & Sheth, J. N.(1973). A theory of buyer behavior, Harold H. Kassarjian, and Thomas S. Robertson(eds.), Perspective in consumer behavior, rev. ed., Glenview, ILL. : Scott, Foresman and Company.

Howard, J. A. & Sheth, J. N.(1969). The theory of buyer behavior. New York : John Wiley & Sons Inc.

Hudson, S., & Gilbert, D.(1999). Tourism constraints: The neglected dimension in consumer behaviour research, Journal of Travel & Tourism Marketing, 8, 69-78.

Hunziker, W., & Kraft, K. (1942). Grundriss der Allgemeinen Fremdenvekebrslebere, Zurich: Polygraphischer Verlag A. G. Schëlern(1911). NA.

Iso-Ahola, S. E.(1980). The social psychology of leisure and recreation. Duguque, IA: Wm C. Brown Company Publisher

Jacoby, J., Chestnut, R. W., & Fisher, W. A.(1978). A behavioral process approach to information acquisition in nondurable purchasing. Journal of Marketing Research, 15, 523-544.

Jary, D. & Jary, J.(1991). Social structure, in The Harper Collins Dictionary of Sociology.

Jenkins, R. L.(1978). Family vacation decision making. Journal of Travel Research, 16(4), 2-7.

Jennings, G. R., & Weiler. B. (2006). Mediating meaning: Perspectives on brockering quality tourism experiences. In G. R. Jennings & N. Nickerson (Eds.), Quality tourism experiences (pp. 57-78). Burlington, MA: Elsevier

Jurowski, C.(2009). An examination of the four realms of tourism experience theory. Paper presented at the 2009 ICHRIE Annual Conference & Marketplace Schedule. 28 July

-1 August 2009.

Kardes, F. R.(2002). Consumer behavior and managerial decision making(2nd ed.). Prentice Hall, Inc.

Kassarjian, H. H.(1971). Personality and consumer behavior : A review. Journal of Marketing Research, 8(November), 409-418.

Katona, G.(1960), The powerful consumer. New York : McGraw-Hill Book Co.

Katz. D.(1960). The functional approach to the study of attitudes. Public Opinion Quarterly, 24, 163-204.

Katz, E., & Lazarsfeld, P. F.(1955). Personal influence: The part played by people in the flow of mass communications. Glencoe, Illinois: The Free Press, pp. 15-42.

Keiman, H. C.(1961). Three processes of social influence. Public Opinion, Quarterly, 25, 57-78.

Kellaris, J. J., & Cox, A. D.(1989). The effects of background music in advertising : A reassessment. Journal of Consumer Research,16, 113-118.

Kenebel, H. J.(1960). Soziologisbe strukturwandlungen im modernen tourismus. Stuttgart Enke.

Kimble, GA (1961) Hilgard and Marquis' conditioning and learning(2nd ed.) New York: Appleton-Century-Crofts.

Kim, J, Allen, C. T. & Kardes, F. R.(1996). An investigation of the mediational mechanisms underlying attitudinal conditioning. Journal of Marketing Research. 133, 318–328.

Kim, N. & Chalip, L.(2004). Why travel to the FIFA World Cup? Effects of motives, background, interest, and constraints. Tourism Management, 25, 695-707.

Kim, C. & Lee, S.(2000). Understanding cultural differences in tourism motivation between Anglo-American and Japanese tourists. Journal of Travel and Tourism Marketing, 9(1/2), 153-170.

Kim, H. J., Shin, K. H., & Umbreit, W. T.(2007). Hotel job burnout : The role of personality characteristics. International Journal of Hospitality Management, 26, 421-434.

Klaus Schwab (2016). 「클라우스 슈밥의 제4차 산업혁명」, 새로운 현재.

Kluchohn, F. & Strodbeck, F.(1961). Variations in value orientations. Evanston, IIlinois : Row, Person & Co.

Köhler, E.(1926). Die Persö nlichkeit des dreija ̈ hrigen Kindes. Leipzig: Verlag von S. Hirzel.

Kotler P, Armstrong G, & Cunningham P. H.(2005). Principles of marketing(6th Canadian ed.) Toronto, Ontario: Pearson Prentice Hall.

Krugman, H.(1965). The impact of television advertising : Learning without involvement. Public Opinion Quarterly, 29, 349-356.

Laurent, G. & Kapferer, J.(1985). Measuring consumer involvement profiles. Journal of Marketing Research, 22, 41-53.

Lawson, R., Thyne, M., Young, T., & Juric, B.(1999). Developing travel lifestyles: A New Zealand example in Pizam, A. and Y. Mansfeld Consumer Behaviour in Travel and Tourism, The Haworth Hospitality Press, New York.

Lawson, R.(1991). Patterns of tourist expenditure and types of vacation across the family life cycle. Journal of Travel Research, 29(Spring), 12-18.

Lazer, W.(1971). Marketing management : A system perspective. N.Y. : John Wiley and Sons, Inc.

Lee, C. K. C., & Beatty, S. E.(2002). Family structure and influence in family decision making. The Journal of Consumer Marketing, 19(1), 24-41.

Lee, C., Lee, Y., & Wicks, B. E.(2004). Segmentation of festival motivation by nationality and satisfaction, Tourism Management, 25, 61-70.

Levy, S. J.(1966). Social class and spending behavior, in On Knowing the Consumer, ed., J.W. Newman, New York : John Wiley & Sons, Inc.

Lewin, K.(1940). The background of conflict in marriage, in Gertrude Weiss Lewin (ed.) Resolving Social Conflicts: Selected Papers on Group Dynamics, London: Souvenir Press (Education and Academic Ltd), 1948.

Linton, R.(1947). The cultural background of personality. Routledge & Kegan Paul Ltd., London.

Litvin, S. Xu, G., & Kang, S.(2004). Espousal vacation-buying decision marking revisited across time and place. Journal of Travel Research, 43, 193-198.

Litvin, Xu & Kang, 2004

Locke, E. A. (1968). Toward a theory of task motivation and incentives. Organizational Behavior and Human Performance, 3, 157-189.

Lovelock, C., Wirtz, & Chew, P.(2009). Essentials of service marketing. Prentice Hall.

Mackenzie, S., & Spreng, R. A.(1992). How does motivation moderates the impact of central and peripheral processing on brand attitudes and intentions. Journal of Consumer Research, 18(March), 519-528.

Malsow, A.H.(1970). Motivation and personality(2nd ed.). NY : Harper & Row.

Matillar, A. S.(1927). Consumer behavior research in hospitality and tourism journals. International Journal of Hospitality Management, 23, 449-457.

Mayo, Jr. E. J. & Jarvis, L. P.(1981). The psychology of leisure travel: Effective marketing and selling of travel services. Boston, MA : CBI Publishing Company Inc.

McCarthy, E. J.(1993). Basic marketing(11th ed.). Homewood, IIIinois : Richard D. Irwin, Inc.

McClelland, D. C. (1961). The achieving society. New York: The Free Press.

McCrae, R. R. & Costa, P. T.(1987). Validation of the Five-Factor Model of personality across instruments and observer. Journal of Personality and Social Psychology, 52, 81-90.

McIntosh, R. W., & Goeldner, C. R.(1990). Tourism: Principles, practices, philosophies (6th ed.). N.Y : John Wiley & Sons, Inc.

McIntosh, R. W., Goeldner, C. R., & Ritchie, J. R. B. (1995). Tourism : Principles, Practices, Philosophios(7th ed.). New York : John Wiley & sons. Inc.

Meyer, C. & Schwager, A.(2007). Understanding customer experience. Harvard Business Review(February) 117-126.

Mill, R. C & Morrison, A. M.(1992). The tourism system. Prentice Hall, Inc., N.J.

Mill, R. C., & Morrison, A. M.(1998). The tourism system(3rd ed.). Dubuque, IA : Kendal/ Hunt Publishing Company.

Mitchell,D. J., Kahn, B. E., & Knasko, S. C.(1995). There's something in the air : Effects of congruent or incongruent ambient odor on consumer decision making. Journal of Consumer Research, 22(September), 229-238.

Mizerski, R. W., Goldin, L. L., & Kerman, J. B.(1979). The attributional process in consumer decision making. Journal of Comsumer Research, 6(September), 123-140.

Money, R. B. & Crotts, J. C.(2003). The effect of uncertainty avoidance on information search, planning and purchases of international travel vacations. Tourism Management, 24, 191-202.

Muniz, A. M. & O'guinn, T. C.(2001). Brand community. Journal of Consumer Research, 27, 412-432.

Munter, M.(1993). Cross-cultural communication for managers. Business Horizons, 36(3), 69-78.

Murphy, P. E. & Staples, W. A.(1979). A modernized family life cycle. Journal of Consumer Research, 6, 12-22.

Naknishi, M. & Bettman, J. R.(1974). Attitude models revisited : An individual level analysis. Journal of Consumer Research, 1(3), 16-21.

Nevis, E.C.(1983). Using an American perspective in understanding another culture; Toward a hierarchy of needs for the peoples republic of China. The Journal of Applied Behavioral Science, 19, 249-264

Nicolas, C. M. & Snepenger, D. J.(1999). Family decision making and tourism behaviors and attitudes. In A Pizam & Mansfeld(eds.), Consumer Behavior in Travel and Tourism, pp.135-148. Binghamton, N.Y : The Haworth Hospitality Press.

Nicosia, F. M.(1964). Opinion leadership and flow of communication : Some problems and prospects. Proceedings, Fall Conference American Marketing Association, p.355.

Nolan, M. L.(1971). A qualitative study of family travel patterns. Unpublished paper, Recreation and Parks Department, Texas A & M University.

Oglivie, F. W. (1933). Tourist movement.

Oliver, R. L.(1980). A cognitive model of the antecedents and consequences of satisfaction decision. Journal of Marketing Research, 17(Nov.), 460-469.

Oliver, R. L.(1997). Satisfaction : A behavioral perspective on the consumer. N.Y. : The McGraw Hill Companies, Inc.

Osgood, C. E., & Tannenbaum, H.(1955). The principle of congruity in the prediction of attitude change. Psychological Review, 62, 42-55.

Park, C. W. & Lessig, V. P.(1977). Students and housewives : Differences in susceptibility to reference group influence. Journal of Consumer Research, 4(september), 102-109.

Pendergrast, M.(1993). For God, country and Coca-Cola. New York : Charles Scribner's Sons.

Peter, J. P. & Olsen, J. C.(1987). Consumer behavior : Marketing strategy perspectives. Irwin.

Petty, R. E., & Cacioppo, J. T. (1986). Communication and persuasion: Central and peripheral routes to attitude change. New York: Springer-Verlag, in press.

Petty, R. E., Cacippo, J. T., & Schumann, D.(1983). Central and peripheral routes to advertising effectiveness : The moderating role of involvement. Journal of Consumer Research, 10, 134-148.

Pine, B. J. & Gilmore, J. H.(1998). Welcome to the experience economy. Harvard Business Review, 76(4), 97-105.

Pizam, A. & Jeon, G.(1996). Cross-cultural tourist behavior : Perceptions of Korean tour guides. Tourism Management, 17(4), 277-286.

Pizam, A. & Mansfeld, Y.(2000). Consumer behavior in travel and tourism : Routledge.

Plog, S.(1972). Why destination areas rise and fall in popularity. Cornell Hotel Restaurant Administration Quarterly, 14(Feb.), 55-58.

Plog, S.(1974). What destination areas rise and fall in popularity. Cornell Hotel and Restaurant Administration Quarterly, 14(4), 55-58.

Plog, S. (2001) Why destination areas rise and fall in popularity: An update of a Cornell Quarterly Classic. Cornell Hotel and Restaurant Administration Quarterly. 42(3): 13-24.

Plummer, J. T.(1974). The concept and application of lifestyle segmentation. Journal of Marketing, 38(1), 33-37.

Plummer, J.T. (1985). Brand personality : A strategic concept for multinational advertising. in Marketing Educators' Conference. NY : Young & Rubicam. pp. 1 - 31.

Plummer, J. T.(1985). How personality makes a difference. Journal of Advertising Research, 24(January), 27-31.

Putnam, M. & Davidson, W. R.(1987). Family purchasing behavior : Family roles by product category. Management Horizons, Inc.

Reisinger, Y. & Turner, L. W.(2003). Cultural differences between Asian tourist markets and Australian hosts. Journal of Travel Research, 40(Feb.), 295-315.

Reynolds, T. J., & Gutman, J. (1988). Laddering theory, methods, analysis, and interpretation. Journal of Advertising Research, 2, 11-31.

Reynolds, F. D. & Wells, W. R.(1977). Consumer behavior. McGraw-Hill : New York.

Reynolds, F. D. & Darden, W.(1974). Constructing lifestyle and psychographics, W.D Wells ed., Lifestyle and Psychographics, Chicago : American Marketing Association, 1974, pp.71-96.

Rich, S. U., & Jain, S.C.(1968). Social Class and Life Cycle as Predictors of Shopping Behavior. Journal of Marketing Research, 5(1), 41-49.

Richins, M. L.(1984). Negative word-of-mouth by dissatisfied consumers : A pilot study. Journal of Marketing, 47, 68-78.

Richins, M. L. & Bloch, P. H.(1986). After the new wears off : The temporal context of product involvement. Journal of Consumer Research, 3(September), 280-285.

Richins, M. L.(1983). Word of mouth communication as negative information. Advance in Consumer Research, 11, 697.

Ritchie, J. R. B. & Filiatrault, P.(1980). Family vacation decision making - A replication and extension. Journal of Travel Research, 16(April), 3-14.

Robertson, T. S. & Myers, J. H.(1969). Personality correlates of opinion leadership and innovative buying behavior. Journal of Marketing Research, 6(May), 164-168.

Robertson, T. S.(1971). Innovation behavior and communication. New York : Holt, Rinehart and Winstong INC., p.178

Rothschild, M. L., & Gaidis,W.C. (1981). Behavioral learning theory: Its relevance to marketing and promotion. Journal of Marketing, 45(Spring), 70-78.

Rogers, E. M. & Shoemaker, F. F.(1971). Diffusion of innovations. New York : The Free Press.

Rogers, E. M. & Svenning, L.(1969). Modernization among peasant : The impact of communication. New York : Holt, Rinehart and Winstone Inc.

Rogers, E. M.(1962). Diffusion of innovations. New York : The Free Press of Glencoe.

Rothschild, M. L.(1979). Advertising strategies for high and low involvement situations, In Attitude Research Plays for High Stakes, J. C. Maloney and B. Silverman, eds. Chicago: American Marketing Association, pp.74-93.

Ryan, C.(1992). The child as a visitor. World Travel and Tourism Review, 2, 135-139.

Ryan, M. J., & Bonfeld, E. H. (1980). Fishbenis intentions model : A test of external and pragmatic Validity. Journal of Marketing Research, 44 Spring

Schiffman, L. G. & Kanuk, L. L.(1983). Consumer behavior. New Jersey : Prentice-Hall Inc.

Schmitt, B. H.(1999) Experiential marketing : How to get customers to sense, feel, think, act, relate to your company and brands. New York: The Free Press.

Schmoll, G. A.,(1977). Tourism promotion. London, Tourism International Press.

Seaton, A. V., & Palmer. C. (1997). Understanding VFR tourism beharior: The first five gears of United Kingdom tourism survey Tourism Management, 18(6), 345-355.

Seldon, P. J. & Fox, M.(1988). The role of food service in vacation choice and experience: A cross-cultural analysis. Journal of Travel Research, 27(3), 9-15.

Sharpley, R.(1996) Tourism and leisure in the countryside(2nd ed.). Huntingdon : Elm Publications.

Sherif, M., & Sherif, C. W.(1967). Attitude as the involvement approach to categories : The social judgement involvement approach to attitude and attitude change. In C. W. Sheriff and M. Sheriff(eds), Attitude : Ego Involvement and Change, N.Y. : John Wiley & Sons.

Sheth, J. N. (1974). A field study of attitude structure and attitude-behavior relationship, In models of buyer behavior, Sheth, J. N. , ed., New York: Harper and Row, 242-68.

Sheth, J. N., Newman, B. I., & Gross, B. L.(1991). Consumption values and market choice: Theory and applications. Cincinnati, OH : South-Western Publishing Co.

Sirakay, E., & Woodside, A. G.(2005). Building and testing theories of decision making by travelers. Tourism Management, 26, 815-832.

Smith, G. H., & Engel, R,(1968). Influence of a female model on perceived characteristics of an automobile, proceedings from the 76th APA Annual Convention, 681-682.

Solomon, M. R.(2009). Consumer behavior : Buying, having, and being(8th ed.). Pearson Prentice Hall.

Summers, J. O.(1970). The identity of women's clothing fashion opinion : A leaders. Journal of Marketing Research, 7(May), 178-185.

Swarbrooke, J. & Horner, S. (1999). Consumer behaviour in tourism. Oxford, Butterworth-Heinemann.

Swarbrooke, J., & Horner, S.(2007). Consumer behaviour in tourism(2nd ed.). Oxford, Butterworth- Heinemann

Taylor. E. B.(1981). Primitive culture. London : John Murray.

Thornton, P. R., Shaw, G., & Williams, A. M.(1997). Tourist group holiday decision-making and behaviour: the influence of children. Tourism Management, 18(5), 287-297.

Tom, G.(1990). Marketing with music. Journal of Consumer Marketing, 7(2), 49-53. Annals of Tourism Research, 19(4), 752-770.

Um, S., & Crompton, J. L.(1990). Attitude determinants in tourism destination choice. Annals of Tourism Research, 17(3), 432-448.

Upshaw, L. B.(1995). Building brand identity; A strategy for success in a hostile marketplace. John Wiley &Sons, Inc.

Uzzell, D.(1987). An alternative structuralist approach to the psychology of tourism marketing. Annals of Tourism Research, 11(1), 79-99.

Vander Stoep, G. A., & Gramann, J. H. (1987). The effect of verbal appeals and incentives on depreciative behavior among youthful park visitors. Journal of Leisure Research, 19(2), 69-83.

Van Raaij, W., & Francken, D.(1984). Vacation decisions, activities, and satisfactions. Annals of Tourism Research, 11, 101-112.

Vaughn, R. (1980). How advertising works: a planning model. Journal of Advertising Research, 20(5), 27-33. https://www.etoday.co.kr/news/view/1965781

Vroom, V. H. (1964). Work and motivation. San Francisco, CA: Jossey-Bass.

Warner, W. L., Meeker, M., & Eells, K.(1960), Social class in America: A manual of procedure for the measurement of social Status. New York: Harper & Row Publishers.

Wells, W. D., & Tigert, D. J. (1971). Activities, interests and opinions. Journal of Advertising Research, 11(4), 27-35.

Wells, W. D. & Gubar, G.(1966). The life cycle concept. Journal of Marketing Research, 2, 355-363.

Wells, W. D.(1972). Lifestyles in selection media for travel advertising, the values of travel research. Proceedings of the Third Annual Conference, Salt Lake City : Travel Research Association, pp.63-74.

Whyte, W. H.(1954). The Web of word of mouth. Fortune, November, 140-143.

Wilkie, W. L.(1986). Consumer behavior(1986). N.Y. : John Wiley & Sons, Inc.

Witt, R. E. & Bruce, G. D.(1970). Purchase decisions and group influence. Journal of Marketing Research, 7, 533-535.

Wolfe, D. M.(1959). Power and authority in the family, in Dorwin Cartwright, ed., Studies in Social Power. Ann Arbor., University of Michigan.

Wong, S. & Lau, E.(2001). Understanding the behavior of Hong Kong Chinese tourists on group packages. Journal of Travel Research, 40(August), 57-67.

Woodside, A. G., & Lysonski, S.(1989). A general model of traveler destination choice Journal of Travel Research, 27(4), 8-14.

Woodside, A. G., & MacDonald, R.(1994). General system framework of customer choice processes of tourism services, in R.V. Gasser and K. Weiermair (eds.). Spoilt for choice. Decision-making processes and preference change of tourists: intertemporal and intercountry perspectives (pp.30-59). Thaur, Germany.

WTO(2005). Http://www.world-tourism.org.

Young, R. A., & Kent, A.(1985). Using the theory of reasoned action to improve the understanding of recreation behavior. Journal of Leisure Research, 17(2), 90-106.

Yuan, Y. & Wu, C.(2008). Relationships among experiential marketing, experiential value, and customer satisfaction. Journal of Hospitality & Tourism Research, 32(3), 387-410.

Zaichkowsky, J. L.(1994). The personal involvement inventory : Reduction, revision, and application to advertising. Journal of Advertising, 23(4), 59-70.

Zalatan, A.(1998). Wives' involvement in tourism decision process. Annals of Tourism Research, 25(4), 890-903.

Zaltman, G., & Wallendorf, M.(1982). Consumer behavior : Basic findings and management implications(2nd ed.). New York : John Wiley & Sons, Inc.

INDEX

찾 아 보 기

■ 저자 소개

김 병 용

- 한양대학교 관광학과 졸업
- 연세대학교 경영학 석사
- 미국 Iowa State University 호텔외식경영 석사
- 미국 Iowa State University 호텔외식경영 박사
- 미국 Iowa State University 가정 · 소비자교육 박사(복수전공)
- 현) 수원대학교 교수
- e-mail : kimyong@suwon.ac.kr

관광 소비자 행동론

2013년 8월 16일 초판1쇄 발행
2015년 8월 25일   2판1쇄 발행
2022년 8월 10일   3판2쇄 발행

저 자   김 병 용
펴낸이   임 순 재

(주)한올출판사
등록 제11-403호
주 소   서울시 마포구 모래내로 83(성산동 한올빌딩 3층)
전 화   (02) 376-4298 (대표)
FAX   (02) 302-8073
홈페이지   www.hanol.co.kr
e-mail   hanol@hanol.co.kr
ISBN 979 - 11 - 6647 - 030 - 1